Reader's Digest Auswahlbücher

Reader's Digest Auswahlbücher

Verlag DAS BESTE
Stuttgart · Zürich · Wien

Die Kurzfassungen in diesem Buch erscheinen
mit Genehmigung der Autoren und Verleger

581
PRINTED IN GERMANY
ISBN 3 870701765

Inhalt

EINE KURZFASSUNG
DES BUCHES VON
HANS HERLIN

Satan
ist auf
Gottes
Seite
ILLUSTRATIONEN
VON GERD GRIMM

Der Spion kam nicht aus der Kälte, sondern aus dem warmen Sonnenschein Ibizas. Sechs Jahre lang hatte die „Organisation“ auf ihn verzichten können, doch nun steckt der westdeutsche Geheimdienst in ernsten Schwierigkeiten. Agent Martin wird für einen „Alleingang“ gebraucht.

Der Auftrag führt Martin in den Ostblock, dessen Gefängnisse ihm nicht fremd sind. In der „Zone“ saß er schon einmal in der Falle, seinem Gegner in gnadenlosen Verhören scheinbar hilflos ausgeliefert. Doch damals kam kein Wort über seine Lippen – nichts über seine Kontakte und keine Silbe über die Liebe zu einer Frau, die das Vertrauen höchster Autoritäten im Geheimdienst genoß …

Dieses Mal ist Prag das Auge des Hurrikans. Der auf sich gestellte Agent gerät in den Sog folgenschwerer Ereignisse. Jetzt gilt es, nicht nur die Geheimdienstler der anderen Seite in die Irre zu führen, sondern auch einen Verräter in den eigenen Reihen auszuschalten.

1. Kapitel

Carow stand am Fenster seines Schlafzimmers und blickte hinunter auf den Swimmingpool. Er hielt eine Tasse warmer Milch in den Händen; der Arzt der „Organisation" hatte ihm die empfohlen. Carow nahm in der letzten Zeit zu viele Darvon gegen seine Nierenschmerzen, und jede Art von Übertreibung rief in seinem Beruf sofort Mißtrauen hervor: zuviel Alkohol, zu viele Frauengeschichten, zu große Geldausgaben, zu viele Medikamente.

Eigentlich haßte Carow warme Milch; daß er sich dennoch seit Wochen an den Rat des Arztes hielt, sagte viel über seinen Charakter aus, über die unbedingte Loyalität, die er gegenüber der „Organisation" empfand.

Er war noch in Pyjama und Morgenmantel, unentschlossen, ob er schwimmen gehen sollte oder nicht. Das Wasser des Pools war schon nicht mehr geheizt, und obwohl es in diesem Jahr einen besonders schönen und milden September gegeben hatte, waren die Nächte bereits kalt. Die Wassertemperatur würde nicht mehr als fünfzehn Grad betragen. Das war unangenehm kalt für einen Mann mit Nierenbeschwerden, mit leichtem Untergewicht, mit siebenundfünfzig Jahren.

Es war Sonnabend. Wie jeder andere in leitender Stellung innerhalb der „Organisation", so hatte auch Carow am Wochenende einen anderen Namen angenommen. Am Wochenende war er Dr. Heiner Grapentin, der gutsituierte Vizedirektor einer Versicherung. Nur der Beamte vom Bereitschaftsdienst hatte die Berechtigung, sich an Wochenenden an die andere Persönlichkeit zu wenden, die der Mann dort am Fenster ebenfalls war: Carow, Direktor der Abteilung I, Beschaffung, zuständig für die Tätigkeit von Agenten in fremden Ländern.

Carow stellte die Tasse ab, ohne von der Milch getrunken zu haben.

Er putzte sich die Zähne, rasierte sich, naß. Das rührte noch aus der Zeit her, als er selber aktiv als Agent gearbeitet hatte. Dann zog er sich zum Golfspielen an – Flanellhosen, Polohemd, gelber Kaschmirpullover. Er fühlte sich sogleich besser in dieser Kleidung. Während Dr. Grapentin ein Mann des Kammgarns, der weißen Hemden, der dunklen Krawatten und dunklen Socken war, war Carow ein Mann in Flanell und Tweed und blauen Hemden. Diese jahrelang geübte Tarnung war weit mehr als eine äußerliche Veränderung. Die Verwandlung setzte sich bis in sein Gesicht hinein fort: Grapentins Gesicht war weich, glatt, das Gesicht eines Mannes mit der Fähigkeit, Zuversicht und Vertrauen zu erwecken. Erst wenn er sich in Carow verwandelte, verlor das Gesicht seine Weichheit, man ahnte die Zähigkeit in Carows eher schwächlich wirkendem Körper und die inneren Konflikte, die er mit sich herumtrug. Beide Männer hatten nur eines gemein: beide waren früh gealtert. Mit fünfundvierzig waren sie bereits grau gewesen.

Fertig angezogen ging er nach unten. Er blickte ins Wohnzimmer, das – wie das ganze Haus – nach Isabelles Geschmack eingerichtet war: weißer Teppichboden, weiße Couch und Sessel, ein schwarzlackierter „japanischer" Tisch, die entsprechende Kommode. Überall standen Blumen, Ikebana-Arrangements.

Der Hund lag vor dem offenen Kamin. In der Feuerstelle war noch etwas Glut vom Abend zuvor. Als Carow den Raum betrat, erhob sich der Hund, langsam und mühsam; noch bevor er stand, gaben die Beine unter ihm nach. Er war sechzehn Jahre alt, ein schwarz-weiß gefleckter Pointer. Die Gelenke an den Vorder- und Hinterläufen waren bedeckt mit Wunden von einem Hautkrebs; er wurde fortschreitend blind.

Der Hund war zwischen seiner Frau und ihm das Objekt eines langen, stummen Machtkampfes. Beide stimmten im Grunde überein, daß es das beste sein würde, ihn einzuschläfern. Aber jeder schob dem anderen die Entscheidung darüber zu. Und wenn Carow einmal soweit war, den Tierarzt zu rufen, dann stellte seine Frau sich plötzlich dagegen, klagte, daß nur ein Mann von seiner Kälte und Herzlosigkeit dazu fähig sei, ein hilfloses Tier zum Tode zu verurteilen, das als vier Wochen alter Welpe zu ihnen gekommen war. Und da Carow ihr in diesen Diskussionen unterlegen war, lebte der Hund immer noch.

Carow öffnete eine der Flügeltüren. Der Hund folgte ihm. Das Haus war das letzte in einer Sackgasse. Es lag in einer teuren Gegend im Süden Münchens. Das Grundstück fiel sanft ab und endete am See. Das alles war vom Geld seiner Frau gekauft worden; mit seinem Gehalt als Carow hätte er Schwierigkeiten gehabt zu erklären, wie er zu so einem Besitz kam.

Während der Nacht hatte es geregnet, und der Himmel war verhangen. Vielleicht würde es wieder regnen.

ISABELLE saß bereits beim Frühstück, als er zurückkehrte. Wie Carow war sie auch für den Golfplatz gekleidet, in Hosen und Twinset. Ein schmales Frotteeband hielt ihr hellblondes Haar zurück. Sie war von altersloser Schönheit. Selbst mit neunundvierzig sah man ihr weder die zwei Kinder an – eine Tochter von einundzwanzig und einen Sohn, der in diesem Jahr sechsundzwanzig geworden wäre – noch irgendwelche Anzeichen von Resignation.

Er küßte sie pflichtgemäß auf beide Wangen, ehe er sich ihr gegenüber an den Tisch setzte. Das war ein Teil des ungeschriebenen Vertrages, den sie geschlossen hatten, nachdem er nach einjähriger Trennung zu ihr zurückgekehrt war: An den Wochenenden spielten sie das höfliche, aufmerksame Ehepaar.

„Es war sehr spät gestern abend."

„Da braut sich etwas zusammen", antwortete er. Es war eine der goldenen Regeln innerhalb der „Organisation": Je höher einer stieg, um so weniger waren die Frauen einzuweihen. Für sie beide hatte das nie gegolten. „Schwierigkeiten im Ostblock, nicht das Übliche. Möglich, daß die da drüben echte Probleme haben."

Isabelle hatte sich immer um seine Karriere gekümmert; er allein wäre nie so weit aufgestiegen bis zum Stellvertreter C.s, bis zu seinem möglichen Nachfolger. Es war Isabelles ganzer Ehrgeiz, die Rechtfertigung für ihre Ehe.

Als er seine Frau vor einem Jahr verlassen und um die Scheidung gebeten hatte, da hatte sie sich C. anvertraut. Carow war vor die Wahl gestellt worden: Entweder kehrte er zu seiner Frau zurück, oder er schrieb sein Rücktrittsgesuch. Im ersten Augenblick war Carow erleichtert gewesen, bereit, den Dienst zu quittieren – aber beide, C. und Isabelle, kannten ihn besser: Sie wußten, wo seine große Schwäche lag – in seiner unbedingten Loyalität gegenüber der „Organisation" oder, einfacher: Sie hatten gewußt, wie sehr er sich vor einer frühzeitigen Pensionierung ängstigte . . .

„Das Telefon, Heiner . . ."

Er schob seinen Stuhl zurück, alarmiert von einem Gefühl des Außergewöhnlichen.

Der Apparat mit der direkten Leitung zur „Organisation" stand in seinem Arbeitszimmer, einem Raum neben dem Wohnzimmer, den Isabelle für ihn eingerichtet hatte. Carow hatte keines der vielen Bücher in den Regalen je gelesen, und am Schreibtisch des Versicherungsdirektors Grapentin saß Carow selten.

„Carow."

„Hier Ritter. Eine Meldung der Außenstation B 3. Dringend. Aufnahmezeit neun Uhr fünf."

Carow drückte den Knopf an seiner Digitaluhr. Es waren nur drei Minuten vergangen.

„Geißler will Sie sprechen." Der diensthabende Beamte hielt den Atem an, als fürchte er sich vor Carows Reaktion. Wenn dieser etwas nicht vertrug, so waren es Unregelmäßigkeiten, und die Tatsache, daß der Leiter einer Außenstation sich direkt an die Leitung wandte, war mehr als das. „Er hat einen ‚Läufer' verloren . . ."

Es war die Ausdrucksweise der „Organisation". Die Bezeichnung für einen Agenten. Auch „verloren" war Jargon. Carow wunderte sich. Zu Zeiten des kalten Krieges, noch in den frühen sechziger Jahren, waren Agenten im Ostblock guillotiniert worden. Aber die Zeiten waren vorbei, seitdem wurden Agenten ausgetauscht, gehandelt.

„Wann ist das geschehen?"

„Heute morgen, sechs Uhr achtundfünfzig . . . Ich hab Geißler auf den Dienstweg verwiesen."

„Wo ist er im Augenblick?"

„Irgendwo auf der Autobahn Nürnberg – München. Ich konnte ihn nicht stoppen."

Carow blickte hinaus in den Garten; er sah Geißler vor sich, allein in seinem Wagen: Carow hatte nie vergessen, was es hieß, einen Agenten zu verlieren, den man geführt hatte, und so kannte er Geißlers augenblickliche Gefühle genau.

„Ich werde ab zehn Uhr auf dem Golfplatz sein. Dirigieren Sie ihn dorthin. Der ‚Läufer' – haben Sie seinen Code?"

„CS 91 03 77."

„Besorgen Sie seine Personalakte, Lebenslauf, alles, was sich über ihn findet. Und unterrichten Sie C. von dem Vorfall. Sagen Sie ihm, daß ich anschließend sofort ins Amt komme." Carow hatte plötzlich starke Schmerzen in der Nierengegend.

Er wandte sich um.

Isabelle kam durch die Schiebetür vom Wohnzimmer. Sie zog sie hinter sich zu.

„Irgend etwas nicht in Ordnung?"

Er erinnerte sich, wie er mit der Nachricht nach Hause gekommen war, daß ihr Sohn, ein Oberleutnant, bei einem Starfighterabsturz getötet worden war.

Sie mußte es ihm angesehen haben, und dennoch hatte sie mit dem gleichen beherrschten Gesichtsausdruck dagestanden und hatte dieselbe Frage gestellt. Das war ihre Schwäche – und ihre Stärke natürlich –, daß sie nie aus ihrer Verhärtung, aus dem von Kindheit an gewachsenen Panzer der Disziplin ausbrechen konnte.

„Wir haben einen Agenten verloren."

„Heißt das, du kommst nicht mit auf den Golfplatz?"

„Doch, wir können gehen. Aber es ist besser, du nimmst deinen eigenen Wagen. Ich muß nachher ins Amt."

Die Schmerzen verstärkten sich, und sein Körper verlangte nach dem Betäubungsmittel.

„Ines wollte mittags kommen. Du hattest ihr versprochen, mit ihr über das Apartment zu sprechen."

„Ich fürchte, ich muß das verschieben."

Er ging nach oben ins ehemalige Zimmer seiner Tochter, das er als Schlafzimmer benutzte, seit er zurückgekommen war. Er nahm ein Darvon, ein zweites. Er hörte, wie seine Frau die Wagen aus der Garage fuhr, zuerst seinen alten schwarzen Porsche und dann ihren BMW.

Der Pointer war auf seinen Platz vor dem Kamin zurückgekehrt, als Carow hinunterkam. Er rieb ihm die wunden Stellen mit der Salbe ein, die der Tierarzt verschrieben hatte.

Später, auf der Fahrt zum Golfplatz, als Carow aus alter Gewohnheit die Waffe, die er immer bei sich trug, ins Handschuhfach des Porsche legte – da wußte er plötzlich, was falsch gewesen war an der Idee, den Hund einschläfern zu lassen. Die Vorstellung eines Behandlungsraumes, eines mit Wachstuch bezogenen Tisches, der langnadeligen Spritze in der Hand des Arztes – das war einfach eine zu schändliche Art des Sterbens für einen Pointer, wie alt und krank und schwach er auch immer war . . .

Sie waren trotz des leichten Sprühregens, der nach der ersten Runde eingesetzt hatte, auf dem Platz geblieben. Einer der Caddies hielt einen großen Regenschirm über Isabelle. Sie war im Club für jedermann nur „Isabelle“. Sie gehörte der Clubleitung an, war die beste Spielerin; fand immer Caddies oder Partner, mit denen sie die Runde machen konnte.

An diesem Morgen spielte Carow schlecht. Er lag in der ersten Runde bereits vier Schläge zurück. In der zweiten sah es nicht besser aus; er kam mit dem nassen Gras nicht zurecht. Sie waren auf dem siebten Grün, als er Geißler auf der Terrasse des Clubhauses entdeckte. Isabelle hatte ihren Ball eingelocht, wartete. Carow puttete ziemlich achtlos, aber er sah zu seiner Überraschung, daß der Ball im Loch verschwand. Sie füllten ihre Scorekarten aus; er war froh, als Isabelle mit dem Caddie allein weiterzog.

Geißler trug einen langen Lodenmantel; die Plaketten und Abzeichen an seinem Filzhut erinnerten Carow daran, daß sie als Studenten zusammen im Elbsandsteingebirge geklettert waren. Sie beide hatten nie zu Ende studiert; Carow, Sohn eines Steinmetzen, war zum Militär gegangen.

Geißler, um einige Jahre jünger, hatte den Hof des Vaters übernommen. Äußerlich hatte er noch immer etwas von einem Bauernjungen, selbst jetzt, als sein großflächiges Gesicht unter der Krempe des Hutes bleich und müde aussah.

„Ich weiß, Heiner, ich . . .“

„Laß mich diesen Ball noch spielen.“ Carow unterbrach ihn mit Absicht. Was geschehen war, war geschehen. Geißler würde sich an dem Verlust des Agenten die Schuld geben. Das war nur natürlich, aber es führte zu nichts: Schuldgefühle, Gewissensbisse – die waren in ihrem Beruf unbrauchbar, hinderten einen Mann nur daran, seine Pflicht zu tun.

Sie folgten dem Ball, näherten sich dem achten Grün. Der Regen hatte aufgehört.

Der Ball war in einem Bunker aus nassem, grobkörnigem Sand gelandet.

Carow nahm das Sandwedge. Er schlug den Ball mit einer Kraft aus dem Sand heraus, die man ihm nicht zutraute. „Also schön, Karl, beginnen wir!“

Geißler zog ein graues Papier aus seiner Brusttasche. „Das ist die Meldung von CS 91 03 77.“

Carow schüttelte den Kopf. „Background zuerst. Das, was ich im Moment wissen muß. Ich werde später alles über ihn nachlesen.“

„Du wirst nichts in euren Akten finden. Du hast ihn zwar verkartet, aber kein Lebenslauf, kein Quellenbuch. Er war nicht wichtig genug dafür.“

„Bis heute!“

„Ein gewisser Cichosz, einundvierzig Jahre alt, Tscheche. Eine Familie von der Grenze, heute Zöllner, morgen Schmuggler. Sehr wahrscheinlich habe ich da schon den entscheidenden Fehler gemacht, Heiner. Er hatte die Grenze im Blut, es war seine Vorstellung von Romantik ...“

„Wie wurde er bezahlt?“

„Ich konnte ihn nicht dazu bringen, Geld zu nehmen.“

„Ich glaube nicht, daß das gut war.“ Carows Stimme wurde einen Grad härter.

„Was soll ich tun, Heiner? Ich nehme, was ich kriege. Die Tage, als ich mir meine Agenten aussuchen konnte, sind vorbei! Ich muß froh sein, wenn ich überhaupt einen ‚Läufer‘ im Rennen habe.“

Carow konnte ihn verstehen. Männer wie Geißler, Leiter der Außenstationen, waren wichtige Figuren im Schachspiel der Spionage. Sie waren wie kleine Fürsten, führten die Agenten ihres

Machtgebietes, wie sie es für richtig hielten. Die goldenen Zeiten waren für sie die des kalten Krieges gewesen, die Zeit vor dem Mauerbau in Berlin, der Abriegelung der Grenze zum Osten – aber seitdem hatte sich vieles verändert. Ein Großteil ihrer Macht war dahin, so wie die „Organisation" insgesamt an Macht im Ostblock eingebüßt hatte.

„Was hat er bisher geliefert?"

„Nichts Weltbewegendes, aber immer Glaubwürdiges. Vor einem Jahr habe ich ihn fallenlassen. Kein besonderer Grund, ich konnte nur sein romantisches Element nicht stabilisieren."

Sie waren auf dem achten Grün angelangt, wo der Caddie und Isabelle warteten. Isabelle spielte die Szene mit Perfektion: Ihr Mann, der beim Golf mit einem wichtigen Versicherungskunden ein Gespräch führte. Geißler sah ihr nach, als sie sich zum nächsten Abschlag begab.

„Warum hast du ihn wieder aktiviert?"

„Euer Projekt ‚Umarmung'. Kannst du mir sagen, wer sich diese Namen bei euch ausdenkt?"

Carow schwieg. Selbst ein Mann wie Geißler brauchte nicht alles zu wissen. In den letzten Wochen hatten sich die Anzeichen vermehrt, daß sich innerhalb der russischen Satellitenländer in der Bevölkerung Unruhe ausbreitete. So war es zu dem Projekt gekommen: Eine Anweisung an alle Außenstationen, ihre Agenten im Block speziell darauf anzusetzen.

„Als ich eure Aufforderung bekam, hab ich alles aktiviert, was da war..."

Der kleine Apparat in der Brusttasche von Carows Windjacke sandte ein leises Piepsen aus. „Entschuldige." Carow schaltete das Signal ab, das seinen Rückruf im Hauptquartier forderte. Er steckte den Schläger in den Sack und nahm den Ball auf.

„Vor zwei Tagen habe ich von CS 91 03 77 gehört. Wir hatten ein Abkommen, das ihm im Ernstfall eine Flucht in den Westen garantierte. Das Ganze sollte morgen stattfinden."

Carow zog seinen Golfkarren hinter sich her. Jetzt, wo der Regen aufgehört hatte und die Sonne herausgekommen war, leuchtete das Grün des Platzes.

„Das war mein zweiter Fehler, wenn du so willst. Er hat das Fluchtsignal gesendet, aber darum ging es ihm nicht! Er hatte etwas Wichtiges in Erfahrung gebracht."

„Du hast dich ihm gezeigt?" Carow konnte sein Erstaunen nicht unterdrücken.

„Das war es doch, was er wollte! Einmal aus der Anonymität heraustreten ... kleiner ‚Läufer', der immer hinter dem Feld hergerannt ist. Und nun war er als erster durchs Ziel gekommen und wollte dafür gelobt werden. Heiner, ich hab versucht, den Fehler zu korrigieren. Ich wollte ihn nicht zurückgehen lassen. Nicht, daß ich auch nur die leiseste Vermutung hatte, was geschehen würde. Er war auf die Minute pünktlich gewesen. Er kannte diese Wälder, die Grenze. Kein ungutes Vorgefühl, kein Warnsignal von meiner Seite."

„Wie ist es passiert?"

„Ein Schuß. Niemand zu sehen. Klang wie eine Jagdwaffe. Es war in ihrem Territorium. Kein Gedanke, etwa zu ihm vorzudringen ..."

„Mit Sicherheit tot?"

„Nicht der geringste Zweifel. Ich habe ihn durch meinen Feldstecher gesehen."

„Haben sie ihn weggebracht?"

„Ich habe einen Mann zurückgelassen und seinen Bericht unterwegs bekommen: Sie haben über eine Stunde gewartet, zwei Mann, Militär, und ihn eigenhändig weggetragen. Sie hatten vermutlich ein Fahrzeug abgestellt ..."

„Irgend etwas, was eine Verbindung zu uns herstellt?"

„Ich hab mich vergewissert – er hatte nichts bei sich."

„Kann ich die Meldung jetzt sehen? Nicht das Original, deinen dechiffrierten Text."

Schon beim ersten Überfliegen wurde Carow klar, daß CS 91 03 77 wirklich auf eine Goldader gestoßen war: Ein Treffen der Chefs der östlichen Geheimdienste, eine Arbeitssitzung in Prag! Wann versuchte sich Carow zu erinnern, war das zuletzt vorgekommen? Nur zu Zeiten der wichtigsten Krisen. 53 nach Stalins Tod. 56 Ungarnaufstand. Kubakrise 62, vor dem Einmarsch in die Tschechoslowakei. Aber der Hauptwert der Nachricht lag woanders – sie war das fehlende Stück in einem Puzzle, das sie in der „Organisation" nicht hatten vollenden können.

„Wie schätzt du persönlich die Meldung ein?"

„Glaubwürdig."

„Etwas irritiert mich! Ein Schuß, sagtest du ... Wieso, Karl? Wer wußte von eurem Treffen?"

Carow spürte, wie Geißler seine Fassung wiederfand, wie sich etwas in ihm versteifte; noch ehe er weitersprach, ahnte er, daß Geißler dabei war, die Verantwortung von sich weg in seine Richtung zu lenken.

„Ich hab selbstverständlich deine Abteilung von dem bevorstehenden Treffen unterrichtet."

„Unterabteilung Tschechoslowakei?"

„Sie ist zuständig."

„Borchers gehört zur alten Schule!" Carow bedauerte seine Worte sofort. Sie bedeuteten bereits eine Stellungnahme, ein Eintreten für Borchers, und das war voreilig. „Die Sicherheitsabteilung wird das überprüfen."

Er steckte den dechiffrierten Text und das Original ein.

Sie hatten den Parkplatz des Clubs erreicht. Der Porsche und der Wagen seiner Frau standen nebeneinander. Carow verstaute seinen Golfsack. „Wo steht dein Wagen?"

Geißler deutete auf einen grauen Mercedes-Diesel. „Ich bin seit aller Herrgottsfrühe auf. Etwas Warmes täte mir gut."

„Etwas wie Kognak?"

„Überprüft die Sicherheit meine Alkoholrechnungen?"

„Laß mich meinen Rückruf machen. C. mag es nicht, wenn man ihn warten läßt."

Geißler blickte Carow nach, bis er im Clubhaus verschwunden war. Er ging zu seinem Wagen. Auf dem Rücksitz lag eine Flasche Kognak in einer einfachen braunen Papiertüte. Aber er fühlte sich nicht danach, allein zu trinken.

Carow war der einzige innerhalb der „Organisation", den er einen Freund nennen konnte. Carow vertraute ihm. Was mehr konnte er erwarten? Diese Sache war noch nicht vorbei. Die Männer von der Sicherheitsabteilung standen ihm ins Haus. Er sah sie, wie sie mißtrauisch das Unterste zuoberst kehrten. Carow würde zu ihm halten; er mochte ein Mann ohne Gefühle sein, aber er blieb ein Freund, wenn ein Gewitter aufzog.

„Ich muß ins Amt“, war alles, was Carow sagte, als er zurückkam.

Geißler reichte ihm die Hand. „Komm und laß dich wieder mal bei uns sehen.“

„Ich bekomme einen schriftlichen Bericht?“

„Bis morgen.“

„Detailliert! Füg alles bei, was die Glaubwürdigkeit dieser Meldung bestätigen kann.“

„Kopie für die Akten an Borchers?“

Carows Antwort kam ohne Zögern. „Normales Verfahren bis zum Widerruf. Wir müssen natürlich CS 91 03 77 unkenntlich machen.“

„Selbstverständlich.“

2. Kapitel

Es regnete, als der Porsche vor dem Haupttor der Leitung der „Organisation“ vorfuhr. Die Wache kam aus ihrem Gebäude, verlangte den Ausweis. An normalen Arbeitstagen passierte ein ständiger Strom von Wagen das Haupttor. Jetzt begegnete Carow niemandem, als er auf das Gebäude zufuhr, in dem sich die Büros C.s und die seiner beiden Stellvertreter befanden. Auf dem reservierten Platz parkte nur ein einziger Wagen, die zerbeulte, blaue Dauphine der Chefsekretärin Pauly.

Für viele hatte das Hauptquartier der „Organisation“ etwas Unheimliches, vor allem für jene, die es nur von außen durch den hohen, elektrisch geladenen Zaun sahen, der das gesamte Gelände umgab.

Für Carow, der jetzt an seinem Schreibtisch saß und sich von dem diensthabenden Beamten berichten ließ, hatte die Atmosphäre etwas Klösterliches, obwohl sein Büro keiner Zelle glich. Carow wäre auch mit weniger Raum ausgekommen – ein Schreibtisch, ein Safe und ein Aktenwolf hätten ihm genügt –, aber Raum, vor allem die Anzahl der Fenster, waren das Kastenzeichen der „Organisation“.

Er saß mit dem Rücken zu den drei Fenstern, die ihm zustanden. Da sein Büro im Erdgeschoß lag, würde er die ankommenden Wagen hören.

Bis jetzt war noch niemand von der „Familie" eingetroffen. Das hatte Carow Zeit gegeben, die Berichte durchzusehen, die während der Nacht eingetroffen waren. Er hatte mit Ritter gesprochen, anschließend mit dem Sicherheitsbeamten.

Kurella laborierte seit Tagen an einer Grippe. Carow hatte ihn aus dem Krankenbett geholt. Mit verschwollenen Augen und leichtem Fieber war er aufgetaucht; die Ahnung all der Dinge, die mit der Untersuchung eines möglichen Lecks in der tschechoslowakischen Abteilung auf ihn zukamen, hatte seinen Zustand nicht verbessert. Aber im Augenblick brauchten sie beide keine Entscheidungen zu treffen, das war C.s Sache.

Sie waren zusammen in Borchers' Büro gegangen und hatten den Safe geöffnet. Geißlers Meldungen über CS 91 03 77 hatten sich gefunden, ordentlich abgelegt.

Carow bereitete den Bericht über den Vorfall an der Grenze für die Sitzung vor. Geißler hatte recht gehabt: Von CS 91 03 77 gab es kein Quellenbuch, kein Arbeitsblatt; nichts als eine Indexkarte, die ihm der Computer ausgedruckt hatte. Da niemand anders zur Verfügung stand, dem er die Reinschrift anvertrauen konnte, hatte Carow die Chefsekretärin Pauly darum gebeten. Die fünf Exemplare lagen jetzt vor ihm.

Er blätterte in dem Bericht.

Seine Nieren schmerzten, sein Körper verlangte das Medikament. Aber er wußte, dies würde ein langer, anstrengender Tag werden und er würde das Mittel später noch dringender brauchen. Dieser hohe Darvonkonsum begann ihn zu beunruhigen wie alles, was er nicht unter Kontrolle hatte.

Er stand von seinem Schreibtisch auf, öffnete den Safe. Er entnahm ihm die Studien über das Projekt „Umarmung".

Sie hatten fast eine Woche lang in dem großen Konferenzraum daran gearbeitet. Alle Unterabteilungen für den Ostblock waren daran beteiligt gewesen, Borchers' tschechoslowakische Abteilung eingeschlossen.

Während draußen die ersten Wagen vorfuhren, vertiefte Carow sich in das Material, um auf die Fragen vorbereitet zu sein, die in der Sitzung auftauchen würden. Wie sicher waren ihre Erkenntnisse über die Unruhen in den Ostblockländern? Es gab Meldungen von Truppenbewegungen in auffallender Stärke um Ost-Berlin und im Magdeburger Raum; besonders schwer zu deuten, weil auch die Herbstmanöver der Warschauer-Pakt-Staaten bevorstanden. Solche Berichte strömten tagtäglich herein, wurden verarbeitet, archiviert. Aber die Eskalation in der letzten Woche war aufgefallen. Manches kam von Agenten, das meiste aber war sogenanntes „offenes Material"; ausgewertete Zeitungen, abgehörte Radiostationen. Die Auswertung, das „Lesen" der Absichten des Feindes, das war die Domäne Zieglers, des Direktors der Abteilung II, Auswertung, des anderen Stellvertreters neben Carow . . .

Für Ziegler war alles klar gewesen. Carow hatte seine Bedenken angemeldet: Keine Fakten! Sein Vorschlag entsprach den Gegebenheiten: Eine Überprüfung des vorliegenden Materials durch Agenten in allen Regionen, *in extenso*. C. hatte sich dem Vorschlag angeschlossen. Er war zwar dem Herzen nach ein Mann der Akten, der Dossiers; er neigte dazu, Ziegler recht zu geben. Aber diesmal hatte er anders entschieden, und so waren die Befehle an die Außenstationen hinausgegangen.

So hatten sie Geißler erreicht – und CS 91 03 77.

In der Zwischenzeit waren weitere Wagen vorgefahren. Zwei Sekretärinnen aus dem Vorzimmer C.s. Auch Zieglers Corvette stand da und der Wagen seines Babysitters. Blumenschein und sein Schatten würden mit dem Vorortzug kommen.

C. und der Faun würden das für C. reservierte Tor weitab vom Haupteingang benützen, begleitet von zwei Fahrzeugen. Das Spiel mit Decknamen und Babysittern – persönlichen Bewachern: C. selbst stellte die Regeln dafür auf. Nur Carow hatte sich stets geweigert, auf Schritt und Tritt begleitet zu werden; er vertraute auf seine Waffe, die er immer bei sich trug.

Eines der Telefone auf dem Tisch läutete. Es war Isabelle, die ihn daran erinnerte, Ines anzurufen. Carows Tochter lebte in einer Wohngemeinschaft. Er war einmal dort gewesen. Ein Raum mit

Matratzen auf dem Boden – drei Mädchen, zwei Jungen – und so voller Instrumente und Abspielanlagen, daß er wie das Aufnahmestudio einer Plattenfirma wirkte.

Er bekam Ines endlich an den Apparat. Er sagte ihr, daß ihre Verabredung ausfallen müsse, verabredete einen anderen Zeitpunkt. Carow suchte nach einem Kalender, um den Termin einzutragen, damit seine Sekretärin ihn daran erinnern konnte.

Aber ihr Schreibtisch war leer, selbst der Kalender nach Vorschrift weggeschlossen. Er suchte noch, als Paulys Stimme über die Sprechanlage kam.

Die Manie, jedermann innerhalb der „Organisation" mit Beinamen zu belegen, traf die Sekretärinnen besonders hart; sie waren schlicht und einfach die „Drachen". Niemand machte Pauly den Titel des Hauptdrachen streitig. Sie war seit Urzeiten die Sekretärin C.s. Sie würde dasein, solange er da war.

Es gab drei Sekretärinnen in C.s Vorzimmer, und sie waren alle da an diesem Morgen. Eine war im Skidreß; sie tippte einen Bericht auf einer elektrischen Schreibmaschine. Die andere stand am Kopiergerät. Pauly selbst machte Eintragungen in einem der Kalender, die sie für C. führte.

In diesem Vorzimmer gab es keine private Unterhaltung. Pauly, ernst, humorlos, duldete lediglich, daß immer Kaffee bereitstand. Sie trank ihn selber in Massen, schwarz, ohne Zucker.

Ziegler und Blumenschein waren bereits da, warteten stehend, eine Tasse Kaffee in den Händen. Blumenschein war ein kugeliger, fetter Mann, der es dazu noch liebte, sich auffallend zu kleiden. Über dem Eingang zu den Räumen C.s brannte das rote Licht.

Zieglers Blick war auf die Ordner unter Carows Arm gerichtet. „Ich höre, diese Sitzung verdanken wir dir."

„Ich fürchte, ja."

Alles an Ziegler war steif, aufrecht. Aber Carow hatte mehr Sympathie für Ziegler als für den „Sterngucker", wie man Blumenschein nannte. Der trug seinen Kopf immer in den Wolken. Carow fürchtete seine ausschweifende Phantasie, wenn es darum ging, die Politik der „Organisation" zu bestimmen. Bei Ziegler wußte man immer, woran man war.

Sie warteten jetzt bereits über eine Viertelstunde. Das grüne Licht bemerkten sie erst, als der Faun die Tür öffnete und sie mit einer Handbewegung einlud einzutreten. „Herein! Nur herein, Gentlemen!"

Seine Art erinnerte Carow immer daran, daß der Faun einmal Erste-Klasse-Steward auf einem großen Überseedampfer gewesen war. Er ging voraus in seiner etwas hüpfenden Art. „Er steht in einer Minute zur Verfügung. Einen Drink? Irgendeine Erfrischung?" Der Faun war in ihrem Alter, Mitte Fünfzig. Er sah jünger aus wegen dieses ständigen Grinsens und Herumhüpfens. Es war natürlich nicht sehr spaßig, wenn man wußte, daß der Grund für sein Hinken eine Polio war, an der er als Kind erkrankt war. Innerhalb der „Organisation" bekleidete der Faun kein offizielles Amt, sah man davon ab, daß er der Babysitter C.s war. Niemand jedoch bezweifelte, daß er in der Hierarchie ganz oben stand, daß er dem „Inneren Kreis" der Fünferbande, angehörte – was immer für Namen man den fünf, C. am nächsten stehenden Männern gab.

Wieder warteten die vier, stehend. Aus einem angrenzenden Raum, dessen Tür halb offenstand, hörten sie das Geräusch eines elektrischen Rasierapparates. „Er hatte noch keine Zeit", flüsterte ihnen der Faun zu.

Carow fühlte sich unbehaglich. Vielleicht wegen der Golfkleidung, die in dieser Umgebung unpassend schien. Vielleicht war es der Raum selbst, das sterile Graugrün der Wände, das künstliche Licht; vor den Fenstern hingen weiße, geschlossene Plastiklamellen.

Endlich ging die Tür auf, und C. kam in den Raum. Er sah müde und bleich aus, nicht wie jemand, der sich gerade frisch gemacht hatte. Der dunkle, altmodische Zweireiher verstärkte den Eindruck. Die dunkle Krawatte auf dem weißen Hemd war verrutscht. Er gab jedem die Hand; Carow war es fast peinlich, diesen weichen, energielosen Händedruck zu erwidern.

In einer Ecke stand ein großer, runder Konferenztisch. Sie hatten ihre feste Sitzordnung, drei auf der einen Seite, C. und der Faun nebeneinander auf der anderen Seite. Der Faun stellte ein gefülltes Glas vor C. hin.

„Also, Heiner, du beginnst."

Carow verteilte die Ordner. Den Bericht über den Verdacht gegen Borchers, den Leiter der Unterabteilung CSSR, hielt er zurück. Ziegler, Blumenschein und der Faun begannen zu lesen. C. öffnete seinen Ordner nicht. Was war los mit ihm, war er zu müde, einen Bericht von nur sieben Seiten zu studieren?

„Wie glaubwürdig ist der Agent?" fragte Ziegler, als er den Bericht zu Ende gelesen hatte.

„Zuerst hatte ich meine Zweifel. Es klang mir fast zu dramatisch – ein Treffen aller Geheimdienstchefs, Polen, Ostdeutschland, CSSR, Ungarn – und der Russe als Beobachter!"

„Nicht natürlich, wenn sie sehen, wie die Schleusen sich öffnen", warf Blumenschein ein.

„Die Details haben mich überzeugt. Seite drei, die Absicherung des Konferenzraumes gegen jedes mögliche Abhören; so erhielt CS 91 03 77 seine Chance, das Ganze in Erfahrung zu bringen. Seite fünf, unten – für mich das überzeugendste Detail –, sie haben sich auf Deutsch als Hauptsprache geeinigt. Bei einem Treffen in Prag! Das sieht ganz nach Zentner aus – ihr kennt seine Schwäche in Fremdsprachen."

C. schien plötzlich zu erwachen. Er begann zu lesen, und sein Gesicht schien noch blasser zu werden. Sie warteten auf ihn, dachten, er würde eine Bemerkung machen, aber er schob nur seine Brille auf die Stirn und starrte an ihnen vorbei.

„Deine abschließende Meinung?" insistierte Ziegler.

„Es stimmt mit unseren anderen Daten überein, wie du selbst sagst. Sie müssen vor ernsthaften Schwierigkeiten stehen."

„Wir sollten uns noch mal ansehen, was wir haben", unterbrach Ziegler, „unter dem Aspekt dieses Berichtes." Seine Worte waren an C. gerichtet, aber der reagierte nicht, deutete nur an, sie sollten allein weitermachen.

Sie nahmen sich die Studie der letzten Woche vor. Carow war der Bericht so vertraut, daß er sich erlauben konnte, mit den Gedanken abzuschweifen, ohne daß er versäumte, Zieglers Fragen zu beantworten.

Er blickte immer wieder zu C. hinüber und fragte sich: War ihm dies alles zuviel, entglitt ihm die Kontrolle?

C. wurde in diesem Jahr siebenundsechzig. Es gab niemand in seinem Beruf, der so lange wie er an der Spitze eines Geheimdienstes stand, praktisch seit dem Jahre 1943.

„Wenn ich zusammenfasse“, kam Ziegler zum Ende, „dann haben wir starke Anzeichen, daß dem Ostblock in den kommenden Wochen alarmierende Schwierigkeiten bevorstehen, besonders in der Zone! Wir müssen annehmen, daß diese Geheimkonferenz dazu dient, Maßnahmen zu beschließen.“

„Warum bringen wir nicht Sektion S ins Spiel?“ Die Sektion S, von der Blumenschein sprach, das waren die „Stinker“, eine Abteilung, die sich in keinem Organisationsplan fand; sie beschäftigte sich mit der technischen Seite von aktiver Widerstandstätigkeit in Feindländern. Carow fand es an der Zeit, sich zu äußern.

„Starke Anzeichen, ja. Aber wir brauchen sehr viel mehr für eine Bestätigung. Unsere Annahme beruht auf unserer Auswertung und dem Bericht eines einzigen Agenten!“

Alle blickten C. an. Was würde er entscheiden? Sie hatten die Symptome aufgezeigt, er würde die Diagnose stellen, die Art der Behandlung festlegen, so war es immer gewesen. Aber er saß dort, schläfrig, als hätte er nichts von allem mitbekommen. Nichts in seinen farblosen Augen, fand Carow, drückte wirkliches Interesse aus, und als er sprach, klang seine Stimme eher unsicher.

„Es gibt ein Problem mit diesem Agenten CS 91 03 77, oder nicht, Heiner? Warum versteckst du deine Karten im Ärmel?“

Erst später, als das Projekt eine Wendung nahm, die niemand in diesem Moment vorhersehen konnte, erst da stellte Carow sich die Frage, ob C. sie nicht alle in dieser Sitzung getäuscht hatte. Ob sein Schwanken und Zögern nicht nur Maske gewesen waren. Hatte C. bereits an diesem Morgen Martin im Auge – spielte er schon mit dem Gedanken, Martin nach Prag zu senden; Martin, der fernab auf der Insel Ibiza wohl nie damit rechnete, noch einmal zurückgerufen zu werden? Und Zimra – spukte deren Dossier bereits in C.s Kopf herum . . .?

Damals war keine Zeit für solche Gedanken gewesen. Carow hatte die Ordner mit dem Verdacht gegen Borchers, die er zurückgehalten hatte, jetzt reihum verteilt und seinen mündlichen Bericht gegeben.

Ein langes Schweigen folgte, eine plötzliche Anspannung. Carow fühlte, was die anderen dachten, was ihre erste Reaktion sein mußte – Unglauben!

Es konnte einfach nicht möglich sein; denn das wußten alle an diesem Tisch natürlich, was die Tatsache einer undichten Stelle innerhalb der „Organisation" bedeutete, wie so etwas ihre ganzen zukünftigen Aktionen lähmen konnte! Es war das, was jeder Geheimdienst am meisten zu fürchten hat – einen feindlichen Agenten, einen Verräter in den eigenen Reihen.

Carow wählte jedes seiner Worte mit Bedacht: „Der Tod von CS 91 03 77 schließt den möglichen Verdacht ein, daß es in der tschechoslowakischen Abteilung ein Leck gibt – an der Spitze."

„Borchers – unmöglich!"

„Ist er nicht überprüft worden?" fragte Ziegler.

Carow schlug in seinem Bericht nach. „Erst vor knapp zwei Jahren. Volle Unbedenklichkeit der Sicherheitsabteilung. Keine besonders hohen Geldausgaben, keine Gesundheitsprobleme. Pedantischer Mann, nicht allzu ehrgeizig, leistet trotzdem gute Arbeit."

„Reisen ins Ausland?" Diesmal fragte der Faun.

„Keine. Wie sollte er, mit seiner Mutter." Auch dem hatte Carow nichts hinzuzufügen: Sie wußten alle, daß Borchers mit seiner an den Rollstuhl gefesselten Mutter zusammenlebte.

„Vielleicht hohe Arztrechnungen, von denen wir nichts wissen?" fragte Blumenschein.

Carow schüttelte den Kopf. „Das Haus, in dem sie leben, gehört der Mutter. Außerdem hält sie Anteile an dem Familienunternehmen. Da läßt sich keine Erklärung finden."

„Unwahrscheinlich das Ganze, in höchstem Grade unwahrscheinlich." Es war C., der sich plötzlich einschaltete. „Alles, was wir bisher gehört haben, Heiner, sind Vermutungen. Kurella ist unterrichtet. Ihr habt Borchers' Panzerschrank geöffnet. Er hat keine Beweise beiseite geschafft, sagst du. Hat er sonst seine Kompetenzen überschritten? Seine Nase in Dinge gesteckt, die ihn nichts angehen?"

„Bisher haben wir nichts Derartiges finden können."

„Wo also sind die Beweise?"

„Wir müssen suchen. Die Frage ist – wie weit gehen wir?

Telefonüberwachung, persönliche Überwachung –, das mußt du entscheiden."

„Ich weiß, was sie im Osten in einem solchen Fall tun würden", murmelte Blumenschein.

In C.s Stimme lag Ungeduld. „Wollt ihr unbedingt Berichte in der Presse? Am Ende eine öffentliche Gerichtsverhandlung? Im Moment würde uns das mehr schaden als das Leck selbst. Wir werden eine Untersuchung einleiten. Auf leisen Sohlen! Meinetwegen persönliche Überwachung. Keine Telefonüberwachung, daran sind zu viele Leute beteiligt."

Der Faun hatte einen Vorschlag. „Wir könnten Borchers testen, ihm Material zuspielen."

„Wenn Borchers wirklich für sie arbeitet", sagte Carow, „dann muß er Qualitäten haben. Dann wird er nicht gleich nervös. Gezinkte Karten würde er sofort erkennen."

„Jedenfalls bringt es Probleme für unser Projekt", sagte Ziegler. „Das Treffen findet in Prag statt, betrifft also Borchers' Abteilung. Sie wäre normalerweise daran beteiligt. Lassen wir ab sofort nichts mehr über seinen Tisch gehen, wird er es sicher bemerken. Stoppen wir es nicht – wie können wir unser Projekt dann fortführen?"

Die Frage war gestellt. Sie alle wußten, eine Lösung zu finden würde nicht einfach sein.

Erst viel später kam Carow der Gedanke, daß C. längst die Lösung gefunden hatte, daß die Karten nur noch nicht richtig lagen, vor allem, daß niemand je sagen konnte, er selbst habe sie gemischt und ausgeteilt...

Die jungen Drachen servierten das Essen, trugen die Reste ab, brachten Kaffee und Tee. Die Gespräche der fünf Männer drehten sich nicht mehr um Dinge der „Organisation", sondern um Privates. Auch die Atmosphäre änderte sich. Hatte es zuvor Spannungen zwischen ihnen gegeben, so breitete sich jetzt ein Gefühl von wachsender Gemeinsamkeit aus.

„Fangen wir wieder an." C. hatte sich eine von Blumenscheins Zigarren genommen, was selten vorkam. „Was tun wir? Ich möchte eure Meinung hören. Du zuerst."

Er deutete auf Blumenschein.

Für den „Sterngucker" gab es kein Zögern. „Die einzige Methode, einem kommunistischen Regime Schaden zuzufügen, ist Gewalt Wir sollten Sektion S ins Spiel bringen. Die Zone explodieren lassen."

Ziegler sagte: „Nach unserem Wissensstand steht der Block vor einer krisenhaften Situation. Wir sollten das Kanzleramt unterrichten, vielleicht die befreundeten Dienste. Wir können die Entwicklung weiter beobachten, unsere elektronische Überwachung verstärken."

„Heiner?"

„Wir brauchen mehr. Mehr Fakten. Wir sollten versuchen, jemanden unter Zentners Tisch zu schmuggeln."

„Einen Agenten auf das Treffen in Prag ansetzen?"

„Ja."

„Faun?"

Der strich sich durch die rötlichen Haare, sichtlich unbehaglich, angesprochen worden zu sein. „Hat die Abteilung Beschaffung die Möglichkeiten dazu?"

Diesmal ließ C. sie nicht auf seine Entscheidung warten. „Ich fürchte, ihr müßt auf euer Wochenende verzichten. Macht euch an die Arbeit. Seht euch das gesamte Material noch einmal an. Blumenschein geht ins Archiv; ich meine, wir haben da Berichte über das Treffen der Blockgeheimdienstchefs während der früheren Krisen. Rückfragen, wenn nötig ... Ich möchte sichergehen, versteht ihr? Dies ist unsere große Chance ..."

„Die Entscheidung?" beharrte Ziegler.

„Treffen wir morgen. Faun wird alles besorgen, was ihr für die Nacht braucht, die Drachen werden euch ernähren ..."

3. Kapitel

Für Carow wurde das Wochenende zu einem Alptraum. Er hatte Schmerzen und schlief schlecht. Er rasierte sich im Waschraum auf seinem Flur. Dann frühstückte er mit den anderen im Konferenzraum und nahm seine Arbeit wieder auf: Akten und Ordner waren über seinen ganzen Schreibtisch verstreut. Er fühlte sich überflüssig bei dem, was sie hier alle taten, ja, er fühlte, die Arbeit selbst war unnötig.

Zieglers Vorschlag war der einzig vernünftige: Einen Report machen, und dann sollten die Politiker darüber entscheiden, welche Konsequenzen sie daraus zu ziehen gedächten. Dienstag war C.s Tag in Bonn, um den Regierungschef persönlich zu informieren.

Der Sonntag verging. Sie trafen sich einige Male im Konferenzraum, um sich abzustimmen. Zweimal wurden sie zu C. gerufen, um Fragen zu beantworten, und fanden den Thronraum wie ein unaufgeräumtes Archiv vor, voller Akten.

Sie hatten sich gerade zum Abendessen, wieder im großen Konferenzraum, niedergesetzt, als Paulys Stimme über die Sprechanlage kam: „Bei C. erscheinen."

Sie mußten vom dritten Stock heruntersteigen. Als sie C.s Büro betraten, war es aufgeräumt. C. saß hinter seinem Schreibtisch, ohne Jackett, die zu langen Ärmel seines weißen Hemdes von breiten Gummis gehalten. Er hatte sich die ganze Zeit nicht rasiert. Die weißen Bartstoppeln machten sein Gesicht schmaler, aber der Ausdruck auf seinem Gesicht war sehr verschieden von dem gestern, die Augen voller lebhafter Listigkeit. „Faun . . . Drinks!"

Noch ehe sein eigenes Glas vor ihm stand, begann C.: „Ich hatte eine lange Unterredung mit Kurella. Es hat sich ein weiterer Verdacht gegen Borchers ergeben. Alles deutet darauf hin – Borchers ist die undichte Stelle; jedoch kein endgültiger Beweis. Also wird Kurellas Abteilung nach Beweisen suchen – nichts Offizielles, keine offene Untersuchung. Keine Telefonüberwachung. Die ‚Gerichtsvollzieher' werden ihn übernehmen." Die „Gerichtsvollzieher" waren die Leute von der Überwachungsabteilung.

Ziegler sagte: „Das löst unser Problem nicht."

„Moment, dazu kommen wir. Blumenschein hat einen aufschlußreichen Agentenbericht ausgegraben. Die Woche vor dem Mauerbau. Dasselbe Treffen der Chefs der Block-Geheimdienste. Dieselbe Besetzung. Zentner, der den Vorsitz führt und für einen harten Kurs eintritt."

Während C. fortfuhr, blieb Carow nicht verborgen, wie C. immer wieder auf Zentner zurückkam; ja allein wie er den Namen aussprach, verriet innere Erregung. Bei dieser Sache war etwas Persönliches im Spiel . . .

„Die Frage ist, Heiner, wie gut sind deine Möglichkeiten? Was und wen schlägst du vor?“

Die Entscheidung war gefallen. Er sollte es sein, Carow, seine Abteilung, seine Läufer! Das war die Lösung. Die uralte, herkömmliche Methode: ein Agent. Dafür hatte er sich eingesetzt, vom ersten Tag an, als dieses Projekt begonnen hatte. Er hätte zufrieden sein müssen.

„Wir können niemand vor Ort benützen“, sagte Carow, „abgesehen davon, daß wir augenblicklich keinen Mann in Prag haben, der gut genug dafür wäre. Wir brauchen einen Mann von *draußen,* jemand, der im Moment keinerlei Verbindung zu uns hat ..., einen Mann, der sich dort auskennt, der die Sprache beherrscht. Wir müssen ihn präparieren. Das Treffen in Prag beginnt bereits in acht Tagen, nicht wahr?“

„Ja, wenn wir CS 91 03 77 Glauben schenken.“

„Das gibt den Kopfjägern nicht sehr viel Zeit.“

„Keine Kopfjäger!“ protestierte C. „Das machst du selbst. Und wenn du den Richtigen gefunden hast, dann wirst du ihn bei dieser Aktion selbst rekrutieren und selber führen – von einer Außenstation aus. Ich möchte den Agenten gefunden haben, bevor ich nach Bonn gehe.“

Carow dachte an die Probleme, die auf ihn zukamen. Wer war der richtige Mann?

Schon tauchten Namen in seinem Gedächtnis auf, sah er Gesichter an sich vorbeiziehen ... Die fünf Männer in C.s Büro hatten noch weitere Beschlüsse zu fassen; Carow beteiligte sich daran, aber nur noch halbherzig.

Das Treffen der fünf ging seinem Ende zu. Es war nach neun Uhr. Sie waren jetzt dreiunddreißig Stunden zusammen. Die Lösung war gefunden.

C. standen die letzten Worte zu: „Von dem Augenblick an, wenn ihr hier zur Türe rausgeht, setzt das große Schweigen ein! Der Betrieb läuft weiter wie normal, auch die Untersuchung gegen Borchers. Heiner, du solltest andeuten, daß du in den nächsten Tagen ins Krankenhaus gehst, um dich operieren zu lassen. Bereite den Boden vor für die Tage, die du in der Außenstation verbringen wirst.“

Carow war froh, als er endlich nach so vielen Stunden wieder ins Freie konnte. Das Wetter war umgeschlagen, ohne daß er innerhalb des klimatisierten Gebäudes etwas davon gemerkt hätte. Es war sehr viel wärmer, selbst jetzt, am Abend.

Er würde später ins Hauptquartier zurückkehren und seine Suche nach den Agenten beginnen. Das war eine Lektüre, die er nicht scheute: die Quellenbücher der Läufer.

Carow liebte den lichtlosen, unterirdischen Raum – ein Teil des Archivs –, in dem sie unter Verschluß gehalten wurden. Bis zum Morgen würde er seine Auswahl getroffen haben, und die Quellenbücher der möglichen „Kandidaten" würden dann im Panzerschrank in seinem Büro liegen ...

BORCHERS hatte nicht viele Freunde innerhalb der „Organisation", aber auch keine Feinde. Er sah auf unscheinbare Art nett aus, und weder sein Äußeres noch sonst etwas an ihm ließ die Vorstellung aufkommen, er könne eine dunkle Doppelexistenz führen. Daß er sich die Freiheit nahm, jederzeit während der Dienststunden seinen Schreibtisch zu verlassen, darüber wunderte sich niemand. Alle wußten, daß er sich um seine Mutter kümmern mußte, die ohne ihn hilflos war.

Das „Lamm" – wie Borchers von seinen Kollegen genannt wurde – hatte sich an diesem Montag seine Freizügigkeit zunutze gemacht und das Hauptquartier um 11.30 Uhr verlassen. Stunden später lag der Report der „Gerichtsvollzieher" auf Kurellas Schreibtisch: Borchers begibt sich direkt nach Hause. 12.30 Uhr: führt seine Mutter in den Nymphenburger Park. Bleiben eine Stunde, das „Lamm" auf einer Bank, die Mutter im Rollstuhl (Lokalskizze anbei). Keine Kontakte mit einer anderen Person. Einchecken beim Haupttor: 14.05 Uhr. Seither an seinem Schreibtisch.

Die tschechoslowakische Abteilung war in einer der Holzbaracken untergebracht, die aus der Zeit stammten, als die Amerikaner das Lager benutzt hatten. Borchers war noch um sieben Uhr an seinem Schreibtisch. Geißlers Bericht über den Vorfall an der Grenze, von Carow weitergeleitet, lag vor ihm; es war ganz natürlich, daß Borchers sich noch damit beschäftigte.

Der Bericht war ein Schock gewesen. Nicht so sehr wegen der Konsequenzen, die sein letztes Signal für CS 91 03 77 bedeutet hatte, sondern wegen des Verdachts, den der Bericht in ihm auslöste. Borchers hatte schon seit Tagen gespürt: Es lag etwas in der Luft. Aber er hatte sich zur Vorsicht gemahnt; Verdacht war ein Gefühl, mit dem er ständig lebte: Wann würde es so weit sein, daß man ihn entlarvte?

Er war nicht der Mann, sich unnötig Dinge vorzustellen. Er konnte warten, er war beharrlich, überstürzte nichts. Natürlich hätte er gerne Bescheid gewußt.

Aber seine Möglichkeiten herauszufinden, was an seinem Gefühl richtig war oder nicht, waren gering.

Innerhalb des Hauptquartiers konnte er nur wachsam sein, aufpassen, ob man seiner Abteilung etwas vorenthielt. Sich auf gezinkte Karten konzentrieren. Sich weiter vorzuwagen hatte keinen Sinn. Mit Neugier und Übereifer brachte man den Kopf nur in die Schlinge. Er konnte vorläufig nicht einmal seine „Freunde" von seinem Verdacht unterrichten. Er hatte sie nie mit Phantasiegebilden beliefert, sondern immer nur mit harten Fakten.

Draußen hatte Borchers mehr Möglichkeiten, seinen Verdacht zu überprüfen. Dem war auch die Idee entsprungen, seine Mutter spazierenzuschieben. Der Park mit seiner offenen Anlage war schwer zu überwachen.

Denn das war Borchers klar, wenn *er* keine Fehler machte, dann mußten *sie* Maßnahmen ergreifen.

Das Ergebnis war zwiespältig; sicher war er nicht. Er würde eine weitere Probe machen auf dem Weg nach Hause; um acht Uhr würde der Verkehr in die Stadt hinein nicht mehr so dicht sein und es ihm erleichtern festzustellen, ob man ihm folgte.

Das Haus stand in einer ruhigen Straße, die an einem kleinen Kanal vorbeiführte. Sie lebten in einer der Parterrewohnungen mit direktem Lift für den Rollstuhl in die Tiefgarage.

Als Borchers nach Hause kam, war er überzeugt, daß sein Verdacht unbegründet war, daß er sich von der allgemein nervösen Atmosphäre in der „Organisation" hatte anstecken lassen. Er hatte die Wagen, die ihm folgten, beobachtet. Seinen eigenen in einer Werkstatt abgegeben. Die Straßenbahn benützt, den Rest des Weges zu Fuß zurückgelegt. Vor dem Haus parkten drei Wagen; auch die betrachtete Borchers sorgfältig. Aber auch dies war nichts Außergewöhnliches; sobald das Wetter besser wurde, war es den Mietern zuviel, die Autos in die Garage zu fahren.

Schon in der Diele hörte er, daß eines der Bänder lief. Seine Mutter litt an einer fortschreitenden Arteriosklerose, und neben Lähmungserscheinungen waren Sehschwierigkeiten hinzugekommen. Sie konnte nicht mehr selber lesen, sondern sich nur auf Band gesprochene Bücher anhören, die sie der Musik vorzog.

Sie saß im Wohnzimmer in ihrem Rollstuhl und war wie stets sehr sorgfältig gekleidet; ihr Gesicht rührte den Sohn immer wieder: schmal, eine festgezogene Haut über den feinen Knochen, gab es ihr die bleiche Schönheit eines jungen Mädchens; als ob ihr Körper sie damit für seine sonstige Zerstörung entschädigen wollte.

Das Band war zu Ende.

„Wie hat es dir gefallen?"

„Nicht besonders."

„Es war ein Vorschlag der Bibliothekarin."

„Das wundert mich. Sie kennt doch meinen Geschmack."

„Ich werde es morgen auswechseln." Er stellte den Apparat ab. „Was willst du zum Abendessen?"

„Nicht viel. Tee, Toast. Es ist noch etwas Lachs da."

Er rollte den Wagen ins Wohnzimmer, deckte auf. Dann schob er ihren Rollstuhl an den Tisch im Erker. Er selber setzte sich so, daß er die Straße im Auge behalten konnte. Das große Licht hatte er gelöscht. Die drei Wagen parkten unverändert vor dem Haus. Dann sah er, was er im Grunde nicht mehr erwartet hatte: das kurze Aufflackern im mittleren der drei Wagen; jemand hatte sich eine Zigarette angezündet.

„Macht dir irgend etwas Sorgen?"

„Ich hab zu lange gearbeitet." In gewissem Sinne erleichterte es ihn zu wissen, woran er war. Jetzt, wo er die Bestätigung hatte, hatte er auch einen Grund, seine Freunde zu unterrichten. „Vielleicht brauche ich Ferien."

„Schwester Karin kann zwei oder drei Tage bei mir bleiben."

„Ich meine längere Ferien."

Allein? Sie brauchte es nicht auszusprechen, es genügte, daß sie ihren Sohn schweigend ansah. Dieses Schweigen war ihre stärkste Waffe.

„Es könnten Umstände eintreten . . .“

„Eine Frau?“

Er hätte fast gelacht über das Mißverständnis. Es hatte Zeiten gegeben, da hatte er ihr noch Frauen vorgestellt. Eine hatte sogar den Mut gefunden, hier einzuziehen. Ihr Schweigen hatte genügt, sie zu vertreiben . . .

„Nein, keine Frau.“

Er mußte lange warten, bis sie schlafen ging. Als sie schließlich zu Bett gegangen war, kehrte er ins Wohnzimmer zurück, zog die Vorhänge zu und suchte die auf Band gesprochenen Bücher zusammen, die er für seine Mutter ausgeliehen hatte. Das Band auf dem Wiedergabegerät spulte er zurück, hörte hinein, bis er eine bestimmte Stelle gefunden hatte. Dann schaltete er das Gerät auf Aufnahme, sprach seine Nachricht auf das Band, während er die entsprechende Stelle der Erzählung gleichzeitig löschte. Er legte alle Bänder für den nächsten Tag bereit, knipste das Licht aus und zog die Vorhänge wieder auf.

Es waren immer noch drei Wagen, aber der mittlere war eine andere Marke; die Ablösung vermutlich. Was für ein Aufwand! Im Grunde hieß es, daß sie nichts gegen ihn in der Hand hatten. Oder nicht genug.

Borchers war nicht in Eile; er würde keine Fehler machen. Ein überraschender Gedanke kam ihm: Wie hatte es eigentlich angefangen? Was war sein Motiv, daß er für „die anderen“ arbeitete? Es lag so weit zurück, daß er Mühe hatte, sich zu erinnern: England 1944. Kriegsgefangenschaft. Das Lager. Wie alt war er gewesen? Knapp über zwanzig. Wie hatte man ihn eigentlich damals dazu gebracht, technische Dinge ihres U-Bootes zu verraten? Was hatten sie ihm dafür in Aussicht gestellt? An das Ende erinnerte er sich deutlicher: der plötzliche Aufbruch nach dem Ende des Krieges, der Nachtflug in die britische Zone; die Fahrt im Wagen; das einsam gelegene Haus: Zivilsachen, Entlassungspapiere, ein Judaslohn. Ohne Vorankündigung, ohne eine Erklärung. Entsprang dem sein Motiv? War er deshalb ein so williges Objekt der anderen geworden?

Es spielte längst keine Rolle mehr. Hatten Agenten überhaupt Motive? Agenten waren normale, gewöhnliche Menschen. Sicher handelten sie aus allen möglichen Motiven heraus. Aber war das wichtig?

Je länger einer in dem Beruf arbeitete, um so weniger wichtig waren Motive. Männer wie Ziegler und Carow? Sie füllten einen Beruf aus – aber Motive?

Er jedenfalls, den sie das „Lamm" nannten, er brauchte schon lange kein Motiv mehr. Oder: Sein Handwerk, das Handwerk des Spions war sein Motiv – seine Arbeit gut zu tun!

Borchers verließ seinen Platz am Fenster. Er steckte die Bänder in seine Aktentasche. Ein langer Tag lag hinter ihm, aber er fühlte sich nicht müde. Er hatte den Schock vom Morgen überwunden, war nicht länger nervös. Er würde fortfahren zu tun, was seine „Freunde" von ihm erwarteten.

C. HATTE den Ort des Treffens vorgeschlagen, einen Wirtshausgarten nicht weit von dem Militärflughafen, von dem aus er mit einem Hubschrauber nach Bonn flog. Er saß bereits an einem der Tische unter den Kastanien im hinteren Teil des Gartens. Der Faun war ebenfalls da; einige Tische entfernt hielt er C.s Rücken frei.

Carow entnahm seiner Tasche drei graue Akten. „Ich habe drei Kandidaten."

„Laß sehen."

„Der oberste ist meine erste Wahl."

C. nahm die nicht sehr umfangreichen Dossiers. „Rosell . . . Ich dachte, daß du auf den kommen würdest. Pinkert? Ich weiß nicht, den habe ich eigentlich nicht vor mir gesehen." Er war bei dem dritten Dossier angelangt und blickte auf. „Wie kommt Martin unter die Kandidaten?"

„Er steht erst an dritter Stelle."

„Trotzdem ist er dabei. Warum? Um mir einen Gefallen zu tun? Weil er ein Veteran ist, einer von der alten Schule?"

„Martin war einer unserer Besten – zu seiner Zeit. Eine lange Zeit im Feld, drei Jahre Ost-Berlin, sechs Jahre Dresden, insgesamt siebzehn Jahre in der Zone. Ein ruhiger, ausgeglichener Charakter, dabei ehrgeizig. Immer die Nase vorn, ein ‚Läufer', wie er im Buch steht. Und immer besonders gut bei Einzelaufträgen, auf sich allein gestellt ..." Carow merkte, daß er prompt in die Falle gegangen war, die C. ihm gestellt hatte: einen Mann zu loben, den er eben noch als dritte Wahl bezeichnet hatte.

„Du hast ihn fünfundvierzig selber angeworben?"

„Siebenundvierzig. Ich bin bei einer Anwerbungstournee in Dresden auf ihn gestoßen; ich hörte, daß er bei einer halbmilitärischen Einheit gelandet war, Leuten, die sich freiwillig gemeldet hatten, um die Gewässer von Minen zu säubern. Das ist ein Zug seines Charakters, der mir später manchmal Sorgen machte, diese Neigung, die Gefahr zu suchen."

„Sie kommen alle an den Punkt, früher oder später."

Carow ging nicht darauf ein. „Ich bat ihn damals um eine kleine, unwichtige Sache. Nach einer Probezeit ließen wir ihn frei laufen."

C. suchte etwas in dem Dossier. „Da war etwas mit seiner Frau?"

„Seite zwei, unten. Sie wurde getötet, bei einem Unfall; ein Explosionsunglück in einem chemischen Werk. Die beiden waren noch nicht ein Jahr verheiratet."

„Nie mehr geheiratet?"

„Nein."

„Frauenprobleme?"

„Keine, die uns bekannt wurden."

„Kein Anhang, glaube ich?"

„Beide Eltern sind tot. Seine Mutter war Tschechin, daher beherrscht er die Sprache."

C. beschäftigte sich ernsthaft mit Martins Dossier. „Ich sehe hier nichts über die Gründe, warum er uns verlassen hat."

„Er war ein Opfer der Zentner-Offensive 1964. Es war ein bitteres Jahr, wir wurden völlig ausgetrocknet in der Zone. Martin hielt sich bis zum Herbst, weil er allein arbeitete. Das Urteil lautete auf zwanzig Jahre. 68 tauchte sein Name auf der Liste auf, und wir konnten ihn austauschen ..."

„Uns fehlten sechs Monate, war es so?"

„Ja. Für das letzte halbe Jahr gab es keine Zeugen – das hat uns neugierig gemacht."

„Er hat nichts zurückgehalten? Er hat sich gereinigt, oder? Er selber hat uns doch berichtet, sie hätten ihm angeboten, für den ‚Apparat' zu arbeiten?"

„Ja."

„Als er uns vor sechs Jahren verließ, hatte er sein Unbedenklichkeitszeugnis? Er ging aus freien Stücken, war es so? Nicht, weil unsererseits irgendwelche Zweifel blieben?"

„Er ging vollkommen rein."

„Du hast damals die Verhöre geführt?"

„Ja. Kurella war natürlich beteiligt. Aber ich hatte das Gefühl, da war irgend etwas, mit dem Martin zurückhielt."

„Haben wir ihm angeboten zu bleiben?"

„Ja, eine Aufgabe im Kurierdienst mit der Aussicht, ihn später wieder zu aktivieren. Es war mehr oder weniger ein Abstellgleis – dafür war er nicht gemacht."

„Im Dossier steht nichts über eine finanzielle Abfindung."

„Er lehnte ab."

„Was war hinterher?" fragte C.

„Er wurde Tauchlehrer, zuerst auf Elba, dann Eilat am Roten Meer. Er besitzt jetzt eine eigene Taucherschule auf Ibiza . . ."

„Du sagtest, du hättest damals das Gefühl gehabt, er hielte mit irgend etwas zurück?"

„Es war ein Gefühl – am Ende unbegründet."

„Versuch dich zu erinnern. Es ist wichtig, ein Name, der in dem Zusammenhang aufgetaucht sein könnte – Steffin! Sagt dir das etwas?"

„Steffin? Nein. Mann oder Frau?"

„Zimra."

„Was ist das?"

„Ein weiblicher Vorname. Zimra Steffin."

„Bestimmt nicht."

„Ich möchte, daß du im Archiv nachforschst – mit aller Vorsicht."

„Ich weiß nicht, was dir vorschwebt, aber ich denke, wir sollten Rosell nehmen. Martin ist jetzt neunundvierzig. Das ist sehr alt für die Arbeit im Feld."

„In Ordnung, Heiner! Der Läufer, wer immer es sein wird, gehört dir für die Dauer des Auftrags. Du führst seine Bücher, du präparierst ihn, du läßt ihn laufen – also suchst du ihn auch aus."

„Von wo aus führe ich ihn?"

„Deine Entscheidung. Bring alle Kandidaten hierher; benütz einen Vorwand. Laß vor allem Martin im dunklen."

„Das hab ich vorbereitet. Ist es wirklich nötig, daß wir alle drei in Quarantäne legen?"

„Von mir aus kannst du Pinkert ausscheiden. Die anderen beiden hätte ich mir gern angesehen. Du kannst nichts dagegen haben, daß ich sie mir *ansehe?"*

C. erhob sich. Gefolgt von dem Faun, verließen sie den Garten, gingen zu den Wagen. „Du bereitest alles vor? Die Tarnung für diesen Auftrag, Signale, Codes, Ein- und Ausstiege?"

„Ich sitze bereits daran."

„Wann kannst du die beiden hier haben?"

„Rosell heute abend. Martin morgen abend – wenn er anbeißt. Da ich ihm nicht sagen kann, um was es geht, bleiben mir nicht viele Möglichkeiten. Du kommst heute wieder aus Bonn zurück?"

„Vielleicht bleibe ich bis morgen. Vergiß nicht, deinen Rückzug einzunebeln! Geh zum Arzt, reservier ein Krankenbett in einer Klinik."

4. Kapitel

Die Wasseroberfläche teilte sich keinen Meter vom Schlauchboot entfernt. Ein Kopf tauchte auf, bedeckt mit dunklen Haaren, ein Arm kam heraus und umklammerte den Rand. Martin zog die schwarze, tropfende Maske von den Augen und schwang sich ins Boot. Er nahm die Schwimmflossen und die Maske ab, legte sie beiseite und trocknete sich ab.

Für einen Mann, der so viel Zeit im Freien verbrachte, war er eigenartig wenig gebräunt. Er war nicht sehr groß; hatte den Körperbau eines Schwimmers; dennoch ließ er sich nicht eindeutig auf diesen sportlichen Typ festlegen, wegen seines Gesichtes. Es war viel zu nachdenklich für einen Schwimmer.

Martin startete den Motor. Er sprang stockend an und lief dann ruhig. Das Boot sprang in der See. Mit der einen Hand hielt Martin das Tau umklammert, mit der anderen das Ruder. Vor ihm lagen die weite offene Bucht und die Küste aus steilen Felsen, der obere Teil grün bewaldet mit vereinzelt eingestreuten weißen Häusern. Im Westen lag der Strand mit den drei hochgeschossigen Hotels. Unten, auf dem schmalen Streifen weißen Sandes zwischen Fels und Wasser, waren Männer dabei, Sonnenschirme und Liegestühle aufzustellen. Es waren noch keine Boote draußen und keine Schwimmer, dafür war es noch zu früh am Morgen. Es würden auch tagsüber nicht mehr viele werden.

Die Hauptsaison war vorüber. In zehn Tagen schlossen die Hotels und Martins Tauchclub.

Martin führte das Boot in einem weiten Kreis von der Bucht und dem Strand weg, passierte eine schmale Enge aus zerfressenem Vulkangestein, kam in eine andere Bucht. Das Wasser änderte sich, wurde ruhig und blau wie ausgelaufene Tinte.

Er stellte den Motor ab und befestigte das Schlauchboot an der im Wasser verankerten Boje. Er hob den Motor aus dem Wasser und blickte zum Himmel – nachdenklich –, dann stieg er ins Wasser, das ihm hier nur bis an die Brust ging, nahm seine Taucherausrüstung und watete zum Ufer. Das Wasser war so klar, daß man jede Rille Sand auf dem Grund sah.

Am Strand stand ein Wagen, sein alter, zerbeulter Seat. Mit großer Sorgfalt brachte er seine Ausrüstung im Wagen unter. Zu Hause würde er alles in die Badewanne legen und Wasser darüber laufen lassen, um das Salz abzuwaschen. Erst dann würde er selbst unter die Dusche gehen.

Er nahm die Straße, die ins Innere der Insel führte. Es war nur ein schmaler, in vielen Kurven sich windender Weg, rotbraun und schlammig bei Regen, jetzt beintrocken mit vielen Schlaglöchern und Steinen.

Man sah es dem Seat an, wie oft er die Fahrt über diese Straße gemacht haben mußte.

Das Geräusch, das vom Meer kam, war verstummt, und das Geräusch der Zikaden trat an seine Stelle. Je höher er in die Hügel kam, um so größer wurde die Hitze. Sie tat ihm gut nach der Kälte des Wassers. Im letzten Jahr hat es dir nichts ausgemacht, bei diesen Temperaturen zu tauchen, dachte er.

Er konnte es immer noch nicht verstehen – er hatte wirklich Angst gehabt! Kein momentanes Erschrecken, sondern tiefe, lähmende Angst.

Er war ohne Flasche zu tief getaucht, war in echten Schwierigkeiten gewesen. Es war nicht das erste Mal, aber nie zuvor hatte er unter Wasser ein Gefühl gehabt, das im entferntesten mit Angst zu tun hatte. Angst und Wasser, das waren zwei Elemente, die einfach nicht zusammengingen.

Der einzige Platz, an dem er sich immer sicher gefühlt hatte, war das Wasser! Das war auch der Grund, weshalb er sich entschieden hatte, an das Wasser zurückzukehren, als er vor sechs Jahren an dem tiefsten Punkt in seinem Leben angekommen war, und das einzige, was er gesucht hatte, Sicherheit war . . .

Er war nun in dem hügeligen Tal. Am Anfang war er noch an vereinzelten Häusern vorbeigekommen. Jetzt gab es nichts mehr als die Hitze, die ausgetrocknete Erde und ein paar Johannisbrotbäume. Die dunklen Früchte waren abgefallen und bildeten schwarze runde Flächen um die Stämme. Niemand würde sich die Mühe machen, sie zu ernten.

Alte Terrassenverbauungen und ausgetrocknete Brunnen zeigten, daß das Land einmal bebaut worden war. Eines der verlassenen Bauernhäuser hatte er vor vier Jahren gekauft. Es kam nun in Sicht, auf einem abgeflachten Hügel, unter einer Gruppe von Olivenbäumen.

Es gab eine zweite Zufahrt, einen Weg, der zur Hauptstraße nach San Juan Bautista führte, dem nächstgelegenen Ort. Eine Wolke von Staub hing über dem Verbindungsstück. Als er in den Hof fuhr, sah er den Wagen des Doktors. Méray saß im Schatten der Veranda. Er war einer der Ärzte in Ibiza-Stadt.

„Was, um Gottes willen, bringt Sie um diese Zeit hierher?"

Méray war ganz in Weiß, zerbeulte Hosen, Hemd, Schuhe; selbst sein rundes Gesicht und seine Haare waren hell bis auf einen tiefschwarzen Schnurrbart. Er war Ungar, 1956 aus dem Land vertrieben. Zwei Jahre später hatte er sich auf der Insel niedergelassen. Er sprach Spanisch immer noch mit einem starken Akzent. „Es ist ein langer Weg bis hierher."

Das war seine Art, um einen Drink zu bitten. Martin ging ins Haus. Es gab einen großen Raum, eine Küche und einen rechtwinkligen, angebauten Schlafraum mit Bad. Alles machte einen ordentlichen Eindruck, es gab kaum persönliche Dinge, Sachen, die sich gewöhnlich nach vier Jahren ansammeln.

Martin legte die Flossen, die Maske und den Schnorchel in die Badewanne und drehte den Hahn auf. Das Wasser kam nur in einem dünnen Strahl aus der Leitung. Er nahm die Flasche Herbas und trug sie hinaus auf die Veranda.

Méray füllte sein Glas. „Wenn ich etwas hasse, dann ist es, jemandem schlechte Nachrichten überbringen zu müssen." Er trank zögernd von dem Kräuterlikör.

Martin hatte früher oft das Gefühl gehabt, daß ihn irgendwann seine Vergangenheit einholen würde. Nun war es zum erstenmal seit langem wieder da.

„Sie erinnern sich an den Bluttest? Man gibt sich alle Mühe, paßt auf, und irgendeiner in Barcelona verwechselt die Proben und schickt mir den falschen Report." Méray holte ein weißes Taschentuch hervor, trocknete sich den Schweiß auf der Stirn. „Man hat eine beginnende Verstopfung der Kapillaren festgestellt. Sie müssen aufhören, Sie sind nicht mehr jung genug für diese Art zu tauchen . . ."

„Méray, hören Sie! Was ist wirklich los?" Hatte Méray wirklich den weiten Weg gemacht, um ihm das zu sagen? Martin blickte den Arzt an. „Sie wollen, daß ich nach Barcelona gehe?"

Méray ließ sich in den Korbsessel zurücksinken. Er war nicht fähig, seine Erleichterung zu verbergen. „Sie müssen den Test wiederholen. Um sicherzugehen, um Maßnahmen ergreifen zu können. Ich kann das hier nicht. In Barcelona gibt es Spezialisten . . ."

Vielleicht war es das Wort – Spezialisten –, daß es für Martin plötzlich keinen Zweifel mehr gab. Er stand auf. „Wer hat Sie hergeschickt, Méray?"

Auf der Stirn des Arztes standen Schweißperlen. „Was meinen Sie damit?"

„Wer, Méray? Mit was für einem Auftrag?"

Wie andere Agenten vor ihm, so hatte auch Martin gewußt, daß ihn nach seinem Rücktritt bestenfalls eine ruhige, unbedeutende Existenz im Schatten eines fremden Namens erwartete. Als Carow ihm den Kurierdienst angeboten hatte, wußte Martin, was es bedeutete abzulehnen.

Er hatte einen besonderen Grund gehabt, Zimra. Dennoch war es ihm nicht leichtgefallen. Er hatte schließlich diesen Ort gefunden, der besser war als irgendein Ort seit seiner Kindheit. Er war hier glücklich gewesen und in Sicherheit. Seine Alpträume hatten aufgehört. Aber das Gefühl hatte sich abgenützt. Glück und Sicherheit waren eines – das Fieber des Berufes ein anderes.

Er konnte nicht genau sagen, wann es begonnen hatte. Ja, er hatte es sich selbst nie eingestanden, daß der Virus der Krankheit noch immer in ihm steckte. Manchmal hatte er vermißt, was er zuvor getan hatte, hatte die Jahre in Furcht vermißt, selbst die Träume, die ihn nachts zitternd aufwachen ließen ... Er wußte, daß er auf diesen Augenblick gewartet hatte ...

„Sie haben mich unter Druck gesetzt, Martin, haben mir gedroht, mir meine Zulassung zu entziehen. Ich hasse es wirklich, dies zu tun, Martin!"

„Was sollen Sie mir vorschlagen?"

„Was ich gesagt habe. Nach Barcelona zu fliegen."

„Mit welcher Maschine?"

„Iberia. Morgen früh, neun Uhr dreißig. Wer sind die, Martin?"

„Heißt das, Sie wissen es nicht?" Martin mußte plötzlich lachen.

„Sie werden also fliegen?"

Die beiden Männer tranken den Herbas. „Sagen Sie, Méray – der Test, was hat der wirklich ergeben?"

„Ein klarer Fall von Caissonkrankheit. Bildet sich zurück, aber die Symptome werden wieder auftreten, juckende Haut, Gelenkschmerzen, allenfalls Ohnmacht, Lähmungen. Sie müssen das Tauchen aufgeben, am besten vollständig." Er erhob sich. „Ich habe noch ein paar Besuche in der Gegend zu machen."

Martin blickte dem Wagen lange nach. Es gab einiges zu erledigen, aber er hatte reichlich Zeit dafür. Das Schlauchboot würde am meisten

Arbeit machen; es ablassen, an Land bringen, über den Weg hierher, es von Salz säubern, einölen, wieder aufblasen.

Den Motor würde er zur Überholung wegbringen; sein Nachbar konnte ihn später holen. Er mußte zur Schule, regeln, wer ihn für den Rest der Saison vertrat.

Der Wagen des Arztes war verschwunden. Eine lange Staubschlange zog sich durch das Tal.

Martin wußte nicht, was sie mit ihm vorhatten. Er hatte sogar ein Gefühl, das ihn warnte, das ihn seine Situation und sich selber klar sehen ließ: Er, Martin, der zurückgetretene, der alternde Agent, dem man noch eine Chance gab! Warum griff er so bedenkenlos zu? Um was zu beweisen? Daß er immer noch gut war? Daß er sein Handwerk nicht verlernt hatte?

Er wußte für einen Augenblick, als er dort stand und in das Tal hinunterblickte, daß er der Versuchung widerstehen sollte. Aber er wußte auch, daß es dafür bereits zu spät war.

Ich kann immer hierher zurück, dachte er. Aber auch das war nicht die Wahrheit; er ahnte, daß er – wenn er ging – nicht mehr an diesen Ort zurückkehren würde.

In der Nacht erwachte er von einem seiner alten Alpträume. Sie hatten vor zwei oder drei Jahren aufgehört; er wußte es nicht mehr genau. Alle handelten von seinen Jahren im Osten, und auch jetzt wieder kam der Gerichtssaal vor: Auf einem Tisch vor ihm lagen das Funkgerät, die Minikamera, Filme, Geld in verschiedenen Währungen. Und da war plötzlich Zentners Gesicht, schwer, müde, unrasiert, angestrengt von dem langen Verhör. Und er selber, seine Angst, daß die Dämme, die er aufgebaut hatte, brechen könnten, daß er ganz nahe an dem Punkt war, wo es ihn selbst danach verlangte, zu reden, reden, reden ...

Dann ein anderes Verhör, an einem anderen Ort. Wegen der Helligkeit der Lampe, die in seine Augen stach, sah er den Mann nicht, aber an der Stimme erkannte er Carow: „Zimra Steffin – warum haben Sie nicht zugegeben, daß Sie sie kannten? Die Wahrheit, Martin!“

Einmal, als er schweißgebadet und zitternd in Zimras Armen erwacht war, hatte sie gesagt: „Deine Träume sind vermutlich der Preis, den du dafür bezahlst, daß du den Teufel sehen willst.“ Erst später war ihm die Bedeutung der Worte klargeworden: die Faszination des Bösen, des Gefährlichen – dieser Anziehungskraft hatte er nie widerstehen können . . .

Martin stand auf, ging in den Wohnraum und öffnete die Haustür. Es regnete in Strömen; der Weg durch das Tal würde von Schlamm und Geröll überschwemmt sein.

Er kehrte in den Schlafraum zurück, blickte auf die Uhr. Es war kurz nach eins. Er mußte lächeln, denn das war präzise die Zeit seiner Träume von früher.

Als Martin in der tristen Haupthalle des Flughafens von Barcelona stand, geschah nichts. Er hatte die anderen Passagiere von dem Moment an beobachtet, als man ihm sein Ticket am Iberia-Schalter auf Ibiza ausgehändigt hatte: Niemand glich einem Babysitter, den sie auf ihn angesetzt haben könnten.

Und während er in der Halle wartete und immer noch nichts geschah, kam ihm für einen Augenblick der Gedanke, daß alles nur in Mérays Phantasie existiert hatte.

Er nahm seine Flugtasche – sein einziges Gepäck – und trat an die Tafel mit den Abflugzeiten. Es gingen keine Maschinen in den nächsten zwei Stunden außer den innerspanischen. Erst gegen zwölf starteten die ersten ins Ausland.

Fast überhörte er den Aufruf seines Namens. Er machte sich auf den Weg zur Information.

„Señor Martin?"

Er hatte nur Augen für das gelbe Kuvert, das der Mann vor ihn hinlegte. „Kann ich Ihren Paß sehen?"

Martin sah sich den Mann eingehend an, versuchte, sich alles einzuprägen, Alter, Kleidung, die Sprechweise, selbst die Worte – man würde ihn danach fragen.

„Bitte quittieren Sie hier." Der Mann überreichte ihm das Kuvert. „Ausgang A 18. Sie brauchen sich nicht zu beeilen."

Martin steckte das Kuvert ein. Das werde ich vermutlich finden, dachte er: ein Flugticket, eine Adresse, mit der Maschine getippt, die Schlüssel zu einem „sicheren Haus". Er hielt sich zurück, das Kuvert sofort zu öffnen; wenn jemand ihn beobachtete, dann würde sein

Beschatter jede Einzelheit berichten – und eines wollte Martin vor allem anderen vermeiden: daß sie wußten, wie *hungrig* er war . . .

Er kaufte eine Zeitung, trank einen Kaffee. Es ist immer noch *meine* Entscheidung, dachte er, solange ich die Paß- und Zollkontrolle nicht passiert habe. Er holte ein Paket Karten aus seiner Flugtasche, ein Spiel von zweiunddreißig Karten, abgestoßen, abgenutzt, die Bilder verblaßt.

Zwei Karten. Eine für mich und die Insel. Eine für sie und den Auftrag. Die höhere gewinnt. Meine zuerst. Er zog eine Karte und legte sie offen vor sich hin. Ein Bube. Nur drei Karten waren höher im Wert. Er deckte eine weitere Karte auf; als er den König sah, lächelte er. Er steckte das Spiel ein, trank seinen Kaffee aus und holte das Kuvert hervor . . .

5. Kapitel

Carow war dabei, seinen Aufenthalt im Krankenhaus vorzubereiten. Er hatte die Sachen auf seinem Bett bereitgelegt; der Gedanke mit einer Tasche auskommen zu müssen, gefiel ihm; er verließ das Zimmer, um sie zu suchen.

An diesem Nachmittag hatte er einen Kandidaten überprüft. Er war sehr zufrieden mit dem Ergebnis; Rosell hatte seinen Erwartungen entsprochen. Über Martin hatte Carow zwei Berichte erhalten, ein langes Telegramm aus Barcelona und den telefonischen Report des Mannes, der Martin beschattete, seitdem dieser in München gelandet war. Er hatte sich in der Stadt einen Mantel und eine Uhr gekauft und wartete jetzt seit vier Stunden in dem angemieteten Apartment. Carow hatte es nicht eilig; je länger er Martin schwitzen ließ, um so besser.

Morgen früh – die Zeit war von C. festgelegt worden – würde Carow seine beiden Kandidaten vorführen. Danach ging der Agent ganz in seine Hände über.

Carow fühlte sich gut. Er hatte eine Menge Vorarbeit geleistet in den letzten vierundzwanzig Stunden.

Er hörte jemand in der Eingangshalle. Isabelle war aus der Stadt zurück; er sah sie vom Treppenabsatz aus, noch im Mantel. Am Abend wurde es kühl, aber der Tag war sonnig und trocken gewesen; die Meteorologen hatten Carow versichert, daß das schöne Herbstwetter die nächsten zehn Tage anhalten werde. Alles schien unter einem guten Stern zu stehen.

„Ich kann die karierte Tasche nicht finden."

„Wenn du mir erlaubst, daß ich zuerst meinen Mantel ausziehe."

Andere Frauen, dachte Carow, brauchen für ihr Wohlbefinden eine Stunde Gymnastik, den Gang zum Friseur, das Legen einer Patience; Isabelle brauchte eine tägliche Kostprobe ihrer Macht.

Sie kam die Treppe herauf.

„Findest du je irgend etwas allein?"

„Das letztemal war sie hier." Er öffnete einen der Schränke auf dem Korridor.

„Und das?" Sie zog die karierte Tasche hinter einigen Kleidern hervor.

„Tut mir leid."

„Du mußt weg? Wohin?"

„Wiesbaden. Für eine Woche, zehn Tage. Wegen dieser Nierengeschichte. Doktor Reile bestand darauf, es nicht länger aufzuschieben."

Sie folgte ihm bis zu seinem Schlafzimmer, blieb in der Tür stehen, beobachtete, wie er die Sachen in die Tasche räumte. „Etwas Ernsthaftes?"

„Wir werden sehen. Ich lasse es dich wissen." Es war unüblich, daß er sie belog. „Ich hinterlasse die Adresse, die Telefonnummer, den Namen des Arztes." Der Anschluß würde Tag und Nacht von einem ihrer Leute besetzt sein.

„Du fährst noch heute?"

„Morgen."

Sie fragte nicht, warum er denn jetzt schon packte. Ihre Stimmung schien umzuschlagen, besser zu werden. „Ich hatte halb und halb selber eine Reise geplant."

Er wandte sich um. Nein, es war keine Einbildung. Sie war verändert. Oder vielmehr, dachte er, sie war im Grunde immer dieselbe geblieben: das reiche Mädchen aus einer reichen Familie, erzogen in Schulen der Reichen, Mitglied in den Clubs der Reichen.

„Wohin?"

„Johannesburg. Der Neun-Nationen-Cup. Natürlich, wenn du mich brauchst . . ."

„Wirklich nicht. Wie lange bleibst du weg?"

„Nur für das Turnier. Drei Tage, vielleicht hänge ich einen oder zwei an."

Er packte zu Ende. Sie blieb guter Stimmung, freundlich, gelöst, bis er das Haus verließ. Er bemerkte, als er sie küßte, daß sie ein neues Parfüm benützte.

Martins Quartier befand sich in einem achtzehnstöckigen Apartment-Hochhaus in einem Außenbezirk der Stadt unmittelbar am Beginn der Schnellstraße, die zum Flughafen führte. Keiner kümmerte sich hier um den anderen. Die „Organisation" hatte dort mehrere Apartments angemietet unter dem Namen einer der vielen Scheinfirmen, die ihr unterstanden.

Martin stand am Fenster seines im sechzehnten Stockwerk gelegenen Apartments. Er hatte einen Blick über die ganze Stadt. Tief unten, unmittelbar unter ihm, führten zwei breite Schnellstraßen vorbei. Das Apartment bestand aus Schlafzimmer, Wohnraum, Bad und Kochnische. Die Einrichtung hatte den üblichen anonymen, hotelmäßigen Stil.

Er beobachtete die unter dem weit vorspringenden Vordach des Hauses hinein- und hinausschlüpfenden Auto-Käfer, als die Wohnungstür sich öffnete. Als Martin sah, daß es Carow selber war, mußte er sich beherrschen, um nicht überrascht auszusehen; bei normaler Abwicklung wäre Carow erst in einem späteren Stadium auf der Bildfläche erschienen.

In den ersten Augenblicken sprach keiner von ihnen. Da waren die Jahre, die vergangen waren; vielleicht war es auch nur die Tatsache, daß jeder von ihnen wußte, daß sich in der Nähe ein Tonband einschalten würde, sobald einer von ihnen zu sprechen begann.

„Hattest du einen guten Flug?"

„Ja, danke. Es ist nur ein Katzensprung."

„Alles zufriedenstellend?" Carow blickte sich um. Er bemerkte das Kartenspiel auf dem Tisch, die unausgepackte Tasche. Er ging zur

Kochnische und öffnete den Kühlschrank. Man hatte ihm eine Aufstellung des Inhalts – insbesondere über den Alkohol – gegeben; so wußte er, daß Martin nichts angerührt hatte. „Wir lassen uns später etwas zum Essen kommen." Er zog sein Jackett aus, nahm ein Dossier aus seiner Tasche und legte es geschlossen vor sich hin. „Womit beginnen wir?"

Martin wunderte sich über den Satz; das waren nicht die Worte, die Carow früher gebraucht hätte.

Deshalb sagte er nichts. Er nahm das Kartenspiel, legte es auf die Seite des Tisches; er hätte gerne zwei Karten gezogen, eine für Carow, eine für sich selber.

„Also schön. Stellen wir das zuerst klar: Irgend etwas, was du uns nachträgst?"

„Nein."

„Wir mußten uns vergewissern." Zu viele Worte, dachte Carow. Es geht nur um eines: Herauszufinden, wie gut er noch ist. Was ist er noch wert?

Sie hatten das ganze Verfahren hinter sich gebracht. Sie waren Martins letzte Jahre durchgegangen, waren zur Gegenwart gekommen, seinem Gesundheitszustand, seiner Fähigkeit, sich Dinge zu merken, der Schärfe seiner Beobachtungsgabe. Konnte er den Mann vom Informationsschalter in Barcelona beschreiben? Das Gespräch wiedergeben, wörtlich, bitte! Carow blickte ins Dossier. Die Beschreibung des Mannes, der ihn seit der Ankunft in München beschattete?

Sie hatten ihr Essen gegen Ende dieser Präliminarien eingenommen; beide wußten, mehr war es bisher nicht, ein reines Vorspiel.

„Warum habt ihr mich hierhergebracht?"

Carow spielte mit den Karten, ließ sie von einer Hand in die aufgehaltene Handfläche der anderen gleiten. „Ein Lauf in den Block."

„Kenne ich das Gebiet?"

„Das käme in einem späteren Stadium."

Ich hätte nicht fragen sollen, dachte Martin. Sie sagen einem nie alles. „Ein Alleingang?"

„Nur der Agent und seine Aufsicht. Ein Solospiel."

„Keine Vorläufer? Kein Netz?“

„Keine Zeit, eines auszuspannen. Würde die Aktivitäten des Agenten nur einschränken. Keine Vorläufer, keine Tricks, keine Technologie, nur die Augen und Ohren des Agenten. Wir zeigen ihm das Ziel . . .“

„Wer bringt das Ergebnis raus?“

„Daran arbeiten wir noch.“

„Funkverbindung?“

„Steht wahrscheinlich nicht zur Verfügung. Es ist, wie ich sagte, ein Solo. Die Arbeit, die dir immer am meisten Spaß gemacht hat, in der du am besten warst.“

Ich hoffe, ich bin es immer noch, dachte Martin. „Wie würdet ihr mich einschleusen?“

„Das Problem ist gelöst. Es wird ganz natürlich aussehen.“ Carow ließ sich nicht aus seiner Reserve herauslocken.

„Wann?“ fragte Martin.

„Das ist allerdings ein Problem. Unser Mann müßte in vier Tagen starten – präzise; käme am achten Tag danach zurück.“

Er denkt, vier Tage Vorbereitungszeit sind zuwenig für mich. Immerhin hatte Martin endlich etwas Wichtiges erfahren. Den Zeitfaktor. Es war das einzig Konkrete, das Carow ihm gegeben hatte. Vier Tage, das hieße Start am Samstag, Rückkehr am Sonntag darauf.

„Was spricht gegen mich, diese kurze Vorbereitungszeit?“

„Codes, Lokalkenntnisse, Notfallsituationen . . . Ich brauche es dir nicht aufzuzählen. Vier Tage sind knapp dafür. Du müßtest verdammt hart arbeiten.“

„Es gibt andere Kandidaten?“

„Natürlich, um fair zu sein. Es ist jedoch nur einer.“

„Wer führt den Agenten?“

Carow legte endlich die Karten auf den Tisch.

„Ich selber.“

Dieses Mal versuchte Martin erst gar nicht, seine Überraschung zu verbergen. „Das ist ziemlich ungewöhnlich, jemand so Hohes. Gestattest du mir eine Frage? Wie komme ich auf die Kandidatenliste?“

„Es mußte jemand von draußen sein, der im Moment keine lesbaren Verbindungen zu uns hat."

„Ihr seid in Schwierigkeiten?"

Er ist gut, dachte Carow. Er beobachtete Martins Reaktionen, versuchte herauszufinden, welches seine Achillesferse war. Äußerlich schien Martin ruhig, aber da war etwas, das sich Carow fast körperlich mitteilte – eine innere Anspannung, die Unterdrückung dieser Unruhe; nur ja nicht offen zeigen, wie sehr ihm an diesem Auftrag lag. Ja, er war hungrig!

Hungrige Agenten waren in diesen Tagen selten. Sie waren die besten. Es war eine Gefahr damit verbunden; sie schossen leicht über das Ziel hinaus, taten mehr, als gefragt war. Aber Carow fühlte sich gut in Martins Gegenwart. Sie paßten zusammen. Carow verstand Martins Wesensart, den Typ des Einzelgängers. Ich würde gern mit ihm arbeiten, dachte Carow. Wir könnten uns aufeinander verlassen.

„Mehr ist von meiner Seite im Augenblick nicht zu erwarten", sagte er. „Wir können noch eines klären – die Bezahlung." Es war immer gut, über Geld zu sprechen, wenn die Gefühle überhandnahmen. „Erwarte nicht zuviel. Uns sitzt der Rechnungshof im Nacken."

„Es ist keine Frage des Geldes."

„Zwei Möglichkeiten gibt es. Du führst den Auftrag freiberuflich durch. Bezahlung nach Ergebnis, Spesen extra abgerechnet. Solltest du aber wieder zu uns stoßen, könnte ich dir versprechen, daß wir deine alten Pensionsansprüche aufleben lassen – abzüglich der Jahre deiner Abwesenheit natürlich."

„Ich ziehe das erstere vor. Wann weiß ich Bescheid?"

„Morgen. Ist es der andere, werden wir dich für den Zeitraum der Aktion auf Eis legen; dann kannst du zurückkehren. Ich brauche deine Entscheidung allerdings jetzt."

„Du weißt, ich will diesen Auftrag!"

„Gut." Carow erhob sich.

Ich möchte wirklich wissen, wie sie auf mich verfallen sind, dachte Martin. *Der Grund war wichtig*. Sie mußten ein Dutzend andere haben. Natürlich, er wollte diesen Auftrag! Er konnte sich nicht vorstellen, daß Carow morgen kommen und nein sagen würde. Dennoch blieb die Frage: Warum ich?

Carow erinnerte sich an C.s Frage nach dem Namen Steffin und sein Gefühl, als halte C. einen Trumpf zurück. Er war der Sache nachgegangen, aber er hatte keine Spur von einer Person dieses Namens gefunden. Nichts in den Archiven. Nichts in den Suchakten. Keine Karte in der EDV. Nichts in der Finanzabteilung. Einfach keine Spur!

„Sag, kennst du jemand mit dem Namen Steffin?"

„Steffin? Kann ich mehr erfahren?"

Ruhige Hände, ruhige Stimme – nichts, woraus Carow hätte ableiten können, daß Martin ihn zu täuschen versuchte; und dennoch glaubte Carow, die Beobachtung zu machen, daß Martin plötzlich noch konzentrierter wirkte. Er igelt sich ein, dachte Carow Er verteidigt etwas; also weiß er etwas!

Etwas, was sie *beide* wissen, C. und Martin, und beide vor mir geheimzuhalten versuchen.

„Der Name tauchte vor kurzem auf..."

„Kannst du mir mehr Anhaltspunkte geben?"

„Nein." Carow entschloß sich, es mit der Wahrheit zu versuchen. „Es war eine Frage von C. an mich im Zusammenhang mit deiner Kandidatur. Er forderte mich auf, die Archive zu durchstöbern ..."

„Und?"

„Nichts."

„C. liebt das Mysteriöse, nicht wahr?"

Er ist erleichtert, dachte Carow. Sichtbar erleichtert. *Da ist etwas.* Aber für den Augenblick sah Carow keine Möglichkeit, mehr aus Martin herauszubringen.

Als der Name fiel, war Martin erschrocken; was ihn vermutlich davor bewahrt hatte, sich zu verraten, war die Tatsache, daß er jede Erinnerung an Zimra unterdrückt hatte. Er hatte Zimra sozusagen unter die Toten eingereiht, Menschen, die man einmal geliebt hatte, die aber für immer unerreichbar waren: sein Vater, seine Mutter, seine Frau; alle in Gräbern jenseits des Eisernen Vorhangs, in einem anderen, fremden Land.

Jedenfalls war Zimra *sein* Geheimnis, etwas, das ihm allein gehörte. Nun hatten sie es ans Licht gezerrt. Es veränderte alles. Wie konnte er ihnen trauen!? Ihm war klar, daß er etwas zu unternehmen hatte, daß er sich auf die veränderte Situation einstellen mußte ...

Martin mußte sich nicht lange anstrengen herauszufinden, wer sein Beschatter war.

Als er aus dem Fahrstuhl stieg, mit dem er vom sechzehnten Stockwerk hinuntergefahren war, erhob sich der Mann etwas zu eifrig von einem Sessel in der Halle und folgte ihm ins Freie. Martin blieb unter dem Vordach stehen, streckte sich, sog tief die Luft ein: das Verhalten eines Menschen, der dringend einen Spaziergang an der frischen Luft braucht.

Das war die Begründung, die er Carow gegeben hatte: „Ich bin jetzt seit sieben Stunden in diesem Raum eingesperrt." Carow hatte ihm eine Stunde zugestanden. Danach gab es noch Arbeit für sie: Carow erwartete zwei Männer, die sich mit Martin beschäftigen würden; „Bühnenbildner" im Jargon der „Organisation", zuständig für die Ausstattung des Agenten: falsche Ausweise, Etiketten, Kleidung, Gepäck ...

Eine Stunde, dachte Martin, ist wenig, aber sie sollte ausreichen, seine Bewacher abzuschütteln, den Anruf zu machen und rechtzeitig wieder zurück zu sein ... Er ging auf die Bushaltestelle zu, während er nach dem zweiten Bewacher Ausschau hielt, den man vermutlich auf ihn angesetzt hatte. Er erkannte ihn, als er im letzten Moment in den Bus sprang, ein junger, athletisch gebauter Mann mit einem runden Kindergesicht.

Zwei also – um so besser. Es würde Martin erleichtern, Carow zu erklären, warum er der Versuchung nicht hatte widerstehen können, sie abzuschütteln: ein weiterer Beweis, daß er, Martin, seine Fähigkeiten als Agent nicht verloren hatte.

Es brachte seine Gedanken zurück zu Zimra. Damals, nach dem Austausch, als ein Beamter namens Kurella ihn in Wartha-Herleshausen in Empfang genommen und zu den Verhören gebracht hatte – damals schon hatte Martins Entschluß festgestanden: Du sagst ihnen nichts von Zimra Steffin! Du brauchst nicht einmal zu lügen, du schweigst einfach und nimmst deinen Abschied.

Wie sich herausstellte, war alles viel einfacher. Natürlich war sein reichlich mysteriöses Verschwinden aus dem Gefängnis zur Sprache gekommen, das fehlende halbe Jahr. Er hatte keinen Grund gehabt, darüber zu schweigen. Er hatte ihnen alles gegeben, reinen Tisch gemacht.

Ihr Name war in den Verhören nie aufgetaucht ..., so daß Martin, als Carow heute plötzlich mit dem Namen herausrückte, wirklich erschrocken war. Mehr noch, er hatte plötzlich Angst. Wie konnte er einen solchen Auftrag ausführen, wenn sie beabsichtigten, Zimra hineinzuziehen?

Er war vom Bus in die S-Bahn umgestiegen, führte seine Beschatter durch eine belebte Einkaufsstraße. Sie blieben in der Nähe, der eine hinter ihm auf seiner Seite, der zweite auf der anderen Straßenseite, etwas voraus.

Martin begab sich wieder unter die Erde. S-Bahn, U-Bahn, schmale, steile Rolltreppen, S-Bahn. Er hängte einen ab mit der primitiven Methode: einen Fuß zwischen die automatische Tür, im letzten Moment aussteigen. Der zweite Mann, den Martin Babyface getauft hatte, war schwieriger; er klebte an seinen Fersen ... Martin „verlor" ihn in einem großen Einkaufsuntergeschoß mit einer Cafeteria, die einen zweiten Ausgang hatte, durch den die Waren angeliefert wurden. Um sicherzugehen, fuhr er das letzte Stück zum Bahnhof, sprang auf einen gerade abfahrenden Vorortzug, den er auf der ersten Station wieder verließ. Er benützte zwei Taxis für den Weg zurück zu dem Punkt, an dem das Spiel begonnen hatte. Fast die ganze Stunde war verbraucht.

Er hatte Glück, daß die öffentliche Telefonzelle bei der Bushaltestelle nicht besetzt war. Münzen hatte er bereit, und die Nummer brauchte er nicht nachzusehen. Er wählte, achtete auf die Passanten draußen.

Ein automatischer Anrufbeantworter war zu hören: „ATAW-Airlines. Dieses Büro ist im Moment nicht besetzt. Hinterlassen Sie Ihren Namen und Ihre Telefonnummer. Sprechen Sie jetzt!"

Er hängte auf. Auf seiner neuen Uhr war es kurz vor zehn. Er mußte sich schnell entscheiden, hatte nicht einmal Zeit für seine Enttäuschung. Er suchte die Nummer des Flughafens heraus, aber ATAW-Airlines hatten keinen Schalter. „Dann verbinden Sie mich bitte mit dem Tower", sagte Martin.

Endlich jemand: „Miroslav Šenk? Er ist mit seinem Hubschrauber unterwegs ... Schwerer Verkehrsunfall am Inntal-Dreieck; flog zwei Verletzte ins Hospital ... Zurück? 15 Uhr 55 ... Tankte seinen ‚Ranger' auf, startete erneut um 17 Uhr 40 ... Fünf Passagiere, Flugziel St. Moritz ... Wie? Nein, auf keinen Fall heute."

„Flog er selber?"

Ein Lachen. „Aus mehr besteht ATAW-Airlines nicht, nur Miroslav Šenk selbst und sein Bell 47 J ‚Ranger'."

„Vielen Dank!"

Wenigstens wußte Martin nun: Es gab Miroslav Šenk noch! Er flog noch, besaß sogar einen eigenen Helikopter. Das war vor sechs Jahren auf Elba nicht der Fall gewesen.

Was sollte er tun? Ihn in St. Moritz auftreiben zu wollen war hoffnungslos. Andererseits: Wenn er den Auftrag bekam, würde er keine zweite Gelegenheit für einen Anruf haben; sie würden ihn keinen Augenblick mehr aus den Augen lassen.

Er legte sich die Nachricht zurecht, während er ein zweites Mal die Nummer der ATAW – *Any Time – Any Where* wählte. Er wartete das Ende des automatischen Bandes ab und gab seine Nachricht durch: „Domäne Carros, Elba. Haben tausend Hektar Wintersaat zu düngen. Reserviert Helikopter für den dreißigsten dieses Monats. Wiederhole: Sonntag dreißigster September. Können wir Vertrag abschließen? Zusage unsererseits definitiv ..."

Šenk würde sich am nächsten Morgen das Band anhören. Martin war sicher, er würde die Nachricht verstehen, würde wissen, wer sie hinterlassen hatte und worum es in Wahrheit ging. Natürlich mußte er hoffen, daß Šenk noch derselbe Mann von damals war; aber Männer wie er ändern sich selten.

Martin fühlte sich besser, als er aus der Telefonzelle trat. Er konnte seine Beschatter nirgends entdecken. Du hast gegen die Regeln verstoßen! dachte er. Dennoch hatte er das Gefühl, das Richtige getan zu haben.

Er überquerte die Schnellstraße, eine zweite und schritt auf den Apartmentblock zu. Er lief Carow in der Halle in die Arme. Der kam aus einer der Telefonzellen und schien beunruhigt. Hatten Martins Bewacher ihn verständigt? Schweigend gingen sie zu den Lifts.

Babyface kam in die Halle gestürzt. Er rannte auf die beiden Männer am Lift zu. Als könne er die Tatsache, daß Carow dort mit Martin stand, nicht akzeptieren, keuchte er: „Warten Sie! Unser Mann ... Er hat uns vor einer halben Stunde abgehängt. Ich hab versucht, Sie sofort zu unterrichten, aber Sie waren nicht auf 1614 anzutreffen ..."

Carow blickte Martin an.

Martin hatte Zeit gehabt, sich seine Worte zu überlegen. „Die Gelegenheit war zu verlockend, zu beweisen, wie gut ich noch bin."

Babyfaces Gesicht lief rot an, aber angesichts Carows und der Leute in der Halle beherrschte er sich. Schließlich sagte er nur: „Soll der Vorgang in den Bericht?"

„Ja, natürlich."

„Du hast dir einen Freund gemacht", sagte Carow zu Martin.

„Tut mir leid. Aber ich konnte einfach nicht widerstehen."

„Mein Kompliment. Sie sind für gewöhnlich sehr gut. Drei Männern von der Rolle zu springen in so kurzer Zeit – du hast nicht alles verlernt."

Drei, dachte Martin mit nachträglichem Erschrecken. Er hatte den dritten Beschatter nie bemerkt. Er hatte einfach Glück gehabt. Du brauchst Vorbereitung! Vier Tage, hat Carow gesagt; du brauchst wirklich jeden Tag und jede Stunde.

6. Kapitel

C. HATTE nie viel Schlaf gebraucht, und er erwachte immer pünktlich zu einer bestimmten Zeit. Es war draußen noch dunkel. Vier starke Scheinwerfer überfluteten das Haus während der Nacht mit taghellem Licht; es drang teilweise durch die zugezogenen Vorhänge in sein Schlafzimmer.

C. konnte die Anlage von seinem Bett aus abschalten, ebenso wie die anderen Sicherheitssysteme.

Er zog einen alten blauen Bademantel und Lederslipper an, rasierte sich nicht. Am Morgen mochte er keine Spiegel. Er stieg hinunter in das Erdgeschoß. Es war alles viel zu groß für ihn, den Faun, die Haushälterin, aber er liebte diese fast klösterliche Stille des Hauses.

C. war zufrieden mit dem Stand eines Witwers. Nun konnte er endlich der Mann sein, als den er sich am liebsten sah; der Asket, ein Mann, der seinen Idealen lebte, frei von Instinkten, die Männer immer wieder daran hinderten, Großes zu vollbringen.

Sein Arbeitszimmer lag in einem alkovenartigen Raum hinter dem Wohnzimmer. Er hatte von dort einen Blick in den Garten und auf das ehemalige Gärtnerhaus, das für die Sicherheitsbeamten umgebaut worden war. Die Männer lösten sich im Vierstundenturnus ab, und C. sah den eingeteilten Posten in diesem Augenblick ins Freie treten, eine Maschinenpistole umgehängt. Der Posten blickte zum Haupthaus herüber, erwartete, daß das Licht auf C.s Schreibtisch aufleuchten würde, pünktlich um sechs Uhr.

C. knipste die Lampe an.

Die Wache begab sich zurück in das Gartenhaus, beruhigt, daß dies ein ganz normaler Tag zu werden versprach. Wenig später verlöschten die Scheinwerfer.

In seinem Alkoven hatte C. die Kombination des Panzerschranks eingestellt. Er nahm einen dünnen, gelben Ordner heraus und legte ihn auf den Schreibtisch in den Lichtkreis der Lampe. Außen stand in seiner ordentlichen, feinen Handschrift: „Zimra (?) Steffin."

Der Inhalt des Dossiers, nur wenige Blätter, beherrschte C.s Gedanken seit Beginn der Operation. Er hatte die Seiten immer wieder gelesen, noch erst am Abend zuvor. Sie glichen den Aufzeichnungen und Karten von einem vergrabenen Schatz, denn sie enthielten den Namen der Insel, den Weg dorthin, die genaue Lage des Schatzes.

Nur ein Detail fehlte, der Hinweis auf die Bedeutung des Schatzes selbst, seinen wahren Wert. Waren es ein paar alte Münzen oder ein wirkliches Vermögen?

Carow würde ihm spätestens um acht Uhr Bericht erstatten. Um zwölf Uhr würde er sich die beiden Kandidaten ansehen. Aber er interessierte sich nur für Martin und hoffte, Carows Beurteilung würde günstig ausfallen. Er nahm sich das Dossier vor; er wußte, der Plan, der ihm im Kopf herumging, hatte etwas Desperates an sich – aber gab es einen besseren? Die erste Seite des Dossiers bestand aus der Abschrift der Aussage eines Überläufers:

CIA/8044, Camp King, Oberursel, aufgenommen 7.2.70. Überläufer (Zentralverwaltung Moskau) will gehört haben, daß Agent der Org. in Bernau festgehalten wird. Hat Vergünstigungen und relative Bewegungsfreiheit. Name Martin. 8044 vermutet, daß Agent angeworben werden soll.

Chef des Apparats soll in Bernau gesehen worden sein und persönlich (!) die Verhöre mit M. geführt haben. Stenographische Protokolle wurden von einer gewissen Zimra (?) Steffin aufgenommen. Wachmannschaften wollen von intimen Beziehungen zwischen Agent M. und der Steffin wissen.

Bewertung der Aussage: Überläufer 8044 hat sich als weitaus weniger wertvoll erwiesen als angenommen. Bekanntgewordene Neigung zu Alkohol und Schwäche für Frauen hat Zentrale veranlaßt, ihm in letzter Zeit wichtige Informationen vorzuenthalten. Entschloß sich möglicherweise zum Überlaufen, weil er fürchtete, nach Moskau zurückgerufen zu werden. Aussage daher fraglich.

C. selbst hatte die Sache damals weiterverfolgt, wie Notizen in seiner Handschrift zeigten. Die erste betraf Martin: „Keinerlei Hinweise in den Verhörprotokollen von Martin auf Zimra Steffin. M.s Verhalten laut Carow in jeder Weise kooperativ. Bewußtes Verschweigen? Warum!?"

C. verglich die Daten. Martin war im September 1969 ausgetauscht worden. Die Aussage des Überläufers war vom 7.2.70. Martin war damals bereits aus der „Organisation" ausgeschieden.

Die zweite Notiz von ihm betraf den Überläufer: „Antwort CIA auf Bitte um persönliche Nachvernehmung Überläufer 8044 negativ. (‚8044 befindet sich bereits in den USA und erhält dort augenblicklich neue Identität. Bedauern!') – Sie bedauern! Typische Kooperation!"

Schon damals war C. entschlossen gewesen, diese Sache für sich zu behalten. Nicht wegen Martin und Steffin war die Meldung ursprünglich in seinem Panzerschrank gelandet, sondern weil darin vom „Chef des Apparats" die Rede gewesen war; es war einfach ein Teil des umfangreichen Zentner-Dossiers, das C. mit der Zeit gesammelt hatte.

Zentner – der Name allein genügte, um C. aus der Ruhe zu bringen. Auch jetzt wieder fühlte er Zorn. Zentner und er! Es war *ihr* Kampf gewesen, die ganzen Jahre, Runde um Runde, eine, die an Z. ging, eine an ihn. Nicht Ost, nicht West. Nicht Freiheit hier, Unterdrükkung dort. Es war ihr Kampf – etwas, was er nie jemandem eingestehen würde, was er sich selber selten eingestand ...

An einem der Telefone auf seinem Schreibtisch leuchtete eine Lampe auf. Der Faun würde den Anruf auf seinem Anschluß entgegennehmen. C. wollte jetzt nicht gestört werden. Er wandte sich wieder dem Dossier zu. Die zweite Seite bestand aus einem Lebenslauf.

> Zimra (Ursprung des Namens nicht bekannt) Steffin, geb. 7. 3. 33, Posen. Vater: bekannter kommunistischer „Kämpfer". Spanischer Bürgerkrieg General Moro (nom de guerre); interniert Frankreich; Deportation Auschwitz. Mitglied Zentralkomitee SED, Zone; in Ungnade gefallen, 1953 rehabilitiert; erneutes „Verschwinden" 1969; verstorben 1971 (Selbstmord). Mutter: geborene Anna Jensky; lebt in Ost-Berlin. Keine uns bekannten Verwandten oder Kontakte in der BRD.
>
> Zimra S., Mittelschulabschluß Ost-Berlin, Sprach- und Dolmetscherdiplom; Mitgliedschaften: FDJ/SED/DFB (Demokr. Frauenb.). Seit 1956 beschäftigt im Ministerium für Staatssicherheit; letzte bekannte Stellung: Leiterin Zentralsekretariat Chef MfS, „Zentners rechte Hand". Status: unverheiratet. Männerbekanntschaften nicht bekannt. Auslandsreisen nicht feststellbar. Letzte bekannte Adresse: Gotlindenstraße 11 (Lichtenberg).

Auch hier hatte C. handschriftlich eine Ergänzung vorgenommen: „4. 10. 1972. $ 10000 Spezialfonds. Übergabe Basel G. M. für Auftrag, Kontakt zu Zimra Steffin herzustellen. Versprechen für sicheren Fluchtweg, Mutter eingeschlossen. 12. 12. 72: Kein Resultat. 15. 2. 1973: Kein Ergebnis, aber beide Personen weiter in ihren Funktionen ..."

C. legte die Seite aus der Hand. Damals schon hatte er den ersten Schritt getan. Ein gefährliches Spiel, ein blinder Einsatz. Nicht der Kontakt zu G. M.; darin lag das Risiko nicht. G. M. war unwichtig, ein – auch im Westen – bekannter Anwalt und Kommunist, der sein Schweizer Konto aufstockte. Er hatte vermutlich sein Wort gehalten und den Kontakt gemacht. Es hatte keine Konsequenzen für ihn gehabt – das Resultat war also keineswegs nur negativ! Hätte die

Steffin nicht ihrer patriotischen Pflicht nachkommen und es sofort melden müssen? War das nicht ein lesbares Zeichen?

Zentners rechte Hand! Die Versuchung war einfach zu groß für C. gewesen. Vorsicht war geboten: In seinem Kampf mit Zentner stand er mit dem Rücken zur Wand. Und dennoch – er sah es! Eine Spitzenquelle im Apparat selbst; sie hatten schon einmal eine gehabt. Warum nicht wieder! Martin – Zimra. Hier lag die Lösung. G. M. war nur der falsche Kontakt gewesen.

Wieder leuchtete die grüne Lampe an einem Apparat auf. Wieder nahm der Faun das Gespräch entgegen. Aber dieses Mal kam ein Signal von ihm, und als C. den Hörer aufnahm, hörte er die Stimme des Fauns: „Guten Morgen, Chef. Ich hab ein Gespräch aus Bonn. Amerikanische Botschaft ... Don Langtree ..."

„Er selbst? Um diese Zeit?"

„Nein, jemand von der Finanzabteilung; er soll eine persönliche Botschaft ausrichten. Langtree ist nächste Woche für einige Tage in Bonn. Möchte gerne, daß du einen Abend für ihn freihältst."

„Das ginge nur am Dienstag abend ... Unser Agent ist dann drüben ... Dienstag nach dem Besuch im Kanzleramt. Zum Essen. Ich will noch am gleichen Abend zurück ... Hat Carow sich gemeldet?"

„Vor einer halben Stunde."

„Gut, komm rüber."

Einen Augenblick blieb C. in Gedanken bei Langtree. Der Bankier hatte einen entscheidenden Anteil daran gehabt, daß die „Organisation" nach dem Krieg am Leben geblieben war. Langtree hatte sich vor allem um die finanzielle Seite des Vertrages des CIA mit der „Organisation" gekümmert. Sie hatten sich immer wieder getroffen, auch seit Langtree nicht mehr direkt mit dem CIA zu tun hatte. C. hätte Langtree als so etwas wie einen Freund bezeichnen können.

Er machte sich nicht die Mühe, das Dossier wegzuschließen; der Faun war derjenige aus dem inneren Kreis, dem er trauen konnte. Irgendwann, wenn C. zurücktrat, wenn es die anderen nicht mehr gab, dann würde der Faun immer noch an seiner Seite sein, als sein Babysitter, sein Faktotum.

Der Faun hüpfte herein. C. wies auf den Stuhl ihm gegenüber. Draußen war es nun hell, und C. löschte die Lampe.

„Hast du eine Ahnung, was Don Langtree nach Bonn bringt?"
„Nein."
„Setz einen Mann darauf an."
„Ich wollte es nicht ohne deine Genehmigung tun."
„Was meldet Carow?"
„Er hat seine Kandidaten bereit."
„Hat er sich für jemanden entschieden?"
„Er spricht nicht darüber."
C. deutete auf das Dossier. „Ist dir klar, daß nur Martin uns weiterhilft? Nur er hat eine Chance, an die Steffin heranzukommen."
„Ist denn sicher, daß sie mit nach Prag kommt?"
„Jedenfalls ist es wahrscheinlich."
„Du gehst ein ziemliches Risiko ein. Wenn das schiefläuft . . ."
„. . . wird niemand uns damit in Verbindung bringen können."
„Und der Agent? Er kann reden."
„So etwas kann man verhindern."
„Ein Agent, den Carow führt, das ist sein eigenes Fleisch und Blut. Mit *ihm* könnte es Probleme geben."
„Dies ist keine Sache der Gefühle!"
„Und doch setzt du genau darauf, oder? Ein Mann wie Martin – hat er Gefühle? In dieser Sache?"
„Das werde ich wissen, wenn ich ihn gesehen habe. Zentner hält unseren Kampf längst für entschieden; weil er mich für einige Runden am Boden hatte. Aber am Ende, Faun, wenn alle Punkte zusammengezählt werden, dann werde ich es sein, der ihn gewonnen hat! Wenn die Zone explodiert, kostet ihn das Kopf und Kragen!"
„Noch haben wir das Ergebnis der Konferenz nicht."
„Martin wird es uns bringen. Verstehst du, das möchte ich noch erleben, daß wir Zentner am Boden haben, nur das noch . . ."

SIE hatten seine Beschatter ausgewechselt. Zusammen mit ihm saßen sie in dem Wagen, einer hinter dem Steuer, die beiden anderen rechts und links neben ihm im Fond. Sie hatten harte, verschlossene Gesichter. Einer hatte eine Art Ponyfrisur, das Haar in der Stirn akkurat abgeschnitten – mit der starken Nase sah er wirklich wie ein Pony aus.

Der Wagen war auf dem Parkplatz vor dem Nymphenburger Schloß abgestellt.

Sie warteten schon über eine halbe Stunde. Am Morgen hatte Carow ihm nur eine kurze Visite abgestattet: „Nimm ein Bad, du wirst C. vorgeführt."

Ein zweiter Wagen parkte nicht weit entfernt von ihnen. Der Mann, der vermutlich der andere Kandidat war, kam in diesem Augenblick zurück. Martin schätzte ihn Anfang Dreißig; er hatte ein schmales Gesicht und einen durchtrainierten Körper.

Ein Summton kam aus der Funkanlage. Der Fahrer meldete sich. „Wagen zwei. Roger." Eine Stimme klang auf, füllte den Wagen: „Schickt ihn los!"

Das Pony stieg auf der rechten Seite aus. „Nun du! Am Hauptgebäude vorbei, Hauptallee. Zähl die Statuen auf der linken Seite, nach der fünften links abbiegen, über die Brücke. Wieder rechts, die sechste Bank ... Und nicht zu hastig! Es soll wie ein Spaziergang aussehen, ein Mann, der viel Zeit hat ..." Er stieg wieder in den Wagen, schlug die Tür hinter sich zu.

Jetzt, da Martin sich bewegen konnte, verschwand seine Aufregung. Er bemerkte die Schönheit seiner Umgebung, die breite, gekieste Hauptallee.

Vor den Statuen blühten noch Rosen, obwohl die Bäume bereits ihre Blätter färbten. Er war nicht allein, sondern nur einer von vielen Spaziergängern.

Der alte Mann auf der sechsten Bank trug einen Mantel mit Kaninchenkragen, einen dunklen Hut und dunkle, geschnürte Stiefel. Er saß nach vorne gebeugt; jemand, der sich verschnaufen mußte. Martin war C. nie begegnet; er war sich plötzlich nicht sicher. Als er aufblickte, um die Bänke nachzuzählen, entdeckte er auf der nächstgelegenen Bank einen Mann mit rötlichem Haar; er grinste ihm zu und nickte.

Martin setzte sich neben den alten Mann auf die Bank. C. blickte auf seine Schuhe. Sie waren alt, nicht allzu sauber. Martin schwieg. Schließlich hob C. den Blick. „Irgendwelche Zweifel, die dieser Auftrag auslösen könnte?"

„Nein."

„Sie wollen diesen Auftrag?"

„Ja."

„Laufen wir."

Auch der Mann mit den roten Haaren erhob sich. Er folgte ihnen, blieb nie mehr als fünf Meter hinter ihnen zurück. Martin bemerkte das Hinken.

„Sagen Sie – als man Sie aus dem Gefängnis nach Bernau brachte –, hat Zentner persönlich Ihnen damals das Angebot gemacht, Agent für den Apparat zu werden?"

„Nicht zu Beginn. Er tauchte erst später selber auf."

„Was haben sie Ihnen geboten?"

„Ich hatte noch fünfzehn Jahre zu verbüßen – in ihren Gefängnissen."

„Das war es also – die Freiheit oder Verbüßung der vollen Strafe. Nichts sonst?"

Martin wußte, daß C. das nicht meinte, aber er sagte es trotzdem. „Sie meinen Geld?"

„Zentner sucht immer nach der schwächsten Stelle in der Verteidigung. Geld und Verrat – das sind nicht Ihre schwachen Punkte. Ein Mann wie Zentner war sich darüber vermutlich schnell klar. Also . . ." C. seufzte, ließ den Satz unbeendet.

Jetzt kommt es, dachte Martin.

„Manchmal sind Frauen der schwache Punkt . . ."

„Es stünde mit Sicherheit in meinem Dossier." Martin hoffte, daß sein Lächeln selbstsicher war.

„Vielleicht habe ich mich falsch ausgedrückt . . . *Eine* Frau meine ich natürlich. Zimra Steffin."

Sie wußten es also.

Aber was erhofften sie sich davon?

„Nehmen wir an, was ich weiß, stimmt", fuhr C. fort. „Sie kannten sie. Sie liebten sie. Nehmen wir weiter an, Zentner wußte davon. Dann könnte sein Angebot so ausfallen: Die Freiheit für Sie beide! Hat er Ihnen den Köder vorgehalten? Erzählen Sie mir von ihr – wie war sie?"

Auch in Bernau hatten sie ihm Spaziergänge erlaubt – nicht in einem so ordentlich angelegten Park wie diesem –, und auch dort war ihm immer jemand gefolgt, niemals mehr als fünf Meter entfernt, Wachen mit Maschinenpistolen.

Man hatte ihm ein kleines Blockhaus zugeteilt; ein großer Raum, eine Küche, ein enger Schlafraum – aber so plötzlich war die Verlegung aus dem Gefängnis gekommen, so unerwartet, daß er die ersten Tage nicht einmal fähig gewesen war, es zu verlassen. Erst am vierten Tag hatte er von der Erlaubnis Gebrauch gemacht spazierenzugehen; weil sie ihm gesagt hatten, daß die „Gespräche" am nächsten Morgen beginnen würden . . .

An dem Morgen saß er vor der Hütte auf einer Bank und wartete auf den Wagen. Die Posten waren außerhalb des Grundstücks postiert, zwei Männer mit Maschinenpistole und Feldstecher.

Es war kein Wagen – der würde später kommen –, sondern eine einzelne Person auf einem Rad. Eine dichte Hecke aus Weißdorn war zwischen ihm und dem Feldweg.

So war das erste, was Martin von ihr sah, nur ihre Schultern und der Kopf, als sie hinter der Hecke entlangradelte. Sie trug ein graues Käppi, an der Seite mit einer Spange in ihrem Haar festgesteckt – und zusammen mit der grauen, uniformähnlichen Jacke, graublauem Hemd und schwarzer Krawatte erschien sie ihm wie ein kleiner, schmächtiger Soldat.

Sie war nun am Tor, zeigte den Posten ihren Ausweis, kam dann herein, ihr Rad schiebend. Sie lehnte ihr Rad gegen die Mauer, setzte sich wie selbstverständlich neben ihn auf die Bank und sagte nur ihren Namen: „Zimra Steffin."

Er hatte sich nicht vorgestellt; einmal, weil sie seinen Namen ohnehin wußte und weil er so verwundert über ihren Namen gewesen war.

„Was für ein seltsamer Vorname."

Sie zog die Spange heraus, nahm das Käppi ab, schüttelte ihr Haar. Er war überrascht von dem vielen Grau in ihrem Haar, ein dichtes Netz von feinen, grauen Fäden; es machte ihr Alter schwer abschätzbar. Aber selbst als er später wußte, daß sie 36 war, sagte es nicht viel.

„Was bedeutet der Name – Zimra?"

„Ich könnte es nicht sagen. Er stammt aus der Bibel."

„Sie haben nie nachgesehen?"

Sie wandte sich um. Sie hatte braune, fast schwarze Augen. Es war ihr Vater gewesen, der ihr den Namen gegeben hatte. „Er haßte die Polen, wissen Sie! Er kämpfte gegen alle Diktaturen, sein ganzes Leben lang. Als ich geboren wurde, in Poznań – für ihn war und blieb es immer Posen –, da schloß er eine Wette mit seinen Freunden: Er würde seiner Tochter einen Namen geben, den *niemand* ins Polnische übersetzen konnte; das wurde von allen Deutschen verlangt, es war Gesetz. Sie wollten den Namen Zimra nicht anerkennen, aber er hatte eine Bibel dabei – er hatte sie gekauft für diesen Zweck, Kommunist hin oder her, und bewies ihnen: Hier, ein Name aus der Bibel. Was sollten sie tun, gute Katholiken, die sie wie alle Polen waren! So gewann mein Vater seine Wette, und ich trug für alle Zeiten diesen sonderbaren Namen."

„Er klingt – alttestamentarisch."

„Jedenfalls heroisch. Deshalb wählte mein Vater ihn wahrscheinlich, nicht nur wegen der Wette. Er war eine Kämpfernatur – und er erwartete selbstverständlich, seine Tochter würde ihm nachgeraten. Ich habe oft gedacht, mit einem anderen Namen hätte ich ein vollkommen anderes Leben gehabt."

Es war nicht wahrscheinlich, daß sie ihm das bereits am ersten Tag erzählt hatte, oder doch? Jedenfalls war Martin schnell klargeworden, daß man Zimra für diese Arbeit nicht allein deshalb gewählt hatte, weil sie eine so gute, tüchtige Stenographin war. Er ahnte, er *wußte,* daß das Ganze eine wohlpräparierte Falle war.

Sie hatten sich fast ein halbes Jahr gesehen; zuerst nur bei den „Gesprächen", die sie mitstenographierte, manchmal zwei, manchmal drei Tage in jeder Woche für Stunden. Später hatte sie ihn an Sonntagen besucht – mit *ihrer* Erlaubnis, das war klar. Dann, in den letzten Wochen, als sie auf eine Entscheidung drängten, hatte man ihr erlaubt, auch über Nacht zu bleiben.

Nach dem Tode seiner Frau und nachdem er für die „Organisation" arbeitete, hatte Martin nur noch Affären mit Frauen gehabt, die er nicht liebte.

Dieses Mal war es umgekehrt. Er verliebte sich in jemanden, lange bevor er diesem Gefühl nachgab. Das Ganze war zu unmöglich. Ihre Liebe hatte keine Chance.

„Ich werde nie den Preis bezahlen!" Das mußte er noch ziemlich am Anfang gesagt haben. „Sie werden mich entweder ins Gefängnis zurückschicken oder mich allein austauschen. Wir werden nie zusammenbleiben können. Ich sehe keine Zukunft."

Aber Liebe – konnte sie verhindert werden? So hatte der überlegende, kühl denkende, seine Gefühle beherrschende Agent dem schwächeren Mann, dem Strafgefangenen mit der Angst, mit den Alpträumen nachgegeben.

Was für eine Alternative ohnehin: die Wahl zwischen der Angst und dem Haß innerhalb der Gefängnismauern und der Angst und der Liebe zweier Menschen ... Am Ende der sechs Monate war er genau an dem Punkt gewesen, an dem man ihn hatte haben wollen: bereit, zu tun, was sie von ihm wollten, wenn man ihnen beiden die versprochene Freiheit gab ...

„Ich meine, Sie sollten wirklich darüber sprechen." Es war die Stimme C.s, die ihn in die Gegenwart zurückbrachte. „Sie wollten sie schützen – war es das? Sagen Sie mir wenigstens, warum haben Sie das Angebot am Ende abgelehnt?"

„Habe ich etwas von einem Angebot gesagt?" Martin war nicht in die Falle gegangen; dennoch wußte er, daß seine Verteidigungslinie schwach wurde. „Gibt es ein Dossier über sie?"

„So kann man es nicht nennen. Hatten Sie seither Kontakt mit ihr?"

„Wie?"

„Haben Sie je überlegt, uns von ihr zu berichten? Wir hätten vielleicht eine Möglichkeit gehabt, sie herauszubringen."

„Aus welchem Grund hätten Sie das tun sollen?"

„Und Sie? Haben Sie versucht, sie rauszubringen – nachher, meine ich?"

Er kann es nicht wissen, dachte Martin, *dies nicht.* Es gab nur einen Mitwisser, Šenk, und seiner war er sicher. „Es gibt keine Möglichkeit, keine, die Aussicht auf Erfolg hätte."

„Vielleicht gibt es die Chance jetzt! Carow hat Ihnen gesagt, wohin Sie Ihr Auftrag führt?"

„Ein Lauf in den Block."

„Prag, ein Treffen der Chefs der Geheimdienste einiger Blockländer."

Martin bemühte sich nicht, seine Überraschung zu verbergen; einmal, weil es unnatürlich gewesen wäre, aber auch, weil er seine ganze Verteidigung um Zimra herum aufgebaut hatte und seine Kraft darauf konzentrierte.

„Wir erwarten zu erfahren, um was es bei diesem Treffen geht." C. lächelte. „Am besten wörtliche Protokolle – das Unmögliche, wie immer! Wir haben nur eine Chance zu bekommen, was wir wollen. Durch Sie und Zimra Steffin. Wir müssen sie beteiligen, aktivieren, zumindest müssen wir es versuchen ... Sie arbeitet noch für den Apparat, ist aufgestiegen, Leiterin des Chefsekretariats."

„Es muß einen anderen Weg geben."

C. schien es nicht gehört zu haben.

„Sie wird mit nach Prag kommen. Es wird ihre Aufgabe sein, für Zentner, für den Apparat wörtliche Protokolle von den Sitzungen anzufertigen. Sie trauen sich gegenseitig nicht, wollen alles schwarz auf weiß haben, was sie gesagt haben in den Sitzungen. Es wird mit Sicherheit entweder Mitschnitte auf Bändern oder stenographierte Berichte geben. Zentners Ausfertigung – darauf sind Sie angesetzt! Das ist Ihr Kontrakt."

„Warum schicken Sie mich nicht gleich in die Sitzung?"

„Nichts dagegen einzuwenden, daß Sie es so sehen: Eine absolut einmalige Gelegenheit für einen Agenten, zu zeigen, was er wert ist."

Er ist clever, dachte Martin, aber er übersieht, daß sein Plan auf falschen Voraussetzungen beruht. Wie konnte C. mit seinem geringen Wissen von Zimra sich an diese vage Hoffnung klammern?

Er kannte sie und suchte die Erinnerung, die Stimme, die Gespräche in den letzten Tagen in Bernau. Der letzte Tag, seine letzte Chance: Am Morgen noch die Androhung Zentners, daß sie ihn noch am gleichen Tag ins Gefängnis zurücktransportieren würden, wenn er seine Meinung nicht änderte... Er hatte mit Zimra darüber diskutiert, ihr gesagt, daß er bereit sei, auf Zentners Angebot einzugehen.

„Warum nicht, Zimra, wenn es uns die Freiheit bringt?"

„Welche Freiheit? Ich weiß, wenn du es tust, wirst du mich bald dafür hassen, nicht sie, sondern mich."

„Wenn wir erst einmal draußen sind ..."

„Du träumst, Martin."

„Ich kann aufhören. Weder für die einen noch für die anderen arbeiten."

„Du weißt, daß die Dinge nicht so ablaufen."

„Wir finden einen Ort für uns."

„Du glaubst, so etwas gibt es?"

„Irgendwo ..."

„Für einen Agenten bist du erstaunlich romantisch. Und, Martin ... Es gibt andere Gründe. Trotz allem – dies ist mein Land. Du findest vielleicht ein anderes. Du hängst deine Wurzeln in die Luft und lebst, ich kann das nicht. Ich brauche Wurzeln, tief reichende ... Vergiß nicht, ich verdanke alles diesem Land ... Und da ist mein Vater, die Erwartung, die er in mich setzt ..."

„Sie kennen sie nicht", sagte Martin und kehrte in die Gegenwart zurück. „Sie wird die Rolle nicht spielen, die Sie ihr zugedacht haben."

„Sie haben sie fast sechs Jahre nicht gesehen, richtig? Eine lange Zeit. In sechs Jahren kann viel geschehen."

„Der ganze Plan klingt wie russisches Roulette."

Sie waren stehengeblieben und sahen sich an. Martin fühlte, daß er dieses Spiel von Anfang an verloren hatte, weil C. durchschaut hatte, wie sehr er diesen Auftrag brauchte. Er konnte einfach nicht auf die Insel zurückkehren. Das war sein Problem: daß ein Leben in Frieden einem keine bösen Träume machte! Das Ende war gekommen. C. hatte die höhere Karte gezogen. Martin konnte nur noch eines tun: Zimra schützen.

„Ich nehme den Kontrakt an. Ich bringe Ihnen, was Sie wollen. Wie es in meine Hände kommt, bleibt mir überlassen."

„Einverstanden."

„Sollte ich *ihre* Hilfe in Anspruch nehmen müssen, was kann ich ihr bieten?"

„Wenn sie mitspielt, bringen wir sie heraus."

„Zusammen mit mir!"

„In Ordnung. Wir bringen euch zusammen raus. Sprechen Sie mit Carow darüber. Er muß entscheiden, wie das abläuft. Viel Glück." C. ging davon, plötzlich wieder in der Rolle des alten Mannes, gefolgt von seinem hinkenden Schatten.

7. Kapitel

C. EMPFING Carow hinter seinem Schreibtisch in dem Stuhl aus Mahagoniholz. „Ich höre, du bist soweit."

Sie waren allein, ohne den Faun. Carow legte den gelben Akt vor C. auf den Tisch und blieb stehen. „Wir haben vereinbart, daß dir die letzte Entscheidung zusteht. Stimmen wir überein, daß Martin unser Mann ist?"

Als C. ihm an diesem Morgen das Steffin-Dossier ausgehändigt hatte, war Carows erste Reaktion Zorn gewesen: auf Martin, der ihn bei den Verhören hintergangen hatte; auf sich selbst, weil er es nicht aus ihm herausgeholt hatte; auf C., der ihm dies so lange vorenthalten hatte.

Inzwischen war sein Zorn verflogen – Carow war ein Mann, der Mut bewunderte, und Mut hatte Martin in dieser Sache damals zweifellos bewiesen.

„Ich hätte mir denken können, daß du irgendwo ein As versteckst."

„Martin also? Warum setzt du dich nicht, während ich dir von meiner Unterredung mit ihm berichte?"

Während Carow zuhörte, verstärkte sich in ihm das Gefühl, daß etwas an diesem Plan nicht stimmte. „Wie kannst du so sicher sein, daß dieser Plan uns bringt, was wir wollen? Warum dieses Risiko?"

„Ich sehe kein Risiko. Hast du im Archiv etwas von der Steffin gefunden? Nein, also! Die Stelle ist absolut dicht. Und – nehmen wir an, Martin bekommt wirklich nicht, was wir wollen, er kann sie trotzdem aktivieren, für die Zukunft. Das wäre genausoviel wert: eine Spitzenquelle im Apparat zu haben!"

„Aber wenn Martin Erfolg hat, werden sie über kurz oder lang wissen, wer die Quelle ist."

„Ich hab versprochen, sie rauszubringen."

„Beide? Zusammen?"

C. blickte auf, nun offen seinen Ärger zeigend. „Ja, zusammen, verdammt!"

„Das kompliziert die Dinge."

„Das weiß ich. Natürlich wäre es das beste, sie dort zu lassen. Es ist eine Schande, eine so frische Quelle so schnell wieder zuzuschütten."

„Wenn du es versprochen hast, steht es in seinem Kontrakt."

„Zum Teufel!" Diesmal explodierte C, was ganz und gar ungewöhnlich für ihn war. „Was willst du? Mit mir über Moral diskutieren? Warum, denkst du, drängt es einen Mann wie Martin zu diesem Auftrag? Aus purer Vaterlandsliebe? Oder weil er heiß darauf ist, *süchtig?* Erzähl mir nicht, Agenten seien Heilige. Sollte Martin in die Situation kommen, zwischen ihrem und seinem Leben wählen zu müssen, er würde seine Haut retten ... Also bring sie zusammen raus. Oder bring sie nicht raus. Es ist dein Job."

„Okay, ich finde einen Weg, sie zusammen rauszubringen."

„Gut. Noch eines. Ich habe das Gefühl, daß Martin denkt, die Steffin sei sein Problem. Er könnte versuchen, die Sache auf seine Weise zu lösen ... Behalte ihn im Auge."

„Wir werden jemand in seinem Rücken haben."

„Halte mich auf dem laufenden ... Ist er auf dem Weg zur Außenstation?"

„Er müßte bereits dort sein."

„Wann muß er starten?"

„Samstag abend. Mit dem Nachtzug von Salzburg."

„Warte mein Signal ab."

„Irgend etwas Neues von Borchers?"

„Du hast die Berichte von Kurella bekommen, mehr weiß ich auch nicht. Er scheint zu schlafen."

„Sollten wir ihn nicht doch besser einkassieren, bevor dieser Fall anläuft?"

„Ohne harte Beweise? Wir halten das hier unter Kontrolle. Ich persönlich kümmere mich darum, okay? Viel Glück bei der Operation! Was machen deine Nieren?"

„Danke, alles in Ordnung." In Wirklichkeit war der Schmerz heftiger denn je. Wenn diese Sache vorüber war, mußte er das wirklich in Ordnung bringen lassen.

Carow war keineswegs zufrieden damit, wie das Gespräch mit C. abgelaufen war. Und da war ein anderer Gedanke, der ihn beunruhigte: C. und er, sie trafen ihre Entscheidungen hier an diesem

Schreibtisch, eingesponnen in die Sicherheit des Kokons. Nichts konnte ihnen geschehen! Aber die Entscheidungen betrafen Menschen – Martin und Zimra Steffin. Martin und sie würden draußen im Feld allein sein, allein in der Kälte – und nichts, was er dann noch für sie tun konnte.

Carow stellte sich ein Ultimatum, als er seinen Wagen bestieg und das Hauptquartier verließ, um Martin zu folgen: Entweder du bringst sie beide lebend heraus – oder du bist es, der sterben wird. Das Pathos, das in dem Gedanken lag, schien dem Moment entsprungen, jetzt, da der Fall endgültig und ganz in seine Hände übergegangen war. Dennoch mußte es ihm ernst damit sein, denn Carow spürte, wie ihm der kalte Schweiß ausbrach.

Borchers hatte sich längst daran gewöhnt, beschattet und beobachtet zu werden. Bis zu einem gewissen Grade amüsierte ihn das Ganze. Die Ironie lag darin, daß er sich immer gewünscht hatte, aus seiner Außenseiterrolle innerhalb der „Organisation" herauszutreten, Anerkennung zu finden. Bisher war ihm dies nie gelungen. Zum erstenmal fühlte Borchers sich durch die Aufmerksamkeit, die man ihm schenkte, wichtig.

Ja, manchmal ertappte er sich dabei, daß er sich sein Ende vorstellte: den Prozeß vor vielen Kameras, seinen großen Tag, die Stunde, in der er endlich frei sprechen konnte, allen, die ihn nie beachtet hatten, enthüllen konnte, was er geleistet hatte. Aber abgesehen davon, daß er das seiner Mutter nicht antun konnte, würde sicher alles anders ablaufen.

Seine „Freunde" würden ihn vorher abziehen, ihm eine unwichtige Stelle geben, wo er wieder der Außenseiter sein würde. Oder man würde ihn in aller Stille verhaften, ihm unter Ausschluß der Öffentlichkeit den Prozeß machen.

Vielleicht trugen diese melancholischen Gedanken mit dazu bei, daß Borchers den Entschluß, sich totzustellen, an den er sich bisher strikt gehalten hatte, umstieß.

Das Ganze verdankte er einem Zufall. Er hatte Akten ins Archiv getragen, als er Carow aus dem sogenannten Giftraum hatte kommen sehen. Die einleuchtendste Erklärung für Carows Auftauchen war: Er hatte Geheimmaterial zurückgegeben, ehe er sich in die Klinik begab. Aber Borchers hatte sich nie mit einfachen Erklärungen zufriedengegeben.

Er beschloß, das Risiko einzugehen und seine Rolle des „Schläfers“ zu beenden . . .

Der Gift- oder auch Apothekenraum war das Herzstück des Archivs. Dort wurde alles aufbewahrt, was die Agenten unmittelbar betraf, die aktiven und die stillgelegten. Es war ein von künstlichem Licht erhellter Raum unter der Erde, voller Regale, die aus den Wänden herausgezogen werden konnten.

„Was kann ich für Sie tun?“ Der Mann, der für den Giftraum verantwortlich war, wurde „Pfefferminz“ genannt, weil er ewig kleine, weiße Pfefferminzstücke in den Mund steckte. Er war grauhaarig und alt, mit einer blassen Hautfarbe von seinem maulwurfartigen Leben unter der Erde.

„Ich brauche alles über CS 91 03 77.“

„Hatten wir das nicht schon? Vor einigen Tagen?“

„Ich muß es noch mal checken.“

„Pfefferminz“ schob Borchers das große Buch hin – das Giftbuch –, in das jeder sich einzutragen hatte.

Borchers schlug die letzte Seite auf. Da war Carows Unterschrift, zweimal: Er hatte die Quellenbücher von zwei Agenten zurückgegeben, wie Borchers vermutet hatte. In seiner momentanen Enttäuschung hätte er fast ein Detail übersehen; beide Codenummern deuteten darauf hin, daß es sich um zwei Agenten handelte, die im Augenblick auf Eis lagen. Wann hatte Carow die Dossiers bezogen? Und wozu?

Borchers begann, die Seiten zurückzuverfolgen. Dienstag, Montag, nichts. Sonntag . . . Carows Unterschriften, *dreimal* . . . Drei Quellenbücher. Aber nur zwei hatte er zurückgegeben!

Pfefferminz tauchte schlurfend hinter ihm auf. „Nichts bei den Quellenbüchern“, murmelte er. Er wandte sich in einen anderen Teil des verwinkelten Raumes. „Vielleicht unter dem Namen Cichosz“, rief Borchers ihm nach. Er wußte, auch dort würde Pfefferminz nichts finden.

Borchers war nicht leicht aus der Fassung zu bringen, aber er war unruhig: Er mußte Pfefferminz im Auge behalten, die Tür; und er mußte sich vor allem die Nummer des dritten Agenten einprägen: (A7) 115 (NLA).

Pfefferminz war zurückgekommen. „Nichts, nur seine Indexkarte."

„Wir haben ihn im Computer als NLA."

„Dann ist er ausgeschieden."

Borchers deutete in den Raum. „Dann wären seine Akten nicht mehr hier?"

„Doch, wenn er wichtig gewesen wäre."

War es das Risiko wert, die Frage zu stellen, die Borchers auf der Zunge brannte? Wenn Kurellas Leute nachforschten, was er hier gewollt hatte? „Er hatte Verbindung zu einem Agenten A7Z 115."

„Das betrifft nicht Ihre Abteilung, dazu müßte ich Carows schriftliche Genehmigung haben ... Tut mir leid."

„Z. Das wäre die Zone?"

„Haben Sie schon unterschrieben?"

Borchers leistete die Unterschrift, während Pfefferminz ihm über die Schulter zusah. Wer weiß, was den alten Mann anrührte, er sagte plötzlich: „Die Zone, ja, ein ganz früher Vogel, aus dem Jahr siebenundvierzig. Die Zeit, bitte!"

Borchers schrieb die Zeit nieder. Sie konnten ihm nun jederzeit nachweisen, daß er hier gewesen war. War es das wert, was er herausgefunden hatte? Carow informierte sich über drei Agenten, vermutlich für einen Auftrag. Carow behielt ein Dossier zurück: Agent A7Z 115. Nicht länger aktiv. Hatte früher in der Zone gearbeitet. Im Jahre 1947 angeworben ...

Was konnten seine „Freunde" mit einer solchen Information anfangen?

Aber hatten sie ihm nicht immer gesagt – gib uns alles, auch das kleinste, unwichtig erscheinende Stückchen, es könnte gerade das sein, was uns fehlt?

BORCHERS stand am Ende der Schlange. Als die Reihe an ihm war, nahm er drei Bänder aus seiner Aktentasche, reichte sie durch den Schalter.

„Sie sind schon wieder zurück? Ich habe Sie so schnell nicht erwartet." Ihr rundes Gesicht mit dem altmodischen Bubikopf wirkte fast puppenhaft oder hätte diese Wirkung gehabt, wenn nicht die dunklen Schatten unter ihren Augen gewesen wären. „Waren es nicht die richtigen Bücher?"

„Doch. Aber ich brauche einen kleinen Vorrat."

Sie nahm die Bänder, strich sie auf einer Karte aus. Ihre Hände verrieten ihr wahres Alter, sicher über sechzig. Borchers hatte weder eine Ahnung, wie sie in diese Sache hineingeraten war, noch, wie sie das jeweilige Band weitergab.

„Es fehlt noch ein Band ..."

Er nahm das Band aus seiner Tasche, reichte es ihr gesondert.

„Sie hatten es nur sehr kurz. Hat es Ihrer Mutter nicht gefallen?"

„Sehr gut! Ich habe mir selbst Teile davon angehört."

„Sie brauchen also einen kleinen Vorrat! Haben Sie eine Liste vorbereitet? Oder überlassen Sie es mir, die Stücke auszusuchen?"

„Bitte. Sie kennen ihren Geschmack. Es kann übrigens sein, daß ich längere Zeit nicht mehr kommen kann."

„Ich verstehe ..."

Machte sie sich Sorgen? fragte sich Borchers. Er wußte nichts von ihr außer ihrem Namen: Sara Urbanic. Er wußte nicht, woher sie kam, was ihre Motive waren, wo sie in dieser Stadt lebte, was aus ihr werden würde.

Sie hatte die Titel und Codenummern der Bänder in das elektronische Bestellgerät eingegeben. „Die Bänder werden gleich kommen ... Viel Glück."

„Danke."

Es gab nicht mehr zu sagen, keinen Grund für ihn, länger zu warten. Borchers wußte, daß er diesen Kontakt aufgeben mußte. Er ging hinüber zur Ausgabe, wo die Bänder auf einem Fließband auftauchen würden.

Die abgeernteten Getreidefelder erstreckten sich kilometerweit. Es war der vierte Tag der Vorbereitungszeit, der letzte. Hier herauszufahren war Carows Idee gewesen. Sie saßen am Rande eines Roggenfeldes, das noch nicht geschnitten war. Der Wagen, in dem sie gekommen waren – mit dem Pony als Fahrer –, stand in einiger Entfernung von ihnen am Beginn des Feldweges.

Seit die Würfel gefallen waren, hatte Martin nach einer Möglichkeit gesucht, sich mit Šenk in Verbindung zu setzen. Bisher war ihm das nicht gelungen, und kam das O.-K.-Signal, mußte er heute nacht um 1.23 Uhr in Salzburg den Zug nach Wien besteigen.

Die Tage des Wartens und der Vorbereitung schienen Carows Nerven nicht allzu gut getan zu haben; Martin fand, Carow sei viel nervöser als er selber.

Wie sie zusammen gearbeitet hatten, das hatte Martin gefallen; wenn sie die notwendigen Dinge besprachen, Codesätze, Adressen, Telefonnummern, Kontaktprozeduren, Rückzugslinien, „Notausgänge". Er hatte die Sorgfalt bewundert, mit der Carow ihn vorbereitete. Vor allem die geniale Einfachheit seiner *Cover-Story*, die Carow sich für diesen Auftrag ausgedacht hatte ...

Martin blickte zu der Wegkreuzung, wo der Wagen parkte. Es war ein warmer Tag, fast schwül, und die vier Türen der Limousine standen offen. Das Pony rauchte eine Zigarette.

„Eines hätte ich gern gewußt", sagte Carow, „hast du damals nie den Versuch gemacht, die Steffin rauszubringen? Es irritiert mich. Es paßt nicht zu dem Bild, das ich von dir habe."

„C. fragte dasselbe, und ich kann nur dasselbe antworten, es war nicht zu machen."

„Willst du sagen, du hast nicht einmal den Versuch gewagt?"

Martin mußte wieder an Šenk denken, an die Vorbereitungen, die sie damals getroffen hatten: das Studium der Karten, die Besichtigung der Grenze, das Festlegen von Tagen und Stunden, die Suche nach Möglichkeiten, Zimra einzuweihen ... „Sie wollte gar nicht heraus. Ich konnte sie nicht überzeugen. Später habe ich manchmal gedacht, ich hätte sie überzeugen müssen – aber womit?"

„Glaubst du, daß sie jetzt raus will?"

„Sie ist nicht jemand, der sich sehr ändert. Ich weiß es also wirklich nicht. Da liegt das Risiko bei diesem Auftrag."

Das Empfangsgerät in Carows Brusttasche gab einen piepsenden Ton von sich. Er stellte es ab, lief zu dem Wagen, ohne auf Martin zu warten.

Carow telefonierte noch, vor der Limousine stehend, als Martin die Wegkreuzung erreicht hatte. Er wandte sich um, den Hörer in der Hand. „Es ist das Okay!"

Bevor Martin seine Jacke auszog, leerte er die Taschen. Geißler nahm die Jacke, legte sie in einen offenen Karton. „Weiter, die Hose!" Auf dem Tisch lag Martins neue Ausstattung, Geißler nahm das erste Stück, reichte es Carow zur Inspektion.

Seine neue Identität, das war: Martin – der Name war beibehalten worden –, Lehrer aus Albacete. Er reiste auf Einladung des „Internationalen Verbandes der Lehrergewerkschaften" nach Prag zu einem achttägigen Kongreß über die „Freiheit der Lehre". Die Teilnehmer aus den westlichen europäischen Ländern hatten sich bis morgen früh in Wien einzufinden, um von dort gemeinsam mit einem Sonderzug nach Prag zu fahren.

Dieser Schulmann aus Albacete existierte wirklich, war für die Dauer der Operation von hilfreichen spanischen „Freunden' der „Organisation" in Obhut genommen worden . . .

Carow sah sich jedes Stück genau an, überprüfte jedes Etikett, konzentriert, ruhig. Nach den Kleidungsstücken kamen die Gegenstände und Kleinigkeiten, die ein Mann wie der Lehrer bei sich tragen würde: Kugelschreiber, ein Notizbuch – für das vergangene Jahr ausgefüllt vom richtigen – oder nun schon falschen? – Martin; Eintragungen über Lehrerkonferenzen, geschriebene Arbeiten, Noten, Ferien.

Mit jedem einzelnen Stück, das Martin anzog, mit jedem Gegenstand, den er zu sich steckte, fühlte er sich mehr und mehr erleichtert. Es war nicht nur die Sorgfalt, mit der Carow und Geißler vorgingen, sondern die Perfektion der Verkleidung selbst – alle Dinge waren alt, getragen, hatten Leben.

Es war Martin, als schlüpfe er, indem er seinen Körper mit all den Objekten neu ausstattete, in den Geist des anderen Martin, als übernehme er seine Persönlichkeit.

„Einladung, Flugticket von Madrid, Fahrkarten . . . die Brieftasche."

Carow nahm sie Geißler aus den Händen, überprüfte sie, zuletzt den

Paß; es war Martins Bild, das Alter war 46, drei Jahre jünger als in Wirklichkeit.

Sein Gepäck kam an die Reihe, die Umhängetasche, der Koffer. Noch einmal zeigte ihm Carow, wo das Geld verborgen war, amerikanische Dollar, deutsche Mark, tschechische Kronen.

Zimra Steffins Paß würde er erst in Prag erhalten. Sie konnten auch nicht zusammen in den Westen kommen; das hatte Martin eingeleuchtet, aber es beunruhigte ihn nach wie vor. Spürte Carow das?

„Mit der Steffin – das ist klar? Sonntag, sieben Uhr dreißig, eine halbe Stunde vor Abfahrt deines Zuges. Der Zeitungskiosk am Westausgang, unser Mann mit einer Ausgabe der *Rudé Právo*. Dein Code?"

„‚Die Bohemians haben schon besser gespielt.' Seine Antwort muß lauten: ‚Was erwarten Sie von dem neuen Trainer?'"

„Er wird sie nach Ruzyně hinausbringen, zur Morgenmaschine nach Wien. Ich werde sie selbst dort in Empfang nehmen. Sie wird bereits in der Freiheit sein, wenn du noch im Zug sitzt. Es gab keinen anderen Weg, als es so zu machen."

„Natürlich."

„Ich glaube, das ist es." Carow blickte auf seine Uhr. „Das Pony wird dich nach Salzburg bringen. Ihr könnt dort essen. Von dem Augenblick an, in dem du den Zug besteigst, bist du auf dich gestellt. Halte dich strikt an unseren Plan! Hast du Erfolg – gib deinen Fund weiter, wie besprochen, und verkriech dich! Bleib in deiner Maskierung. Das ist deine Sicherheit. Und bitte versuch nicht, mehr zu erreichen! Sei nicht zu hungrig."

„Carow . . ."

„Ja!"

„Ich hab eine Bitte. Ich weiß, es steht nicht in meinem Kontrakt, aber – wenn die Sache erledigt ist, mit welchem Ergebnis auch immer –, ich möchte, daß ihr Dossier vernichtet wird." Er fühlte, er brauchte den Namen nicht auszusprechen.

„Wir vernichten nie . . ."

„Bitte, Carow! Vernichte es!" Das Drängende und Flehende seiner Worte überraschte Martin selber; in einer Sache, die doch eigentlich nebensächlich war . . .

8. Kapitel

Als der Zug sich in Bewegung setzte und die Gestalt des Ponys auf dem Bahnsteig zurückblieb, war Martin immer noch nicht sicher, ob er Šenk genug Zeit gegeben hatte.

Er nahm sein Gepäck auf. Zum Glück schien der Zug nicht sehr besetzt zu sein. „Das erste Nichtraucher vor dem Schlafwagen" – viel mehr hatte er Šenk nicht sagen können. Daß er wirklich am Telefon gewartet hatte – noch im nachhinein erschien es Martin, als hätte er damit sein Glück ein zweites Mal überfordert. Der erste Glücksumstand war gewesen, daß in dem Hotel gegenüber dem Bahnhof, wo sie gesessen und bis zur Abfahrt des Zuges gewartet hatten, die Telefonzellen gleich bei den Herrentoiletten lagen. Bis zuletzt hatte das Pony nichts von jener Laxheit gezeigt, die einen Beschatter gewöhnlich überfällt, der mit seinem „Opfer" vier Tage ständig zusammen lebt.

Martin hatte nie in Zügen schlafen können, ein Schönheitsfehler für einen Agenten. Er hätte sich ein Erster-Klasse-Abteil für die Nachtfahrt nach Wien gewünscht, aber das übertraf die Mittel eines Lehrers aus Albacete beziehungsweise die Devisenbestände seiner Gastgeber.

Das zweite Abteil war leer. Martin verstaute sein Gepäck, hängte seinen Mantel auf, löschte das Licht, ließ nur die Leselampe brennen, ließ sich am Fenster nieder. Wenn Šenk im Zug war, würde er bald auftauchen; sie hatten über eine Stunde bis zum nächsten Halt.

Er fühlte sich besser, erleichtert; endlich allein, Martin, der Schulmann. Er hatte von Haus aus eine natürliche Begabung für Sprachen – ein Plus für einen Agenten; auch das Tschechisch seiner Kindheit hatte er nie verlernt, und ein Lehrer hatte es in den letzten vier Tagen aufgefrischt.

Er nahm sich den Veranstaltungsplan vor, der mit der Einladung und den anderen Unterlagen nach Albacete gesandt worden war. Er studierte ihn eingehend. Sicher würde sich an Ort und Stelle manches ändern, aber eines war klar: Sein Problem in Prag war es, sich Bewegungsfreiheit zu verschaffen!

Neben den allgemeinen Vorträgen, den Symposien – im „Forum“ und in einem Gebäude, das sich „Akademie der Pädagogischen Wissenschaften“ nannte – hatten ihre Gastgeber ein intensives Programm an Unterhaltung vorgesehen. Bis zu dem großen „Abend der Freundschaft“, der die sieben Tage beschloß, war jede Stunde verplant . . .

Zeit für sich zu haben, ohne daß er allzusehr auffiel, das würde – neben dem anderen natürlich – sein großes Problem sein von dem Augenblick an, in dem er in Wien den Zug Richtung Prag bestieg, Wagen 301, Abteil 15, Sitz 89.

Er hatte das Geräusch der Tür überhört. Eine Stimme mit einem starken Akzent fragte: „Hier ist alles frei?“

Martin nickte, beobachtete, wie Šenk den am weitesten von ihm entfernten Sitz wählte. Er hob sein Gepäck in das Netz, wobei er sich strecken mußte. Šenk war klein, selbst für einen Flieger, ein dunkelhäutiger, dunkelhaariger Mann, weshalb er *The Gipsy* genannt wurde.

Man hatte immer, wenn man ihn zum erstenmal sah, den Eindruck, daß es sich bei ihm um einen schüchternen, furchtsamen Mann handelte – aber das war nur das Äußere; innerlich war er der kühnste Mann, den Martin kannte.

„Wie weit fahren Sie?“ Šenk begann die Unterhaltung, wie jeder andere Passagier sie beginnen würde.

„Bis Wien.“

„Es ist schön um diese Zeit dort.“

„Ich steige dort nur um, fahre weiter nach Prag.“

„Prag. Ich verstehe.“

Auf dem Gang vor dem Fenster tauchte ein Mann auf, zündete sich eine Zigarette an. Sie schwiegen. Carow hatte Martin gesagt, daß niemand mehr in seinem Rücken sein würde; möglich war es dennoch, daß sie weiterhin ein Auge auf ihn hatten, zumindest bis zur Grenze. Martin war froh, daß er Šenk gegenüber kein Wort darüber verlieren mußte . . .

Miroslav Šenk war einen Tag in seinem Leben berühmt gewesen: dem Tag seiner Flucht in den Westen. Er war im März 1953, damals ein 24jähriger Oberleutnant der CSSR-Luftstreitkräfte, mit einer russischen MiG nach Frankfurt geflogen. Der CIA legte seine Hand auf ihn, brachte ihn in die Staaten, preßte ihn aus und ließ ihn fallen, weil das einzige, woran *The Gipsy* wirklich etwas lag, das Fliegen war, nicht das Spionieren.

Šenk hatte versucht, bei einer Luftfahrtgesellschaft Arbeit zu finden, aber man hatte vergessen, ihm die amerikanische Staatsbürgerschaft zu geben, die man ihm versprochen hatte. Er mußte zufrieden sein mit den Gelegenheitsjobs, die es für einen Flieger gab: Felder aus der Luft düngen, Waldbrände beregnen. Als die Konkurrenz immer härter wurde – der Koreakrieg war zu Ende –, da war Šenk nach Europa ausgewichen, zurück auf den alten Kontinent. Er hatte seine ATAW-Airlines gegründet, zuerst auf Elba, dann in München. Schon damals gingen Gerüchte um, daß er „nebenbei" Aufträge annahm, Flüchtlinge aus der CSSR auszufliegen; so hatte Martin ihn kennengelernt . . .

Der Passagier auf dem Gang war verschwunden. Der Zug fuhr schneller.

Šenk lächelte Martin zu. „Ich wußte nicht, daß du wieder im Geschäft bist. Ich hab den Termin freigehalten, Sonntag, den dreißigsten."

„Danke."

„Wie viele Leute?"

„Zwei."

„Ich habe einen ‚Ranger'. Es gibt keinen besseren Kopter für diesen Plan."

„Du würdest selber fliegen?"

„Ich habe die Flüge hinter den Eisernen Vorhang aufgegeben, hab zu viele Leute zu ernähren. Aber natürlich fliege ich für dich."

„Der Tower verlangt Flugpläne."

„So was läßt sich nicht machen, ohne Gesetze zu übertreten. Nicht deine Sorgen. Ich verrechne dir die reine Flugzeit und den Treibstoff. Meine Dienste sind frei. Mir gefiel der Plan damals, und mir gefällt er heute – er schmeckt mir."

„Das Risiko?"

„Fair. Besser als 69, würde ich sagen. Die Grenze nach Österreich ist wenig aufgeschreckt, und ich habe diesmal den besseren Kopter."

„Dieselbe Stelle, die Moldauniederung?"

„Ja, dieselbe Wiese, die Karten existieren noch. Welche Zeit?"

„Um sieben Uhr dreißig?"

„Zu früh! Ich brauche Tageslicht. Auf einigen Strecken kann ich höchstens einen Meter über dem Boden fliegen, wenn ich ihr Radar unterlaufen will. Neun Uhr?"

Martin dachte an die lange Wartezeit zwischen ihrer Ankunft in der Dämmerung und der von Šenk geforderten Zeit, aber er sagte: „Gut, neun Uhr. Und, Gipsy – wenn wir da sind, nimmst du uns auf. Wenn nicht – kein Warten!"

„Okay, wie es damals verabredet war. Nichts ändert sich. Ein guter Plan bleibt ein guter Plan."

Der Fahrgast war wieder da, wieder rauchend. Sie befanden sich in einem Nichtraucherwagen, das konnte die natürliche Erklärung sein. Šenk nahm eine Zeitung aus seinem Mantel. Martin blickte aus dem Fenster hinaus in die Nacht.

Sie brauchten nicht mehr miteinander zu sprechen.

Alles, was sie hatten sagen müssen, war gesagt worden. Es war besser, keine Aufmerksamkeit zu erregen. Dennoch hätte Martin sich gern weiter mit Šenk unterhalten. Es war die letzte Gelegenheit, mit jemandem frei zu sprechen. Von dem Moment an, wenn der Zug sich verlangsamte, wenn Šenk sich erhob, wenn er sich mit einem nichtssagenden Satz verabschiedete, den Zug auf der nächsten Station verließ, von dem Moment an hatte Martin auf jedes Wort zu achten, das er äußerte.

Mit wachsender Ungeduld hörte Martin auf die Stimme des Mannes auf dem Podium des „Forum". Dies war bereits sein zweiter Tag in Prag, und alles, was er bisher unternommen hatte, war fehlgeschlagen. Um 15 Uhr war eine Pause von einer halben Stunde vorgesehen, dann ein neuer Vortrag bis um 17.30 Uhr.

„Er spricht sehr überzeugend; was er über die dem Staatsapparat angelagerte bürgerliche Gesellschaft sagt ..."

Martin nahm den Kopfhörer der Simultanübersetzungsanlage ab, wandte sich seiner Nachbarin zu und lächelte.

„Ich kann es immer noch nicht fassen! Ich bin *hier,* verstehen Sie.

Hier!" Ihr hochgestecktes Haar hatte sich gelöst, und einzelne Strähnen hingen ihr ins Gesicht.

Der Vortrag war endlich zu Ende.

Der Mann erhob sich, raffte sein Manuskript zusammen, während die Zuhörer applaudierten. Es war ein kurzer, heftiger Applaus dann erhoben alle sich schnell.

„Es ist besser, wir beeilen uns, sonst ist wieder nichts übrig", sagte die Frau neben Martin. Im Foyer gab es ein Büfett, und alles drängte dorthin.

Martin wartete auf seine Stuhlnachbarin, bis sie sich ihren Weg vom Büfett zurückgekämpft hatte.

Ihr Gesicht war gerötet. Ihr Name war Elsa – Braun mit Nachnamen –, eine Lehrerin aus dem Rheinland. Sie war erst 32, kämpfte aber bereits mit Puder und Stiften gegen etwas schrecklich Strenges und Bitteres in ihrem Gesicht an.

„Wollen Sie wirklich nichts?"

Er schüttelte den Kopf und überlegte, ob er sich bis zum Ende des zweiten Vortrages davonstehlen sollte.

„Ich weiß, ich esse immer zuviel auf solchen Reisen! Ich kann einfach nichts auslassen, das ist meine Schwäche."

Sie hatte einen Platz in seinem Abteil des Sonderzuges gehabt und hatte sich vom ersten Augenblick an ihn gehängt. Auch das war Martin aufgefallen: Schon im Zug hatten sich Paare zusammengefunden. Ein Abenteuer gehörte zu dem, was sie sich von dem Kongreß in Prag versprachen ...

„Ich nehm den Kampf gern noch einmal auf und hole Ihnen etwas."

„Nein, vielen Dank." Er überlegte, ob er versuchen sollte sie loszuwerden, oder ob er sie benützen sollte, sein Verschwinden erklärlicher zu machen. Hast, Übereilung waren eine Gefahr für einen Agenten. Aber Martin hatte nicht genug Zeit. „Ich glaube, ich mache einen Spaziergang."

Sie sah ihn an, lächelnd. „Ist es nicht ein bißchen früh für Ihren Drink? Das war eine ganz schöne Aufregung am ersten Abend!"

Auch das war ein Wagnis gewesen, kalkuliert, um sich Zeit zu verschaffen: Martin hatte das Hotel „Vltava" um 18 Uhr verlassen, war in mehrere Lokale eingekehrt, kam absichtlich zwanzig Minuten zu spät zum Abendessen. In der Halle hatten sie auf ihn gewartet, Funktionäre, die ihrer Gruppe zugeteilten Führer und Übersetzer, in heller Bestürzung und Angst – die sichtbarer Erleichterung Platz machte, als er leicht betrunken und glücklich wieder auftauchte und ihre Stadt pries.

Er hatte das Ganze am Montag wiederholt; sich darauf berufen, daß im Tagesplan die Zeit zwischen 19 und 20 Uhr als „zur freien Verfügung" ausgedruckt war. Er hatte wieder Aufsehen erregt, gemildert durch ein bereits verständnisvolles Lächeln der Betreuer: Dieser Lehrer aus Albacete war eben jemand, der am Abend seine Drinks brauchte.

„Haben Sie etwas dagegen, wenn ich mich Ihnen anschließe?"

Ihre zwei leeren Stühle würden auffallen; andererseits wirkte es natürlicher. Einen Augenblick hatte Martin Skrupel, ihr Interesse für ihn zu benützen, aber dann sagte er: „Von mir aus."

Auf dem Platz vor dem „Forum" parkten die Čedok-Busse, die sie später ins Hotel zurückbringen würden. Sie waren mit Spruchbändern versehen: „Erziehung bedeutet Freiheit", „Das Volk ist die wahre Intelligenz". Auf der rechten Seite blickten sie hinüber zum Nationalmuseum und dem Smetana-Theater.

„Wohin gehen wir?"

Er kannte sein Ziel, aber er zuckte die Achseln. „Einfach spazieren, irgendwohin."

Er bewegte sich in Richtung des ältesten Teils der Stadt. Der Himmel war grau, verhangen. Der Verkehr in den Straßen war überraschend dicht.

Er nahm seine Drinks in einer Stehbar; ihm war keineswegs danach zumute, ja, es kostete ihn eine gewisse Überwindung. Scheinbar ziellos bewegte er sich in einem bestimmten Umkreis; wie in einem Blindekuh-Spiel führte er Elsa immer näher an das Haus heran, das er im Sinn hatte; das Problem war, daß er sich ihrer entledigen mußte, und sei es nur für eine Viertelstunde.

Er blieb zögernd stehen. Durch ein hohes Eisentor blickte man in einen Hof mit einem klosterähnlichen Gebäude an der Rückseite. „Waren wir nicht schon mal hier?" Martin blickte sich um wie jemand, der sich verlaufen hat.

„Wir kehren besser um. Den Bus dürfen wir auf keinen Fall versäumen!"

„Ich werde ein Taxi suchen." Er nahm ihren Arm, führte sie vor das Schaufenster einer Konditorei. „Ich brauche nicht lange. Trinken Sie einen Kaffee . . ."

Er brauchte nur zwei Minuten, um den Laden zu erreichen. Es war eine der Adressen, die er in seinem Kopf gespeichert hatte. Carow hatte ihn gewarnt, nicht zuviel von Dlubek zu erwarten: „Er hat unserem Agenten die erste Information über das Treffen gegeben, und er wird jetzt möglicherweise in einer solchen Angst leben, daß er sich weigert, überhaupt mit dir zu sprechen."

Ein handgeschriebenes „Geschlossen"-Zeichen hing innen an der Glastüre. Das Geschäft war angefüllt mit alten Fernsehgeräten und elektronischen Ausrüstungen. Martin betrat das Haus durch eine schmale Tür in einem großen, hölzernen Tor. Von der gepflasterten Einfahrt führten links und rechts ausgetretene Treppen in das Haus. Das Treppenhaus war dunkel; das Licht kam durch Fenster, die von Staub verschmiert waren.

Die Wohnung lag im dritten Stockwerk. Die Glocke gab ein leichtes Gebimmel von sich. Leises Gezwitscher von Vögeln in einem Käfig, als die Tür sich öffnete.

Sobald er die Frau sah, wußte Martin, daß er zu spät gekommen war. Er starrte in ein Gesicht, das kein Alter hatte, weil der Schmerz alles überdeckte. Hinter ihr blickte Martin in einen Raum, in dem zwei Kanarienvögel in einem Käfig herumsprangen.

„Ich möchte Stefan sprechen."

„Er ist weg."

„Er hatte mir versprochen, mein Gerät zu reparieren."

Sie blickte ihn an aus Augen, in denen ebenso wenig Gefühl war wie in ihrer Stimme.

„Er ist weg – verstehen Sie nicht."

Ein Gefühl unmittelbar drohender Gefahr griff nach Martin Es war, als sähe er die Szene: Zwei Männer, die die Treppe heraufkamen, das Gebimmel der Glocke, Dlubek, der öffnete, der von ihnen weggeführt wurde. Alles ging still vor sich. Sie mußten keine Gewalt anwenden.

„Wissen Sie, wo er ist?“ Er wußte, wie unsinnig die Frage war, er suchte nur einen Abgang.

„Irgendwann werde ich es erfahren.“ Sie wandte sich ab und schloß die Tür.

In der Konditorei erzählte er Elsa, er habe kein Taxi gefunden, aber ein freundlicher Polizist habe ihm den Weg erklärt.

DAS Vltava hatte eine heruntergekommene Großartigkeit, die sich bis in die Zimmer hinein fortsetzte: schwere, dunkelrote Samtvorhänge, goldgerahmte Gemälde, Plüschsessel, ein riesiger schwarzer Schrank, zwei Betten unter Baldachinen. Das Telefon, ein alter, schwarzer Apparat, stand auf einem Tischchen vor einem großen Wandspiegel. Das Badezimmer – in dem Martin seinen Zimmergenossen hören konnte – hatte die Akustik eines sakralen Raumes, und bis die Marmorwanne nur halbwegs vollief, war das Wasser schon wieder erkaltet.

Martins Zimmergenosse kam aus dem Bad. Er war ein Lehrer aus Saragossa, ein Mann von noch nicht dreißig, aber mit der langsamen Stimme und den bedächtigen Bewegungen eines sehr viel Älteren. Er trug einen langen dunkelroten Morgenmantel über seinem Pyjama.

„Sie müssen sich für das Spiel umziehen“, mahnte er in seiner väterlichen Art. Auf dem Programm dieses Abends stand der Besuch eines Eishockeyspieles zwischen zwei Prager Vereinen. „Sie kommen nicht mit?“ fragte Martin.

„Ich würde nicht verstehen, was vor sich geht, ich habe keine Ahnung von den Regeln.“

Stimmen und Lachen waren vor der Tür auf dem Gang zu hören. Es klopfte, jemand rief Martins Namen.

Als Martin die Tür öffnete, sah er ein Dutzend seiner Gruppe, lachende Paare. Diejenige, die geklopft und seinen Namen gerufen hatte, war Elsa – eine ganz andere Elsa allerdings. Ihr Haar war aufgesteckt, von Kämmen gehalten, und sie trug ein verändertes Make-up. Ihr geblümtes Kleid wirkte wie das Muster der Tapete im Hotelflur.

„Kommen Sie mit uns, Martin?“ Die anderen unterstützten sie, lachend, in allen Sprachen: „Natürlich kommt er mit uns.“

„Ihr besucht nicht das Spiel?"

Elsa deutete auf einen Mann, der sich abseits der Gruppe hielt. Es war einer der ihnen vom Hotel zugeteilten Fremdenführer, ein Mann mit einem wächsernen Gesicht. Er trug einen leichten, oft gereinigten, hellen Anzug, der offensichtlich von einem früheren „westlichen Kunden" zurückgelassen worden war. Das helle Hemd war aus Seide, aber die Manschetten waren durchgestoßen. Über seinem Arm hing ein Staubmantel.

„Němeček führt uns ins . . ., was war es?"

„Das ‚Teheran'", sagte er ernst, wächsern.

„Ganz tolle Atmosphäre." Elsa wiederholte, was man ihr gesagt haben mußte. „Geheimtip für Einheimische, Tanz, Musik, tschechischer Jazz." Sie lächelte Martin zu, entschlossen, ihre Rolle als Sirene zu spielen. „Genau der Ort, wohin ein Mann sein Mädchen ausführt . . . Němeček kann Ihnen vierzehn Kronen für eine Deutsche Mark eintauschen, schwarzer Kurs."

Martin hatte plötzlich das Gefühl, daß der *Guide* ihn beobachtete, aber als er seinerseits ihn ansah, fand er nichts auf seinem Gesicht als das typische Gelangweiltsein eines alten Fremdenführers. Wahrscheinlich, überlegte Martin, machte er Geschäfte nebenbei. Und sie dulden es schweigend, dafür, daß er über seine Gruppe Berichte abliefert.

Das Teheran war eines der Hotels, das als Quartier für Zentners Leute in Frage kam. „Gut, ich komme mit."

Die ersten der Gruppe waren bereits mit dem Lift auf dem Weg nach unten. Sie mußten warten, es gab nur diesen einen Lift. Auf der linken Seite lag die Haupttreppe, die unten in der Halle endete. Am Ende des Flures gab es ein weiteres Treppenhaus, das dieses Stockwerk, das vierte, mit den darüberliegenden Unterkünften für die Angestellten verband.

Martin hatte dies gleich am ersten Abend festgestellt; der Weg nach oben war offen, aber die Verbindung zu den anderen Stockwerken war durch ein Eisengitter versperrt.

„Gefällt Ihnen mein Kleid? Ich hab es extra für diesen Kongreß gekauft."

„Es ist schön."

„Wir Frauen müssen immer mehr investieren als Männer, es ist einfach nicht fair. Eine Zeitlang habe ich jeden Monat mein halbes Gehalt in Inseraten angelegt: ‚Akademikerin, 32, 169, blond, mit allen femininen Attributen' ... Habe ich die wirklich?"

Der Lift kam; Martin war gerade bereit gewesen, etwas Nettes zu sagen. Sie fuhren nach unten. Die große Empfangshalle des Vltava war überfüllt mit Menschen wie eine Karawanserei. Sie gingen hinüber zu den Čedok-Schaltern, ließen sich austragen, was in einem großen, dicken Buch geschah; Martin vermutete, daß dort wahrscheinlich stand: 425, Martin, verläßt das Hotel um 21.30 Uhr.

Der „Teheran-Club" lag im obersten Stockwerk des gleichnamigen Hotels. Es war von ganz anderer Art als der Plüschpalast des Vltava. Die Wände der Bar waren lindgrün gestrichen, die plastikbeschichteten Tische und Stühle weiß. Über der Tanzfläche rotierten farbige Lichter. Die Architekten hatten vermutlich eine moderne westliche Atmosphäre angestrebt.

Sie schienen die einzigen Ausländer zu sein, die die Tanzfläche benützten. Němeček machte einer belgischen Lehrerin, Gabrielle, einer Hornbrille tragenden, üppig bebusten Brünetten, den Hof und tanzte die ganze Zeit mit ihr.

An den anderen Tischen saßen zumeist Paare mittleren Alters, die stumm-verbissen vor sich hin tranken.

Der sogenannte tschechische Jazz wurde von einem Viermannorchester in orangefarbenen Jacken gespielt; es waren einfach Schlager von gestern. Das Jazzelement stellte vermutlich die Sängerin dar, eine hagere Blondine in einem langen grünen Kleid, die die englischen Worte mit einem starken Akzent sang.

„Sollen wir tanzen?" Strähnen von Elsas Haaraufbau lösten sich bereits wieder.

Er stand auf. Sie tanzten; Elsa legte ihren Kopf an seine Schulter.

„Sie singt eigentlich sehr nett, findest du nicht?" Sie hatte sich zu dem Du entschlossen, das alle anderen auch gebrauchten.

„Ja." Er war mit seinen Gedanken woanders.

„Dir gefällt es nicht?" Als er nicht antwortete, fuhr sie fort: „Warum gefällt es dir nicht wenigstens ein bißchen? Kannst du es nicht vortäuschen? Nur ein klein wenig. Daß dir mein Kleid gefällt, das

Lokal, der Abend. Um mehr bitte ich dich nicht – ein bißchen Hokuspokus, solange wir hier sind." Sie lachte; er merkte, daß sie getrunken hatte.

Das Orchester hörte plötzlich auf zu spielen, mitten in dem Stück. Als die Musik wieder einsetzte, fast übergangslos, war es ein schmalziger Walzer.

Martin gefror, als er die drei Männer und zwei Frauen bemerkte, die die Bar betreten hatten und die ganz offensichtlich der Anlaß für das Orchester gewesen waren, ihr Stück abzubrechen.

„Gehen wir?" Er führte Elsa weg von der Tanzfläche. Sie mußte verstanden haben, daß sich etwas verändert hatte in dem Augenblick, als die Gruppe von Männern und Frauen aufgetaucht war; sie wurde still, und Martin merkte, daß sie seine Blicke zu dem Ecktisch verfolgte.

Wichtig war, daß Zimra ihn bisher nicht bemerkt hatte. Sie war verändert, das Haar vor allem.

War es möglich, daß er sich täuschte?

Früher oder später mußte sie ihn erkennen; es war der Augenblick, den Martin herbeiwünschte, gleichzeitig aber fürchtete. Ihre erste Reaktion – konnte sie anders sein als Erschrecken?

Sobald die Gruppe Platz genommen hatte, war sie von Kellnern umringt. Die Männerstimmen klangen schroff, mit dem Akzent, mit dem sie das Tschechische aussprachen, kam ein neuer Klang in den Raum.

In der Vorbereitungszeit hatte Carow Martin Bilder von MfS-Personal gezeigt, das möglicherweise mit nach Prag reiste. Obgleich es zum Teil alte Fotografien gewesen waren, war Martin sicher, in dem Wortführer der Gruppe einen von Zentners Stellvertretern erkannt zu haben.

Außer Elsa hatte bisher niemand an ihrem Tisch besonders auf die Neuankömmlinge geachtet. Nur Němeček reagierte, ahnte vermutlich, daß es sich bei ihnen um Geheimdienstleute oder ähnliches handelte. Er begann zu flüstern; Martin bemerkte, daß der *Guide* unter dem Tisch Dollar- und D-Mark-Scheine für die Rechnung einsammelte. Martin hatte keine Zeit mehr zu verlieren.

Er blickte nicht zu dem Ecktisch hinüber, befahl sich, langsam zur

Bar zu gehen. Geh langsam, sprich langsam zu dem Barkeeper, verlaß die Bar langsam! Sie muß dich sehen.

Das junge Mädchen in der Garderobe war dabei, ihr Zigarettentablett neu zu füllen. Sie lächelte Martin zu. „Sie verlassen uns schon?"

Martin bat um Zigaretten, nannte irgendeine Marke. Er nahm eine von den Zehndollarnoten, mit denen man ihn ausgestattet hatte. „Der Rest ist für Sie."

Ihr Lächeln wurde noch routinierter. „Wir schließen erst um ein Uhr. Es wird Viertel nach eins werden, bis ich hier weg kann. Wohnen Sie hier im Hotel? Am besten, Sie sagen mir Ihre Zimmernummer."

Er versuchte zu lächeln. „Die drei Männer und die zwei Frauen, die vorhin in die Bar kamen – wohnen *sie* hier im Hotel?"

„Ja. Soll ich ihre Zimmernummer herausfinden? Welche von den beiden? Die Dunkelhaarige?"

Martin lauschte auf die Geräusche in seinem Rücken. Sie braucht Zeit, dachte er, sie kann mir nicht sofort folgen. Vielleicht kam sie gar nicht. Sie würde nicht glauben, daß dies ein zufälliges Wiedersehen war.

Martin ging hinüber in Richtung der Toiletten. Am Ende des Ganges sah er hohe Fenster, die auf eine Terrasse hinausführten. Als er die Tür öffnete, überfiel ihn die Kälte.

Sie würde nicht kommen. Warum sollte sie? Sechs Jahre Trennung standen gegen sechs Monate Zusammensein. Er schloß die Türe zu der Terrasse. Er hörte seine Gruppe in den Vorraum der Bar kommen. Němeček begann zu singen, tanzte für sich allein, die Arme weit ausgestreckt. Zimra hatte die Gelegenheit des Aufbruchs benutzt, war mitten in der Gruppe; Němeček griff sie sich, hielt sie fest. „Laß uns tanzen, *Camarade,* laß uns tanzen . . ."

Martin blieb stehen, wartete, was geschehen würde. Sie hatte sich verändert; das Haar war sehr viel kürzer geschnitten, und es war gefärbt, pechschwarz. Vor sechs Jahren hatte es begonnen, grau zu werden. Sie hatte sich – lachend! – aus Němečeks Armen befreit. Sie kam auf ihn zu. Das blaue Kleid schien ein bißchen zu weit. Martin ging langsam auf sie zu.

Sie blieb vor ihm stehen, eine Zigarette in den Händen. „Haben Sie

Feuer?“ Da war weder Furcht noch ein Bitten, sie in Ruhe zu lassen; es war wirklich, als spräche sie einen Fremden an.

„Tut mir leid, ich rauche nicht. Warten Sie.“ Er suchte in seinen Taschen, erinnerte sich, daß sie früher nicht geraucht hatte. „Ich muß dich sprechen.“ Er zog das Blatt mit dem Programm des nächsten Tages aus der Tasche; da er sich ihr zugewandt hatte, verdeckte sein Körper die Bewegung vor der Gruppe hinter ihm. „Es ist wichtig, daß ich dich sehe, dringend. Nimm das!“

„Oh, Martin!“

Ihr ausdrucksloses Gesicht wurde plötzlich lebendig; ihre dunklen Augen hatten einen prüfenden, fast feindseligen Blick. Eine Sekunde dachte er, er hätte alles durch seine Direktheit verloren. Und dennoch war es der einzige Weg. „Morgen, bitte! Du wählst den Ort.“

Sie streckte die Hand nach dem Papier aus, steckte es weg. Sie sagte nichts. Ihr Gesicht war wieder ausdruckslos.

„Tut mir wirklich leid.“ Er zeigte noch einmal, daß er kein Feuer für ihre Zigarette hatte. Dann wandte er sich ab, schloß sich den anderen an.

Das Mädchen in der Garderobe händigte Martin seinen Mantel aus. „Es ist Zimmer dreinullfünf.“ Er mußte lächeln. Eine strenge Stimme hinter ihm sagte: „Du schuldest Němeček Geld für die Rechnung . . .“

Es war Elsa mit einem gekränkten Ausdruck auf ihrem Gesicht, der sie plötzlich trotz ihres Make-ups wie eine altjüngferliche Lehrerin aussehen ließ.

Er ging zu Němeček, fragte ihn, was er ausgelegt habe, aber der winkte gönnerhaft ab. Er begann wieder zu singen und auf der Stelle zu tanzen. Während sie noch auf den Lift warteten, tanzte Němeček ihnen bereits voraus, die Treppe hinunter, und sie folgten ihm.

9. Kapitel

Carow wußte, es war zu früh für ein Signal aus Prag. Es konnte nicht vor Mitternacht eintreffen, wahrscheinlicher waren die frühen Morgenstunden. Dennoch hatte er nicht die Absicht, so bald schlafen zu gehen. Es bereitete ihm keine Mühe, die Nacht über wach zu bleiben, im Gegensatz zu Geißler, der im Nebenzimmer bereits schlief und den er durch die offene Tür von Zeit zu Zeit im Traum sprechen hörte. An die ausgefüllten Tage im Hauptquartier gewöhnt, waren es vielmehr die langen und ereignislosen Tage, seit Martin nicht mehr da war, die für Carow schwierig waren.

In den Geschäftsräumen der Galerie, in deren Auslagen Steine und Kristalle von Spotlights beleuchtet wurden, läutete das Telefon. Einen Augenblick war Carow überrascht, bis er sich an das Gespräch erinnerte, das er nach Johannesburg angemeldet hatte.

„Johannesburg . . . Sie können jetzt sprechen." Endlich war die Verbindung hergestellt.

„Frau Grapentin, bitte." Er hätte sich beinahe mit dem Namen versprochen.

„. . . ist nicht auf ihrem Zimmer."

„Aber sie ist doch angekommen?" Carow hatte sich bei der Stelle, die die Kliniknummer überwachte, erkundigt; es war kein Anruf für ihn registriert worden.

Ich könnte schon operiert sein, dachte er, es könnte Komplikationen gegeben haben, sie würde es nicht einmal wissen; allein der Gedanke bewirkte, daß er wieder Schmerzen spürte.

„Mrs. Grapentin und Mr. Fehling sind eingetroffen . . . Ich höre gerade, sie sind ausgegangen. Wollen Sie eine Nachricht hinterlassen?"

Er hängte auf, ohne etwas zu sagen. *Mrs. Grapentin* und *Mr. Fehling!* Fehling war ein junger Professional des Clubs, und der Ton des Portiers hatte Carow nicht behagt. Er kam sich vor wie ein Narr. Seine spontane Reaktion war, einen Mann aus Johannesburg auf sie anzusetzen. Der Gedanke entsprang weniger echter Eifersucht, es war einfach Gewohnheit, und natürlich würde er es nicht tun.

Er hörte Geißler im Hinterzimmer. Der war aufgestanden, das Haar zerwühlt, das Gesicht gerötet vom Schlaf. „Nachricht aus Prag?"

Carow schüttelte den Kopf.

„Martin läßt sich Zeit. Soll ich uns Kaffee machen?"

„Es ist noch genug in der Thermosflasche."

„Ich glaube, ich ziehe mich an."

Als Geißler zurückkam, schenkte er Kaffee ein, mit Milch für Carow und einem kräftigen Schluck Kognak für sich selber.

Das grüne Telefon läutete. Geißler schob die Tassen zur Seite, holte Block und Bleistift, schrieb die Zeit der Aufnahme an den oberen Rand des Blocks.

Carow nahm den Hörer ab und gab ein Zeichen durch. Er wiederholte das Signal, so, wie es über die Leitung kam, verfolgte, wie Geißler die Worte in großen Lettern mitschrieb.

Er nahm den Schlüssel. Dechiffriert lautete das Signal: „Kontakt hergestellt. Weiteres Vorgehen nicht bekannt."

Geißler riß das Blatt vom Block. „Soll ich es weitergeben?"

Carow nickte. Er stand hinter Geißler, blickte ihm über die Schulter, als dieser den Text – wieder codiert – über den Fernschreiber ins Hauptquartier tippte. Da die Nachricht nicht als dringend eingestuft war, würde sie erst morgen früh auf C.s Schreibtisch liegen.

GEGEN Mittag war der Himmel über Prag noch immer grau und düster. Es war kälter geworden über Nacht. „Einkauf von Souvenirs" stand auf dem Programm nach einem langen ermüdenden Vormittagssymposium. Der Teil der Národní, in dem dies geschehen sollte, war für Busse gesperrt, und so hatten sie das letzte Stück des Weges zu Fuß zurückgelegt. Martin hatte keinen Mantel mitgenommen, er fror.

Beim Frühstück war Němeček nicht aufgetaucht. Eine matronenhafte Frau von fünfzig Jahren mit grauem Haar, in einem dünnen, grauen Kostüm, vertrat ihn – oder hatte sie den *Guide* für immer ersetzt? Sie sah so grimmig aus, daß niemand gewagt hatte, sie zu fragen.

Ihr Ziel war „Dům Evropa", ein vom Staat kontrolliertes Pfand- und Auktionshaus. Als Martin das Tagesprogramm durchgesehen hatte, war ihm klargeworden, daß dieses der wahrscheinlichste Ort war, den Zimra wählen könnte.

„Sie sagen, man kauft dort phantastisch günstig! Echte Okkasionen."

Elsa ging neben ihm, sichtlich bemüht, leicht und fröhlich zu klingen. Der Abend war noch schwierig gewesen: im Vltava hatte sie unbedingt in die Bar gewollt; irgendwie hatte sich der Gedanke in ihr festgesetzt, daß dieser Abend ihre einzige und letzte Chance mit Martin sei. Vor ihrem Zimmer hatte sie ihm mehr oder weniger deutlich zu verstehen gegeben, daß ihre Zimmergenossin sicher nichts dagegen hätte, für ein oder zwei Stunden das Feld zu räumen.

Sie hatten das Dûm Evropa erreicht, ein großes, ehemaliges Herrschaftspalais. Wie das Vltava suggerierte auch dies vergangene Herrlichkeiten. Die graue, matronenhafte Reiseführerin wartete abzählend, bis auch der letzte ihrer Gruppe die Einfahrt passiert hatte, durch die man den ersten der vielen hallenartigen Räume betrat.

In den hohen Sälen drängten und schoben sich die Käufer an den Vitrinen vorbei. Eine Auktion wurde in einem weiter entfernten Saal abgehalten.

Elsa blieb vor einem der Schaukästen stehen, der mit einer Ansammlung unnötiger Gegenstände gefüllt war; leere Parfümflaschen mit Silberverschluß, alte, brüchige Fächer, gestickte Handtäschchen, Zigarettenetuis, Haarschmuck ... Dann gingen sie weiter, Martin nur darauf bedacht, den richtigen Augenblick zu finden, sich von Elsa, von der Gruppe abzusondern.

Er beugte sich über eine flache Vitrine. Elsa war nicht mehr in seiner Nähe, auch niemand anders von der Gruppe. Unter dem Glas lagen ein Paar Haarspangen. Sie hatten die Form eines kleinen runden Straußes aus Blüten von Primeln. Das Elfenbein war gelb geworden. Der Preis, 40 Dollar das Paar, schien horrend.

„Gefallen sie Ihnen?“ Ein Mann in einem langen, grauen Kittel, wie alle Verkäufer ihn hier trugen, hatte sein Interesse bemerkt. „Soll ich sie Ihnen herausschreiben?“

Martin hatte nicht die Absicht gehabt, die Spangen zu kaufen, obgleich das Paar gut zu Zimras kurzgeschnittenem, schwarzem Haar passen würde. Er zögerte noch, als er sie am anderen Ende des Saales bemerkte; sie blickte sich suchend um.

„Gut, ich kaufe sie.“ Es würde ihm Bewegungsfreiheit verschaffen, Zeit vor allem; lange Schlangen standen vor den Kassen, wo die erstandenen Objekte zu bezahlen waren, ehe man sie mit der abgestempelten Quittung abholen konnte.

Zimra hatte ihn bemerkt und kam auf ihn zu, während der Verkäufer ihm lang und breit erklärte, was er zu tun hatte.

Sie hatte Schatten unter den Augen, die gestern nicht dagewesen waren, und schien jetzt sehr viel angespannter und nervöser. Sie schloß sich ihm schweigend an, als er sich auf den Weg zu einer der weiter entfernten Kassen machte.

„Du hast etwas gekauft?"

Er nickte.

„Ich hätte nie gedacht, daß irgend jemand dieses Zeug kauft."

„Dies ist kein zufälliges Zusammentreffen", sagte er. „Die Wahrheit ist, ich arbeite wieder für sie ..."

Sie blickte ihn an. „Kannst du mir nicht Zeit lassen?"

„Wir haben keine Zeit, nicht jetzt." Er fügte etwas hinzu, das ihm schon leid tat, während er es aussprach. „Kann sein, daß wir sie haben, in der Zukunft."

„Wir hatten das schon einmal – und es hat nichts genützt."

„Es geht um die Konferenz. Sie wissen davon."

„Ein bißchen Zeit?"

Er zögerte. Sie standen am Ende der Schlange, weit entfernt von der Kasse. „Du hast dein Haar anders."

„Eine Freundin hat mich dazu überredet; sagte, ich würde mich besser fühlen. Es ist unsinnig. Kostet viel Zeit und viel Geld."

„Ich mochte es, als es grau war."

Sie lächelte zum erstenmal. „Aber du warst nicht mehr da; und du warst der einzige, der es so mochte."

„Ich habe daran gedacht, dich rauszuholen, hinterher. Aber du hast mich nicht ermutigt."

„Ich weiß, das habe ich nicht. Manchmal wissen wir einfach zuwenig von uns. Ich habe wirklich darauf gewartet ..."

„Dieses Mal werde ich dich nicht zurücklassen."

Sie schüttelte den Kopf. „Fang nicht wieder davon an. Zukunft und Vergangenheit – das sind Frost und Schnee auf eine erste Frühlingsblume."

Er erinnerte sich, daß sie damals Gedichte geschrieben hatte. Sie hatte sie ihm nie gezeigt, aber einmal hatte sie gesagt: „Alle halten mich für ungeheuer tüchtig, zuverlässig, ehrgeizig. Aber mein Ideal, die Vorstellung, die ich von meinem Leben habe, besteht darin, jeden Tag ein Gedicht zu schreiben und jemanden zu lieben."

Sie waren an der Kasse angelangt. Er bezahlte und bekam seine Quittung gestempelt. Die ganze Zeit hatte er die Leute um sich herum beobachtet, darauf geachtet, ob ein und dieselbe Person mehrmals auftauchte. Er bat Zimra, hier zu warten; und während er zurückging, um die Haarspangen zu holen, hielt er weiter Ausschau. Aber niemand erregte seinen Verdacht. Als er zurückkam, nahm er ihren Arm und stellte sich mit ihr an das Ende einer anderen Schlange.

Er hatte immer gefunden, daß sie schön war. An sich hatte ihr Gesicht etwas Unharmonisches, Unregelmäßiges: Die Augen standen etwas zu weit auseinander; ihre Nase war etwas zu groß, zu schwer für das schmale Gesicht, der Mund war zu klein. Und dennoch war der Gesamteindruck Schönheit.

„Warum schicken sie dich? Sie setzen selten jemand ein zweites Mal hinter dem Vorhang ein."

„Es sind wir beide – die Tatsache, daß wir uns kennen."

„Sie wissen es von dir?"

„Ich habe geschwiegen. Sie haben es trotzdem herausgefunden."

„Wieso wissen sie von dem Treffen in Prag?" Sie war nun voller Aufmerksamkeit, nur an dem Sachverhalt interessiert.

„Von einem Agenten hier."

„Was wollen sie?"

„Sie wollen wissen, worum es bei dem Treffen geht! Welche Beschlüsse gefaßt werden. Es muß einen wichtigen Grund für ein solches Treffen geben . . . Wie wird es festgehalten, Stenogramme und Bänder?"

„Stenogramme. Die Bänder werden nur gebraucht, falls es in den schriftlichen Protokollen Unstimmigkeiten gibt, zur Kontrolle "

„Wie viele Kopien?"

„Abgezählte Kopien. Sie werden jeden Abend getippt, eine für jeden Teilnehmer."

„Die Bänder werden archiviert?"

„Ja."

„Archiviert und nicht mehr angesehen, nachdem die schriftlichen Protokolle vorliegen. Das Sicherste wäre, die Bänder zu beschaffen. Kann man sie überspielen?"

Das Lächeln auf ihrem Gesicht war wie hingeschminkt. „Wie

konnten sie hoffen, daß ich dabei mitmache? Hast du ihnen nicht gesagt, daß es aussichtslos ist? Daß ich meine Seite gewählt habe, für immer?"

„Ich hab es gesagt, mehr oder weniger."

„Was haben sie dir gegeben, das du gegen mich verwenden kannst? Sie haben dir gesagt, daß sie Kontakt mit mir aufgenommen haben?"

„Moment ... Wann war das?"

„Versuchen sie, mich damit zu erpressen?"

Seine erste Reaktion war Zorn, Schock über die Tatsache, wie wenig sie ihm vertraut hatten. Als die Überraschung abklang, als er nüchtern darüber nachdachte, sah er darin im Gegenteil fast einen Vertrauensbeweis: Carow, der ihn kannte, mußte C. gewarnt haben; so war es erst gar nicht dazu gekommen, daß man es ihm mitteilte. Carow vertraute ihm! Vertraute darauf, daß er sein Ziel ohne schmutzige Tricks erreichte.

„Sie haben mir nichts davon gesagt. Also war nie daran gedacht, es zu verwenden."

„Warum also sollte ich dies tun? Was bezahlen sie mir?"

„Einen sicheren Weg nach draußen – zusammen mit mir."

Sie schien ernsthaft darüber nachzudenken. Dann sagte sie: „Kannst du mir einen besseren Grund nennen?"

Es war eine der Fragen, von denen er gewußt hatte, daß sie sie stellen würde. Er hatte darauf keine bessere Antwort gefunden als die: „Tu es für dich selbst – so, wie ich dies allein für mich tue."

„Ist das genug? Ich bin mit anderen Idealen aufgewachsen. Sie mögen – der Wirklichkeit nicht standhalten, aber ich habe keine anderen."

„Und was haben deine Ideale uns gebracht?"

„Ich sehe, sie haben mir wirklich nichts zu bieten." Sie suchte Zuflucht in der Ironie. „Und du, was bezahlst du mir? Kannst du mir eine Nacht geben? Es wäre immerhin etwas, was ich mir überlegen würde."

Er spürte, wie sie zitterte, plötzlich Angst hatte. Die Angst sprang auf ihn über wie ein Stromschlag, so daß er sich abrupt umdrehte, sicher, daß sie die ganze Zeit über beobachtet worden waren. Aber niemand nahm Notiz von ihnen. „Zimra ..."

„Ich hab den Namen aufgegeben. Ich heiße jetzt Anna, wie meine Mutter."

„Was sagt dein Vater dazu?"

„Sie haben dir nicht gesagt, daß er tot ist?"

Wieder fragte Martin sich: Hatten C. und Carow es gewußt – was wahrscheinlich war – und ihm nichts davon gesagt? Eine Tatsache von solcher Bedeutung! Sie erklärte Martin, warum sie überhaupt hier war. Er hatte immer das Gefühl gehabt, wenn Zimra von „ihrem Land" sprach, meinte sie in Wahrheit ihren Vater. Warum hatten sie ihn nicht eingeweiht?

„Wann ist es geschehen?"

„Ein Jahr, nachdem du weg warst. Sie haben es dir also nicht gesagt? Er hat sich umgebracht." Sie sah sich um. „Ich hasse das hier wirklich! Sie sagen, was zähle, seien Erinnerungen. In Wirklichkeit ist der Tod das Ende aller Erinnerung. Mein Vater ist nicht mehr da, wenn ich ihn brauche ... *Das ist ein guter Grund!* Vielleicht kann ich keinen besseren erwarten. Ich werde es versuchen ..."

„Kommst du an die Bänder heran?"

„Eher an die Stenogramme."

„Ein Band wäre besser." Ein Band war leichter auf seine Echtheit zu überprüfen. „Geh kein Risiko ein mit weniger Wichtigem. Konzentriere dich auf die Beschlüsse."

„Wie übergebe ich es?"

Er gab ihr Vordrucke der Programme des Kongresses. Sie steckte sie weg, ohne sie anzusehen. „Am besten, du wählst wieder selbst den Ort ... Bist du sicher, daß du es tun willst?"

Sie lächelte ihr angemaltes Lächeln. „Für dich ... ja."

„Und für dich."

Sie schüttelte den Kopf.

„Ich brauche ein Paßfoto von dir. Ein Automatenbild genügt. Leg es bei. Wenn die Konferenz endet – finde einen Grund, länger in Prag zu bleiben."

Sie zögerte. „Ich könnte eine der anderen Sekretärinnen bitten, mit mir hierzubleiben. Das würde besser aussehen. Wir könnten planen, am Sonntag mit dem Zug zurück nach Berlin zu fahren."

„Bis dahin sind wir beide draußen."

„Ein Agent mit Illusionen – hätten wir genug Zeit, ich glaube, ich würde mich wieder in dich verlieben.“

„Wir werden sie haben.“

„Damals hatten wir mehr ...“ Plötzlich war sie in der Menge verschwunden.

Martin verließ seinen Platz in der Schlange, begann, nach den anderen zu suchen. In dem Saal, in dem die Auktion abgehalten wurde, fand er einen Teil der Gruppe. Sie saßen in der letzten Stuhlreihe, ruhten sich dort nur aus, mit wehen Füßen von dem langen Herumlaufen durch die Stadt. Eine ältere Lehrerin hatte ihre Schuhe abgestreift.

Martin setzte sich zu ihnen, blieb bei ihnen sitzen, bis ihre Reiseführerin sie dort fand und sie – Hände in den Hüften – antrieb: „Auf, auf! Wir müssen zurück ins Hotel. Alles wartet am Ausgang!“

Als Elsa sich im Bus neben ihn setzte, mit einem verschnürten Päckchen, war Martin froh, daß auch er etwas vorzuweisen hatte.

Sie hatten Plätze in der siebten Reihe. Das Publikum war wie erstarrt. Ein einziges Mal hatte es Applaus gegeben, ein schwaches Klatschen von den hinteren Reihen nach einer Arie der Turandot. Es war eine Sondervorstellung für die Mitglieder des Kongresses im „Kulturpalast“. Man hatte Blätter mit der Handlung der Oper ausgeteilt – in den verschiedenen Sprachen.

Der Akt schien sich ewig hinzuziehen. Es fiel Martin immer schwerer, sich auf die Bühne zu konzentrieren. Immer wieder dachte er an Zimra. Würde es ihr gelingen, Bänder an sich zu bringen? Wie würde sie sie ihm übergeben? Wann?

Auf der Bühne senkte sich der Vorhang. Für einen Augenblick waren die Erstarrung, das Schweigen der Zuschauer noch stärker. Elsa war eine der ersten, die mit dem Beifall begannen, und sie war eine der letzten, im Seitengang stehend, die ihn am Leben erhielten.

„Kommen Sie“, sagte er schließlich, „es gibt sicher ein kaltes Büfett.“

Das Foyer war eine riesige, zugige Halle. Das Büfett wurde gestürmt. Türsteher in abgetragenen violetten Livreen standen wachsam bereit, zeigten auf die Rauchverbottafeln, sobald sich jemand eine Zigarette anzündete. Einer fiel Martin auf, ein Mann mit einem Gesicht, das kein Alter zu haben schien; er schlich um Martin herum, als erwarte er jeden Augenblick, er könne ihn bei der Übertretung ertappen.

Martin spürte, wie ihm kalt wurde. Begann er, an Einbildungen zu leiden? In dem alterslosen Gesicht stand nichts. Kein Zeichen keine Bewegung, der starre Ausdruck eines Mannes, der für Ordnung zu sorgen hatte.

Aber ein Sinn außerhalb der normalen Sinne hieß Martin, dem Mann zuzunicken.

Der Türsteher kam auf ihn zu. „Sie dürfen nur draußen rauchen."

„Wo draußen?" Seine Kehle war eng, ausgetrocknet.

„Bei den Garderoben."

„Ich habe meine Zigaretten vergessen."

„Vielleicht in Ihrem Mantel?" Der Mann wandte sich ab.

Du siehst Gespenster, dachte Martin, als er seine Marke hervorholte und sie der Garderobenfrau hinhielt. „Kann ich meinen Mantel haben?"

Sie legte ihr Strickzeug weg, brachte den Mantel; sie wartete uninteressiert, sprach mit einer anderen Frau.

Er tastete die Taschen ab, hielt den Atem an, als er das Päckchen fühlte. *Es war da! Sie hatte es getan!* Er nahm ein paar Münzen aus der Tasche. Sie machten ein viel zu lautes Geräusch, bis sie endlich auf dem Tisch zur Ruhe kamen.

Hinter ihm kam das Zeichen für den dritten Akt. Er begann wieder klarer zu denken; er mußte sich auf der Stelle entscheiden. Konnte er den Mantel zurückgeben, ihn dort lassen, das Päckchen in der Tasche, noch einen ganzen Opernakt lang? Es bei sich haben, später im Bus, im Hotel? Es eine ganze Nacht lang in seinem Zimmer aufbewahren? Nein! Er mußte es so schnell wie möglich loswerden.

Er zog den Mantel über den Tisch hinweg an sich, hängte ihn über den Arm. Die Frau streckte die Hand nach den Münzen aus, als Martin sich besann. Er nahm die Münzen an sich, reichte der Frau einen Geldschein. Es war zuviel Geld; wenn das Schlimmste eintrat, würde sie sich nun an ihn erinnern, aber die Münzen brauchte er!

Er ging über den Platz zu der erleuchteten Telefonzelle, blickte ein letztes Mal hinter sich. Vier junge Männer in dunkler Kleidung auf vier Mopeds kreisten langsam um einen Brunnen, die Füße am Boden. Sie waren Martin schon eine ganze Weile aufgefallen, während er sich zu vergewissern suchte, daß ihm niemand folgte.

Er betrat die Zelle, warf die Münzen ein. Er wählte die Nummer, ließ es zweimal läuten und hängte ein. Die Münzen fielen heraus, er steckte sie zurück und ließ es diesmal viermal läuten, ehe er mit der linken Hand den Halter für den Hörer herunterdrückte. Er wiederholte das Ganze, wählte dann dieselbe Nummer ein drittes Mal, aber dieses Mal wartete er; er zählte das Läuten, bis die andere Seite den Hörer aufnahm.

Wie verabredet sechsmal – Martin hängte ein, zum erstenmal mit einem Gefühl der Erleichterung.

Er verließ die Zelle, steckte die Hände in die Manteltasche, befühlte das Paket. Er hatte bisher keine Gelegenheit gehabt, es sich anzusehen; er wußte auch nicht, wessen Nummer er gewählt hatte, wer der Verbindungsmann war. Er hätte seinen „Fang" sehr viel lieber einem toten Briefkasten anvertraut; es war die normale Handhabung, Agent und Verbindungsmann sollten sich nicht kennen.

Carow hatte die Ausnahme mit dem Zeitfaktor begründet: „C. will es sofort."

Martin wußte nicht, wie sie das Band herausbrachten; eigentlich konnte es nur mit der Diplomatenpost gehen, das bedeutete, einen Mann in irgendeiner der westlichen Botschaften einzuschalten. „Gib ihm fünfzehn bis zwanzig Minuten", hatte Carow gesagt.

Er blickte auf die Uhr. 21.30 Uhr. Er war bereits in der Nähe seines Treffpunkts, und so beschloß er, in eine der belebteren Straßen der Altstadt hinüberzuwechseln, irgendwo etwas zu trinken und sich das Päckchen anzusehen.

Er bemerkte, daß die vier jungen Männer auf den Mopeds aufhörten, den Brunnen zu umkreisen.

Die Stadt kam ihm verlassen vor. Als er die Lichter einer kleinen Gaststätte entdeckte, überquerte er die Straße und betrat sie. Der schmale, dunkle Raum war überfüllt mit Männern und Frauen in Arbeitskleidung. Sie starrten ihn an, als er sich zur Theke begab. Er bestellte Kognak, und als das große Glas vor ihn hingestellt wurde, trank er schnell. Er bezahlte, trank den Rest aus und ging nach draußen. Die vier Mopedfahrer waren wieder da.

Er wußte immer noch nichts über den Inhalt des Päckchens. Er blickte wieder auf seine Uhr. Es wurde Zeit für sein Rendezvous. Er bog in die Josefov ein, die ehemalige Prager Judenstadt. Er hatte plötzlich Schwierigkeiten, die richtige Synagoge zu finden. Den Plan hatte er im Kopf, und Carow hatte ihm Fotografien gezeigt, aber die Pinkas-Synagoge schien nicht zu existieren, bis er merkte, daß er schon zweimal an ihr vorbeigelaufen war. Carows Informationen hatten nichts davon gesagt, daß sie sich im Wiederaufbau befand und unter einem Baugerüst fast völlig verschwunden war. Über einem Bodenschacht hingen brennende Karbidlampen. Von seinem Verbindungsmann war noch nichts zu sehen.

Er nahm das Päckchen aus der Tasche; einfaches braunes Papier, von einer Schnur zusammengehalten. Der Stärke nach enthielt es zwei Bänder; aber Martin war interessiert an dem zusammengefalteten Kuvert, das unter die Verschnürung geschoben war. Er zog es sorgfältig heraus und öffnete es. Die Paßfotos waren da.

Er brachte das Päckchen wieder in den ursprünglichen Zustand, steckte es ein. Auf dem Weg zu dem freien Platz vor der Synagoge bemerkte er die vier jungen Männer. Einer wartete im Hintergrund bei den vier abgestellten Mopeds, die drei anderen kamen auf ihn zu, einer an der Spitze, die beiden anderen rechts und links hinter ihm. Martin wußte sofort, daß er einen Fehler gemacht hatte, sie nicht abzuhängen.

Die drei kamen näher, sehr langsam, bis der Mittlere nur noch einen Schritt von ihm entfernt stehenblieb, die Arme herabhängend, grinsend. „Kannst du uns sagen, wie spät es ist?"

Martin war so erleichtert darüber, daß sie es offensichtlich nur auf seine Uhr abgesehen hatten, daß er einen Augenblick zu spät die Messer in ihren Händen sah. Zwei waren nun bei ihm, rissen ihm die Arme auf den Rücken. Er wehrte sich nicht, als sie die Uhr mit dem flexiblen Metallband von seinem Handgelenk rissen.

Er hörte einen Pfiff, merkte, daß man ihn losließ. Er sah Scheinwerfer; daß es die Lichter eines Wagens waren, wurde Martin erst klar, als dieser am Anfang des Platzes auftauchte.

Die vier jungen Männer hatten sich auf ihre Mopeds geschwungen; eine Weile hörte er noch das Geknatter der Motoren, dann war es still. Der Wagen hatte angehalten. Die Scheinwerfer waren jetzt abgeblendet. Die Fenster blieben geschlossen, als Martin darauf zuging. Es war eine amerikanische Automarke mit einer Zollnummer. Das Wagenfenster öffnete sich nur zur Hälfte. Er sah von dem Mann nicht mehr, als daß er überraschend jung war und schwarze, straff anliegende Haare hatte.

„Hatten Sie Ärger?" Martin antwortete nicht. Der Mann hinter dem Steuer besann sich auf das, was er zu sagen hatte. „Wissen Sie zufällig, wann der alte jüdische Friedhof geöffnet hat?"

„Von neun bis siebzehn Uhr außer Samstag."

An der Hand, die das Päckchen entgegennahm, bemerkte Martin einen schmalen Goldring mit einem Brillanten. Das Fenster schloß sich mit dem leisen Geräusch einer Automatik. Martin wartete nicht darauf, daß der Wagen wegfuhr. Er verließ den Platz langsamen Schrittes zuerst, dann schneller. Er erreichte den Kulturpalast, als die ersten Zuschauer zu den Garderoben stürzten, um nicht zu lange warten zu müssen.

Martin ließ sich Elsas Mantel geben. Er mußte lange auf sie warten; sie war eine der letzten. Vermutlich hatte sie wieder den Applaus animiert.

Sie war in Hochstimmung, das Gesicht gerötet, das Haar aufgelöst. Sie machte keine Bemerkung, aber als sie den Kognak roch, schüttelte sie den Kopf.

10. Kapitel

Es war auf gelbem Papier abgeschrieben worden. Drei Stöße lagen vor C. auf seinem Schreibtisch, jeder bedeutete fünfundvierzig Minuten Band. Den vierten Teil tippte die Pauly im Augenblick in einem besonderen Raum.

Gelb war *sein* Papier, in der „Organisation" nur ihm vorbehalten. So wie die rote Tinte.

Der Faun stellte ein Glas mit eiskaltem Saft vor C. hin.

C. blickte auf, deutete auf die gelben Stöße. „Ich muß an das ‚Gelbe Haus' denken – an das letzte Zusammentreffen mit Zentner."

Es war wirklich ein gelbes Haus gewesen, chromgelb gestrichen, eines der drei Häuser, das die Amerikaner der „Organisation" nach dem Krieg zur Verfügung gestellt hatten. Dort hatte die letzte Auseinandersetzung zwischen C. und Zentner stattgefunden.

„Wir haben einen langen Weg zurückgelegt, Faun, seit damals. Mal waren wir obenauf, mal er. Aber dieses hier", C. deutete auf die gelben Stöße, „macht Zentner den Garaus, wenn es richtig benützt wird!"

Er gibt sich nicht einmal mehr die Mühe, seinen Haß zu verbergen, dachte der Faun. C. und Zentner hatten, bevor sie zu erbitterten Gegnern wurden, einmal zusammengearbeitet; ja, es war lange Zeit fraglich gewesen, wer von beiden in der „Organisation" die Oberhand behielt. C. hatte den Machtkampf damals gewonnen. Er hatte Don Langtree auf seiner Seite, die Quelle, aus der das Geld sprudelte. Zentner hatte die andere Seite gewählt, war zu den „Roten" übergelaufen.

„Ich hoffe, daß man in Bonn nur dieses eine Mal sieht, was wir ihnen in die Hand geben."

Pauly kam mit der Abschrift der letzten fünfundvierzig Minuten Band herein. Sie legte den gelben Stoß auf C.s Schreibtisch. „Sie sind bereit für die Sitzung und warten draußen. Wie viele Kopien brauchen Sie – fünf?" Pauly deutete auf die Stöße.

C. schüttelte den Kopf. „Vier genügen."

„Keine für Carow?"

„Er bekommt seine später. Ich möchte nicht, daß es aus dem Haus herausgeht. Verbinden Sie mich mit ihm. Nachher können Sie Ziegler und Blumenschein hereinschicken."

Während C. telefonierte, bereitete der Faun den Kaffee für die Sitzung vor.

„Heiner . . . Ich habe gute Nachrichten für dich. Es ist uns gelungen! Drei Stunden wörtliche Protokolle von dem Prager Treffen."

„Du meinst, es ist ihm gelungen."

„Deine Agenten gehen dir über alles, wie? Ja, es ist ihm gelungen . . . Jedenfalls sind sie zusammengekommen."

„Unsere Vermutungen waren richtig?"

„Hundertprozentig. Sie haben Dutzende von Unruheherden in fast allen in Frage kommenden Ländern, vor allem in der Zone. Sie werden ihrer kaum Herr, diskutieren Gegenmaßnahmen. Sie hoffen, daß es möglich sein wird, die Gefahr ohne Eingreifen der Russen zu bannen ... Wir sind dabei, die Details auszuwerten. Jedenfalls sind es keine ‚Erkenntnisse' mehr. Wir haben die Fakten."

„Wann kam es herein?"

„Es liegt erst seit vier Stunden auf meinem Tisch."

„Es kam den verabredeten Weg?"

„Ja, es kam den offenen Weg."

„Was ist mit den Paßfotos? Lagen sie bei? Wann geht ihr Paß zurück?"

„Noch heute, wie abgesprochen, auf demselben Weg ... Wenn unsere Politiker nur einen Funken Verstand haben ..."

„Die Bestätigung von den ‚Vogelhändlern' liegt vor?" Was Carow meinte, waren die Stimmenexperten.

„Warum so hektisch, Heiner? Es ist schließlich dein Agent. Wir haben ihnen Teile gegeben, von allen Stimmen auf beiden Bändern. Sie bestätigen die Echtheit."

C. nahm eine der gelben Seiten. „Ich habe mir Zentners Part durchgelesen, es gibt gar keinen Zweifel!"

„Ihr habt eine Sitzung? Willst du, daß ich komme?"

„Aus der Klinik? Ich möchte, daß du deine Tarnung nicht gefährdest. Wir werden unseren kleinen Kriegsrat ohne dich abhalten. Ich fliege erst später damit nach Bonn. Diesmal müssen sie eine Entscheidung treffen!"

„Bevor irgendwelche Entscheidungen fallen ..." Carows Beunruhigung kam über den Lautsprecher, als wäre er hier im Raum. „... Unser Agent ist noch drüben!"

„Er soll den Kopf einziehen, Heiner, sich absolut still verhalten ... Ich glaub, das wär's. Ich melde mich wieder, entweder von Bonn aus oder nach meiner Rückkehr."

Für C. war das Gespräch zu Ende, aber bevor er auflegen konnte, kam Carows Stimme noch einmal über die Anlage, drängend, fordernd: „... Bitte, *vor* irgendwelchen Entscheidungen, die den

Agenten betreffen! Wir müssen sie erst rausholen, beide, Agent und ‚Quelle'."

„Eigentlich jammerschade! Wenn ich denke, wie wertvoll sie für uns sein könnte in Zukunft. Wirklich ein Jammer."

„Es ist in seinem Vertrag!"

„Was ist los mit dir? Verstehst du keinen Spaß mehr? Werde nicht gleich nervös."

„Bekomme ich eine Abschrift?"

C. unterbrach die Verbindung mit einem trockenen „Ende". Er schüttelte den Kopf und wandte sich an den Faun: „Carow meint, er müsse sich immer vor seine Agenten stellen. Denkt natürlich, ich habe kein Herz für sie."

Es lag kein Sarkasmus in seiner Stimme, und an seinem Gesicht war nichts abzulesen.

„Okay, fangen wir an." Er drückte auf den Knopf, der das Licht draußen über seiner Tür von Rot auf Grün schaltete.

Die drei Wagen, nicht die in Bonn üblichen Mercedes, sondern drei dunkelblaue BMW, verließen den Parkplatz, sobald das Signal eintraf. Sie fuhren langsam auf das lichtüberflutete Palais des Kanzleramtes zu. Als sie unter dem vorspringenden Dach anhielten, stieg nur der Faun aus.

Durch die hohen Glastüren sah er C. die Haupttreppe herunterkommen. Er war von einem der dunkellivrierten Angestellten begleitet; C. trug seinen schwarzen Aktenkoffer selbst. Die zwei Wachsoldaten draußen machten sich fertig für den Salut.

Der Faun öffnete die Tür des mittleren Wagens. C. reichte dem Faun seinen Koffer und stieg ein. Der Faun setzte sich neben ihn. Der erste Wagen fuhr sofort an, fuhr durch den Park mit den alten, hohen Bäumen. Außerhalb des Tores fädelten sich die Wagen in den Verkehr auf der breiten Allee ein.

C. beugte sich in seinem Sitz vor, irritiert. „Wohin fahren wir?"

„Zu Don Langtree. Du bist mit ihm im ‚Weißen Pfau' verabredet", antwortete der Faun.

Donald Langtree war ein kräftiger, großer Mann, gegen den C. schmächtig wirkte. Der Name, seine Größe und die Fähigkeit, ungeheure Mengen Alkohol zu sich zu nehmen, hatten ihm bei den Russen den Namen „Trinkbaum" eingetragen. Das war in Moskau gewesen, wo Langtree einige Jahre die USA als Botschafter vertreten hatte; als der Begriff Entspannung am Horizont auftauchte, war er abberufen worden.

Sie waren beide keine großen Esser. Das meiste von dem, was sie bestellt hatten, ging unberührt zurück. Das einzige, was Langtree wirklich gern gegessen hätte, ein kräftiges durchwachsenes Steak, lag unter der Würde des Hauses.

Ihre Unterhaltung hatte mit den Dingen begonnen, über die zwei Freunde, die sich längere Zeit nicht gesehen hatten, sprechen würden: die Familie, Gesundheit, Ferien. „Du siehst wirklich gut aus – unverändert, meine ich. Danke, daß wir uns hier treffen können, ich weiß, dich hält es keine Stunde länger in Bonn als nötig."

„Was hat dich hergeführt?" fragte C.

„Ich weiß nicht, warum sie diese unangenehmen Jobs immer mir auftragen." Langtree blickte über den Tisch. „Denkst du manchmal daran zurückzutreten?"

Sie beide wußten, das Vorgeplänkel war vorüber, sie näherten sich der Kampfzone. C. sagte: „Ich denke eigentlich dauernd daran . . ., es scheint nur nie der geeignete Augenblick zu kommen. Irgendein besonderer Grund, weshalb du das zur Sprache bringst?"

„Eine gewisse Unruhe unter den befreundeten Diensten. Man munkelt, du trägst dich mit dem Gedanken, in den Ruhestand zu gehen. Sie würden es gerne vorher wissen – lieber von dir, als daß sie es aus Ost-Berlin hören."

„Aber Don! Was spielst du – ‚Fang den Hut'?"

„Sie wollen, daß du dich zurückziehst."

„Sie?"

„Du bist länger im Amt als irgendein Geheimdienstchef, den ich kenne. Sie haben deine Amtszeit über dein Pensionsalter zweimal verlängert."

„Sie?" C. bestand auf einer Antwort.

„Du weißt, wie diese Dinge laufen. Niemand will, daß sein Name fällt. Aber es ist ernst, es sind höchste Stellen. Sowohl in Washington als auch hier. Es kann dich nicht wirklich überraschen, mach mir das

nicht vor! Die Zeiten ändern sich, die offizielle Politik ändert sich. Und du spielst immer noch deine alten Kriegsspiele. Du lebst im falschen Zeitalter."

„Die Russen haben ihre Politik nicht geändert."

„Das ist nicht die Frage. Du weißt, was sie mit mir gemacht haben; ein Stirnrunzeln der Russen und Moskau ade! Natürlich, so leicht können sie mit dir nicht umspringen. Du hast Macht. Also, wenn du meinen Rat willst . . ."

„Warum haben sie dich gewählt?"

„Weil wir Freunde sind und sie diese Sache freundschaftlich regeln wollen. Weil sie mit sich handeln lassen, nehme ich an. Mein Rat ist, tritt freiwillig zurück, solange sie dich noch fürchten . . ."

„Don, wenn wir uns in einer Situation befänden, so ernst wie Berlin 61, wie 68 Prag, und ihr Amerikaner wärt vorher davon unterrichtet – ich meine, *exakt* informiert mit allen Details, was wäre euch das wert?"

Von seinem Tisch aus konnte der Faun nichts von der Unterhaltung hören. Er hatte seine Aufgabe – alles, was um C.s Tisch herum vorging, genau zu beobachten, und er beobachtete, wie C., weit über den Tisch gebeugt, jetzt schon eine ganze Weile eindringlich auf Langtree einredete.

C. hatte seinen Bericht beendet. Er hatte fast dieselben Worte wie gegenüber dem Kanzler gebraucht. „Das ist die Situation, Don! Hältst du das für den richtigen Augenblick zurückzutreten?"

„Ich nehme an, es sind Fakten?"

„Ich würde sonst nicht darüber sprechen. Wir haben das Protokoll der Geheimsitzung, wörtlich. Wir haben eine ‚Quelle', so nahe an der Macht, wie du dir nur wünschen kannst."

„Wer weiß bisher davon?"

„Ich biete es deinen Freunden an! Exklusiv! Die ganzen Fakten. Abschriften und Originale. Und vielleicht . . ." C. vollendete den Satz nicht, als wolle er sich etwas offenlassen.

Sie schwiegen für eine Weile.

Beide waren kühle Männer, und sie wußten beide, daß sie sich in einem Minenfeld bewegten.

„Du wagst dich weit vor", sagte Langtree schließlich. „Das ist ein gefährliches Gebiet. Ich bin nicht sicher, daß dir meine Freunde da folgen."

„Du könntest mit ihnen reden."

„Der Kanzler hat es dir nicht abgekauft?"

„Im Gegenteil, aber er hat mir die Hände gebunden! Keine weiteren Aktionen unsererseits! Dabei kann er sich jederzeit davon distanzieren, was wir tun ... Von Rücktritt übrigens kein Wort."

„Was war die Idee?"

„Die Situation im Block ist ernst. Unzufriedenheit, Unruhen, Streiks. Wir hatten vor, das Feuer ... sagen wir, nicht ausgehen zu lassen. Wenn es zur Explosion käme, und der Westen wäre bereit, Don ..."

„Das ist Politik, nicht Spionage! Dein Vorschlag ist unmöglich!"

„Es sind ihre eigenen Waffen ..."

„Alles denkt an Détente, Entspannung, Koexistenz."

„Aber Don! Ich kenne die Russen! Ihre Ideologie kennt keine Koexistenz. Sie verlieren ihr Ziel nie aus den Augen. Was augenblicklich hier in Europa geschieht, das ist nur Vorbereitung für die entscheidende Auseinandersetzung mit den USA ..."

„Du gehst zu weit ..."

„Kein Geschäft also?" C.s Stimme war ausdruckslos.

„Zu heiß."

„Was ist mit der ‚Quelle', von der ich gesprochen habe? Eine Spitzenquelle, Don, für jeden Dienst ein *Traum!* Ich übergebe sie deinen Freunden zur Ausschöpfung."

„Ich kann das weitergeben, mehr nicht. Du hast viel Gutes für uns getan. Warum einigen wir uns nicht jetzt?"

„Worüber?"

„Dein Haus, nur ein Beispiel. Ich glaube, es gehört *uns,* richtig? Du könntest dort bleiben, es würde dir gehören."

„Ich brauche nicht soviel Platz."

„Trotzdem, es wäre kein schlechter Alterssitz. Zweitens ein zusätzliches Ruhegehalt von meinen Freunden. Du willst vielleicht den Faun bei dir behalten, du mußt eine Sekretärin bezahlen; ich denke, du wirst aktiv bleiben wollen! Du könntest ein Buch schreiben, Vorträge halten."

„Du bist gut vorbereitet.“

„Dein persönliches Archiv – es ist umstritten, wem es zusteht; in diesem Fall würdest du es behalten. Man würde dir für eine Übergangszeit – ein Jahr? – ein Büro im Hauptquartier lassen. Und du kannst deinen Nachfolger bestimmen.“

„Was soll das heißen?“

„Daß ich nicht sicher bin, ob man in Bonn nicht daran denkt, jemand von außen an die Spitze der ‚Organisation‘ zu setzen, einen Politiker.“

„Damit richten sie die ‚Organisation‘ zugrunde.“

„Sie sehen es vielleicht anders, wollen keinen Mann mehr mit so viel Macht . . . Du weißt jetzt Bescheid. Das ist das Angebot.“

„Warum bieten sie mir überhaupt etwas? In sieben Monaten läuft meine Zeit ab, wenn der Vertrag nicht verlängert wird.“

„Sie wollen, daß alles geräuschlos vonstatten geht. Sie wollen keinen Sand im Getriebe der ‚Organisation‘ . . . Der Faun gibt dir ein Zeichen.“

„Wir müssen um elf Uhr aufbrechen.“

„Was kann ich meinen Freunden sagen?“

„Ich brauche Zeit. Das ist eine wichtige Entscheidung. Nicht für mich allein.“

„Laß mich nicht zu lange auf die Antwort warten.“

„Ich werde darüber nachdenken. Können wir dich irgendwo absetzen?“

„Ich nehme ein Taxi.“

Draußen machten sich die drei Wagen wieder auf den Weg. Der Faun wartete, aber C. gab keinen Kommentar zu seinem Gespräch mit Langtree.

Die Straße zu dem Helikopterlandeplatz führte an der russischen Botschaft vorbei. Am Tag war der Eingang immer von Demonstranten umlagert, schweigende, von Polizei bewachte Gruppen. Auch an dieser Stelle konnte der Faun für gewöhnlich von C. einige entsprechende Bemerkungen erwarten. Aber C.s Gedanken schienen woanders zu sein.

„Ich hab lange keine unserer Außenstationen mehr besucht . . . Gib Carow Nachricht, daß wir kommen.“

In Prag war es kurz nach elf, als Martin aus dem Lift stieg, der ihn ins Terrassengeschoß des „Teheran“ brachte. Als er die Bar betrat, sah er, daß der Ecktisch der MfS-Leute nicht besetzt war. Das Orchester spielte, aber niemand war auf der Tanzfläche. Der Barmann saß allein hinter der Theke und sah sich in einem kleinen Fernseher die Übertragung eines Fußballspiels an.

Martin bestellte einen Cuba Libre und legte einen Schein von dem Geld der „Organisation“ auf die Theke.

„Rufen Sie Zimmer dreihundertfünf an. Fragen Sie die Dame, ob sie Lust hat, mit mir ein Glas zu trinken.“

Er gab ihm ihren Namen, nicht Zimra, sondern Anna. „Sagen Sie, ein alter Freund erwarte sie.“

Der Barmann nahm das Geld und ging an das Ende der Bar. Als er zurückkam, sagte er: „Die alten Tricks wirken immer am besten. Sie kommt ... Wollen Sie Champagner? Richtigen, nicht georgischen!“

„Warum nicht“, sagte Martin. Er verließ die Theke und suchte sich einen Platz.

Als Zimra eintrat, stand er auf, um ihr entgegenzugehen.

Sie trug dasselbe blaue Kleid. Er hatte sie früher nie Make-up benutzen sehen, aber jetzt hatte sie sich zurechtgemacht: Lippenstift, starkes Rouge, sogar die Wimpern waren getuscht.

„Was bedeutet das Lächeln?“ fragte sie, als sie sich setzte.

„Dein Make-up.“

„Ich verstehe ... Ich hatte das Gefühl, es sei nötig.“ Sie blickte sich um. „Ist das nicht ein wenig riskant, sich hier zu treffen?“

„Nicht riskanter als anderswo.“ Der Kellner kam und füllte ihre Gläser. „Laß uns nur nicht zu ernst dreinschauen ... Das Treffen ist beendet? Lächle zwischendurch.“

„Ich will es versuchen ... Ist mit den Bändern alles gutgegangen?“

„Ja, keine Probleme. Die Konferenz ist beendet?“

„Nach einer kurzen Sitzung heute morgen sind alle abgereist. Was mir Sorgen macht, ist, daß sie nie beabsichtigt hatten, länger zu tagen.“

„Das ist üblich, nicht wahr, das normale Ablenkungsmanöver. Hattest du Schwierigkeiten hierzubleiben?“

„Ja.“

„Du hast ihnen gesagt, du wolltest das Wochenende . . .“

Sie schüttelte den Kopf. „Das wäre kein ausreichender Grund gewesen – der Arzt ließ mich nicht reisen.“

„Was . . .“

„Ich hatte es zum erstenmal, als wir uns im ‚Dům Evropa‘ trafen, deshalb konnte ich auch weg, eine Blinddarmreizung. Heute morgen trat es wieder auf, ziemlich starke stechende Schmerzen. Nein, keine Sorge! Ich muß ihn mal entfernen lassen. Im Augenblick bin ich ein bißchen schwach auf den Beinen, aber sonst in Ordnung. Der Arzt sagt, wenn es morgen noch so ist, kann ich Prag verlassen.“

Er nahm ihre Hand. „Kannst du tanzen?“

Sie nickte. Er stand auf und führte sie zur Tanzfläche. Sie waren das einzige Paar.

„Martin . . . *Sie wissen Bescheid!* Sie wissen, die ‚Organisation‘ hat einen Agenten hier.“

Er fühlte die Furcht, aber er war nicht alarmiert. Furcht war etwas Normales, sie gehörte zu seinem Auftrag; Alarm war Furcht ohne irgendwelche Vorwarnung.

„Unmöglich! Ich müßte es bemerkt haben.“ Martin blickte über ihre Schulter durch den Raum. „Wir wären nicht hier allein, unbeobachtet.“

„Ich wollte damit nicht sagen, daß sie von dir wissen. Nur, daß sie die ganze Zeit wußten, daß deine Leute planten, einen Agenten hierherzuschicken. Es kam heute morgen zur Sprache, kurz bevor ich die Sitzung verließ.“

„Kein Name natürlich?“

„Die Nummer des Agenten. A7Z 115 . . . Kann das stimmen? Was ist?“

Diesmal schlug der Alarm aus. Er konnte plötzlich nicht mehr tanzen. „Laß uns zurück zum Tisch gehen.“ Seine alte Agentennummer! Sie würde ihnen nichts nützen – aber wie konnte irgend jemand an die Nummer herankommen . . . „Sie haben jemand innerhalb der ‚Organisation‘?“

Zimra nickte. „Ich weiß keinen Namen. Aber er ist im Hauptquartier plaziert. Die Meldung kam von ihm, letzte Woche, bevor das Treffen in Prag begann.“

Diesmal war es ernst! Wußte Carow davon? fragte Martin sich. Hatten sie es gewußt, als sie ihn losschickten? Sie würden ihn nicht einweihen, natürlich nicht. Aber wenn sie es wußten, wie war der „Schläfer" in den Besitz einer solchen Information gelangt?

„Da ist noch etwas anderes, Martin. Es gab vor vierzehn Tagen an der Grenze einen Zwischenfall. Einer von euren Agenten wurde – getötet. Es scheint, er hatte herausgefunden, daß dieses Treffen in Prag stattfinden sollte ... Und trotzdem hat es stattgefunden! Verstehst du das?"

„Die Bänder, Zimra, die ich weitergegeben habe – waren sie echt? Da ist nicht daran herumgedoktert worden?"

„Es sind wörtliche Protokolle der Sitzung. Sie stimmen mit den Abschriften überein. Ich war da während der ganzen Zeit ..."

„Und wenn sie nun wollten, daß sie in unsere Hände fielen – auch wenn sie echt sind?"

Sie sagten einen Augenblick lang nichts. Es war ein Schweigen voller Anspannung. Zimra war plötzlich bleich unter dem Make-up. Sie schüttelte den Kopf. „Ich wäre nicht hier – wenn sie wüßten, ich hätte die Bänder genommen und weitergegeben. Das ist nicht Zentners Art. Und wenn – dann hätten wir nie eine Chance. Haben wir eine Chance, Martin?"

Es nützte nichts, sie unnötig zu beunruhigen. „Ich denke doch." Er griff an die Tasche, um sich daran zu erinnern, daß der Schlüssel da war; ein einfacher Zimmerschlüssel. „Bist du allein in Prag geblieben?"

„Das wäre zu verdächtig gewesen. Eine Kollegin ist noch da."

„Ich werde dir einen Schlüssel geben. Eine kleine Pension gleich hinter dem Hauptbahnhof, Tetinská sechsundfünfzig, Zimmer siebzehn. Ich habe es für zwei Tage gemietet. Wir haben morgen einen vollen Tag. Dampferfahrt nach Štěchovice am Vormittag, abends die offizielle Abschiedsfeier. Unser Sonderzug nach Wien geht am Sonntag um acht Uhr zwölf. Ich möchte, daß du morgen abend in die Pension gehst."

„Wann?"

„Nicht zu früh. Sagen wir zwölf Uhr. Es ist nicht mehr als eine Absteige, aber sie liegt günstig."

Carows Plan für Zimra sah vor, daß Martin sie am Sonntag morgen um 7.30 Uhr dem Mann übergab, der ihren neuen Paß hatte und der sie zum Flugplatz und zur Maschine nach Wien bringen würde.

„Es gibt zwei Möglichkeiten für uns herauszukommen. Wir brauchen uns jetzt nicht zu entscheiden. Ich möchte, daß wir für beide vorbereitet sind."

„Was soll ich tun?"

„Kauf einfache Umhängetaschen oder besser noch einen kleinen Rucksack. Eine Thermosflasche für Kaffee, etwas zu essen."

„Feste Schuhe?"

Er nickte, nun beruhigt. „Kauf alles irgendwann im Laufe des Tages, und stell es in der Pension ab. Aber halt dich dort nicht auf. Brauchst du Geld?"

„Ich muß mein Geld ausgeben. Es wäre nicht viel wert – drüben ..."

Es war der erste Ton von Unsicherheit.

„Du tust das Richtige, Zimra!"

„Was noch?"

Er hatte sich nach den Zügen erkundigt. Der letzte zu der Station in Grenznähe ging um kurz vor ein Uhr; das hieß, daß sie einen großen Teil der Nacht im Freien verbringen mußten. Der erste Zug ging um 5.35 Uhr, und mit ihm wurde die Zeit knapp, um vor Tagesanbruch den Platz zu erreichen, an dem er sich mit Šenk verabredet hatte.

„Kennst du jemand in der Stadt mit einem Wagen? Der ihn für eine Nacht ausleiht?"

„Nur Vládăs Bruder."

„Vládăs?"

„Er hat dir die Bänder zugesteckt."

„Frag ihn, ob er uns fahren würde. Er soll sich ab Mitternacht bereithalten."

Sie sahen sich an, plötzlich beide zweifelnd, als sei nichts von dem real, was sie hier besprachen. Er versuchte zu denken: Es sind nur noch dreiunddreißig Stunden – aber mit dem Gedanken verband sich nicht einmal eine besondere Hoffnung. Und weiter voraus in die Zukunft – die Insel, das Haus? Es schien Martin, als müßten sie, um dorthin zu kommen, ganze Sonnensysteme durchqueren. Der einzige Gedanke, der real war, an den er sich klammern konnte, war: Dieses Mal lasse ich sie nicht zurück.

„Ich glaube, wir haben alles besprochen. Wir sollten uns jetzt trennen."

Sie trank ihr Glas aus. „Nur eines noch: Was ist mit meinen Sachen?"

„Du mußt alles zurücklassen." Er winkte dem Kellner und bezahlte.

Später, auf dem Weg zurück zum Vltava, ließ Martin die Dinge, die er erfahren hatte, nüchtern an sich vorüberziehen: Sie wußten von einem Agenten. Sie hatten die Codenummer.

Konnten sie den Code brechen?

Wieviel Zeit brauchten sie dazu?

Aber er konnte nichts dagegen tun als hoffen, daß die Zeit – zweiunddreißig Stunden nun – für ihn arbeitete. So verbannte er diesen Gedanken.

Das andere war wichtiger: Sie besaßen einen Spion innerhalb der „Organisation". Und irgend etwas stimmte nicht mit den Bändern! Martin glaubte, die Absicht zu durchschauen, einen Zipfel des Geheimnisses lüften zu können. Den Westen zu provozieren, es dann an die große Glocke zu hängen, auszuschlachten. Es wäre nicht das erstemal, und es wäre sicher die beste Taktik, um von den eigenen, ernsten Problemen abzulenken . . .

Aber das waren Überlegungen, nicht *Fakten.* Mußte er es also melden? Aber die Tatsache des „Schläfers" – konnte er die überhaupt unterschlagen? Der Mann stellte eine Gefahr dar, nicht nur für ihn und Zimra, sondern für die „Organisation" selbst.

Martin hatte nur eine Möglichkeit, eine Nachricht weiterzugeben, und Carow hatte ihn immer wieder ermahnt, davon nicht leichtsinnig Gebrauch zu machen. Es war der einzige Punkt, wo Martin bei Carow Unruhe und Nervosität festgestellt hatte. Würde er herausfinden, daß sein Verdacht begründet war: daß Carow ihm zwar gesagt hatte, dieses sei ein „Solo", ihn jedoch überwachen ließ? Heute abend, als er sich auf den Weg zu der Pension machte, war Martin nicht entgangen, daß ihm jemand gefolgt war.

Der Gedanke mißfiel ihm, seinen Babysitter – wenn sich sein Verdacht als begründet herausstellen sollte – bloßzustellen. Aber sein

Zögern, die Nachricht weiterzugeben, war nur ein Hinausschieben. Im Grunde überlegte Martin sich schon, wie er die Meldung formulieren sollte.

11. Kapitel

Carow hatte C. in ihrem letzten Telefongespräch gesagt, der Rest sei für einen Agenten das Schwerste; er hätte genausogut sagen können, es seien die schwersten Tage und Stunden für die Aufsicht. Weil ihm das Darvon ausgegangen war, mehr aber noch wegen der verstummten Telefone – keine Nachricht aus Bonn, kein Signal aus Prag –, hatte Carow einen Spaziergang unternommen. Es hatte ihm nicht viel genützt.

Geißler wartete auf ihn in der Galerie, öffnete ihm die Tür. „Du hast dir aber Zeit gelassen! Du sagtest, eine halbe Stunde."

Carow bemerkte, daß Geißler im Mantel war. „Was gibt es?"

„C. ist auf dem Weg hierher! Und es gibt ein Signal aus Prag."

„Hast du es dechiffriert?"

„Du wirst keine Freude daran haben – dein Agent macht sich selbständig. Er hat in einer Pension in der Nähe des Bahnhofs ein Zimmer gemietet. Ich muß weg, ich habe nur auf deine Rückkehr gewartet. C. will, daß ich ihn abhole."

Carow schloß die Tür hinter Geißler. Er hatte das bittere Gefühl eines Mannes, der sich verraten fühlt. Wie konnte Martin so etwas tun?

Er ging in die hinteren Räume, nahm die Meldung aus dem Safe und legte sie auf den Schreibtisch. Er zog den Mantel aus, holte sich ein Glas Wasser, aber er vergaß, ein Darvon zu nehmen, begann die Nachricht zu lesen. Sie war kurz, nur die Tatsache, die Geißler erwähnt hatte, der Name der Pension, die Straße. Der Babysitter hatte keinen Kommentar hinzugefügt, was auch nicht seine Aufgabe war.

Carow legte das Signal zurück in den Safe, entschlossen, im Moment nicht darauf zu reagieren. Erst jetzt wurde ihm bewußt, daß C. hierher unterwegs war. Er ging in den Schlafraum, zog sich um, vertauschte Sporthemd und Wollweste gegen ein Hemd mit Krawatte. Dann machte er Kaffee, füllte beide Thermosflaschen. Er hatte das sichere Gefühl, es würde eine lange Nacht werden.

SIE saßen sich an dem Tisch im Hinterzimmer gegenüber; der Faun und Geißler waren wieder gegangen, um für C. und den Faun in Geißlers Haus ein Quartier für die Nacht vorzubereiten.

„Was war in Bonn?" fragte Carow. „Wie haben sie es aufgenommen?"

C. seufzte. „Ich werde in den Ruhestand gehen."

Carow war überrascht, aber er dachte: Mir machst du nichts vor! „Das ist offiziell?"

„Endgültig. Nicht offiziell. Im Augenblick wissen es nur wir beide... Langtree hat mir die Medizin verabreicht. Sie schmeckte zuerst bitter, aber auf dem Weg hierher, als ich darüber nachdachte, sah ich die Sache schon anders. In Zukunft wird einer von euch sich beim Kanzler die Körbe holen ... Ich werde meinen Nachfolger in Kürze bestimmen, sobald diese Operation abgeschlossen ist. Dies wieder vertraulich!"

Der Kanzler muß seine Pläne abgelehnt haben, dachte Carow.

„Ich höre, du hast Probleme mit deinem Agenten?" fragte C.

Geißler hatte also geplaudert. Carow stand auf, öffnete den Safe, nahm die Meldung heraus, legte sie in die ausgestreckte Hand C.s. „Ich sehe kein wirkliches Problem."

C. schwenkte das Papier in der Luft. „Er weiß, daß er jemand im Rücken hat?"

„Nein."

„Nur zur Sicherheit, ich verstehe. Vertraue nie jemand vollkommen."

„Aber ich vertraue ihm vollkommen!"

C. lächelte. „Trotzdem nabelt er sich ab."

„Er muß seine ‚Quelle' irgendwo unterbringen, wenn die Konferenz morgen zu Ende geht! Er bereitet ihre ‚Ausreise' vor – das ist alles."

„Nimm an, du hättest nicht recht – was könnte er planen? Seinen eigenen Fluchtweg?"

„Warum? Wir haben für beide einen sicheren Weg. Ich sehe keinen Grund, weshalb er ein Risiko eingehen sollte."

„Wann bekommt sie ihren Paß?"

„Erst am Sonntag morgen, im letzten Augenblick, auf dem Weg zum Flugplatz."

„Heiner ... Wir müssen sie dort lassen! Deshalb bin ich hierhergekommen, um mit dir zu besprechen, wie wir am besten vorgehen. Wir können diese ‚Quelle' nicht zuschütten!"

Wann hat es begonnen? dachte Carow. Wann bin ich das erstemal zurückgewichen, als ich mich gegen ihn hätte stellen müssen? Es mußte einen Beginn geben, ein erstes Mal, als er selbst die Ideale verraten hatte, von denen er glaubte, daß es sie in ihrem Beruf geben sollte. Er fühlte sich unfähig, diesen Anfang zu finden unter der Halde von Verrat, die sich seither angehäuft hatte.

„Das ist nicht zu machen! Wenn das bekannt würde – kein Agent würde mehr für uns arbeiten."

„Haben wir solche Sachen nie gemacht? Wir haben immer versucht, sauber zu arbeiten, aber wir haben uns manchmal die Hände schmutzig gemacht. Ist es nicht ein bißchen zu spät, plötzlich die Augen zu schließen?"

„Die Sicherheit des Agenten ..."

„Deinem Agenten geschieht nichts. Ich habe von Zimra Steffin gesprochen."

„Er hat es in seinem Kontrakt."

„Zum Teufel! Kontrakte werden gebrochen. Agenten brechen sie. Wir brechen sie. Das hier ist keine Schule, in der man Anstand lernt. Was ich vorschlage ist niederträchtig, schäbig, schmutzig – okay, zugegeben. Aber Dinge ändern sich ..."

„Was hat sich geändert?"

„Es ist eine Frage der Abwägung von Interessen, von Werten. Hier die einzelne Person, dort die Interessen unseres Landes. Wir brauchen die Steffin dort. Du vor allem wirst sie brauchen, wenn du meinen Platz einnimmst ..."

„Unmöglich. Martin läßt sie nie zurück. Er weiß, daß sie in Gefahr sein wird."

„Wir müssen sie nicht unbegrenzt an ihrem Platz lassen. Nur für die

Dauer dieser Operation. Das kannst du versprechen; wir bringen sie raus, sobald dieser Fall abgeschlossen ist."

„Er ist abgeschlossen, oder? Bis auf die Rückkehr der Agenten."

„Das möchte Zentner, daß der Sturm stirbt, daß er seinen Hals aus der Schlinge zieht . . . Aber ich sage dir, er wird fallen, bevor ich falle; und sie fallen härter dort drüben! Deshalb brauche ich sie . . . nur diese Zeit noch. Kannst du das nicht einsehen?"

Die beiden hatten ihre vielen Meinungsverschiedenheiten nie ausgetragen. Carow war der letzten Konfrontation immer ausgewichen, hatte am Ende nachgegeben. Er wußte, es war jetzt oder nie. Er sagte: „Ich bin immer mit dir gegangen – aber nicht auf diesem Weg!"

C. sah plötzlich zusammengefallen aus. Er öffnete den Mund, sagte mühsam: „Wo bleiben nur der Faun und Geißler?" Dann fiel er in Schweigen.

Jemand, der C. nicht so gut kannte wie Carow, hätte seine Haltung und sein Schweigen für das gehalten, was es zu sein schien: die bedrückte Zustimmung eines Mannes, der den besseren Argumenten unterlegen war.

Martin saß am Schreibtisch. Sein Zimmergenosse schlief, halb verborgen von den düsterroten Samtvorhängen um sein Prunkbett. Martin, ohne Uhr, war nicht sicher, wie spät es war.

Er hatte keine Antwort auf sein Telefonsignal erhalten. „Warte. Unternimm nichts selber. Werd nicht nervös." Es war Martin, als höre er Carows mahnende Stimme. „Er kommt auf dich zu, *in keinem Fall* umgekehrt."

Ich gebe ihm noch eine halbe Stunde, dachte Martin. Er entfaltete das Papier, auf das er seine Meldung geschrieben hatte. Im Laufe der letzten Stunden hatte er die verschiedensten Stadien durchgemacht: Einmal fragte er sich, ob es nicht besser sei, die Meldung zu unterdrücken, ein andermal war ihm alles klar, verstand und durchschaute er das makabre Spiel, das die beiden alten Männer da arrangierten, wie sie versuchten, sich gegenseitig aus dem Sattel zu heben. Eines sah er jedenfalls ohne Illusionen: wie unwichtig er selber nun für die Operation war! Carow, seine Aufsicht, würde weiter auf seiner Seite stehen, doch im „großen ganzen" war er ein Nichts.

IM SECHSTEN Stockwerk des Vltava war nichts mehr an Großartigkeit übriggeblieben. Zwei schwache, von der Decke herabhängende Glühbirnen beleuchteten notdürftig den engen, schmalen Gang. Er wurde noch enger durch die grauen Spinde, die vermutlich die Kleider enthielten, die in den Dienstbotenzimmern rechts und links des Ganges keinen Platz mehr gefunden hatten. Es war stickig heiß hier oben durch die offen liegenden Leitungen der Heizung. Wasser, das gluckernd durch die Rohre lief, erzeugte das einzige Geräusch.

Martin wußte nicht, welches das Zimmer von Němeček war – aber wahrscheinlich war es ein Raum am Anfang oder am Ende des Ganges.

Eine Tür öffnete sich, Martin sah den Umriß von Němečeks Gestalt. Eine unsichere Stimme sagte: „Sind Sie das, Martin?"

„Ich habe eine Meldung."

„Nicht hier, bitte! Kommen Sie herein!"

Der Raum war so eng, wie Martin ihn sich vorgestellt hatte. Er sah wie das überfüllte Lager eines kleinen Buchladens aus, überall gab es nur Bücher, Stapel von alten Zeitschriften. Die anderen Dinge bemerkte Martin erst später: ein von Büchergestellen umbautes schmales Bett; einen Tisch in der Dachschräge des Fensters; einen kleinen Fernseher. Er hielt Ausschau nach dem Funkgerät, das Němeček vermutlich benutzte, aber er konnte es nirgends entdecken.

„Sie haben es also herausbekommen? Wann? Als ich Ihnen heute abend zu der Pension folgte?"

Der *Fremdenführer* trug über dem Pyjama einen seidenen Morgenmantel.

„Ja."

„Sie sagten etwas von einer Meldung?"

Martin reichte ihm das Papier. „Sie ist leider sehr lang geworden. Dann also bis morgen." Martin, auf dem Weg zur Tür, wandte sich noch einmal um. „Sie haben gemeldet, daß ich in dieser Pension ein Zimmer genommen habe?"

„Ich mußte es."

ES SAH aus wie bei einer Party: der Tisch voller leerer Flaschen, Papiertassen und -teller, Plastikbesteck, die Asche und Zigarettenstummel auf einem Teller. Auch die entspannte Stimmung war die einer Party.

C. blickte in die Runde. „Es war ein langer Tag für uns alle. Ich kann etwas Schlaf gebrauchen. Sie fahren uns, Geißler?“

Es ist also entschieden, dachte Carow. Er hat es akzeptiert. Er, Carow, konnte diese Operation wie abgesprochen beenden. Normalerweise hätte er geschwiegen, denn auch er war müde. Vor allem: Er hatte viele dieser Kämpfe mit C. im letzten Augenblick noch verloren, als sie schon gewonnen schienen. Und doch fühlte Carow, er sollte dies ganz klarmachen, auch vor den anderen.

„Es ist also endgültig“, sagte er. „Wir beenden diese Operation entsprechend dem Kontrakt, den wir mit dem Agenten haben!“

Aber C. hatte doch noch nicht aufgegeben. Er sagte: „Wir wollen alle dasselbe, denke ich. Wir haben die gleiche Verpflichtung, Persönliches zurückzustellen. Deshalb, denke ich, sollten wir das Ganze noch einmal gründlich . . .“

Das grüne Telefon, leise gestellt, begann zu läuten. Carow blickte auf die Uhr, merkte sich die Zeit: 2.38 Uhr.

„Das ist Prag“, sagte Geißler.

Carow nahm den Hörer ab. Geißler setzte sich neben ihn an den Schreibtisch, nickte zum Zeichen, daß er bereit war. Carow begann, das chiffrierte Signal zu wiederholen. Er wunderte sich über die Länge des Textes, hatte ein Gefühl von Unheil. Als er die Meldung des Babysitters zu entschlüsseln begann, war er so auf den Code und das einzelne Wort konzentriert, daß ihm der ganze Zusammenhang noch entging.

Es war Geißler, der ihm die erste Vorstellung von der Bedeutung der Nachricht gab – von dem Schlag, der ihre Operation getroffen hatte.

„Verdammt, sie haben uns das Ganze untergeschoben! Von Anfang an!“

Carow las die Meldung noch einmal. Als er sich vom Tisch erhob, stand C. immer noch an derselben Stelle mit demselben Ausdruck auf dem Gesicht. Als Carow ihm die Meldung hinhielt, schien er es nicht zu sehen. Es war der Faun, der es Carow aus der Hand nahm. Er las es für sich, stumm, und dann noch einmal für C., mit tonloser Stimme.

Am Ende nahm C. das Papier, las selber. Er schüttelte den Kopf. „Was soll das – will dein Agent sich einen Orden verdienen? Ich habe befohlen – er soll sich absolut still verhalten. Absolut still! Was will er? Wir haben die Bänder! Es gibt keine Zweifel an den Bändern. Sie sind echt. Zum Teufel, ich kenne Zentner! Ich kenne ihn seit dreißig Jahren – was wollt ihr mir einreden? Daß ein lausiger Agent ihn besser durchschaut als ich?“

„Siehst du nicht, was die Meldung wert ist?“ fragte Carow. „Wir würden mit einem lauten Bums auf dem Bauch landen, wenn wir losmarschiert wären.“

„Das war die Gefahr, nicht wahr, von Anfang an“, sagte der Faun.

„Was soll das wieder heißen?“

„Daß ihr beide euch so durch und durch kennt, Zentner und du.“

„Ich sage dir, die Bänder ...“

„Niemand zweifelt die Echtheit der Bänder an. Auch nicht der Agent“, sagte der Faun. „Aber du kannst die Möglichkeit nicht abstreiten, daß Zentner deine Pläne durchschaut hat. Sieh die Sache von seiner Seite. Er steht mit dem Rücken zur Wand. Was kann er tun? Er *lädt dich ein* – komm, vorwärts, schick deine Leute. Er kennt dich, weiß, das ist eine große Versuchung für dich ... Es ist Zentners einzige und beste Chance. Es lenkt von seinen Problemen ab. Er sagt der Weltpresse: ‚Seht her, das ist der Westen! Das sind seine Agenten und Provokateure.‘“

C. schüttelte den Kopf.

„Dieser Bastard. Und ich hatte ihn fast.“

„Es ist *seine* Handschrift, gib es zu!“ wandte sich der Faun an C.

„Warum warten wir nicht, bis Martin und die Steffin draußen sind?“ fragte Carow. „Vielleicht haben sie weitere Informationen.“

Eine Weile sprach niemand. Dann sagte Geißler: „Sie müssen es von Anfang an so geplant haben. Der Agent, Cichosz, den wir an der Grenze verloren haben, der uns die Nachricht von dem Geheimtreffen brachte – entweder haben sie ihn vorher umgedreht, oder sie haben ihn mit der Nachricht laufenlassen, weil sie wollten, daß wir sie bekommen.“

C., immer noch die Meldung in den Händen, blickte sich um, als habe er Mühe, sich zu besinnen, wo er war. „Laß uns zurückfliegen", sagte er zum Faun.

„Ich müßte die Besatzung aus den Betten holen."

„Zum Teufel, dann tu es."

Er händigte das Papier Carow aus. „Gib es zu den Akten. Ich sehe keine weiteren Aktionen, Heiner."

Er wollte sich abwenden, aber Carow hielt ihn zurück. „Wie war es möglich, daß Borchers ihnen diese Informationen geben konnte, trotz der Überwachung? Du läßt ihn besser sofort einkassieren!"

„Ja, morgen. Heute, meine ich, ja." Sie hörten den Faun in den Geschäftsräumen der Galerie telefonieren. „Wenn die beiden draußen sind, Heiner, sorg dafür, daß sie nicht reden."

„Martin ist nicht der geschwätzige Typ."

„Jaja. Du kennst ihn besser als ich ..." C. zögerte. „Das Zimmer in der Pension, das steht jetzt in einem anderen Licht, nicht wahr? Was, meinst du, wird er tun? Kommt er auf unserem Weg?"

„Er ist in einer schwierigen Lage. Wir haben ihm nichts von den Babysittern gesagt."

„Es sind zwei?" unterbrach C. überrascht.

Carow überging es als unwichtig, als seine Angelegenheit. „Er wird das verstehen, er weiß, das sind Spielregeln. Heikler ist die Sache mit dem ‚Schläfer', die Tatsache, daß wir ihm verschwiegen haben, daß da ein Gefahrenmoment besteht. Er wird das Gefühl haben, daß wir ihm nicht voll vertrauen oder daß wir leichtsinnig waren. So kann er schon in Versuchung kommen, auf seinem eigenen Weg zu kommen – wenn er einen vorbereitet hat. Ich denke, er wird seine Entscheidung im letzten Moment treffen. Er weiß nicht, woher ihm die meiste Gefahr droht. Jede Kleinigkeit kann den Ausschlag geben."

„Sein Weg – was könnte es sein?"

„Ich weiß es nicht." Carow hatte nicht das Gefühl, daß er log, weil er C. den Bericht verschwieg, der im Safe lag, nicht bei den Akten: Die Meldung des Mannes, der Martin auf dem Weg nach Wien im Zug beschattet hatte – über einen anscheinend harmlosen Kontakt; routinemäßige Feststellung der Personalien noch in der gleichen Nacht: Da allerdings hatte die Sache weniger harmlos ausgesehen:

Miro Šenk, ATAW-Airlines, ein Mann, der früher Flüchtlinge aus der Tschechoslowakei ausgeflogen hatte. Ein Zufall?

„Er würde dazu Hilfe von außen brauchen?"

„Ja, vermutlich."

„Er hat seine Beschatter an seinem ersten Tag in München abgehängt – ist da was zu finden?"

„Es war Martins erster Abend. Er wollte beweisen, wie gut er noch ist."

Der Faun betrat den Raum. Die Besatzung war verständigt, man konnte aufbrechen. C.s Interesse an dem, was sie eben besprochen hatten, schien zu erlöschen.

Geißler kam mit C.s Mantel; er würde C. und den Faun zu ihrem Hubschrauber bringen.

Nachdem sie gegangen waren, setzte sich Carow an den Schreibtisch und schrieb ein Signal für Martin: „Meldung äußerst wertvoll. Routen weiterhin sicher. Schläfer enttarnt."

Er wußte, das Signal war überflüssig. Es zeigte mehr Schwäche als Stärke.

Martin brauchte keine billige Ermunterung. Aber vielleicht brauchte Carow diese selbst, und so sendete er das Signal.

Auf dem großen Konferenztisch stand nur der schwarze Uher-Recorder. Die Stimme vom Band füllte den Raum. Sie hatte kaum einen Akzent, nichts besonders Ausgeprägtes; und doch bekam man einen Eindruck von dem Mann, der da sprach: groß, ein Koloß, leicht asthmatisch von zuviel Gewicht und zu vielem Rauchen.

Zuerst hatte C. von seinem Schreibtisch aus zugehört. Als eine Seite abgelaufen war, hatte er sich näher gesetzt. Es war, dachte der Faun, als hielten sie beide ein Zwiegespräch, der eine gegenwärtig, der andere abwesend, aber redend.

Seit C. in sein Büro gekommen war, hatte er nichts anderes getan, als sich das Band immer wieder anzuhören, einen speziellen Zusammenschnitt von Zentners Part, den man für ihn hergestellt hatte. Er empfing niemanden, unterschrieb keine Briefe, ließ Pauly Termine absagen. Das Licht über der Tür zu seinen Räumen blieb auf Rot geschaltet.

„Willst du irgend etwas? Es ist fast drei Uhr. Du hast nicht zu Mittag gegessen."

C. nahm seinen Blick nicht von dem drehenden Band. Der Faun war es müde, mitansehen zu müssen, wie C. sich in irgendwelche Gedanken verbiß, an ihnen innerlich verbrannte.

„Vergiß es! Was willst du noch!? Mach nicht den Fehler so vieler, die nicht im richtigen Moment aufhören können. Du warst lange genug König in deinem Reich."

C. blickte auf, zum erstenmal. Er deutete auf die Stühle um den Konferenztisch. „Der Fehler begann hier in diesem Raum bei der ersten Sitzung. Ich hätte nicht auf Carow hören sollen. Agenten ... Der Agent war unnötig! Wir hatten alles hier auf dem Tisch in den Akten." Er machte eine Pause, überlegte. „Glaubst du, sie haben ihn umgedreht?"

„Wen?"

„Martin. Sie wußten, daß er kommt, wie sich jetzt herausstellt. Sie kassieren ihn und drehen ihn um mit Hilfe dieser Frau. Sie geben ihm die Bänder als Beweis, daß er noch auf unserer Seite steht. Dann lassen sie ihn diese letzte Meldung machen: Sie wissen, das wird unserer Aktion den Atem ausblasen."

„Das beste ist, du vergißt, daß es je eine ‚Operation Umarmung' gegeben hat."

Eines der Telefone läutete. Der Faun ging hinüber zum Schreibtisch, um das Gespräch entgegenzunehmen. „Es ist Pauly, sie hat Geißler am Apparat. Er sagt ..." Zu seiner Überraschung erhob sich C. sofort.

„Ja, das ist für mich." Er nahm dem Faun den Hörer aus der Hand. „Geißler ... gut ... sehr gut. Eine Sekunde."

Er bedeckte die Sprechmuschel mit seiner Handfläche und blickte den Faun an. „Sagtest du etwas von einem Mittagessen!?" Er setzte sich hinter seinen Schreibtisch, nahm einen Block und einen der spitzen Bleistifte.

Der Faun bekam nichts von dem Gespräch mit, während er in der kleinen Küche für C. den Lunch bereitete. Als er damit zurückkam, war C. immer noch am Telefon. Der Faun hörte ihn sagen: „Ja, das hilft mir weiter. Und, Geißler, keine Gewissensbisse wegen Carow.

Es gibt nur eine Loyalität – die der ‚Organisation' gegenüber ... Nein, das geschieht von hier. Ende."

„Bitte, geh für mich ins Archiv", sagte C. zum Faun, als dieser das Essen serviert hatte. „Sieh dir die Liste aller freiberuflichen Flieger an." Er konsultierte seine Notizen. „Ein Mann namens Miro Šenk, hat eine eigene Fluggesellschaft, ATAW-Airlines ... Vermutlich haben wir etwas über ihn. Und ich brauche Kurella, sofort. Und vielleicht später Borchers." Ihm fiel etwas ein. „Hat Kurella rausgefunden, wie Borchers an die Informationen über den Agenten herankommen konnte?"

„Nicht direkt, aber wahrscheinlich ist die Erklärung ganz einfach. Borchers hat im Giftbuch gesehen, daß Carow das Quellenbuch von Martin nicht zurückgegeben hat, und daraus seine Schlüsse gezogen."

„Aber kein Beweis gegen Borchers?"

„Pfefferminz erinnert sich nur, daß über einen Agenten gesprochen wurde, aber es war anscheinend der Mann, den wir an der Grenze verloren haben, und das fällt durchaus in Borchers' Zuständigkeit."

„Wo ist er jetzt?"

„In seinem Büro. Hast du dich schon entschlossen, wann er verhaftet werden soll?"

„Keine harten Beweise, weißt du, was das heißt, Faun? Der Fall zieht sich vor dem Gericht hin, die Verfassungsschutzleute schalten sich ein, werden hier rumschnüffeln. Das gefällt mir nicht. Aber ich glaube, ich habe die Lösung. Borchers wird zwar Verdacht schöpfen. Aber vielleicht ist es doch eine zu große Versuchung für ihn."

12. Kapitel

Um acht Uhr saß Borchers noch an seinem Schreibtisch im Hauptquartier der „Organisation". Solange er dort sitzen blieb, fühlte er sich sicher.

Die Gefahr wartete draußen. Vielleicht war sie ganz nah, und sie verhafteten ihn noch auf dem Gelände der „Organisation". Vielleicht ließen sie ihn zuerst nach Hause gehen wegen seiner Mutter. Er war auf alles vorbereitet.

Borchers nahm die gerahmte Fotografie seiner Mutter von seinem Schreibtisch, öffnete die Klammern auf der Rückseite, entfernte den Karton und legte die Meldung, die er vorbereitet hatte, ein visitenkartengroßes Stück Papier, zwischen Fotografie und Karton. Kurella erwartete wohl, daß er seine Meldung in einen toten Briefkasten ablegte, und er würde sie in dem Glauben bestärken. Darauf, daß er die Meldung bei sich zu Hause deponierte, darauf würden sie, so hoffte er jedenfalls, nicht kommen. Daß er seine Mutter ohne ihr Wissen benützte, war eine Ironie, die ihm gefiel.

Dennoch war das Ganze irgendwie sinnlos: Hatten sie ihm die Nachricht zugespielt, um ihn aus seinem Schlaf zu locken? Dann würden sie ihn in jedem Fall verhaften.

War die Nachricht falsch, eine gezinkte Karte? Ein Agent der „Organisation" mußte wegen einer Notsituation über die tschechoslowakische Grenze gebracht werden. Der Fall war in einer extra anberaumten Sitzung besprochen worden. Die Codenummer des Agenten war A7Z 115. Die Ausschleusung sollte morgen früh erfolgen mit Helikopter ... Just in diesem Moment war Kurella in der Sitzung aufgetaucht, und die Unterbrechung war dazu benützt worden, ihn aus der Sitzung wegzurufen.

Nur ein Vorwand? Eine Panne? Borchers konnte es sich nicht vorstellen. Noch weniger aber konnte er sich vorstellen, daß sie seinetwegen das Leben eines Agenten gefährdeten! Also mußte die Nachricht echt sein! Also mußte er sie weitergeben!

Borchers hatte von seinen „Freunden" totale Stille erwartet, als er ihnen in seiner letzten Nachricht mitteilte, daß er fortan alle Kontakte einstelle. Statt dessen hatte ihn die Aufforderung erreicht: „Jede Kleinigkeit über A7Z 115 äußerst dringend!" Natürlich war das ein unmöglicher Auftrag, und sie wußten es. Für Borchers war es ein Zeichen, daß auch sie ihn abgeschrieben hatten.

Der Gedanke führte ihm sein Problem erneut vor Augen. Er griff zum Telefon. Seine Mutter meldete sich sofort.

„Ich werde mich zum Abendessen verspäten."

„Was heißt das, du wirst dich verspäten? Du bist schon verspätet. Was glaubst du, was ich tue, hier allein?! Du hättest wenigstens vorher anrufen können!"

Weil er müde war und eigentlich hoffnungslos, wollte er heftig reagieren, aber dann dachte er an den Mann, der das Gespräch mitanhörte. „Ruf Schwester Karin an, daß sie zu dir kommt."

„Was ist los? Ist etwas nicht in Ordnung? Ärger im Büro?"

„Ich versuche, daß es nicht zu spät wird."

Borchers erhob sich.

Die Entscheidung war gefallen. Sie wußten nun, daß er versuchen würde, seine Nachricht abzuliefern. Er zog seinen Lodenmantel an. Die gerahmte Fotografie hatte Platz in der Tasche. In der anderen fühlte er das schmale Päckchen, das er vorbereitet hatte und das nichts enthielt als unbeschriebenes Papier.

An der Tür blickte er sich ein letztes Mal um. Er konnte Montag früh hierher zurückkehren oder nicht. Es war eigentlich nicht mehr wichtig. Selbst seine Mutter war in diesem Augenblick nicht wichtig. Auch dieses Kapitel hatte er innerlich abgeschlossen: Sie würde jemanden anders finden, an dem sie ihre Stärke erproben konnte.

Er mußte seine Sache zu Ende bringen, das war alles. Schwierig war nur, daß er bis jetzt immer an das geglaubt hatte, was er tat, daß er auf sein „Handwerk" stolz war, auch wenn er sich dann und wann eingestand, daß es schmutzig war. So hatte er eben gelebt. Ein Fisch, der in einem von Abwässern verseuchten Fluß geboren wurde, würde dennoch leben und atmen. Er kannte nichts anderes als diesen Fluß; und auch der, so fühlte er, begann nun auszutrocknen.

Als er das Taxi verließ, das ihn in der Nähe des Schlosses abgesetzt hatte, war er nicht sicher, ob er sie abgeschüttelt hatte. Er hatte sich viel Zeit gelassen, über zwei Stunden, bevor er seinen „Freunden" von einer öffentlichen Telefonzelle aus die Nachricht signalisierte.

Er betrat den Park eilig, ohne darauf zu achten, ob jemand ihm folgte. Der Park war unbeleuchtet, aber es war eine klare Nacht. Die Statuen rechts und links des Hauptweges wirkten lebendiger als am Tag.

Er wechselte auf die linke Seite und zählte die Statuen. Bei einer Figur, der die Arme fehlten, schob er das Päckchen in die Hohlstelle hinter den Füßen der Statue.

Er erwartete, daß seine Beschatter auftauchten. Aber nichts geschah. Er machte sich auf den Rückweg.

Sie waren da, als er sein Zuhause erreichte. Er hatte seinen Wagen am Morgen auf der Straße stehenlassen, und jetzt parkten zwei gleichartige Limousinen vor und hinter dem Wagen.

Sie waren zu zweit.

Er kannte beide nicht. Sie kannten ihn, und doch sagte einer von den beiden: „Borchers? Wir müssen Sie leider bitten, mit uns zu kommen."

„Natürlich. Ich bin bereit."

Die beiden sahen sich an, zögernd. Der Ältere mit einer Brille zeigte auf das Haus. „Sie können einige Sachen zusammenpacken. Einer von uns muß Sie natürlich begleiten."

Borchers blickte hinüber zu dem Haus. Die Vorhänge im Wintergarten waren nicht zugezogen. Er sah einen Augenblick die Schwester; sie nahm etwas von dem Tisch im Eßzimmer auf und ging damit zurück in den Wohnraum.

„Das ist nicht nötig."

Borchers holte die Wagenschlüssel aus seiner Tasche. „In meinem Wagen ist eine Tasche mit den Sachen, die ich brauche. Wenn Sie die für mich holen, können wir gehen."

„Sie wollen sich von Ihrer Mutter nicht verabschieden?"

Sie kannten natürlich seine Geschichte. Auf ihr hatte Borchers seinen Plan aufgebaut; obgleich es ihm in diesem Augenblick mehr als zweifelhaft erschien, daß sie darauf hereinfallen würden.

„Es ist besser so für meine Mutter, glauben Sie mir. Ich habe nur eine Bitte." Er nahm die gerahmte Fotografie aus seiner Manteltasche. „Die stand die ganzen Jahre auf meinem Schreibtisch. Würden Sie sie meiner Mutter geben, damit sie sie für mich aufhebt? Ich meine, bis ich ..."

Er ließ den Satz unvollendet.

Zu seiner Überraschung hörte er den Älteren sagen: „Komm, bring es ihr." Der andere, ein jüngerer Mann mit überlangen, dichten Koteletten, nahm die Fotografie entgegen. Er hatte schon ein paar Schritte getan, als der Ältere ihm nachrief: „Sei freundlich!"

„Vielen Dank!" Borchers dachte an den Bericht, den der Ältere machen mußte – wenn nicht sogar ein an ihm verborgenes Mikrophon jedes gesprochene Wort aufnahm. Und weil das Bild des getreuen, fürsorgenden Sohnes vielleicht das einzige sein würde, das in dem bevorstehenden Prozeß für ihn sprach, fügte das „Lamm" noch hinzu: „Es ist sowieso alles schon schlimm genug. Weil sie mich wirklich braucht, verstehen Sie!"

Es stand kein wirkliches Gefühl dahinter. Das einzige Gefühl in ihm, das echt war, unter dem er litt, war, daß er am Ende allein dastand, ohne Freunde. Als sie schließlich mit ihm wegfuhren, gehörte das einzige Zusammengehörigkeitsgefühl, das Borchers noch hatte, jenem Mann, an den er mit Handschellen angeschlossen war.

EINE Stunde vom neuen Tag war vergangen, als Martin die Pension Racek betrat.

Derselbe Mann, bei dem er das Zimmer gemietet hatte, schlief in einem Stuhl vor dem Schlüsselbord.

Er schreckte auf, als Martin schon auf der ersten Stufe der schmalen Holztreppe war, die neben seiner Loge steil nach oben führte, und knipste die Lampe an, die vor ihm auf der Holztheke stand.

„Nummer siebzehn", sagte Martin.

Der Mann drehte das Licht so, daß es voll auf Martins Gesicht fiel. Dann sagte er: „Sie lassen ein Mädchen ziemlich lange warten." Er löschte das Licht wieder.

Martin stieg in das zweite Stockwerk hinauf. Zimmer 17 lag auf der linken Seite.

Er klopfte. Als er keine Antwort bekam, sagte er seinen Namen. Sie öffnete, und er erwartete, Angst in ihren Augen zu sehen. Aber ihr Gesicht war ohne jeden Ausdruck. Die Angst war in ihrer Stimme, als sie sagte: „Es war schrecklich, dieses lange Warten auf dich."

Er nahm sie in die Arme. Er fühlte, wie kalt sie war und wie zart. „Seit wann bist du hier?"

„Seit Ewigkeiten." Dann fügte sie hinzu: „Ich weiß, es waren nur zwei Stunden. Ich bin froh, daß du da bist."

Er inspizierte den Raum; die zwei Betten, den dunklen, nackten Fußboden, die grauen, nackten Wände. Die alten Vorhänge waren voller Flecken. Es gab kein fließendes Wasser, nur eine braune Kommode mit Waschschüssel und einem Krug mit Wasser. Auf einem der Betten hatte sie die Dinge ausgebreitet, die sie gekauft hatte.

„Ist alles gutgegangen?“ Er untersuchte die Tasche und den kleinen Wanderrucksack. „Was ist mit dem Wagen?“

„Vládă wird uns fahren – wenn wir wollen. Er wartet auf einen Anruf.“

Martin stellte die Tasche und den Rucksack auf den Boden neben die Tür. Ihm wurde klar, daß er ihr bisher verschwiegen hatte, daß es für sie eine andere Möglichkeit gab, das Land zu verlassen. Sie deutete sein Schweigen richtig, denn sie fragte: „Ist irgend etwas?“

Er erklärte ihr die von Carow vorbereiteten Fluchtwege.

„Du traust deinen eigenen Leuten nicht?“

„Das ist zuviel gesagt. Es gibt Gründe: Die Tatsache des ‚Schläfers‘, die vielen Leute, die daran beteiligt sind, die vielen Stationen, ein Mann, der dich übernimmt, die Fahrt zum Flughafen, das Einchecken ... Vor allem aber, daß wir uns trennen müßten ... Wie denkst du darüber? Was ist dein Gefühl?“

Sie schüttelte den Kopf. „Ich bin keine große Hilfe. Ich fühle mich tot, ausgelaugt, unsicher. Ich fühle, ich verlasse mein Land – und das ist immer noch ein erschreckender Gedanke. Ich fühle, ich verrate meine Vergangenheit, und ich bin nicht sicher, was für eine Zukunft ich dafür eintausche.“ Ein trauriges Lächeln kam auf ihr Gesicht. „Bring mich raus, vielleicht kann ich dir dann sagen, was ich wirklich fühle.“

„Wir müßten gegen fünf Uhr Prag verlassen; wenn wir den Wagen nehmen, in vier Stunden. Im anderen Fall müßten wir noch mal drei Stunden länger warten. Drei Stunden länger in der Stadt ...“

„Das Warten macht mir nichts aus.“ Ihr Lächeln vertiefte sich. „Wir sind das erstemal wieder zusammen, in einem Zimmer.“ Sie legte die Arme um ihn.

„Warte!“ Er löschte das Licht, trat an das Fenster. Es war zu dunkel, um wirklich etwas zu sehen, aber er starrte lange Zeit hinunter. Als er sich umwandte, sagte er: „Ich glaube, wir sollten hier weggehen.“

„Jetzt, sofort? Aber ...“

„Wir suchen eine andere Pension.“

„Aber niemand weiß, daß wir hier sind.“

„Außer Němeček.“

„Er ist einer von euren Leuten.“

„Wir gehen“, sagte Martin. Er reichte ihr die Tasche und nahm selber den Rucksack.

Erst später, in dem anderen Zimmer – das dem ersten glich, als seien sie noch in demselben Haus –, fragte er sich, was ihn veranlaßt hatte, die Pension zu wechseln. Eine reine Vorsichtsmaßnahme? Ein sechster Sinn? Er wußte, auch die andere Entscheidung war gefallen. „Ich werde Vládă anrufen, einverstanden?“

„Natürlich.“

Es gab ein Wandtelefon im ersten Stock, in dem das Zimmer lag. Als er nach dem Anruf ins Zimmer zurückkam, sagte er nur: „Er wird um Punkt fünf Uhr hier sein. Wir können noch drei Stunden schlafen.“ Sie blickte ihn fassungslos an. „Du glaubst wirklich, daß ich schlafen kann?“

„Warum nicht? Wir haben einen langen Morgen vor uns und einen langen Fußmarsch.“

Aber als sie zusammen im Bett lagen, er seinen Arm um sie, beide noch in ihren Kleidern, fühlte er, wie kalt sie war und daß sie zitterte. „Keine Sorge“, sagte er wieder, „alles wird gut werden.“ Er drückte ihren Kopf gegen seine Brust.

Er sagte es, obgleich ihm klar war, daß sie ihre Angst nicht so schnell überwinden würde. Dazu brauchte es mehr als Worte, mehr als eine Umarmung. Er erinnerte sich, wie viele Jahre er gebraucht hatte, um sich von dieser Krankheit zu heilen. Im Grund hatte sein Körper sie nie ausgeschieden; sie war selbst in diesem Augenblick da, ein Bazillus, gegen den noch kein Serum erfunden worden war. Die Angst blieb da. Sie würde auch in ihrem Körper bleiben.

Dennoch war er glücklich. Er fühlte ihren Kopf auf seiner Brust, ihren Körper. Selbst mit den Kleidern hatten ihre beiden Körper eine Intimität, wie er sie lange nicht mehr mit einer Frau gespürt hatte. Daneben fühlte er sich sicher, als ob darin schon die Garantie für das Gelingen ihrer Flucht lag: mit ihr in diesem Halbschlaf vereinigt zu sein.

Geissler stand an dem einzigen Fenster des Raumes und starrte schweigend auf den Innenhof der Galerie hinaus. Er hatte bis Mitternacht geschlafen, unruhig, nervös, dann zu trinken begonnen.

Er hatte seit über einer Stunde nichts mehr geredet, hatte nur dagesessen.

„Was frißt an dir?" Carow hatte die Frage in anderer Form schon mehrmals an diesem Abend gestellt, ohne Antwort zu erhalten.

Diesmal wandte sich Geißler abrupt um. „Mir fehlt nichts, außer daß mir dreißig Jahre in diesem unerquicklichen Gewerbe genug sind. Laß mich in Frieden . . ."

Wann hat er damit begonnen, dachte Carow. Am frühen Abend die ersten Anzeichen; Kurellas Anruf – Geißler hatte ihn entgegengenommen –, die kurze Mitteilung, daß man Borchers verhaftet hatte. Carow war plötzlich wie gelähmt. Das einzige Bewegliche an ihm war ein Gedanke, der durch seinen Kopf raste: *Sie haben irgend etwas getan!*

Geißler hatte sich angezogen aufs Bett gelegt. Carow nahm ihm das Glas aus den Händen, stellte es weg, setzte sich auf den Bettrand. „Was ist passiert? Sie haben irgend etwas getan, nicht wahr?"

Geißler stemmte sich hoch. „Ich weiß nicht, was dahintersteckt", sagte er. „C. fing gestern nacht damit an, als ich ihn zum Helikopter brachte. Fing an, mich zu bearbeiten . . . Er hat es aus mir rausgebracht – den Report über diesen tschechischen Flieger."

„Du meinst den Bericht über Miro Šenk und sein Zusammentreffen mit Martin im Zug."

„Gestern nacht hast du auf C.s Fragen hin den Bericht im Safe verschwiegen. C. hat gebohrt und gebohrt, und nichts ist über deine Lippen gekommen. Mir war klar, daß du deine Gründe haben mußtest zu schweigen. Aber C. hat es aus mir rausgebracht, ich weiß nicht, wie . . . Verdammt, laß mich unter die Dusche." Er machte Anstalten, auf die Beine zu kommen, schaffte es nicht.

„Ist das alles?" fragte Carow.

Geißler starrte ihn an. „Es macht dir also gar nichts aus? Ich trinke mir einen Affen an, und du sagst: *Ist das alles?* Du verrätst deinen Freund, und C. bringt es fertig, daß du das alles als ganz harmlos empfindest. Bis er anfängt und mit seiner Loyalität kommt und daß es ‚nicht nötig' ist, daß ich dir davon was sage."

„Es geht doch um den Bericht über Miro Šenk? Warum war er so wichtig für C.?"

„Sie haben daraus eine gezinkte Karte für das ‚Lamm' gemacht, haben sie unter sein Blatt gemischt. Sie wollten einen Beweis, wenn sie ihn einkassieren. Das war *seine* Idee."

„Das hat er dir gesagt?"

„Du weißt, daß er das nie tun würde. Es rutschte Kurella raus, als er hier anrief."

„Borchers hatte das Material bei sich, als sie ihn verhafteten?"

„Was weiß ich ... Ich nehme es an ..."

Irgendwo begann ein Telefon zu läuten. „Ich gehe schon." Carow überlegte, ob er die Flasche mitnehmen sollte, aber dann tat er es nicht. Der Alkohol war sicher weniger selbstzerstörerisch als Geißlers Gedanken. „Carow."

„Wir haben ein Signal für Sie. Von PAU siebenunddreißig. Sind Sie bereit?"

„Geben Sie mir eine Sekunde." Also nicht Němeček! Carow wollte nach Geißler rufen, aber er hörte, daß im Badezimmer aus der Dusche Wasser rauschte. Er fand ein Stück Papier und etwas zum Schreiben. Er blickte auf seine Uhr und notierte die Zeit: 3.16 Uhr. „Ich bin bereit."

Er saß immer noch an dem Schreibtisch, die kurze dechiffrierte Meldung vor sich, als Geißler in den Raum kam. Der war nackt unter dem Bademantel, von seinen Füßen tropfte Wasser, und er rieb sich mit einem Handtuch die Haare trocken. Carow nahm das Papier vom Schreibtisch, hielt es Geißler hin.

„Němeček?" Geißler versuchte die Meldung zu lesen. „Es ist der Kognak. Ich bin dann wie blind."

„Sie haben ihn!"

„Němeček?"

„Vor einer Stunde."

Geißler ließ sich auf einen Stuhl fallen. „Er wird sie zu Martin führen."

„Er kann ihnen nur sagen, was er weiß."

„Němeček weiß von der Pension."

„Ich kann mir nicht vorstellen, daß Martin es nicht bemerkt haben soll. Und wenn Martin es wußte ..."

„Konnte er mit Němečeks Verhaftung rechnen?"

„Ein Agent im Block muß mit allem rechnen."

Sie schwiegen eine Weile. Dann sagte Geißler: „Du hattest also einen zweiten Babysitter?“

„Für alle Fälle. Eine harmlose, nette Person, Elsa. Eine Lehrerin. Nachwuchs, aber ein großes Talent.“

Carow blickte auf. „Wie lange wird Němeček das Verhör aushalten? Du kennst ihn persönlich.“

„Nicht lange genug. Nicht bis zum Morgen. Und wir wissen nicht, was *sie* wissen.“

„Ist dir klar“, sagte Carow, „daß, wenn Němeček redet, der andere Weg Martins einzige Chance ist?“

„Kurella hat mir wirklich nicht mehr gesagt! Sie haben dem ‚Lamm‘ die Informationen zugespielt, um ihn ‚heiß‘ zu erwischen.“

„Wann müßte Šenk starten?“

„Er hat einen Start von München nach Zermatt angemeldet, aber natürlich kann er sein wahres Ziel nicht angeben. Sein Start ist um sieben Uhr vorgesehen.“

„Wie lange würde er brauchen?“

„Zur Grenze? Wir kennen den Treffpunkt nicht.“

Carow erhob sich. Er trat an den eingebauten Schrank. Er nahm sein Jackett heraus und seinen Mantel. „Ein ‚Ranger‘ – kann er die Strecke hin- und zurückfliegen?“

„Das hängt vom Treffpunkt ab. Normalerweise reicht der Treibstoff ... Du glaubst, sie versuchen beide, auf diesem Weg zu kommen?“

„Martin läßt sie nicht zurück.“

„Šenk wird auf jeden Fall versuchen, deutsches Gebiet zu erreichen. In Österreich komplizieren sich die Dinge für ihn.“

„Kannst du ein paar Männer auftreiben? Postier sie an möglichen Orten entlang der Grenze. Wenn sie wirklich rauskommen, möchte ich nicht, daß irgendein Polizeiwachtmeister sich große Meriten verdienen will ... Dies ist mein Fall, so lange, bis er abgeschlossen ist.“

„Und was hast du vor?“

Carow hatte seinen Mantel angezogen. Er fühlte nach dem Autoschlüssel und der Waffe, beides war da. „Ich muß herausfinden, was sich wirklich mit dem ‚Lamm‘ abgespielt hat ... Laß mich wissen, wenn sich hier was ereignet. Ruf meinen Wagen, das Hauptquartier, oder versuch es bei mir zu Hause."

Sie standen sich einen Augenblick gegenüber. Beide suchten nach Worten. Beide wußten, es gab nichts mehr zu sagen.

Die Straße wurde immer schlechter; im Laderaum des ratternden Wagens mit seinen defekten Stoßdämpfern spürte man es. Sie saßen am Boden, hielten sich an allem fest, was gerade in Reichweite war: an den Wänden aus Wellblech, an den Metallrippen am Boden, an den Kisten, die zwischen ihnen hin und her rutschten, wenn der Wagen in eine Kurve ging.

Von Zeit zu Zeit signalisierte Vlădă ihnen durch einen Schlag an die Trennwand, daß alles in Ordnung war und er sich anhand der Karte, auf der Martin ihm den Weg eingezeichnet hatte, weiterhin zurechtfand. Sein Bruder war Hundezüchter und brauchte den Wagen sonst dafür, Hunde von seinem Zwinger auf dem Land in die Stadt zu transportieren.

Sie saßen in vollkommener Dunkelheit. „Alles in Ordnung?" Martin suchte mit einer Hand nach Zimra, die nur ein Schatten in der Dunkelheit war.

Der Wagen hielt plötzlich. Sie warteten, hielten den Atem an, bis sie Vlădă dreimal gegen die Zwischenwand schlagen hörten, das Signal, daß alles in Ordnung war.

Es war noch dunkel, als sie ausstiegen.

„Ich hoffe, das ist die Stelle?" Vlădă hatte die Karte in der Hand.

Einen Augenblick war Martin irritiert: die Straße, an deren Beginn sie standen, hätte breiter sein sollen. Dann bemerkte er, daß es die alte Straße war, nur war das Unkraut von den Rändern so weit in sie hineingewuchert, daß sie wie ein Pfad wirkte. Er bückte sich und sah, daß selbst der Asphaltbelag von einzelnen Pflanzen durchbrochen worden war.

„Wir sind richtig."

Vlădă deutete in die Ferne. „Dort sollte eine Ortschaft sein."

Am Himmel standen kein Mond und keine Sterne, und das weite flache Land vor ihnen war ebenfalls ohne Lichter; es erstreckte sich vor ihnen wie ein zweiter toter Himmel. Etwas nördlich hatte der

Horizont eine dunklere Färbung; dort, dachte Martin, begannen die dichten Wälder. Es ging ein leichter Westwind; er brachte den Geruch von stehendem Wasser mit sich.

„Alles perfekt. Wie spät ist es?"

„Fünf Minuten nach sechs. Ich hab mich nicht ganz an die Zeit gehalten. Ich wußte nicht, daß die Straßen so schlecht sind."

„Wir haben noch eine Stunde Dunkelheit und eine halbe Stunde Dämmerung – das reicht."

Es war kälter, als Martin erwartet hatte. Zimra trat auf der Stelle, schlug die Arme um sich, um sich zu wärmen und die Steifheit aus ihren Gliedern zu vertreiben. Martin holte den kleinen Rucksack aus dem Wagen und half ihr, ihn anzulegen. Er selbst hängte sich die Tasche über die Schulter.

„Sie fahren jetzt besser zurück, Vládă."

Vládă bemerkte das Geld in Martins Hand nicht, weil er Zimra ansah: „Du bist also wirklich entschlossen zu gehen?"

„Ja, Vládă", sagte sie, „ja, ich gehe."

„Ich könnte hier warten, ein, zwei Stunden, im Wagen."

Martin trat zur Seite; er fühlte, da war etwas, was nur die beiden anging. In der Stadt hatten sie nicht miteinander sprechen können, dort war der Aufbruch schnell und hektisch gewesen. Er hörte Vládă sagen: „Glaubst du, dein Vater fände das richtig?"

„Bitte, Vládă! Bitte, geh. Nimm das Geld – für das Benzin. Und vielen Dank!"

Er reichte ihr die Hand, wandte sich Martin zu und hielt ihm die Karte hin, aber Martin sagte: „Von hier aus brauche ich keine Karte mehr. Werfen Sie sie unterwegs weg – später, nicht hier in der Nähe."

Sie traten zurück, während Vládă den Wagen wendete. Es waren nur wenige Meter bis zur Straßenkreuzung. Sie warteten, bis das Motorgeräusch verstummte und die roten Rücklichter verschwammen.

Schweigend gingen sie auf der Straße gen Westen. Sie hatten gerade so viel Platz, daß sie nebeneinander gehen konnten, um sie herum war wucherndes Unkraut und hohe Gräser.

„Du hast sehr an ihm gehangen?" Es war nicht nötig, daß Martin mehr sagte; es war klar, wer gemeint war.

„Es ist komplizierter als das. Vater hätte als Beruf ‚Held‘ angeben können. Er kämpfte sein halbes Leben lang gegen jede Diktatur, die andere Zeit saß er im Gefängnis und ruinierte seine Gesundheit. Er stürzte uns in Not mit den Dingen, die ihm heilig waren. Er hatte sein Utopia im Kopf, während meine Mutter an die Kohlen für den Winter dachte ... Später natürlich habe ich ihn gerade deshalb geliebt, für diesen unabänderlichen Glauben.“

„Warum hat er sich umgebracht?“

„Er fiel in Ungnade, ich meine nicht das erstemal zu Stalins Zeiten, dies war später. ‚Die Diktatur der Funktionäre‘ – dieser Ausdruck und andere Dinge kosteten ihn seine Stelle, seine Ämter in der Partei. Er verbrachte zwei Jahre im Gefängnis ... Mein Vater war zeit seines Lebens ein kräftiger Mann. Aber als er entlassen wurde, war er nur noch ein Nichts: kranke Nieren, Rheumatismus, geschwollene Füße, Schlaflosigkeit. Er mußte liegen. Nach acht Tagen erschoß er sich, und weil er so schwach war, mußte er die Pistole mit beiden Händen halten ... Ein halbes Jahr später starb meine Mutter. Sie lagen in einem Grab zusammen, aber als er rehabilitiert wurde, erst vor drei Jahren, wurden sie wieder getrennt. Er bekam ein Grab auf dem Zentralfriedhof, der ‚Gedenkstätte der Sozialisten‘. Eigenartigerweise ist er seit seinem Tod für mich noch wichtiger geworden. Ich sehe, daß seine Art zu leben – die Welt mit dieser Verklärung zu sehen – zum Untergang führen muß, zumindest in tiefe Einsamkeit. Aber sein Prinzip ist richtig. Ich weiß, daß ich ihn in diesem Augenblick im Stich lasse. Ich kann und will nicht mehr zurück. Aber Vládă hatte recht, mein Vater würde mir nicht zustimmen ...“

Sie marschierten weiter, schweigend jetzt. Martin gab das Tempo an. In ihrem Rücken war am Horizont ein zarter, dünner Lichtstreifen, aber da sie gen Westen gingen und sich nie umwandten, bemerkten sie ihn nicht. Nach einer halben Stunde nahm der Geruch von Wasser zu. Ein grauer Wasserarm schimmerte durch ein ausgedünntes Waldstück.

Martin nahm Zimras Hand. „Es wird nicht vor einer halben Stunde hell sein, und bis dahin sind wir am Wasser, verborgen in unserem Versteck. Dort können wir ausruhen ...“

13. Kapitel

Es war fast Tag, als der schwarze Porsche in die Sackgasse einbog. Carow sah niemanden. Selbst an Werktagen war dies eine stille Straße. Aber heute war Sonntag. Er war genau elf Tage weg gewesen.

Vor der Doppelgarage seines Hauses parkte ein VW-Kabriolett. Es war schwarz wie sein Porsche, mit einem hellen Stoffdach. Er kannte niemanden, der ein solches Modell fuhr.

Er stellte seinen Wagen daneben ab und betrat das Grundstück durch einen Seiteneingang.

Der See am Ende der leicht abfallenden Rasenfläche war stahlgrau. Das Gras schimmerte feucht, an einigen Stellen war es weiß von Rauhreif. Als er die Haustür mit seinem Schlüssel aufschloß, fühlte er sich wie ein Eindringling, der eigentlich hätte läuten müssen.

In der Halle stand Gepäck, zwei Koffer und der schwarz-weiß karierte Golfsack seiner Frau. An den Griffen hingen noch die Etiketten der Fluglinie. Er hatte von Isabelle nichts mehr gehört seit seinem Anruf in Johannesburg. Sie mußte gestern nacht eingetroffen sein.

Durch die offene Tür zum Wohnzimmer hörte er das schwere Atmen des Pointers. Er schlief, als Carow den Raum betrat, zwischen den Vorderläufen ein Stück Stoff; es war eine Angewohnheit, die der Hund erst mit dem Alter und mit seiner Krankheit angenommen hatte, dieses Bedürfnis, sich im Schlaf an irgend etwas anzuklammern.

In dem grauen Licht sah der Raum, dessen auf Effekt bedachte Pracht Carow immer gestört hatte, abgenutzt aus.

Der Pointer wachte auf, hob den Kopf. Carow ging zu ihm. Ein fauler Geruch stieg von den zahlreichen offenen Wunden auf. Es kostete Carow Überwindung, sich herabzubeugen und dem Hund seine Hand auf den Kopf zu legen. „Okay“, sagte er, „laß uns nach draußen gehen; du und ich, wir machen einen Spaziergang.“

Er öffnete eine der Flügeltüren, um dem Pointer den Weg über die glatten Fliesen der Halle zu ersparen. Der Hund stemmte sich mühsam hoch, stand dort, zitternd von der Anstrengung, die es ihn gekostet hatte, dann ruhig. Carow war mit dem Hund auf der Terrasse, als er jemand die Treppe vom ersten Stockwerk herunterkommen hörte.

„Bist das du, Heiner?" Isabelle trug einen langen Morgenrock aus Frottee.

Sie mußte ihren Mann gehört haben, als er seinen Wagen vor der Garage abstellte, denn sie war sorgfältig gekämmt und ebenso sorgfältig geschminkt. „Du kommst aus der Klinik?"

„Ja. Wann bist du zurückgekommen?"

Sie ging an ihm vorbei und schloß die Tür. Der Pointer blieb draußen stehen, irritiert, hilflos. „Hättest du nicht vorher anrufen können?"

„Tut mir leid, daß ich dich aufgeweckt habe." Er sah den Hund durch die Scheiben, und er bedauerte, ihn warten lassen zu müssen. „Ich habe eine lange Fahrt hinter mir, ich brauche einen Kaffee." Er hoffte, daß sie ihn allein lassen würde, aber sie folgte ihm in die Küche. Sie saß dort und wartete schweigend, während er den Kaffee machte.

„Erlauben sie dir, deinen Kaffee so schwarz zu trinken?"

Er sah ihr einstudiertes Lächeln, war plötzlich angeekelt von allen Tarnungen, Maskierungen, müde aller Beschönigungen und Ausflüchte. „Wessen schwarzer Wagen ist das?"

Als lese sie seine Gedanken, sagte sie: „Schön, hören wir auf, uns etwas vorzumachen. Es ist an der Zeit, daß wir den Tatsachen ins Auge sehen. Wir hätten es schon lange tun sollen."

„Wessen Wagen?"

Sie versteifte sich. „Bitte, red nicht so mit mir!"

„Fehling?" Er trank seinen Kaffee. Er versuchte, etwas zu sagen. Etwas, was einen Sinn ergab. Aber er hatte schon Mühe zu realisieren, worum es überhaupt ging: Ein Ehepaar, jeder mit den besten Absichten, nur daß aus Liebe die schlechte Angewohnheit geworden war, sich gegenseitig zu verletzen. Zu einem anderen Zeitpunkt hätte er vielleicht versucht einzulenken, aber so stand er auf und sagte: „Entschuldige mich, ich muß dringend einen Anruf machen."

Er ging in sein Arbeitszimmer. Wieder folgte sie ihm. Er wählte Geißlers Nummer. Der war sofort am Apparat. „Irgend etwas Neues?" Es gab nichts. „Der ‚Ranger' ist um sechs Uhr fünfundfünfzig gestartet." Carow hatte unterwegs den Flughafen angerufen.

„Okay, bleib am Telefon. Ich werde gegen acht Uhr im Hauptquartier sein." Er legte den Hörer auf.

„Bist du fertig?" fragte sie. „Können wir miteinander sprechen? Wie ernsthafte, erwachsene Leute?"

Er sah sie an. „Er ist hier im Haus?"

„Es wird sich einiges ändern. Ich möchte, daß du das verstehst. Und laß mich keine Dinge sagen, die ich wirklich nicht sagen möchte."

„Dinge wie ‚Dies ist mein Haus'?" Er bereute es sofort, als er es gesagt hatte. Es hatte keinen Sinn, damit fortzufahren, sich zu verletzen. „Tut mir leid." Er sah den Hund draußen auf der Terrasse in der Kälte zittern. „Ich führe ihn etwas spazieren", sagte er, „vermutlich hat es in den letzten Tagen niemand getan."

Er ging durch das Wohnzimmer nach draußen. Er streckte die Hand nach dem Hund aus, ohne ihn zu berühren. „Komm!" Er ging langsam, damit der Hund keine Mühe hatte, ihm zu folgen. Es war nun hell. Der Rauhreif war vom Gras verschwunden. Der See war grün. Es würde ein warmer, sonniger Tag werden.

Sie standen am Ufer des Sees, unter einer hohen Buche. Er nahm seine Waffe aus der Manteltasche und entsicherte sie. Er erinnerte sich wieder, daß Sonntag war, und überlegte: Was fang ich mit dem Hund an, wenn ich ihn erschossen habe? Bei einem Menschen hätte er es gewußt. Aber wen, dachte er, kann ich am Sonntag anrufen, um den Kadaver eines Pointers wegschaffen zu lassen?

SIE sahen sich an, lauschten beide angestrengt. Das Geräusch kam näher, zog Kreise, veränderte sich. Drei Wildenten stießen aus dem Gehölz.

„Die Enten haben mich getäuscht", sagte sie. „Einen Augenblick habe ich geglaubt, es müßte der Helikopter sein."

Das Wasser befand sich zu ihrer Rechten. Die Fläche dehnte sich, so weit sie sehen konnten, eine graue, bewegungslose Masse um bewaldete Inseln.

Martin blickte auf die Uhr. Es war Zimras Armbanduhr; das Band war zu schmal, als daß er sie an seinem Handgelenk hätte tragen können. „Noch zehn Minuten ... Er wird versuchen, auf die Minute pünktlich zu sein – nicht zu früh, nicht zu spät."

Sie saßen unter dichten Haselnußbüschen, die sie gegen jede Sicht aus der Luft schützten. Direkt vor ihnen lag ein grasbewachsener Hang, etwa zwanzig Meter breit, und dahinter begann die Wiese, auf der Šenk landen würde, ein grünes Viereck, überwuchert von großblättrigem Huflattich; ein Streifen Schilf begrenzte den Landeplatz gegen den Wasserlauf. Auf der linken Seite der Wiese standen Reihen neugepflanzter Pappeln. Sie hatten ihre Blätter bereits verloren, und man sah durch die schlanken Stämme und Äste hindurch auf eine andere Wiese mit zwei verfallenen Hütten.

Martin schraubte den Verschluß der Thermosflasche auf. Nur ein Rest Kaffee war noch vorhanden, und der war kalt. Zimra schüttelte den Kopf, und er goß den Rest weg. Er blickte wieder auf die Uhr. „Okay", sagte er, „du ziehst jetzt besser deinen Mantel aus." Sie sah ihn fragend an. „Ohne Mantel kannst du schneller laufen." Er zeigte ihr noch einmal die Stelle. „Sobald ich dir das Zeichen gebe, rennst du los."

„Und du?"

„Ich bin direkt hinter dir. Aber schau dich nicht um, schau nur auf die offene Tür des Hubschraubers; renn, und nichts wie rein!"

Kniend, weil die Sträucher ihm nicht mehr Platz ließen, half er ihr aus dem Mantel. Er hängte ihn lose um ihre Schultern. Es war immer noch kalt, und sie hielt den Stoff an den Aufschlägen, schloß ihn über ihrer Brust.

Martin war dabei, seinen Mantel auszuziehen, als er das dunkle Whopp-Whopp-Whopp eines Helikoptermotors hörte. Er war nur halb aus seinem Mantel heraus, konnte sich plötzlich nicht mehr bewegen, als stecke er in einer Zwangsjacke. Ein dunkles, schwarzes Gebilde warf einen Schatten über ihn, drückte ihn auf den Boden. Die Sekunde, da beides da war und auf ihm lastete – das Geräusch und der Schatten –, schien endlos, aber dann verschwand beides so überraschend, wie es aufgetaucht war. Ein dunkler Schatten huschte über die Wiese – ein leichtfüßiges Tier –, während der Militärhelikopter, der in der Luft hing, bullig und gewaltig war. Das Whopp-Whopp-Whopp, mit dem er sich entfernte, klang fast freundlich.

„Was war das?" Zimra lag auf dem Rücken, starrte in den Himmel. Martin entledigte sich seines Mantels und half ihr auf. Eine Astspitze hatte sie an der Schläfe getroffen und dort einen Kratzer hinterlassen, der sich rot färbte. „Nicht unser Hubschrauber?"

Er legte ihr den Mantel um die Schultern. „Einer von ihnen. Sie patrouillieren die Grenze routinemäßig." Er fügte hinzu: „Es wird nur einer sein, und es ist besser, daß er jetzt kam." Er wandte sich ihr zu. Sie hatte das Gesicht, das er so besonders liebte. Er berührte mit seinen Lippen die Stelle, wo der Kratzer war, zog sie an sich. Er bemerkte, daß an ihrem Scheitel das nachwachsende Haar grau war, ein schmaler, silberner Streifen. Es erinnerte ihn an die Haarspangen, die er gekauft hatte. Er holte das kleine Päckchen aus der Tasche seines Mantels.

„Für mich?"

Er nickte. Sie löste die Schnur, riß das Papier herunter und hob den Deckel von der kleinen Schachtel. Wieder wurde die Stille von dem Whopp-Whopp-Whopp eines Helikopters unterbrochen. Es war wieder der Militärhelikopter.

Sie verlor die Schachtel, und die Haarspangen fielen heraus, als Martin Zimra hastig an sich zog. Der schwere Helikopter nahm den ganzen Himmel ein, hing tief über ihnen mit schaukelnden Bewegungen, eine unheimliche Riesengondel. Sie tauchte nach links weg und überflog das Pappelgehölz.

Martin behielt ihn im Auge, während Zimra in dem hohen Gras nach der Schachtel zu suchen begann. Er sah, wie das große schwarze Gebilde hinter dem Wäldchen tiefer ging. Einen Augenblick sah es aus, als würde der Helikopter landen. Seine Kufen verschwanden in dem hohen Gras. Er hing dort, schwankend, stieg dann wieder auf und ging auf seinen alten Kurs entlang der Grenze.

„Sie sind wunderschön! Wirklich!"

Sie mußte die Haarspangen gefunden haben, aber Martin blickte noch immer hinüber zu der Stelle, wo der Helikopter den Boden berührt hatte. Er konnte aus dieser Entfernung und durch die Pappelreihen hindurch nichts sehen; dennoch hatte er eine Vorstellung, die ihn beunruhigte: tschechische Scharfschützen, die aus der geöffneten Tür eines Helikopters auf die Erde sprangen, Gewehre in den Händen.

„Sie sind aus dem ‚Dům Evropa'? Ich hoffe, du hast nicht zuviel dafür bezahlt." Sie legte die Haarspangen zurück in die Schachtel. „Haben wir immer noch eine Chance? Es ist neun Uhr vorbei, nicht wahr?"

Es war fünf Minuten nach neun. „Šenk wird kommen", sagte er.

„Wie weit ist es bis zur Grenze?"

„Drei, vier Kilometer Luftlinie."

„Und zu laufen?"

„Mehr, wegen der Wasserarme."

„Vielleicht schaffen wir es. In der Nacht."

Er schüttelte den Kopf. „Er wird kommen!" Er hatte eigentlich keine wirkliche Hoffnung mehr, aber er fühlte sich auch nicht mutlos. Er legte den Arm um sie. Stille breitete sich aus.

DAS Hauptquartier der „Organisation" wirkte an diesem Sonntag morgen auf Carow verlassener und geheimnisvoller denn je – und trostloser. Es hatte zu regnen begonnen, überraschend aus einem sonnigen Himmel, als habe sich die Jahreszeit geirrt.

C. saß hinter seinem Schreibtisch, als Carow den Thronraum betrat. Die rote Lampe hatte gebrannt, aber keine der Sekretärinnen war dagewesen, um ihn aufzuhalten. C. hatte an seinem Schreibtisch das Frühstück eingenommen, der Faun war gerade dabei, es abzutragen.

„Du hast schon gefrühstückt?" Als Carow nicht antwortete, sondern stumm vor dem Schreibtisch stehenblieb, die Hände in den Manteltaschen, kam Verunsicherung in die Stimme des alten Mannes. „Was ist passiert? Komm, steh nicht dort, zieh deinen Mantel aus." Er seufzte. „Geißler hat also geredet?"

„Ja." Carow versuchte, sich zu erinnern, wann ihm die ersten Zweifel an dem Mann, dem er so viele Jahre treu gedient hatte, gekommen waren. „Warum hast du Borchers diese Information zugespielt?"

„Laß uns bitte nicht die Rollen vertauschen." C.s Stimme klang freundlich. „Wir hatten nichts wirklich Hieb- und Stichfestes gegen Borchers in der Hand. So versuchten wir es damit – um ihn ‚heiß' zu erwischen. Es gab leider eine Panne; es ist ihm gelungen, seine Bewacher abzuschütteln."

„Davon wußte ich nichts."

„Aber Borchers wollte zu schlau sein! Er hinterließ eine leere Meldung in dem toten Briefkasten, hat uns mit der richtigen ausgetrickst. Primitiv, aber fast wäre es ihm gelungen. Doch Kurella kam sofort drauf, als die Männer, die ihn einkassiert hatten, ihren Bericht ablieferten. Das ‚Lamm' hatte die Meldung bei sich zu Hause plaziert . . . Wir kamen spät, aber nicht zu spät. Im Gegenteil, es wurde ein voller Erfolg, denn wir konnten auch seinen Kontaktmann verhaften, als er bei Borchers' Mutter auftauchte . . ."

„Das war ein hohes Risiko! Und wenn etwas schiefgegangen wäre?"

„Die Meldung war ziemlich unpräzise. Keine genaue Zeitangabe. Keine Ortsangabe. Außerdem", C. blickte auf, „es war nicht die Route, die wir für Martin und die Steffin vorbereitet haben. Wenn dein Agent sich an deine Anweisungen hält, hat er nichts zu befürchten."

„Sie haben Němeček verhaftet. Bist du sicher, daß Kurellas Leute zur rechten Zeit gekommen sind?"

„Absolut, das sagte ich schon. Wenn den beiden wirklich etwas passiert, Heiner, woran ich nicht glaube, wir werden zu ihnen stehen, das verspreche ich dir."

Für Carow gab es plötzlich nichts mehr zu sagen.

„Wir werden Martin und die Steffin rausholen, sobald es möglich ist. Es braucht seine Zeit – *sie* werden das ausschlachten wollen. Zentner vor allem. Aber wir haben genug Agenten, die wir austauschen können . . . Komm schon, Heiner, wir haben uns am Ende immer verständigen können, wir beide." C. erhob seine Stimme. „Ich verlange nicht, daß du es billigst. Aber ich kann deine Unterordnung verlangen, oder?"

„Er war unser Agent!" Wir sprechen darüber, dachte Carow, als sei es schon geschehen. Hatte C. Nachrichten von Geißler, von denen er nichts wußte?

„Deine absolute Loyalität gegenüber den Agenten ehrt dich, aber vergiß bitte nicht . . ."

Carow unterbrach ihn. „Ich hab dir gesagt, daß ich dir auf diesem Weg nicht folge. Ich schick dir mein Entlassungsgesuch." Er drehte sich um, verließ den Raum; C. hielt ihn nicht zurück.

Später, an seinem Schreibtisch, den Bogen schon in der Maschine, wurde Carow klar, daß das allein nicht ausreichte. Wenn Martin und die Steffin wirklich nicht herauskamen, konnte er sich nicht mit einem Rücktritt aus der Affäre ziehen. Er hatte zu oft die Ultimaten, die er sich gestellt hatte, überlebt.

Als er seinen Mantel auszog, hatte er die Pistole herausgenommen und auf den Tisch gelegt. Er nahm die Waffe, zog das Magazin heraus und sah, daß eine Patrone fehlte. Er überlegte, wen er wegen des Hundekadavers fragen konnte, und zog das Telefon zu sich heran. Aber er wartete, verschob es aus Sorge, Geißler könnte versuchen, ihn gerade jetzt anzurufen. Er blickte auf die Uhr. Es war 9.15 Uhr, noch zu früh, als daß Geißler bereits etwas wissen konnte.

DAS schrille Gekreisch hochfliegender Möwen war über ihnen. Die Vögel kamen aus der Richtung, in der ein großer Stausee lag, aufgescheucht von irgend etwas. Plötzlich änderten sie ihren Kurs. Ihre starre Form brach auf, und sie stürzten wild kreischend in alle Richtungen auseinander.

Martin lauschte intensiv. Durch das Gekreisch der Tiere hörte er ein anderes, helleres Geräusch: den Klang eines Helikoptermotors – nicht dunkel, belfernd diesmal, sondern ein leichtes hohes Whiff-Whiff-Whiff.

„Das ist er!" Martin sagte es, noch bevor er etwas sah. Er hatte plötzlich eine Hoffnung, an die er noch eine Sekunde zuvor nicht geglaubt hatte, so lange hatten sich die letzten Minuten des Wartens hingezogen. „Er ist es! Mach dich bereit!"

Das Wunder würde sich ereignen, sie würden durch die Luft entschweben; ein kurzer Lauf von nicht mehr als achtzig Metern über einen Hang und eine Wiese würde jede Minute ihrer Angst auslöschen, die letzte Nacht, die letzten siebeneinhalb Tage, die letzten sechs Jahre.

Der „Ranger" kam plötzlich über dem Pappelhain in Sicht. Verglichen mit dem anderen Hubschrauber erschien er klein, grazil, fast wie ein Spielzeug. Sein dünner langer Schwanz war wie ein Bleistift. Die langgestreckte Kabine bestand ganz aus Plexiglas, und da die Sonne darauf schien, sah man niemanden im Innern.

Beide waren aufgestanden, als der Helikopter über der Wiese war. Er senkte sich langsam herab. Martin hielt Zimra an den Armen fest. Als er sah, wie das Gras und der Huflattich auf der Wiese von dem Wind der Rotorblätter flach niedergedrückt wurden, als die Kufen nur noch wenige Meter über dem Boden schwebten, ließ er ihre Arme los. „Jetzt!"

Er blieb dicht hinter ihr, als sie den Hang hinunterrannte, vor ihm her über die Wiese. Er sah, daß die Kufen den Boden berührten. Die Glaskanzel sprang auf, und einen Augenblick bildete sich Martin ein, er sehe ein lachendes dunkelhäutiges Gesicht, während alles, was er wirklich sah, eine ausgestreckte Hand war.

Zimra war keine zehn Meter mehr entfernt, als sie plötzlich wie erstarrt stehenblieb, stolperte, zu Boden stürzte. Martin konnte wegen des Helikoptermotors den Knall der Schüsse aus den Gewehren der Scharfschützen nicht hören. Aber er sah die Wunde an Zimras Bein und das Blut.

Er warf sich neben sie auf den Boden. „Weiter!" schrie er, „du mußt weiter! Ich helfe dir!"

Er wußte nun, daß es Scharfschützen waren. Im Fallen hatte er die Geschosse in der Nähe des Tanks einschlagen sehen.

Martin ahnte, daß die Schüsse mehr dem Helikopter galten als ihnen. Er hob den Kopf. Er sah, daß die ausgestreckte Hand verschwand. Schrie Šenk etwas? Wenn, dann wurde seine Stimme von dem hellen Heulton des Motors ausgelöscht. Die Kanzel zitterte, schwankte, und plötzlich war Martin klar, daß Šenk nicht länger warten durfte. Das einzige, was er vermutlich jetzt noch für sie tun konnte, war, aufzusteigen und das Feuer der Scharfschützen auf sich zu ziehen. Der Gedanke befreite Martin aus seiner Starre.

Er richtete sich auf und riß Zimra in seine Arme. Er spürte das Gewicht ihres Körpers nicht, als er die letzten Meter durch das Gras auf den Helikopter zulief, dessen Tür noch immer offenstand.

Nein, nein, nein – Martin hörte Zimras Protest nicht. Es schien ohnehin zu spät. Die Kanzel zitterte und schwankte über ihm, zu hoch, unerreichbar. Bis sie plötzlich absackte, einen kurzen Augenblick, den er dazu benützte, Zimra durch die offene Tür in den Hubschrauber hineinzuwerfen.

Er selbst stürzte zu Boden, lag dort, niedergedrückt von der Erschöpfung des Laufes, von seiner Angst, von dem Wind der Rotorblätter, als der Kopter über ihm aufstieg, fast in einem Luftsprung.

Er hörte den Motor über sich, wie er leiser wurde, sich verdünnte, entfernte, so daß er nun zum erstenmal wirklich die Schüsse aus den Gewehren hörte. Er erhob sich. Einen Augenblick lang sah er über dem Wasserarm eine ovale gläserne Kugel, in der sich die Sonne spiegelte.

Er würde sich auch an die Gedanken erinnern, die ihn plötzlich beherrschten: Daß es für ihn besser sei zu sterben, als zurück ins Gefängnis zu gehen; leichter in jedem Fall, als für viele Jahre an jenen dunklen Ort der Sühne zurückzukehren, wo Haß und Furcht zum Gesetz des Lebens werden. Und daß dieses Ende sinnlos und absurd war: Zimra, wenn sie lebte, in einer Freiheit, die sie ebenso ängstigen und hassen würde wie er seine Unfreiheit.

Dies kann nicht das Ende sein, dachte Martin.

Er war erschöpft, aber ohne jede Angst. Ja, er fühlte etwas wie Neugier, während er darauf wartete, den Schuß zu hören und den Schmerz zu spüren, der ihn von dem anderen viel schlimmeren Schmerz seiner Gedanken befreien würde. Einen kurzen, heftigen Schmerz, der ihm Frieden brachte.

Aber der Schuß fiel nicht. Für einen Augenblick war nichts als die Stille der abgeschiedenen Waldwiese um ihn. Dann setzte wieder das Gekreisch der Möwen ein, und er sah, wie die Männer auf ihn zukamen. In dem hohen Gras waren nur ihre Oberkörper und die Gewehre zu sehen.

ALS das Telefon auf seinem Schreibtisch läutete, notierte Carow die Zeit auf einem Block, noch ehe er den Hörer abhob. Die Schreibmaschine war verschwunden, der Bogen Papier; aber die Waffe lag noch vor ihm auf dem Tisch.

„Carow."

„Er hat es geschafft!" Es war Geißlers Stimme, müde, leicht zitternd. „Eine Kugel hat sein linkes Ellbogengelenk zerschmettert, eine Rippe gestreift. Ein anderes Geschoß hat die Brennkammer des

Helikopters getroffen, und ein drittes saß verteufelt nahe am Tank. Er ist mit einem Treibstoffrest für zwei Minuten gelandet . . ."

„Laß uns dies ordentlich erledigen. Gib mir zuerst die Zeit."

„Er war um neun Uhr zwanzig am Treffpunkt, zwanzig Minuten zu spät wegen eines patrouillierenden tschechischen Militärhelikopters, der sich aber entfernte. Alles schien gut abzulaufen. Er war über der Wiese, und er sah die beiden auf sich zurennen. Zehn Meter, ein paar Sekunden, und er hätte sie an Bord gehabt."

Carow notierte die Zeit, 9.20 Uhr. „Was ging schief?"

„Tschechische Scharfschützen; schossen aus einem Pappelwäldchen heraus. Die Frau kam bis auf zehn Meter heran, wurde dann getroffen, vermutlich von einem Querschläger. Zur selben Zeit bekam Šenk seine Treffer. Gezielte Schüsse. Kein Zweifel, sie wollten den Helikopter haben. Er wußte, er konnte nicht länger warten. Er sagt, er hatte die Absicht, aufzusteigen und das Feuer von ihnen wegzuziehen, als Martin plötzlich reagierte . . . Er sagt, er weiß selber nicht, wie er es fertigbrachte . . ."

Der Bleistift in Carows Hand rutschte auf dem Papier aus. „Was soll das heißen?"

„Martin hat die Frau buchstäblich in die Kabine geworfen."

„Heißt das, sie sind draußen?"

„Sie hat eine häßliche Wunde am Oberschenkel, aber es sieht schlimmer aus, als es ist. Und sie hat einen Schock erlitten, was nicht verwunderlich ist . . ."

Er hatte nichts von Martin gesagt, aber Carow sagte nur: „Berichte weiter."

„Ihm war es klar, daß er Martin nicht helfen konnte. Wenn er und die Frau auch nur die geringste Chance haben wollten rauszukommen, dann sofort. Die Frau schrie: ‚Stopp, stopp, stopp', und er hat das hervorquellende Blut gesehen und nicht gewußt, ob sie ihm nicht verblutete. Er konnte nicht anders, sagt er. Kein Zweifel, daß er recht hatte, seine Chance wahrzunehmen."

„Niemand klagt ihn an."

„Er ist dann zurück über die Grenze nach Österreich gerast Der beschädigte Motor hat die doppelte Menge Kerosin geschluckt. Aber Šenk hat es geschafft, ist fünfzehn Kilometer diesseits der Grenze gelandet, sogar noch in unmittelbarer Nähe eines Krankenhauses. Ein verdammt kühler Bursche."

„Du hast mit ihm gesprochen?"

„Bevor er auf den Operationstisch gewandert ist. Er versicherte mir immer wieder, daß keine Chance bestand, für Martin mehr zu tun. Ich glaube ihm, Heiner . . ."

„Er weiß nicht, was mit Martin geschehen ist?"

„Tut mir leid, nein. Er hat ihn am Boden gesehen, weiß nicht, ob er verwundet war oder nicht. Sie kann im Moment noch keine Aussage machen, aber ich denke, bis du kommst . . ."

„Danke, daß du mich sofort angerufen hast."

„Heiner, daß er am Boden lag, heißt noch lange nicht . . ."

„Natürlich nicht. Vielen Dank."

„Du . . . kommst gleich hierher?"

„Nein. Ich denke, ich erledige die Sache von diesem Ende aus. Du übernimmst die Verantwortung dort. Du bist noch in der Station?"

„Ich wollte mich nicht auf den Weg machen, ehe ich dir Bericht erstattet hatte."

„Schließ den Fall ab. Du weißt ja Bescheid . . ."

Carow sah ein Bild vor sich, C. hinter seinem Schreibtisch: Nichts hatte für ihn außerhalb des Thronraumes existiert. Seine Welt hatte sich auf die Fläche seines Schreibtisches verdichtet, dieser Tisch repräsentierte C.s Macht. Er brauchte nicht mehr, nur die Telefone, sein gelbes Papier, die rote Tinte. Hinter seinem Schreibtisch sitzend, konnte C. den Ablauf von Ereignissen verändern, Hoffnungen zerstören, Furcht verbreiten.

Die Hände eines alten Mannes. Die Stimme eines alten Mannes. Nicht der Exekutor, einfach nur der vorbildliche Bürokrat, der jederzeit für sich in Anspruch nehmen konnte, ein loyaler Diener seines Staates zu sein.

Und Carow sah ein anderes Bild vor sich: Ein Schlachtfeld in der Antike, viele Tote nach einem Kampf auf einem weiten Feld unter einem strahlendblauen Himmel. Nach einer solchen Schlacht – er mußte das in der Schule gelernt haben – ging man hin und streute Salz über die Toten. – Was tun wir gegen die Verwesung, dachte er, gegen den Geruch? Wir legen alles zu den Akten, schließen das Dossier . . .

„Ich hatte gedacht, du würdest die Steffin in jedem Fall selber verhören wollen", hörte er Geißler sagen.

„Gib ihr Zeit. C. wird anordnen, sie auszupressen ..." Carow dachte an das Versprechen, das er Martin gegeben hatte wegen des Dossiers. Ein Versprechen mehr, das er nicht gehalten hatte. „Schirm sie ab, solange es geht."

„Ist alles in Ordnung? – Du hast mit C. gesprochen? Was ..."

Carow unterbrach ihn. „Sag mal, weißt du, was man mit einer Hundeleiche anfängt? Mein Pointer ... ich mußte ihn heute morgen erschießen und weiß nicht, was ich mit dem Kadaver tun soll."

„Hast du es beim Tierschutzverein versucht?"

„Nein ... Ja, das ist vielleicht eine gute Idee. Danke ... Laß dich nicht aufhalten. Du machst dich jetzt besser auf den Weg."

Carow legte den Hörer zurück, stand auf und trat ans Fenster. Es hatte wieder zu regnen begonnen; der Asphalt der Wege zwischen den Gebäuden dampfte.

Es war nicht das erstemal, daß er daran dachte, sich zu töten. Es war ihm immer als ein zu theatralischer Akt erschienen, wenn er sich vorstellte, wie er den Lauf seiner Waffe gegen die Schläfe richtete; ein Akt außerdem, der eine nutzlose Demonstration war, der nichts zu verändern vermochte. Im Grunde dachte er noch immer so, verband sich für ihn keine besondere Hoffnung mit dem Gedanken, als er am Fenster stand und den Regen beobachtete.

Sie fanden ihn erst Stunden später. Geißler hatte versucht, ihn zu erreichen, um ihm einen Bericht von seinem ersten persönlichen Verhör zu geben; als er keine Verbindung bekam, hatte er Alarm geschlagen.

Carow hatte seine belgische Neunmillimeterpistole gegen die rechte Schläfe gerichtet. Es gab kein persönliches Schreiben. Sein Tod wurde offiziell auf 11.16 Uhr festgesetzt, die Zeit seines letzten Telefongesprächs und wegen des Reports, den man auf seinem Schreibtisch fand: Carow hatte pflichtgemäß seine Notizen über die Operation abgeschlossen – für die Akten.

EPILOG

SICHER hatte irgend jemand festgehalten, wie oft sie sich insgesamt getroffen hatten; die beiden Rechtsanwälte selbst erinnerten sich nicht mehr. Es gab längere Zeiträume zwischen den Verhandlungen und kürzere; das hing von Faktoren ab, auf die sie keinen Einfluß hatten. Im Laufe der Jahre hatten sich gewisse Gepflogenheiten eingebürgert. Eine davon war, daß sie, wenn sie ihre „Geschäfte" abgeschlossen hatten, am Abend – begleitet von den Ehefrauen – gemeinsam essen gingen. Der Ort wechselte mit ihren Treffen, einmal im westlichen, einmal im östlichen Teil der Stadt.

Die beiden Anwälte verhandelten eine schwierige Sache: Menschen. Sie waren für ihre jeweilige Regierung für den Freikauf und Austausch von Gefangenen zwischen den beiden deutschen Staaten verantwortlich. Sie waren in diesen vielen Jahren nicht gerade Freunde geworden, aber sie behandelten sich gegenseitig höflich, mit Respekt.

So auch an diesem Septembernachmittag, als sie sich wieder gegenübersaßen – im Westteil der Stadt – und der Kollege aus Ost-Berlin die ordentlich getippte Liste hervorholte und seinem Kollegen aus dem Westen überreichte. Es war nur ein Blatt, und nur sechs Namen standen darauf, jeweils drei in einer Kolonne.

„Dies sind drei Ihrer Agenten. Kein Geld im Spiel. Wir schlagen einen Austausch vor gegen drei unserer Agenten. Wir schlagen vor, den üblichen Grenzübergang zu benützen. Ablauf wie gehabt. Natürlich kann ich persönlich nicht für die Gleichwertigkeit der Betreffenden garantieren."

„Ich fand beide Seiten immer sehr realistisch." Die Namen sagten dem Westkollegen nichts. Es war nicht einmal Neugier, daß er den unter WEST an erster Stelle aufgeführten Namen nachlas: Martin, vor sechs Jahren verurteilt; Strafmaß 15 Jahre wegen Spionage und Beihilfe zur Republikflucht. Er vergaß den Namen und die Details sofort.

„Ich sehe keine Schwierigkeiten", sagte er. „Ich werde das sofort an die betreffenden Stellen weiterleiten. Es wird die übliche Bürokratie geben, aber ich glaube, ich kann Ihnen das Okay dazu sehr bald übermitteln."

Als die Liste im Hauptquartier der „Organisation" eintraf – mit der Bitte um Befürwortung oder Ablehnung –, bereitete der Name Martin einiges Kopfzerbrechen. Nicht nur sagte der Name den meisten, über deren Tisch die Liste wanderte, nichts; es gab auch kein Dossier über ihn, kein Quellenbuch, selbst der Computer hatte ihn nicht gespeichert.

Das Datum der Verurteilung immerhin gab einen Hinweis: Der Agent gehörte einer Periode an, in der der legendäre C. noch die „Organisation" beherrscht hatte. Seitdem hatte es viele Veränderungen gegeben. C. selbst hatte, nach einer nochmaligen Verlängerung um ein Jahr, seinen Dienst quittiert, war in allen Ehren zurückgetreten. Seine Räume im Hauptquartier, sein berühmter Schreibtisch mit den Telefonen, dem gelben Papier, der roten Tinte, dem Konferenztisch, der Fotografie von der Mauer – noch drei Jahre nach seinem Rücktritt hatte man den Raum unverändert gelassen, bis Leute vom Rechnungshof dies beanstandet hatten und die Räume anderen Zwecken zugeführt wurden.

Mit C. hatten viele von der „alten Garde" die „Organisation" verlassen. Der Faun war natürlich immer noch mit ihm zusammen; er teilte den Platz an C.s Seite mit Pauly. Ein Mann, den man den „Sterngucker" nannte, war ein halbes Jahr nach C. gegangen und wieder ein Jahr später Ziegler.

Einige aus der Zeit natürlich waren noch da, hatten auch eine vage Erinnerung an den Fall. Ohne den Namen des Agenten selbst zu kennen, vertraten sie die Ansicht, es sei damals ein bemerkenswerter Erfolg gewesen. Andere erinnerten sich ganz anders: Der Fall sei eine einzige Katastrophe gewesen; Carow, in der Zeit einer der Stellvertreter C.s, hatte sich wegen des Mißerfolges das Leben genommen! Carow müßte Bescheid wissen. Aber natürlich – ihn konnte man nicht mehr danach fragen!

Aber man konnte C. selber fragen, der noch lebte und dem erlaubt worden war, sein persönliches Dossier, seine gesamten Akten mitzunehmen. – So sandte man ihm die Liste, fragte höflich an, ob er gewillt sei, einen Kommentar zu dem Namen Martin abzugeben.

Aber bis die Liste zurückkam – C. hatte vier Worte neben den Namen geschrieben: „Nicht in meinen Akten“ –, bis dahin hatte ein Mann aus der Abrechnungsstelle einen Beweis für die Existenz des Agenten Martin gefunden. Weil die Abrechnung noch offenstand, waren die Unterlagen aufgehoben worden; die Anweisung, unterzeichnet von Carow, über die Höhe des Soldes, der dem Agenten laut Kontrakt zustand; freilich, Martin würde die Summe nicht voll ausbezahlt bekommen; eine Abrechnung von ihm über die Spesen fehlte!

Manche sagen, es sei dies gewesen, was schließlich zu Martins Gunsten ausschlug. Sie übersahen dabei, daß die Liste auf ihrem Rundlauf zuletzt auf dem Schreibtisch von Carows Nachfolger – und einem der beiden Stellvertreter des neuen Chefs der „Organisation“, eines Ministerialbeamten aus Bonn – landete und daß auch Karl Geißler schließlich sein Okay gab.

FÜNF Wochen nach dem ersten Treffen der beiden Anwälte fand der Austausch statt. Es war früher Nachmittag, ein wolkenloser, sonniger Oktobertag.

Die beiden Wagen mit den drei Ostagenten erreichten zuerst die westdeutsche Seite der Grenzstation. Sie waren zu früh gekommen, ein Mißverständnis.

Die Fahrzeuge standen mit geschlossenen Scheiben etwas seitlich der Straße. Es war ein Werktag ohne starken Grenzverkehr. Nach einer Stunde kam die Nachricht, daß man auf der anderen Seite bereit sei.

Der erste Agent verließ den Wagen, zwei Mann begleiteten ihn, passierten mit ihm den Durchlaß an der Seite des Schlagbaumes. Auf der anderen Seite geschah dasselbe; in der Mitte zwischen den Schlagbäumen würde man sich treffen.

Der Austausch des zweiten Agenten war im Gange, als auf der westdeutschen Seite ein weiterer Wagen eintraf und ziemlich weit vom Schlagbaum entfernt anhielt. Ein dunkelhäutiger Mann saß am Steuer mit einem etwas steifen, angewinkelten linken Arm, neben ihm eine schlanke, zarte Frau mit grauen Haaren.

Man hatte Miro Šenk von dem bevorstehenden Austausch unterrichtet; die Steffin nicht. Geißler hatte das angeregt. Šenk hatte die Bitte, Zimra zu verständigen, mit Zögern entgegengenommen. Aber als er sie angerufen hatte, an ihrem Arbeitsplatz als Sekretärin – hatte sie nur ruhig gefragt: „Kann ich mit zur Grenze kommen?"

Er hatte bejaht, sich angeboten, sie zu fahren, und sie hatte in den drei Stunden an seiner Seite zumeist geschwiegen. Wieder hatte ihn vor allem ihre Ruhe überrascht, aber jetzt blickte sie ihn fragend an, zögerte sie auszusteigen. „Kann ich ihm entgegengehen?" fragte sie schließlich.

Er legte seine rechte Hand auf ihren Arm. „Es ist besser, Sie sind darauf vorbereitet. Martin wird sich verändert haben."

„Nicht wirklich. Nicht Martin. Nicht so sehr wie ich."

Sie stieg aus, und er beobachtete, wie sie auf die Grenze zuging, aber dann bald stehenblieb, ziemlich weit entfernt vom Schlagbaum, und dort wartete.

Es hatte Martin nichts ausgemacht, der letzte zu sein, zu warten, bis die beiden anderen die Grenze überschritten hatten, ja, er war dankbar für die Frist. Zwei Männer begleiteten ihn. Er sah, daß auch der andere zwei Begleiter hatte.

Sie trafen sich zwischen den Schlagbäumen. Erst auf den letzten Metern traten ihre Begleiter zur Seite. So gingen sie allein aneinander vorbei, der Mann, der in den Osten ging, und der Mann, der in den Westen ging.

Für einen Augenblick trafen sich ihre Blicke.

Dann sah er Zimra. Über ein Jahr lang hatte er nicht gewußt, ob sie überhaupt noch lebte. Als man ihm ihre erste Karte ausgehändigt hatte, war er nicht sicher gewesen, ob er das Richtige getan hatte, damals an jener anderen Grenze.

Er war sich nicht einmal jetzt sicher, als er auf sie zuging. Er blieb vor ihr stehen. Ihr Haar war länger, und es war wieder grau. Er stand da und wagte nichts zu sagen, wagte nicht, sie zu berühren.

Aus einem dritten Wagen, einem blauen BMW, stieg ein Mann aus, ging auf sie zu. Er blieb neben ihnen stehen, zögerte kurz. Die grauen Haare der Steffin irritierten Geißler; er hatte pechschwarze Haare in Erinnerung, wußte nicht, daß sie damals gefärbt gewesen waren. Er streckte Martin die Hand hin. „Erinnern Sie sich nicht?"

Martin blickte den Mann an, schlank, drahtig, das graugesprenkelte Haar sehr kurz geschnitten; das einzige, was Martin auffiel, war eine überraschende Ähnlichkeit mit Carow. „Doch . . . Geißler?"

„Es sind die Pfunde, die ich verloren habe." Geißler lächelte. „Meinen Glückwunsch zur Rückkehr. Wir haben ein paar Fragen . . ."

„Jetzt?"

„Sie kennen die Regeln. Sie sind ein Agent."

„Aber nicht jetzt gleich!?"

Das Lächeln blieb auf Geißlers Gesicht; es hatte eine Härte, die Martin nie auf dem Gesicht Carows beobachtet hatte. Der Nachfolger sagte: „Wir haben Ihnen neun Jahre erspart – das sollte Ihnen eine Woche wert sein."

Erst jetzt griff Martin nach Zimras Hand. Sie war kalt, und sie zitterte in seiner Hand, als Zimra ihn bis zu Geißlers Wagen begleitete.

Hans Herlin

Hans Herlin ist der lebendige Beweis für die gewagte Behauptung, daß nicht nur auf der angelsächsischen, sondern auch auf der deutschen Unterhaltungsliteraturszene Autoren „erster Güte" vorhanden sind. Zugegeben, noch sind es „Einzeltäter" – aber nach einer langen Durststrecke mittelmäßiger Lektüre freut sich der deutsche Leser über jedes gutgeschriebene Buch und honoriert die Qualität, indem er die Werke auf die ersten Plätze der Bestsellerlisten katapultiert. Und trotzdem ist das höchste Lob, das man Hans Herlin zollen kann, wohl dieses, daß man ihn mit dem Markenzeichen für gute Spionageromane, mit dem Engländer John LeCarré, auf eine Stufe stellt.

Hans Herlin, Jahrgang 1925, hat seine Karriere als Schriftsteller nicht am Schreibtisch begonnen. Ganz am Anfang, 1944, bewies er als Kampfflieger den Mut, mit dem er seine Romanfiguren gerne ausrüstet; kurz nach dem Krieg zeigte er als Berater der Alliierten in Italien die Weitsichtigkeit, die auch in seinen Werken die erfundenen Personen richtig handeln läßt.

Als Journalist, Buchhändler und Verlagslektor erwarb sich Hans Herlin das Rüstzeug eines Autors, das es ihm 1972 ermöglichte, seinen Lebensunterhalt fortan als freier Schriftsteller zu verdienen. Schon 1959 hatte ihn das Sachbuch *Verdammter Atlantik* bekannt gemacht, 1974 aber wurde er durch seinen Roman *Freunde* – der in 16 Ländern erschien – weltweit eine Berühmtheit. Die Aussichten, daß *Satan ist auf Gottes Seite* diesen Erfolg noch überflügelt, stehen gut, denn selten wurde einem Buch schon in den ersten Wochen seines Erscheinens von der *New York Times* bis zur *Frankfurter Allgemeinen Zeitung* so einheitlich Lob gezollt.

DER KLEINE AUSSENSEITER

EINE KURZFASSUNG
DES BUCHES VON

JOAN MARTIN HUNDLEY

INS DEUTSCHE
ÜBERTRAGEN VON
HANNA LUX

TITELILLUSTRATION VON
PHILLIP BELBIN

Ein Kind wird geboren, ein hübscher, gesunder Junge. Nur über seinen ausdruckslosen Blick wundert sich die Mutter von Anfang an.

Was soll sie von ihrem Sohn halten, der sich körperlich völlig normal entwickelt, aber nächtelang schreit und tobt, seine Nahrung jahrelang nur aus Fläschchen nuckelt, stundenlang Kreisel dreht und sich beim Spielen am liebsten den Mund mit Sand vollschaufelt?

Das Schlimmste ist, daß dieser kleine Mensch für sich allein in seiner eigenen Welt lebt und seine Eltern und Geschwister sich vergeblich bemühen, ihn in das Familienleben miteinzubeziehen.

So beginnen sich die Symptome einer geistigen Entwicklungsstörung abzuzeichnen, einer Art Krankheit, die den Namen „Autismus" trägt.

Joan Martin Hundley schildert unbefangen und ehrlich und mit unendlich viel liebender Anteilnahme die Entwicklung ihres eigenen Kindes, bis es im Alter von etwa sechs Jahren allmählich zum „Leben" erwacht.

I

Es regnete in der Nacht, als David junior geboren wurde. Ich weiß noch, wie David senior, mein Mann, mit unserem alten Wagen nervös durch Melbournes abendliches Verkehrsgewimmel hetzte. Die Lichter der Straßenlaternen spiegelten sich auf dem nassen Asphalt, eine Sintflut prasselte gegen die Windschutzscheibe, und der Scheibenwischer schlug monoton den Takt dazu. Wir waren ungefähr sechs Häuserblocks weit gekommen, als ich merkte, daß ich meinen Koffer vergessen hatte. Also kehrten wir um. Kaum waren wir wieder losgebraust, meinte ich: „Du solltest lieber im Krankenhaus anrufen und Bescheid geben, daß wir unterwegs sind." David hielt mit quietschenden Bremsen vor einer Telefonzelle und kramte in sämtlichen Taschen hektisch nach Kleingeld, um zu guter Letzt festzustellen, daß ausgerechnet dieses Telefon außer Betrieb war.

Unsere kleine Tochter, Ellen, hockte inzwischen friedlich auf dem Kindersitz. Sie hatte uns bereits wissen lassen, was sie von der Aussicht auf ein neues Baby hielt – nämlich gar nichts. Ein Geschwisterchen – egal, ob Mädchen oder Junge – war ihr nicht willkommen; sie genoß unsere Liebe uneingeschränkt und wollte keinen Nebenbuhler dulden. Ihr flaumiges blondes Haar wehte im Fahrtwind. Sie war erst zwanzig Monate alt, und der Gedanke, sie für zwei Wochen verlassen zu müssen, bedrückte mich sehr. Wir waren bisher noch nie getrennt gewesen. Ich konnte mir ausmalen, wie sie mich vermissen würde.

Ich fror und fühlte mich elend. So saß ich in meiner plumpen Unförmigkeit auf dem Beifahrersitz und grübelte über die Zeit meiner Schwangerschaft nach.

Ich hatte meinem Mann unbedingt einen Sohn schenken wollen, dabei war ich schon bei Ellens Geburt mit achtunddreißig nicht mehr die Jüngste. Das mit zunehmendem Alter steigende Risiko, ein mongoloides Kind zur Welt zu bringen, war mir durchaus bewußt – und genau diesem Risiko fuhr ich jetzt als hochschwangere Vierzigerin entgegen. Ich war blutarm, hatte unter heftigen Migräneanfällen gelitten, meine Arme und Beine waren zu Wülsten von grotesken Ausmaßen angeschwollen, manchmal plagten mich Atemnot und Schwindel und dazu noch ein ständiger Druck auf der Brust. Außerdem hatte ich zwei schwere Magengrippen gehabt.

Zu allem Überfluß hatte Roley, mein fünfzehnjähriger Sohn aus erster Ehe, in diesem Jahr wegen einer Nierenerkrankung so lange in der Schule gefehlt, daß es ihn große Mühe kostete, das Versäumte nachzuholen. Wir hatten vor meiner zweiten Heirat allein gelebt, und er konnte sich nicht daran gewöhnen, daß ich nun für eine ganze Familie zu sorgen hatte. Hinzu kamen noch finanzielle Probleme. David nahm seit etlichen Jahren an Universitätslehrgängen teil, und als wir heirateten, saßen wir beide ziemlich auf dem trockenen. Roley und ich hatten bis dahin von meinem Stenotypistinnengehalt gelebt, von dem es mir nie gelungen war, etwas auf die hohe Kante zu legen. Unter diesen Voraussetzungen blieb die Suche nach einer halbwegs erschwinglichen Wohnung für zwei Erwachsene und einen Jungen natürlich erfolglos, da sie weder vom Resozialisierungsamt, wo David als Bewährungshelfer arbeitete, noch von der Universität, wo er Abendkurse besuchte, zu weit entfernt sein durfte.

Verzweifelt und mit erstaunlichem Mangel an Geschäftssinn warfen wir unser bißchen Geld in einen Topf und pachteten für fünf Jahre ein heruntergekommenes Apartmenthaus an der Peripherie von South Yarra. Obwohl wir uns unentwegt abrackerten, erwies es sich als reines Verlustgeschäft, selbst als alle Zimmer vermietet waren. Ich hatte einen kostspieligen Hang zu Mietern, denen ständig Gasdurchlauferhitzer in die Luft flogen. Andere Reparaturen sorgten dauernd für Ebbe in unserer Kasse, denn ich entdeckte, daß mein Mann auf kriminologischem Gebiet zwar ein Genie, als Handwerker aber ein totaler Versager war. Von ihm gebaute Regale stürzten nachts zusammen, und Türen fielen aus den Angeln. Überdies waren wir außerstande, Leute loszuwerden, die ihre Miete nicht bezahlten. Dabei hatte auf dem Papier alles so vielversprechend ausgesehen.

Bald nach unserer Hochzeit nahm David eine neue Arbeit an – er leitete die Resozialisierungsmaßnahmen für alle Häftlinge in Victoria, dem südöstlichen Teil unseres Landes. Es war ein sehr verantwortungsvoller Posten. David hatte eine Abschlußprüfung der Philosophischen Fakultät und ein Diplom in Soziologie, strebte aber ein weiteres in Kriminologie an. Wir waren sehr glücklich und sehr verliebt, doch mit zu vielem belastet – er mit seiner Stellung und dem Studium, ich mit meinen Pflichten als Vermieterin, eine Rolle, für die ich mich überhaupt nicht eignete.

Während der Schwangerschaft war ich so müde, daß mir das Leben zur Qual wurde. Ich existierte gleichsam nur als Ernährerin für das ungeborene Baby und konnte dabei die nagende Angst nicht abschütteln, daß mit diesem Kind etwas nicht stimmte. Genau wie ich schien es völlig träge zu sein – von einer Mattigkeit, die jedes Wohlbefinden ausschließt.

DAS Quietschen der Reifen, als wir um eine Kurve bogen, und der Anblick der Klinik brachten mich in die Gegenwart zurück. Wir ließen Ellen in ihrem Sicherheitssitz und eilten hinein. Sobald David meinen Koffer neben mein Bett gestellt hatte, bat ich ihn, mit ihr heimzufahren und sie zu versorgen. Ich schaute ihnen vom Fenster aus nach. Als der Wagen unter der Straßenlaterne um die Ecke bog, leuchtete für einen Moment Ellens Blondschopf im Rückfenster auf.

Man gab mir eine Spritze, nach der mir schwindlig und übel wurde. Ich versuchte, die Schmerzen zu ignorieren, doch vor der riesigen Deckenlampe ließ sich nichts verbergen. Sie starrte unbarmherzig auf mich nieder wie ein strenges, grelles Auge. Unter diesem grausamen gelben Licht dehnte sich die Nacht in endlose Nebel qualvoller Anstrengung, in Stunden eines verschwommenen, erbitterten Kampfes. Weiße Schatten glitten vorbei, irgendwo patschten Gummisohlen über gebohnerten Boden. Der Schmerz kam in Wellen. Manchmal verlor ich das Bewußtsein ... Ich bin ein so winziges Rädchen im Uhrwerk des Universums, ein viel zu unbedeutendes Teilchen, um so furchtbar zu leiden ... Nach einer Ewigkeit hörte ich die Stimme des Arztes aus dem Nichts heraufklingen: „Atmen Sie tief. Geben Sie nicht auf."

Ein rasender Schmerz, eine Explosion wie in Zeitlupe, ein letztes Pressen.

„Es ist ein Junge“, sagte die Stimme.

„Er heißt David Martin Hundley“, flüsterte ich. „Ist er gesund? Geben Sie ihn mir.“

„Er ist völlig in Ordnung“, sagte der Arzt.

„Rufen Sie meinen Mann an“, bat ich und hielt, überwältigt vor Erleichterung, meinen Sohn in den Armen.

Sobald ich wieder in meinem Zimmer war, schlief ich. Zum Frühstück wurde ich zwar geweckt, aber richtig zu mir kam ich erst zwölf Stunden später, um fünf Uhr nachmittags, als die Schwestern mir David brachten, damit ich ihn zum erstenmal stillte. Aufgeregt betrachtete ich ihn.

Er war ein kräftiges, hübsches Kerlchen – fast vier Kilo schwer – mit einem schönen Köpfchen und einer hohen, intelligenten Stirn. Er war wach, hatte einen unbeschreiblich klugen Gesichtsausdruck und hielt die Ärmchen über der Brust gekreuzt. Seine Haut schimmerte gelblich, doch das machte mich nicht weiter besorgt. Viele Neugeborene haben Gelbsucht.

Erst, als ich ihn zu stillen versuchte, merkte ich etwas Ungewöhnliches. Er wollte die Brust nicht annehmen und den Kopf nicht drehen. Bis er endlich nuckelte, waren alle übrigen Babys schon fertig und wurden ins Säuglingszimmer zurückgebracht. Ich hatte meine beiden anderen Kinder ohne die geringste Schwierigkeit gestillt. An diesem Baby war irgend etwas sonderbar. Mein altes Unbehagen regte sich wieder.

Ich versuchte, ihm die andere Brust zu geben, aber er wandte den Kopf nicht, als ich seine Lage änderte. Die einzige Möglichkeit, ihn auf dieser Seite zu stillen, schien zu sein, ihn verkehrt herum zu halten. Ich grübelte noch immer über dieses Dilemma nach, als die Besuchszeit begann. David setzte sich zu mir und ergriff das Händchen unseres Sohnes. „Na“, sagte er voller Stolz und Freude, „nach dieser Glanzleistung kannst du dich wirklich auf deinen Lorbeeren ausruhen. Ich hab noch nie ein so zauberhaftes Baby gesehen. Und er schaut so aus, als wäre er schon neugierig auf die Welt. Ich glaube, wir haben uns da einen kleinen Schlaumeier angeschafft.“

„Findest du ihn ganz in Ordnung?“ fragte ich.

„Er ist ein Prachtexemplar.“

Ich erzählte ihm nichts von meinen Befürchtungen. Was hätte ich ihm auch sagen können? Mir fehlten ja selbst die Worte dafür.

Als die Besucher gegangen waren, versuchte ich wieder, David junior zu stillen, doch bis ich es geschafft hatte, ihm endlich die Milch zu geben, wurden die anderen Babys bereits zur Abendmahlzeit gebracht. Die Schwestern und die übrigen Mütter im Saal amüsierten sich königlich über die Tricks, die ich anwandte, um ihn zu füttern. Ich fand es gar nicht komisch, machte aber gute Miene zum bösen Spiel, weil ich beim besten Willen nicht wußte, wie ich meine Befürchtungen hätte erklären sollen.

Als die Schwestern ihre Schützlinge wieder abholten, fragte ich die Oberschwester, ob sie an David etwas seltsam finde. Sie versicherte mir, er sei der strammste Junge auf der ganzen Station; die Gelbsucht könne ihn schon ein oder zwei Tage ein bißchen matt machen, aber das sei nichts Ernstes. Ich bat darum, möglichst schnell den Arzt sprechen zu können. „Morgen vormittag, meine Liebe“, sagte sie. „Sie sind erschöpft. Morgen früh sieht alles anders aus.“

Ich legte mich zurück und versuchte dahinterzukommen, warum ich so beunruhigt war. Wieso erwartete ich eigentlich, daß ein neugeborenes Baby bereits wußte, wie es sich beim Stillen richtig verhalten sollte? Mir war ja noch nicht einmal die Milch voll eingeschossen. Wie kam ich bloß auf die Idee, daß ihm etwas fehlte? Doch ich wußte es einfach. Etwas Unerklärliches stimmte nicht. Ich lag lange wach. Es war die einsamste Nacht meines Lebens.

Am nächsten Vormittag erschien der Arzt, um der Ursache für die ganze Aufregung auf den Grund zu gehen. Ich erklärte ihm, mein Sohn sei irgendwie eigenartig. „Er nimmt die Brust nicht an“, sagte ich. „Von sich aus macht er überhaupt keine Anstalten zu trinken, und wenn ich ihn anschaue, guckt er so – so leer zurück, als wäre ich gar nicht da. Mehr kann ich Ihnen nicht sagen.“

„Nun, davon geht die Welt nicht gleich unter“, erwiderte der Arzt augenzwinkernd. „David Martin junior scheint sich sogar besonders gut zu entwickeln. Sie behaupten, er ist schwer zu stillen, doch die Tabelle zeigt, daß er pro Mahlzeit eine ordentliche Portion Milch zu sich nimmt. Vielleicht haben Sie nur vergessen, wie man ein Baby rasch stillt. Aber wir wollen zur Sicherheit eine Blutprobe nehmen."

Das Ergebnis der Untersuchung war höchst zufriedenstellend. „Nicht der geringste Anlaß zur Besorgnis", beruhigte mich der Arzt.

„Möglicherweise haben Sie nicht die richtigen Tests gemacht", meinte ich.

„Und woran denken Sie dabei?"

„Ich weiß nicht. Ich weiß es einfach nicht. Vielleicht hat er etwas, das man bis jetzt nicht kennt."

Von da an schwieg ich. Doch jedesmal, wenn die Schwestern mir David brachten und ich ihn im Arm hielt, hatte ich eine dunkle Vorahnung, eine Überzeugung, daß mein Instinkt mich nicht trog. David konnte inzwischen schon ganz gut saugen und war manchmal sogar vor den anderen Babys fertig, aber er schien nicht zu wissen, woher die Nahrung kam, und war völlig hilflos, wenn ich ihn an die andere Brust legte.

Wenn er nicht trank, lag er mucksmäuschenstill mit über der Brust gekreuzten Ärmchen da und sah zufrieden und unbeteiligt drein. Ein so hübscher kleiner Bursche, und so würdevoll! Die Schwestern hatten für sämtliche Kinder Spitznamen. Es gab ein Lockenköpfchen, eine Schnüffelnase, ein Zuckerpüppchen. Meinen Jungen nannten sie Mr. Hundley, den Richter. „Er schaut so klug und überlegen aus", erklärte mir eine Pflegerin. „Wenn die anderen strampeln und schreien wie am Spieß, liegt er ruhig da und sinnt vor sich hin. Man könnte fast glauben, er ist schon mal auf dieser Welt gewesen und kennt den ganzen Zirkus."

Ich hingegen hatte den Eindruck, als stünde er unter der Nachwirkung eines schweren Schocks. Winzige geplatzte Äderchen durchzogen das Weiße seiner Augen.

Der Arzt sagte, in ungefähr einer Woche würden sie vergehen, aber sechs Jahre später waren sie noch immer da.

Meine Zimmergenossinnen waren alle nett, und man konnte sich gut mit ihnen unterhalten. Die Tage vergingen wie im Flug, doch die Abende fürchtete ich. Dann lag ich, von den ringsum selig Schlummernden im Stich gelassen, einsam in dem dunklen Saal, und mein Kummer erfaßte mich wie ein Sog. Tief unten, am Boden des Schachts, in den ich sank, lauerte eine Angst, ein übermächtiges, gesichtsloses Grauen, das eine Kluft zwischen mir und anderen Menschen schuf. Und was mich bedrohte, hatte weder Gestalt noch Namen.

In jener ersten Nacht hatte ich all meine Tränen geweint. Jetzt stellte ich mich unbewußt auf die Aufgabe ein, von der ich im Innersten wußte, daß sie mir bevorstand. Wie ein Kapitän, der die Luken seines Schiffes gegen den Sturm dicht macht, verschloß ich mich gegen Gefühl und Selbstmitleid und bereitete mich darauf vor, dem Orkan zu trotzen. Ich wollte mich in mein Schicksal fügen und versuchen, das Beste daraus zu machen.

Nach vierzehn Tagen im Krankenhaus nahm ich meinen sonderbaren kleinen Jungen mit nach Hause. In meiner Tasche steckte ein einwandfreies Gesundheitsattest.

II

Ellen hielt ihr Versprechen, den neuen Erdenbürger zu verabscheuen. Anfangs verkroch sie sich schluchzend in eine Ecke, wenn ich ihn stillte, doch bald überwog die Neugier ihre Eifersucht, und sie ließ sich sogar herab, mir zu helfen, wenn ich David badete.

Er blieb weiterhin völlig unbeteiligt an allem, was um ihn vorging. Mit acht Wochen zeigte er noch keinerlei Reaktion auf meine Gegenwart.

Sein Lächeln und seine Aufmerksamkeit galten einem schwarzen, spiralförmigen Ornament, das sich deutlich von einer weißen Wand im Wohnzimmer abhob. Es schien mir unheimlich, daß ein Säugling beim Anblick eines Wandschmucks in Entzücken geriet und seine eigene Mutter nicht erkannte.

Wir waren noch nicht lange daheim, als sich auf Davids Gesicht ein leichter Ausschlag bildete. Seine empfindliche Haut vertrug nicht einmal die Berührung mit meinem Haar. Also ließ ich es ganz kurz schneiden, wusch es jeden Tag und trug ständig ein Kopftuch, weil ich hoffte, der Ausschlag würde sich daraufhin bessern. Verwendete ich Make-up oder Parfüm, quollen ihm die Augen aus den Höhlen wie einem Erstickenden. Wenn ich ihn im Kinderwagen vor einem

Geschäft stehenließ und sich ein Fremder über ihn beugte, um ihn zu bewundern, hörte ich ihn keuchend nach Atem ringen. Da ich meine Freundinnen nicht gut bitten konnte, auf Make-up zu verzichten, durfte ich mit ihm keine Besuche machen.

Der einzig sichere Ort in der Nähe war der Botanische Garten, wo Ellen die Enten fütterte und in den „Zwergenhäuschen" spielte – so nannte sie die Pavillons.

David Martin machte zwischen Tag und Nacht keinen Unterschied und schlief kaum. Mit sechs Monaten blieb er geschlagene vierzehn Stunden hellwach und war offenbar ganz damit zufrieden, nichts zu tun. Dann pflegte er sechs Stunden lang wie ein Rasender zu brüllen, worauf eine Periode folgte, in der er vergnügt vor sich hin gluckste. Zeitweise schien er mich nicht wahrzunehmen, dann wieder verkrampfte er sich, wenn ich mich ihm näherte, und ließ sich weder füttern noch baden. In diesem Fall mußte ich ihn in Ruhe lassen, bis er sich entspannte. War er bereit, Nahrung aufzunehmen, stopfte ich möglichst viel in ihn hinein, weil ich ja nie wußte, wann er wieder essen würde.

Obwohl sein seltsames Verhalten an sich schon ausreichenden Grund zur Besorgnis gab, bestand mein größtes Problem darin, ihm regelmäßig Mahlzeiten einzuflößen, um ihn überhaupt am Leben zu erhalten.

Mit acht Monaten hatte er sich eine eigene Einteilung geschaffen. Er schlief von sechs Uhr früh bis zehn Uhr vormittags und ließ sich dann baden und füttern. Danach verbrachte er den Tag damit, gurgelnde und glucksende Geräusche auszustoßen und mit seiner Rassel zu spielen. Er konnte „Ma-ma", „Ba-ba" und „Da-da" sagen. Nach dem allnachmittäglichen Ausflug in den Park fing er zu schreien an und steigerte sich allmählich in einen Zustand höchster Erregung. Von etwa neun Uhr abends bis in die frühen Morgenstunden brüllte er wie von Sinnen und beinah pausenlos.

Nichts tröstete ihn. Oft schrie er die ganze Nacht hindurch mit einer solchen Intensität, daß es mir schleierhaft war, wann er eigentlich Atem holte. Manchmal nahm ich ihn in die Arme und ging mit ihm auf und ab, dann wieder ließ ich ihn einfach toben. Es spielte keine Rolle, was ich tat. Beruhigungsmittel blieben ohne Wirkung. Ich brachte ihn zu Ärzten, die mich nur verständnislos anblickten, wenn ich erklärte, ich dringe nicht zu ihm durch. Einige äußerten die Vermutung, es mangle ihm an liebevoller Zuwendung, obwohl ich mich entschieden mehr um ihn kümmerte als seinerzeit um meine beiden anderen Kinder.

Ich fand nie heraus, warum David schrie. Schmerzen schienen nicht der Grund dafür zu sein. Wenn er eine dieser verstörten Anwandlungen bekam, war ihm absolut nicht beizukommen. Er brüllte aus voller Kehle und hörte dann von einer Sekunde zur anderen, fast wie auf Knopfdruck, damit auf. Pünktlich um sechs Uhr morgens schlief er fest ein und sah dabei aus wie ein zufriedener, müder, kleiner Posaunenengel.

Mit acht Monaten schaffte er es auch schon recht gut, den Rücken gerade zu halten, aber nur, wenn ich ihn aufsetzte. Legte ich ihn nieder, blieb er liegen und traf keine Anstalten, sich wieder aufzurichten.

Seine Umgebung war ihm nach wie vor gleichgültig. Einzig und allein der Wandschmuck im Wohnzimmer weckte sein Interesse.

Abend für Abend spielte mein Mann nach der Arbeit stundenlang mit Klein-David und entlockte ihm nach langwierigen Bemühungen hin und wieder ein Glucksen. Dabei sprach unser Sohn eindeutig mehr auf Berührungen als auf Laute an. Nur auf Musik und das Plätschern seines Badewassers reagierte er. Bald konnte er ein paar Kinderlieder summen und beherrschte mit zwölf Monaten sogar Bruchstücke komplizierter klassischer Melodien.

Obwohl ihm Essen offenbar kein Vergnügen bereitete, schluckte er wenigstens, was ich ihm gab. Er nahm rasch zu und sah prächtig aus. Wenn ich ihn von gepuderten und parfümierten Besuchern fernhielt, hatte er rosige Wangen und eine weiche, reine Haut. Die Kinderschwester bei der Mütterberatung bemerkte, er zeige vielleicht ein bißchen wenig Interesse an Menschen, teilte jedoch nicht meine Ansicht, daß mit ihm etwas nicht stimmte.

Davids mangelndes Interesse an mir und die Tatsache, daß er mich so selten anlächelte, bewogen mich, einen Arzt aufzusuchen. Als der Doktor sich über David beugte, schaute ihn dieser schnurstracks an und schenkte ihm ein entwaffnendes Lächeln. Die Diagnose lautete daraufhin, ich hätte nicht den geringsten Grund zur Besorgnis, mein Baby sei bezaubernd. Immer, wenn ich über Davids Teilnahmslosigkeit klagte, stand dem jeweiligen Arzt im Gesicht geschrieben, daß er meinen Jungen für das unkomplizierteste Kind der Welt hielt und nicht begreifen konnte, worüber ich mich aufregte.

KURZ bevor David neun Monate alt wurde, beschloß ich, mit ihm und Ellen zu meinen Eltern nach Toowoomba in Queensland zu fahren. Ich wollte, daß meine Mutter David sah, und hoffte, sie würde vielleicht das Rätsel lösen. Außerdem dachte ich, meinem Mann würde eine Erholung von diesem Nachteulenbaby guttun, obwohl er uns nur sehr ungern ziehen ließ.

Mein Sohn Roley war bereits in Queensland, um die Ferien bei den Großeltern zu verbringen, daher fanden wir, der Zeitpunkt für mein Vorhaben sei gut gewählt.

Ich war ein bißchen nervös, weil wir fliegen mußten, hatte aber – Ironie des Schicksals – mit David überhaupt keine Schwierigkeiten. Er zeigte lebhaftes Interesse an allem, was den übrigen Passagieren serviert wurde, und grapschte jedesmal, wenn die Stewardeß vorbeiging, eine Handvoll vom Tablett. Nie hatte er sich zu Hause so benommen oder gar nach etwas Eßbarem gelangt. Es kam nach dem Flug auch nicht wieder vor.

In Toowoomba wurden die Kinder unbeschreiblich verwöhnt. Mein Vater kaufte Davey Boy, wie er ihn zärtlich nannte, einen kleinen Autositz und nahm seinen Enkel mit, wenn er geschäftlich unterwegs war. David schien durchaus zu begreifen, daß die Hebel und das Armaturenbrett etwas damit zu tun hatten, daß sich das Auto bewegte. Er wirkte aufgeweckt, dabei angenehm ruhig und in keiner Weise wie das teilnahmslose Kind, das ich meiner Mutter in meinen Briefen geschildert hatte.

Großpapas Hut hatte es ihm besonders angetan. Er führte allerhand Possen damit auf und behielt ihn auf dem Kopf, um sein Publikum zum Lachen zu bringen. Bald hieß er nur mehr „unser kleiner Clown". Der Umgebungswechsel schien eine drastische Wandlung in seinem Verhalten hervorgerufen zu haben.

Eine Woche nach unserer Ankunft war David dann plötzlich von oben bis unten mit einem schuppigen Ausschlag bedeckt, der ihn fast bis zur Unkenntlichkeit entstellte. Der Arzt sagte, es handle sich um ein Ekzem. David lag die meiste Zeit still da und starrte müde zur Decke oder auf ein Fenster. Nur hin und wieder wimmerte er kläglich.

Vierzehn Tage später – der Ausschlag war nicht vergangen – bekamen Ellen und er Pfeiffersches Drüsenfieber und waren wochenlang sehr krank. David schien es gleichgültig zu sein, ob ich bei ihm war oder nicht. Ich klagte meiner Mutter mein Leid, wie abweisend er sich mir gegenüber verhielt. „Das mag schon sein“, antwortete sie, „aber er *braucht* dich ganz bestimmt.“ Sie hatte recht.

Als ich mit den Kindern acht Wochen später nach Melbourne reiste, war Ellen noch schwach und hatte stark abgenommen. David hatte sein Gewicht zwar gehalten, war aber noch immer über und über mit dem Ekzem bedeckt. In den nächsten Jahren riet man mir oft, seine Händchen am Bett anzubinden oder ihm die Arme zu bandagieren, damit er sich nicht kratzen konnte, aber das brachte ich nicht fertig. Ich hatte das Gefühl, es würde ihn nur noch mehr quälen. Manchmal zog ich ihm Leinenfäustlinge an, doch er schaffte es stets, sie auszuziehen, und kratzte sich blutig.

Oft war der Ausschlag so schlimm, daß er überhaupt keine Kleidung tragen konnte. Dann blieb mir nichts anderes übrig, als ihn in einem geheizten Raum nackt auf ein sauberes Laken zu legen. Schon bei der leichtesten Reizung schälte sich seine Haut, und seine Finger bluteten, wenn er etwas berührte. Seltsamerweise nahm er dabei trotzdem zu.

Es dauerte etwa drei Monate, bis sich das Ekzem etwas besserte. In dieser Zeit glich unser Haus einem Operationssaal – staubfrei und so steril wie möglich. Teppiche, schwere Vorhänge, Kleidungsstücke aus Wolle – das alles mußte verschwinden. Monatelang probierte ich die verschiedensten Salben, Hautwasser und Ernährungsmethoden aus, die mir die Ärzte empfahlen. Davids Organismus konnte anscheinend kein Eiweiß abbauen.

Als David ein Jahr alt war, hielt sich sein Ausschlag in erträglichen Grenzen, vorausgesetzt, ich ging kein Risiko ein, verabreichte ihm eine spezielle Diät und sorgte dafür, daß ihn dauernd eine dicke

Schicht Salbe schützte. Ich mußte ständig auf der Hut sein, aber das Leben war halbwegs annehmbar, wenn ich in meiner Wachsamkeit nicht nachließ. Das war anstrengend, weil er mit zwölf Monaten krabbelte und mit achtzehn Monaten vorsichtig zu gehen begann. Dabei faßte er natürlich zuweilen Dinge an, die seine Finger zum Bluten brachten. Schlaflose Nächte waren noch immer an der Tagesordnung; er schrie nun weniger, statt dessen summte er vor sich hin. Obwohl er sich sicher bewegte, ging er kein Wagnis ein. Nie kletterte er irgendwo hinauf, wenn er Zweifel hatte, auch heil wieder herunterzukommen. Er erlernte das Treppensteigen und kam nicht ein einziges Mal zu Fall wie andere Kinder in seinem Alter.

Die ganz normal entwickelte Ellen war die Verwegene, die durch ihre Abenteuerlust oft in der Falle saß. Dauernd hatte sie aufgeschürfte Knie und alle möglichen Schrammen.

Dabei war sie eine überaus liebevolle Schwester. Sie vergötterte David mittlerweile und rief mich sofort, wenn sie glaubte, er befinde sich in Gefahr.

Mit zunehmendem Alter schlugen Davids Stimmungen nicht mehr so abrupt um. Tagelang blieb er ruhig und ernst; darauf folgte eine Phase exaltierter Fröhlichkeit, während der er unaufhörlich lächelte oder kicherte. Besucher dachten, sie wären der Anlaß für seine Heiterkeit, aber er lachte noch, wenn sie schon längst gegangen waren. Oft lachte er ganz für sich allein, unabhängig davon, ob jemand anwesend war oder nicht.

Die Beschäftigung mit ihm kostete mich viel Zeit. Seine Geschwister mußten daher zurückstehen und sehen, daß sie, so gut es ging, zurechtkamen. Es gab vieles, was Ellen unternehmen wollte, aber es leuchtete ihr ein, daß wir wegen Davids Allergie nur selten irgendwohin gehen konnten. Als sie drei Jahre alt war, führte ich sie zum Ballettunterricht, während ihr Vater auf David aufpaßte. Sie genoß jede Minute. Später wünschte sie sich, Eislaufen zu lernen, aber es gelang mir nicht, die nötige Zeit zu erübrigen. Einen Babysitter für David zu finden war unerhört schwierig, weil er sich von niemandem außer mir füttern ließ.

Einmal gab ich Ellen und ihn für ein paar Stunden in eine Kindertagesstätte, weil ich zum Zahnarzt mußte. Als ich sie abholte,

Diese Fotos stammen aus unserem Familienalbum. David, damals gerade sechzehn Monate alt, will sich nicht fotografieren lassen. Er schaut absichtlich nicht in die Kamera und versucht sogar, sich loszureißen und wegzulaufen.

Mit zweieinhalb Jahren will David immer noch nicht zusammen mit seiner Schwester Ellen spielen. Lieber sitzt er untätig im Sand.

Einmal ist es dem Fotografen gelungen, die ganze Familie aufzunehmen.

war Ellen quietschvergnügt, David hingegen mit einem nässenden, roten Ausschlag übersät. Während ich fort war, hatte er ununterbrochen gekreischt. Die Kindergärtnerin riet mir, einen Arzt mit ihm aufzusuchen, und meinte, ich solle ihn lieber nicht mehr hierherbringen.

David hatte Schluckbeschwerden, deshalb mußte ich ihm seine Nahrung zerdrücken und passieren. Als er mit achtzehn Monaten Angina und Ohrenschmerzen bekam, verschrieb ihm der Kinderarzt ein Präparat mit Vitamin B und C und einer kleinen Dosis Folsäure. Daraufhin besserte sich sein Zustand, und seine Zappligkeit ließ nach.

Eine unglückselige Folgeerscheinung der Halsentzündung war, daß er noch mehr Angst vor festen Speisen hatte und alles ablehnte, außer seinem Fläschchen. Hartnäckig versuchte ich trotzdem jeden Tag, ihn mit dem Löffel zu füttern, aber er wandte unweigerlich den Kopf ab. Also mixte ich püriertes Fleisch und Gemüse mit seiner gekochten Milch und fügte diesem Brei Vitamine, Spurenelemente und alles, was er sonst noch brauchte, hinzu. Das war natürlich nicht richtig, aber ich wußte mir nicht anders zu helfen.

Als er zwei Jahre alt war, beschränkte sich sein Interesse auf seine Fläschchen, zwei Plastikseifenschalen, Wasser – das ihn in Entzücken versetzte – und die Räder seines zusammenklappbaren Kinderwagens, die er drehte, bis ihm die Finger wund wurden.

Nun begann die schrecklichste Zeit. David kapselte sich immer mehr ab, bis er sich in einer Art schlafwandlerischem Zustand befand.

Mein Sohn Roley war in seiner Gegenwart stets befangen gewesen. Das sonderbare Verhalten seines kleinen Bruders verwirrte ihn. Kaum legte Roley seine Aufgabenhefte auf den Eßzimmertisch, brüllte David los, und immer, wenn ich mich zu Roley setzte, um seine Schulprobleme mit ihm zu besprechen, forderte der Kleine vehement meine Aufmerksamkeit. Ellen schlief beim ärgsten Lärm wie ein Murmeltier, aber Roley wurde ständig in seiner Nachtruhe gestört.

Das Haus in South Yarra war eine finanzielle Katastrophe, und wir verbrachten viele kummervolle, aber auch fröhliche und glückliche Stunden darin. Mein Mann und ich liebten uns sehr, und Liebe ist Licht und überwiegt alle Schattenseiten. Aber nach Davids Geburt wurde es noch schwerer, Mieter zu finden. Die meisten hielten es nicht lange aus – schließlich brauchten sie ihren Schlaf. Kurz bevor der Pachtvertrag ablief, begannen wir uns nach einer neuen Wohnung umzusehen. Es war noch aussichtsloser, etwas Geeignetes zu finden als vor fünf Jahren, denn jetzt hatten wir drei Kinder und noch immer kein Geld.

III

KURZ nach Weihnachten 1963 fanden wir einen Backsteinbungalow im Vorort Brighton. Er sah recht komfortabel aus und hatte einen großen Garten. Aber bald nach unserem Einzug brach der Boden in der Waschküche ein, die Haken für die Wäscheleinen fielen aus der Wand, und beim ersten Regen merkten wir, daß ein Loch im Dach war. Der Besitzer hatte seine eigenen Ansichten, was undichte Dächer betraf: Bei schönem Wetter bestand kein Anlaß, sie zu reparieren, und wenn es regnete, war es zu naß. Ich bin nie ein Musterbeispiel an hausfraulichen Tugenden gewesen, doch damals spielten Dinge wie Wäscheleinen, Öfen und Kühlschränke eine wichtige Rolle in meinem Leben.

Die Kinder waren über das große Grundstück begeistert. David drehte am Zaun entlang seine Runden; hin und wieder blickte er zum Himmel auf, summte oder stieß einen lauten Ruf aus. Die meiste Zeit jedoch verbrachte er mit Wasserplanschen und Räderdrehen, oder er sammelte Zündholzschachteln und Trinkhalme, die er hinter einer kleinen Pforte im rückwärtigen Teil des Gartens versteckte. Dort saß er dann oft allein und kramte in seinen Schätzen.

Mein Mann – endlich glücklicher Besitzer eines Diploms in Kriminologie – entwickelte ein neues Talent: Er fertigte eigenhändig ein paar massive Möbelstücke an, zu denen Roley kritisch bemerkte, ihr Stil erinnere ihn an die steinzeitlichen Felsenmonumente von Stonehenge.

Wir sollten noch dankbar für ihre stabile Bauweise sein, denn als David älter wurde, fand er großen Spaß daran, sie zum Bockspringen zu benützen.

In dieser Phase machte er manche Fortschritte, während er sich auf anderen Gebieten merklich zurückentwickelte. Er sah noch immer normal aus, nur kam er mir oft vor wie in Trance. Manchmal lag er auf dem Rücken in seinem Bett, hielt sich ein kleines Plastikschwein vors Gesicht und versuchte, ihm mit dem Zeigefinger die leuchtendblauen Augen auszustechen. Sein Interesse für dieses Spielzeug hielt ungefähr drei Jahre lang an.

Ellen war nun dreieinhalb, und ich wünschte mir gleichaltrige Spielgefährten für sie. Leider war der nächste Kindergarten über drei Kilometer von unserem neuen Zuhause entfernt, und öffentliche Verkehrsmittel gab es keine. Da ich nicht Auto fahren konnte und außerdem Angst vor den Tücken unserer alten Karre hatte, brachte ich Ellen zu Fuß hin.

David machte diese Ausflüge zu Alpträumen. Zuerst hockte er ruhig in seinem Kinderwagen, fing dann aber gellend an zu kreischen und wollte aussteigen.

Ich mußte ihn mit Gewalt niederhalten, denn sobald er mir entschlüpfte, sauste er los wie ein geölter Blitz und rannte quer über die Straße, mitten in den Verkehr. Versuchte ich ihn festzubinden, drehte er völlig durch und schrie, bis ihn der rote Ausschlag wieder am ganzen Körper bedeckte.

Ich wollte mich schon geschlagen geben, als mir eine Nachbarin anbot, Ellen mit ihrem eigenen kleinen Jungen, dem drei Jahre alten Timmy, im Wagen mitzunehmen. Er freundete sich rasch mit Ellen an, die entzückt war, einen so zugänglichen Spielkameraden zu haben. Jeden Morgen lief sie, das kleine rote Körbchen mit ihrem Lunch fest in der Hand, eine halbe Stunde zu früh ans Tor, um den neuen Freund ja nicht zu verpassen.

An den Tagen, an denen die beiden den Kindergarten nicht besuchten, kam Timmy zu uns, um mit Ellen zu spielen. Er war der Doktor, und sobald er erschien, wüteten die Masern unter den Puppen, oder die Ärmsten hatten die unwahrscheinlichsten Knochenbrüche. Timmys Vater war Arzt, daher verfügte Dr. Timmy stets über leere Tuben und Phiolen, die er zur Behandlung seiner Patienten verwendete. Ellen war die Assistentin und führte seine Anordnungen aus. Sie stürzte in die Küche und verlangte: „Wasser!“ Ein paar Minuten später stapfte sie herein und befahl: „Salbe! Tropfen “ Der nächste Botengang diente meist der Beschaffung von Lutschbonbons oder Plätzchen. Nach einem Vormittag voll aufopfernder Tätigkeit im Kinderzimmer pflegte Dr. Timmy dann erschöpft, aber dank seinem Stethoskop unvermindert imposant, aufzutauchen und um eine Stärkung zu bitten. Gelegentlich versuchten die Kinder, David in ihre Unternehmungen mit einzubeziehen, doch wenn sie sich ihm näherten, stand er auf und setzte sich in einiger Entfernung von ihnen wieder nieder.

Andere Kinder, die zum Spielen kamen, stellten Ellen Fragen über ihren Bruder, daher erfand sie ein eigenes Land für ihn, in dem er lebte. Es hieß Doppelholland, und David war der hübsche Prinz Audie. Wenn er etwas tat, das die Leute nicht verstanden, sagte sie: „So macht man das eben in Doppelholland." Prinz Audies wichtigster Ratgeber war ein kleiner dicker Kerl namens Hon Sting, der nur Unsinn im Kopf hatte. Seine ebenso spaßige Frau, die Hofdame Sting, war lang und dünn. Sie und Hon wollten immer Walzer tanzen, aber Hon machte eine miserable Figur auf dem Parkett und kam dauernd aus dem Takt.

Ellen brachte den Bewohnern von Doppelholland vieles bei. Ständig kamen sie und fragten: „Ellen, wie tanzt man Walzer?" Oder sie baten: „Ellen, zeig uns doch, wie man eine Straße baut. Und wie man Klavier spielt."

Doppelholland machte es leichter für sie, Davids Verhalten zu erklären. Manchmal sagte sie, er habe ein Zaubergehirn mit so vielen Gedanken wie Sterne.

Einmal hörte ich, wie ein kleines Mädchen fragte: „Wo hat David denn sein Zaubergehirn her?" Es war sehr beeindruckt, zu erfahren: „Aus Doppelholland natürlich, und du kannst keines kriegen, weil so was nur der schöne Prinz haben darf."

Ellen war entschlossen, sich nicht zu langweilen. Wenn niemand da war, mit dem sie sich unterhalten konnte, erfand sie einfach Spielgefährten, aber sie bezog David dabei stets mit ein, indem sie ihm eine Rolle übertrug, die keinerlei Aktivitäten verlangte. Am liebsten spielte sie Braut. In alte Moskitonetze gewickelt und mit einem Plastikblumenstrauß in der Hand, stolzierte sie durch den Garten und rief: „Wer will mich heiraten?" Sie inszenierte Trauungen, wo immer

David zufällig stand, und wenn er sich mitten in der schönsten Feier trollte oder nicht aufhören wollte, mit den Rädern seines Kinderwagens zu spielen, meinte sie: „So ist das, wenn ein Prinz von Doppelholland heiratet. Räderdrehen gehört unbedingt dazu.‘

Mit zweieinhalb Jahren zeigten sich die Folgen von Davids unausgeglichener Entwicklung. Er war imstande, viele Dinge zu tun, die Kinder in seinem Alter beherrschten, versuchte aber nicht, sich andere, ebenso einfache Fertigkeiten anzueignen. Er konnte ohne Hilfe in sein Bettchen steigen und wieder herausklettern und bekam nie das Übergewicht, wenn er dabei auf dem Gitter balancierte. Er erinnerte sich mühelos daran, wo er seine Seifenschüsseln Wochen zuvor hingestellt hatte. Er postierte sein Dreirad verkehrt und unfehlbar im richtigen Winkel auf der Treppe, damit er ein Rad drehen konnte, machte aber, als er älter wurde, keinen Versuch, damit zu fahren. Wenn ich ihn auf den Sattel hob und seine Füße auf die Pedale drückte, zitterte er vor Angst und schien keine Ahnung zu haben, was er tun sollte.

Ab und zu schrie er noch in der Nacht, aber öfter kam es vor, daß er summte. Er war wie besessen von Beethovens Fünfter und summte stundenlang Passagen daraus, wobei er die Gewohnheit hatte, plötzlich mitten in einer Melodie zu verstummen. Dann lag ich wach und wartete, daß er weitersang. Diese Pausen dauerten oft so lange, daß ich mich schon fragte, ob er erstickt oder ohnmächtig sei. Mit einem Mal nahm er das Thema wieder auf, und zwar exakt mit der Note, vor der er es unterbrochen hatte. Die Pausen legte er an den verschiedensten Stellen ein, so daß mich die jähe Stille immer unvorbereitet traf.

Es war eine Art Spezialfolter.

Er schien gleichzeitig klug und dumm zu sein, schlapp und energiegeladen, hellwach und stumpf. Beim geringsten Geräusch fuhr er auf, Donner jedoch schien er nicht zu hören. Er tat nur selten etwas, das ich sinnvoll fand, und im Laufe der Monate begann ich immer öfter an ein Wort zu denken: geisteskrank. Ich haßte es und erkannte, daß es meine geheimsten Befürchtungen aussprach. David hatte keine Beziehung zur Wirklichkeit. Er war nicht normal.

Dabei quälte mich die Angst, daß sein Verhalten durch irgendeine Stoffwechselstörung hervorgerufen wurde, die vielleicht heilbar war, wenn ich einem Arzt die Symptome nur deutlich genug beschrieb. Möglicherweise zerstörte ein chemischer Prozeß seine Gehirnzellen. Eines Tages, das fühlte ich, würden die Symptome so ausgeprägt sein, daß man eine klare Diagnose stellen konnte, aber bis dahin hatte sein Gehirn womöglich schon einen irreparablen Schaden erlitten. So mußte ich hilflos zusehen, wie er mir entglitt und in eine innere Ferne sank. Oft wirkte er wie taub, dann wieder wie blind.

Eine Zeitlang wollte ich nur allein sein. Ich konnte Menschen einfach nicht ertragen. Heute weiß ich, daß ich mich bemühte, David in seine einsame Welt zu folgen, aber dieser Versuch scheiterte – er brauchte mich nicht. Und ich war so unendlich müde. Meine Freunde müssen sich damals ihr Teil gedacht haben. Ich fand keinen Kontakt zu ihnen. Mir schien, als gäbe es nichts zu sagen. Jede persönliche Beziehung war wie ausgelöscht, jede Brücke abgebrochen. Erst allmählich lernte ich, jeden Tag so zu nehmen, wie er kam. Ich begriff, daß Leid eine Treppe mit vielen Stufen ist und daß ich nicht lange auf der untersten stehenbleiben durfte. Das Leben ging weiter, und ich mußte daran teilnehmen.

DER Winter in Brighton war der kälteste, an den ich mich erinnern konnte. Ein eisiger Wind fegte Regengüsse durch den Garten und pfiff durch die Türritzen. Davids Haut- und Diätprobleme bedeuteten, daß ich viel Zeit mit Wäschewaschen oder in der Küche verbrachte, wo ich so fror, daß mir unentwegt die Zähne klapperten. Die Kamine zogen nicht richtig, und wenn sein Ausschlag besonders arg war und er keine Kleider tragen konnte, wurde das Heizen eine echte Belastung. Ich wagte nicht, die Kinder mit dem Kerosinofen allein zu lassen, während ich mich um die Wäsche kümmerte. Das alte Haus sah zwar gemütlich aus, war aber doch nicht das Wahre für uns. Wir mußten uns nach etwas anderem umsehen.

Im Frühling kam mein Mann mit einer überraschenden Neuigkeit heim. Er war in der Universitätsbibliothek auf ein Buch gestoßen, das eine seltene Kinderkrankheit, den sogenannten Autismus, behandelte. Die Symptome waren ähnlich wie bei unserem kleinen David.

Von da an hatte das, was mit David nicht stimmte, einen Namen: Autismus. Das Wort stammt, wie ich herausfand, aus dem Griechischen. *Autós* bedeutet selbst. Ein autistisches Kind beschäftigt sich nur mit seinem Ich. Sein hervorstechendstes Merkmal ist, daß es „wie durch eine Glaswand" von der Außenwelt abgeschnitten wirkt daß man keinen Kontakt zu ihm findet. Es scheint sich der Existenz anderer Menschen nicht bewußt zu sein. Auch wenn es diesem Stadium bis zu einem gewissen Grad entwächst, bleibt es, was die Kommunikation betrifft, dennoch behindert: Es hat oft Sprechschwierigkeiten.

Die meisten Eltern autistischer Kinder sind hochintelligent und leben in gehobenen Verhältnissen.

Als ich erfuhr, daß die Anlage zur Geisteskrankheit erblich sein kann, nahm ich meine und die Vorfahren meines Mannes unter die Lupe, fand jedoch in keiner der beiden Familien einen Hinweis in diese Richtung.

Eine von der Wissenschaft angegebene Ursache für Autismus bedrückte mich schrecklich. Es hieß nämlich, Gefühlskälte und mangelnde Liebe von seiten der Mutter könnten bewirken, daß ein Kind sich nicht normal entwickelte. Nun peinigte mich eine völlig neue Frage: War ich verantwortlich für Davids Zustand? Mein Mann tat sein Bestes, mir diesen Schuldkomplex auszureden – der Gedanke blieb in meinem Unterbewußtsein haften.

Autismus ist angeblich deshalb so enorm schwer zu diagnostizieren oder zu beschreiben, weil die meisten, wenn nicht alle Symptome irgendwann einmal auch im Laufe der Entwicklung eines normalen Kindes auftreten. Manche Wissenschaftler halten Autismus für eine Abart der Schizophrenie; andere behaupten, die Symptome umfassen ein wesentlich breiteres Spektrum – von „schizophren" bis zu „geistig zurückgeblieben".

Kein Arzt, der David untersuchte, hatte je von Autismus gehört und konnte das volle Ausmaß seiner Behinderung begreifen, selbst wenn ich ihm alles genau erklärte. So blieb seine Krankheit im Endeffekt ein verwirrendes Rätsel.

In all diesen schrecklichen Jahren hielt mein Mann an der Gewohnheit fest, jeden Abend nach der Arbeit mit David zu spielen, der sich dabei stets seltsam gehemmt zeigte. Er bewegte sich ungelenk wie eine Aufziehpuppe und stieß manchmal mit dem Kopf an seinen Vater, als merke er nicht, wie nah dieser ihm war. Wenn er sich unbeobachtet fühlte, hatte er ganz natürliche, fließende Bewegungen, nur in Gegenwart anderer wurde er sofort unsicher und steif.

Nun begannen wir wieder einmal ein Haus zu suchen, das wir diesmal kaufen wollten. Da Häuser in den Außenbezirken von Melbourne billig waren, klapperten wir diese Gebiete zuerst ab. Jedes Wochenende stiegen wir nach der mühsamen Einkaufstour am Samstagvormittag in unser altes Auto und tuckerten los. David liebte den Wagen, deshalb konnten wir ihn auf dem Rücksitz lassen, wo er sich mit einem zufriedenen Ausdruck entspannte, während wir die in Frage kommenden Objekte besichtigten.

Eines Montagmorgens, als mein Mann eben zur Arbeit gefahren war, rief ein Makler aus Ringwood an und sagte, er habe vielleicht etwas Geeignetes. Ich war nicht sehr erpicht darauf, den Ausflug allein zu unternehmen, doch als der Makler erklärte, er habe auch noch andere Interessenten, entschloß ich mich, samt David und Ellen auf der Stelle aufzubrechen.

Die Fahrt mit dem Zug verlief verhältnismäßig friedlich, und das Haus erwies sich als das bisher entschieden beste Angebot. Also sagte ich zu, allerdings unter der Bedingung, daß mein Mann damit einverstanden sein müsse.

Auf der Heimreise wurde David plötzlich unruhig. Kurz vor der Station, wo wir umsteigen mußten, begann er sich wie ein Aal zu winden und wollte aus dem Kinderwagen steigen. Als der überfüllte Zug in den Bahnhof einfuhr, klammerte er sich brüllend und kratzend an einer Haltestange fest, und während ich mich krampfhaft bemühte, ihm die Finger zu lösen, damit wir endlich zur Tür gelangten, schrie Ellen: „Beeil dich, Mami! Der Zug fährt gleich ab!"

Schließlich stürzte ich mit David und dem Kinderwagen auf den Bahnsteig hinunter. In diesem Moment fuhr der Zug an – auf dem Trittbrett stand Ellen und versuchte verzweifelt abzuspringen. Jemand riß sie zurück.

Als die Waggonschlange um die Kurve bog, sah ich meine Handtasche draußen am Türgriff baumeln.

Tränenüberströmt rappelte ich mich auf und raste zum Schaffner, aber der Bursche begriff nicht, was ich ihm ins Ohr schrie. Indem ich meine Stimme noch mehr erhob, um den Höllenlärm zu übertönen, den David machte, brachte ich ihn soweit, die nächste Station anzurufen. Ich riß ihm den Hörer aus der Hand und bat den Beamten am anderen Ende der Leitung, Ellen abzufangen und in den nächsten Zug zu setzen, der die Strecke wieder zurückfuhr. David kreischte, behämmerte seinen Schädel mit den Fäusten und trat mich, sowie ich in seine Reichweite kam. Ich stand Todesängste aus, daß es ihm gelingen könnte, aus seinem Wagen zu steigen und vom Bahnsteig auf die Geleise zu springen, wo ein Zug nach dem anderen vorübersauste. Zu allem Überfluß herrschte noch ein unbeschreibliches Gedränge.

Der Zug mit Ellen stand kaum, als sie auch schon weinend in meine Arme flog. Meine Handtasche hatte sie am Riemen über die Schulter gehängt. „Warum hast du mich verlassen, Mami?" Schluchzend stellte sie mir immer wieder diese eine Frage.

IV

Als wir nach Ringwood zogen, fiel es David anscheinend nicht auf, daß wir nun in einem anderen Haus wohnten. Beim Übersiedeln hatten wir selbstverständlich seine Sammlung von Trinkhalmen und Zündholzschachteln mitgenommen, mit der er sich wie üblich eingehend beschäftigte. In jenem Jahr lernte er, sich selbst auszuziehen, und lief die meiste Zeit nackt herum. Es war schon fast eine Art Gesellschaftsspiel – er schlüpfte aus den Kleidern, und ich rannte ihm damit hinterher.

Die Heizkosten waren so hoch, daß man beim Anblick der Rechnungen eine Gänsehaut bekam, oder sollte er sich eine Lungenentzündung holen? Mir waren die Asthmaanfälle bei seiner letzten Erkältung noch so gut in Erinnerung, daß ich schon besorgt war, wenn ihm nur die Nase lief.

Den ganzen Winter lang suchte er nach Wasser, und sobald irgendwo im Haus ein Hahn aufgedreht wurde, kam er angetrabt. Außerdem packte ihn die Leidenschaft für die Titelmelodie einer bestimmten Fernsehshow. Kaum war sie verklungen, stimmte er ein Heulkonzert an und rammte den Kopf auf den Boden oder an die Möbel. Oft mußte ich ihm schnell ein Kissen unterschieben, um die Wucht des Aufpralls zu dämpfen. Mein Mann las viel über Autismus und trat mit Leuten in Verbindung, die mit verhaltensgestörten Kindern zu tun hatten. Er lernte und spielte mit David, und seine Kenntnisse in Psychologie ließen ihn die Probleme ahnen, die noch vor uns lagen.

Als Davids dritter Geburtstag näher kam, war seine „Abnormität" nicht mehr zu übersehen, so deutlich fiel er aus dem Rahmen. Er hüpfte, statt zu gehen, und wenn er etwas betrachtete, schubste er es hin und her und schielte es aus den Augenwinkeln an. Nach wie vor wollte er nur seine Babyfläschchen und brachte es mittlerweile auf sechzehn pro Tag. (Später mußte ich ihm zwanzig geben.) Die tägliche Plackerei mit der Zubereitung seiner Mahlzeiten und die Berge schmutziger Bettwäsche zermürbten mich allmählich. Wegen seines hartnäckigen Ekzems konnte er keine Gummihöschen tragen. Auch wenn der Ausschlag zeitweilig verschwunden war, zeichneten sich die Säume des Pyjamas als blutige Streifen auf der Haut ab. Also schlief er nackt und dazu weniger denn je. In den Nächten hopste er umher und machte einigen Lärm. Selbst im Dunkeln brachte er es fertig, über die Möbel zu springen, ohne zu fallen. Zuerst wollten wir ihm keine Beruhigungsmittel geben, um seine Aufnahmefähigkeit nicht noch mehr zu schmälern, aber zuletzt blieb uns nichts anderes übrig. Leider fanden wir kein einziges Sedativum, das ihn zum Einschlafen brachte.

David machte es mir unmöglich, seinen Geschwistern die nötige Zeit zu widmen. Ellen kam recht gut zu Rande, nur um Roley sorgte ich mich. Er war jetzt bei der Air Force, aber innerlich noch lange nicht gefestigt. Gegen Ende des Zweiten Weltkriegs geboren, waren die ersten fünf Jahre seines Lebens höchst turbulent verlaufen. Meine unglückliche Ehe hatte ihre Spuren an ihm hinterlassen. Oft war ich damals, wenn er mich brauchte, entweder nicht da oder einfach zu müde.

Roley kaufte sich ein Auto auf Raten. An einem Freitag, als er Wochenendurlaub hatte und noch in der Nacht von Adelaide nach

Melbourne fahren wollte, baute er einen Unfall. Zwei Wochen lag er im Krankenhaus, ohne mich zu verständigen. Ich sollte mich nicht aufregen! Als ich davon erfuhr, fühlte ich mich wie eine Rabenmutter.

Das zweite Weihnachtsfest in Ringwood nahte, und mir fiel auf, daß David immer pünktlich auf der vorderen Veranda saß, wenn der Postbote auf seinem Pfeifchen blies. Zuerst dachte ich, das Pfeifchen hätte es ihm angetan, bis er eines Tages, einen Brief schwenkend, ins Haus rannte. Er trug ihn ins Kinderzimmer, legte sich aufs Bett, hielt ihn hoch und sagte: „Karte."

Ich traute meinen Ohren nicht. Auf meine Bitten, es zu wiederholen, schaute er mich nur kalt an wie eine Fremde. Ich konnte nicht fassen, daß er ein Wort einmal aussprach und die Sache damit abgetan sein sollte. Aber genauso war es.

Einige Monate später holte mich eine Freundin zum Einkaufen ab. Als ich mit David in den Wagen stieg, rief er: „Auto! Auto!" Am selben Tag war nichts mehr aus ihm herauszubringen, doch als meine Freundin in der folgenden Woche wiederkam, trompetete er freiwillig: „Auto! Auto!" Von da an sprach er das Wort nie mehr aus, erkannte aber immer das Fahrzeug. Bald danach lernte er noch ein Wort, „Bad", wollte es allerdings selbst nicht sagen. Daß er nun ein paar einfache Begriffe verstand, erfüllte uns mit neuer Hoffnung.

Bald nach seinem vierten Geburtstag sprach er wieder. Jeden Abend, wenn ich die Kinder zu Bett brachte, küßte ich Ellen und versuchte, mich auch von David zärtlich zu verabschieden, was er aber stets vereitelte. Er legte sich ein Kissen über den Kopf und verkroch sich unter dem Bettzeug, ohne sich darum zu kümmern, wenn ich „heia-heia!" sagte, wie ich es bei Ellen immer getan hatte, als sie noch ganz klein gewesen war. Einmal schlich ich auf Zehenspitzen still hinaus und legte schon die Hand auf die Türklinke, als David einen Polsterzipfel hob und „heia-heia" sagte. Dann klappte er sein Versteck schnell wieder zu.

Wenig später lief er auf mein „Marsch ins Bettchen" davon, bis ich ihm schließlich den Weg versperrte und wieder „heia-heia" rief. Er schlüpfte an mir vorbei und schrie: „Nein-nein", in haargenau dem gleichen Tonfall, den ich gebraucht hatte. Ein anderes Mal sagte er „Nein-nein", als ich ihn nach dem Baden abtrocknen wollte.

ZWÖLF Monate waren vergangen, seit wir David zu einem Spezialisten gebracht hatten, und in dieser Zeit hatte er sich sehr verändert. Diesmal fuhr ich mit ihm zu einem neuen Kinderarzt. Im Sprechzimmer zog er zum erstenmal in Gegenwart eines Arztes alle Register. Er sprang von Stuhl zu Stuhl, kauerte sich in eine Ecke, schrie, wollte sich nicht untersuchen lassen, kletterte auf den Schreibtisch, fegte Ordner und Papiere zu Boden und warf sich ein paarmal mit voller Wucht gegen das große Glasfenster. Der Arzt überwies ihn an eine Kinderklinik, wo er in die Obhut eines erfahrenen Fachmanns kommen sollte. Er war jetzt so verstört, daß wir uns entschieden, vorläufig keine Tests mehr mit ihm machen zu lassen.

Der Psychologe verordnete ihm eine Spieltherapie, um ihm die Angst zu nehmen, beobachtete ihn und bemühte sich, ihn zu verstehen. Nach einigen Sitzungen war das Eis gebrochen, und David wurde gelöster.

Es war eine Erleichterung für mich, mit jemandem von solchem Einfühlungsvermögen zu sprechen. Ich glaubte zwar noch immer, die Ursache allen Übels liege in einer Stoffwechselstörung, mußte dem Arzt unter den gegenwärtigen Umständen jedoch erlauben, in erster Linie Davids Aggressionen abzubauen, damit er im Rahmen seiner Fähigkeiten so viel lernen konnte wie nur irgend möglich.

Ein Rot-Kreuz-Bus brachte uns, gemeinsam mit einigen spastischen Kindern, einmal die Woche in die Klinik. Anfangs blieb David unbeeindruckt, aber nach einer Weile begann er, seine bedauernswerten Gefährten nachzuahmen. Zuerst war er ohne Hilfe aus dem Bus gestiegen, nun legte er sich verkrümmt hin und wartete darauf, genauso getragen zu werden wie sie.

KURZ vor Weihnachten 1966 kam ein Telegramm – mein Vater war an einem Herzanfall gestorben. Ich war wie betäubt vor Trauer und sehnte mich danach, zu meiner Mutter nach Queensland zu fahren, doch an eine Reise mit Klein David im Schlepptau war nicht zu denken. Zur Not hätte ich ihn für eine Woche in einem Heim unterbringen können, aber das Risiko, daß sich das negativ auf ihn auswirken würde, wollte ich nicht eingehen. Zum ersten Mal spürte

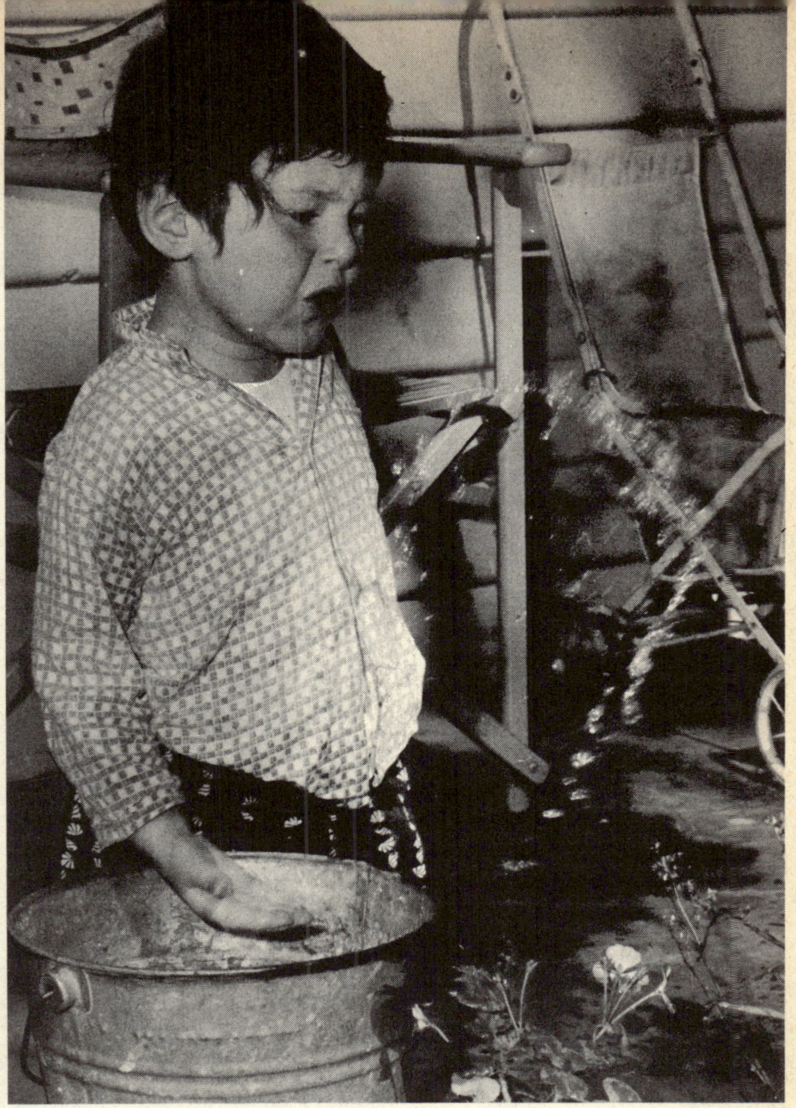

David weiß nicht, daß er fotografiert wird. In diesem Moment wird er gerade zornig, weil das Wasser noch nicht hoch genug spritzt. Dann glaubt er, der Eimer sei nicht voll genug, aber als ich Wasser nachgießen will, hindert er mich daran.

Es ist David schwergefallen, das Schwingen auf der Schaukel zu lernen. An diesem Tag ist er in einer sehr nachdenklichen Stimmung. Dabei merkt er gar nicht, daß er fotografiert wird.

ich Bitterkeit in mir aufsteigen und blieb monatelang deprimiert. Die Liebe zu meinem Vater war ein Teil von mir, etwas, das nie vergehen würde, und doch konnte ich bei seinem Tod nicht mehr tun als einen Kranz schicken.

Um das Maß voll zu machen, kam David in dieser für mich so traurigen Zeit zweimal mit Dingen in Berührung, gegen die er allergisch war. Zuerst faßte er vermutlich Erdnüsse an, die ich für einen Besucher bereitgestellt hatte, und rieb sich dann mit den Händen die Wangen.

Ich fand ihn, wie er röchelnd auf seinem Bett lag – das Gesicht verschwollen, die Augen glasig, um die Lippen schon blau. Unser Arzt, den ich sofort verständigte, hielt die nötigen Injektionen bereit, als wir in der Praxis ankamen. Innerhalb von zehn Minuten schlief David und atmete normal.

Das nächste Mal spielte er mit Eierschalen und griff sich danach ins Gesicht. Bald darauf quollen ihm die Augen aus den Höhlen wie Golfbälle. Wieder bekam er keine Luft und rang während der Fahrt zum Arzt verzweifelt nach Atem. Zum Glück konnte ihm der Doktor auch diesmal mit der richtigen Injektion Erleichterung verschaffen. Es war zwar ein gutes Zeichen, daß David seine Teilnahmslosigkeit ablegte, aber es bedeutete, daß ich doppelt wachsam sein mußte, damit er nichts berührte, was einen solchen Anfall auslöste. Ellen aß zum Beispiel für ihr Leben gern Erdnußbutter, durfte sie aber nie in seiner Reichweite stehenlassen.

Heute denke ich oft, daß ich damals wohl keine gute Ehefrau gewesen bin. Woher mein Mann seine unerschöpfliche Toleranz und Geduld nahm, weiß ich nicht, ich weiß nur, daß sich meine Liebe zu ihm im Lauf der Jahre noch vertiefte.

Erst als ich von der Reise nach Japan hörte, wurde mir bewußt, wie egoistisch ich geworden war.

Die Regierung wollte ihn zu einem dreimonatigen Kriminologiekurs der Vereinten Nationen nach Tokio schicken, und er lehnte das Angebot ab, weil ich ihn nicht begleiten konnte. Ich mußte meine ganze Überredungskunst aufbieten, um ihn davon zu überzeugen, daß ich diese drei Monate sehr gut allein schaffen würde.

Im Grund meines Herzens graute mir vor der Trennung, und ich faßte einige gute Vorsätze, die mir helfen sollten, meine Einsamkeit zu überbrücken. Als erstes wollte ich den Führerschein machen, da wir nun endlich einen fahrtüchtigen Wagen besaßen. Und dann wollte ich Geschichten schreiben. Das hatte ich schon seit Jahren vor.

SOWIE mein Mann abgereist war, rief ich die Fahrschule an. Da ich mir Schwierigkeiten mit David ausrechnete, warnte ich den Fahrlehrer, daß ich meinen kleinen Sohn mitbringen müßte.

„Kein Problem“, meinte er fröhlich.

„Aber er ist autistisch“, sagte ich.

„Das geht schon in Ordnung“, versicherte er.

Der Ärmste! Nach der ersten Fahrstunde war er einem Nervenzusammenbruch nahe. Meine Ungeschicklichkeit und David, der brüllend auf dem Rücksitz herumsprang, trieben ihn zur Verzweiflung.

„Ich hab Ihnen ja erklärt, daß David autistisch ist“, sagte ich.

„Und ich hab artistisch verstanden“, stöhnte er.

Da es keinen Sinn hatte, David weiterhin zu den Fahrstunden mitzunehmen, rief ich beim Magistrat von Ringwood an und erkundigte mich, ob es einen Babysitter-Service gäbe, der Damen mit viel Mut vermittle.

Man gab mir die Nummer einer Mrs. Wigley – ein wahrer Engel, wie sich herausstellte, und ein Musterexemplar an Güte, Sanftmut und Geduld. Sie schmeichelte sich in Davids Vertrauen, bis ich ihn eine Stunde mit ihr allein lassen konnte.

Ich brauchte zwölf Stunden, in denen ich Sperrlinien überfuhr, mit den Reifen am Randstein entlangschabte und dem Getriebe malmende Geräusche entlockte, bis es mir gelang, meinen Lehrer zu überzeugen, daß ich einen Anlauf auf den Erwerb eines Führerscheins wagen durfte. Der Prüfer war an jenem Tag offenbar gnädig gestimmt, denn ich kam durch. Dem Fahrlehrer fiel sicherlich ein ebenso großer Stein vom Herzen wie mir: Früher oder später hätte ich seinen Wagen sonst schrottreif gefahren.

In drei Wochen hatte ich meine Nervosität abgelegt und kutschierte forsch durch ganz Melbourne. Klein David hockte begeistert auf dem Rücksitz, aber mit ihm als Passagier ein Auto zu lenken war nicht so einfach, wie man sich das vorstellt. Mein Haar faszinierte ihn, und während ich fuhr, pflegte er die Nadeln herauszuziehen und darin zu wühlen, als wolle er Salat anmachen. Bis ich am Ziel ankam, sah es auf meinem Kopf aus wie Kraut und Rüben.

Ich löste das Problem, indem ich ihm, sobald wir einstiegen, einen Staubwedel zum Spielen gab.

Wenn ich einkaufen wollte, stellte ich den Wagen auf dem Parkplatz ab und ließ David auf dem Rücksitz. Einmal sah eine Bekannte zufällig, wie mein Sohn splitternackt von einem Wagendach zum andern sprang. Sie fing ihn ein, steckte ihn nach einem Ringkampf wieder in mein Auto und sperrte es sorgfältig ab. Ein anderes Kind mußte ihn herausgelassen haben, denn damals konnte er selbst noch keine Tür öffnen.

Meine Tage waren jetzt beinah unerträglich einsam, so sehr vermißte ich meinen Mann. An Klein Davids Gewohnheiten, der nachts weiterhin schrie und herumhüpfte, hatte sich nichts geändert. Als ich ihm ein Beruhigungsmittel ins Essen tat, machte ihn das lediglich ein bißchen schlapp. Schließlich war ich so erschöpft, daß ich das Beruhigungsmittel selbst nahm und während seines wilden nächtlichen Tatendrangs friedlich schlummerte. Das mag unverantwortlich klingen, aber ich war am Ende. Bevor ich die Tabletten schluckte, versperrte ich zur Sicherheit sämtliche Türen und Fenster, damit mir David wenigstens nicht entwischte.

Damals arbeitete ich an ein paar Kurzgeschichten über Kinder, die unter schwierigen menschlichen Beziehungen zu leiden hatten, und wollte mit jemandem sprechen, der sich mit Verlagen auskannte. Ich rief Alan Marshall, den bekannten Autor, an, der nicht weit von uns in Ringwood lebte. Er erklärte sich liebenswürdigerweise bereit, mich zu empfangen, und meinte, er würde auch David gern kennenlernen, egal, wie er sich aufführte.

Als wir vor dem Haus ankamen – ein kleiner Bungalow unter hohen Bäumen –, ließ ich David hinter mir hertrödeln und schritt über die Zufahrt Alan Marshall entgegen, der, auf Krücken gestützt, vor dem Eingang stand und schon von weitem grüßte. Er hat seit seiner Kindheit ein verkrüppeltes Bein.

Zuerst war David zu schüchtern, um einzutreten, doch nach einer kleinen Weile ging er ins Wohnzimmer und schnurstracks auf die

Couch in der Ecke zu. Er legte sich auf den Rücken, verschränkte die Arme hinter dem Kopf und starrte völlig ruhig zur Decke empor.

Alan meinte, ich müßte einen Verleger für meine Geschichten finden, fügte aber hinzu, es sei wahrscheinlich notwendig, die Manuskripte zu überarbeiten, wenn ich einen größeren Leserkreis ansprechen wollte. „Warum schreiben Sie eigentlich kein Buch über Ihren Sohn?" fragte er. „Das müßte doch jeden interessieren." Wieso war ich nicht selbst auf die Idee gekommen?

Als es Zeit war, mich zu verabschieden, rief ich David, der sich folgsam von der Couch erhob und zu mir kam. Als er neben Alan stand, streckte er die Hand aus und berührte ihn behutsam am Knie. Dann blickte er zu ihm auf, und ich sah Anteilnahme in seinen Augen. Er hatte aus eigenem Antrieb versucht, mit jemandem in Kontakt zu treten.

Ich spürte neue Zuversicht. Nie zuvor hatte David einem Fremden Beachtung geschenkt oder sich ihm gar genähert. Wieviel hatte er verstanden?

VIELE Ärzte scheuen sich, Autismus als endgültige Diagnose zu stellen, denn gewisse Verhaltensweisen an einem sogenannten autistischen Kind können symptomatisch für verschiedene andere Erkrankungen sein. Unter den mir bekannten autistischen Kindern fand ich keine zwei, die einander in ihrem Benehmen oder ihrer Entwicklung exakt glichen.

Als ich Richard kennenlernte, ein anderes autistisches Kind, war ich fassungslos – auf den ersten Blick schien er genau wie David zu sein und war es doch wieder nicht. Seine Mutter, Jane, und ich trafen uns oft im Wartesaal der Klinik, wenn unsere Kinder in derselben Therapiegruppe waren.

Später, als ich Richard zu Hause besuchte, zeigte er keinerlei Scheu. Zu meiner Überraschung setzte er sich sogar auf meinen Schoß und ließ sich aus einem kleinen Bilderbuch vorlesen. Dabei schaute er mir unentwegt in den Hals und steckte mir die Finger in den Mund, um herauszufinden, woher die Laute kamen.

Mit einer Eindringlichkeit und Zielstrebigkeit sondergleichen verlangte er von mir, daß ich Wörter und Buchstaben endlos wiederholte. Er war viel aufgeweckter als David und kannte Namen und Bilder von Tieren, doch beide Jungen glichen sich darin, daß sie sich gegen jede Veränderung wehrten und an starre Routine klammerten. Jane mußte immer, wenn Richard seine Milch trank, ein bestimmtes Lied singen – der erste Schluck war das Startzeichen –, und hatte er das Glas geleert, mußte sie aufhören. Beim zweiten Glas sang sie langsamer, weil er es nicht mehr so schnell hinunterstürzen konnte.

Obwohl er in gewisser Hinsicht sehr intelligent wirkte, war er unfähig, sich an neue Gegebenheiten anzupassen. Wie David wollte er einen ewig gleichen Tagesablauf.

Also auch hier dieselbe unflexible Veranlagung, die gleiche Unausgereiftheit. Ich hatte das Gefühl, daß Richard nicht wußte, was ich war, daß ich für ihn ein Ding darstellte, das er erforschen wollte. Ich entsinne mich noch, wie ich damals dachte: Weder er noch David begreifen, daß sie Menschen sind.

JOHNS Mutter wiederum hatte man erklärt, er habe bei der Geburt eine Gehirnverletzung erlitten. Er schrie pausenlos, gebärdete sich wie ein Wilder, hatte riesigen Appetit und ließ sich keine geregelte Zeiteinteilung aufzwingen. Körperlich schien er sich normal zu entwickeln, aber von achtzehn Monaten an bis zum Alter von drei Jahren bekam er unbeschreibliche Wutanfälle. Seine Mutter beobachtete, daß er auf Geräusche eher reagierte als auf optische Reize und daß er Gegenstände lieber berührte als betrachtete. Er besucht nun eine reguläre Schule, kann lesen, ist ein guter Rechner und spricht gut. Aber wenn er in der Schule manchmal versagt, wird er damit nicht fertig und bittet den Lehrer, ihn nicht heimzuschicken, weil er sich schämt. Gelegentlich fällt er in extrem infantiles Verhalten zurück und muß doch heimgehen, weil der Lehrer sich nicht mehr zu helfen weiß.

Es dauerte eine Ewigkeit, bis er sauber wurde. Als er endlich begriff, worum es ging, wollte er nur die Toilette zu Hause benützen, daher bemühte sich seine Mutter, ihm klarzumachen, daß er jede Toilette benützen durfte – überall. Mit Erfolg. Als sie in einer Sanitärfirma darauf wartete, bedient zu werden, sah sie zu ihrem Entsetzen, wie John sein Können in der Schaufensterauslage unter Beweis stellte.

MARK, der neunjährige Sohn meiner Freundin Nan, ist ein geborener Streuner, der nichts anderes im Kopf hat, als durchzubrennen. Wenn Nan alle Türen zuschließt, schlüpft er eben beim Fenster hinaus. Nachts geistert er durchs Haus. An Schlaf ist nicht zu denken.

Als Mark sehr klein war, bekam er ein Hörgerät, weil alle glaubten, er sei taub. Es dauerte Jahre, bis sie merkten, daß er ganz ausgezeichnet hörte. Es interessierte ihn nur nicht, was die Leute sagten.

Eine Zeitlang betrieb Nan einen kleinen Laden. Sie wurde fast verrückt dabei, die Kunden zu bedienen und gleichzeitig Mark zu beaufsichtigen.

Eines Tages kaufte ein Mann etwas zu trinken und fuhr dann mit seinem Lieferwagen weiter. Dreimal dürfen Sie raten, wer von der Ladefläche sprang und davonrannte, als der Wagen nach dreißig Kilometern im nächsten Ort hielt...

Als Nan und ihr Mann Mark vermißten, verständigten sie die Polizei. Nan lief zum Revier, um dort auf Neuigkeiten zu warten. Als sie atemlos hineinplatzte, sagte ein Beamter gerade am Telefon: „Was? Ein nackter Junge unten bei den Kohlenbunkern an den Rangiergleisen?“

„Das ist meiner!“ schrie Nan.

Seine Kleider fanden sie nie.

V

AN EINEM heißen Sonntagnachmittag nahm ich meinen ganzen Mut zusammen und versprach Ellen, mit ihr schwimmen zu gehen. David schien guter Dinge zu sein, obwohl ich wußte, daß dieses fröhliche kleine Lächeln keinerlei Garantie darstellte.

Im Bad angelangt, brauchte ich ein paar Minuten, um David aus dem Auto zu kriegen, und etwa eine halbe Stunde, um ihn zu bewegen, durch das Drehkreuz zu gehen. Ich führte ihn zum Planschbecken, wo er sich zufrieden hinhockte und leise summend das klare Wasser auf den Beckenrand spritzte. Ellen rannte fort und sprang in ein größeres Bassin. Sie wußte, daß sie am besten mit David auskam, wenn sie ihn in Ruhe ließ.

Er verhielt sich ganz friedlich, bis sich einige Kinder zu ihm gesellten. Sie umringten ihn neugierig, um zu sehen, womit er sich da so eifrig beschäftigte. David spritzte ihre Füße an, und ein Kind spritzte zurück. Kreischend versuchte er daraufhin, die vielen Beine wegzustoßen. Als die Kinder ihm auf die Finger traten, geriet er in Panik. Er sprang aus dem Wasser, rannte im Kreis herum, stürzte und begann, den Kopf auf den Beton zu hämmern. Sein Gesicht schwoll an, der Ausschlag wurde sichtbar. Ich schob meine Hände zwischen seinen Kopf und den Boden, um die Stöße abzufangen, war aber nicht stark genug, ihn zu bändigen. Also zog ich ihn auf die Wiese, schrie nach Ellen, packte Handtücher und Badetasche und eilte dem Ausgang zu. Ellen trabte folgsam hinter mir her. Mit vereinten Kräften plagten wir uns, ihn durch das Drehkreuz zu bringen. Wir hatten es fast geschafft, da wurden wir eingekeilt.

David war jetzt total hysterisch. Es war furchtbar heiß – bestimmt an die vierzig Grad –, und David war rot wie eine Tomate, der Kopf geschwollen und zerschrammt. Er brauchte dringend Flüssigkeit, aber er trank keinen Tropfen, wenn er nicht daheim auf seinem Bett lag.

Arme Ellen! Sie war bitter enttäuscht, daß der Badeausflug nur so kurz ausgefallen war, und dazu machte sie sich große Sorgen um ihren Bruder.

An jenem Abend stand ich am offenen Fenster, schaute ins kühle Dunkel hinaus und ordnete meine Gedanken. Mein kleiner Junge hatte sich benommen wie ein wildes Tier, hatte mich gebissen, nach mir geschlagen und mir die Arme zerkratzt. Er war jetzt fast fünf, und je älter er wurde, desto weniger hörte er auf mich. Was geschah, wenn er zu stark für mich wurde? Unwillkürlich mußte ich an eine Anstalt denken, aber die Vorstellung, wie ein erwachsener David mit Drogen vollgestopft in einer Zwangsjacke steckte und schreiend versuchte, sich daraus zu befreien, brach mir beinah das Herz. Doch wie sollte es weitergehen? Wie sollte ich ein Leben voller Verzicht, voll ständiger Aufregungen meistern, wie die Blicke ertragen, die er auf sich zog, sobald ich mit ihm unter Menschen ging? Und wie sah Ellens Zukunft aus – mit einem solchen Kind in der Familie?

Als ich den Brief meiner Mutter erhielt, in dem sie schrieb, sie wolle mir bis zur Rückkehr meines Mannes Gesellschaft leisten, trübte nur ein Gedanke diese freudige Nachricht – Großmamas Uhr. Mutter würde bestimmt danach fragen.

Das Erbstück befand sich seit Generationen im Besitz ihrer Familie, und sie hatte es mir vor einiger Zeit zu Recht in dem Glauben gegeben, mir damit eine Freude zu bereiten. Leider fand aber auch David großen Gefallen daran.

Die Uhr kam zu einer Zeit, als er besonders teilnahmslos war, und schien eine anregende Wirkung auf ihn auszuüben. Er verbrachte Stunden damit, sie zu betrachten, und ihr Glockenspiel gefiel ihm so gut, daß er oft feierliche Tänze vor ihr aufführte. Eines Tages sah ich, wie er auf einen Küchenstuhl stieg, um sie genauer ansehen zu können, und von da an fand er sie, egal, wo ich sie hinstellte, öffnete den Glasdeckel und drehte die Zeiger, bis das Werk nicht mehr richtig funktionierte. Um Mitternacht schlug sie sieben.

Irgendwie war ich erleichtert, als mir der Uhrmacher erklärte, die Reparatur würde mindestens drei Wochen dauern. Als ich sie endlich wieder heimbrachte, stellte ich sie in der Hoffnung, David würde sie nicht bemerken, auf ein anderes Regal. Es verging jedoch nur kurze Zeit, da entdeckte er sie wieder und drehte die Zeiger so wild, daß sie überhaupt zu schlagen aufhörte. Der Uhrmacher wirkte reichlich erstaunt, als ich die grausam Mißhandelte beschämt über den Ladentisch schob. Er sagte, diesmal sei es eine langwierige Angelegenheit, den Schaden zu beheben.

Ich kaufte einen bunten Wecker für David, aber er ließ ihn achtlos auf den Boden fallen und würdigte ihn keines Blickes mehr.

Nach Monaten holte ich Großmamas Uhr ab und versteckte sie in einem Schrank hinter der Küchentür. Als ich das nächste Mal mit ihr zum Uhrmacher wanderte, holte er nur tief Luft und starrte sie an. David hatte sie eines Nachts gefunden, während wir alle schliefen, das Glastürchen ausgerissen und weggeworfen und die Zeiger zu einer Spirale zusammengedreht. Der Uhrmacher resignierte, und ich mit ihm. Ich sperrte die Uhr in einen Kleiderschrank und brachte die Schlüssel in Sicherheit. David gelang es trotzdem, sie gelegentlich aufzustöbern, und er riß dann jedesmal wieder ein Stück von ihr ab.

Mutter verschanzte sich während ihres Besuches meist mit ihrer Häkelarbeit im Eßzimmer, wo sie vor David Ruhe hatte. Obwohl sie ihn liebte und er auf sie reagierte und sich an sie zu erinnern schien, hielt sie es nicht unbegrenzt aus, daß er auf ihr herumkletterte und über ihren Schoß hinunterrutschte, als wäre sie ein Turngerüst. Immerhin war sie fast siebzig. Trotz des relativ vertrauten Umgangs, den die beiden pflegten, wollte er sich nicht von ihr küssen lassen. Er hatte bisher niemandem irgendwelche Zärtlichkeiten erlaubt.

Am Abend ihrer Abreise, als ich sie mit dem Wagen zum Bahnhof brachte, stellte Mutter die heikle Frage: „Übrigens, was ist eigentlich aus Großmamas Uhr geworden?" Das war zwar nicht einfach zu erklären, aber auch nicht mehr ganz so schwer wie zu einem früheren Zeitpunkt. Man mußte erst mit David unter einem Dach leben, um gewisse Dinge zu verstehen.

Eric Benjamin, ein Kollege meines Mannes, erzählte mir, wie er einem tauben Jungen geholfen hatte, die Angst vor den Menschen zu überwinden, indem er ihn so oft wie möglich mit seinem eigenen Spiegelbild konfrontierte. Der Junge entkrampfte sich, sobald er sein Gesicht erkannte, und begriff, daß er Macht über seine Züge besaß. Eric schlug vor, ich sollte einen großen Spiegel fürs Kinderzimmer anschaffen und mich mit David davorstellen, damit er begreifen konnte, daß er war wie wir.

Jeden Tag stand ich mit ihm da, zeigte auf mich, sagte „Mami", zeigte auf ihn und sagte „David". Es war ein wundervoller Vorschlag, denn ich glaube, im gleichen Maße, wie er sich seiner Umgebung bewußter wurde, wuchs auch sein Selbstbewußtsein. Er begann sich in seiner eigenen Sprache mit seinem Spiegelbild zu unterhalten und küßte es sogar.

Ich war davon überzeugt, daß David nur ein beschränktes Sehvermögen hatte, und dachte, die Beobachtung seines Spiegelbildes könne ihm vielleicht helfen. Er schien alles nur aus bestimmten Winkeln und gegen einen bestimmten Hintergrund wahrzunehmen. Manche Farben schien er überhaupt nicht zu erkennen. Ich vermutete, daß er auch bloß verschwommene Formen sah, denn wenn jemand auf einem Stuhl saß, war sich David offenbar nicht sicher, wo die Person aufhörte und der Stuhl begann. Manchmal griff er, wenn er etwas von mir wollte, nach meiner Hand, verfehlte sie und packte statt dessen die Stuhllehne. Nachdem er ein paarmal daran gerüttelt hatte, bemerkte er seinen Irrtum und tastete die Lehne entlang, bis er meine Finger spürte.

Auch sein Gehör war nicht in Ordnung. Er reagierte auf hohe Töne eindeutig besser als auf tiefe. Hin und wieder nahm er auf, was ich zu ihm sagte, doch wenn das nicht klappte und ich wollte, daß er zu mir kam, trat ich hinter ihn, faßte ihn bei den Schultern und schob ihn in die Richtung, in die er gehen sollte. So benützte ich den körperlichen Kontakt, um mich mit ihm zu verständigen.

Als mein Mann aus Tokio heimkehrte, fand er, David habe große Fortschritte gemacht. Er zeigte für vieles Neugier, das er zuvor nicht beachtet hatte.

Eines Tages entdeckte er zu meiner Verblüffung plötzlich, daß es eßbare Dinge gibt. Ich hackte gerade Sellerie für einen Gemüseeintopf, als er mir die Sellerieknolle aus der Hand riß, damit herumwedelte, sie ansah, vor sich hin murmelte, um sie dann in den Mund zu stecken und kauend davonzugehen. Ein paar Minuten später kam er zurück und verschlang begeistert ein Stück rohes Fleisch. Von da an kostete er alles, was ihm in die Quere kam.

Er nagte an seinen Manschetten, zerkaute seine Socken zu winzigen Fetzen und fraß sich in sechs Wochen durch eine dicke Bettdecke. Er entwickelte eine Vorliebe für Kartoffelbrei, und wenn ich ihn einen Moment aus den Augen ließ, zertrat er die gekochten Kartoffeln und ergötzte sich daran, wie die weiche Masse zwischen seinen Zehen hervorquoll.

Er benützte nicht nur seinen Geschmackssinn, um Neues zu erforschen, sondern zog sich auch dauernd aus, um seinen ganzen Körper als Erkundungsinstrument zu verwenden, indem er sich auf jedem unbekannten Material wälzte.

Ein paar Wochen nachdem sein Interesse für Nahrungsmittel erwacht war, begann er sich ganz auf rohes Fleisch zu konzentrieren. Er schob sich ein Stück davon zwischen die Zähne und kroch mit gesenktem Kopf wie ein junger Hund in der Diele umher. Wenn ich

David ist vier Jahre alt, doch er läßt sich immer noch nicht streicheln und umarmen; als ich ihn an mich drücken möchte, wehrt er mich mit der Hand ab. Diesmal weiß er, daß er fotografiert wird, er will aber nicht hinsehen.

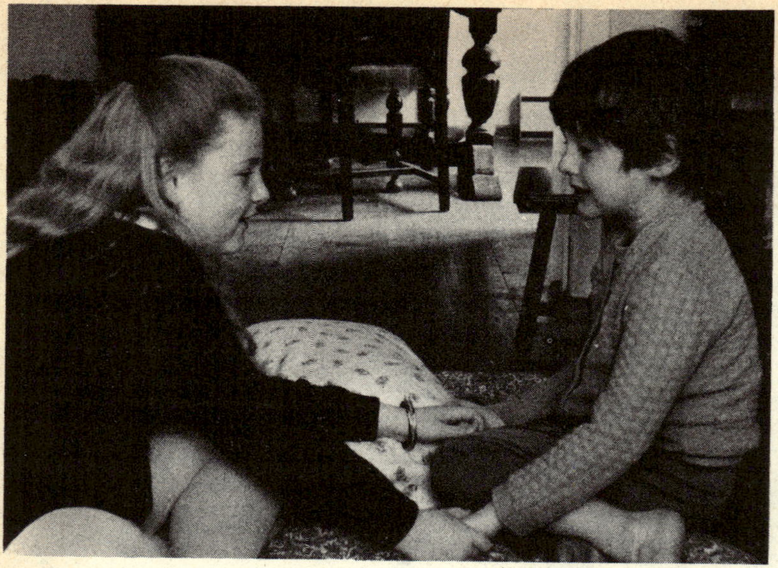

Ellen kann ihm endlich ein Lächeln entlocken. David ist sechs Jahre alt.

Wenn David sich überhaupt anziehen läßt, dann wirft er sich auf den Rücken und streckt alle viere von sich. Man muß ihn festhalten und ihm gleichzeitig die Sachen überziehen.

ihn so sah, fielen mir die Geschichten von Wolfsmenschen ein – Kinder, die in den Wäldern zugrunde gegangen wären, wenn sie nicht ein Rudel aufgezogen hätte wie die eigenen Jungen. Diese wilde Phase ging ziemlich rasch vorbei, und zum erstenmal reizte ihn, was auf unseren Tellern lag.

Essen wurde für ihn eine aufregende Angelegenheit, und er beschäftigte sich von nun an damit, alles zu schlucken, was er im Garten fand, darunter auch Erde und Steine, weil er zu unbeholfen zum Ausspucken war. Seine Beutezüge erstreckten sich auch auf die Mülltonne, aus deren Tiefen er Abfälle von interessanter Gestalt und Farbe oder anregendem Geruch hervorkramte, um sie auf dem Deckel, den er mit einer Hand balancierte wie ein Tablett mit Hors-d'œuvres, sorgfältig zu arrangieren und mit Kennermiene der Reihe nach zu kosten.

Außerdem steckte er Kronenkorken, Glasscherben, rostige Nägel, Schnecken, Käfer und Raupen in den Mund. Die Folge war natürlich ein nahezu ständig verdorbener Magen. Einmal biß ihn eine Ameise in die Lippe, was ihn aber nicht davon abhielt, weiterhin auf Ameisenjagd zu gehen und seine Beute mit Genuß zu verzehren.

Der Arzt in der Klinik meinte, ich sollte dafür sorgen, daß er den Mund immer voll mit Corn-flakes habe, daher schob ich ihm in Abständen von zwanzig Minuten jeweils einen Löffel dieser Frühstückskost in den Schnabel. Danach trödelte er immer eine Weile herum und lutschte an dem mit Speichel vermischten Brei, den er in kleinen Portionen schluckte. War der letzte Krümel verdrückt, mußte ich wieder nachfüllen. Er schaffte es zwar trotzdem, hin und wieder einen Mundvoll Schmutz und Steinchen als Zwischengang einzulegen, aber im großen und ganzen waren die Corn-flakes ein Erfolg.

Eines Nachts biß er in sein Kissen, und Unmengen der Schaumstofffüllung quollen heraus. Berge davon lagen auf seinem Bett und im ganzen Zimmer verstreut, und er schaute mir, die Backen ebenfalls voll Schaumstoff, freudestrahlend entgegen. In der folgenden Nacht verspeiste er ganze Brocken seiner Matratze. Nichts war mehr vor ihm sicher, und das Haus sah aus wie eine Popcornfabrik, in der die Verpackungsmaschinen verrückt spielten.

In diesem Winter hatte David fast ununterbrochen Schnupfen und schien kaum Luft zu bekommen. Er wurde einige Male mit Medikamenten behandelt, worauf sich sein Zustand besserte, aber ganz ließ sich das Übel nicht ausmerzen. Schließlich schickte man mich mit ihm in die Hals-Nasen-Ohren-Klinik, um festzustellen, ob seine Stirnhöhlen verstopft seien. Eine genaue Untersuchung war ohne Narkose unmöglich, und ich stand Todesängste aus, was der Arzt finden würde.

Am Morgen des Eingriffs gebärdete sich David wie ein bösartiger Affe, kaute die Quaste seiner Mütze und schrie und lachte, bis die Schwester ihm eine Beruhigungsspritze gab. Dann wurde er still und ängstlich und hockte wie ein Häufchen Elend zitternd in seinem Bett. Ich versuchte, ihn zu trösten, aber er stieß mich weg. Als ein Krankenpfleger ihn holen kam, drehte er sich plötzlich um, streckte die Arme aus und schaute flehend zu mir auf. Das hatte er noch nie getan.

Der Pfleger hob ihn auf die Rollbahre, und ich sah ihm nach, wie er die kleine Jammergestalt in dem sackförmigen weißen Hemd, die sich an die Gitterstäbe preßte, den Korridor entlangkarrte. David wirkte so verloren, daß es mir das Herz zusammenkrampfte.

Mein Mann kam auch in die Klinik, und wir warteten zwei lange Stunden in der Kantine. Bald nachdem wir auf die Station zurückgekehrt waren, wurde David hereingeschoben. Er schlief und war sehr blaß. Plastikschnipsel hatten seine Nasengänge verstopft, und diese Pfropfen hatte man entfernt. Das war alles. Keine Komplikationen.

NACH dem Eingriff wurde David ansprechbarer und schien einige Wochen lang bemüht, uns zu gefallen. Er kam, wenn wir ihn riefen, oder stand lächelnd herum und wartete darauf, ob wir etwas von ihm wollten.

Ich hatte ihn noch nie so aufgeschlossen erlebt.

Eine Zeitlang hatte ich ihm die Hände auf Dinge gelegt, die er beachten sollte. Nun begann er das gleiche mit mir zu tun. Wollte er etwas aus dem Kühlschrank, nahm er meine Hand und legte sie auf den Türgriff. Wollte er baden, führte er mich ins Badezimmer und legte meine Hand auf die Hähne. Als er sich das erstemal auf diese Weise verständlich machte, war er so stolz auf sich, daß er zu lachen anfing. Einmal legte er meine Hand auf den Knauf der Hintertür. Als ich sie öffnete, rannte er hinaus, kam durch die offene Vordertür herein, lief zu mir, packte meine Hand und führte mich wieder zur Hintertür.

In einer Art Machtrausch setzte er dieses Spiel fort. Wir betrieben es mit Unterbrechungen ungefähr eine Woche, dann verlor es den Reiz des Neuen.

Von da an spazierte er mit festen Schritten durchs Haus und drehte stolzgeschwellt seine Runden durch den Garten – ein Bild des Selbstvertrauens und der Zufriedenheit. Er hatte gelernt, sich mitzuteilen, und war sich dessen bewußt.

In seinem ereignisreichen sechsten Lebensjahr verzichtete er auch auf die Fläschchen, bis auf vier, die er zum Frühstück trank. Milch- und Obstbrei gab ich ihm nach wie vor in dieser Form, denn es war die leichteste Art, ihn zum Schlucken zu bringen, falls er Medikamente nehmen mußte.

Allmählich fand er Gefallen daran, selbst zu essen und mit den übrigen Familienmitgliedern bei Tisch zu sitzen. Zuerst band ich ihn mit einem Stoffstreifen am Stuhl fest, aber schon nach einigen Tagen saß er ohne Hilfe aufrecht da und langte mit den Fingern zu, weil es ihn interessierte, wie sich die Speisen anfühlten.

Bei uns ist es üblich, daß jeder selbst seinen Teller aus der Küche zum Eßzimmertisch trägt, und David macht da keine Ausnahme. Er wartet neben mir, während ich Kroketten – seine Lieblingsspeise – zubereite, nimmt dann den Teller, klemmt ihn sich lässig unter den Arm und marschiert damit ins Eßzimmer. Sobald er am Tisch ankommt und entdeckt, daß sein Essen verschwunden ist und er nur den leeren Teller in der Hand hält, weint er vor Hilflosigkeit. Wir müssen ihm stets nachlaufen und die Kroketten aufheben, die er verliert, damit er sich nicht betrogen fühlt. Man kann förmlich sehen, wie sein Gehirn an diesem Problem arbeitet. Er wird es sicher bald lösen.

Seine Vorliebe für Kroketten beruht nicht nur darauf, daß sie ihm gut schmecken. Er sammelt sie. Manchmal finde ich ein paar in dem Winkel hinter der Küchentür, aber für gewöhnlich hebt er sie in der Schublade mit seiner Unterwäsche auf. Wenn ich meinen Mantel an der Garderobe hängenlasse, kann es sein, daß ich später auf der Suche nach Kleingeld eine Krokette aus der Tasche ziehe. Streunende Hunde belagern unser Haus erwartungsvoll und schnüffeln an meinen Schuhen, weil mir meist zerquetschte Reste von Kartoffelköstlichkeiten an den Absätzen kleben. Einmal erwischte ich David, wie er leise kichernd seine Kroketten in Ellens neuen Pantoffeln versteckte.

Vor kurzem besuchten wir einen Freund, dessen reizender, jedoch sehr ernster achtjähriger Sohn James Anzeichen von Autismus gezeigt hatte. Er begann erst mit vier Jahren zu sprechen und auch dann nur unzusammenhängende Hauptwörter. Unter der Anleitung seiner Mutter, einer Frau von großem Einfühlungsvermögen, machte er enorme Fortschritte. Die Familie lebte früher in England, wo James eine Montessori-Schule besuchte, die ihm sehr guttat. Das jetzt weitverbreitete, von Maria Montessori (1870–1952) begründete Erziehungssystem versucht, Gesichts-, Gehör- und Tastsinn der Kinder in gleichem Maße anzuregen, um so ihre Aufnahmefähigkeit optimal zu nutzen.

Mit acht Jahren ging James in eine reguläre Schule und hielt mit seinen Klassenkameraden Schritt. Sein erstaunliches Gedächtnis ermöglichte es ihm, viele komplizierte Informationen zu speichern. An seiner Beziehung zu Menschen aber war etwas ungewöhnlich. Er konnte an keiner allgemeinen Unterhaltung teilnehmen, sondern mußte sich jeweils eine Person aus der Gruppe picken, um ein Gespräch zu führen.

Während unseres Besuches zum Beispiel nahm er mich beiseite, breitete eine Landkarte auf meinem Schoß aus und bat mich, ihm alle aufgelassenen Eisenbahnlinien in Victoria zu zeigen. Als ich erklärte, ich hätte davon leider keine Ahnung, machte er sich selbst daran, die Aufgabe zu lösen. Er kannte sämtliche ehemaligen Bergwerksstädte und hielt mir einen langen Vortrag über die Wahrscheinlichkeit, daß zwischen diesen Orten früher eine Bahn verkehrt habe. Hin und wieder stellte er mir eine Frage, auf die ich keine Antwort wußte. Daraufhin nahm er frischen Mutes einen neuen Anlauf, das Gewünschte eben andersherum aus mir herauszukriegen. Als mich seine Mutter endlich rettete, hatte er jede nur erdenkliche Möglichkeit erschöpft, mich dazu anzustacheln, vielleicht doch noch irgendeine tief in meinem Hirn vergrabene Information über diese verflixten Bahnlinien zutage zu fördern.

Als nächstes Opfer erkor er sich meinen Mann, der nach dem Motto „Angriff ist die beste Verteidigung" sofort das Thema wechselte und sich höflich erkundigte, ob er gern in den Zoo ginge. James konterte mit der Frage, ob er Ameisenbären möge. Mein Mann zögerte und meinte dann, darüber habe er noch nie nachgedacht.

„Gut, dann denk jetzt drüber nach", sagte James. „Und während du das tust, sag mir, ob deine Frau und deine Tochter Ameisenbären mögen."

„Nun, äh – wir haben uns darüber bisher noch nicht unterhalten, aber ich glaube nicht, daß sie große Sympathie für diese Tiere hegen."

„Gibt es eigentlich jemand, der Ameisenbären mag?" fragte James.

„Na, ich denke schon." Es klang reichlich lahm.

„Wer?"

„Ich weiß nicht", sagte mein Mann, sichtlich am Ende seiner Weisheit.

James schwieg einen Moment und fragte dann: „Mögen Ameisen Ameisenbären?"

VI

Die Leute erzählen mir oft, sie hätten über die Heilung autistischer Kinder gelesen, und ich bin dem Magazin oder der Zeitung, die solche Artikel bringt, immer dankbar, weil ich glaube, daß Autismus mehr Beachtung verdient.

Gleichzeitig halte ich den Ausdruck „Heilung" für irreführend, da er die Probleme zu unterschätzen verleitet, die sich höchstwahrscheinlich ergeben, wenn so ein „geheiltes" Kind versucht, Anschluß an seine Mitmenschen zu finden.

Oft liegt die größte Schwierigkeit darin, die Gesellschaft soweit zu bringen, das ein wenig seltsame, ihren Maßstäben sonst aber nahezu angepaßte autistische Kind zu akzeptieren. Berichte über erfolgreiche Heilungen vermitteln der Öffentlichkeit den Eindruck, daß autistische

Kinder nach einer entsprechenden Behandlung in jeder Hinsicht normal werden. Der Zustand mancher Kinder bessert sich anscheinend ganz von allein. Sie entwachsen mit zunehmendem Alter dem autistischen Stadium und beginnen einfach, sowie ihr Nervensystem robuster wird, ihre Umgebung klarer zu sehen. Viele brauchen aber auch noch später Anstaltspflege, egal, wieviel Therapie man ihnen angedeihen läßt. Selbst wenn ein autistisches Kind erziehbar im herkömmlichen Sinne ist, kann sein Verhalten ungewöhnlich sein, und es fällt ihm oft schwer, die Gefühle anderer Menschen zu verstehen.

Ich glaube, die autistischen Kinder, die ich kennenlernte, haben einen organischen Gehirnschaden, eine Schädigung des Zentralnervensystems oder eines lebenswichtigen Teiles des Koordinationszentrums erlitten. Häufig ist es möglich, ihnen zu helfen, recht gut mit ihren Familien zu leben, aber ich finde, es kann gar nicht genug betont werden, wie gefährdet solche Familien sind, weil das schwierige Kind meist eine unerhörte Belastung für seine gesunden Geschwister darstellt.

Gehen seine Fortschritte auf deren Kosten, sollte man sich meiner Meinung nach unbedingt dazu durchringen, es in eine Anstalt zu geben, wo es lernt, sich in die Gemeinschaft einzufügen. Ich halte es für sinnlos, der perfekten Anpassung eines autistischen Kindes Opfer von irreparablen Auswirkungen zu bringen.

Immer wieder wird die Ansicht vertreten, wir sollten der Welt des autistischen Kindes mehr Inhalt geben, was in Wirklichkeit heißt, wir sollten seine, subjektiv gesehen, durchaus nicht inhaltlose Welt durch unsere ersetzen, weil wir gern festen Boden unter den Füßen haben. Was so ein Kind tut, ergibt nur für uns keinen Sinn. Ich bin mir darüber klar, daß es ein Minimum an Anpassung an unsere Art zu leben lernen muß, damit wir mit ihm auskommen können, aber ich glaube, wir sollten auch bereit sein, uns von ihm neue Wege weisen zu lassen, und behutsam voranschreiten, wenn wir es zwingen, sein einsames Ich zu verlassen. Woher wollen wir wissen, ob nicht gerade der Druck, den wir ausüben, um es mit der Realität zu konfrontieren, der es entfliehen will, seine Aggressionen hervorruft? Es spielt keine Rolle, wieweit es uns gelingt, das kleine Wesen in unsere Schablone zu pressen. Wenn wir ihm nicht seine Feindseligkeit nehmen, wird es keinen Platz in unserer Mitte finden, und statt unserer Türen werden sich die Anstaltstore öffnen.

WAS geschieht mit autistischen Kindern, wenn sie heranwachsen? Wie passen sie sich der Gesellschaft an? In den letzten Jahren habe ich mit Hunderten von Eltern behinderter Kinder gesprochen. Diese Gespräche waren sehr aufschlußreich, und manches, was ich dabei hörte, ist wert, an dieser Stelle erzählt zu werden.

Als Georgies Mutter erfuhr, daß ich ein Buch über meinen Sohn schrieb, dachte sie, die Leser wollten vielleicht auch etwas über einen Jungen erfahren, der viele seiner autistischen Symptome abgelegt hat. Daher brachte sie Georgie zu mir.

Er ist siebzehn, wirkt müde und bleibt am liebsten für sich. Einmal aus seiner Lethargie geweckt, kann er einfache Aufgaben erfüllen. Er kann allein baden und sich anziehen, beim Zubereiten der Mahlzeiten helfen, einkaufen, sein Zimmer aufräumen, sein Bett machen. Er sitzt lieber am Strand, statt schwimmen zu gehen, und wenn er mit der Familie einen Spaziergang macht, geht er sofort auf die nächstbeste Parkbank zu.

Georgies Mutter vermutet, daß sie in ihrer Schwangerschaft eine leichte Hepatitis hatte. Sonst verlief alles, auch die Entbindung, völlig normal. Georgie war ein teilnahmsloses Baby; seine Mutter fand, er habe „so einen abwesenden Blick". Er wendete sich oft ab, wenn sie versuchte, ihn zu stillen, und blieb stundenlang wach. Später sammelte er Pappschachteln und stopfte eine Zeitlang sein ganzes Zimmer damit voll. Wenn jemand beim Saubermachen seine Schachteln anrührte, geriet er außer sich vor Wut und stieß mit dem Kopf gegen die Wand.

Mit vier Jahren wollte er immer noch aus dem Fläschchen trinken. Dann begann er plötzlich normal zu essen – manchmal so viel, daß er erbrechen mußte. Die Ärzte fanden an ihm nie irgendeine körperliche Krankheit.

Mit achtzehn Monaten sprach Georgie seine ersten klaren Wörter. Jeder hielt ihn für intelligent, weil er Melodien summte und mühelos wiederholen konnte, was man ihm vorsprach. Allerdings begann er nie selbst eine Unterhaltung. Er vermied das Wort „ich" und äußerte nie Wünsche. Er schrie einfach los und hämmerte mit dem Kopf auf den Boden, bis seine Mutter draufkam, was er wollte. Er schien gegenüber Hitze, Kälte und Schmerz unempfindlich zu sein. Auch seine Eltern waren ihm anscheinend gleichgültig, und er benahm sich einfach so, als wären sie nicht da.

Als seine Mutter ihn in einen Kindergarten brachte, fand er sich dort gut zurecht, vorausgesetzt, man ließ ihn in Ruhe. Wenn die anderen Kinder sangen oder im Spielkreis saßen, beobachtete er sie aus den Augenwinkeln, biß und trat aber, sobald die Kindergärtnerin ihn zum Mitmachen animierte.

Er trug stets zwei kleine Taschenspiegel bei sich, die er sorgfältig an einem bestimmten Ort aufbewahrte, ehe er sich mit etwas anderem beschäftigte.

Einmal kam es zu einer furchtbaren Szene, als ein freundliches kleines Mädchen einen dritten Spiegel zu seinen beiden legte. Georgie wurde hysterisch, schmiß seine Spiegel an die Wand und trampelte auf den Scherben herum. Nach diesem Zwischenfall war er untröstlich und beruhigte sich erst nach einer Woche. Bald danach stibitzte er einen Spiegel seiner Mutter, fand noch einen in der Handtasche einer Besucherin und nahm seine Gewohnheit wieder auf, die beiden Spiegel mit sich herumzutragen.

Mit sieben Jahren, als er endlich gelernt hatte, die Toilette zu benutzen, nahm man ihn in einer Privatschule für normale Kinder auf. Er kam im Unterricht tadellos mit, schrieb und las sehr gut, war aber nie imstande, einen Aufsatz zu schreiben. Er konnte rechnen und liebte Musik und Zeichnen, obwohl er immer nur Vierecke malte. Ab und zu wollte er tagelang nichts essen, wurde blaß und lustlos. Dann wieder schlief er nur. Wenn er schließlich wieder zu essen begann, war er für eine Weile ganz gesund und sein Appetit normal. Niemand konnte sich je erklären, warum Georgie manchmal seine beiden älteren Schwestern tätlich angriff oder sich in seinem Zimmer einsperrte, wo er stundenlang schluchzte und schrie.

Nach der Vollendung seines zwölften Lebensjahres hörten diese Anfälle auf, und er machte, was sein Verhalten betraf, einen gewaltigen Sprung vorwärts. Mit siebzehn ist er nun ruhig – zu ruhig, und überhaupt nicht schwierig im Umgang. Nur seine Aufnahmefähigkeit erlahmt schnell, und er versucht möglichst oft allein zu sein.

Als er mich mit seiner Mutter besuchte, schüttelte ich den beiden an der Eingangstür die Hand und bat sie herein. Ich bewirtete sie mit Aprikosen- und Passionsfruchtsaft, der Georgie besonders gut schmeckte. Er fragte, wo ich ihn gekauft hatte, und als ich erwiderte, diese Mischung gebe es fertig in Dosen, erkundigte er sich nach dem Namen des Geschäfts und bat seine Mutter, auf dem Heimweg dort vorbeizufahren. Dann fragte er, wo die Frucht gewachsen sei, und wollte die Dose sehen. Ich nahm ihn in die Küche mit, wo er aufmerksam das Etikett studierte und schließlich bat, die Dose behalten zu dürfen.

Georgie ist völlig ahnungslos, was Sex betrifft, obwohl seine Eltern versucht haben, ihn aufzuklären. Der menschliche Körper erweckt jedoch seine Neugier. Zum Beispiel musterte er mich eingehend und fragte dann höflich: „Wo hören eigentlich Ihre Beine auf?" Solche Aussprüche könnten ihn, in aller Öffentlichkeit getan, in große Verlegenheit bringen. Aus dem Mund eines Dreijährigen würden sie entzückend klingen, ein Siebzehnjähriger dagegen hätte damit gewiß keinen Lacherfolg. Seine Mutter will ihn nicht daran hindern, notwendige Erfahrungen zu sammeln, indem er allein einkaufen geht und unter die Leute kommt, aber sie ist immer besorgt, wenn er sich außer Sichtweite befindet.

Georgie hat eine Menge netter Sätze auf Lager, die er sagen kann, wenn er jemanden kennenlernt, aber er verwechselt die Komplimente für die Damen mit jenen für die Herren. Einmal stiftete er ziemliche Verwirrung auf einer Party seiner Eltern, als er einen weiblichen Gast fragte, ob sie ein Mann oder eine Frau sei, und einen männlichen Gast zu seiner Frisur beglückwünschte. Es wäre nicht so schlimm gewesen, hätte der Betreffende keine Glatze gehabt.

Obwohl Georgie es nicht nötig hat, sich aus finanziellen Gründen Arbeit zu suchen, wäre er dazu durchaus in der Lage, wenn er die Gewohnheit ablegen könnte, mitten am Tag einzuschlafen. Und er schläft immer mehr, je älter er wird. Georgies Mutter sagt, dann wüßte sie wenigstens, daß er kein Unheil anrichtet.

DANNY ist mit seinen achtzehn Jahren der am weitesten fortgeschrittene Junge mit autistischer Vergangenheit, den ich kennenlernte. Seine Mutter, Carol, hielt mich ein Jahr lang auf dem laufenden.

Danny war reif genug, um allein auszugehen. Er kaufte selbständig ein, kannte den Wert des Geldes, fuhr mit der Bahn, sprach gut und machte einen ganz normalen Eindruck. Er kurvte mit dem Fahrrad in der ganzen Nachbarschaft herum und konnte auch seine häuslichen Pflichten erledigen, sein Bett machen, sich anziehen, eine Mahlzeit zubereiten.

Während ihrer Schwangerschaft war Carol einige Monate lang krank und hatte bald darauf eine Fehlgeburt. Etwa acht Monate nach dem Zeitpunkt der Empfängnis wurde Danny geboren. Carol kann sich das nicht genau erklären und glaubt, sie muß Zwillinge getragen und nur ein Kind verloren haben. Das Baby kam zu früh und durch einen Kaiserschnitt zur Welt. Es war ein gesunder Junge mit nur einem Makel – einer Hasenscharte.

Carol fiel von Anfang an etwas Seltsames an ihm auf – „ein trauriger, leerer Ausdruck tief in seinen Augen". Er hat ihn noch immer. Er war zweieinhalb, als man begann, sein Verhalten merkwürdig zu finden. Zum Beispiel schenkte er Spielzeug keinerlei Beachtung, guckte nur in Spiegel und schaute alles verkehrt an. Wenn er einen Gegenstand betrachtete, ließ er ihn vor seinen Augen hin und her baumeln. Kreisel faszinierten ihn. Mit drei Jahren wurde er an der Lippe operiert und blieb drei Wochen im Krankenhaus. Man riet Carol, ihn nicht zu besuchen, damit er sich nicht aufregte. Als sie ihn schließlich abholte, wirkte er gekränkt und war verschlossener denn je.

In diesem Alter kannte er sämtliche Buchstaben des Alphabets. Mit vier sprach er sehr deutlich, aber es war größtenteils Echo – er gab einfach wieder, was er aufschnappte. Mit fünf las er perfekt, schien aber, was er las, nicht zu verstehen. Außerdem war es schwierig, sich mit ihm zu unterhalten. Carol fand eine wunderbare Kindergärtnerin, die so viel Geduld für Danny aufbrachte, daß er schließlich eine reguläre Schule besuchen konnte.

Er bekam nie Wutanfälle wie andere autistische Kinder. Nur

manchmal erzeugte er komische Geräusche und führte kleine Tänze auf. Er lernte schreiben, Arithmetik und Algebra und sogar englische Grammatik. Im sprachlichen Ausdruck allerdings war er sehr unbeholfen, unfähig, zu improvisieren oder selbständig zu formulieren.

Dannys Gedächtnis ist phantastisch. Er behält lange Listen von Wörtern und Daten im Kopf und erinnert sich an Dinge, die er vor Jahren gehört hat. Aber er ist fast wie ein Computer – man muß ihm regelmäßig eine Aufgabe stellen, sonst kann er mit den unzähligen gespeicherten Informationen nichts anfangen. Als er siebzehn war, hatten ihm seine Lehrer soviel wie möglich beigebracht, und er mußte die Schule verlassen. Noch immer nahm er wenig von dem, was er las, auch wirklich auf.

Die meiste Zeit ist er still und in sich gekehrt, nur hin und wieder wirft er die Arme in die Luft und beginnt in tranceähnlicher Verzückung auf den Zehenspitzen zu tanzen. Seine Mutter predigt ihm, daß er das in Gegenwart anderer nicht tun darf – was würden die Leute von einem jungen Mann halten, der plötzlich auf der Straße zu tanzen anfängt? Aber er vergißt das, besonders an windigen Tagen, wenn ihn eine unerklärliche Heiterkeit erfüllt. Dann legt er den Kopf in den Nacken, streckt die Arme von sich und dreht sich, zum Himmel auflächelnd, im Kreis.

Während eines Besuches bei mir saß Danny auf einem Stuhl und schaute zum Fenster hinaus. Plötzlich begann er zu lächeln, ein frohes, hübsches Lächeln, das sich über sein ganzes Gesicht ausbreitete. Carol fragte in der Hoffnung, ihn ins Gespräch zu ziehen: „Warum lächelst du, Danny?"

„Ich weiß nicht", antwortete er. „Manchmal, wenn ich allein bin und die Sonne scheint, kommt es einfach, und dann macht mein Mund so – " Er zog die Mundwinkel hoch, um es uns zu zeigen.

Danny macht den Eindruck, als käme er von einem andern Stern. Er findet nicht dieselben Dinge lustig wie die meisten Leute, dafür windet er sich in Lachkrämpfen, wenn er etwas auf den Kopf Gestelltes sieht, ja, er muß schon kichern, wenn er nur daran denkt. Oft ruft er laut: „Verkehrt!" und bricht in schallendes Gelächter aus.

Seine ungleichmäßige Entwicklung dokumentiert sich klar in

seinen Lieblingsfernsehsendungen. Er schaut sich gerne einen Schülerquiz an und kann die meisten Fragen beantworten, aber er liebt auch eine Sendung für die ganz Kleinen, in der ein als Bär verkleideter Mann auftritt.

Von Mary Poppins kann er gar nicht genug kriegen und genoß auch den Film, besonders die Stelle, wo Mary das Treppengeländer hinunterrutscht und durch die Luft schwebt.

Zu Carols größten Problemen gehört, daß andere Halbwüchsige Danny gnadenlos hänseln, so daß sie fürchtet, er könnte in eine Rauferei verwickelt werden. Natürlich würde man ihren Sohn zum Sündenbock machen, weil er sowieso schon ein seltsamer Kauz ist. Sie bemüht sich, Danny zu erklären, das alles sei ja nur Spaß, aber Spaß ist etwas, das er nicht versteht. Es macht ihn fix und fertig, wenn die Jungen ihn mit „He, da kommt Buffalo Bill aus dem Wilden Westen" oder ähnlichem begrüßen, denn für autistische Kinder ist es eine Qual, nicht beim eigenen Namen genannt zu werden. Ob es damit zusammenhängt, daß sie sich ihrer selbst so wenig sicher sind? In welchem Alter festigt sich das Persönlichkeitsbewußtsein eines Kindes?

Man schlug Dannys Eltern vor, ihn nach Beendigung seiner Schulzeit in die Warteliste zur Aufnahme in ein staatliches Rehabilitationszentrum einzutragen, wo man ihm helfen würde, sich auf einen Beruf vorzubereiten. Dieses Zentrum bietet ein äußerst vielfältiges Ausbildungs- und Schulungsprogramm für Kinder mit Behinderungen verschiedenster Art und genießt einen ausgezeichneten Ruf. Danny sollte für eine Weile ganz dorthin ziehen. So wollte man ihn unabhängiger machen, herausfinden, welche Beschäftigung ihm lag, und ihn dann dafür einschulen.

Carol mußte damit rechnen, Danny frühestens in einem Jahr unterzubringen, und versuchte die Wartezeit insofern zu nützen, als sie ihn häufig unter Menschen brachte und so viele Erfahrungen sammeln ließ wie möglich.

Das trug ihr zwei anonyme Anrufe von Müttern aus der unmittelbaren Nachbarschaft ein, die sie baten, Danny doch nicht außer Haus zu lassen; es mache sie nervös, ihn herumlungern und die Schulkinder beobachten zu sehen.

Als endlich die Benachrichtigung kam, daß er seine Koffer packen könne, wurde Danny sehr aufgeregt, und seine Mutter sah ihn zum erstenmal im Leben weinen. „Ich will nicht von zu Hause fort“, schluchzte er. Dieser Gefühlsausbruch war ein Zeichen für seine zunehmende Reife.

Obwohl es zuerst den Anschein hatte, als würde er sich in der fremden Umgebung ganz gut eingewöhnen, bekam er nach einiger Zeit Depressionen und begann die körperlichen Gebrechen seiner Kameraden nachzuahmen. Die Ärzte gaben ihm schwere Beruhigungsmittel. Carol war überzeugt, daß sich sein Zustand dadurch nur verschlimmerte.

Als er einmal übers Wochenende heimkam, war er mit den Nerven völlig am Ende und mußte sich ständig übergeben. Seine Eltern fanden, das Rehabilitationszentrum sei doch nicht das richtige, und Danny kehrte nach Hause zurück, wo er rasch seine Ruhe und Selbstsicherheit wiederfand. Aber ein Problem besteht noch immer – wie kann er Arbeit finden? Finanzielle Erwägungen spielen dabei eine untergeordnete Rolle. Danny möchte das Gefühl haben, gebraucht zu werden. Seine Entwicklung ist so weit fortgeschritten, daß er sich nicht unnütz vorkommen will.

Während ich dies schreibe, schaut er noch unverändert hoffnungsvoll in die Zukunft. Er glaubt, für ein Leben in der Gemeinschaft reif zu sein. Aber ist die Gemeinschaft reif für einen so eigenartigen Erwachsenen – intelligent, doch sehr naiv – und ein reiner Tor?

Ein offenes Heim für Außenseiter der Gesellschaft, wo sie sich frei bewegen dürfen wie jeder Bürger, ist für uns in Australien noch keine Selbstverständlichkeit, obwohl es bereits Ansatzpunkte dafür gibt. Behinderte Menschen sollten spazierengehen oder Konzerte besuchen, sich ihren Tabak, ihre Seife, ihre Kleidung in Geschäften selbst aussuchen dürfen. Einige sollten staatliche Unterstützung beziehen, andere könnten halbtägig, manche vielleicht sogar ganztägig arbeiten. Einige Religionsgemeinschaften haben Heimstätten geschaffen und versorgen Hilflose mit Essen, aber das sollte eigentlich Sache des Staates sein.

VII

Davids Interessen wurden immer vielseitiger. Meine Strickwolle reizte ihn besonders. Er wickelte sich ein Fadenende um den Finger und warf dann das Knäuel hin und her, bis es völlig zerzaust war. Ellen sagte dazu, er habe eine Perücke gestrickt. Auch Haarschleifen, Schnüre und Schuhbänder faszinierten ihn. Er ließ sie wie Peitschenknaller durch die Luft sausen – eine Technik, die bewirkte, daß sie bald reihenweise mit Knoten verziert waren.

Eines Tages überraschte ich ihn dabei, wie er versuchte, in eine Unterhose zu schlüpfen. Er hatte aus Ellens Wäsche einen brandneuen, spitzenbesetzten Slip in Lindgrün mit gelben Wellenlinien gewählt, der ihm offenbar großartig gefiel. Auf dem Boden sitzend, hielt er das Höschen verkehrt herum, steckte beide Füße durch ein Beinloch und zog den so entstandenen Ring bis zu den Knien hoch. Natürlich konnte er kaum einen Schritt tun, aber er war viel zu stolz auf seine Leistung, um sich aus freien Stücken von seiner Fessel zu trennen. Ungefähr eine Stunde torkelte er durchs Haus und fiel dabei immer wieder auf die Nase. Es war sein erster Versuch, sich selbst anzuziehen.

David versteht nun auch ein paar Dinge, die er im Fernsehen gehört hat. Beim Anblick einer Frau, die sich Berge eines bestimmten Schampons ins Haar schäumt, stürzt er zur Tür, und wenn der Werbeslogan beginnt: „Waschen Sie Glanz und Gesundheit in Ihr Haar“, hält er die Arme schützend über den Kopf und rennt so schnell hinaus, wie ihn seine Füße tragen. Einmal sagte er dabei deutlich: „Nein, nein!“

Ellen eröffnete mir, die Bevölkerung von Doppelholland sei so stolz auf Klein Davids Fortschritte, daß man beschlossen habe, eine prächtige Feier abzuhalten und ihn zum König zu krönen. Die Krönung fand an einem Samstagmorgen statt. Es war ein glänzendes Ereignis: König Audie trug ein juwelenfunkelndes Papierdiadem – Ellen hatte sich einen ganzen Nachmittag mit den Wasserfarben

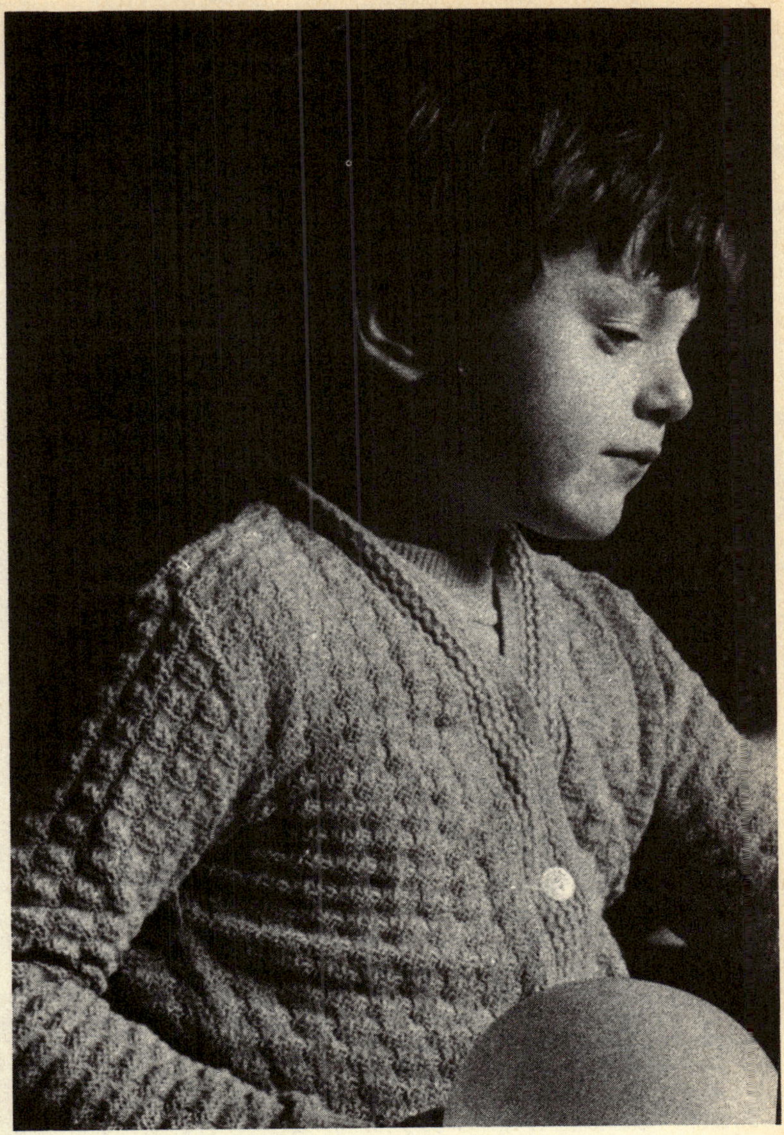

David im Alter von sechs Jahren.

Fast ein „Familien"-Foto. Ellen und ich versuchen David ein bißchen aufzumuntern, damit er lächelt. Aber gerade dann tut er es nicht. Dieses Bild entstand kurz nach seinem sechsten Geburtstag.

abgeplagt –, und als die Feierlichkeiten in vollem Gang waren, nahm König Audie es ab und begann es aufzuessen. Das Volk von Doppelholland fand jedoch nichts dabei – alle bogen sich vor Lachen und hatten einen Heidenspaß. Es gab Fruchtsaft, Butterbrote, Schokoladeeis und ein paar karamelisierte Äpfel. Ich hatte mich dem Gefolge nicht angeschlossen, weil ich mit der Wäsche beschäftigt war, aber Ellen hielt mich auf dem laufenden, wie zwölf weiße Rösser die goldene Kutsche durch die Straßen von Doppelholland zogen und das Volk begeistert „Hurra!" schrie.

Von Zeit zu Zeit stieg König Audie, weil sich die Zeremonie hinzog, von dem geschmückten Küchenstuhl, der als königliche Karosse diente, aber die Leute fanden es wahnsinnig lustig, wenn Seine Majestät sich unter die Untertanen mischte, auf einem Bein hüpfte und dazu „ui, ui" oder „heijeijei" rief.

Ellen berichtete mir später, der Premierminister Hon Sting sei von der Feier so entzückt gewesen, daß er beschlossen habe, gleich zehn Krönungen pro Jahr zu veranstalten, um das Volk glücklich zu machen. So ist das eben in Doppelholland. Die Leute lieben Festlichkeiten und tanzen vierundzwanzig Stunden ohne Unterlaß auf den Straßen. Nach der Zeremonie zog sich König Audie in seine Privatgemächer unten neben der Hintertreppe zurück und ruhte sich auf seiner Matte aus. Die Gemächer dienten früher als Holzschuppen, bevor der König diesen zur Schatzkammer erhob, um Kostbarkeiten wie Trinkhalme, zwei Zündholzschachteln, ein paar Perücken, die er in seiner Freizeit aus Wollknäueln angefertigt hatte, und verschiedene Rollen bunten Klopapiers zu horten, die er aus dem Badezimmer zu schnappen pflegte, wenn ich nicht aufpaßte.

An Davids sechstem Geburtstag wagte ich ein Experiment – ich gab ihm eine kleine Party. Im vergangenen Jahr hatte ich nämlich bei einer Party für Ellen bemerkt, wie er sich zu den Gästen gesellte. Auch wenn er sich von Zeit zu Zeit versteckte, so war doch offensichtlich, daß er die Angelegenheit reizvoll fand – besonders die Torte, auf der er einmal zu stehen versuchte. Also machte ich für seine Party eine Torte ganz für ihn allein.

Als wir die Kerzen anzündeten und „Happy Birthday" sangen, saß er auf dem Schoß seines Vaters, beugte sich dann sichtlich erfreut vor und blies die Flämmchen aus. Wir fingen alle gleichzeitig zu lachen und zu sprechen an. David schien sehr stolz auf sich zu sein. Er nahm Daddys Hand, legte sie auf die Zündholzschachtel und schob sie in Richtung Torte. Mein Mann zündete die Kerzen wieder an. David blies sie aus und bedeutete uns, er wolle sie ein drittes Mal angezündet haben. Als ich die Torte anschneiden wollte, verteidigte er sie heftig. Mein Mann kam mit dem Kerzenanzünden kaum nach. Als es ihm zuviel wurde, sprang ich ein, und als ich aufgab, mußte Roley weitermachen. Das war vielleicht ein Tag! David erlaubte niemandem, ein Stück von seiner Geburtstagstorte zu essen, aber er genoß die Party in vollen Zügen.

Mit der Zeit wächst sein Selbstvertrauen. Früher verkroch er sich manchmal, um ganz allein zu weinen, wenn sich ihm ein Schimmer Wirklichkeit enthüllte, der über seine Kräfte ging. Bei solchen Gelegenheiten konnten wir nur hilflos zusehen, wie er litt, denn er ließ sich durch nichts beruhigen. In all den Jahren sahen wir aber auch, wie aus dem verschreckten Knirps ein selbstsicherer Junge wurde, der die ihm in den Weg gestellten Hürden mit immer größerer Geschicklichkeit nimmt.

Das Benützen der Toilette ist noch ein Problem. Ich habe ihn soweit gebracht, in die Klomuschel zu urinieren, aber er kennt keinen Unterschied zwischen der Muschel und anderen Gefäßen und macht in alles Pipi, das seine Aufmerksamkeit erregt. Einladungen zum Nachmittagstee stehen daher nicht mehr auf dem Programm.

Eine zusätzliche Schwierigkeit ist, daß er oft – wahrscheinlich aufgrund nervöser Spannungen – überhaupt keinen Harn lassen kann. Dann weint er, weil ihm die volle Blase körperliches Unbehagen bereitet. Ich muß ihn völlig ablenken, ehe er Erleichterung findet. Manchmal ist es besser, manchmal schlimmer, aber ganz hat er die Sache nicht unter Kontrolle.

Im Umgang mit Menschen ist er noch sehr unsicher. Selbst wenn er jemals lernen sollte, fließend zu sprechen, was ich mir jetzt kaum vorstellen kann, wird er eine gewisse Unbeholfenheit wohl nie ablegen können. Leute, die eine Verhaltensweise wie die seine noch nie erlebt haben, sind meist schockiert. Einmal besuchten uns überraschend entfernte Verwandte, die nach kürzester Zeit – Speisereste von den Schuhsohlen und Corn-flakes aus den Taschen schüttelnd – die Flucht ergriffen. Wenn David einen wirklich aktiven Tag hat, gleicht er einem Erdbeben.

Wir haben nun begonnen, ihn an eine gewisse Disziplin zu gewöhnen. Wir führen jeweils nur eine Verhaltensregel ein und lassen ihn diese verarbeiten, bevor wir ihm mit einer neuen kommen. Eine bereits bestehende Vorschrift darf nie umgestoßen werden, deshalb müssen wir alles sehr genau überlegen und uns auf das Nötigste beschränken. Konsequenz erfordert harte Arbeit.

Er begreift jetzt, daß er um halb zehn ins Bett und die ganze Nacht dort bleiben muß. Das ergibt keinen Sinn für ihn, aber er weiß, daß er sich unseren Unwillen zuzieht, wenn er es nicht tut. Wir bringen unser Mißfallen durch einen kleinen Klaps zum Ausdruck und achten sehr darauf, daß er auch versteht, warum er ihn erhält. Ich habe David nie geschlagen, wenn er sich in einer Krise befand. Wenn er hysterisch war und in Panik blindwütig um sich schlug, geriet ich oft in Reichweite seiner dreschflegelartigen Gliedmaßen, schlug aber nie zurück. Ich glaube nicht, daß er es begriffen hätte. Ich bemühte mich vielmehr, nicht die Beherrschung zu verlieren, und tat mein Bestes, mich so zu benehmen, wie ich es mir von ihm wünschte.

Er bleibt nun morgens im Bett, bis das Frühstück fertig ist. Das ist ein wunderbarer Fortschritt. Außerdem befindet er sich nicht mehr in so einem schlafwandlerischen Zustand. Ich habe das Gefühl, er nimmt seine Umgebung bewußter wahr. Trotzdem ist er weit davon entfernt, die Welt zu verstehen oder sinnvollen Gebrauch von den Gegenständen um ihn herum zu machen. Manchmal kommt mir sein Gehirn vor wie eine Telefonvermittlung mit falsch gestöpselten Anschlüssen. Zum Beispiel sagte ich einmal zu einer Freundin: „David ist jetzt ein braver Junge, er ißt keinen Sand mehr." Erfreut über dieses Lob rannte mein Sohn hinaus, um mit einem stolzen Lächeln und dem Mund voller Sand zurückzukehren.

Sein Persönlichkeitsbewußtsein ist noch vage. Nur weil er andere Menschen sehen kann, bedeutet das noch nicht, daß er weiß, daß er genauso ist wie sie und auch dieselben Dinge tun kann. Aber er beginnt, was er beobachtet, auf infantile Art nachzuahmen. Sein Vater macht es sich immer in seinem Lieblingslehnstuhl bequem, um die Zeitung zu lesen, und legt dabei die Füße auf einen gepolsterten Schemel. David setzt sich oft in den zweiten, ganz gleichen Lehnstuhl daneben und zieht sich ebenfalls einen kleinen Schemel heran.

Sein Gesundheitszustand hat sich wesentlich gebessert. Das Asthma ist verschwunden. Nur gelegentlich erscheint noch der Ausschlag, was die lästige Salbenprozedur notwendig und David raunzig macht. Sonst aber ist seine Haut völlig rein, und bei warmem Wetter spielt er meist in der Sonne.

Er lernt Geduld. Während er sich früher schreiend am Boden wand, falls ich seinen Fruchtsaft nicht innerhalb von drei Sekunden einschenkte, wenn er durstig war, hält er mich jetzt nur am Kleid und wartet, den Becher in der Hand, bis ich meine Arbeit beiseite legen und zum Kühlschrank gehen kann. Allmählich gliedert er sich in die Familie ein und begreift, daß er nicht allein ist, daß er zu uns gehört, daß wir ihn lieben und gern bei ihm sind, aber daß er auch Rücksicht auf uns nehmen muß. Das fällt ihm sehr schwer.

Manchmal läuft er noch fort, wenn er sich weh getan hat, verkriecht sich und tritt nach jedem, der ihn trösten will, doch immer öfter läßt er sich jetzt schon streicheln und beruhigen. Er weint auch längst nicht mehr soviel wie früher und bekommt seltener einen Wutanfall.

EINMAL hatte ich einen seltsamen Traum. Ich sah, wie die Angst sich aus Davids Körper löste und wie ein Schatten neben ihn trat. Sein Körper war steif und leblos wie eine Holzpuppe, und ich schlüpfte in die Gestalt der Angst. Ich wurde eins mit seinem sensiblen Ich und fühlte und sah wie er.

Ich sah die Menschen durch das Zyklopenauge der Schattengestalt. Alles um mich war klein und fern. Durch ein Ohr hörte ich wirre Laute heranbrausen und verebben wie eine Meeresbrandung. Die Welt war bevölkert mit seltsamen, schemenhaften Wesen, die nicht stillhielten, sondern ständig aus meiner Sicht glitten. Immer, wenn ich sie mühsam an ihrem Standort gegen einen Hintergrund erkennen konnte, bewegten sie sich wieder, zuckten und zerrannen wie Spiegelbilder auf einer Wasseroberfläche, die ein jäher Windstoß kräuselt. Ich vernahm menschliche Stimmen – verworrene, plappernde Geräusche, die Löchern in verzerrten Köpfen entströmten. Kein Wort glich dem anderen, alles schwankte, die Töne klangen kurz oder lang, hoch oder tief.

Dann war plötzlich Dunkelheit um mich, Leere. Ich streckte die Hand aus und klammerte mich an etwas Festes, ein Möbelstück, das ruhig auf einem Fleck stand. Tröstliche Musik setzte ein. Ich mochte Musik, weil sie erkennbaren Klangmustern folgte, die ich schon erwartete. Da sagte eine Stimme laut: „Du bist ein Nichts." Ich wollte antworten, aber ich konnte nicht sprechen. Ich konnte nur denken, und ich dachte, ich bin kein Nichts. Ich weiß nicht, was ich bin, aber ich kann denken und fühlen, also bin ich kein Nichts. Ich bin einfach anders.

Nach diesem Traum grübelte ich viel über die autistischen Kinder nach, die ich gesehen hatte. Ich stellte mir ihre Gesichter vor – eifrige, ruhige, traurige, ausdruckslose – und spürte Mitleid. Wenn ich beobachtete, wie diese Kinder sich durch Phasen der Verkrampfung hindurchkämpften wie in die Enge getriebene Tiere, verstand ich, was in ihnen vorging. Sie gehen im Schatten, und die Wege, die sie beschreiten, sind leer und einsam, weil sie nicht wissen, wie sie an der Wärme menschlicher Gesellschaft Anteil nehmen sollen.

Wenn ein Kind in den Armen seiner Mutter keine Geborgenheit findet, wo dann? Wie kann es sich zu einem menschlichen Wesen entwickeln, wenn es keinen Kontakt zu seinesgleichen hat?

Als David noch sehr klein war, fand ich mich damit ab, ein schwerbehindertes Kind zu haben. Es gab eine Zeit, da glaubte ich, sein Zustand würde sich nie bessern, aber er hat größere Fortschritte gemacht, als ich je zu hoffen wagte. Immer wieder zeigt er, daß er zur Familie gehören will. Am letzten Silvesterabend kam er abends zu uns heraus, um das Feuerwerk anzusehen, und saß auf den Stufen wie verzaubert. Nur als die Raketen in die Höhe schossen, rannte er davon und versteckte sich hinter einem Baum, genoß aber trotzdem diese neue Erfahrung.

Er läuft auch nicht mehr unbekümmert in den ärgsten Verkehr, sondern erkennt die Gefahr und weicht daherflitzenden Autos aus.

Noch vor einem Jahr beachtete er den Rasenmäher nicht und stand, taub für den Lärm, oft seelenruhig mitten im Weg. Nun trollt er sich, sobald er das Rattern des Motors hört.

So wie er jetzt ist, erinnert er mich an eine Katze. Er denkt ausschließlich an seine Behaglichkeit, liegt nackt auf dem warmen Beton in der Sonne oder findet einen Sonnenfleck unter einem Fenster und rollt sich dort zusammen. Wenn er sich auf meinen Schoß setzt, erwartet er, daß ich ihn stütze, wie es für ihn am bequemsten ist.

Seitdem er Menschen und Geräusche bewußter wahrnimmt, bedeckt er manchmal die Augen, wenn er etwas Lautes hört, oder die Ohren, wenn er etwas Neues sieht. Er ist nicht sicher, welches Organ ihm bestimmte Eindrücke vermittelt.

Babys interessieren ihn, und er versucht oft, in einen Kinderwagen zu kriechen. Kleinkinder dagegen machen ihn nervös. Alle raschen Bewegungen unter seiner Augenhöhe verursachen ihm Unbehagen, weil er ihnen nicht folgen kann.

Ich habe großes Glück, mit einem so wunderbaren Mann verheiratet zu sein. David junior hätte sich, was seine Beziehung zu Menschen betrifft, nie so weit entwickeln können, wäre sein Vater nicht so gut zu ihm gewesen. David senior ist wie ein Fels, ein Musterbeispiel an Treue und Geduld, und außerdem natürlich ein erfahrener Psychologe.

VIII

Mir graut stets davor, David mit einem Babysitter allein zu lassen, da ich nie weiß, was mich bei meiner Rückkehr erwartet. Ich kann ihn einigen wenigen Freundinnen überlassen, die anstandslos mit ihm zurechtkommen, aber für einen Durchschnittsmenschen ist er eine harte Nuß, und ich gehe deshalb nur aus, wenn es wirklich unvermeidlich ist.

Nach meiner Erfahrung kann man Babysitter in drei Kategorien einteilen. Erstens in die Einfühlsamen, die ehrlich zu helfen gewillt sind, ihre Aufgabe jedoch zu anstrengend finden. Zweitens in die Ehrgeizigen, die in Abwesenheit der Eltern erzieherisch wirken und in wenigen Stunden bewerkstelligen wollen, was in Jahren keiner geschafft hat; sie können eine Menge Schaden anrichten. Drittens in die wenigen, die auf die Anweisungen der Eltern hören und einfach tun, was man von ihnen verlangt. Sie helfen dem Kind, wenn es Hilfe braucht, versuchen aber nichts zu erzwingen, das seine Fähigkeiten übersteigt. Man kann wirklich nicht erwarten, daß ein Fremder in so kurzer Zeit derart umfassende Probleme begreift, aber manche Babysitter verstehen genug, um sich durchzumanövrieren, bis die Mutter zurückkehrt.

Ich finde, die Allgemeinheit sollte uns Eltern auf halbem Weg entgegenkommen. Normale Kindergärten sind nicht für autistische Kinder geeignet. Wir brauchen aber einen Ort, wo sie beaufsichtigt werden, wenn wir einkaufen, zum Zahnarzt gehen oder Freunde besuchen. Solche Einrichtungen zu schaffen wäre dringend notwendig.

Natürlich braucht man dazu Geld, doch autistische Kinder sind ohnehin sehr genügsam. Das Wichtigste ist hochqualifiziertes Personal zu ihrer Betreuung.

Wie eine derartige Institution die Mütter behinderter Kinder entlastet, kann ich dank Mrs. Dowell, die gemeinsam mit einigen Freunden beschloß, einen Kinderhort in einem Vorort von Melbourne aufzumachen, aus eigener Erfahrung beschreiben. Sie bildeten ein Komitee und erreichten, daß sie städtische Freizeiteinrichtungen an zwei Tagen in der Woche kostenlos benützen dürfen. Jede Gruppe ihrer kleinen Schützlinge wird von einer diplomierten Kinderschwester betreut, doch das Komitee erhebt keinen Anspruch darauf, behinderte Kinder zu fördern. Sie werden einfach den Anweisungen der Mutter gemäß beaufsichtigt. Die Organisatoren beschaffen sich die nötigen Mittel selbst. Bis jetzt ist es ihnen gelungen, jedes Kind bestens zu versorgen. Es gibt Matratzen für die Ruhepausen, Spezialsessel und Rollstühle für jene, die nicht gehen können, und eine Menge Spielzeug und Luftballons für alle, die daran Spaß haben.

David besucht dieses Zentrum nun zweimal in der Woche. Mit einem vollen Programm in einer Lehranstalt, das fast so lang dauert wie ein ganzer Schultag, wäre er vorläufig mit seinen Schwierigkeiten bei der Verrichtung des großen und kleinen Geschäfts noch überlastet.

So hat er die Möglichkeit, die Gegenwart neuer Menschen verkraften zu lernen und sein Selbstbewußtsein zu stärken, indem er sich für kurze Zeit ohne mich in einer fremden Umgebung zurechtfinden muß.

Mrs. Dowells Hort ist eine Art Kindergarten für entwicklungsgestörte Kinder. Sie spielen frei, und die einzige Routine, die es gibt, sind die Spaziergänge am Vor- und Nachmittag und die regelmäßigen Mahlzeiten. Die meisten Kinder, die hierherkommen, sind auf die eine oder andere Weise schwer behindert, aber keines reagiert, soweit ich das feststellen kann, feindlich auf die anderen. Wenn sie fähig sind zu erkennen, daß sie nicht allein sind, möchten sie Freundschaft schließen. Können sie die Arme bewegen, strecken sie sie den Leuten entgegen. Manche dieser Geschöpfe sind sehr liebevoll. Ein kleiner mongoloider Junge läuft David auf Schritt und Tritt nach, um sich mit ihm anzufreunden. Einmal sah ich, wie er David am Hemd festhielt und hinter ihm herrannte. Beide lachten. Ein anderes Mal versuchte er, mit ihm Verstecken zu spielen. Diese freundschaftlichen Annäherungsversuche machen Eindruck auf meinen Sohn. Auch wenn er sich manchmal abwendet, lächelt er insgeheim über solche sympathieheischenden Vorstöße.

Bisher ahmt er die Gebrechen der übrigen Kinder nicht nach. Wenn er viel Zeit mit Gehbehinderten verbringen würde, wäre es sicher unausbleiblich, daß er sich ebenfalls gelähmt stellt. Unter Mrs. Dowells Schützlingen gibt es zwar welche, aber David ist ja nie lange oder ausschließlich mit ihnen zusammen.

Die Betreuung ist kostenlos und mit keiner Anmeldepflicht verbunden. Die Mütter werden weder um Spenden noch um Dienste für das Komitee gebeten. Freiwillige Fahrer holen die Kinder ab und bringen sie gegen drei Uhr nach Hause. In dieser Zwischenzeit können die Mütter in Ruhe ihre Besorgungen erledigen und ein wenig verschnaufen.

Mrs. Dowell ist überzeugt, daß die Betreuung Behinderter, wie sie sie praktiziert, allgemein eingeführt werden sollte, und hofft, daß man von dieser Notwendigkeit bald mehr Notiz nimmt. Sie hofft auch, eines Tages eine passendere Unterkunft für Kinder und Helferinnen zu finden, und hätte gern eine staatliche Subvention, statt auf Wohltätigkeit angewiesen zu sein. Sie glaubt, behinderte Kinder müßten vom Staat genauso gefördert werden wie gesunde, denen der Schulbesuch ja auch umsonst gewährt wird.

Der neue Hort hat für mich vieles leichter gemacht. Ich kann mich nun an zwei Tagen in der Woche um verschiedenes andere kümmern, und das gibt mir, wie eine Mutter es ausdrückte, ein bißchen das Gefühl, wie „normale" Menschen zu sein.

DER letzte Winter war lang für mich. David war sich bewußt, wieviel Spaß er versäumte, weil er nicht draußen im kalten Regen spielen durfte. Offenbar beginnt er, Hitze und Kälte mehr zu spüren, denn wenn er auch im Freien spielen und im Wasser sitzen will, weint er, wenn er naß wird und friert. Darüber ist er dann enttäuscht.

Ich hatte den Gedanken, dieses Buch zu schreiben, schon fast aufgegeben. Zwanzig Minuten an der Schreibmaschine waren schon ein Luxus. Jedesmal, wenn mir David entwischte, mußte ich in den Regen laufen und meinen kreischenden, schmutzbedeckten Sprößling unter tausend Mühen ins Haus schleppen.

Je lebhafter er wird, desto schwerer ist es, auf ihn aufzupassen. Jede Fertigkeit, die er erlernt, verwendet er zu irgendeinem teuflischen Zweck und kichert oft dabei, wenn er eine neue Entdeckung macht. In diesem Jahr war meine Schreibmaschine dran. Sobald ich eine angefangene Seite eingespannt ließ, fand ich eine Zeile Fragezeichen und Doppelholland-Wörter in den Text getippt. Einmal sorgte David für Extraarbeit, indem er ein Töpfchen Honig in die Maschine kippte, ein anderes Mal spülte er etliche Manuskriptseiten durchs Klo hinunter. Ich schrieb in diesem Jahr drei Artikel, aber fragen Sie mich nicht, wie.

DAVIDS Entdeckungsdrang ist ein Zeichen, daß er seine Teilnahmslosigkeit ablegt. Noch sind die Züge jener Zeit, in der er von der Außenwelt total isoliert war, stark an ihm ausgeprägt. Er hat große Kontaktschwierigkeiten, sprengt sein unsichtbares Glashaus aber immer mehr. An manchen Tagen wirkt er so aufgeweckt, daß man den Eindruck gewinnt, sein hellwacher Verstand wartet nur darauf, sich zu bewähren. Er tut nach wie vor erstaunlich dumme Dinge, aber auch vernünftige. Das Wichtigste ist: Er bemüht sich. Eine natürliche Entwicklungsphase hat begonnen. Ich bin sicher, seine Augen und Ohren nehmen mehr auf. Zum Beispiel kann er jetzt bestimmt schon viel besser Gegenstände von ihrem Hintergrund unterscheiden. Wenn er möchte, daß ich etwas für ihn tue, verwechselt er nicht mehr die Stuhllehne mit meiner Hand. Er erkennt auch die Kleider, die ich trage, denn er weiß, wenn er meinen Rock packt, komme ich mit ihm. Und er kann meinen Arm von einem Kissen unterscheiden. Er begreift, welche Körperteile und Kleidungsstücke zu mir gehören.

Wenn man mit ihm spricht, versteht er eine Menge davon. Am Samstag- und Sonntagmorgen setzt sich Ellen zu ihm aufs Bett und sagt: „Heute ist Papi-Tag." Dann hüpft er begeistert herum, wirft vor Freude sein Kissen in die Luft und schaut gespannt zur Tür, bis sein Vater kommt und mit ihm spielt.

Er hat Glück, eine so liebevolle Schwester zu haben. Während all der Jahre, die er sie nicht beachtete, bemühte sich Ellen, Kontakt zu ihm zu finden und seine Zuneigung zu gewinnen. Nun tollt er mit ihr, und sie spielen in der Diele Fangen. Er stellt sich dabei noch recht unbeholfen an und rennt manchmal in sie hinein, aber er lacht, wenn er sieht, wie sie auf ihn zuläuft. Sie bemüht sich unendlich, ihm etwas beizubringen, ist geduldig und gutmütig und hat ihn wirklich gern. Ich kann nur hoffen, daß sie die Gewöhnung an das Leben mit einem geistig behinderten Kind nicht zu sehr von ihren Altersgenossinnen unterscheidet.

Roley konnte sich auf David nie so gut einstellen wie sie. Ich bezweifle, ob er sich in seiner Gegenwart je wirklich wohl fühlen wird. Der kleine Bruder tut ihm leid, aber er kann sein Unbehagen nicht überwinden. Er ist jetzt allerdings viel verständnisvoller als früher und lacht oft über Davids Possen. Zum Beispiel scheint dieser keinen Unterschied zwischen seinen Gliedmaßen zu kennen und zieht daher oft Handschuhe über die Füße. Das amüsiert Roley. Er lacht auch darüber, wenn David eine Brotkruste wie einen Reifen um den Knöchel trägt. Der Bäcker gibt ihm das Brot immer gleich am Gartentor. Dann ißt David die Mitte heraus und steckt den Fuß hindurch. So entsteht sein origineller Beinschmuck.

JEDESMAL, wenn ich eine Veränderung an meinem kleinen Sohn bemerke, wird mir das Herz leicht. In Anbetracht seines früheren Zustands, als er von der Umwelt nahezu völlig abgeschnitten war, ist jeder noch so winzige Fortschritt willkommen, jeder Wandel aufregend. Mit jedem neuen Ereignis spüre ich, wie ich wieder hoffen kann.

In diesem Jahr setzte ich sechs Narzissenzwiebeln hinter dem Haus ein, und eine davon ging auf. Normalerweise gedeiht nichts, was ich pflanze, aber diese Narzisse blühte. Es war eine vornehme Blume mit einem langen, schlanken Stengel, und eine Narzisse ist so gut wie sechs, wenn es nur um die Freude geht, die man bei ihrem Anblick empfindet. David liebte sie. Plötzlich wuchs da etwas aus der Erde, wo früher nichts gewesen war. Jeden Tag kniete er vor ihr nieder und betrachtete sie genau. Manchmal legte er den Kopf schräg, um sie besser sehen zu können, und bewegte die Hand vor ihr hin und her.

Eines Morgens hängte ich Wäsche auf und behielt dabei David im Auge. An der Narzisse hingen Tautropfen, und als sie in der Sonne funkelten, berührte er sie und lächelte. Ich befestigte das letzte Wäschestück an der Leine und sog tief die frische, klare Luft ein. Der Nebel lichtete sich über dem Dandenong-Gebirge, und es schimmerte tiefblau am Horizont. In zwei Tagen war Frühlingsanfang. Die Sonne hatte noch nicht viel Kraft, aber die Aussicht auf sommerliche Wärme stimmte mich fröhlich.

Bald würde David den ganzen Tag im Freien spielen können – sehr zu meiner Erleichterung –, und die Wäsche würde an der Luft in ein paar Stunden trocknen, statt wochenlang feucht im Haus herumzuhängen. Wieder war ein Winter überstanden, der David viele Tränen gekostet hatte, weil er nicht hinausdurfte, während der ganze schöne Regen draußen ungenützt blieb. Ein Winter voller Kinderkrankheiten und Arztrechnungen lag hinter uns.

Ich rief David. Er reagierte nicht. Ich rief noch einmal, und er watschelte auf mich zu, wobei er seitwärts ging wie eine Krabbe. Er spielte mir etwas vor, grinste und blickte herausfordernd auf den Boden.

Als ich mich niederbeugte, um mit ihm zu sprechen, streckte er die Arme aus, schlang sie mir um den Hals und küßte mich ungeschickt auf die Wange. Dann wich er scheu zurück. Er hatte noch niemanden geküßt.

Wir gingen gemeinsam zur Hintertreppe, setzten uns auf die Stufen und schauten zu den Baumkronen empor, die im Wind schwankten. Die Hintertreppe ist Davids Lieblingsplatz. Er hält sich gern dort auf und beobachtet die Silhouetten der Bäume, die sich wie ein Schattenspiel gegen den Himmel abheben. Als ich den Arm um ihn legte, blickte er mich neugierig an und tauchte einen Finger in die Träne, die mir über die Wange rollte. Seine Augen wirkten nicht mehr leer, sie hatten einen nachdenklichen Ausdruck. Er lehnte den Kopf an meine Schulter.

Ich glaube, mein kleiner David würde die Welt der Menschen gern betreten. Wenn er nur ein Tor dazu finden kann.

Joan Martin Hundley

„Ich habe versucht, einen Geisteszustand zu schildern, der bis vor kurzem unbekannt war. Ich maße mir nicht an, diese Veranlagung zu verstehen. Ich habe lediglich niedergeschrieben, was ich gesehen und empfunden habe." Dieser Kommentar zu ihrem Buch ist charakteristisch für eine so großartige Frau wie Joan Martin Hundley – für ihre Bescheidenheit und menschliche Wärme. Sich um andere zu kümmern füllte schon immer einen bedeutenden Teil ihres Lebens aus.

Die Aufgabe allerdings, den kleinen David zu einer gewissen Selbständigkeit innerhalb der Familie zu erziehen, war nicht zu lösen. Unglücklicherweise hat sich nämlich die leichte Besserung in Davids Zustand, die sich in der Zeit abzeichnete, als dieses Buch veröffentlicht wurde, nicht fortgesetzt. „Klein" David, der heute siebzehn Jahre alt ist, sammelt immer noch Streichholzschachteln und Strohhalme, bleibt die meiste Zeit für sich und hat niemals wirklich sprechen gelernt. „In dem Maß, wie David größer wurde, wuchsen auch die Probleme", schreibt seine Mutter. „Ich hätte ihn gern zu Hause behalten, aber als ich selbst älter wurde, konnte ich die körperliche Anstrengung, ihn zu pflegen, nicht mehr länger auf mich nehmen. Es hätte die ganze Familie in Mitleidenschaft gezogen." Seine Eltern haben David deshalb in eine Pflegeanstalt für geistig Behinderte auf dem Land gegeben.

Jetzt beschäftigt sich Mrs. Hundley mit Problemen, die gerade in diesem Jahr, das die UNO zum Jahr der Behinderten erklärt hat, hochaktuell sind: Nach ihrer Beobachtung nehmen die Fälle von Kindern, die mit Erbschäden geboren werden, in den entwickelten Ländern zu. Heute ist es der medizinischen Wissenschaft gelungen, diese genetisch Kranken am Leben zu erhalten. Aber die Probleme entstehen dort, wo es darum geht, diese Menschen, die sich oft eigenartig und manchmal gefährlich verhalten, sinnvoll und menschenwürdig in die Gesellschaft einzugliedern. Hierzu will Joan Martin Hundley später in einem weiteren Beitrag neue Denkanstöße geben.

Der kleine Außenseiter hat dafür den Grundstein gelegt. Mit diesem Buch hat sich Joan Martin Hundley in eine Reihe mit so berühmten Autoren wie Alan Marshall und Mary McCracken gestellt, deren Erfahrungsberichte über behinderte Kinder ebenfalls bereits in den Reader's Digest Auswahlbüchern erschienen sind.

Tödliche FLUT

EINE KURZFASSUNG DES BUCHES VON

Richard Martin Stern

INS DEUTSCHE ÜBERTRAGEN VON

HEINZ VON SAUTER

ILLUSTRATIONEN VON ROBERT CHRONISTER

Jay Harper ist auf Gespensterjagd. Genauer: auf Unterwasser-Gespensterjagd.

Denn das Dorf seiner Vorfahren liegt nun auf dem Grund eines Stausees, der durch die Errichtung eines riesigen Dammes in einem Bergtal Neumexikos entstanden ist.

Jay taucht hinab, folgt der einstigen Hauptstraße bis zum Friedhof mit seinen umgekippten Grabsteinen. Er erkennt die ehemalige Mühle, die Schmiede, die Kirche.

Plötzlich traut er kaum seinen Augen: die Felswände, in denen der Damm verankert ist, weisen tiefe Risse auf. Als Geophysiker weiß Jay, was das bedeutet: Schon der nächsten Schneeschmelze mit ihren ungeheuren Wassermassen ist die Staumauer nicht mehr gewachsen. Die aufblühende Stadt im Tal steht vor ihrem Untergang.

Jay warnt die Menschen, die unterhalb der Talsperre leben. Doch kaum jemand schenkt seinen Befürchtungen Glauben. Und dann beginnt es im Gebiet der schneebedeckten Gipfel zu regnen …

1

IRGENDWIE hatte Jay immer angenommen, daß jeder Mensch unbewußt den Wunsch in sich trägt, den Ort wiederzusehen, wo er geboren wurde. Aber da er von Natur aus ein zurückhaltender Mann war, hatte er sich niemals dazu aufraffen können, die Meinung anderer darüber zu ergründen.

In seiner Jugend hatte er begeistert die Tagebücher seiner Urgroßmutter gelesen, mit ihren Schilderungen des Dorflebens und der Geschichte des Mannes, der dort auf dem Friedhof begraben lag, des alten Jedediah Harper, dessen Namen er trug. Nun war er hier, um alles mit eigenen Augen zu sehen. Doch er war um gute zehn Jahre zu spät gekommen. Schuldbewußt dachte er, daß er das nur sich selbst zuzuschreiben hatte.

Entspannt, doch voll Erwartung, saß er im Heck des Mietbootes, dessen Außenborder er abgestellt hatte, und wartete darauf, daß sich die Wasseroberfläche beruhigte und die friedvolle Stille der Gebirgslandschaft wiederkehrte.

Und dann konnte er bis auf den Grund sehen und dort deutlich die Steinmauern der Gebäude erkennen.

Vor Zeiten waren sie voller Leben gewesen. Heute, zehn Jahre nachdem man den Staudamm errichtet hatte, lagen sie unter Wasser und erinnerten an die atemberaubenden Trümmerstätten in den Felsen der Mesa Verde. Zwar standen die Häuser noch da wie einst, aber auf ewig würden sie der steten Ausspülung nicht standhalten. Jetzt wollte er sie sich ansehen, sonst war es endgültig zu spät.

Während Jay in das klare Wasser hinabblickte, dachte er an das, was er von seinem Ur-Ur-Urgroßvater wußte. Hier war der alte Jedediah, einer jener legendären Männer aus dem hohen Bergland von Neumexiko, in jungen Jahren heraufgewandert, um sich niederzulassen. Das Dorf, das rings um sein Blockhaus entstand, wurde Harpers Park genannt. Die Geschichten, die Jed erzählte, als er schon sehr alt war, hatte Jays Urgroßmutter Julia Hopkins Harper in ihrem Tagebuch aufgeschrieben. Als Junge hatte er sie fast auswendig hersagen können.

Zu Zeiten des alten Jed kamen Hirsche und Elche morgens und abends furchtlos über die blühenden Wiesen ins Tal, um am Fluß ihren Durst zu löschen. Forellen bissen an, kaum daß man den Angelhaken ins klare, fließende Wasser geworfen hatte. Scharen von Wasservögeln rasteten bei ihrem Zug auf den kleinen Tümpeln und ruhigen Seitenarmen des Flusses. Bären durchstreiften das Gebiet auf der Futtersuche und fischten manchmal in den Gebirgsbächen.

Hinter den Wiesen stieg damals ein Mischwald aus Nadelbäumen und Pappeln auf, und dort lebten Spechte und Schneefinken, Falken und hie und da sogar ein Adler. Es schien, als wäre nie ein Mensch hierhergekommen. Nachts jagten die großen Eulen in vollkommen lautlosem Flug.

Oberhalb der Baumgrenze, die in diesen Breiten bei gut dreitausend Metern lag, ragten die schneebedeckten Gipfel klar und kahl zum wolkenlosen Himmel empor. Die Spanier hatten die Bergkette, die bei Sonnenuntergang purpurn erglühte, *Sangre de Cristo* getauft, das Blut Christi.

Hier und da wuchsen in geschützten Mulden Vergißmeinnicht, Sauerampfer und Fingerkraut, die sich in diesen rauhen Höhen jedes Fleckchen fruchtbaren Boden erkämpft hatten.

Ein Stück ungestörter Natur also, für das das Dorf Harpers Park kaum eine Bedrohung darstellte. Aber unten im Auslauf des Tales, siebenhundert Höhenmeter tiefer, stießen Trecks, die nach dem Westen unterwegs waren, auf den einladenden Gebirgsfluß, machten dort Rast und blieben. Viehherden, Eisenbahn und Industrie folgten. Und immer mehr Menschen. Eine große Straße wurde gebaut, die den Osten mit dem Westen verband. Harpers Park verwaiste, und schließlich errichtete man den Staudamm, um die wachsende Stadt in der Ebene mit Wasser und Strom zu versorgen. Und das Bergdorf versank in den Wasserfluten.

Als Jay wieder am Steg anlegte, erwartete ihn dort ein großer uniformierter Mann mit einem Revolvergürtel und Westernhut.

„John Boggs“, stellte er sich vor. „Ich glaube nicht, daß ich Sie hier schon mal gesehen habe.“ Seine Stimme klang dienstlich.

Jay stieg aus und schlang die Bootsleine um einen Pflock.

„Im Meldebuch des Motels“, fuhr Boggs stirnrunzelnd fort, „haben Sie als Adresse ‚Al-Hufuf‘ eingetragen. Was soll das sein, ein Witz?“

„Al-Hufuf war meine letzte Anschrift. Das liegt in Saudi-Arabien.“

Boggs musterte den Fremden mit abschätzendem Blick. Der Mann trug einen dicken norwegischen Rollkragenpullover, Jeans und Turnschuhe. Ein mittelgroßer Bursche, stellte er fest, Ende Zwanzig oder Anfang Dreißig, kräftig, selbstsicheres Auftreten, beinahe frech. Offenbar ein Tourist. Das Auto beim Motel war ein Mietwagen.

„Es ist September – zu spät für die Sommersaison“, begann Boggs wieder, „und zu früh für die Jagd, und gefischt haben Sie auch nicht. Sie haben nur am Staudamm herumgeschnüffelt und zu den Häusern auf dem Grund des Sees hinuntergeschaut.“

Jay nickte. „Und morgen werde ich mit einem Sauerstoffgerät hinuntertauchen, wenn das nicht verboten ist. Ich möchte mir das Dorf aus der Nähe ansehen.“

„Was wollen Sie bei diesem alten Gemäuer?“ Und dann schien Boggs plötzlich ein Licht aufzugehen. „Im Meldebuch steht, daß Sie Harper heißen“, sagte er. „Irgendwie verwandt?“ Er wies mit einer Handbewegung auf den See und die versunkenen Häuser von Harpers Park.

„Ja.“

Boggs wartete, aber es kam nichts weiter. „Ist schon in Ordnung“, erklärte er und fügte noch hinzu: „Sie sind nicht sehr gesprächig, was?“ Er sah Jay nach, der zum Motel hinaufging. Boggs rief ihm hinterher: „Was haben Sie eigentlich in Saudi-Arabien gemacht?“

Jay blieb stehen und sah zurück. „Gearbeitet.“

Boggs war der Verzweiflung nahe. Wenn man von dem eine Antwort haben will, dachte er, muß man wohl die richtigen Fragen stellen. „Na, und was machen Sie, wenn Sie arbeiten?“

„Ich bin Geophysiker.“ Jay wandte sich um und ging weiter. Er wurde nachdenklich. Irgendwie hatte ihn der Anblick des überfluteten Dorfes bedrückt.

Es war für ihn eine alte Erfahrung, daß man von neuen Orten – und er hatte schon viele gesehen – zunächst einen Eindruck gewann, dann ein paar Einzelheiten erfuhr und schließlich, wenn man Zeit und Mühe darauf verwandte, zu einem Verständnis gelangte. Und jedes Wissen erwies sich früher oder später als nützlich. Man mußte nur richtig zuhören können, wenn man Fragen stellte. In der Bar des Motels fragte er den Mann hinter der Schnellimbißtheke: „Schon lange hier?"

Der junge Mann hatte einen sorgsam gezwirbelten, schwarzen Schnurrbart und sah aus wie das Urbild eines mexikanischen Banditen. Die Antworten sprudelten aus ihm nur so hervor wie aus einem Zapfhahn. Er hieß Pancho und kam aus der Stadt unten auf der Ebene. „Ich bin da geboren. War früher mal ein hübscher kleiner Ort, mit seinen vielen Plätzen und Gassen, dem Fluß und der Eisenbahn, müssen Sie wissen."

Jay nickte, schlürfte seinen Kaffee und hörte zu.

„Jetzt sind da unten zu viele Leute. Hier oben kann ich wenigstens noch fischen und jagen. Zum Unglück hat es aber schon sehr lange nicht mehr geregnet. Der Wasserspiegel fällt und fällt. Noch einen Kaffee?"

Jay schob seine Tasse hin. „Wie in Kalifornien", sagte er. „Da ist es auch trocken. Im ganzen Westen. Die Dürre hält nun schon monatelang an."

Pancho goß Jays Tasse voll. „Ja. Habe davon gelesen. Und da soll doch auch noch mal ein großes Erdbeben kommen, nicht wahr?"

„Eines Tages vermutlich", sagte Jay. Nahezu sicher, dachte er. Die San-Andreas-Verwerfung war eine langgestreckte Bruchlinie, die unter den gewaltigen, in ihr arbeitenden Kräften irgendwann einmal plötzlich nachgeben würde.

„Kriegen wir davon auch hier was ab, hm? Auf die Entfernung?"

„Wie kommen Sie darauf?"

Pancho zuckte mit den Achseln. „Wir hatten schon eines, ein schwaches."

Interessant. Soweit Jay wußte, war das Gebiet relativ ungefährdet. „Hier?" fragte er. „Ausgerechnet hier?"

Pancho nickte. „Ein Vetter von mir hat gesagt, sie haben es in der Stadt unten kaum gespürt. Aber hier oben – Sie kennen das, wie Kaffee schwappt, wenn man eine volle Tasse auf einer Untertasse trägt? So war's mit dem See. Ich hab's gesehen. Als ob ihn jemand schütteln würde."

Stehende Wellen, dachte Jay. Durch einen Erdstoß konnte die ganze Wassermasse in Eigenschwingungen geraten. Die größte Wellenhöhe ergab sich dann an den Ufern des Sees. Die Mitte, der Wellenknoten, blieb dabei fast bewegungslos. Eine Berechnung der Energie, die in stehenden Wellen freigesetzt wurde, war schwierig, aber bewegte Flüssigkeiten entwickelten manchmal gewaltige Kräfte.

„Wann war dieses Erdbeben?" fragte Jay.

„Vor zwei Wochen. Glauben Sie, daß noch mehr kommt?"

Meistens, wenn auch nicht immer, traten Erdbeben in Serien auf, überlegte Jay. Seismologie war zwar nicht sein Spezialgebiet, aber die Grundlagen waren ihm einigermaßen geläufig. „Schwer zu sagen", erwiderte er. „Die Gegend hier gilt nicht gerade als besonders aktives Erdbebengebiet."

Nach Jays Beobachtung neigten viele Leute dazu, sich die Erde als starres Gebilde vorzustellen, so, als sei sie aus Beton gegossen. Das war ein Fehler, ein böser Fehler. Die Erdkruste befand sich in andauernder Bewegung, hier gab es Risse, dort Verschiebungen, Gesteinsschichten hoben, senkten oder verformten sich. Die gewaltigen Kontinentalmassen ruhten auf größeren Platten oder Tafeln, die gewissermaßen auf dem darunterliegenden glutflüssigen Gestein schwammen. Die ungeheuren Kräfte, die auf sie wirkten und sie verschoben, konnte man sich nicht einmal vorstellen, geschweige denn sie irgendwie beeinflussen. Sie bewirkten zwangsläufig Verformungen der Erdkruste. Und das war praktisch überall möglich.

„Sind Sie das erstemal hier?" fragte Pancho, und als Jay nickte, fuhr er fort: „Oberhalb des Sees gibt es einen schönen Spazierweg."

Und es war wirklich ein bezaubernder Weg, befand Jay, als er durch den Pappel- und Nadelwald wanderte. Die Pappeln begannen sich gerade erst zu verfärben, aber an manchen Stellen waren sie schon leuchtend gelb. So ungefähr mußte es hier zu Zeiten des alten Jed ausgesehen haben, dachte er, als er den See hinter sich gelassen hatte. Eichhörnchen keckerten und schimpften. Eine Chickadee-Meise zwitscherte in der Stille des Waldes ihre unverkennbare Strophe, und irgendwo ließ ein Specht seinen Trommelwirbel hören. Von einer

Lichtung aus sah Jay hoch oben am Himmel einen Truthahngeier auf breiten Schwingen dahinsegeln und leicht im Aufwind schwanken.

Jay fühlte sich erfrischt, und seine Bedrücktheit ließ ein wenig nach. Der Gedanke an das überflutete Dorf hatte Bitterkeit in ihm aufkommen lassen. Der Ort war ein Teil seines geistigen Erbes und hatte stets eine große Faszination auf ihn ausgeübt, seit er das Tagebuch seiner Urgroßmutter Julia zum ersten Mal gelesen hatte. Eigentlich wußte er nur sehr wenig über sie. Vielleicht würde er eines Tages nach Boston fahren, woher sie stammte, und versuchen, etwas über ihre Herkunft und ihre Familie zu erfahren. Er wollte ergründen, warum sie in die Weststaaten und schließlich nach Harpers Park gezogen war, wo sie dann heiratete und erkannte, daß die Erzählungen des alten Jed ein Stück Geschichte waren und vor dem Vergessen bewahrt werden müßten.

Julia war eine gebildete Frau gewesen. Ihre Tagebücher, in zierlicher klarer Schrift verfaßt, bewiesen es. Sie hatte weitreichende Interessen und schrieb ihre Gedanken über die verschiedensten Dinge nieder, zum Beispiel über den amerikanischen Sezessionskrieg ebenso wie über die Anfänge der Eisenbahn oder die Flora und Fauna rings um Harpers Park. Dennoch hatten die Erzählungen des alten Jed Jay in seiner Jugend am meisten beeindruckt. Sie hatten ihn unwiderstehlich zu dem Dorf gelockt, das auf dem Grunde des Sees lag.

Es war schon fast dunkel, als er ins Motel zurückkam. In der Halle winkte ihm der Portier mit einem Zettel: „Da war ein Anruf für Sie." John Boggs, der Polizist, lehnte am Pult und gab sich uninteressiert.

Auf dem Zettel stand der Name Parks und eine Nummer in Alberta, Kanada. Was Cooley Parks dort oben wohl machte? Jay hatte ihn zuletzt gesehen, als sie sich auf dem Rücken von Al-Hufuf in Rom trennten.

„Verbinden Sie mich bitte mit dieser Nummer, und stellen Sie das Gespräch zu mir durch", sagte Jay zum Portier und ging auf sein Zimmer. Als er eintrat, klingelte das Telefon bereits. Er hob ab und nannte seinen Namen, da brüllte die vertraute Stimme: „Jay, Menschenskind!" Cooley sprühte förmlich vor Begeisterung.

„Was machst du da oben?" fragte Jay.

„Ich reiße mir ein Bein aus, um dich zu finden. Das ergibt eine Telefonrechnung, die mir kein Mensch glauben wird. Hör mal, komm hierher! Schleunigst! Wir haben Öl gefunden!" Cooleys Stimme wurde um eine ganze Oktave tiefer. „Aber leider gibt's auch 'ne Menge Probleme. Ich kenne mich zwar mit Gesteinen aus. Aber hier brauchen wir deine phantastische Computertechnologie, damit wir das ganze Vorkommen bis auf den letzten Tropfen herausbringen."

Jay schaute hinaus auf den See, den Staudamm und die mächtige Bergkette. Neben ihm stand die Tasche mit seiner Taucherausrüstung – Sauerstoffflasche, Bleigürtel, Maske, Flossen und Gummianzug. Er hatte bisher kaum daran zu denken gewagt, aber Panchos Schilderung des Erdbebens und der plötzlich aufgetretenen Wellen hatte in seinem Gehirn ein Alarmsignal ausgelöst.

Wenn er tauchte, um sich das versunkene Dorf näher anzusehen, begab er sich in die Gewalt des Wassers. Wenn dann die Erde bebte und der See wieder in Schwingung geriet, konnte es passieren, daß er unweigerlich gegen die steinernen Hauswände geschleudert wurde.

Aber nun war er schon einmal hier, nach so langer Zeit endlich an Ort und Stelle, und diese überfluteten Gebäude würden nicht ewig stehenbleiben. Und was er sich einmal in den Kopf gesetzt hatte, das gab er höchst ungern auf; vielleicht hatte er die Hartnäckigkeit von seinem Ahnen, dem alten Jed, geerbt.

„Ich bleibe nur noch ein oder zwei Tage hier", sagte er zu Cooley, „dann komme ich zu euch hinauf."

Parks seufzte vernehmlich. „Also gut, Jay. Ich weiß, daß es keinen Zweck hat, mit dir zu streiten. Erkläre mir nur eines. Was zum Teufel machst du eigentlich dort? Du bist doch kein Angler."

„Ich jage Gespenster", sagte Jay.

IN SEINER Jugend war Bill Williams ein Draufgänger gewesen, der sich meist mit gesenktem Kopf und harten Fäusten durchgekämpft hatte. Von seiner Stärke war er überzeugt wie ein Profiboxer. Heute gehörte ihm die größte Baufirma der Stadt. Und nach wie vor neigte Bill Williams zur Ungeduld, obwohl er inzwischen gelernt hatte, sein Temperament im Zaum zu halten. „Du hast mich zahm gemacht", hatte er oft zu seiner Frau Martha gesagt. „Und ich muß zugeben, daß es um vieles leichter ist, auch einmal auszuweichen, als stets mit dem Kopf durch die Wand zu gehen."

Martha hatte ihm dann immer in ihrer ruhigen Art lächelnd erwidert, daß dies nicht ihr Verdienst sei. „Du konntest immer schon selbst für dich einstehen. Darum habe ich dich ja geheiratet." Jetzt lebte sie nicht mehr, und manchmal erschien Bill Williams die Welt sehr einsam. Aber Marthas Einfluß wirkte nach. Er hatte gelernt, eher überzeugend als fordernd aufzutreten. So wie damals an jenem Nachmittag vor fast zwei Jahren, als er seinen Jugendfreund Harry Wilson, den Gouverneur, besucht hatte.

Die Stadt am Ende des Tales war gleichzeitig die Hauptstadt des Bundesstaates. Sie besaß ein elegantes Geschäftsviertel, in dem die Regierungsgebäude lagen. Dort hatten sie an jenem Tag ganz gemütlich in Hemdsärmeln in dem großen Büro des Gouverneurs beisammengesessen. „Du hast die Unterlagen und Zahlen vorliegen, Harry", hatte Bill Williams gesagt. „Sie stammen von deinen eigenen Ingenieuren und von den Beamten der obersten Baubehörde. Ohne eine ausreichende Stromversorgung und zusätzliche Wasserreserven kann die Stadt nicht weiterwachsen. Wir müssen den Harpers-Park-Damm erhöhen."

Der Gouverneur war aufgestanden und ans Fenster getreten, das einen freien Blick auf die Berge bot. Harry Wilson war schlank, elegant, stets gepflegt und gut gekleidet.

Er wandte sich um und lächelte matt. „Als wir noch zur Schule gingen, Bill, habe ich dich für einen Halbstarken in zerschlissenen Jeans gehalten, der allerdings wußte, was er wollte. Jetzt trägst du Anzüge für vierhundert Dollar, aber wenn's ums Kämpfen geht, bist du immer noch der alte."

Früher vielleicht, hatte Williams überlegt, als seine Energie noch unbegrenzt schien und er es sich leisten konnte, sie zu verschwenden. Aber jetzt nicht mehr, schon lange nicht. „Ich gehe Kämpfen heute aus dem Weg, Harry – außer es besteht ein verdammt guter Grund dafür. Und den gibt es diesmal."

„Geld, Bill?" Der Gouverneur war zu seinem Schreibtisch zurückgekehrt. „Angenommen, wir befürworten das Projekt und erhalten die Mittel. Dann verdient deine Baugesellschaft daran doch einen Haufen Geld, oder?"

„Voraussichtlich, ja. Ich werde wenigstens einen Teil des Auftrages oder vielleicht den ganzen erhalten. Aber jetzt meinst du bestimmt, das sei der einzige Grund, weshalb ich dränge."

„Nein, sonst hätte ich dich gar nicht angehört. Bist du überzeugt, daß dies zum Besten der Stadt und des Staates ist?"

„Genau."

„Ich glaube es dir. Die Leute sagen dir manches nach, aber ich kenne dich besser." Der Gouverneur hatte geseufzt. „Na schön, Bill, gehen wir die Sache an. Hast du vor, dich aktiv einzuschalten?"

„Nein. Aus dem eben genannten Grund nicht, Harry. Wenn ich für etwas eintrete, sind eine Menge Leute automatisch dagegen. Aber ich halte mich bereit, wenn du mich brauchst."

Das war vor zwei Jahren gewesen. Heute abend saß Bill Williams mit seiner Tochter Kate nach Tisch beim Kaffee. Sie hatte viel von Martha und auch einiges von ihm, das war nicht zu leugnen. „Du fragst, warum ich mich so ganz aus der Diskussion über die Staudammerhöhung heraushalte, Kate? Nun ja, weil ich kein Elefant im Porzellanladen sein möchte. Mir könnte bei irgendeinem bürokratischen Trottel die Geduld reißen, und dann verderbe ich womöglich alles."

„Du schwindelst, Paps", erwiderte Kate. „Du willst den Auftrag für den Bau haben. Und das Land oben beim Staudamm, das du dem alten Harrison abgekauft hast, wird zu wertvollem Uferland, wenn der Wasserspiegel des Stausees angehoben wird. Deshalb möchtest du dich nicht zu sehr exponieren."

„Was weißt du über George Harrisons Grundstück?"

„Daß du es gekauft hast. Noch bevor von einer Erhöhung des Staudamms die Rede war."

„Du hältst das für eine faule Sache?"

„Manche werden es dafür halten."

Lächerlich, daß sich ein Mann vor seiner eigenen Tochter rechtfertigen mußte. Aber im Grunde seines Herzens war Bill Williams ein ehrlicher Mensch, und die Sache ließ ihm keine Ruhe. Er konnte das nicht auf sich sitzenlassen. „Du fragst dich, ob dein alter Herr anständig ist oder ein falsches Spiel treibt, wenn er erst George Harrisons Land kauft und nun zum Umbau des Dammes drängt, nicht wahr?"

„Du bist mein Vater", erwiderte Kate lächelnd. „Das heißt, ich entscheide im Zweifelsfalle für den Angeklagten."

Langes Schweigen folgte. Durch die Glaswand des großen Wohnzimmers konnte Williams die Berge sehen. Sie waren jetzt in Mondlicht getaucht; durch die lange Trockenheit waren sie fast bis zu den Gipfeln schneefrei: Mount Union, Taylor Peak, Washington Peak und Mount Baldy. Er hatte sie alle schon bestiegen. Dieses Land war seine Heimat. „Kate", sagte er, „ich habe mitgeholfen, diese Stadt zu bauen. In jedem Teil von ihr steckt ein Stück von mir – im Staudamm, im Verkehrssystem, im Viehhof. Und dabei habe ich auch eine Menge Geld verdient. Geht dir das gegen den Strich? Muß ein Mann arm bleiben, um als anständig zu gelten?"

Auf ihre Art war Kate so standfest wie er. „Ich habe dir erklärt", sagte sie, „daß ich im Zweifelsfall für dich stimme. Das habe ich schon immer getan."

Und eine andere Antwort würde er wohl nicht erhalten, dachte Williams. „Schon gut, meine Kleine. Dabei wollen wir es bewenden lassen. Gehst du heute abend aus?"

Kate schüttelte den Kopf.

Martha hätte noch etwas zu sagen gewußt. Er wußte es nicht und empfand das als Mangel. „Ich habe immer gemeint, daß eine junge Frau an nichts anderes denkt als an Verabredungen, weil sie sich vielleicht einen Ehemann wünscht."

„Versuchst du, mich loszuwerden?" Kate lächelte nachsichtig.

„Ganz bestimmt nicht." Er erinnerte sich noch allzu gut an die Zeit der Einsamkeit nach Marthas Tod, als Kate noch an der Ostküste aufs College ging. „Aber das soll nicht heißen, daß du hierbleiben mußt, um dich um mich zu kümmern. Ich meine ..."

„Ich weiß, was du meinst, Paps. In dieser Sache mußt du mir eben Kredit gewähren. Und sprich nicht die halbe Nacht mit dem Gouverneur über Geschäfte. Du brauchst nicht alles selbst zu machen."

Wie recht Kate doch leider hatte, dachte er, als er zu seinem Wagen hinausging. Er hatte dieses Projekt, die Erhöhung des Staudamms, gewissermaßen selbst gestartet, und obwohl er bisher dabei kaum in Erscheinung getreten war, hatte er doch jeden Schritt der Verhandlungen überwacht. Jemand mußte das tun, sollte die Sache nicht in Details und juristischem Kleinkrieg steckenbleiben.

„Immer mit der Ruhe", murmelte er leise vor sich hin, als er in seinem Auto saß. Wie hieß doch gleich der verrückte medizinische Ausdruck, mit dem sein Arzt dieses plötzliche unruhige, mit Atemnot verbundene Gefühl in der Brust bezeichnet hatte? Atrioventrikularflimmern. Alberner Name. Arrhythmie, die allgemeine Bezeichnung, war auch nicht besser. All das bedeutete nur, daß die alte Pumpe, sein Herz, an das er noch nie einen Gedanken verschwendet hatte, nicht mehr so selbstverständlich funktionierte. Darum sollte er vor allem vermeiden, sich über etwas aufzuregen.

An der ersten Ampel auf dem Weg zum Haus des Gouverneurs nahm er eine kleine Silberdose heraus, öffnete sie und steckte sich eine Pille in den Mund. Es war ein Beruhigungsmittel. Wie weit lagen die sorglosen kämpferischen Tage zurück!

Der stattliche neue Gouverneurspalast stand allein auf einem Hügel. Die Vorderfront blickte über die Stadt und die weite Ebene, die sich dahinter bis zum Horizont erstreckte. An der Rückseite lief eine überdachte Terrasse entlang, von der aus man auf die Berge schaute, die den Stausee umgaben. Auf dieser Terrasse entspannte sich der Gouverneur immer nach dem Abendessen. Bei Kaffee und Kognak hörte er sanfte Kammermusik. Heute war es ein Streichquartett von Mozart. Er holte Bill Williams persönlich am Eingang ab, schüttelte ihm kurz die Hand und führte ihn zur Bar in seinem Arbeitszimmer, wo er seinem Gast einen Bourbon einschenkte und ihm das Glas in die Hand drückte. Schweigend gingen sie auf die Terrasse hinaus und ließen sich in den bequemen Sesseln nieder.

„Ich wollte es dir nicht am Telefon sagen", begann der Gouverneur. „Heutzutage weiß man nie, wer mithört, und Bodenspekulationen wollen wir auf jeden Fall vermeiden. Aber wir haben aus Washington die Nachricht erhalten, daß wir die Genehmigung bekommen und daß die Erhöhung des Dammes nach deinem Entwurf durchgeführt werden kann."

Williams nippte an seinem Bourbon. Der Whisky war der guten Nachricht würdig.

„Du wirst kaum Schwierigkeiten haben, den Auftrag zu erhalten", fuhr der Gouverneur fort.

„Meine Firma ist die einzige im Staat, die über den erforderlichen Maschinenpark für diese Arbeit verfügt. Das weißt du doch, Harry."

Der Gouverneur prüfte das Aroma seines Kognaks und stellte das Glas wieder ab. „Es ist für uns eine Rieseninvestition. Ich frage mich, Bill, ob es auch eine kluge Geldanlage ist."

Williams schnaubte verächtlich. „Gewiß, aber es wird großes Geschrei geben. Wir wußten das schon vor zwei Jahren, als wir den Entschluß faßten, den Staudamm zu erweitern. Wir haben uns bereits gegen die Pfennigfuchser in der Verwaltung, die Bürokraten in Washington und das dickschädelige Ingenieurkorps der Armee durchgesetzt. Jetzt, sobald der letzte Bescheid auf unseren Tisch kommt, fechten wir die Sache noch bei den übrigen durch, den Umweltschützern und den Grundstücksbesitzern rings um den Stausee, die glauben werden, ihr Land wäre reines Gold und jeder Morgen davon eine Million Dollar wert. Für uns ist es jedenfalls entscheidend, daß wir auf die Staudammerweiterung nicht verzichten können, wenn unser Gemeinwohl weiterhin wachsen soll."

2

Geologisch betrachtet, waren die hohen Berge rings um den Stausee und die Talsperre noch jung, die Erosion hatte ihre gezackten Gipfel und schroffen Felswände noch nicht zu den weicheren Konturen älterer Formationen abgetragen.

Die Berge waren im Laufe von Jahrmillionen allmählich aufgeworfen worden. Als das Gestein die Erdkruste sprengte, emporstieg und die Gebirgskette bildete, fand das Wasser, das als Regen oder Schnee auf die steilen Hänge fiel, natürliche Rinnen und folgte ihnen zur Ebene hinunter. Durch ständige Erosion wurden diese zu immer tieferen Bachbetten ausgewaschen, je höher sich das Gebirge aufwölbte.

Dort, wo das Gefälle relativ schwach war, konnte sich das abfließende Wasser in Ruhe ein breiteres Bett graben, und mit der Zeit entstanden am Rande dieser Bäche breite Ufer, auf denen später Bergwiesen wuchsen. Bei starkem Gefälle jedoch schoß das Wasser jäh zu Tal, spülte Erde und Gestein aus und schuf so schmale Klüfte mit steilen Wänden und tobenden Katarakten.

In eine dieser Schluchten, gleich unterhalb des ehemaligen Dorfes Harpers Park, hatte man den Staudamm hineingebaut und fest in den felsigen Wänden verankert.

Von da floß das Wasser, nachdem es die surrenden Turbinen des Kraftwerks passiert hatte, noch durch mehrere Schluchten, die allerdings nicht mehr so hoch und so eng waren wie diejenige, die heute der Stausee ausfüllte.

Weiter unten verbreiterte sich das Tal, und hier standen auch schon die ersten richtigen Wohnhäuser.

Wo der Fluß endgültig das Gebirge verließ und in die Ebene hinausströmte, machte er einen großen Bogen. An dieser Flußbiegung hatten die reicheren Einwohner der Stadt – darunter Bill Williams – angesichts der herrlichen Aussicht, der reinen Luft und der Nähe der wunderbaren Bergwelt ihre Häuser erbaut und einen Freizeitklub gegründet. Eine Betonwand und ein Abflußkanal schützten das Wohngebiet vor Hochwasser.

Die Stadt selbst war weitgehend ohne Plan gewachsen. Anfangs hatte es nur ein paar Häuser am Flußufer unterhalb der Biegung gegeben. Später kam eine Kirche hinzu, und es entstand das Viertel, das im Volksmund *Barrio* hieß. Aber die großartige, fast unbegrenzte Aussicht, die sich ergab, wenn man den Hang hinaufstieg, war schließlich der Anlaß dafür gewesen, daß man den Hauptplatz die *Plaza,* verlegte, so daß in einiger Entfernung vom Fluß und wesentlich höher ein neues Zentrum entstand.

Eine Seite der Plaza nahm der Alte Gouverneurspalast ein, der jetzt als Museum diente. Er war ein einstöckiger Bau aus luftgetrockneten Ziegeln mit einer säulengestützten Vorhalle, in der Indianer in Ponchos ihren Silber- und Türkisschmuck und ihre Töpferwaren an Touristen verkauften. Die anderen drei Seiten der Plaza nahmen Geschäftsgebäude ein, die noch aus der Zeit um die Jahrhundertwende stammten. Aber schon wenige Straßen weiter waren bereits neuere Einflüsse spürbar.

Nach Norden und Osten zu standen auf dem ansteigenden Gelände moderne Hochhäuser: Banken, Versicherungsgesellschaften, teure Fachgeschäfte und elegante Wohnhäuser. Westlich, ebenfalls etwas höher gelegen, standen die öffentlichen Gebäude, das Landesgericht, die Hauptpost und das Krankenhaus.

Im Süden, zum Fluß hinunter, drängte sich das bunte Gemisch kleiner Ziegelhäuser, Holzbaracken, Wohnwagen, Mietskasernen, Bars und Schnapsläden des Barrio, in dem man neben Englisch auch sehr viel Spanisch hörte. Hier stand auch die alte Volksschule, in der Bill Williams einst der Wortführer gewesen war.

Vor dem Bau des siebenhundert Meter höher gelegenen Staudamms war der Fluß regelmäßig im Frühjahr bei der Schneeschmelze über die Ufer getreten und hatte in manchen Jahren sogar die Straßen des Barrio überflutet.

Manche Brücken, die den Fluß überspannten, waren sehr alt und deshalb nur für Personenwagen zugelassen. Andere, neueren Datums wie die hochmoderne Autobahnbrücke, konnten schwerbeladene Fernlastzüge tragen.

Angeblich hatte die Einwohnerzahl der Stadt eine halbe Million bereits überschritten, doch war sie zum letzten Mal vor acht Jahren ermittelt worden, und nun fehlten genauere Angaben. Aber trotz ihres Wachstums hatte sich die Stadt in vieler Hinsicht noch ihren Kleinstadtcharakter bewahrt, und dazu zählte auch die Schnelligkeit, mit der sich Neuigkeiten in den maßgebenden Kreisen verbreiteten.

NACH dem Gouverneur und Bill Williams erfuhr George Harrison, daß die Erhöhung des Staudammes in Washington genehmigt worden war.

George Harrisons Familie lebte schon seit der ersten Kolonisierung hier. Es gab einen Harrisonpark, eine Harrisonstraße und das alte, aber immer noch recht stattliche Harrisonhaus mit seinen Bogenfenstern an der Plaza. Hier war auch das Standbild des ersten George Harrison aufgestellt worden, der in den Anfangsgründen der Stadt Gouverneur gewesen war.

Der jetzige George Harrison war dicklich, unsportlich und rosig. Obwohl in der Stadt eigentlich eher legeres Auftreten zum guten Ton gehörte, trug Harrison immer teure Maßanzüge. Er war jedoch sehr belesen und kannte sich in der Geschichte der Region sehr gut aus. Seine Bibliothek, die er als seinen ganzen Stolz betrachtete, war bei Buchhändlern im ganzen Land bekannt.

Pünktlich um neun Uhr vormittags betrat Harrison die Anwaltskanzlei. Das Telefon klingelte, und Bruce Haggard war am Apparat. Bruce war Direktor der Kongreßbibliothek in Washington und einer von seinen Freunden.

„Ich dachte, es könnte dich interessieren, George. Irgend jemand hat hier gestern abend bei einer Cocktailparty von eurer Gegend gesprochen. Habt ihr dort einen Harpers-Park-Damm?"

„Ja, warum?"

„Anscheinend wollen sie den erhöhen, eines von diesen Projekten, mit denen man die Wüste zum Blühen bringen will."

„Harpers Park", entgegnete Harrison, „kann schwerlich als Wüste bezeichnet werden. Der Staudamm liegt immerhin auf zweieinhalbtausend Meter Höhe. Aber besten Dank für die Information, Bruce."

Er legte auf und lehnte sich wie betäubt zurück. Der Harpers-Park-Staudamm war erst zehn Jahre alt. Harrison hatte schon oft Gerüchte über eine mögliche Erweiterung des Damms gehört, hatte aber angenommen, daß die Genehmigung dazu niemals erteilt werden würde. Wenn er sich das je hätte träumen lassen, hätte er niemals sein Hanggrundstück an Bill Williams verkauft. Die Gewißheit regte ihn maßlos auf. Zu Recht, wie er meinte.

Der erste Schritt war natürlich, Bruce Haggards Information zu überprüfen. Er ließ sich von seiner Sekretärin mit dem Gouverneur verbinden. Für einen Harrison öffneten sich die Türen der örtlichen Behörden stets sehr rasch. Er nahm den Hörer ab, und aus seinem Büro meldete sich Harry Wilson, der Gouverneur: „Ja, George?"

„Ich habe gehört, daß die Dammerhöhung genehmigt worden ist."

„Macht es dir etwas aus, mir zu sagen, von wem du das gehört hast?"

„Meine Quelle ist uninteressant. Die Frage ist, stimmt es?"

Der Gouverneur seufzte. „Es stimmt, George."

„Bill Williams' Werk", sagte George überzeugt. „Er hat von mir dort oben Grund gekauft, weil er wußte, daß die Erhöhung genehmigt würde. Er ist skrupellos." George legte ärgerlich auf.

Einen Augenblick lang starrte der Gouverneur vor sich hin. Dann rief er nach seiner Sekretärin. „Ich möchte Bill Williams sprechen, bitte." Als der Summer ertönte, hob er den Hörer ab. „Bill? George Harrison hat eben angerufen. Die Dammgenehmigung ist bekanntgeworden."

„Wir konnten es unmöglich geheimhalten, Harry. Die Leute reden darüber. Hat George das Grundstück erwähnt, das er mir verkauft hat?"

„Das hat er. Mit beträchtlicher Heftigkeit."

„Gut, danke. Bis später."

Williams legte auf und schaute nachdenklich durchs Fenster zu den Bergen hinauf. Hatte er bloß eine Langzeitinvestition getätigt, als er Harrisons Land kaufte, oder hatte er damals schon gewußt, daß die Dammerhöhung sein nächstes Bauvorhaben sein würde?

Auf Bill Williams' Schreibtisch läutete das Telefon. John Boggs, der Polizist, meldete sich. „Ich dachte, es interessiert Sie vielleicht, Mr. Williams. Hier ist ein Mann, der mit einer Taucherausrüstung im See taucht. Er sagt, er wäre – Geophysiker. Er heißt Harper und behauptet, vom alten Jed Harper abzustammen. Als letzte Adresse hat er irgendeinen Ort in Saudi-Arabien angegeben. Schon gestern hat er am Damm herumgeschnüffelt. Ich weiß nicht, Mr. Williams, aber irgendwie kommt mir das alles spanisch vor."

Williams nickte. „Wohnt er im Motel? Schön. Ich erledige das von hier aus. Danke für den Anruf, John."

Seine Sprechanlage summte. „Mr. Harrison ist da und wünscht Sie zu sprechen, Mr. Williams", sagte die Sekretärin.

Früher oder später mußte das ja kommen, dachte er. Warum also nicht gleich? „Schicken Sie ihn herein." Er stand nicht auf, als sich die Tür öffnete.

„Tritt näher, George, und nimm Platz."

Zwischen ihnen gab es keinen offenen Haß, nur eine gegenseitige Abneigung, die noch aus der Schulzeit stammte. George war der schwerfällige Junge aus dem großen Haus auf dem Hügel gewesen, Bill der Lausebengel aus dem Barrio. George hatte sich, trotz aller Vorrechte, die er genoß, vor Bill gefürchtet und ihn um seine Kraft beneidet. Und Bill wiederum hatte den großen Unterschied hinsichtlich ihrer Herkunft gespürt und den dicklichen Jungen nie richtig leiden können. Auch jetzt noch, nach vielen Jahren, bestand ihre gegenseitige Abneigung.

„Was kann ich für dich tun, George?" fragte Williams.

„Die Dammerhöhung ist genehmigt worden", sagte Harrison. „Der Gouverneur hat es mir bestätigt. Da steckst du dahinter, Bill. Ich bin ja nicht blind. Klar, daß du die Fäden gezogen hast, Druck auf die maßgeblichen Stellen ausgeübt hast. Offen gesagt, ich hätte nicht gedacht, daß du dabei Erfolg haben würdest. Aber nun hast du wohl allen Grund, stolz auf dich zu sein."

„Du bist sicher nicht hierhergekommen, um mir auf die Schulter zu klopfen."

„Ganz recht. Ich komme mit einem geschäftlichen Vorschlag. Du hast eine Parzelle von meinem Grundbesitz, hundertsechzig Morgen."

„Mein Grund und Boden, George. Ich habe ihn dir vor über zwei Jahren abgekauft."

„Dessen bin ich mir vollkommen bewußt. Du hast fünfhundert Dollar pro Morgen bezahlt, achtzigtausend Dollar."

„Ein fairer Preis. Du hast ihn festgesetzt."

„Ich billige dir dreißig Prozent Gewinn zu und biete hundertviertausend Dollar. Das ist mein höchstes Angebot."

„Nichts zu machen, George. Tut mir leid."

„Ich lasse mich nicht gern übers Ohr hauen."

„Niemand hat dich übers Ohr gehauen", sagte Bill. „Du hast mir das Grundstück angeboten. Ich habe es gekauft."

„In der sicheren Erwartung, daß es ein Ufergrundstück wird, wenn man den Damm erhöht."

„Ich habe das nicht im voraus gewußt. Aber selbst wenn ich's gewußt hätte, wäre ich im Recht. Erwartest du von mir, daß mich das Gewissen drückt, nur weil ich einen vorteilhaften Handel abgeschlossen habe?"

„Nein, Bill. Denn was Gewissen heißt, weißt du gar nicht."

Williams holte tief Luft. Länger konnte er George Harrison nicht ertragen. „Also gut, George. Du hast gesagt, was du sagen wolltest. Jetzt scher dich fort, bevor ich dich rauswerfe."

EINE Stunde später hörte Tom Gentry in der Zweigstelle der First National Bank von der Neuigkeit. Ein Kollege rief ihn aus Los Angeles an. „Unser Mann in New York hat es direkt aus Washington erfahren, Tom. Die Genehmigung für die Erhöhung eures Dammes ist heute morgen endgültig erteilt worden. Vielleicht kannst du mit diesem Wissen etwas anfangen."

Daß Bankdirektor Tom Gentry mit dem Revolverhelden John Wesley Hardin verwandt sei, war ein weitverbreitetes Gerücht. Gentrys unerschütterliche Ruhe und seine kalten grauen Augen ließen es glaubhaft erscheinen. „Das könnte gut möglich sein", sagte er. „Danke, Joe."

Er legte auf und dachte angestrengt nach. Wenn eine solche Information einmal allgemein bekannt war, hatte sie keinen Wert mehr; aber vorher konnte man sie gewöhnlich gewinnbringend verwerten. Das Problem war nur, den richtigen Weg zu finden. Und das rasch.

Nachdem er eine Weile gedankenverloren dagesessen hatte, schaltete er die Sprechanlage ein.

„Schicken Sie bitte Jack Marble zu mir."

Jack Marble, der Leiter der Kreditabteilung, war Ende Dreißig, schlank und elegant gekleidet. Er machte eine steile Karriere und schien voller Ungeduld, eine Spitzenposition zu erreichen. Er setzte sich und wartete, was Gentry sagen würde.

„Brooks Thompson", begann Tom Gentry. „Wir haben eine Erhöhung seines Kredits abgelehnt."

„Ja, so leid es mir getan hat. Er ist ein netter Kerl, aber er bringt diese Landschaftsgärtnerei nicht in Schwung."

„Hat er uns nicht Grundbesitz als weitere Sicherheit angeboten?"

„Das schon, fünfzig Morgen, oberhalb des Stausees im Wald, vielleicht vier- bis fünfhundert Dollar pro Morgen wert. Nur würde man schwerlich einen Interessenten dafür finden."

„Seine Raten zahlt er doch pünktlich?"

„Ja. Das fällt ihm und seiner Frau ganz schön schwer, aber sie geben nicht auf."

„Gut, Mr. Marble, danke. Die Thompsons sind ein nettes Paar. Ich würde es begrüßen, wenn sie es schafften."

„Ich auch, Mr. Gentry. Er und seine Frau Mary haben schwer geschuftet."

Tom Gentry wartete, bis sich die Tür wieder geschlossen hatte, bevor er das Telefonbuch aus der Schublade nahm und im Branchenverzeichnis unter dem Stichwort Landschaftsgärtnerei nachsah. Er wählte die Nummer selbst. Eine junge Frau meldete sich.

„Mrs. Thompson?"

„Am Apparat."

„Hier spricht Tom Gentry von der Bank. Mrs. Thompson, ich rufe an ..."

„Wenn es wegen der Kreditrate für diesen Monat ist, Mr. Gentry, mein Mann wird sie sicher noch diese Woche einzahlen." Es klang eher hoffnungsvoll als überzeugt.

Liebenswürdig sagte Gentry: „Darum geht es überhaupt nicht, Mrs. Thompson. Ich wollte mich mit Ihrem Mann nur über Ihren neuen Kreditantrag unterhalten."

„Sie meinen, es ließe sich vielleicht doch etwas machen?"

„Ich kann es noch nicht mit Bestimmtheit sagen. Aber wir helfen aufstrebenden Unternehmen gern, wann immer wir können. Glauben Sie, Ihr Mann würde heute eventuell mit mir zu Mittag essen? Im Hilton? Um zwölf Uhr?"

„Ich werde dafür sorgen, daß er kommt. Oh, vielen Dank!"

„Keine Ursache." Schon hatte er einen Weg gefunden. Er lehnte sich zurück, um genau zu überlegen, wie er weiter vorgehen sollte.

3

IN FÜNFUNDZWANZIG Meter Tiefe war das Wasser des Sees immer noch klar und die Sicht recht gut. Jay fror trotz des Taucheranzugs, den er trug. Er hatte die topographischen Karten des Gebietes studiert und festgestellt, daß der Fluß, ehe er sich in den See ergoß, eine große Zahl von Hochtälern, Klüften und engen Schluchten passieren mußte. Einige Zuflüsse waren in den Karten als zeitweilig trocken gekennzeichnet und jetzt nach der langen Dürre vermutlich ausgetrocknet; andere bezogen ihr Wasser direkt aus den Seitentälern und vielen kleinen Seen, die vom Schmelzwasser der Gletscher gespeist wurden.

Nun, da Jay zwischen den Gebäuden des überfluteten Dorfes herumtauchte, fielen ihm plötzlich wieder jene seltsamen Wellen ein, die das Erdbeben ausgelöst hatte, von dem Pancho ihm erzählt hatte. Aus der Nähe sah das Gemäuer an manchen Stellen bedrohlich scharfkantig aus.

Da er den Bleigürtel umgeschnallt hatte, glitt er nur wenige Meter über dem Grund des Sees entlang. Er folgte der früheren Hauptstraße des Dorfes. Links erkannte er die Mühle: Das Mühlrad war noch gut erhalten. Dahinter stand die Schmiede, aus der einst die hell klingenden Hammerschläge durch die Dorfstraße gehallt waren. Heute glich der Ort einem Unterwassermuseum, das man den Fischen überlassen hatte.

Und hier das älteste Haus des Dorfes, das der alte Jed gebaut hatte. Nein, Jeds allererstes Haus war ein Blockhaus gewesen, erinnerte sich Jay. Das hatte er in Julias Tagebuch gelesen.

Dieser steinerne Bau stammte aus späterer Zeit und war offenbar an dieser Stelle errichtet worden, da sich von hier aus eine schöne Aussicht auf das Tal und die Berge bot, die der alte Jed in jüngeren Jahren oft durchwandert hatte.

Wenn er das nächste Mal tauchte, beschloß Jay, würde er sich Jeds Haus genauer ansehen. Für heute würde es ihm genügen, sich einen Überblick über das ganze Dorf zu verschaffen. Als nächstes kam die Kirche, von der sogar der Turm noch stand. Nur die Glocke fehlte. Man hatte sie vorsorglich abgenommen, denn Glocken waren teuer. Er fragte sich, wo sie jetzt wohl läutete.

Hinter der Kirche lag der Friedhof mit seinen Reihen von halb umgekippten Grabsteinen. Keinen davon konnte man prunkvoll nennen, manche waren sogar recht schlicht. Er würde Licht brauchen, um sie entziffern zu können, und eine Unterwasserkamera für Fotos. Selbst an einem klaren Tag wie diesem erhellte die Sonne den Grund des Sees nicht so weit, daß man die verwitterten Inschriften hätte lesen können.

Er schwamm die ganze Hauptstraße entlang. Und hier endet schließlich die Reise, dachte er, als jäh vor ihm die Staumauer aufstieg. Er machte kehrt und steuerte dem Licht zu.

Sein Unterwasserstreifzug war zur Pilgerfahrt geworden. Eigentlich ein albernes Unterfangen, stellte er fest, aber seltsamerweise fühlte er sich nun besser.

Erst als er wieder im Heck des Bootes saß, kam ihm zu Bewußtsein, wie angespannt er unter Wasser gewesen war. Seine Muskeln schmerzten, und trotz der Kälte schwitzte er. Er warf den Außenbordmotor an. Nach der Stille im Dorf dröhnte sein lautes Geknatter unangenehm in seinen Ohren. John Boggs erwartete ihn am Steg.

„Sie sehen aus, als hätten Sie eine heiße Dusche nötig", sagte er. „Aber Sie werden sich beeilen müssen. Da will ein Mann mit Ihnen sprechen. Ich habe ihm gesagt, wie Sie heißen und wo er Sie erreichen kann. Er wird sich mit Ihnen in Verbindung setzen. Ein Mr. Williams, Bill Williams, ein großes Tier hier in der Gegend. Es hat etwas mit dem Staudamm zu tun."

„Soll ich nach vergrabenen Schätzen tauchen?"

„Das müssen Sie mit ihm ausmachen." Damit ging Boggs seiner Wege.

Unter Jays Zimmertür im Motel steckte ein Zettel mit Bill Williams' Telefonnummer und der Bitte um Rückruf. Nachdem Jay sich geduscht und angezogen hatte, bat er den Portier, ihn zu verbinden.

Bill Williams meldete sich. „Es besteht eigentlich kein unmittelbarer Anlaß dafür, Mr. Harper, aber ich möchte Sie kennenlernen. Sie scheinen sich für den Staudamm zu interessieren, und ich weiß alles über ihn. Dort oben im Motel kriegen Sie kein anständiges Essen, außer Sie kochen es selbst. Kommen Sie doch zum Abendessen zu mir, dann können wir beide unsere Neugierde befriedigen."

Jay gefiel Williams' direkte Art. Und Panchos Küche ließ wirklich eine Menge zu wünschen übrig. „Die Einladung wird mit Freuden angenommen", erwiderte er. „Sagen Sie mir nur wo und wann."

Bürgermeister José-Maria Lopez y Baca war im Barrio geboren und aufgewachsen. Jetzt, nachdem er Karriere gemacht hatte, lebte er in einer fremden, rein englischsprachigen Welt, und ein bitterer Groll nährte seine Entschlossenheit, jedem zu zeigen, daß er – und mit ihm alle anderen mexikanischstämmigen Amerikaner – erfolgreich sein konnte. In einer Stadt, in der es zwei so hohe Beamte gab, ihn selbst und den Gouverneur, waren Reibereien unvermeidlich.

Er hatte sich gerade mit dem Gouverneur verbinden lassen. „Sie werden jetzt diese Erhöhung des Staudamms durchführen, nicht wahr?"

Harry Wilson hätte liebend gern gewußt, wie der Bürgermeister so rasch zu dieser Information gekommen war, aber er verkniff sich die Frage. „Ich habe noch keine offizielle Bestätigung dafür", sagte er, „aber anscheinend ist das Projekt genehmigt."

„Ausnahmsweise", begann der Bürgermeister, „sitzen wir beide einmal im selben Boot. Wir brauchen die Erhöhung des Staudamms. Aber die Gebühren für den Wasserverbrauch werden steigen. Die Bauarbeiten werden nämlich was kosten, und irgendwer muß es bezahlen. Ein paar Dollar pro Monat bedeuten für einen reichen Americano oder einen großen Konzern gar nichts. Aber für einen armen Chicano aus dem Barrio und seine Familie bedeutet es weniger Bohnen im Topf. Die Staffelung des Tarifs ist in dieser Hinsicht sehr unsozial."

Der Gouverneur überlegte. „Was schlagen Sie vor?"

„Es gibt eine Grundgebühr", sagte der Bürgermeister. „Bei Überschreitung des Mindestverbrauchs geht der Preis pro Kubikmeter herunter, so ist es doch? Warum erhöht man nicht den Tarif für die großen Verbraucher und läßt sie ein Aufgeld zahlen? Je mehr sie verbrauchen, desto mehr zahlen sie, statt wie jetzt weniger. Geben Sie den kleinen Leuten eine Chance. Setzen Sie doch mal die Versorgungsbetriebe unter Druck."

Ich hätte das kommen sehen müssen, dachte der Gouverneur. „Die Versorgungsbetriebe sind selbständig", erwiderte er. „Das wissen Sie doch, Mr. Lopez."

„Ach was", widersprach der Bürgermeister. „Sie können sie jederzeit nach Ihrer Pfeife tanzen lassen. Sie sind ein netter und umgänglicher Mensch, Mr. Wilson, aber es laufen eine Menge Leute herum, die den Kopf unterm Arm tragen, weil sie nicht getan haben, was Sie wollten."

„Sie überschätzen mich", sagte der Gouverneur. „Aber ich werde über Ihren Vorschlag nachdenken."

Am späten Vormittag suchte Carlos Garcia den Bürgermeister in seinem Büro auf. Garcia unterrichtete in der Schule des Barrio die siebte Klasse und organisierte Wettkämpfe in Basketball, Baseball, Fußball, Wettlauf und Ringen. Er stammte wie der Bürgermeister aus dem Barrio. Die beiden waren alte Freunde.

„Die Dürreperiode in Texas ist vorbei", sagte Garcia. „Sie haben es im Fernsehen gebracht. Dafür gab es jetzt böse Überschwemmungen."

„Hab's gehört, Carlito."

„Bei uns herrscht Trockenheit. Aber was ist, wenn es auch bei uns zu Überschwemmungen kommt? Erinnerst du dich, wie es früher immer während der Schneeschmelze war? Wenn es so regnet wie in Texas, könnte es noch viel schlimmer werden."

„Dafür haben wir ja den Damm gebaut. Und jetzt wird er noch erhöht."

„Das habe ich nicht gewußt." Garcia schwieg eine Weile. „Das ist gut", sagte er schließlich. „Aber angenommen, irgend etwas geht schief und wir bekommen eine Überschwemmung. Alle diese Menschen im Barrio, in der Senke am Fluß. Ich meine nur, angenommen ... Haben wir da einen Plan? Eine Idee, wie man die Leute in einem solchen Fall in Sicherheit bringt?"

Der Bürgermeister lehnte sich in seinem Sessel zurück und schüttelte verdutzt den Kopf. *„Madre de Dios!"* seufzte er. „Ich glaube nicht, daß sich schon irgendwer darüber Gedanken gemacht hat. Wie ist das nur möglich gewesen?"

Nachdenklich gestimmt kam Brooks Thompson vom Mittagessen mit Bankdirektor Tom Gentry zurück. Brooks war Ende Zwanzig, groß und schlank, mit langem braunem Haar, einer breitrandigen Brille und einem Akzent, der nach guter Schulbildung klang. Nach dem Examen in Princeton und dem Militärdienst hatte er für eine Investmentfirma in New York gearbeitet. Aber nach drei Jahren hatte er von der beruflichen Hetze genug und zog mit Mary nach dem Westen. Die Landschaftsgärtnerei war ihre Idee gewesen. Sie liebte Blumen und wußte auch einiges über Botanik. Doch bald stellte sich heraus, daß das nicht genügte. Sie hielten sich nur mühsam über Wasser, und die Bezahlung der Miete für ihr Häuschen am Rand des Barrio schafften sie jedesmal nur mit Mühe.

„Wie war's?" fragte Mary. „Setz dich und erzähl mir alles!" Sie war eine große schlanke Frau, die wie ihr Mann braunes Haar hatte. Sie trug ihre Arbeitskleidung: eine kurzärmelige Bluse, alte Jeans und Turnschuhe.

Brooks setzte sich und streckte die Beine von sich: „Ich weiß nicht", begann er bedächtig. „Wenn wir in New York wären, würde ich annehmen, daß jemand versucht, uns hereinzulegen. Vom Typ her hätte Tom Gentry sicher das Zeug zu einem echten Kredithai." Brooks schüttelte langsam den Kopf. „Ich weiß wirklich nicht, was ich sagen soll. Er ist mir auf einmal ein bißchen zu freundlich. Er möchte uns helfen, bis wir unseren Laden richtig in Schwung haben."

„Manchmal wünsche ich, du hättest nie in New York gearbeitet", sagte Mary. „Das hat dich mißtrauisch gemacht. Was hat Mr. Gentry denn im Sinn?"

„Er will uns unser Grundstück oben am See abkaufen. Wo wir die Hütte bauen wollten."

Mary war für eine Weile still.

Alle ihre Pläne, dachte sie, entpuppten sich als Illusionen. „Hat er einen Preis genannt?"

„Vierhundertfünfzig Dollar für den Morgen. Das macht über zweiundzwanzigtausend Dollar. Ein anständiger Preis, jedenfalls mehr, als wir bezahlt haben."

Mary strich mit beiden Händen ihr langes Haar zurück. „Wir könnten das Geld wirklich gut brauchen."

„Zweifellos. Aber warum will Gentry das Grundstück unbedingt haben?"

„Also hör mal, Brooks, ist das nicht ziemlich egal?"

„Ich weiß nicht." Brooks grinste unschlüssig.

„Wir könnten den Kredit abbezahlen, und es würde noch genug für den kleinen Traktor und die Spritzgeräte übrigbleiben. Für all das, was wir schon seit langem planen."

„Stimmt."

„Aber du meinst, wir sollten trotzdem nicht verkaufen."

„Ich habe nur so ein komisches Gefühl dabei, keinen wirklichen Grund."

Mary lehnte sich gegen den wackligen Tisch. „Wir könnten Vati um ein Darlehen bitten."

„Nein, darüber waren wir uns doch einig. Er glaubt nicht, daß wir es hier zu etwas bringen, und vielleicht wird er damit sogar recht behalten, aber wir wollen uns jedenfalls alle Mühe geben – ohne fremde Hilfe." Er sah ihr in die Augen. „Nicht wahr?"

Marys Lächeln wirkte nicht sehr überzeugend. „So hatten wir es ausgemacht."

Brooks seufzte. „Na schön", sagte er. „Damit ist es also entschieden. Ich rufe Gentry an und sage ihm, daß er das Grundstück haben kann."

HÖCHST eindrucksvoll, dachte Jay, als er zu Williams' Haus hinauffuhr. Es war groß, und seine rotbraune Fassade leuchtete zwischen den verstreuten Pinien und Zypressen hervor. Die Villa paßte sich ganz natürlich in ihre Umgebung ein.

Jay griff gerade nach dem schmiedeeisernen Türklopfer, als sich die Haustür öffnete. Ein Mädchen empfing ihn mit einem Lächeln und einem festen Händedruck. „Ich bin Kate Williams, Mr. Harper", sagte sie.

In der Vorhalle mit ihren weißgetünchten Wänden und den verwitterten Deckenbalken war es angenehm kühl. Auf den schönen alten Bodenfliesen lagen hell gemusterte indianische Teppiche. Jay merkte, daß ihn das Mädchen lächelnd beobachtete.

„Gefällt es Ihnen, Mr. Harper?"

Williams war reich, die ganze Villa stank nach Geld. Aber man mußte zugeben, dachte Jay im stillen, Geschmack hatte dieser Mann. „Sehr schön", sagte er und folgte Kate durch die Glasschiebetür auf eine überdachte Terrasse, die einen herrlichen Ausblick auf die Berge freigab.

Zwei Männer saßen am Tisch bei einem Drink. „Mr. Harper ist da, Paps“, sagte Kate.

Bill Williams erhob sich aus seinem Sessel. Ein stattlicher Mann, dachte Jay, nicht übermäßig groß, aber breitschultrig und kräftig gebaut. Williams begrüßte ihn mit einem kräftigen Händedruck.

„Freut mich, daß Sie kommen konnten“, sagte er. Dann stellte er ihm den anderen Gast vor, einen hochgewachsenen jüngeren Mann. „Das ist Sam Martin, mein Oberingenieur.“

Im Verlauf des Abends mußte Jay sich eingestehen, daß ihm Williams gefiel. Und dennoch paarten sich in Williams die Überheblichkeit eines Reichen mit der Neigung, auf jedes Ziel, das er sich setzte, mit Vollgas loszusteuern. Für Jay war das eine Schwäche, die sich als sehr gefährlich erwies.

Sam Martin hingegen war ihm unsympathisch. Der Mann schien ein recht brauchbarer Ingenieur zu sein, konnte zuhören, wenn andere redeten, und lächelte häufig. Eigentlich gab es keinen Grund anzunehmen, daß dieses Lächeln unecht war. Was konnte man ihm also vorwerfen, außer daß er eine eher blasse Erscheinung war? Jay wußte es nicht.

Auch was Kate betraf, fühlte sich Jay überfragt. Sie war sehr attraktiv mit ihrer hübschen schlanken Figur. Aber sie sprach nicht viel, und stets umspielte ein selbstsicheres Lächeln ihre Lippen. Wenn sie jedoch etwas sagte, waren ihre Bemerkungen von einer Direktheit, die der ihres Vaters gleichkam. Die stille, innere Kraft, die sie ausstrahlte, ließ Jay nicht kalt. Doch konnte er sich nicht darüber klarwerden, ob er Kate mochte oder nicht. Das war auch unwichtig. Er würde ohnehin nicht lange bleiben.

In seiner ungezwungenen Art fragte ihn Bill Williams: „Sie sind ein Nachfahre vom alten Jed Harper, wie mir John Boggs erzählt hat. Als wir vor zehn Jahren den Staudamm gebaut haben, gab es hier keine Harpers mehr. Schon während meiner Kindheit lebte oben im Tal keiner mehr von der Familie.“

„Ich glaube, sie sind schon um 1900 westwärts nach Kalifornien gezogen.“ Julias Tagebücher erwähnten den Umzug der Sippe nur kurz. Sie selbst war hiergeblieben.

„Harpers Park war ein nettes kleines Dorf“, sagte Williams. „Aber

Sie haben es ja schon gesehen. Was für einen Eindruck hat es auf Sie gemacht, als Sie unten waren?"

„Es wirkte verlassen wie eine Geisterstadt. Nur noch das Gemäuer ist da."

„Ich habe mir das Dorf nie richtig angesehen", sagte Kate und wandte sich an ihren Vater. „Wenn du den Staudamm jetzt höher baust, wird doch auch der See tiefer. Kann man dann die Gebäude noch sehen?"

„Sie wollen die Talsperre erhöhen?" fragte Jay.

Mittlerweile hatte Williams die Heimlichtuerei satt. Wenn George Harrison schon alles darüber wußte, konnten andere es auch wissen. „Ja", bestätigte er. „Acht Monate lang hat Sam an den Plänen gearbeitet, und das Ingenieurkorps der Armee hat sie auf Herz und Nieren geprüft." Er sah Jay fragend an. „Sie sind Geophysiker, hat John Boggs mir gesagt."

„Mein Fachgebiet sind Erdölbohrungen", erklärte Jay.

„Angenommen", fuhr Williams fort, „es gibt Widerstand gegen die Staudammerhöhung, und wir brauchen das Gutachten eines Experten. Sie sind auf den Grund des Sees getaucht, wo sich vorher noch nie jemand hingewagt hat. Würden Sie für uns arbeiten?"

„Ich fürchte, nein. Ich muß schon in zwei, drei Tagen nach Kanada", erwiderte Jay. „Aber warum wollen Sie einen Geophysiker hinzuziehen?"

„Es ist eine alte Erfahrung", sagte Williams, „daß die Leute bei öffentlichen Anhörungen immer auf der Seite dessen sind, der die meisten Experten mitbringt. Vor allem, wenn es Experten sind, die über Sachen reden können, von denen niemand etwas versteht."

„Die Planung ist abgeschlossen, Bill", warf Sam Martin ein, , und niemand wird dagegen ankommen."

Williams schüttelte den Kopf. „Ich habe erst gewonnen, Sam, wenn alle meine Gegenspieler ihre Karten ausgespielt haben. Vorher nicht." Er musterte Jay prüfend. „Macht ein Fachmann wie Sie eigentlich auch Fehler, Mr. Harper?"

„Ich versuche, so selten wie möglich falsch zu liegen."

„Das ist auch mein Motto."

Das Abendessen war ausgezeichnet. Es gab Steaks vom Grill,

gebackene Kartoffeln mit Sauerrahm und Schnittlauch, frischen grünen Salat, kalifornischen Wein, Käse und schließlich Kaffee, Portwein oder Kognak. Jay fragte sich, ob Kate die Speisenfolge zusammengestellt hatte.

Als Gastgeber beherrschte Williams die Unterhaltung und wechselte ohne Vorwarnung von einem Thema zum anderen. „In ein paar Tagen sind Sie in Kanada", sagte er und sah Jay an. „Sie kommen ganz schön in der Welt herum."

„Wie es sich eben ergibt."

„Erzählen Sie mal ein bißchen", sagte Sam Martin herausfordernd.

Nein, dachte Jay, ich mag den Mann wirklich nicht. „Die letzte Station war Saudi-Arabien", sagte er. „Vorher war ich im Iran und davor auf einem Bohrturm vor der norwegischen Küste, außerdem in Indonesien, Alaska ..." Er zuckte mit den Achseln. „Ich bin immer dort, wo Arbeit auf mich wartet. Meine Aufgabe ist es, Ölkatastrophen zu verhüten. Und wenn es an so einem Ort keine Heldentaten mehr zu erledigen gibt, habe ich meine Arbeit getan. Ich liebe ein ruhiges Leben."

Kate, die aufmerksam zugehört hatte, fragte sich unwillkürlich, ob man die Arbeit auf einer Bohrinsel oder das Tauchen in einem eiskalten See ein ruhiges Leben nennen konnte.

Nach dem Abendessen saßen sie wieder auf der Terrasse. Die sonnenwarme Luft wurde rasch abendlich kühl. Das Dienstmädchen erschien und entfachte im offenen Kamin ein Feuer aus Kiefernscheiten. Es strahlte eine angenehme Wärme aus, und die Windlichter auf dem Tisch verbreiteten ein gemütliches, gedämpftes Licht.

So etwa, dachte Jay, mag Old Jed damals gelebt haben, irgendwie für sich allein und doch zur Gemeinschaft gehörig: Wie die Eule, die er letzte Nacht gehört hatte, in Harmonie mit der Umwelt und nicht als unliebsamer Eindringling.

Kate unterbrach seine Gedanken. „Tauchen Sie morgen wieder?" fragte sie Jay.

„Wenn das Wetter schön ist, und es sieht danach aus. Ich möchte mir einiges noch näher ansehen, vor allem den Friedhof." Jay hätte gerne den Grabstein des alten Jed und den seiner Urgroßmutter Julia gefunden.

Spontan fragte Kate: „Könnten Sie mich nicht auf den See hinaus mitnehmen? Ich habe das Dorf nicht mehr gesehen, seit es unter Wasser liegt."

Sie war schließlich seine Gastgeberin, sagte sich Jay, und er fühlte sich durch das ausgezeichnete Abendessen verpflichtet. „Sie werden ziemlich frieren, wenn Sie im Boot sitzen", erwiderte er. „Aber wenn Sie mitkommen wollen, sind Sie natürlich gerne eingeladen."

In dieser Nacht wachte Jay durch ein Geräusch auf, das wie eine Detonation klang. Er stellte fest, daß es Donner war, der an den Bergen der Wasserscheide widerhallte. Das Ende der Trockenperiode also? Vielleicht. In gebirgigen Gegenden wie dieser konnte ein schweres Unwetter ebensogut ein Einzelereignis wie der Vorläufer einer näher kommenden Schlechtwetterfront sein.

Wie auch immer, Jay war froh, daß er hier in seinem warmen Bett lag und nicht irgendwo draußen in einem sturmdurchtosten Hochtal kampierte.

Ein Unwetter im Gebirge setzt ungeheure Energien frei. Und der Regen oder Hagel, der dabei fällt, prasselt unbarmherzig in unglaublichen Mengen auf die Erde nieder. Kleine Rinnsale schwellen in Sekundenschnelle zu tosenden Wildbächen an, die jäh in die Tiefe stürzen. Sie reißen lose Steine, Geröll, ja sogar große Felsbrocken mit, die dann wie Kanonenkugeln talwärts donnern.

Jay schloß die Augen und schlief fast augenblicklich wieder ein. Das hatte er während langer Aufenthalte in fremden Ländern gelernt. Am nächsten Morgen wollte er nachsehen, was das Unwetter angerichtet hatte.

Noch vor dem Frühstück machte er sich auf den Weg. Nachdem er etwa eineinhalb Kilometer am Seeufer entlanggegangen war, fand er, was er suchte.

Er sah bräunliche Schlieren im klaren Wasser, die immer dichter wurden, je weiter er ging. Das war der Schlamm, den unzählige Bäche dem Fluß zugetragen hatten; er war ein Beweis für die ungeheure Gewalt des abfließenden Regenwassers.

Auf dem Rückweg zum Motel besann er sich. Wieder stellte sich dieses Gefühl der Verbundenheit ein, das er für das Tal mit seinem überschwemmten Dorf empfand und das er nicht abschütteln konnte.

4

Pater Rodriguez war Pfarrer der Kirche zum heiligen Rosenkranz im Barrio, ein kleiner Mann Ende Sechzig, der immer eine abgetragene schwarze Soutane trug. Und da er vor der menschlichen Schwäche der Eitelkeit nicht ganz gefeit war, zierte meist auch ein schwarzes Barett seinen Kopf, das seine Glatze verdecken sollte.

Er lebte seit fünfundvierzig Jahren im Barrio und war mit seinem Schicksal zufrieden. Seine Pfarrkinder kamen selbstverständlich mit ihren Problemen zu ihm. An diesem Tag sprach Angelita Leyba, eine korpulente Witwe in den Fünfzigern und Mutter von elf Kindern, die wie immer schwarz gekleidet erschien, mit ihren Sorgen bei ihm vor. Sie betrafen Juan Cisneros.

„Er sagt, daß er es sich jetzt leisten kann, im See zu fischen", sagte sie, „und mit seinem großen Auto und seinem Geschäft und allem kann er das vielleicht wirklich."

Pater Rodriguez war noch nie zu Ohren gekommen, daß Juan Cisneros auch nur das mindeste Interesse am Fischen bekundet hätte.

„Sie wissen doch, als mein Inocencio – er ruhe in Frieden – vom großen Krieg zurückgekommen ist, hat er eine Weile oben in Harpers Park gelebt und sich dort ein kleines Haus gebaut. Als wir noch jünger waren, wollten wir ab und zu am Wochenende da hinauffahren. Und als Inocencio das Zeitliche segnete, hat mir der Rechtsanwalt erklärt, daß das kleine Haus und das Land – zehn Morgen, glaube ich – jetzt mir gehören. Aber was sollte ich ohne meinen Inocencio damit anfangen? Ich habe es seit drei, vier Jahren nicht mehr gesehen. Und jetzt möchte es Juan Cisneros kaufen, aber ich kann mich nicht entscheiden, weil es doch Inocencio gehört hat, und jetzt weiß ich nicht, was ich tun soll." Pater Rodriguez schwieg nachdenklich.

„Zweitausend Dollar", fuhr sie fort, „sind ein Haufen Geld. Wir sind arme Leute. Mit zweitausend Dollar ..." Sie hob Augenbrauen,

Schultern und Hände zugleich, da sie an diese schrecklich große Summe dachte. „Vielleicht für mich einen neuen Herd. Für Felipe Stiefel, wie die Cowboys sie tragen. Luis will ein Skateboard und Maria-Victoria eine neue Hose. Was soll ich bloß tun, Padre?"

„Das eilt doch nicht", sagte der Priester. „Du hast so lange gewartet. Auf ein paar Tage ..."

„Juan Cisneros sagt, wenn er sich entschlossen hat, etwas zu tun, dann will er es gleich tun oder gar nicht."

Ja, das sieht Juan Cisneros ähnlich, dachte der Priester. „Laß mir noch etwas Zeit, Angelita. Ich denke darüber nach und gebe dir dann Bescheid." Er schaute Angelita nach, die durch das Kirchenschiff watschelte, sich kurz umdrehte, in die Knie ging und dann in den Sonnenschein hinaustrat.

Pater Rodriguez dachte über Juan Cisneros nach. Wie der Bürgermeister war Cisneros, der sich als Besitzer eines Radiogeschäftes gern „der ehrliche Johnny" nannte, im Barrio aufgewachsen. Für den Pfarrer war er ein Rätsel. Er schuftete, hatte immer schon geschuftet und war seit seinem achten Lebensjahr, als er noch die Touristen auf der Plaza bearbeitete, ein Geschäftsmann. Er wußte, wo man an einem alkoholfreien Sonntag einen Drink bekam, wo man unechten Silber- und Türkisschmuck und echte indianische Teppiche, die allerdings aus einer Maschinenweberei in Mexiko stammten, kaufen konnte. Juan Cisneros war immer unterwegs, immer in Eile.

Burschen wie er waren für den Glauben des guten Priesters an die Menschheit eine harte Nagelprobe, und doch bewiesen die beiden Ladengeschäfte des ehrlichen Johnny, daß solche Burschen nicht immer schlecht endeten. Aber im Grunde seines Herzens war Pater Rodriguez überzeugt, daß in dem ehrenwerten Johnny Cisneros immer noch der kleine Juan auf der Lauer lag, der nie etwas ohne Aussicht auf Gewinn tat.

Angelita Leybas Problem mußte genau durchdacht werden, entschied der Priester. Und wenn sein Rat schließlich falsch war? Er war kein Geschäftsmann. Aber er konnte sich auch nicht vor seinen Pflichten drücken.

Er machte sich also von seiner Kirche im Barrio auf den Weg zum Geschäft des ehrlichen Johnny, das oben an der Plaza, also in der nobleren Gegend lag. Eine Weile blieb er davor stehen und bewunderte die Auslage mit den prächtigen Fernsehgeräten und Stereoanlagen, die ihn arrogant zu mustern schienen. Schließlich trat er ein.

Cisneros stand hinter dem Ladentisch und telefonierte. Als er Pater Rodriguez sah, deutete er auf einen Stuhl. „Ich meine", sagte er in die Sprechmuschel, „wenn Sie das Geschäft machen wollen, dann halten Sie sich doch an Ihre Zusagen. Sie haben versprochen, heute zu verladen. Jetzt sagen Sie, vielleicht nächste Woche. Das kommt nicht in Frage. Ich will diese Fernsehgeräte noch heute auf dem Lastwagen haben, sonst können Sie sich das Zeug an den Hut stecken." Er legte auf und drehte sich zu Pater Rodriguez um.

„Seien Sie froh um Ihren Beruf, Padre. Ich habe nichts als Ärger. Was kann ich für Sie tun?"

So weit von seiner Kirche entfernt, fühlte sich Pater Rodriguez unsicher. Hier hatte er es mit der profanen Welt zu tun, deren Grundregeln und Werte von den Menschen und nicht von Gott stammten. Und hier bestimmte Juan Cisneros, der wie eine Wildkatze in ihrem Jagdrevier seine Beute machte. Einen Augenblick lang bereute der Priester seinen Entschluß herzukommen.

Aber dann raffte er sich auf: „Du hast Angelita Leyba angeboten, ihr Grundstück zu kaufen, Juan." Wie immer, wenn er unter seelischem Druck stand, sprach der Priester spanisch.

Johnnys Gesicht blieb unbewegt, auch seine Augen verrieten nichts. „Gewiß", erwiderte er in vollkommen akzentfreiem Englisch. „Wie ich ihr schon gesagt habe, Padre, suche ich ein Fleckchen Erde, wo ich mich entspannen kann, verstehen Sie, ein wenig fischen, vielleicht ein paar Kumpel zu einem Drink einladen oder zu einem netten Poker."

„Ist das dein einziger Grund, Juan?"

Johnnys Lächeln war offen und herzlich. „Was denn sonst?"

Das war es ja gerade, dachte der Priester, daß er auf diese Frage keine Antwort wußte, obwohl er seit Angelita Leybas Besuch vergeblich nachgegrübelt hatte, welcher Grund wohl in Wirklichkeit dahinterstecken mochte.

Johnny beobachtete das Gesicht des Pfarrers, und sein Lächeln verschwand. „Padre, wenn Angelita eine große Sache daraus machen will, vielleicht Sie nur dazu benützt, um mir mehr Geld aus der Tasche zu ziehen, na dann vergessen wir das Ganze. Ich habe gemeint, ich tue mir und auch ihr etwas Gutes, aber nicht, wenn es Scherereien gibt. Ich habe hier schon genug Ärger."

Das waren einleuchtende Gründe, dachte Pater Rodriguez. Dem hatte er nichts entgegenzusetzen als einen unbegründeten Verdacht, und das war unchristlich.

Nichts lag ihm ferner, als ein einwandfreies und für Frau Leyba vorteilhaftes Geschäft zum Scheitern zu bringen. „Ich werde Angelita erzählen, was du gesagt hast."

Johnnys Gesicht verriet Zweifel. „Ich weiß nicht, Padre. Ich möchte nicht, daß die gute Angelita sagt, ich hätte sie übers Ohr gehauen. Vielleicht blasen wir die Geschichte besser ab."

Das klang dem Priester nun doch ein wenig zu ehrlich, so daß er es noch einmal versuchte. „Alles mögliche sagen dir die Leute nach, Juan, nur das eine nicht, daß dich jemals dein Gewissen richtig gedrückt hätte."

Johnny grinste ungeniert. „Ich bin Geschäftsmann, Padre, und ich muß auf meinen Ruf achten. Sobald die Leute anfangen, schlecht über mich zu reden, gehen die Umsätze zurück. Deshalb möchte ich nicht, daß sich die Leyba benachteiligt fühlt. Aber wenn Sie Ihren Segen dazu geben, dann mache ich die Sache. Sagen Sie ihr, daß das Angebot gilt. Aber ich möchte noch heute nachmittag zum Abschluß kommen. Mein Rechtsanwalt wird ihr die Unterlagen vorbeibringen. Gut so?"

Pater Rodriguez hatte das Gefühl, irgendwie versagt zu haben. Aber er war mit seiner Weisheit zu Ende. „Ich werde es ihr ausrichten, Juan", erwiderte er.

Im Wandspiegel, in dem Johnny sein ganzes Geschäft überblicken konnte, sah er dem Priester nach, bis er draußen auf dem Gehsteig war. Dann griff er zum Telefonhörer und rief seinen Rechtsanwalt an. „Alle Weichen für den Landkauf, von dem ich mit dir gesprochen habe, sind gestellt, Manny. Hol als erstes heute nachmittag die Unterschrift der Frau auf dem Kaufvertrag ein und gib ihr das Geld. Zweitausend. Ich will die ganze Sache heute noch schriftlich niedergelegt und abgewickelt haben." Johnny wollte gerade auflegen, änderte aber seine Absicht. „Und Manny – setz in diesen Kaufvertrag ein: Der vereinbarte Kaufpreis wurde bei Abschluß in bar übergeben. Nenn keinen Betrag."

„Hab schon begriffen", sagte Manny verständig.

Johnny wählte die Nummer von Senator Walt Duggan. Er rief in dessen Versicherungsagentur an. „Alles in Ordnung, Mr. Duggan", sagte Johnny. „Heute nachmittag gehört das Leyba-Grundstück uns. Sind Sie sicher, daß diese Dammerhöhung genehmigt ist?"

„Habe ich Ihnen doch gesagt, Johnny. Es mußte über mein Komitee laufen, so habe ich es aus erster Hand. Und ich will nicht, daß mein Name dabei auftaucht."

„Das wird er auch nicht. Nur Ihr Geld. Übrigens, da ist noch was. Die Leyba hat den Priester hergeschickt. Er ist eben erst gegangen."

„Und zu welchem Zweck?"

„Wenn einer aus dem Barrio stammt, geht er, wenn er ein Problem hat, unweigerlich zur Kirche. Die Kirche kümmert sich um alles, auch um den Preis eines Grundstücks. Das bedeutet vierhundert Dollar pro Morgen. Also insgesamt viertausend Dollar."

„Johnny, wir hatten uns auf zweitausend geeinigt!"

„Das war, bevor sich die Kirche eingeschaltet hat. Also steigen Sie ein oder nicht?"

Walt Duggan seufzte tief. „Na schön. Sie und ich je die Hälfte, wie vereinbart."

„Dann bekomme ich also einen Scheck über zweitausend."

Duggans Antwort klang resigniert und gekränkt zugleich. „Sie bekommen ihn, sobald ich den Kaufvertrag vorliegen habe."

„Das ist nur recht und billig, Mr. Duggan."

Johnny legte abermals auf und dachte im stillen, daß diese geschniegelten Americanos ebenso leicht übers Ohr zu hauen waren wie alle anderen. Dem ehrlichen Johnny Cisneros brachte dieser Handel die Hälfte des Grundstückes ein, das bald ein Vielfaches wert sein würde. Nicht schlecht, nicht schlecht! Alles in allem genommen, dachte er, hat der Tag gut angefangen.

Der Himmel war von einem unbeschreiblichen Blau. Klar und scharf zeichneten sich die schroffen Bergspitzen gegen ihn ab. Nur das laute Knattern des Außenborders störte, dachte Jay. Als er den Motor abstellte und das kleine Boot treiben ließ, empfand er die eintretende Stille als eine Wohltat.

Allmählich glätteten sich die Wellen, und man konnte in die Tiefe sehen.

„Da liegt es", sagte er zu Kate und deutete hinunter. „Hier steht die Kirche, dort drüben die Mühle und die Schmiede ..." Er sah Kate an und versuchte, ihre Gedanken zu erraten.

„Sie bedauern es, daß es das Dorf nicht mehr gibt, nicht wahr?" fragte sie ruhig.

„Eigentlich nicht. Ich wollte es mir nur ansehen." Das war seine ursprüngliche Absicht gewesen, aber er spürte, daß er bereits mehr bei dem Gedanken daran empfand.

Zunächst war ihm Panchos beiläufige Erwähnung des Erdbebens in Erinnerung geblieben. Dann hatte er sich Bill Williams' zuversichtliche Äußerungen über die Staudammerhöhung angehört. Schließlich hatte er noch drei Telefongespräche mit Freunden geführt, die als Erdbebenspezialisten an verschiedenen seismologischen Instituten arbeiteten. Was ihn jetzt so intensiv beschäftigte, war schon viel mehr als bloße Neugier oder nur der Drang, die Stätte seiner Ahnen aufzusuchen.

Kate sah zu, wie Jay in seine Flossen schlüpfte, sich die Sauerstoffflaschen über die Schultern hängte und den Bleigürtel umschnallte. Ihr fiel auf, daß an diesem Morgen eine Unruhe in ihm steckte, die sie am vorigen Abend nicht an ihm bemerkt hatte. „Stimmt etwas nicht?" erkundigte sie sich.

Jay schüttelte den Kopf. „Nein, nein." Es stimmt alles, dachte er, außer daß die Möglichkeit eines weiteren Bebens bestand. Nach den Aufzeichnungen der seismologischen Institute hatte das letzte eine Stärke von drei Komma neun auf der Richterskala gehabt. Kein allzu schweres Beben also, aber heftig genug, um den See so sehr in Bewegung zu versetzen, daß er beim Tauchen umhergeschleudert würde wie ein Stück Holz in einem Wildbach. Aber dieses Risiko mußte er eben auf sich nehmen.

Er setzte seine Taucherbrille auf und drückte auf die Stoppuhr, damit er seinen Sauerstoffvorrat im Auge behalten konnte. „Höchstens dreißig Minuten", erklärte er, „vielleicht sogar weniger." Dann nahm er den Sauerstoffschlauch in den Mund und ließ sich, mit einer Unterwasserlampe in der Hand, über den Bootsrand fallen.

Kate blickte ihm nach, wie er in das kalte, klare Wasser hinabtauchte. Sie erinnerte sich nur noch schwach daran, wie das Dorf in der Zeit vor dem Dammbau gewesen war. Damals kam man nur durch Harpers Park, wenn man zum Picknick oder zum Camping in die Berge wollte. Wie sie Jay jetzt mühelos zwischen den Gebäuden tauchen sah, wünschte sie, sie hätte sich die Zeit und die Mühe genommen, das Dorf kennenzulernen, bevor es in den Fluten des Stausees versunken war.

Vom alten Jed, der zu einer Legende geworden war, hatte sie natürlich gehört. Vermutlich war es lächerlich von ihr, daß sie seinem Ur-Ur-Urenkel, den sie kaum kannte, einen ähnlichen Unternehmungsgeist zutraute. Aber sie spürte, daß sie es dennoch tat.

Das rührte vor allem daher, daß ihr Vater von Jay so beeindruckt war. Am Vorabend war Kate aufgefallen, daß er Jay mit einer Achtung behandelte, wie er sie jemandem nur selten und meist erst nach längerer Bekanntschaft entgegenbrachte. Offenbar hatte auch Jay dies gespürt. Trotz des Altersunterschiedes hatten sich die beiden sofort verstanden. Sam Martin hingegen war Jay gegenüber sehr kühl gewesen. Weshalb bloß? Vielleicht lag es daran, daß Jay ihrem Vater gefallen hatte. Jay stellte aber doch für Sam keine Bedrohung dar; er würde ja in ein paar Tagen schon wieder abreisen.

Mittlerweile war Jay in fünfundzwanzig Meter Tiefe auf dem Grund des Sees angelangt. Er richtete den Strahl seiner Lampe auf einen Grabstein. Zu seiner Überraschung fand er gleich, was er gesucht hatte, eine grob gehauene, verwitterte Inschrift, die lautete: JEDEDIAH HARPER 1801–1888. Unwillkürlich erinnerte er sich ganz deutlich an die Worte, die der alte Mann noch kurz vor seinem Tod geäußert und die Julia getreulich in ihrem Tagebuch festgehalten hatte.

„Ich hatte ein gutes Leben. Stets konnte ich tun, was ich wollte", hatte Jed gesagt. „Das können nicht viele von sich behaupten. Ich bin meinem Stern gefolgt, wohin er mich auch führte, habe jeden Augenblick genossen und bereue nichts. Mehr kann man nicht verlangen."

Nein, dachte Jay, das konnte man wirklich nicht. Diese Worte umfaßten ein ganzes Leben. „Wohin mein Stern mich auch führte." Das war das Glaubensbekenntnis des alten Mannes: Wohin ihn seine Neugierde und seine Abenteuerlust lockten. Das waren tiefsinnige Worte und Gedanken. Als er ein Junge war, hatten sie sich ihm eingeprägt, und noch heute waren sie in der Erinnerung lebendig. Jay winkte kurz zum Abschied und schwamm weiter.

Julias Grabstein war jüngeren Datums und weniger verwittert. Er las: „Julia Hopkins Harper 1855–1930. Meine geliebte Frau, unsere Mutter. Sie ruhe in Frieden." Auch sie war ihrem Stern gefolgt, dachte Jay, aus der festgefügten Welt drüben an der Ostküste in dieses Bergtal, und hier war sie geblieben.

Er bemerkte, daß er mit ebensoviel Eifer bei der Sache war wie am Vortag. Dennoch schienen sein Unterbewußtsein und seine fünf Sinne gleichsam darauf zu warten, daß das Wasser erzitterte. Er richtete den Lichtkegel der Lampe auf seine Uhr. Ihm blieben noch zwölf Minuten. Er mußte sich bald entscheiden.

Er hatte es selbst in der Hand. Entweder tat er den ersten Schritt zu etwas, das ihm vielleicht Verantwortung aufladen würde. Oder er ließ unbeachtet, was ihn eigentlich gar nichts anging, und schwamm sofort wieder zum Boot empor. Was er vom Dorf sehen wollte, hatte er gesehen. Und er hatte Jeds und Julias Gräber gefunden. War seine Mission damit aber schon beendet? Nein, noch nicht.

Er dachte an Jeds Worte. Sein Stern führte ihn also in eine andere Richtung. Es war besser, er folgte ihm, sonst würde er es eines Tages vielleicht bereuen. Jay machte kehrt und schwamm zielbewußt auf jene Stelle am Ufer zu, an der der Damm im Felsen verankert war.

Kate sah vom Boot aus zu, wie er verschwand, und sie fragte sich, warum er fortgeschwommen war. Wenige Minuten später entdeckte sie seinen schattenhaften Umriß am Grund des Sees, als Jay am Damm entlang auf das andere Ufer zuschwamm.

Schließlich verlor sie ihn erneut aus den Augen, bis er plötzlich wenige Meter vom Boot entfernt auftauchte, die Taucherbrille abnahm und ihr die Taschenlampe über den Bootsrand reichte. Gewandt schwang er sich an Bord, hatte im nächsten Augenblick den Außenborder angeworfen und steuerte das Boot wieder zum Steg zurück. Erst jetzt fiel die Spannung von ihm ab. Zweimal war er getaucht, dachte er, ohne in Gefahr zu kommen. Er würde das Schicksal bestimmt nicht noch einmal herausfordern.

„Sie klappern ja mit den Zähnen." Kate mußte schreien, um sich bei dem Motorlärm verständlich zu machen. „Ich habe die Hand ins Wasser gesteckt, es ist eisig." Aber sie erkannte sofort, daß ihn etwas beunruhigte. „Stimmt etwas nicht?" fragte sie erneut. „Es ist doch nicht nur wegen der Kälte?"

Er konnte noch immer abreisen, überlegte Jay, und damit allem aus dem Wege gehen. Aber es konnte ja nicht schaden, wenn er offenbarte, was er jetzt schon mit Sicherheit wußte. „Ich will es Ihnen in groben Zügen erklären", sagte er. „Aber bevor ich damit anfange, muß ich noch etwas erledigen."

Wieder einmal saß Jack Marble, der Leiter der Kreditabteilung der First National Bank, in Tom Gentrys Büro, aber diesmal fühlte er sich unbehaglich. „Hm, zweiundzwanzigtausend", murmelte er. „Und ohne Sicherheiten? Ich meine, Sie wissen doch, wie die Rechnungsprüfer in Washington Kredite an Angestellte unter die Lupe nehmen ..." Er stockte. Gentrys kalte graue Augen machten ihn ganz nervös.

„Ich werde Brooks Thompsons Land kaufen, Mr. Marble", sagte Tom Gentry gelassen. „Fünfzig Morgen. Oben, in der Nähe des Stausees. Das Grundstück können Sie also als Sicherheit für den Kredit eintragen."

„Oh!" Dieser einzige Laut verriet Marbles ungeheure Erleichterung. Er erhob sich. „Werden Sie einen Scheck brauchen?"

„Ja, Mr. Marble."

„Dann mache ich mich wohl am besten gleich an den Papierkram."

„Das wäre sehr freundlich."

Bürgermeister José-Maria Lopez y Baca saß mit hochgekrempelten Hemdsärmeln und gelockertem Schlips in seinem Büro. Es war sehr heiß, denn in den alten Büroräumen gab es keine Klimaanlage. „Wieder eine von diesen blöden Geschichten", sagte er in akzentfreiem Englisch, „bei denen jeder denkt, der andere wäre dafür verantwortlich." Mit einer Kopfbewegung deutete er zu Carlos Garcia, dem Lehrer, hinüber. „Carlito hat mich darauf gebracht", fuhr er fort und sah erst den Polizeichef und dann den Feuerwehrkommandanten an. „Was machen wir im Katastrophenfall? Haben wir so was wie Noteinsatzpläne?"

Polizeichef Bud Henderson war ein großer und kräftiger Mann. Er war im Südwesten der USA aufgewachsen, und es fiel ihm sichtlich schwer, unter einem „Mexikaner" zu arbeiten. „Was für eine Katastrophe meinen Sie?" brummte er unwirsch.

„Eine Brandkatastrophe zum Beispiel. Oder eine Überschwemmung wie vor ein paar Tagen in Texas. Oder ein Wirbelsturm. Ein unvorhersehbares Naturereignis, durch das wir gezwungen werden, einen Teil der Stadt zu evakuieren. Wie würden wir das anpacken?"

Feuerwehrkommandant Rudy Smith schien ruhiger und überlegter als Henderson. „Es gab mal Pläne, im Rahmen des Zivilschutzes", erwiderte er, „aber ich weiß nicht, wo sie geblieben sind. Sie haben recht, Herr Bürgermeister, wir sollten wenigstens für den Barrio ein Notstandskonzept haben. Das Viertel ist sehr brandanfällig."

„Der Barrio reicht fast bis an den Fluß hinunter", warf Garcia ein, „und als ich von dieser Überschwemmung in Texas las, hat mich das nachdenklich gestimmt. Der Fluß könnte ebenfalls zu einer tödlichen Falle werden."

„Wir sollten wirklich ernsthaft darüber nachdenken", sagte der Bürgermeister.

„Da wäre noch was anderes in Betracht zu ziehen." Der Polizeichef ließ sich Zeit. „Sie wollen den Barrio evakuieren. Wenn Sie das tun, kommt es zu Plünderungen." Er deutete auf Carlos Garcia. „Er weiß das genau. Einige von diesen Strolchen, die er in der Schule zu unterrichten versucht, stehlen doch alles, was nicht niet- und nagelfest ist."

Der Bürgermeister machte den Mund auf, überlegte es sich dann aber anders. Er sah Garcia an und wartete. Ruhig erklärte der Lehrer dem Polizeichef in seinem melodischen Spanisch: „Aus Gründen, die Sie nicht verstehen können, Chef, ist das, was Sie gesagt haben, leider nur allzu wahr."

„Also gut, dann beziehen wir eben Plünderungen in unsere

Überlegungen ein.“ Damit brach der Bürgermeister die Diskussion ab. „Von Ihnen beiden, Henderson und Smith“, sagte er in kühlem Tonfall, „erwarte ich Einsatzpläne. Vor allem für den Barrio, aber vergessen Sie auch den Rest der Stadt nicht.“

Und als die beiden gegangen waren, sagte er zu Garcia: „Manchmal ist mit denen wirklich nicht leicht auszukommen.“

„Auch unter uns gibt es solche“, erwiderte dieser. „Vielleicht sogar noch schlimmere.“

„Wie den ehrlichen Johnny Cisneros?“

„Ein gutes Beispiel.“

JAY fuhr nun schon zu seinem zweiten Besuch vor dem Williamsschen Haus vor. Er hatte einen langen, harten Tag hinter sich und war müde. Aber irgendwie fühlte er sich freier und unbeschwerter als am Abend zuvor. Vielleicht weil er diesmal zu einer geschäftlichen Besprechung gekommen war. Das hatte ihm schon immer besser gelegen als ein rein gesellschaftlicher Anlaß. Bald würde er mit gutem Gewissen nach Kanada aufbrechen können.

Kate öffnete ihm mit ernster Miene die Tür. „Paps erwartet Sie“, sagte sie und führte ihn durch die Halle zu Williams’ Arbeitszimmer. „Ich habe wirklich nicht gewußt, was ich ihm sagen soll. Sie waren oben am See nicht gerade sehr gesprächig.“

„Sie werden gleich alles hören, wenn es Sie interessiert.“

„Sehr!“ Sie klopfte an und öffnete.

Bill Williams saß hinter seinem Schreibtisch, und Jay nahm ihm gegenüber in einem bequemen Klubsessel Platz. Kate setzte sich auf ein Sofa.

„Diesmal haben Sie das Wort“, sagte Williams zu Jay. Er war nicht mehr der liebenswürdige Gastgeber vom vergangenen Abend; auch er schien diesen Besuch als geschäftliche Angelegenheit zu betrachten.

„Also gut“, sagte Jay. „Ich habe mir heute vormittag den Staudamm vom Grund des Sees aus angesehen. Die Felswände, in denen der Damm verankert ist, weisen einige tiefe Risse auf. Es hat hier vor kurzem ein Erdbeben gegeben ...“

„Ein ganz schwaches“, unterbrach ihn Williams. „Wir haben es kaum gespürt.“

Jay nickte. „Hier unten vielleicht. Aber man hat mir erzählt, daß sich im See sogenannte stehende Wellen gebildet haben. Sie verhalten sich etwa so wie Kaffee in einer Tasse, die man auf einer Untertasse trägt. Das bedeutet, daß es mehr war als nur ein kleines Beben. Ich habe heute morgen mit einigen Bekannten telefoniert. In den seismologischen Instituten war eine Stärke von drei Komma neun auf der Richterskala registriert worden, und das Epizentrum lag genau im Gebiet von Harpers Park. Daher haben Sie hier unten nicht viel davon mitgekriegt. Haben Sie von früheren Beben etwas gemerkt?"

„Welche früheren? Sonst gab es doch keine."

„Als ich vom Tauchen zurückgekommen bin", fuhr Jay fort, „habe ich meine Freunde aus den seismologischen Instituten telefonisch gebeten, die Aufzeichnungen während der letzten fünf Jahre zu überprüfen. In dieser Zeit kam es im Gebiet von Harpers Park zu dreiundzwanzig meßbaren Beben, von denen das letzte das stärkste war."

Williams' Züge blieben ausdruckslos. „Und was schließen Sie daraus?"

„Diese Staudammerweiterung ist keine besonders gute Idee", antwortete Jay. „Der Damm ist nicht einmal in seiner jetzigen Form sicher. Die staatlichen Sicherheitsingenieure führen Routinekontrollen an Staumauern aller Größen durch. Diese hier werden sie in ihren Listen wohl unter der Rubrik ‚Sicherheitsrisiko' führen. Das bedeutet nicht, daß sie sie für unsicher halten. Offensichtlich tun sie das nicht, sonst hätten sie nach der Untersuchung nicht ihren Segen zur Erhöhung gegeben. Für sie bedeutet Sicherheitsrisiko lediglich, daß der Damm oberhalb einer großen Stadt liegt. Wenn aus irgendeinem Grund, einer Bombardierung oder einem Raketenbeschuß im Kriegsfalle zum Beispiel, der Damm bricht, würde es hohe Verluste geben. Und bei solchen Staudämmen sollte man meines Erachtens das Risiko nicht noch vergrößern."

Bedächtig erwiderte Williams: „Als wir ihn gebaut haben, redeten viele Leute von diesen Gefahren. Aber er steht immer noch. Wären Sie vor zehn Jahren hier gewesen . . ."

„Hätte ich mich dem Bau eines Staudammes widersetzt, für den ein Dorf geopfert und ein wunderschönes Tal verschandelt wird", erklärte Jay. „Doch hätte ich wahrscheinlich die Zähne zusammengebissen und mich damit abgefunden. Jetzt aber geht es um etwas anderes."

„Angenommen", sagte Williams, „Sie hielten den Damm für vollkommen sicher. Wie würden Sie dann über eine Erhöhung denken?"

„Um Strom für noch mehr Heimtrockenhauben und elektrische Büchsenöffner zu liefern?" fragte Jay. Er schüttelte den Kopf. „Ich wäre dagegen."

Mit unbewegtem Gesicht wartete Williams, was noch kommen würde.

„Sie brauchen deshalb aber nicht zu befürchten", fuhr Jay fort, „daß ich voreingenommen wäre. Ich kann Ihnen versichern, daß ich Sie nach bestem Wissen und Gewissen beraten werde. Meiner Ansicht nach, und ich stütze mich dabei zugegebenermaßen auf unvollständige Fakten, ist dieser Damm so, wie er jetzt dasteht, auch ohne die Erweiterung, eine Gefahr, die man stets im Auge behalten sollte."

„Nehmen wir einmal an", warf Williams ein, „Ihre Sorge wäre berechtigt. Was könnte passieren? Und warum ist bisher nichts passiert?"

Jay versuchte, es zu erklären. „Zuerst ein paar Zahlen. Der Wasserspiegel im See liegt jetzt fast sechs Meter unter Normalpegel. Nehmen wir seine Größe einmal mit sechsundzwanzig Quadratkilometern an. Mit jedem Meter Wasser, um den der Spiegel des Sees steigt, erhöht sich das Gesamtgewicht des Wassers im See um etwa sechsundzwanzig Millionen Tonnen. Ist das soweit verständlich?"

Williams' Gesichtszüge blieben vollkommen ausdruckslos. „Ich kann Ihnen folgen."

„Ich habe mir das ausgerechnet, weil ich dachte, diese Frage könnte auftauchen", fuhr Jay fort. „Nimmt man also jene sechs Meter hinzu, um die der See steigen müßte, bis er wieder seinen Normalwasserspiegel erreicht hat, dann kommt man auf hundertsechsundfünfzig Millionen Tonnen Wasser. Diesem zusätzlichen Gewicht muß der Damm natürlich standhalten, wenn der Stausee voll ist. Vielleicht ist nur deshalb noch nichts passiert; weil der Staudamm wegen der Trockenperiode nicht der normalen Belastung ausgesetzt war."

Gedankenspielerei, dachte Kate. Aber der Mann wußte offenbar, wovon er sprach.

„Sagen wir einmal", schloß Jay, „die Dürre geht zu Ende, und der Regen setzt ein, etwa schlagartig, mit Niederschlagsmengen von zehn bis fünfzehn Zentimetern, so wie in Texas. Dann erleben Sie hier statt eines langsamen Ansteigens des Wasserspiegels eine wahre Höllenflut, die aus diesen engen Hochtälern herabschießt. Sie sind hier aufgewachsen und wissen bestimmt, was eine solche Sturzflut anrichten kann."

Williams deutete ein kaum merkliches Kopfnicken an.

„Wasser", führte Jay weiter aus, „ist wie alle Flüssigkeiten nicht komprimierbar. Schlägt man mit dem Hammer auf einen Kanister voll Wasser, so gibt das Wasser nicht wie ein Sofakissen nach, sondern überträgt die Kraft dieses Hammerschlages in alle Richtungen. Wenn nun der Behälter eine Schwachstelle hat, so wird er dort wahrscheinlich brechen."

Williams nickte. „Das leuchtet mir ein."

„Daher hätte", fuhr Jay fort, „eine solche Sturzflut, die mit einer Wucht von ein paar Millionen Tonnen von oben in den See strömt, die gleiche Wirkung, wie wenn sie direkt auf den Damm aufträfe. Das Wasser des Sees würde die Kraft der Flutwelle weiterleiten, genau wie bei dem Hammerschlag."

Kate starrte Jay wie hypnotisiert an.

„Und wenn es im tragenden Gestein Schwachstellen gibt, wenn die Risse, die ich heute morgen gesehen habe, so schlimm sind, wie ich befürchte, wenn also das Erdbeben die Gesteinsformation um den Staudamm herum beschädigt oder verformt hat, dann könnte Ihre Mauer dem Ansturm einer solchen Flutwelle nicht standhalten."

„Fahren Sie fort", sagte Williams tonlos.

„Wenn der Damm auch nur an einer Stelle nachgibt", sagte Jay, „dann bricht er wahrscheinlich als ganzes heraus, denn an sich scheint er ja solide gebaut zu sein. Denken Sie an die Überschwemmung von Johnstown im Jahre 1889, als eine zehn Meter hohe Flutwelle die Staumauer zum Einsturz brachte und zweitausend Menschen das Leben lassen mußten. Die Folgen hier wären noch viel grauenhafter, da unten im Tal ja eine ganze Stadt liegt."

Kates Blick wanderte zu ihrem Vater hinüber. Er saß nach wie vor mit unbewegter Miene in seinem Sessel. In diesem Augenblick kam er ihr so fremd vor. Wie konnte er sich nur so unmenschlich zeigen, so unbeeindruckt von der Möglichkeit einer solchen Katastrophe? Schließlich sagte er: „Ich höre nur immer Wenn und Aber – Sie zeichnen ja ein ziemlich düsteres Bild. Doch wie Sie gestern abend sagten, versuchen Sie ja, mit Ihren Behauptungen nicht zu oft falsch zu liegen."

„Ich könnte durchaus falsch liegen", sagte Jay, „ich hoffe es sogar."

„Aber ..." Kate konnte nicht länger schweigen. „Aber in Wirklichkeit glauben Sie doch, daß Sie richtig liegen?"

Jays Miene blieb ausdruckslos, und auch sein Ton verriet nichts von seinen Gefühlen. „Allerdings." Er stand auf. „Das ist alles, was ich Ihnen sagen wollte. Und noch einmal schönen Dank für das gestrige Abendessen."

Williams saß noch immer regungslos da. „Und was nun?"

„Ich muß zu meinem neuen Arbeitsplatz in Kanada." Jay lächelte Kate freundlich zu. „Danke, ich finde allein hinaus."

„Ich habe mich noch nicht für heute morgen bedankt", sagte sie. „Das Dorf, der ..."

„*De nada*. Es war mir ein Vergnügen." Dann war er fort.

Sie hörten, wie die Haustür geschlossen wurde, und irgendwie fühlten sich Kate und ihr Vater plötzlich sehr allein gelassen.

„Na, stehst du immer noch im Zweifelsfall hinter dem Angeklagten, Töchterchen?" fragte Williams und lächelte schmerzlich.

„Vorerst steht der Damm ja noch." Er hob seine Hand, als Kate aufstehen wollte. „Nein, bleib noch hier. Ich will erst wissen, ob an Mr. Harpers Aussagen etwas dran ist." Er nahm ein Adressenbüchlein aus der Schreibtischschublade, schlug es auf und wählte eine Nummer in Houston, Texas.

Während er auf die Verbindung wartete, versuchte er, sich die Folgen von Jays Prognosen vorzustellen. Schwarzseher hatte es schon immer gegeben.

Dann meldete sich eine ruhige Stimme, und er sagte: „Bist du's, J. G.? Hier spricht Bill Williams. Wie steht's?"

Nach ein paar Begrüßungsworten begann Williams: „Hier bei uns ist ein junger Kerl, ein Geophysiker, der was mit Erdöl zu tun hat. Vielleicht hast du schon von ihm gehört. Er heißt Harper, Jay Harper. Er ..." Williams hielt inne und hörte schweigend zu.

Nach einiger Zeit sagte er: „Schönen Dank, J. G. Ich weiß noch nicht, ob es mir gefällt oder nicht, aber das war alles, was ich wissen wollte. Komm uns doch mal besuchen, dann können wir zusammen fischen gehen. Also bis dann."

Er legte auf und wandte sich an Kate.

„J. G. Harkness sagt, daß Harper einer der Besten ist. Er gilt als Spezialist für Seismologie und Gravitationsmessung und für diese neue Mathematik, bei der man nicht mehr so mitkommt, du weißt schon, dieses Computerzeug. Ich kenne mich darin nicht gerade gut aus ..." Williams unterbrach sich. „Ach, was rede ich da eigentlich."

Dieses Eingeständnis paßte überhaupt nicht zu ihrem Vater. Kate empfand plötzlich Mitleid für ihn. „Was wirst du tun?" fragte sie.

Ihr Vater brachte ein Lächeln zustande, das diesmal fast überzeugend wirkte. „Nun, mein Schatz, wenn du Harper mit einem seiner Computer bewaffnet auf ein Ölfeld stellst, so erweist er sich dort sicher als ein toller Kerl. Aber auf dem Grund eines Sees, wo er sich nur die Felsen anschauen kann, taugt er wahrscheinlich nicht mehr als ein x-beliebiger Laie. Ich werde also nicht sofort Alarm schlagen. Noch nicht. Noch lange nicht."

„Du willst überhaupt nichts unternehmen?"

„Natürlich will ich das, Kate. Ich werde mit Sam Martin reden, und dann werden wir die staatlichen Sicherheitsingenieure mobilisieren und uns vergewissern, daß alles in Ordnung ist. Vielleicht müssen wir da und dort ein wenig nachbessern. Wichtig ist jedoch ..."

„Du willst also ... den Erweiterungsplan nicht so lange auf Eis legen, bis alles sicher ist? Andere Experten, Geologen zum Beispiel, hinzuziehen?"

Williams stützte die Hände auf den Schreibtisch. „Nun hör mir mal zu, mein Schatz", sagte er. „Es hat fast zwei Jahre gedauert, um den Plan soweit durchzubringen. Wenn man das Projekt im derzeitigen Stadium stoppt, ist es gestorben. Aus und vorbei. Glaub mir, ich weiß das." Er schüttelte den Kopf. „Wir werden Vorsicht walten lassen, aber wir müssen weitermachen. So schlimm, wie Harper glaubt, kann es nicht sein." Sein Lächeln wirkte nun sehr zuversichtlich. „Du wirst sehen, dein alter Herr weiß schon, was er tut."

Er sah zu, wie Kate ihre langen Beine streckte und langsam aufstand, ohne ihn eines Blickes zu würdigen. Wortlos verließ sie das Zimmer. Sie schenkt meinen Versicherungen keinen Glauben, sagte sich Williams. Unglücklicherweise glaubte er selbst auch nicht daran.

5

DIE Pfeifhasen – eichhörnchengroße, flinke Hochgebirgsvettern der Kaninchen – sonnten sich an diesem schönen Nachmittag auf den Felsen. Ein Geier strich, leicht im Aufwind schaukelnd, darüber hin, aber sie rührten sich nicht. Für sie bedeutete er keine Gefahr; Geier fraßen nur Aas. Plötzlich pfiff irgendwo auf dem steilen Hang ein Murmeltier, und sofort waren die Felsen wie leergefegt.

Ein Mann kam den Hang herauf. Er stieg den schmalen Pfad im langsamen, steten Schritt des erfahrenen Bergsteigers empor. Er trug eine kurze Hose, Bergschuhe über dicken Socken, ein Khakihemd und einen verbeulten Hut, den eine leuchtendblaue Häherfeder schmückte. Ein Rucksack, ein Bergstock und ein Feldstecher vervollständigten die Ausrüstung.

Der Mann hieß Pete Otero. Er war fast zwei Meter groß, doch hielt er immer noch ein Gewicht von hundertzwanzig Kilogramm, soviel, wie er als Footballprofi gewogen hatte. Sein rechtes Knie wies eine acht Zentimeter lange Operationsnarbe auf, und manchmal fragte er sich, ob er so eine Narbe nicht auch im Gemüt hatte.

Er hatte es an diesem strahlenden Nachmittag nicht eilig. In der Station der Feuerwache auf dem Mount Union würde er eine behagliche und warme Unterkunft für diese Nacht finden. Eine solche Gastfreundschaft war vermutlich gegen die Vorschriften der Forstaufsichtsbehörde. Aber Bernie Adams war ein verständiges Mädchen, und sie und Pete trafen einander schon seit geraumer Zeit, wenn auch nur gelegentlich.

Hier in dreitausendsechshundert Meter Höhe war die Luft schon ziemlich dünn, aber Pete stieg den steilen Pfad mit sicherem Schritt und gleichmäßigem Atem hinan. Seine Lungen waren in Ordnung, und sein Knie funktionierte fast schon wieder so gut wie früher. Beinahe wäre er der Verlockung erlegen, es noch einmal zu versuchen und sich im Herbst auf eigene Faust wieder im Profilager zu verdingen. Aber die Ärzte hatten ihm erklärt, daß eine weitere Verletzung genügen würde, um ihn für den Rest seines Lebens mit einem steifen Bein herumhumpeln zu lassen.

So mußte sich Pete von Zeit zu Zeit daran erinnern, daß es besser wäre, den Traum aufzugeben. Und deshalb war seine Sehnsucht nach Bernie manchmal so groß. Er spürte, daß zwischen ihm und ihr so etwas wie ein Gleichklang der Seelen bestand.

Jeden Sommer wählte Bernie freiwillig das einsame Leben oben in der Feuerwache auf dem Gipfel eines viertausendzweihundert Meter hohen Berges, während sich die meisten Gleichaltrigen auf Wochenendpartys vergnügten. Pete hatte, vielleicht wegen seiner Körpergröße, ebenfalls schon immer dieses Bedürfnis nach Zurückgezogenheit gespürt. Deshalb verstand er sich mit Bernie auch so gut, deshalb liebte er die freie Luft auf diesen hohen Bergen, die warme Sonne auf dem Rücken und den weiten Himmel vor Augen.

Seit seiner letzten Rast war eine Stunde vergangen; es war Zeit, wieder eine kurze Pause einzulegen. Er setzte sich auf einen flachen, sonnenwarmen Stein und stellte den Rucksack ab. Dann hob er das Fernglas an die Augen und genoß die Aussicht. Hier, inmitten hoher Gipfel, konnte er Tausende von Quadratkilometern überschauen. Im unteren Teil waren die Hänge bewaldet, weiter oben felsig, hier und da glitzerten Wildbäche und Bergseen in der Sonne. Ganz unten im Tal sah er die Stadt, hinter der sich die endlose Ebene ausbreitete. Gerade wollte er das Fernglas absetzen, als etwas seine Aufmerksamkeit erregte – das Aufblitzen einer Wasserfläche in einer Höhe, in der er bisher noch nie einen Bergsee gesehen hatte. Er starrte eine Weile hin und fragte sich, weshalb er ihm noch nie aufgefallen war. Die schweren Wolkenbrüche, die während des Unwetters letzte Nacht niedergegangen waren, hatten wohl Gesteinsbrocken von den steilen Hängen hinabgeschwemmt. Diese mußten sich unten im Ausgang eines kleinen Seitentales zu einer Art Damm aufgetürmt haben. Dahinter sammelte sich nun das Wasser in einem kleinen See, der durch die kräftig sprudelnden Quellen aus oberhalb gelegenen Felsspalten gespeist wurde.

Manchmal kam es Pete fast so vor, als täten die Berge, was ihnen gerade beliebte, oftmals sogar in böser Absicht, als würden sie Steinschläge oder Erdrutsche nur loslassen, um unvorsichtige Menschen zu erwischen. Manchmal, wie in diesem Fall, veränderten sie jedoch einfach die Landschaft nach ihrem Gutdünken. Wenn man die Berge näher kennenlernte, erwachten sie zum Leben.

Er setzte den Feldstecher wieder ab. Dann hob er sich den Rucksack auf die Schultern. Als er aufstand, spürte er die Unbeweglichkeit im Knie, aber er ärgerte sich schon lange nicht mehr darüber. Vielleicht, dachte er, als er sich wieder auf den Weg machte, lernte er eines Tages doch noch, mit der Erkenntnis zu leben, daß Pete Otero nicht der Supermann war, für den er sich einmal gehalten hatte.

DIE wenigsten Berge haben scharfgezackte Bilderbuchgipfel, selbst wenn sie noch zu relativ jungen Gebirgsformationen gehören. Mit seinen viertausendzweihundert Metern überragte der Mount Union das ganze Gebiet, aber seine Spitze glich eher einer leicht geneigten, unregelmäßigen, großen Platte. Auch der Hubschrauber, der Bernie Adams auf ihrem einsamen Posten mit Lebensmitteln versorgte fand bequem Platz für die Landung.

Pete Otero betrat die Hochebene, winkte Bernie in der Glaskanzel ihrer Feuerwachstation zu und blieb stehen, um wie immer noch einmal kurz zurückzuschauen. Von hier aus konnte er das ganze Netz der Wasserläufe überblicken, die in den Harpers-Park-See flossen, und die gewundenen Schluchten, die sich der Fluß unterhalb des Dammes gegraben hatte. Im Unterlauf sah er grüne Wiesen und vereinzelte Häuser. Noch weiter unten entdeckte er die große Kurve, die der Fluß beschrieb, bevor er im dichten Häusermeer der Stadt verschwand.

Die Schienen der Bahnlinie glänzten in der tiefstehenden Sonne, und zahllose Fenster reflektierten ihre letzten Strahlen. Einen Großteil des Panoramas nahmen die niederen Vorberge der Gebirgskette ein, die nun schon teilweise im Dunkel lagen. Im Westen, über der untergehenden Sonne, türmten sich schwere Wolken, von denen feuchte Schleier niederhingen, Niederschläge, die den Boden nicht erreichten. Es würde bald Regen geben. Im Norden war der Himmel bereits dunkel, nur hier und da ließ die Abendsonne die grauen Wolkenbänke und die schneebedeckten Gipfel der Sangre-de-Cristo-Berge rot erglühen.

Bernie war auf die Terrasse ihrer Bergstation hinausgetreten. Sie trug wie immer Jeans, Wollsocken, lederne Mokassins und ein Flanellhemd. Ein großer Eskimohund stand ruhig neben ihr. Bernie lächelte. „Bist du nur heraufgekommen, um die Aussicht zu genießen?"

Pete nickte bedächtig. „Mehr oder weniger."

„Dann schau dich um und geh gleich wieder hinunter."

„Und wo soll ich dann mein Steak braten und den Wein trinken, den ich mitgebracht habe?"

„Na, in diesem Fall", sagte Bernie, „muß ich dich wohl hereinlassen." Sie nickte dem Hund zu. „Lauf runter, King, und hol ihn rauf."

Im Inneren der Feuerwachstation war es trotz der Kühle des Abends behaglich warm. „Diese Heizung mit Sonnenenergie ist herrlich", sagte Bernie. „Die Strahlen kommen durch die Doppelglasscheibe..." Sie stockte plötzlich befangen. Einige Augenblicke lang schwiegen beide. „Also", sagte sie dann, „willst du nicht dieses Ding da von deinem Rücken herunternehmen?"

Pete setzte den dicken Rucksack ab und gab ihn ihr. Sie hatte Mühe, ihn zum Küchentisch zu tragen. Schon lachte sie wieder. „Kein Esel würde den hier heraufschleppen, nicht einmal ein Maultier."

„Ich bin eben nicht so gescheit wie eines von diesen beiden."

„Nimm's doch nicht so ernst, Pete. Wie geht's deinem Knie?"

„Besser wird's wohl nicht mehr werden", erwiderte Pete. „Aber für all das, wofür ich es noch brauchen werde, reicht es schon."

Zögernd begann sie: „Ich habe gelesen, du warst in Hollywood."

Er grinste gequält. „Alte Footballspieler sterben nie; aber eines Tages wird ihr Ruhm eben Talmi." Pete schüttelte den Kopf.

„Aber du bist zurückgekommen."

Er nickte. „Es gibt hier jemanden, den ich wiedersehen wollte."

Bernies Finger zitterten, als sie den Rucksack aufschnürte. Schließlich sagte sie: „Ich bin froh. Sehr froh, Pete." Rasch setzte sie hinzu: „Machst du den Wein auf?"

Sie saßen mit den Gläsern in der Hand gemütlich nebeneinander auf dem Sofa und sahen zu, wie die Sonne hinter den Bergen verschwand.

„Ich könnte das Radio andrehen", schlug Bernie vor. Es kam etwas zu hastig. „Hier oben bekomme ich alle Sender herein, ohne jede Antenne. Möchtest du Musik hören?"

„Jetzt nicht." Pete sah das Mädchen eindringlich an. Irgendwie schien sie ihm heute anders, aber er konnte nicht sagen, was es war. „Was ist mit dir los, Bernie? Was bedrückt dich?"

Sie schauderte. „Ich habe Angst. Hast du schon einmal Angst gehabt, Pete?"

„Na klar."

„Ich habe früher hier oben noch nie Angst gehabt. Ich habe Stürme erlebt und Gewitter – aber noch nie so was wie letzte Nacht, niemals. Hagelkörner – so groß." Sie zeigte mit Daumen und Zeigefinger deren Größe. „Der Donner klang wie die reinste Explosion. Ich sah, wie die Blitze einschlugen, und es wollte gar nicht mehr aufhören."

„Beruhige dich doch."

Pete legte seine Hand auf die ihre und drückte sie liebevoll. „Jetzt ist es ja vorbei."

Bernie schüttelte den Kopf. „Und dann habe ich geträumt", sagte sie. „Es war ein furchtbarer Alptraum. Den ganzen Sommer hat es Brände gegeben. Ich weiß schon nicht mehr, wie viele es waren. Und keinen Regen. Und jetzt letzte Nacht dieser Sturm und der Traum."

Sie schaute zu Pete auf. „Ich habe immer geglaubt, ich sei nicht hysterisch, Pete ... Aber ich fürchte, früher oder später wird die Trockenheit vorbei sein. Letzte Nacht, das war bloß eine Warnung, das weiß ich. Und wenn dann ... " Sie stockte.

„Sprich weiter", sagte Pete.

„Du genießt jedesmal die Aussicht, wenn du hier oben bist", sagte Bernie. „Ich auch, jeden Tag. Ich schaue auf die Welt hinunter, und die ist – schön. Aber stell dir einmal vor, wie Noah zumute gewesen sein muß, als er nach der Sintflut von seinem Berggipfel aus die Verwüstung gesehen hat. Davon habe ich geträumt. Ich habe von hier aus hinuntergeschaut, als das Unwetter abgezogen war, und da war – nichts mehr!"

Kate Williams fuhr die Harpers-Park-Straße hinauf. Die Scheinwerfer ihres kleinen Sportwagens schnitten eine helle Bahn in die Dämmerung.

Während des Abendessens mit ihrem Vater hatte es in der Unterhaltung lange, mühsame Pausen gegeben, in denen man eine Stecknadel hätte fallen hören können. „Ich glaube, du solltest es dem Gouverneur berichten, Paps“, hatte sie gesagt, ohne überhaupt den Staudamm zu erwähnen, da sie und ihr Vater sich seit Jays Ausführungen ohnehin mit nichts anderem mehr beschäftigten.

„Es gibt nichts, was ich ihm im Augenblick berichten könnte, also lassen wir das, Kate. Ich habe doch schon gesagt, daß Sam und ich alles noch einmal überprüfen werden.“

„Sam Martin“, sagte sie verächtlich.

„Früher hast du Sam immer für einen tollen Mann gehalten. Er hat sich nicht verändert.“

„Nein“, erwiderte Kate. „Ich habe mich verändert, während ich von zu Hause fort war.“

Bill Williams verteidigte sich: „Es war nicht meine Idee, sondern die deiner Mutter, dich an die Ostküste zu schicken.“

„Ich weiß. Es war auch nicht das Leben an der Ostküste, das mich verändert hat. Es war Mutters Tod.“

„Dadurch hat sich auch hier vieles verändert.“

„Du wolltest nicht, daß ich nach Hause komme.“

„Für dich gab es hier nichts zu tun, mein Schatz. Ich wollte dir das nicht zumuten, die schlimme Zeit.“ Wieder kam es zu einer Pause, doch schließlich sagte Kate: „Ebendas hat mich verändert, Paps. Ich habe erkannt, daß mich hier niemand braucht.“

„Das ist nicht wahr!“

„Damals zumindest war es so.“

Und vielleicht heute immer noch, dachte sie, als sie auf der kurvenreichen Gebirgsstraße durch die Dunkelheit fuhr. Aber wenigstens kann ich tun, was ich für richtig halte.

Jay sah sich im Motelzimmer um. Er wollte sich vergewissern, ob er beim Packen nichts vergessen hatte. Dann ging er zum Telefon, um in Kanada anzurufen. Fast augenblicklich kam Cooley an den

Apparat. „Bist du nun bereit, mein Junge?“ dröhnte sein Freund. „Dann treffen wir uns im Palliser Hotel in Calgary. Hast du gefunden, was du gesucht hast?“

Jay mußte grinsen.

Die Grabsteine von Jed und Julia und die ersten Anzeichen einer Gefahr, die niemand ernst zu nehmen schien: eine merkwürdige Ausbeute, dachte er. „Ja und nein“, sagte er zu Cooley. „Aber ich war ein paarmal schwimmen.“

„Es gibt Zeiten“, sagte Cooley verständnisvoll, „wo ich einfach nicht glauben kann, daß du alle Tassen im Schrank hast. Du ...“

„Einen Augenblick“, unterbrach ihn Jay, da es an der Tür klopfte. Er rief: „Herein!“

Die Tür ging auf, und Kate Williams stand auf der Schwelle. Sie wirkte bedrückt. „Verzeihen Sie, wenn ich störe. Aber es ist sehr wichtig ..., bitte!“

Jay zögerte nur einen Augenblick lang. „Ich rufe dich nochmals an, Cooley“, sagte er ins Telefon und legte auf. Dann sah er Kate an. „Kommen Sie doch herein.“

Sie trat langsam ins Zimmer und schloß die Tür hinter sich. Sie hat die Selbstsicherheit ihres Vaters, dachte Jay, vielleicht auch seine Halsstarrigkeit. „Bitte setzen Sie sich“, sagte er. „Was führt Sie zu mir?“

Kate nahm auf einem Stuhl Platz. „Nachdem Sie gegangen waren“, begann sie, „hat Paps einen seiner Freunde angerufen, einen gewissen J. G. Harkness aus Houston. Er hat Paps erklärt, Sie wären ein As auf Ihrem Gebiet. Kennen Sie ihn?“

„Ich habe einmal für ihn gearbeitet. Ich glaube nicht, daß er sich beklagen konnte. Aber ich weiß immer noch nicht, warum Sie hergekommen sind.“

„Ich möchte Sie bitten zu bleiben.“ Sie wandte ihren Blick nicht von seinen Augen ab.

„Hat Ihr Vater Sie geschickt?“

„Er weiß nicht einmal, daß ich hier bin. Können Sie fliegen?“

„Manchmal benütze ich ein Flugzeug bei der Arbeit. Aber ich habe keinen Pilotenschein.“

„Ich habe aber einen.“

Ja, dachte Jay, das habe ich erwartet, und wahrscheinlich noch einige von diesen teuren Steckenpferden. „Ja und?"

„Ich weiß, daß der Wasserspiegel des Flusses steigt. Ich habe die vielen kleinen Zuflüsse gesehen." Zufrieden nahm sie Jays Kopfnicken zur Kenntnis. „Diese Flutwelle, von der Sie gesprochen haben ..., so etwas könnte tatsächlich passieren. Alle diese Gebirgsbäche fließen in den Stausee, wie Sie sagten. Ich rede jetzt nicht von irgendeinem Hochwasser, sondern – ich nehme das Wort nur ungern in den Mund – von dieser Katastrophe, die Sie beschrieben haben. Wenn Sie das alles aus der Luft betrachten ..."

Jay zuckte mit den Achseln. „Ich habe mir die Landkarten bereits angeschaut. Was soll ich Ihrer Ansicht nach tun?"

„Bleiben Sie nur noch diese eine Nacht hier, und machen Sie mit mir morgen früh einen Rundflug."

„Und wozu?"

„Weil ich – Vertrauen zu Ihnen habe", erwiderte Kate. „Sam Martin und selbst mein Vater stecken schon zu tief in der Sache drin, um zuzugeben, daß sie unrecht haben."

„Und von mir erwarten Sie, daß ich sie eines Besseren belehre." Ärgerlich schüttelte Jay den Kopf. „Mein Beruf ist es, Berechnungen anzustellen und Empfehlungen zu geben. Das habe ich hier getan. Über den Daumen gepeilt, aber man hat mich ja auch nicht damit beauftragt. Ich glaube, daß ich schon mehr getan habe als meine Pflicht."

„Sie haben Ihr Gewissen beruhigt, heißt das doch, oder?"

Verflixte Göre, dachte Jay. Er fühlte sich durchschaut. „Von mir aus denken Sie darüber, was Sie wollen."

„Erinnern Sie sich noch daran", erwiderte Kate, „was Sie zu mir und Paps gesagt haben? ‚Denken Sie an die Überschwemmung von Johnstown. Und hier wären die Folgen noch viel grauenhafter.'"

„Sie machen einem ganz schön die Hölle heiß, wenn Sie etwas durchsetzen wollen."

„Bitte bleiben Sie noch hier. Und fliegen Sie morgen früh mit mir. Sie entdecken vielleicht noch einiges, was auf den Landkarten nicht zu finden ist. Neues Beweismaterial, um Paps zu überzeugen."

„Sie werden schrecklich enttäuscht sein", meinte Jay.

„Sie bleiben also?" Sie lächelte erleichtert.

„Na schön", sagte er mit einem resignierenden Seufzer. „Wenn auch nur, um Ihnen zu zeigen, daß ich nichts weiter tun kann."

„Ich danke Ihnen. Vielen herzlichen Dank." Ihre Augen strahlten, als sie sich erhob.

„Sie müssen mir nur noch mitteilen, wann und wo wir uns morgen früh treffen sollen", sagte Jay. Er war wütend auf Kate und auf sich selbst.

Er stand am Eingang des Motels und sah Kate nach, als sie zu ihrem Wagen ging. Zum ersten Mal, dachte er, hatten sie dieselbe Sprache gesprochen. Plötzlich sah er in Kate nicht mehr nur die Tochter irgendeines einflußreichen Managers, sondern eine sehr anziehende junge Frau.

Er ging wieder auf sein Zimmer, schloß die Tür und ging zum Telefon, um Cooley anzurufen. Einen Augenblick lang hatte er das Gefühl, nicht mehr Herr der Lage zu sein. Aber das war natürlich Unsinn.

6

ALS Brooks Thompson an diesem Abend nach Hause kam, saß Mary stumm auf dem Sofa.

Die Zeitung lag gefaltet vor ihr auf dem Tisch. „Wie ist es dir ergangen?" fragte sie tonlos.

„Also eins muß ich sagen", erwiderte Brooks. „Gentry hält, was er verspricht. Die Papiere waren schon alle vorbereitet, der Kaufvertrag und ein unterschriebener Scheck." Er setzte sich neben Mary und legte den Arm um ihre Schultern. „Ich glaube, jetzt können wir endlich richtig ans Werk gehen."

Plötzlich zuckten Marys Schultern, und Tränen rollten ihr über die Wangen. Brooks nahm zärtlich ihr Gesicht in die Hände. „Was ist los?"

Sie deutete auf die Zeitung auf dem Tisch. „Ich ..." Ihre Stimme versagte, und sie machte einen zweiten Anlauf. „Ich – habe versucht, dich zu erreichen. Aber die Telefonzentrale der Bank hat mich nicht verbunden."

Brooks griff nach der Zeitung. Er faltete sie bedächtig auseinander und starrte lange schweigend auf die Schlagzeile: STAUDAMMERHÖHUNG GENEHMIGT.

Langsam ließ er die Zeitung sinken. „Das Grundstück, für das Gentry zweiundzwanzigtausend gezahlt hat", sagte er ruhig, „wird also den zehnfachen Wert erlangen, wenn der Damm erhöht wird." Wieder legte er seinen Arm um Marys Schultern. „Mein erster Gedanke war also richtig. Er ist doch so etwas wie ein Kredithai."

Mary sagte mit unsicherer Stimme: „Es ist meine Schuld. Ich habe es dir eingeredet."

Brooks schüttelte den Kopf und drückte sie an sich. „Es ist nicht deine Schuld, und niemand macht dir einen Vorwurf. Wir sind schlicht und einfach überfahren worden."

BILL WILLIAMS thronte hinter seinem Schreibtisch. Sam Martin, den er hatte kommen lassen, saß im ledernen Besuchersessel davor und hatte seine Baupläne auf dem Tisch ausgebreitet. Aber bisher hatte Williams sie noch keines Blickes gewürdigt.

„Sam", sagte er, „was ist mit diesen Rissen im Fels, die Harper gesehen haben will? Was hält der Damm jetzt noch aus?"

Martin fühlte sich sehr unbehaglich. In einer derartigen Stimmung war Williams unberechenbar. „Wir haben die Staumauer sorgfältig geplant", erwiderte er, „und ordentlich gebaut – was kann ich anderes sagen, Bill?"

„In den vergangenen fünf Jahren haben wir von keinem einzigen Erdbeben etwas gespürt, aber nach Harper sind dreiundzwanzig verzeichnet worden. Wie können wir herausfinden, welchen Schaden sie angerichtet haben?"

„Am Damm sind keine Schwachstellen zu entdecken", erklärte Martin. „Ich habe ihn von außen überprüft und konnte nichts dergleichen feststellen."

Das war ein gutes Argument. Von der Vorderseite her war die ganze Dammkonstruktion leicht überschaubar, anders als von ihrer Rückseite her, wo man erst tauchen mußte, um etwas zu sehen. Williams schob seinen Sessel zurück, stand auf, trat ans Fenster und schaute auf die Berge hinaus. „Wir haben eine Menge Arbeit in dieses

Erweiterungsprojekt gesteckt, Sam", sagte er, ohne sich umzudrehen.

„Und viel Geld, Bill. Und du willst es wieder hereinbringen, und noch einiges dazu, wenn wir wie geplant weitermachen."

Williams wandte sich um und starrte ihn mißtrauisch an. „Was soll das heißen?"

Irgend etwas in Williams' Art machte Sam Martin noch verlegener. „Ist es ein Geheimnis, Bill? Das Grundstück am Stausee droben, das du von Harrison gekauft hast? Natürlich, wenn ich das nicht wissen soll, na schön, dann habe ich's auch schon wieder vergessen. Das ist nicht meine Sache."

Williams ging zu seinem Schreibtisch zurück und ließ sich in seinen Sessel fallen.

Sein Blick haftete unverwandt auf Martins Gesicht. „Es ist kein Geheimnis, Sam, aber ich frage mich, woher du das weißt. Hast du irgendwann mit George Harrison gesprochen?"

„Er hat mich gestern zu einem Drink eingeladen."

„Und was hatte er auf dem Herzen?"

„Er wollte wissen, wie es mit unserem Projekt nun weitergeht. Ich habe nichts dabei gefunden, mit ihm darüber zu reden, Bill. War das falsch?"

„Natürlich nicht. Und dann hat er von dem Grundstück angefangen, das er mir verkauft hat?"

„Ja, das hat er nebenbei auch erwähnt."

„Was will er von dir, Sam?"

Sam schüttelte heftig den Kopf.

„Er wollte nichts von mir. Wir haben nur – geredet. Er hat mich nach meiner Meinung zu dem ganzen Unternehmen gefragt, ob eine Erhöhung notwendig ist und sicher."

„Und was hast du geantwortet?"

„Dasselbe wie dir." Sam griff automatisch zu den Bauplänen, als erwarte er sich von den präzisen Linien und Zahlen, die darauf gezeichnet waren, eine Unterstützung. „Nur weil irgend so ein Kerl, den wir nicht einmal kennen, im Stausee herumtaucht, Bill, beginnen wir an unserer ganzen Planung und Berechnung zu zweifeln. Ist das nicht ein Unsinn?"

„Vielleicht, Sam, aber laß es uns gut überlegen." Er hob mahnend die Hand. „Aber während unserer Denkpause sollten wir nicht darüber reden. Mit niemandem. Verstanden?"

„Von mir erfährt keiner etwas." Sam nahm die Zeichnungsrollen auf und verließ erleichtert den Raum.

VOM Mount Union aus sah man in diesen frühen Morgenstunden von der Welt nichts als ein paar Berggipfel, die aus einem Nebelmeer hervorragten, das sich bis ins Unendliche zu erstrecken schien. Der Himmel war von einem strahlenden Blau, und die Sonne erwärmte allmählich die nachtkühle Luft.

„An einem Morgen wie diesem", sagte Bernie, „bilde ich mir manchmal ein, der einzige Mensch auf Erden zu sein. Aber", fuhr sie mit einem vergnügten Lachen fort, „so ist es mir lieber, mit noch einem Erdenbewohner, vor allem einem so starken und männlichen."

Ohne Vorwarnung ertönte plötzlich eine Stimme aus dem Lautsprecher. Für Pete klang alles, was er vernahm, wie Kauderwelsch. Bernie lächelte. „Das ist Charlie Hunt. Das hört sich bei dem immer so an." Sie horchte ein paar Augenblicke lang. „Ein Tiefdrucksystem bewegt sich in unserer Richtung. Es hat eine volle Ladung dabei; so sagt Charlie immer, wenn Niederschläge zu erwarten sind. Wie wär's jetzt mit Frühstück?"

Sie saßen mit den Kaffeetassen auf der Terrasse der Bergstation und sahen zu, wie der weiße Nebel aufriß und die Täler und Schluchten unter ihnen langsam sichtbar wurden. „Ich werde nie müde, diesen Anblick zu genießen", sagte Bernie „Es ist immer wieder eine Überraschung, wie die Geschenke unter dem Weihnachtsbaum. Die Luft erwärmt sich, der Dunst löst sich auf, und schon sieht man die Welt wieder so, wie sie am Vorabend verschwunden ist." Sie blickte Pete lächelnd an. „Aber natürlich gefällt sie mir heute morgen noch viel besser."

„Mir auch." Pete hatte seine langen Beine ausgestreckt. Flüchtig sah er nach der Operationsnarbe an seinem Knie, und rasch schaute er wieder weg. Er hatte bemerkt, daß Bernie ihn beobachtete, aber sie sagte nichts.

Sie schaute auf die Uhr. „Zeit für die ausführlichen Wetternachrichten." Sie stand auf. „Aber du kannst noch hier sitzen bleiben und dich sonnen." Sie ging hinein, und sogleich kamen wieder Durchsagen aus dem Lautsprecher, der seit Charlie Hunts Meldung geschwiegen hatte.

Bernie wird mit ihrem Leben wunderbar fertig, dachte Pete, und das war ein ganzes Ende mehr, als er von sich selbst behaupten konnte. Denn ohne sich darüber Gedanken zu machen, hatte ihn wahrscheinlich das kaum faßbare Schuldgefühl, daß er im Gegensatz zu ihr ziellos dahinlebte, gestern den langen Weg heraufgeführt. Er starrte wieder auf die Narbe. Schließlich hätte er sich nach seiner Operation doch einmal die Frage stellen müssen: Was nun? Jetzt stand er plötzlich vor der Entscheidung, viel früher, als er es erwartet hatte.

Einige Exfußballer wurden Trainer, andere gingen zum Rundfunk. Ein paar hatten von Anfang an gewußt, was sie werden wollten, und ihr Ziel immer im Auge behalten. Bobby Brown von den Yankees war jetzt Arzt. Whizzer White saß im Obersten Gerichtshof und Mo Udall im Kongreß.

Aber Pete Otero hatte nichts dergleichen zu erwarten. Keine Märchenfee würde für ihn den Zauberstab schwingen, um ihn zum Millionär zu machen.

Es würde so kommen, wie es immer gekommen war: Pete Otero erreichte nur das, was er sich selbst erkämpfte.

„Wir werden einen Wettersturz erleben", sagte Bernie, als sie wieder herauskam. „Das ist natürlich nur eine Vermutung. In letzter Zeit hat es oft ausgesehen, als würden uns Unwetter direkt treffen, aber dann änderten sie ihre Richtung und schwenkten ab. Das jetzige jedoch kommt aus Norden und sieht ernst aus, und wenn es mit Charlies dicker Wolkenfront zusammenstößt, können wir ganz schön was abkriegen." Ihre Stimme klang ernst.

„Sprich weiter", sagte Pete und sah zu ihr auf. „Du willst doch damit etwas sagen, oder?"

„Ich will damit sagen", erwiderte Bernie, „daß du dich entweder jetzt gleich aus dem Staub machen oder dich damit abfinden mußt, noch eine ganze Weile hierzubleiben. Du willst doch nicht beim Abstieg in ein großes Unwetter kommen." Liebevoll legte sie ihm die Hand auf die Schulter. „Aber ich möchte nicht, daß du schon gehst, noch nicht."

„Also dann“, sagte Pete und griff nach ihrer Hand, „ist es ja schon entschieden.“ Seine eigenen Probleme konnten warten. „Mir gefällt es hier auf unserem Berggipfel, mein Schatz.“

KATE flog das rote Sportflugzeug, wie Jay nicht anders erwartet hatte, mit fachmännischem Geschick. Jay war sicher, daß sie auch manch andere Dinge des Lebens mit der linken Hand erledigte.

Er setzte sich zurecht, um das Gebiet zu betrachten, das unter ihnen lag. Dann breitete er eine topographische Karte auf seinen Knien aus. Die Höhenlinien auf der Karte wiesen auf starke Gefälle oder sogar senkrechte Abbrüche hin; aber die Wirklichkeit – Felswände, die in die Dunkelheit hinabtauchten, bodenlose Schluchten, in die die Sonne nur für wenige Minuten vordrang, steile Hänge, auf denen man keinen Halt fand – alles schien das Gepräge einer anderen Welt zu tragen. In den Felsspalten auf der Nordseite hielt sich noch der Schnee vom vorigen Jahr.

Kate reichte ihm eine Sauerstoffmaske. Sie hatte die ihre schon aufgesetzt, und ihre Stimme klang gedämpft. „Wir kommen beinahe bis in fünftausend Meter Höhe, wo die Luft so dünn ist, daß Sie womöglich einschlafen.“ Jay legte die Maske wortlos an.

Aus dieser Höhe wirkten Staudamm und See klein wie Nachbildungen aus einem Spielzeugkasten. Jay erkannte den Gebirgsfluß, der von oben her den See speiste, und seine zahllosen Zuflüsse. Einige von ihnen waren immer noch ausgetrocknet. Auf dem flachen Gipfel des höchsten Berges entdeckte Jay einen Aussichtsturm, der wahrscheinlich der Feuerwache diente. Von der Terrasse winkte jemand herauf, und er winkte zurück.

Er hatte Kate zwar davor gewarnt, allzu hohe Erwartungen in den Rundflug zu setzen, doch lehnte sich sein Berufsstolz dagegen auf, mit leeren Händen zurückzukehren. Die Aussicht, die sich ihm darbot, war ehrfurchtgebietend. Im Nordwesten erstreckten sich, so weit das Auge reichte, schneebedeckte Gipfel. Durch diese unbekannte, wilde Bergwelt, dachte Jay, waren der alte Jed Harper und seinesgleichen auf ihren einsamen Pfaden gewandert.

Kate schien auf ein Zeichen von ihm zu warten. Obwohl ihn die Maske beim Sprechen behinderte, sagte er: „Bleiben Sie in dieser

Höhe, aber kreisen Sie nochmals über dem See und dem Damm." Als sich das Flugzeug zu einem weiten Bogen neigte, entdeckte Jay am oberen Ende eines Hochtals eine spiegelnde Wasserfläche. Es war derselbe See, den Pete Otero am Vortag bemerkt hatte und der sich hinter einer angeschwemmten Barriere aus Schutt und Geröll staute. Jay suchte den See vergeblich auf seiner Karte. Seltsam. Er vermerkte seine Lage und nahm seine Bodenbeobachtung wieder auf.

Sie flogen gerade auf den Staudamm zu, und obwohl Jay nicht recht wußte, wonach er suchen sollte, musterte er sorgfältig jeden Fels, jede Schlucht, jeden steilen Abhang und Gipfel. Die frühe Morgensonne zauberte langgestreckte Schatten und eigenartige, phantastische Lichteffekte auf die Landschaft. Die bogenförmige Dammkrone schien sich an der Felswand fortzusetzen, so als hätte Sam Martin vergessen, den Bau an der richtigen Stelle zu stoppen. Auf der gegenüberliegenden Seite war dieselbe Linie sichtbar.

Eine Sinnestäuschung, nicht mehr. Oder etwa doch nicht?

Kates Augen hingen an seinem Gesicht, und sie sagte: „Sehen Sie etwas?"

Jay schüttelte schweigend den Kopf. Er studierte die Karte. Er fand für diesen fast geradlinigen Schatten keine Erklärung. Er schaute auf die Uhr: Es war 8 Uhr 22. Sie flogen in einer Höhe von viertausendfünfhundert Metern. Er notierte diese Daten auf der Karte.

Kate sah ihn immer noch fragend an. „Ich kann noch nichts Genaues sagen", erklärte Jay. Er wollte keine unausgereiften Theorien von sich geben. „Ich muß noch darüber nachdenken. Fliegen Sie bitte noch einmal von der Talseite herauf."

Dieses Mal war kein Schatten zu sehen. „Schön", sagte Jay. „Wir können Schluß machen. Ich habe alles gesehen, was es zu sehen gab." Wenn ich überhaupt etwas gesehen habe, dachte er.

Sie landeten, rollten zum Hangar und stiegen aus. „Wenn Sie Ihre Überlegungen abgeschlossen haben", sagte Kate, „wäre ich Ihnen dankbar, wenn Sie mich über das Ergebnis unterrichten würden. Jedenfalls vielen Dank, daß Sie geblieben und mitgeflogen sind." Sie ging zielstrebig zu ihrem Wagen, startete den Motor und fuhr davon.

Jay wanderte langsam zu seinem Mietwagen. Ein stacheliges, unberechenbares Frauenzimmer, dachte er, das gewohnt war, seine

Absichten durchzusetzen. Am liebsten hätte er das nächste Flugzeug nach Kanada genommen. Aber da war die Sache mit seinem Berufsstolz und diesem rätselhaften verschwindenden Schatten. Er beunruhigte ihn, weil er nicht sicher war, ob er ihn richtig deutete.

Falsch, sagte er sich, er wußte ziemlich genau, was dieses Trugbild bedeutete. Und wieder überkam ihn das starke Gefühl, daß die Ereignisse die Oberhand gewannen.

Ein Auto brauste auf den Parkplatz, drehte schleudernd eine Kurve und kam mit quietschenden Reifen neben Jay zum Stehen. Sam Martin sprang heraus, kaum daß der Wagen angehalten hatte. Seit der Szene mit Bill Williams war seine üble Laune nicht verflogen, und nun hatte sein Ärger einen neuen Anstoß bekommen.

„Ich habe Kates Flugzeug in der Luft gesehen", sagte er, „und sie selbst ist gerade von hier fortgefahren. Sind Sie mit ihr geflogen?" Sam Martin war ein großer, kräftiger Mann und im Augenblick streitsüchtig dazu. „Also, sind Sie geflogen oder nicht?"

Jay öffnete die Wagentür und warf die Landkarte hinein. Über die Schulter hinweg sagte er: „Warum fragen Sie sie nicht selbst?"

„Ich habe jetzt aber Sie gefragt!" Martin packte Jay am Oberarm.

Und dann ging alles blitzschnell. Jay wirbelte herum wie ein Ballettänzer, riß sich los, fing Martins Faust in der Luft ab und lähmte ihm mit einem kurzen Schlag den Unterarm. Dann stand er abwartend da und sagte ruhig: „Versuchen Sie nie wieder, mich anzugreifen. Verstanden?"

Benommen vor Wut, hielt Martin seinen schmerzenden Arm. Er brachte kein Wort heraus.

„Was ich tue, ist meine Sache", fügte Jay hinzu. „Merken Sie sich das!" Er stieg in seinen Wagen und fuhr davon. Martin, der immer noch seinen Arm hielt, starrte ihm nach.

Jay nahm denselben Weg, den er am Morgen gekommen war. Die Straße folgte der Biegung des Flusses, führte an schönen Villen vorbei, hinauf in das Harpers-Park-Tal. Dort stellte er den Wagen am Straßenrand ab und betrachtete die Staumauer genau, vor allem an den Stellen, wo sie seitlich in den Fels eingelassen war.

Er konnte nichts entdecken, was das Trugbild, das er aus der Luft gesehen hatte, erklärt hätte. Aber er wußte ja, was es war; er brauchte nur eine Bestätigung. Sobald er sie gefunden hatte, würde er abreisen und in seine eigene Welt zurückkehren.

Er fuhr zum Motel und telefonierte nach Kanada. „Ich brauche deine Hilfe, Cooley", sagte er. „Du bist der beste Gesteinsfachmann, den ich kenne."

Cooley hörte eine Weile schweigend zu und sagte: „Ich verstehe überhaupt nichts von Dämmen und will es auch nicht. Alles, was ich will ..."

„Vielleicht hast du nicht richtig zugehört, Cooley. Ich brauche Hilfe."

Eine lange Pause folgte. Schließlich seufzte Cooley: „Na schön, ich bin dir einiges schuldig. Ich komme runter. Du sagst, dort gibt es einen Flugplatz?"

„Und ein hübsches Mädchen, das dich morgen früh auf einen Rundflug mitnimmt. Du kannst direkt neben ihr sitzen und so weiter."

„Du bist doch nicht verliebt, oder? Na schön, ich komme. Irgendwann heute noch, vermutlich."

Jay wählte sogleich Kates Nummer. „Können wir morgen früh noch einmal fliegen?" fragte er. „Diesmal zu dritt und zur selben Zeit?"

Kühl erwiderte Kate: „Ist es vielleicht erlaubt zu fragen, mit wem und warum?"

„Mit dem besten Gesteinsexperten, den ich kenne. Ich möchte, daß er sich ansieht, was ich heute morgen gesehen habe."

Am anderen Ende der Leitung blieb es lange still. Schließlich sagte Kate: „Am Flugplatz, zur selben Zeit."

7

IN SPENCER WILLOUGHBYS großem, getäfeltem und klimatisiertem Büro hoch über der New Yorker Pine Street hörte man den Verkehrslärm nur gedämpft. Die Sprechanlage auf dem Schreibtisch summte, und Willoughbys Sekretärin meldete: „Mrs. Thompson ist am Apparat, Mr. Willoughby."

Lächelnd nahm er den Hörer ab: „Hallo, meine liebe Mary. Na, habt ihr eure Wüste schon zum Blühen gebracht?“

„Wir versuchen es, Vati, aber ich fürchte, wir werden die Welt nicht aus den Angeln heben.“

„Rufst du nur aus Nettigkeit an, oder kann ich etwas für dich tun?“

Er hatte sie wie immer gleich durchschaut, dachte Mary. Sogar über eine Entfernung von dreitausend Kilometern hinweg hatte er sofort den Kummer herausgehört, der in ihrer Stimme lag. „Was würdest du tun, Vati, wenn man dich betrogen hat?“

„Schwierige Sache, Mary“, antwortete Willoughby. „Willst du mir die Geschichte nicht ganz erzählen?“

Er hörte zu, ohne sie zu unterbrechen, und sagte dann: „Oh, ich kann gut verstehen, warum ihr beide euch ärgert.“

„Es war unsre eigene Schuld“, erwiderte Mary. „Das kann ich nicht leugnen. Ich habe soeben auch schon mit Mr. Gentry gesprochen, dem Bankdirektor.“

„Und?“ fragte Willoughby ruhig.

„Er war nicht gerade liebenswürdig. Er sagte, wir hätten in New York bleiben sollen. Vermutlich kann ich ihm nicht einmal einen Vorwurf machen.“

Aber ich, dachte Willoughby. Dann sagte er: „Tut mir leid, Mary, daß ich dir keine Lösung anbieten kann, aber eines möchte ich dir noch sagen. Es wird zwar nicht viel helfen, aber vielleicht tröstet es dich ein bißchen. Es sind schon sehr viel erfahrenere Leute als du und Brooks betrogen worden.“

„Danke, Vati. Jetzt, nachdem ich mit dir gesprochen habe, fühle ich mich schon viel besser.“

Willoughby legte auf und lehnte sich in seinem Sessel zurück. Es war ein wunderbares Land, in das Mary und Brooks gezogen waren, dachte er. Eigentlich konnte er es ihnen nicht verdenken. Der Westen mit seinen rauhen Sitten und seinen Legenden war ihm nicht ganz unbekannt. Schon Gentrys Bemerkung, daß Mary und Brooks besser in New York geblieben wären, sprach Bände. Gentry hatte damit angedeutet, daß er Leute von der Ostküste für verweichlicht hielt, während hier im Westen Männer noch Männer waren.

Aber manchmal, dachte Willoughby, können auch wir Schlappschwänze harte Bälle spielen. Er drückte auf den Knopf der Sprechanlage. „Verbinden Sie mich bitte mit Mr. Thomas Gentry. Er ist Direktor der First National Bank ..."

Die Verbindung kam rasch zustande. „Hier Gentry."

„Hier spricht Spencer Willoughby aus New York, Mr. Gentry. Ich werde heute noch einen alten Freund von mir in Los Angeles anrufen, Henry Warfield. Er ist Präsident und Hauptaktionär der Holdinggesellschaft, zu der neben vielen anderen Unternehmen auch Ihre Bank gehört."

„Sie brauchen mir nicht zu erklären, wer er ist", sagte Gentry mißtrauisch.

„Ich werde Henry eine schmutzige Geschichte von einem seiner Bankdirektoren erzählen. Es geht um den zweifelhaften Gebrauch vertraulicher Informationen und um den vorsätzlichen Betrug eines Kunden der Bank. Ich wäre nicht überrascht, wenn auch noch die vorschnelle Gewährung eines Kredits an einen Angestellten dazukäme, was der oberste Rechnungsprüfer, der ebenfalls mein Freund ist, gerade jetzt mit beträchtlichem Mißfallen aufnehmen würde. Ich dachte nur, daß Sie das vielleicht gerne im voraus wüßten. Ich kann mir Henry Warfields Reaktion gut vorstellen. Sie auch?"

„Wer zum Teufel sind Sie eigentlich?"

„Das habe ich Ihnen schon gesagt, Mr. Gentry. Ich heiße Spencer Willoughby. Mein Büro liegt in der Pine Street in New York. Mrs. Thompson ist meine Tochter. Wenn Sie sich nach einem neuen Posten umsehen und Empfehlungen brauchen, würde ich Ihnen nicht raten, sich in dieser Sache an sie oder ihren Mann zu wenden, aber vergessen werden Sie die beiden sicher nicht. Guten Tag."

Ärgerlich legte Gentry auf. Der Gedanke, sich so etwas von einem Mann von der Ostküste gefallen zu lassen, war unerträglich. Vielleicht bluffte ihn da nur irgendjemand. Das war es wohl. Gentry hatte selbst schon einige Male so gepokert. Er suchte aus seinem Adressenbuch die Nummer seines Freundes heraus, der in der Geschäftsführung der Holdinggesellschaft in Los Angeles saß. Ruhig wählte er.

„Joe? Hier Tom Gentry. Ich habe gerade einen Anruf aus New York erhalten. Ein Kerl, der sich Spencer Willoughby nannte, war am Apparat. Du kennst dich aus. Sagt dir der Name irgendwas?"

In Joes Antwort schwang ein Ton mit, der sehr stark an Ehrfurcht erinnerte: „Du mußt ganz schön hohe Verbindungen haben, Tom. Spencer Willoughby? Ich kenne ihn nicht persönlich, aber natürlich weiß ich, wer er ist. Du hast bestimmt von der Chase City Bank gehört, dem zweitgrößten Bankhaus der Welt, das zudem immer noch stark expandiert? Also, Spencer Willoughby ist der juristische Berater der Bank, aber das ist noch nicht alles. Er sitzt dort auch im Aufsichtsrat und außerdem noch in dem einiger anderer Unternehmen, wie etwa bei General Motors und International Business Machines. Du brauchst nur im ‚Who's who' nachzuschlagen, wenn du mir nicht glaubst. Aber warum fragst du?"

„Schon gut, vielen Dank, Joe."

Gentry legte auf. Für lausige fünfzig Morgen Grund, dachte er, und einen Gewinn, den lausige zweiundzwanzigtausend Dollar abwerfen würden, hatte er sich in Teufels Küche gebracht.

Wieder summte sein Telefon, und er griff rasch nach dem Hörer. „Ja?"

„Mr. Harrison will Sie sprechen, Mr. Gentry."

George Harrison hatte vermutlich irgendwelche belanglosen Beschwerden auf Lager. Aber andererseits saß Harrison auch im Aufsichtsrat der Bank. Tom Gentry konnte sich keine Feinde leisten, im Gegenteil, er brauchte vielleicht jeden, den er für sich gewinnen konnte. „Schicken Sie Mr. Harrison herein", sagte er. Dann stand er auf und hoffte, daß man ihm nicht ansah, wie verstört er war.

„Um es kurz zu machen", begann Harrison bitter, „Bill Williams hat mich ausgetrickst, als er mein Grundstück oben am Damm kaufte. Das verletzt meinen Stolz, ich gebe es zu. Es macht mich einfach rasend, wenn jemand eine vertrauliche Information, wie zum Beispiel die Genehmigung der Staudammerweiterung, zu seinem eigenen Vorteil ausnützt. Sie nicht auch?"

Gentrys Pokergesicht blieb ausdruckslos. „Also im Prinzip", sagte er, „geht es mir genauso."

„Williams wird sich um den Auftrag bewerben", fuhr Harrison fort. „Und zweifellos mit Erfolg. In solchen Fällen ist doch die Aufnahme eines Baukredits üblich, oder?"

„Allerdings."

„Wird er ihn bei dieser Bank hier beantragen?“

„Das nehme ich an, Mr. Harrison.“

„Was ist nötig, um sicherzustellen, daß er abgelehnt wird?“

Überrascht stellte Harrison fest, daß Gentry entgegen seiner Erwartung ruhig blieb und fast entgegenkommend reagierte. Gentrys graue Augen weiteten sich ein wenig, und er schien scharf über etwas nachzudenken. Worüber, das blieb Harrison unklar.

Schließlich sagte Gentry: „Dazu braucht es nur eine Mehrheit im Aufsichtsrat, Mr. Harrison. Sie haben einigen Einfluß, und wenn Sie entschlossen vorgehen ...“

„Das werde ich.“

„Dann könnte es fraglich sein, ob der Kredit für die Dammerhöhung bewilligt wird.“

Und wenn ich Warfield auch nur ein knappes Abstimmungsergebnis vorweisen könnte, dachte Gentry, und ihn davon überzeugte, daß ich den Thompsons mit dem Kauf ihres Landes wirklich nur aus ihren Geldnöten helfen wollte, statt es ihnen zu meinem eigenen Vorteil abzuluchsen ...

Natürlich, überlegte Gentry weiter, wenn die Dammerhöhung daran scheiterte, daß Bill Williams seinen Baukredit nicht bekam, würde er, Tom Gentry, mit fünfzig Morgen wertlosem Land und einem beträchtlichen Kredit sitzenbleiben, den er abzahlen mußte. Aber das war besser, als aus der Bank geworfen zu werden.

„Kreditanträge“, sagte George Harrison, „werden gewöhnlich nicht vom Aufsichtsrat entschieden, Mr. Gentry.“

„Aber bei einem Antrag“, erwiderte Gentry, „in dem es um eine so beträchtliche Summe geht, liegt es in meinem Ermessen, den Aufsichtsrat um eine Entscheidung zu ersuchen.“

„Und Sie wären geneigt, die Angelegenheit vor den Aufsichtsrat zu bringen?“

„Unter diesen Umständen, glaube ich, könnte ich das schon.“

„Ich weiß das zu schätzen, Mr. Gentry“, sagte Harrison.

Gentry lächelte. „Ich habe unser aller Vorteil im Auge.“

Als George Harrison später darüber nachdachte, kam ihm das ganze Gespräch mit Tom Gentry an diesem Morgen irgendwie unwirklich vor. Seltsam, dachte er.

Bill Williams fuhr zum Mittagessen nach Hause, was er sonst nur sehr selten tat. Heute suchte er jedoch Gesellschaft und hoffte, Kate zu Hause anzutreffen.

Kate saß auf der Terrasse und schaute zu den Bergen hinauf. „Ich habe dein Flugzeug heute früh in der Luft gesehen“, sagte Williams, als er auf die Terrasse trat. „War Mr. Harper dabei?“

„Ja. Ihm ist irgendwas aufgefallen, aber ich weiß nicht, was. Er sagt, er sei sich selbst noch nicht sicher. Wir starten morgen früh nochmals und nehmen jemanden mit, den er als den besten Gesteinsexperten bezeichnete, den er kenne.“

„Ich würde gerne wissen, was die beiden in Erfahrung bringen“, sagte Williams. „Bitte erkläre das Harper, ja?“

Kate betrachtete ihren Vater prüfend. „Du machst dir Sorgen.“

„Eigentlich nicht.“ Williams' Lächeln war nicht ganz echt, aber Kate hatte von ihrer Mutter gelernt, daß man das allein einem Mann noch nicht zum Vorwurf machen durfte, selbst wenn man seine Maske durchschaute.

Sie starrte zu den Bergen hinüber, wo der Fluß zwischen den Felsen zutage trat. „Als ich vom Flugplatz kam“, sagte sie plötzlich, „bin ich in die Bibliothek gegangen und habe mir das Buch über die Überschwemmung 1889 in Johnstown geholt. Eine Wasserwand von zehn Meter Höhe brachte zweitausendzweihundert Menschen den Tod.“ Sie wandte sich um und sah ihren Vater an. „Jay Harper hat gesagt, daß dies hier schlimmer sein würde, weil unten im Tal eine ganze Großstadt liegt.“

„Meine Kleine, nichts ist leichter auf dieser Welt, als die Leute in Panik zu versetzen. Du scheinst unter einem Alptraum zu leiden – so wie du das auch als kleines Mädchen oft getan hast.“

Das Dienstmädchen meldete, daß aufgetragen sei, und Williams sagte zu Kate: „Gehen wir ins Eßzimmer, mein Schatz, und laß uns dort über erfreulichere Dinge reden, ja? Schau“, sagte er, „ich habe heute morgen einen Brief von Bud Wilks erhalten. Er lebt jetzt in Honolulu und lädt mich ein, ein paar Urlaubswochen in seinem Ferienhaus zu verbringen. Möchtest nicht du fahren? Dich bindet hier nichts.“

„Hier ist mein Zuhause, Paps, und hier bin ich am liebsten.“

„Aber nur meinetwegen."

„Ich möchte nirgendwo anders sein."

„Na schön", sagte Williams und lächelte. „Wenigstens reden wir nicht mehr über diesen Damm."

„Aber wir denken noch beide an ihn, oder?"

Das Essen schmeckte ihm nicht, obwohl der Koch die exquisitesten mexikanischen Gerichte zaubern konnte. Williams nahm einen Schluck Eiswasser. Eiswasser! Sein Arzt hatte ihm sogar das Bier untersagt.

„Möchtest du trotzdem noch wissen, was Jay Harper und sein Geologe nach dem Flug morgen früh von der Sache halten?" fragte Kate.

Williams stellte angewidert das Glas mit Eiswasser ab und nickte bedächtig. „Ich wäre verrückt, wenn ich mir keine Sorgen machte, mein Liebes. Ich mag vielleicht über das beste Alter hinaus sein, aber deshalb bin ich wohl noch lange nicht senil."

„Du? Über das beste Alter hinaus?" sagte Kate und verbarg hinter einem Lächeln den Schmerz, den sie bei diesem Gedanken fühlte. „Das hat noch gute Weile. Aber iß doch noch ein wenig, Paps."

Eine Zeitlang aß Williams gehorsam, aber die beunruhigenden Gedanken ließen ihn nicht los. Seltsame Einfälle bedrängen einen manchmal, dachte er. Langsam sagte er: „Was wirst du tun, mein Liebes, wenn ich einmal nicht mehr bin?"

„Aber Paps!"

„Versuch nicht abzulenken", sagte Williams. „Ich werde nicht ewig leben. Ich möchte, daß du darüber nachdenkst. Was wirst du dann tun?"

„Dich vermissen. Ebenso wie ich Mutter vermisse. Aber laß uns jetzt nicht darüber reden."

Williams schüttelte den Kopf. „Früher oder später müssen wir doch darüber reden. Ich will kein großes Theater daraus machen, aber wenn man anfängt, sein Herz zu spüren, an das man früher nie einen Gedanken verschwendet hat – na, dann begreift man allmählich, daß man nicht ewig leben wird, und beginnt über Dinge nachzudenken, die man bisher vor sich hergeschoben hat. Verstehst du, was ich meine?"

Kate hielt mit Mühe ihre Tränen zurück. Wortlos nickte sie mit dem Kopf.

„Du bist natürlich meine erste Sorge“, fuhr Williams mit ruhiger und liebevoller Stimme fort. „Ich würde dich gerne verheiratet sehen. Du brauchst einen Mann. Sam Martin möchte dich heiraten.“

„Ich weiß.“

„Es gäbe Schlimmeres.“

„Das ist ein schwaches Argument.“

„Und dennoch wüßte ich dich gern in guten Händen. Dein Glück ist mir das Wichtigste. Gut so?“

Wieder konnte Kate nur nicken.

„Nun zu diesem Haus“, sagte Williams. „Du nennst es dein Zuhause. Das ist schön. Aber es war unser Heim, das von deiner Mutter und mir. Wir haben es gebaut und hergerichtet, bis es unseren Wünschen entsprach. Wenn du hierbleiben willst, gut. Wenn nicht, verkauf es.“

Kate hatte sich wieder gefaßt. „Ich werde daran denken. Das verspreche ich dir.“

„Gut. Jetzt zum Geschäft. Ich weiß nicht, wie es damit weitergehen soll. Es gehört dann dir, aber wer soll es weiterführen? Sam nicht. Wenn man Sam sagt, was zu tun ist, dann macht er das gut, aber jemand muß es eben anordnen. Also, ich werde mir dazu noch etwas einfallen lassen.“ Plötzlich sah Williams beunruhigt aus. „Da ist noch was, vielleicht das Wichtigste von allem.“

„Bitte, Paps, das klingt alles so, als ob ...“

Williams schüttelte wieder den Kopf und ließ sie nicht ausreden. „Ich habe lange darüber nachgedacht, meine Kleine“, sagte er, „und etwas möchte ich dir noch gerne ans Herz legen. Also hör mir zu.“

Die Tränen würgten sie schon wieder, und sie brachte nur ein einziges Wort heraus: „Ja?“

„Du wirst zwar nicht das reichste Mädchen der Weststaaten sein, mein Liebes, aber immerhin ziemlich vermögend. Ich habe Geld zusammengerafft wie ein Hamster seinen Wintervorrat, schon seit ich als Junge die ersten Zeitungen ausgetragen habe. Und darüber möchte ich mit dir reden. Genieße es! Laß es nicht herumliegen. Nachdem deine Mutter gestorben war, habe ich leider zu spät erkannt, was für ein Narr ich gewesen bin. Ich habe immer nur daran gedacht, den Haufen stets zu vergrößern, statt das zu genießen, was schon da war. Verfall nicht in den gleichen Fehler. Mach dir ein schönes Leben damit. Denk immer daran, ja?"

Kate hatte wieder Tränen in den Augen, doch sie brachte ein schwaches Lächeln zustande. „Das werde ich", sagte sie.

COOLEY PARKS stieg mit seinem abgenutzten Seesack aus dem Flugzeug. Darin befanden sich ein Geologenhammer, eine Arbeitshose, ein Paar leichte Stiefel, Waschzeug, ein Hemd, Socken, sein Reisepaß und eine Flasche Whisky.

Mit diesem Sack und der Kleidung, in der er steckte, war Cooley bereit, an jeden Ort der Welt zu reisen.

„Was für einem Hirngespinst jagst du eigentlich nach, Menschenskind?" dröhnte Cooleys Stimme durch die Ankunftshalle.

„Ich hoffe, es ist eines", erwiderte Jay. „Dann werde ich mich entschuldigen, und wir fliegen so schnell wie möglich nach Kanada."

Cooleys Augen, die hellblau aus seinem gefurchten braunen Gesicht leuchteten, hefteten sich prüfend auf Jay. „Und wenn es das nicht ist?" fragte er dann mit ruhiger Stimme.

„Darüber habe ich noch nicht nachgedacht. Hast du schon gegessen?"

„Wie wäre es mit einem solchen Steak?" Cooley deutete mit Daumen und Zeigefinger eine Dicke von etwa fünf Zentimetern an. „Schön zart und halb durchgebraten? Und dabei könnten wir uns dann unterhalten."

„Das ist ein Wort." Sie gingen zu Jays Wagen.

Die Steaks waren groß, zart und gut. Cooley aß, hörte zu und trank eine Menge Bier. Schließlich sagte er: „Ich habe mich immer gefragt, wo du eigentlich herstammst. Die Herkunft formt den Menschen. Dein dreifacher Urgroßvati, hm?"

„Ich bin Kalifornier", protestierte Jay. „Das weißt du doch."

„Nein. Los Angeles formt niemanden. Da mußten irgendwo im Hintergrund hohe Berge sein, wie diese hier. Aber lassen wir das jetzt, mein Junge. Nun sag mal, was glaubst du denn heute morgen vom Flugzeug aus gesehen zu haben?"

„Ich möchte, daß du es dir ohne jede vorgefaßte Meinung anschaust."

„Ich habe dir doch gesagt, daß ich keine Ahnung von Dämmen habe – außer, daß sie Wasser stauen, eine Menge Wasser, und daß immer wieder mal einer aus den Fugen geht. Ist das deine Sorge?"

„Eigentlich", sagte Jay, „geht es mich nichts an."

„Nein?" Cooley grinste amüsiert. „Schau, das Land deines dreifachen Urgroßvatis läßt dich eben nicht los. Und vielleicht auch das Mädchen. Ist sie hübsch? Oder etwa reich? Entweder das eine oder das andere steckt immer dahinter. Aber vergiß nicht, daß meist das Geld länger hält als die Schönheit."

Als sie den Fluß entlang in die Schlucht hineinfuhren, die nach Harpers Park hinaufführte, war es noch hell genug, um sich die Landschaft zu betrachten. Cooley saß ruhig und entspannt auf dem Beifahrersitz und musterte die Felsformationen zu beiden Seiten, das Flußbett und die steilen Wände der Schlucht. „Verformtes Eruptivgestein", sagte er. „Hier gibt es keine Sedimente. Ich habe mir eine geologische Karte der Gegend besorgt, bevor ich in Kanada abgeflogen bin."

Das hieß, dachte Jay, daß sich Cooley bereits genaue Vorstellungen gemacht hatte und daß er morgen im Flugzeug wissen würde, wohin er schauen und wonach er suchen mußte.

Hinter der letzten Kurve der steil ansteigenden Straße tauchte der Staudamm auf, der hoch über der Kraftwerksanlage aufragte und die Schlucht abschloß.

Cooley pfiff leise durch die Zähne. „Ich kann dir nur sagen, daß ich mich jedenfalls lieber oberhalb dieser Riesenmauer aufhalten würde, wenn sie tatsächlich nachgibt, als drunten im Tal. Wie tief, sagtest du, ist der See?"

„Ungefähr vierundzwanzig Meter beim derzeitigen Wasserstand, der sechs Meter unterhalb des Normalpegels liegt."

„Und das Gefälle des Flusses oberhalb des Sees?"

„An manchen Stellen nahezu senkrecht", antwortete Jay. „Stromaufwärts befinden sich etliche Wasserfälle, und manche dieser Hochtäler und Schluchten sind verdammt steil."

„Ich muß korrigieren", sagte Cooley. „Wenn dieses Ding in die

Brüche geht, möchte ich mich nicht einmal hier oben aufhalten, sondern zweieinhalbtausend Kilometer weit weg in Kanada."

„Warte ab, bis du das Gelände morgen von der Luft aus siehst."

WIEDER einmal saß Bill Williams auf der Terrasse der Gouverneursvilla. Im Mondlicht wirkten die Berge gespenstisch und unwirklich.

„Bill, du hast sonst immer gleich gesagt, was du auf dem Herzen hattest", meinte der Gouverneur. „Jetzt redest du um den Brei herum. Deine Begeisterung über die Dammerhöhung scheint nicht mehr sehr groß zu sein."

„Das möchte ich nicht sagen. Jedenfalls nicht so direkt."

Der Gouverneur seufzte. „Aber du hast plötzlich Bedenken? Warum?"

„Es gibt keinen Grund dafür. Jedenfalls keinen konkreten." Er hätte nicht herkommen sollen, sagte sich Williams; es war ein verrückter Einfall gewesen.

„Bill", erklärte der Gouverneur, „abgesehen davon, daß ich nicht gern dümmer dastehe als andere, kann ich es mir einfach nicht leisten, nicht Bescheid zu wissen. Wir haben dieses Projekt als dringlich behandelt und es durch die Bürokanäle von Washington geschleust. Wir haben mit Gefälligkeiten nachgeholfen und alte Verpflichtungen eingetrieben. Wir haben den gewachsenen Energiebedarf in diesem Land als Argument benutzt. Und das alles, um die staatliche Unterstützung für dieses Projekt zu erlangen. Jetzt müßte ich schon triftige Gründe vorweisen können, Bill, wenn ich noch einmal umschwenken wollte. Sonst gebe ich gewissermaßen zu, daß ich keine Ahnung von einer Sache hatte, für die ich früher eingetreten war."

Williams nahm sein Silberdöschen heraus und steckte sich eine Pille in den Mund. „Ein Mann hat im See getaucht", begann er. „Eigentlich wollte er nur das versunkene Dorf besichtigen, weil es nach seinem Ur-Ur-Urgroßvater benannt ist und weil er schon von Jugend auf davon gehört hatte. Und dort, wo der Damm in der Felswand verankert ist..."

Der Gouverneur hörte ruhig zu, und als Williams geendet hatte, schwieg er lange Zeit. Schließlich sagte er: „Und wie schätzt du die Sache ein, Bill?"

„Ehrlich gesagt, ich weiß es nicht, Harry. Aber bevor wir weitermachen, sollten wir uns vergewissern."

„Du scheinst eine Menge Vertrauen in diesen Jay Harper zu setzen, den du kaum kennst."

„J.G. Harkness in Houston sagt, Harper sei einer der Besten auf seinem Gebiet, und das hat mir genügt. Auch verfolgt Harper, soweit ich es beurteilen kann, keinerlei persönliche Interessen dabei. Warum sollte er uns also nicht seine ehrliche Meinung sagen?"

Nachdenklich fragte der Gouverneur: „Sind es also nur Meinungen, über die wir reden, Bill? Und wie steht's mit den Tatsachen?"

Wieder schüttelte Williams den Kopf. „Ich bin kein Geologe, Harry. Ich habe nur da und dort einiges gebaut, und ich würde sagen, daß es bei einer Sache wie dieser keine klaren Tatsachen gibt. In Kalifornien warten sie, seit ich mich erinnern kann, auf dieses große Erdbeben, das von allen Fachleuten vorausgesagt wurde, und bisher ist nichts geschehen. Manchmal ist alles nur ein Ratespiel, bis das Ereignis tatsächlich eintritt."

„Bill, wir sprechen doch über ein Problem, das diese Stadt in ein hysterisches Narrenhaus verwandeln kann. Ich möchte eine ehrliche Antwort. Besteht, wenn man einmal das Erhöhungsprojekt außer acht läßt, deiner Meinung nach auch gegenwärtig irgendeine Gefahr?"

Williams hatte schon über diese Frage nachgedacht. Er hatte so lange nachgedacht, bis er sich wie ein Eichhörnchen in einem Laufrad vorkam, das bei aller Anstrengung sein Ziel nie erreicht. „Ich weiß es nicht, Harry", sagte er. „Und das macht mir allmählich Sorgen." Er stand auf. „Ich glaube, ich bin froh, daß ich doch hergekommen bin. Wenigstens habe ich mir diese Last vom Herzen geredet."

„Und hast sie mir aufgehalst." Der Gouverneur stand gleichfalls auf. „Herzlichen Dank."

Kate öffnete die Haustür, da sie den Türklopfer gehört hatte. Sam Martin stand draußen. Sie lächelte. „Komm herein, Sam. Mein Vater ist zwar nicht hier, aber er hat gesagt, daß er bald zurücksein wird."

„Ich komme deinetwegen."

„Ich fühle mich geschmeichelt..."

„Das glaube ich kaum", sagte Martin. „Gerade darüber wollte ich mit dir reden." Er hatte sich zu dieser Unterredung aufgerafft und sich schon ein paar Worte zurechtgelegt. Jetzt, da er sah, wie Kates strahlendes Lächeln schwand, sagte er sich, daß er nicht so mit der Tür ins Haus hätte fallen dürfen.

„Was ist mit deiner Hand?" fragte Kate besorgt. „Hast du dich verletzt?"

„Es ist nichts Schlimmes. Ich bin nur – mit dem Arm gegen etwas gestoßen." Sie hatte es schon immer verstanden, einen aus dem Konzept zu bringen, dachte Martin. Plötzlich sah er sich in der Rolle eines Bittstellers wieder. „Können wir reden? Ich meine, uns hinsetzen und – miteinander reden?"

Sie lächelte wieder und führte ihn durch das Wohnzimmer auf die Terrasse. Als sie Platz genommen hatten, holte Martin tief Atem und begann von neuem. „Früher einmal", sagte er, „hatten wir beide doch manches gemeinsam."

„Stimmt, Sam." Kate sah ihn mitleidig an. „Eine richtige Sandkastenfreundschaft."

„Ich erkenne dich kaum wieder, Kate. Ich dachte immer, ich wüßte alles über dich. Dann bist du ins College gegangen, an die Ostküste, die mir vollkommen fremd ist. Ich meine . . ."

„Und dann geschah noch einiges andere, Sam", erwiderte Kate. „Als Mutter starb, wollte Paps mich nicht nach Hause kommen lassen, in den ‚düsteren Trauerhaushalt', wie er es nannte. Er sagte, es gehe ihm gut, aber er war ein gebrochener Mann. Ich habe einige Zeit gebraucht, um das zu erkennen. Dann merkte ich, daß ich ihm nicht zu helfen vermochte. Vielleicht wurde ich zu diesem Zeitpunkt erwachsen. Als ich schließlich doch nach Hause kam, hatte sich alles verändert."

„Ich nicht."

„Nein. Aber ich."

Eine lange Pause folgte, bis sich Martin zu der Frage entschloß: „Was hast du vor, Kate? Was erwartest du?"

„Ich warte nicht bewußt auf irgend etwas. Vielleicht scheue ich sogar den Gedanken an die Zukunft ein wenig. Und was wünschst du dir, Sam?"

„Das ist einfach. Dich."

„Du willst nur einen Teil von mir, Sam, ohne dir darüber im klaren zu sein. Aber ich würde dich nur unglücklich machen.“

„Weil ich nicht auf irgendwelchen Bohrinseln in der Nordsee oder irgendwo in Indonesien oder im Nahen Osten große Wunder vollbracht habe? Weil ich nur ein ganz einfacher Ingenieur bin und nicht so was Phantastisches wie ein Geophysiker? Weil ...“ Er hielt inne, plötzlich beschämt über seinen unbeherrschten Ausbruch.

„Sam, hör auf, dich schlechtzumachen.“ Kates liebevoller und freundlicher Blick schien ihm am meisten weh zu tun. „Jay Harper bedeutet mir nichts“, erklärte sie. Oder etwa doch? fragte sie sich im stillen. Sie ließ sich aber keinerlei Zweifel anmerken. „Er ist heute morgen mit mir über die Talsperre geflogen ...“

„Ich weiß.“ Martin hielt seinen Arm, der immer noch schmerzte. „Das habe ich mir nach eurer Landung eingehandelt. Der Supermann will nicht angefaßt werden. Es war mein Fehler. Ich habe die Beherrschung verloren und bin in die Schranken gewiesen worden. Ich bin kein so toller Kerl wie er, Kate. Ich habe gesehen, daß du das schon vorgestern beim Abendessen festgestellt hast. Und dein Vater hat es mir heute morgen deutlich genug zu verstehen gegeben. Du hast vielleicht recht: Ein Schuster soll bei seinem Leisten bleiben.“

In Kates Augen glitzerten schon wieder Tränen. „Es tut mir leid, Sam.“

„Ist schon gut.“ Martin stand auf. „Jetzt wissen wir also beide, woran wir sind. Das war vielleicht ein Tag für mich. Erst dein Vater, dann Harper und jetzt das. Gute Nacht, Kate.“

George Harrison saß an diesem Abend allein in seiner geliebten Bibliothek, als es klopfte. Sein Dienstmädchen trat ein und kündigte überraschenden Besuch an. „Mr. Martin möchte Sie sprechen, Señor.“

„Führen Sie ihn gleich herein.“

Martin fühlte sich unbehaglich. Er wunderte sich über seinen plötzlichen Entschluß, Harrison aufzusuchen. Er war nach der schmerzlichen Aussprache mit Kate fortgefahren, und als er an Harrisons Haus vorbeikam, hatte er den Wagen spontan in die Einfahrt gelenkt. Bill Williams sah es bestimmt nicht gerne, wenn er hierherkam, aber er hatte an diesem Tag schon die Nase voll, und es scherte ihn wenig, was sein Chef denken mochte.

Harrison sprühte vor Herzlichkeit. „Es freut mich außerordentlich, daß Sie vorbeischauen“, sagte er und trug dem Mädchen auf, ihnen Drinks einzuschenken. Sie saßen in ledernen Klubsesseln am Kamin, und Martin brachte das einzige Thema zur Sprache, das seinen Besuch rechtfertigen konnte. „Bei der Genehmigung des Dammprojekts“, begann er, „gibt es einen Haken.“

Harrison stellte bedächtig sein Kognakglas ab. „Könnten Sie das bitte näher erklären, Mr. Martin?“

„Dieser Supermann, der sich zur Zeit hier in der Gegend aufhält“, fuhr Martin fort, „hat Bill Williams so nervös gemacht, wie ich ihn nie zuvor gesehen habe.“

„Wirklich? Den selbstsicheren Bill Williams? Wodurch?“

Martin erzählte ihm die Geschichte mit Jay Harper und trank zwischendurch immer wieder einen Schluck. „Vielleicht hätte ich Ihnen das alles nicht erzählen sollen“, sagte er abschließend. „Aber ...“

„Unsinn“, erwiderte Harrison und drückte auf die Klingel neben seinem Stuhl. Das Mädchen erschien, und er deutete auf Martins leeres Glas. „Es betrifft uns alle, nicht wahr? Wir sprechen über die öffentliche Sicherheit, und da darf es keine Heimlichtuerei geben.“

Das Mädchen kam mit einem vollen Glas zurück, und Martin griff begierig danach. „Es ist alles noch in der Schwebe“, sagte er und nahm einen großen Schluck. „Ich meine damit, die Fragen sind doch gerade erst aufgetaucht.“

„Ich verstehe“, erwiderte Harrison, „und ich weiß es zu würdigen, daß Sie mich darauf aufmerksam gemacht haben.“

„Sehen Sie, Mr. Harrison ...“ Die üble Laune, die Martin hierhergeführt hatte, war rasch verraucht, und der Alkohol wirkte noch nicht. „Wenn Bill Williams erfährt, daß ich all das hier erzählt habe, muß ich mir einen neuen Job suchen.“

Nur das Prasseln der Kiefernscheite im Kamin war zu hören. Harrison wärmte sein Kognakglas mit beiden Händen und dachte über die Sache nach. „Ich verstehe Ihre Schwierigkeiten“, sagte er schließlich. „Bisher ist doch noch nichts entschieden, oder?“

Martin fühlte sich etwas besser. „Richtig. Bill überlegt alle seine Schritte genau, bevor er etwas unternimmt."

Als ob Bill das ganz allein zu entscheiden hätte, dachte Harrison und fühlte den Ärger in sich aufsteigen. Er hätte es liebend gern gesehen, daß der arrogante Bill Williams einmal stolpern würde. Der Kognak schmeckte ihm besser denn je. „Ob und wann eine Entscheidung getroffen wird", sagte er, „das erfahren Sie doch auf jeden Fall, nicht wahr, Mr. Martin?"

„Wahrscheinlich früh genug. Wenn wir das Projekt machen, bleibe ich leitender Ingenieur. Und wenn nicht, bin ich den staatlichen Sicherheitsingenieuren, denen ich den Bau untergejubelt habe, einige Erklärungen schuldig."

Harrison nickte. „Nun, aber Sie können mich doch auf dem laufenden halten."

„Das kann ich nicht mit Sicherheit versprechen", wehrte Martin ab. „Ich weiß ja nicht, wieviel Bill mir erzählt ..."

„Aber Sie sind immerhin heute abend hergekommen", unterbrach ihn Harrison. „Da hat Sie wohl Ihr Gewissen dazu getrieben, und es gehörte auch einiger Mut dazu."

Und, dachte Martin bei sich, töricht war es auch, weil er jetzt nicht mehr sein eigener Herr war. Er diente jetzt zwei Herren. Wenn er sich jetzt weigerte, Harrison auf dem laufenden zu halten, würde dieser wahrscheinlich Bill anrufen. Martin mochte nicht einmal daran denken, was dann passieren könnte. Er nahm noch einen kräftigen Schluck von seinem Bourbon. Heute konnte er sich ruhig ein wenig betrinken, morgen würde er sich so oder so nicht besonders gut fühlen. Harrison hob sein Glas. „Wie schon gesagt, Mr. Martin, ich freue mich, daß Sie hergekommen sind. Möchten Sie vielleicht noch einen Drink?"

8

WÄHREND der Nacht fiel oberhalb von zweitausend Metern vereinzelt Schnee. Die Stadt drunten im Tal war schon lange in der Dunkelheit verschwunden, als Bernie und Pete auf ihrem hohen Berggipfel im letzten Schein der Abendsonne die Schlechtwetterfront hatten herankommen sehen.

„Zirruswolken", hatte Bernie festgestellt. „Siehst du sie? Eine ganze Front. Das sind die Vorläufer eines Unwetters, sozusagen ein Warnsignal. Und siehst du diese riesigen dunklen Massen da drüben? Das sind schon die Gewitterwolken, die Regen und Sturm mitbringen."

Pete hatte genickt. „Verstehe."

„Also diese großen schwarzen Wolken sind nie in Ruhe. In ihrem Inneren kocht und brodelt es, gewaltige Kräfte sind da am Werk – Auftriebe, Abtriebe, plötzliche Abkühlung und ebenso plötzliche Erwärmung, und dabei wird so viel Elektrizität frei, daß man damit ein Dutzend solcher Städte beleuchten könnte."

Pete hatte still zugehört und die fernen Wolken beobachtet.

„Die Feuchtigkeit kondensiert in den Wolken an kleinen Staubteilchen zu Tropfen, und wenn diese durch den Aufwind höher steigen, gefrieren sie zu Eis. Dann sinken die Wolken vielleicht wieder ein bißchen tiefer, nehmen erneut Feuchtigkeit auf, und beim nächsten Hochsteigen wachsen die Eisklümpchen. Es geht auf und nieder, und ständig werden sie größer. So kommt es schließlich zu Hagelkörnern, die so groß sind wie Hühnereier."

Pete hatte gelächelt. „Du kennst dich da ja gut aus."

„Meine Hauptaufgabe ist zwar der Feuerwachdienst", war Bernie fortgefahren, „aber ich gebe auch Wetternachrichten durch – Temperatur, Luftfeuchtigkeit, Druck, Windrichtung und Windstärke –, und, nun ja, ich beobachte das Wetter gerne und weiß ein wenig, wie so manches zustande kommt. Und King beobachtet es ebenso gerne mit mir zusammen."

„Ich auch", hatte Pete geantwortet. „Von hier oben aus zumindest."

Erst als die Sonne untergegangen war und es merklich abkühlte, waren sie hineingegangen. Der wenige Schnee, der in dieser Nacht fiel, blieb nur stellenweise auf dem gefrorenen Boden und den Felsen liegen. Mancherorts trieb jedoch der Sturm schon kleinere Schneewehen zusammen.

Am nächsten Morgen betrachtete Pete Otero von der Terrasse aus die weiße Pracht. Er spürte die scharfe Kälte, die unerwartet mit dem

Schnee gekommen war. „Möchtest du immer noch, daß ich bleibe?“ fragte er. „Ich könnte jetzt ganz gut ins Tal absteigen.“

Bernie wollte den Eindruck vermeiden, als versuchte sie, ihn gegen seinen Willen zu binden. „Möchtest du bleiben, Pete? Wenn das Unwetter losbricht, kann es Tage dauern.“

Pete las Besorgnis auf ihrem Gesicht, und er wurde plötzlich ungewöhnlich ernst. „Ich möchte bleiben, mein Schatz. Ich habe dich noch nicht satt, und ich glaube allmählich, das wird auch nie der Fall sein.“

„Pete, sag so etwas nicht.“

„Warum nicht? Du unterschätzt dich, Bernie.“

Sie wollte das Gespräch beenden, bevor sie etwas Unbedachtes sagte, und wandte sich zur Tür. „Komm, gehen wir frühstücken.“

Pete erwischte sie gerade noch am Arm und drehte sie sanft zu sich herum. Seine Stimme war ruhig und noch immer ernst. „Ich weiß, was ich bin, Bernie, ein großer Tolpatsch, dessen Lieblingsbeschäftigung es früher einmal war, seine Gegner auf dem Footballfeld umzurennen. Jetzt werde ich langsam herausfinden müssen, wozu ich sonst noch tauge, und dabei könnte ich Hilfe gebrauchen.“

„Bitte, Pete, sprich nicht weiter.“ Sie befreite sich aus seiner Umarmung, wandte sich um und lief ins Haus. Pete beschloß, ihr Zeit zu lassen. Es war ihm unbegreiflich, warum Frauen immer weinen mußten.

Die Morgensonne beschien die Berggipfel und färbte den Neuschnee rosarot.

Unten auf dem Flugplatz, der schon in vollem Sonnenschein lag, sah Pete ein rotes Flugzeug starten. Er verfolgte es mit den Augen, während er über Bernie und sich nachdachte.

Cooley Parks saß auf dem rechten Vordersitz des Flugzeugs, Jay hinter ihm. Kate konnte zwar nicht genau sagen, was sie erwartet hatte, aber aus Cooley wurde sie nicht recht klug. Er schien völlig uninteressiert zu sein. Sie hatte an ihren gestrigen Flug mit Jay gedacht, als sie Cooley beim Einsteigen gefragt hatte: „Keine Landkarten, Mr. Parks?“

„Sagen Sie Cooley zu mir, Miß. Nein, die Karte habe ich mir schon

angeschaut. Nettes Land. Berge wie in den Alpen; nur noch mehr davon."

Als sie in der Luft waren, sagte Kate über die Schulter zu Jay: „Gleich auf den Staudamm zu?"

Jay schaute auf die Uhr. „Wie wär's mit einer großen Runde, damit Cooley einen Überblick bekommt? Und dann flußaufwärts."

Die Häuser der Stadt wirkten wie Spielzeug. Cooley blickte schweigend nach unten. Als sie eine Runde gedreht hatten, schaute Jay wieder auf die Uhr. „Ich glaube, wir sollten jetzt flußaufwärts fliegen." Sie kamen über die Flußbiegung. „Die Kurve ist nicht ohne", bemerkte Cooley. Sein Interesse schien zu wachsen.

Jay saß vorgebeugt da, mit dem Kopf fast zwischen den beiden Vordersitzen. „Dasselbe habe ich mir gestern auch gedacht."

Kate kam es so vor, als könnte einer des anderen Gedanken lesen. Die Männer verständigten sich offenbar nur noch in Kürzeln, was sie beeindruckte und gleichzeitig ärgerte. Irgendwie ähnelte diese Unterhaltung der der Chirurgen in der Klinik, wo sie an drei Tagen in der Woche aushalf.

„In normalen Jahren", sagte Cooley, „erweist sich diese Ufermauer an der Flußbiegung wohl als nützlich?"

„Früher hat es dort gelegentlich Überschwemmungen gegeben", erwiderte Kate. „Deshalb ..." Sie stockte und merkte zu ihrer Überraschung, daß sie selbst plötzlich diese Kurve, die der Fluß beschrieb, mit ganz anderen Augen betrachtete.

„Wasser", stellte Cooley scheinbar beiläufig fest, „fließt gewöhnlich hangabwärts und immer geradeaus, wenn es nicht durch irgend etwas abgelenkt wird." Er wandte sich zu Jay um. „Sollte mich nicht wundern, wenn diese Biegung durch ehemals glutflüssiges Gestein entstanden wäre, das die Erdkruste durchbrochen hat."

„Könnte sein", bestätigte Jay und schaute wieder auf die Uhr. „Wir sind ziemlich pünktlich. Ich habe in unserem Zeitplan eine Minute Verschiebung von gestern auf heute einkalkuliert. Das müßte ungefähr stimmen."

Cooley grinste Kate an. „Jay berücksichtigt die Veränderung des Sonnenstandes in vierundzwanzig Stunden", erklärte er. „Wir werden nämlich nach einem eigenartigen Schatten Ausschau halten."

„Da ist er“, sagte Jay. Plötzlich ragte unter ihnen klar und deutlich der Staudamm aus der Schlucht. Wie am Vortag schien seine Mauerkrone auf beiden Seiten im Fels weiterzugehen. „Siehst du was?“ fragte Jay.

„Allerdings.“ Cooleys Stimme war ausdruckslos. „Habe mir schon gedacht, daß du so was im Sinn hast. Du hältst es für einen Horst?“

„Könnte einer sein. Was meinst du?“

„Erst mal sehen. Bist du der Sache schon nachgegangen?“

„Nein, deshalb wollte ich ja, daß du kommst.“

„Schliffflächen?“

„Ich habe nichts dergleichen gefunden. Darum habe ich dich hergebeten.“

Plötzlich platzte Kate heraus: „Horst! Schliffflächen! Wovon, um alles in der Welt, sprechen Sie beide eigentlich?“

Cooley antwortete höflich und geduldig: „Sie wissen doch, was Verwerfungen sind, Miß? Sie entstehen durch Bewegungen der Erdkruste.“

„Natürlich.“

„Ein Horst“, erklärte er, „ist eine stehengebliebene Gesteinsfläche zwischen zwei oder mehreren abgesunkenen Schollen. Manchmal ist die Bruchlinie, die die einzelnen Gesteinsblöcke voneinander trennt, fast gerade. Und von einer solchen Verwerfung könnten diese geraden Schatten an beiden Enden des Dammes stammen. Wohlgemerkt, sie könnten.“

„Aha“, sagte Kate befriedigt. „Und das andere?“

„Schliffflächen? Also, wenn es Verwerfungen gibt, dann reiben sich die Gesteinsschichten aneinander, meist unter gewaltigem Druck, und die Gesteinsoberfläche wird fast auf Hochglanz poliert, wie mit einer riesigen Schleifscheibe.“ Kate schaute auf die Berge, den See und die Talsperre hinunter, und es überlief sie kalt. „Was bedeutet das?“

„Das wissen wir noch nicht“, sagte Jay. „Wir müssen uns erst umsehen.“

„Es wäre nicht das erste Mal“, meinte Cooley, „daß ein Staudamm ausgerechnet mitten auf eine Bruchlinie gebaut wurde, wo er nichts zu suchen hat. Aber an Ihrer Stelle, Miß, würde ich diese Theorie erst einmal für mich behalten, bis wir mehr darüber wissen.“

„Kehren wir um", schlug Jay vor. „Wir haben wohl alles gesehen, was es zu sehen gab."

„Ja", stimmte Cooley zu. „Wird auch Zeit, daß ich mich an die Arbeit mache."

Bürgermeister José-Maria Lopez y Baca hielt die Angelegenheit für zu bedeutend, um sie telefonisch zu erledigen. Also machte er sich persönlich auf den Weg zum Gouverneur und wurde sofort vorgelassen. „Als wir uns über die Dammerhöhung und die Wasserpreise unterhalten haben", begann er unvermittelt, „schien es mir fast, als wären Sie trotz Ihrer Ecken und Kanten ein Menschenfreund, Mr. Wilson. Jetzt bin ich nicht mehr so sicher."

„Ich nehme an", sagte der Gouverneur, „daß Sie mir im Laufe des Tages noch erklären werden, wovon Sie eigentlich sprechen, Mr. Lopez."

„Das wissen Sie sehr gut. Über den Staudamm. Er ist nicht sicher, und Sie wissen das."

„Oh?" Woher hatte der Bürgermeister ...

„Wenn er bricht, Mr. Wilson", fuhr Lopez eindringlich fort, „ist Ihnen doch klar, wer dann die Leidtragenden sein werden. Nicht die reichen Americanos oben an der Flußbiegung und auch nicht Sie als Gouverneur auf Ihrem Palasthügel. Nein, die armen Chicanos werden es sein, die unten am Fluß und in der Altstadt wohnen. Sie werden ersaufen wie die Ratten in ihren Löchern. Und davon spreche ich."

„Hören Sie mal, Mr. Lopez ..."

„Das ist keine politische Debatte, Mr. Wilson. Ich habe Sie zwar nie sehr gemocht. Aber ich hätte niemals gedacht, daß Sie eine Sache, bei der vielleicht eine Menge Leute draufgehen, geheimhalten könnten, nur um Ihr Ansehen zu wahren."

Eine Zeitlang war es in dem großen Amtszimmer vollkommen still. Schließlich begann der Gouverneur: „Ist Ihr Wutanfall vorüber, Mr. Lopez? Können Sie mir jetzt ruhig zuhören, anstatt Feuer zu spucken? Gestern abend habe ich zum ersten Mal davon gehört, daß der Damm – unter Umständen – nicht sicher gebaut ist."

Der Bürgermeister starrte den Gouverneur an. Ruhig fragte er: „Ist das wahr?"

„Die volle Wahrheit, Mr. Lopez. Bill Williams hat es mir gesagt."

„Williams ist ein Americano, aber ich will ihm glauben. Wie lange wußte er schon davon?"

„Vorgestern abend hat ihm ein gewisser Mr. Harper erzählt – nein, den Verdacht geäußert –, daß der Damm bei diesem letzten Erdbeben beschädigt worden sein könnte."

„Bei diesem Erdbeben haben nicht einmal die Bilder in meinem Haus gewackelt."

„Oben beim Damm war das Beben schlimmer", erklärte der Gouverneur.

Wieder richteten sich die braunen Augen des Bürgermeisters prüfend auf das Gesicht des Gouverneurs. „Wollen Sie mich hereinlegen, Mr. Wilson? Sie haben davon das erste Mal gestern abend gehört, und Williams vorgestern?"

„Ganz recht. Aber jetzt würde es mich schon sehr interessieren, wo Sie es erfahren haben und von wem?"

„George Harrison hat mit ein paar Geschäftsfreunden heute morgen beim Kaffee im Hilton darüber gesprochen. Nur Americanos, wie Sie sich vorstellen können. Aber keiner hat auf den Frühstückskellner geachtet, der aus dem Barrio stammt und die ganze Geschichte einem Vetter meiner Frau erzählt hat. Ich bin sofort zu Ihnen gegangen, denn ich war der Meinung, Sie müßten es unbedingt erfahren. Was werden Sie also jetzt unternehmen?"

Der Gouverneur lehnte sich in seinem Sessel zurück und blickte durch das Fenster auf die Berge. „Ich wünschte, ich wüßte das, Mr. Lopez. Wir warten auf nähere Einzelheiten, aber ich fürchte auch diese werden nicht endgültig sein, und dann müssen wir uns an höhere Stellen wenden."

Er richtete sich auf. „Doch ehe es soweit ist, werde ich Sie benachrichtigen. Darauf gebe ich Ihnen mein Wort. Das ist alles, was ich im Augenblick tun kann."

Der Bürgermeister stand auf. „Der Schaden ist bereits angerichtet. Wenn die Geschichte nicht jetzt schon in der ganzen Stadt bekannt ist, wird es kaum sehr lange dauern."

Auch der Gouverneur erhob sich. Mit großem Ernst sagte er: „Wir müssen verhindern, daß sich die Kunde allzu schnell verbreitet.

Zeitungen, Radio, Fernsehen – Sie haben doch Einfluß ...“ Dabei beließ er es, aber Lopez hatte bereits verstanden.

Der Bürgermeister nickte. „Wenn es sein muß“, erwiderte er, „werde ich ein paar Leuten die Hölle heiß machen, damit sie den Mund halten.“

„Danke, Mr. Lopez. Und was haben Sie jetzt vor?“

„Ich werde versuchen, einen Plan auszuarbeiten, wie man die Altstadt und den Barrio evakuieren kann, und auf eine Nachricht von Ihnen warten.“ Krisen schmieden, ebenso wie die Politik, manchmal seltsame Ehen, dachte der Bürgermeister. „Bis auf weiteres“, sagte er, „sollten wir beide unsere Meinungsverschiedenheiten besser begraben, Mr. Wilson.“

„Ich habe eben dasselbe gedacht, Mr. Lopez.“

Als das Flugzeug gelandet war und der Motorlärm verstummte, fragte Kate: „Was geschieht nun?“

Cooley seufzte. „Ich werde wie ein Maulwurf zu graben anfangen, um zu sehen, was unter der Oberfläche ist. Ich habe mir da nämlich einen recht staubigen Beruf ausgewählt.“

Jay schaute Kate an. „Könnten Sie Cooley zum Staudamm hinauffahren?“

„Natürlich“, sagte Kate. „Dort steht mein Wagen.“

„Und wo willst du hin, Jay?“ fragte Cooley. Aber gleich darauf dämmerte es ihm. „Stromabwärts, hm? Dich mal umsehen?“ Er nickte. „Guter Gedanke.“ Als Kate mit Cooley aus der Stadt fuhr, sagte sie: „Sie und Jay ...?“ Sie ließ die Frage unausgesprochen.

„Wir kennen uns schon eine ganze Weile. Seit er als junger Kerl zur Erdöltruppe kam und seine ersten Gehversuche machte. Einige von uns alten Hasen haben nur darauf gewartet, daß er auf die Nase fällt.“

Wider Willen mußte Kate lachen. „Und war's so?“

„Ach wo. Er hat uns alle schlecht aussehen lassen. Hat uns davon abgehalten, einfach drauflosżubohren, wie sonst immer, ohne genügende Planung, und dabei ein gutes Feld zu verderben, so daß Öl und Gas für immer im Boden bleiben müssen. Das war in Indonesien. Es gibt vielleicht bessere als Jay, aber ich bin noch nie einem begegnet.“

„Sie halten offenbar viel von ihm.“ Kate warf einen neugierigen Blick auf ihren Beifahrer. „Was sucht Jay eigentlich stromabwärts?“

„Er will nachsehen, ob es dort irgendwelche Hinweise auf eine frühere Flutwelle gibt, die von den Bergen herabkam – und um sich ein Bild davon zu machen, was uns im Falle einer Überschwemmung erwartet.“ Cooley sah Kate an. „Daran denken wir doch alle, oder?“

Kate schauderte. „Und dieser Damm, den wir immer für sicher gehalten haben? Was sagen Sie dazu? Was würden Sie jetzt unternehmen?“

„Ich bin nur ein Geologe.“

„Aber Sie wissen über diese Dinge Bescheid.“

„Nein“, sagte Cooley bestimmt. „Niemand weiß darüber Bescheid – bis etwas passiert. Und dann ist es gewöhnlich zu spät.“

Sam Martin war von Bill Williams ins Büro gerufen worden und saß nun unruhig in einem der Ledersessel am Besprechungstisch. Wieder war er mit Zeichnungen und Berechnungen ausgerüstet.

„Da oben stöbert jetzt ein Geologe herum, der sich die Talsperre vorgenommen hat“, sagte Williams. „Und Harper sieht sich draußen in der Ebene um.“ Kate hatte ihren Vater kurz telefonisch vom Harpers-Park-Damm aus unterrichtet. „Weißt du, was die beiden für möglich halten? Daß wir den Damm vielleicht direkt auf eine Bruchlinie gebaut haben.“

„Das gibt's doch gar nicht.“

„Sag mir bloß, warum. Es ist auch schon früher vorgekommen.“

„Das Ingenieurkorps der Armee ...“

„Ja, auch die haben schon Fehler gemacht.“

„Hör mal, Bill“, sagte Sam, „wer sind denn diese beiden Kerle überhaupt, daß sie sich gleich als Experten in allen Lebenslagen aufspielen?“

„Ich habe dir schon gesagt, daß ich über Harper Erkundigungen eingezogen habe. Und ebenso über diesen Geologen Cooley Parks. Beide sind absolute Spitzenkräfte. Außerdem spielt das im Augenblick keine Rolle. Wichtig ist doch jetzt nur das eine Problem: Was werden wir tun, wenn es sich tatsächlich bewahrheitet. Können wir den See ablassen?“

„Sicher. Das dauert drei bis vier Wochen, vielleicht etwas länger." Martin schnalzte mit den Fingern „Wart einen Augenblick. Da ist doch dieser alte Umleitungsstollen. Bei dem derzeitigen Wasserstand müßten wir einen Kanal zu ihm durchsprengen, aber –"

„Wenn wir Beweise haben, daß dort eine Bruchlinie ist", sagte Williams, „sollten wir eine Lösung bereit haben, die keine drei bis vier Wochen zur Ausführung braucht. Es kommen schon Gerüchte auf. Hast du welche gehört?"

„Nein."

Irgendwie ließ die Bestimmtheit, mit der Martin die Antwort hervorstieß, Williams aufhorchen. Er musterte ihn prüfend. „Das kam ein wenig zu rasch, Sam. Hast du keine Anrufe bekommen? Ich schon den ganzen Vormittag. Auch einen vom Gouverneur." Langsam und betont fragte er: „Und du hast keine Ahnung, wie dieses Gerede, von dem du nichts gehört haben willst, zustande gekommen ist?"

„Nein."

„Du hast nicht zufällig mit George Harrison darüber gesprochen?"

„Ich – war gestern abend auf einen Drink bei ihm."

„Und heute läuft das Gerücht um." Williams nickte traurig. „Was würdest du an meiner Stelle denken, Sam?"

Ich kann ihm nicht ins Gesicht lügen, dachte Martin, ich konnte das nie. „Na schön", sagte er. Es klang gleichzeitig wie ein Eingeständnis, eine Entschuldigung und eine Bitte. „Ich habe Harrison erzählt, was Harper gesagt hat. Daß es verrückt wäre, den Damm erhöhen zu wollen, obwohl er vielleicht jetzt schon nicht mehr sicher ist. Aber ich habe ihm auch gesagt, daß es nur die Ansicht und Vermutung eines einzelnen ist ..."

„Das reicht mir, Sam." Williams' Stimme klang plötzlich müde. „Nimm deine Pläne und Berechnungen und verschwinde."

Wie auf ein Stichwort öffnete sich in diesem Augenblick die Tür, und Jay Harper trat ein.

Martin raffte seine Papierrollen zusammen und ging schweigend hinaus. Williams' Züge waren vollkommen ausdruckslos, als er Jay den Stuhl anbot, den Martin gerade geräumt hatte, und er wartete, bis Jay sich setzte. „Kate hat angerufen und mir erzählt, daß Sie und Parks annehmen, der Damm könnte auf eine Bruchlinie gebaut worden sein."

„Cooley sieht sich die Sache gerade an. Wenn es Anzeichen dafür gibt, wird er sie finden."

„Und was haben Sie inzwischen getan?"

„Herumgeschnüffelt. Sind Ihnen die großen Felsbrocken hinter Ihrem Haus jemals aufgefallen? Die verwitterten Klötze, die teilweise tief in der Erde stecken, sind ungefähr sechs Meter breit und vier bis sechs Meter hoch."

„Ja. Was ist damit?"

„Nun, die stammen aus den Bergen", erklärte Jay. „Hier in der Gegend gibt es kein solches Gestein. Der Fluß hat sie mitgerissen. In einer riesigen Flutwelle."

„Und was schließen Sie daraus?" fragte Williams.

„Dieses Hochwasser, von dem ich spreche, ging genau über die Stelle, auf der heute die großen Häuser an der Flußbiegung stehen. Damals stand die Talsperre dort oben natürlich noch nicht, die das ganze Wasser zurückhielt, das auf einmal aus der Schlucht herunterkam. Aber jetzt müssen wir uns vielleicht auf eine viel schlimmere Überschwemmung gefaßt machen. Das ist ein Punkt."

„Und der zweite?"

„Es gab auch keine Schutzmauer unten an der Biegung. Eine große Wassermenge könnte von ihr zumindest zum Teil um die Kurve gelenkt werden."

Langsam sagte Williams: „Und direkt in die Stadt hinein? Mitten in die Altstadt?"

„Richtig!" Williams schloß für einen Augenblick die Augen und dachte an die Folgen einer solch ungeheuerlichen Katastrophe. Plötzlich schwindelte ihn, so als schwanke der Boden unter seinen Füßen. Automatisch nahm er das Pillendöschen aus der Tasche, steckte sich eine Tablette in den Mund und schluckte sie.

Das bloße Schlucken der Pille schien schon unmittelbar zu wirken, denn plötzlich war das Schwindelgefühl von ihm abgefallen, und Williams stand wieder fest auf den Beinen. Jay beobachtete ihn. „Nichts Ernstes", erklärte Williams und steckte die Silberdose wieder ein.

„Da bin ich nicht so sicher", erwiderte Jay. „Haben Sie denn nichts gespürt?"

Williams runzelte die Stirn. „Mir war schwindlig, so als hätte der Boden geschwankt. Aber woher wissen Sie das?"

„Der Boden hat wirklich geschwankt", sagte Jay. „Das war eben wieder ein Erdbeben. Wahrscheinlich hatte es wie alle bisherigen sein Epizentrum oben in der Nähe von Harpers Park." Er stand auf. „Ich glaube, wir sollten uns besser auf den Weg machen und nachsehen."

Sie fuhren eilig zum Stausee hinauf und schauten vom Ufer aus zur Talsperre hinüber. Kate und Cooley Parks kamen ihnen entgegen. Cooley steckte noch in Arbeitsstiefeln. Schwitzend und mit aufgekrempelten Ärmeln schilderte er, wie sie das Erdbeben erlebt hatten. „Und wie wir es gespürt haben!" Er gestikulierte mit der Faust, in der er noch seinen Geologenhammer hielt. „So hat das Seewasser geschwankt. Ich habe es beobachtet ..."

„Stehende Wellen?" fragte Jay.

„Wie aus dem Lehrbuch! Das Wasser ist an der Staumauer bis zu drei Metern hochgeschwappt. Draußen in der Mitte des Sees, an der Knotenlinie, hat sich kaum etwas gerührt."

„Sonstwas gefunden?" fragte Jay.

Cooley hielt seine linke Hand hin. Darin hatte er ein halbes Dutzend kleiner flacher grauer Steine, deren spiegelblanke Seiten wie Glas in der Sonne glitzerten.

„Stammt das aus einer Ihrer sogenannten Schliffflächen?" fragte Kate.

„Ja", antwortete Cooley. „Ganz dicht beim Damm."

„Könnte mir jemand erklären, worum es geht?" bat Williams.

Er hörte sich Cooleys Erklärung an. Dann sagte er: „Also, ich nehme einmal an, Sie haben recht. Was tun wir jetzt als nächstes?"

„Ich habe noch eine Idee", sagte Jay. „Ich werde noch einmal tauchen und nachsehen, ob sich durch dieses letzte Beben irgendwelche Veränderungen ergeben haben."

„Menschenskind, du bist verrückt!" rief Cooley. „Du weißt doch gar nicht, wie stark dieses Beben die Gesteinsstruktur beschädigt hat. Der Damm kann schon so weit sein, daß er augenblicklich nachgibt, und wenn du dann da unten tauchst ..."

„Aber er kann auch noch Jahre halten", widersprach Jay. „Also werde ich zu klären versuchen, in welchem Zustand sich die Staumauer jetzt befindet." Er wandte sich um und fuhr zum Motel.

AUCH Bernie und Pete hatten das Beben in der Bergstation der Feuerwache auf dem Mount Union gespürt. „Beängstigend, nicht wahr?" sagte Bernie.

„Wirst du es melden?"

„Nicht sofort. Gewöhnlich benachrichtigen wir uns gegenseitig über Funk, und irgendwer ruft dann das Seismologische Institut der Universität an. Wenn wir aber so was wie einen Erdrutsch beobachten ..."

„Oder eine Lawine?"

„Ja genau, dann würden wir es melden. Die Forstverwaltung will das wissen. Wir sollen nicht nur Brände melden, sondern alles, was die Landschaft und die Umwelt betrifft, verstehst du. Übrigens, jetzt ist es Zeit für die Wettermeldung. Ich bin gleich wieder da."

Pete hatte die Arme hinter dem Nacken verschränkt, sandte ein breites Grinsen zum herrlich blauen Himmel hinauf und wartete. Er spürte, daß er hauptsächlich wegen des Mädchens blieb. Allmählich empfand er mehr für sie, als er je für möglich gehalten hätte. Als Bernie zurückkam, saß er immer noch seelenruhig und entspannt da. „Diese Regen- und Schneeschauer, die wir vermutlich abkriegen, sind schon im Anzug, Pete. Du solltest besser gehen, solange du noch kannst."

„Du weißt", sagte Pete, „daß ich nie viel vom Glück im trauten Heim gehalten habe, aber so langsam fange ich an zu glauben, daß doch etwas dran ist. Ich hab da einen Kumpel in Santa Monica, dem gehört diese Sportgeschäftkette ..."

„Pete, du hast mir gar nicht zugehört."

„Und die kümmern sich besonders um Kerle, wie ich einer bin, also Leute, die wegen ihrer Größe keine Stiefel oder Golfschuhe oder Hemden finden ..."

Bernie kniete neben ihm nieder. „Bitte hör mir zu. Diesmal kommt das Unwetter sicher. Zwei Fronten, beide direkt auf uns zu."

„Ich höre dir nicht zu, weil ich nirgendwohin gehe. Ich gehe nicht mehr ohne dich von hier weg. Das habe ich gerade beschlossen. Die einzige Frage ist, wann wir von hier abziehen – ich meine, miteinander."

Unsicher holte Bernie Atem. „Pete..."

„Verdammt noch mal", sagte Pete. „Was habe ich jetzt bloß wieder gesagt, daß du zu heulen anfängst?"

ALS Johnny Cisneros von dem Gerücht hörte, daß der Damm nicht sicher sei, rief er sofort Senator Walt Duggan an, der an diesem Morgen mit dem Gouverneur gesprochen und heimlich gehofft hatte, die Hälfte von Angelita Leybas Grundstück an Johnny Cisneros verkaufen zu können, bevor jemand von dem Handel erfuhr. Jetzt fiel dieser Plan ins Wasser, und Duggan stand vor dem nächsten Problem.

„Mr. Duggan", sagte Johnny, „mich interessiert vor allem, ob es wahr ist. Eines meiner Geschäfte steht unten im Barrio, direkt neben dem Fluß. Ich erwarte einen Lastwagen voll neuer Fernsehgeräte. Wenn die einmal ausgeladen sind und in meinem Lager stehen, gehören sie mir und nicht mehr dem Großhändler. Und wenn irgendwas mit diesem Damm geschieht und wir eine Überschwemmung bekommen, gehören sie sofort Ihnen, verstehen Sie?"

Der Senator wußte ganz genau, was gemeint war. Als Versicherungsagent hatte er die Police für das Kaufhaus des ehrlichen Johnny selbst ausgeschrieben. „Ich habe verstanden."

„*Bueno*. Also soll ich versuchen, die Lieferung zu stoppen? Was wird dann aus meinem Sommerschlußverkauf? Ich enttäusche meine Kunden nicht gern."

„Lassen Sie diese Lieferung stoppen, Johnny." Und machen Sie auch die Regale in Ihrem Geschäft leer, dachte Duggan. Aber das wollte er ihm lieber doch nicht sagen.

Es folgte eine kurze Pause. Dann fragte Johnny: „Können Sie mir genau erklären, was Sie wissen, Mr. Duggan?"

„Ich weiß nicht viel mehr als Sie, Johnny. Ganz unter uns, es besteht die Möglichkeit, daß der Damm nicht sicher ist. Ich habe mit dem Gouverneur gesprochen. Das muß aber streng geheim bleiben, ja? Es soll nicht bekannt werden, daß er sich Sorgen macht. Wenn es die Leute hören, daß sich schon maßgebliche Leute der Regierung damit befassen, und..."

„Sicher, sicher. Ich verstehe schon, Mr. Duggan. Ich werde versuchen, diese Lieferung zu stoppen. Danke, daß Sie mich informiert haben."

9

FAST zögernd begann es im Hochgebirge zu schneien. Große, leichte Flocken schwebten auf den Boden herab und schmolzen sofort. Aber wenige Minuten später wurden sie schwerer und überzogen die Felsen mit einer weißen Decke.

Vom Inneren der Feuerwachstation sah es zauberhaft aus, ein wirbelndes, ziehendes Spiel von Licht und Schatten, das einmal alles verhüllte, dann wieder den Blick freigab auf die umliegenden Gipfel, auf Schluchten und Täler.

Eine Stimme kam aus dem Lautsprecher. „Ich rufe Mount Union; Mount Union, bitte melden. Ist die Schneefront schon angekommen? Ende."

„Allerdings", antwortete Bernie durch das Mikrofon. „Es hat soeben angefangen zu schneien."

„Mach die Luken dicht. Das bricht jetzt todsicher über uns herein, und die Temperatur wird steigen. Erst kriegen wir Schnee und hinterher Regen, vielleicht sogar bis in deine Höhe hinauf. Hast du was von dem Erdbeben gemerkt?"

„Hab ich."

„Das war ein kleiner Fisch, unter drei auf der Richterskala. Da klappern nur die Fenster, brauchst also keine Angst zu haben."

„Danke, Charlie. Mir geht's gut." Sie schaltete das Funkgerät aus.

COOLEY saß im Heck des Bootes, die Hand am Ruder, und kreiste mit gedrosseltem Motor langsam und geduldig um die Stelle, wo sich Jay über Bord hatte fallen lassen.

Bill Williams und Kate standen erwartungsvoll am Seeufer. Ihr Vater war vor ihren Augen sichtlich gealtert. Noch hielt er sich aufrecht und sah den Tatsachen ins Auge, wie er das sein ganzes Leben lang getan hatte. Aber sein Selbstvertrauen war geschwunden, und

Kate schien es, als wäre ein Stern, der sie bisher immer geleitet hatte, plötzlich erloschen.

„Vielleicht findet er, daß doch alles in Ordnung ist", sagte sie. „Aber selbst wenn nicht, ist es nicht deine Schuld."

„Irrtum." Für einen Augenblick kehrte seine Kraft zurück. „Der Mann an der Spitze ist verantwortlich. Immer. Er mag versuchen, sich herauszuwinden, als hätte er angeblich von nichts gewußt oder sei von Leuten, denen er vertraut hatte, im Stich gelassen worden. Aber dieser Staudamm hier ist mein Werk. Ich habe ihn gebaut. Und wenn er an der falschen Stelle steht, dann ist das meine Schuld, Punktum. Nicht Sams Schuld oder die Schuld der Sicherheitsingenieure, sondern ganz allein meine."

Kate hängte sich bei ihrem Vater ein und schwieg. Sie blickte auf den See hinaus, wo Cooley voller gespannter Aufmerksamkeit mit dem Boot seine Kreise zog. Das Warten schien kein Ende zu nehmen.

„Der Mann da unten ist in Ordnung", sagte ihr Vater plötzlich. „Und der andere auch. Männer wie die kann man nicht kaufen. Sie tun, was sie für nötig halten, ohne Rücksicht auf die Bezahlung, die sie dafür bekommen."

Das ist wahr, dachte Kate, und von irgendwoher kam ihr die sichere Erkenntnis: „Du bist auch einer von diesen Männern, Paps."

„Vielleicht. Ich habe jedenfalls immer versucht, so zu sein."

Kate drückte seinen Arm. „Du warst so. Und du bist so." Und beide schwiegen wieder, beobachteten und warteten.

Cooley, der im Boot saß, sah auf die Uhr. Los, mach schon, Menschenskind, dachte er. Tauch endlich auf und laß uns sicher an Land tuckern.

Vierundzwanzig Meter unter Wasser war es kälter, als Jay es in Erinnerung hatte. Er schwamm an der Staumauer entlang. In der einen Hand hielt er die Kamera und in der anderen die Unterwasserlampe, mit der er den algenbedeckten Beton absuchte. Er erwartete nicht, irgendwelche augenfälligen Risse zu entdecken. Noch nicht. Aber falls doch, würde er so schnell wie möglich auftauchen. Schon der kleinste Riß wäre ein Zeichen dafür, daß der Damm in höchster Gefahr war.

Seitlich, wo der Damm an die Schluchtwand anschloß, würde er am ehesten auf Sprünge im Gestein stoßen. Dies würde dann nur den Schluß zulassen, daß der Damm bereits unsicher und möglicherweise auch nicht mehr reparierbar war.

Er schwamm weiter, fand aber nirgendwo Sprünge oder Risse. Und dann stieg vor ihm am Ende der Staumauer der Fels steil auf. Auf den ersten Blick war alles in Ordnung. Aber dann entdeckte Jay – und er war sich seiner Sache sicher – eine frische Bruchstelle an der Felswand, vielleicht einen halben Meter im Durchmesser. Sein Gedächtnis sagte ihm, daß sie vor zwei Tagen noch nicht dagewesen war.

Er tauchte rasch zum Seegrund hinunter, wo er ein paar Brocken fand, die von dieser frischen Gesteinsnarbe stammen mußten. Im Licht seiner Lampe untersuchte er sie. Kein Zweifel: die eine Seite der Steine war lange Zeit dem Wasser ausgesetzt gewesen, die andere zeigte einen frischen Bruch. Sie mußten sich also bei dem gestrigen Erdbeben aus der Felswand gelöst haben.

Er hatte alle Beweise gefunden, die er brauchte. Sorgsam richtete er Lampe und Kamera auf die neue Felsnarbe und machte mehrere Aufnahmen.

Jetzt aber nichts wie raus, dachte er.

Er war schon auf dem Weg nach oben, aber nach wenigen Metern ließ ihn sein Gefühl zögern. Die Arbeit war erst halb getan. Er und Cooley hatten bei ihren Rundflügen den Schatten zu beiden Seiten des Dammes gesehen, und falls er auf eine Bruchlinie hindeutete, dann müßten auch auf der anderen Seite der Schlucht nach dem heutigen Beben Schäden aufgetreten sein. Und wenn ja, dann wäre das ein zusätzlicher Beweis für die drohende Gefahr.

Schon schwamm er an der Staumauer entlang zurück. Erst als er das andere Ende erreicht hatte, spürte er, wie das Wasser in Bewegung geriet. Fast gleichzeitig hörte er ein tiefes Grollen, so als würden sich die Felsen aneinander reiben.

Er leuchtete mit der Lampe die Staumauer ab. Sie schien noch fest gefügt zu sein. Rasch richtete er den Lichtstrahl auf die Schluchtwand. Wie im Zeitlupentempo lösten sich von ihr kleine Felssplitter, die langsam, gleich herbstlichen Blättern, zum Grund des Sees hinunterschwebten. An der Gesteinsoberfläche erschien ein Riß. Rings um ihn brachen weitere Brocken ab und versanken im Wasser, das immer noch mit unverminderter Kraft bebte.

Jay wartete nicht länger. Mit kräftigen Stößen schwamm er nach oben. Bis zur Hüfte schoß er aus dem Wasser heraus wie ein dressierter Seehund. Cooley steuerte das Boot mit Vollgas zu ihm hin, bremste ab und half Jay über den Bootsrand. „Du bist und bleibst ein verdammter Dickschädel!" brüllte er. Der Bug des kleinen Bootes hob sich aus dem Wasser, als sie mit aufheulendem Motor auf das Ufer zubrausten.

Williams und Kate liefen ihnen auf dem Steg entgegen.

Beladen mit der ganzen Taucherausrüstung, kletterte Jay aus dem Boot. Cooley stellte den Motor ab, sprang heraus und warf die Leine über einen Pflock. Dann hastete er hinter Jay dem Ufer zu. Erst als sie wieder festen Boden unter den Füßen hatten, blieben sie stehen und schauten zurück.

Der Staudamm stand offenbar noch unversehrt, und das hochschwappende Wasser beruhigte sich allmählich.

Jay mußte sich beherrschen, als er sich an Williams wandte: „So, das war's. Ich will Ihnen berichten, was ich gesehen habe und was ich inzwischen mit Sicherheit weiß. Alles weitere ist dann Ihre Sache." Seine Knie begannen plötzlich zu zittern, und im Magen verspürte er ein flaues Gefühl.

Unten in der Stadt schien noch immer hell die Sonne. Es war einer jener wolkenlosen, friedvollen Tage, die scheinbar allem Bösen abhold sind. Pater Rodriguez wanderte durch den Barrio und kam am Schulhof vorbei, auf dem Kinder spielten. Ein paar von ihnen winkten. Ein Mädchen rief aufgeregt: „Padre! Padre!"

Der Pfarrer blieb stehen und wandte sich um: „Teresa! *Que pasa?*"

„Haben Sie gehört? Es wird geredet, daß der Damm nicht sicher ist! Daß er zusammenbrechen wird! Wissen Sie davon, Padre?"

„Gehört?" fragte der Pfarrer verwundert. „Sag mir, von wem hast du dieses – dieses Gerücht gehört, Teresa?"

Von Antonio, ihrem Bruder, der als Taxifahrer arbeitete; und der wußte es von einem Automechaniker, und dieser wieder von einem Kellner, der im Hilton arbeitete und die Unterhaltung von ein paar kaffeetrinkenden Männern mitgehört hatte. „Ist es wahr, Padre? Daß wir alle fortgeschwemmt werden?"

„Nein, Teresa, wir werden nicht fortgeschwemmt. Und du sollst das nicht weitererzählen, niemandem, verstehst du, Teresa? Niemandem!"

Die Kleine zögerte. Schließlich sagte sie ein wenig enttäuscht: „Wenn Sie meinen, Padre."

„Du willst doch ein braves Mädchen sein." Der Pfarrer wandte sich um und eilte entschlossen weiter. Er würde die Wahrheit über dieses Gerücht von dem Mann erfahren, der immer alles vor den anderen wußte.

Johnny Cisneros beaufsichtigte gerade vier Mann, die Fernseher, Radioapparate und Plattenspieler aus seinem Geschäft trugen und auf einen Lastwagen luden. Er sah Pater Rodriguez die Straße entlangkommen und seufzte. Nun ja, früher oder später mußten diese verdammten zehn Morgen Land von Angelita Leyba doch zur Sprache kommen. „Hallo, Padre", begrüßte er ihn.

„Ein bißchen früh für deinen Schlußverkauf, was, Johnny?" Die Stimme des Paters klang freundlich.

„Nun ja, Sie wissen doch, Padre, man muß sehen, daß man fertig wird."

„Fertig womit?" fragte Pater Rodriguez mit etwas mehr Nachdruck. „Du glaubst doch nicht an Gerüchte, Johnny?"

„Gerüchte, Padre? Ich weiß nichts von irgendwelchen Gerüchten."

„Du warst immer ein geschickter Lügner, Juan." Inzwischen hatte der Pfarrer auf spanisch umgeschaltet, ein sicheres Anzeichen dafür, daß er etwas Ernstes im Sinn hatte. „Ich spreche von den Gerüchten über den Staudamm, der angeblich nicht mehr sicher ist." Er sah, daß Johnnys Arbeiter den Lastwagen mit ungewöhnlicher Hast beluden. „Könnte das der Grund für deine Eile sein?"

„Sie sehen doch, Padre, ich bin wirklich beschäftigt." Johnny sprach unbeirrt weiter englisch. „Diese Kerle kosten was. Man muß zusehen, daß man für seine Dollars auch gute Arbeit bekommt."

Pater Rodriguez wurde energisch: „Juan, es ist meine feste Überzeugung, daß die Hölle alle jene erwartet, die ihren Mitmenschen den Rücken kehren."

„Ich tue doch überhaupt nichts, Padre."

„Das ist es eben." Johnny war nicht mehr ganz so selbstsicher, dachte der Priester. Die Anzeichen dafür kannte er aus zahllosen Stunden im Beichtstuhl. Er war jetzt überzeugt, daß er auf der richtigen Spur war. „Was weißt du? Was hat dich zu dieser verzweifelten Eile veranlaßt?"

„Ich habe Ihnen schon erklärt, Padre, was man bezahlen . . ."

„Juan! Ich lass' nicht mit mir spaßen!" Pater Rodriguez war ein kleiner Mann, aber mit seiner schwarzen Soutane und seinem Barett strahlte er Würde aus, und in seinen feierlichen Worten lag Kraft. „Ich frage dich noch einmal, Juan. Was weißt du?"

Johnnys Widerstand schmolz dahin. „Der Damm wird zusammenbrechen, Padre. Sogar der Gouverneur weiß das schon. Aber er will noch nicht darüber reden."

Pater Rodriguez erwiderte nichts. Er wandte sich um und eilte zur Kirche zurück. Teresa hatte also recht gehabt, und jetzt gab es allerhand zu tun.

Der Gouverneur hatte sich hinter seinem Schreibtisch in Positur gesetzt. Bürgermeister Lopez y Baca, Bill Williams, Cooley Parks und Jay Harper saßen ihm gegenüber. „Kurz gesagt", beendete Cooley gerade seine Ausführungen, „der Damm sitzt genau auf einer Bruchlinie."

„Nun gut", sagte der Gouverneur. „Und was für Folgen hat dies?"

Jay hob die Hand. „Das läßt sich nur vermuten. Wir können allenfalls sagen, daß die stützende Felsstruktur durch die bisherigen Erdbeben angeknackst ist und wahrscheinlich durch zukünftige weiter geschwächt werden wird. Allerdings ist, soviel ich weiß, bei einem Erdbeben bisher noch kein Betondamm eingestürzt."

„Aber", fügte Cooley hinzu, „alles passiert irgendwann zum ersten Mal."

„In den Bergen schneit es", sagte der Gouverneur. „Der Wetterdienst hat einen halben Meter Schnee vorausgesagt, später Regen. Ich nehme an, daß man auch diesen Faktor in die Rechnung einbeziehen muß?"

„Wenn da oben so eine Flutwelle entsteht", sagte Bill Williams und schaute zu Cooley hinüber, „wäre das wohl schlimmer als eines dieser kleinen Erdbeben?"

„Darauf kann ich Ihnen keine eindeutige Antwort geben", erwiderte Jay. „Aber meiner Meinung nach, ja. Sofern es sich um eine richtige Flutwelle handelt."

Der Gouverneur sah den Bürgermeister an. „Mr. Lopez?"

„Wir arbeiten bereits Evakuierungspläne für den Barrio und die Altstadt aus, für alle Fälle. Aber das ist eine verdammt schwierige Aufgabe. Werden wir irgendwie gewarnt werden, wenn der Damm dort oben anfängt einzustürzen?"

„Ich habe gerade gestoppt, wie lange man mit dem Auto vom See herunter braucht", erklärte Jay. „Die Straße geht den Fluß entlang. Wir haben einundzwanzig Minuten gebraucht und sind wahrscheinlich schneller gefahren, als das Wasser fließen kann. Sie werden also mindestens so lange Zeit haben."

Der Gouverneur wandte sich an Cooley. „Man hat mir versichert, Sie seien ein Experte, was ich gerne glauben will. Und Sie würden mir bestätigen, daß der Damm tatsächlich auf einer Bruchlinie steht. Ist das richtig?"

„Sogar auf einer Bruchlinie, in der es noch arbeitet, Herr Gouverneur", betonte Cooley. „Dafür lege ich meine Hand ins Feuer. Aber Sie können natürlich noch andere Geologen zu Rate ziehen."

„Haben wir dazu Zeit?"

„Ich würde sagen: nein", meinte Jay. „Besser wäre es wohl, das zu tun, was Sie schon gestern abend oder noch früher hätten tun sollen."

„Und welche Maßnahmen schlagen Sie vor?"

Das ist nicht mein Fach, dachte Jay, und nicht meine Aufgabe. Aber er war nun einmal hier – und in die Sache verwickelt; und das war ausschlaggebend. „Sie sollten den See ablassen, und zwar so schnell wie möglich, um den Staudamm vom Druck zu entlasten. Leiten Sie die Zuflüsse, soweit es geht, in andere Kanäle. Stellen Sie einen Posten auf, der das Wasser ständig beobachtet, damit wir über die Niederschlagsverhältnisse informiert sind. Lassen Sie die Seismographen im Auge behalten, damit wir von jedem weiteren Erdbeben sofort erfahren. Stellen Sie außerdem am Damm selbst rund um die Uhr eine Wache auf, und überlegen Sie sich, was mit den Leuten geschehen soll, die in den Ferienhäusern direkt unterhalb der Talsperre wohnen. Denn bei einem Dammbruch werden wir sie kaum rechtzeitig warnen können."

Der Gouverneur hatte sich Notizen gemacht und dabei genickt. Die Entschiedenheit, mit der dieser Jay Harper Überlegungen anstellte, beeindruckte ihn.

„Sie sollten vielleicht auch an einen Warndienst im Fernsehen und im Radio denken", fuhr Jay fort. Dann nickte er dem Bürgermeister zu. „Und geeignete Leute suchen, die die Evakuierung organisieren können. Und da ist noch was. Diese Schutzmauer an der großen Flußbiegung ..."

„Was ist damit?" fragte Bill Williams.

„Die sollte zur Sprengung vorbereitet werden", sagte Jay. „Wenn es nämlich zum Schlimmsten kommt, müßte man sie hochgehen lassen. Normalerweise strömt der Fluß um den Bogen herum und hinunter zum Barrio und zur Stadt. Aber als das Viertel an der Biegung ausgebaut wurde, haben Sie in der richtigen Erkenntnis, daß ein Hochwasser nicht um die Kurve herum, sondern einfach über die Biegung hinwegfließen würde, zum Schutz diese Betonmauer errichtet, nicht wahr?"

Williams nickte widerwillig und schweigend.

„Wie schon gesagt", fuhr Jay fort, „es gibt Hinweise dafür, daß dies in früherer Zeit schon einige Male vorgekommen ist. Nur wird es sich diesmal um ein Hochwasser wesentlich größeren Ausmaßes handeln – eine gewaltige Wasserwand von zehn bis zwölf Meter Höhe, die zwischen der Talsperre und der Stadt mit annähernd sechzig Stundenkilometern durch die Schluchten brausen wird. Räumt man die Betonmauer aus dem Weg, schießt ein Teil des Wassers über die Biegung hinweg, statt um den Bogen herum, und man hat den Barrio und die Stadt wenigstens ein bißchen entlastet. Und jede noch so geringe Entlastung ist wichtig."

Der Gouverneur legte seinen Bleistift nieder. Seine Züge waren abgespannt und müde, aber seine Stimme blieb kräftig und ruhig. „Sie haben uns bestens beraten. Jetzt müssen wir die politischen Entscheidungen treffen." Er sah den Bürgermeister an. „Stimmen Sie mir zu?"

Der Bürgermeister nickte. „Dafür werden wir bezahlt."

„Ich darf also“, schloß der Gouverneur, „die Herren bitten, draußen zu warten, dann werden der Bürgermeister und ich versuchen, der uns übertragenen Verantwortung gerecht zu werden.“

Jay, Cooley und Bill Williams warteten im Vorzimmer des Gouverneurs. Schon nach kurzer Zeit bat sie der Gouverneur wieder herein.

„Meine Herren“, begann er, „wir werden den Notstand noch nicht ausrufen. Der Herr Bürgermeister stimmt mir zu, daß unter den derzeitigen Umständen eine solche Bekanntmachung verfrüht wäre. Aber, Mr. Harper und Mr. Parks, wir beabsichtigen, Ihren Ratschlägen gemäß, den Stausee abzulassen, Zuflüsse umzuleiten, um den Damm herum Posten aufzustellen und so weiter. Da es bereits Gerüchte über den Staudamm gibt, werden wir, um eine Panik zu vermeiden, diese Maßnahmen so unauffällig wie möglich durchführen.“

An Jay gewandt, fuhr er fort: „Wir möchten, daß Sie das Ganze leiten. Sie sind mit der Situation am ehesten vertraut, und wie Sie schon sagten, bleibt uns nicht genügend Zeit, noch jemanden hinzuzuziehen.“

Jay öffnete den Mund, brachte aber kein Wort heraus.

„Ich stelle Ihnen Geldmittel des Landes zur Verfügung“, fuhr der Gouverneur fort. „Wenn Arbeitskräfte gebraucht werden, rufe ich die Nationalgarde zu Hilfe. Wir werden alles herbeischaffen, was nach Ihrer Meinung hilft, eine Katastrophe zu verhüten.“

„Das gilt auch für die Stadt“, fügte der Bürgermeister hinzu. „Ein Mann soll für alles verantwortlich sein, nicht eine Kommission.“

„Ich bin Geophysiker“, protestierte Jay. „Das ist nicht mein Fach ...“

„Hör schon auf, mit den Zähnen zu klappern!“ unterbrach ihn Cooley. Er stieß seinen Stuhl zurück und stand auf. „Komm schon. Je früher wir anfangen, desto eher haben wir es geschafft. So oder so.“

„Noch ein Vorschlag“, sagte Bill Williams. „Ich stelle mein Büro als Kommandozentrale zur Verfügung.“ Er wandte sich an Jay. „Nur keine Sorge. Ich werde die Befehle befolgen, keine geben. Sie sind der Boß. Also, was kommt als erstes?“

„Na schön“, sagte Jay zum Gouverneur. „Den Posten am Staudamm übernimmt die Nationalgarde, rund um die Uhr. Die haben die richtige Ausrüstung und die Leute ...“

„Sobald Sie in Bills Büro sind", erwiderte der Gouverneur, „wird sich dort ein Offizier bei Ihnen melden. Geben Sie ihm die entsprechenden Befehle. Und Bill soll mich anrufen, wenn Sie irgend etwas brauchen."

Als sie in Williams' Wagen saßen, sagte Jay: „Ihr Ingenieur, dieser Sam Martin. Wir werden ihn mit seinen Plänen und Berechnungen brauchen."

„Ich will ihn nicht mehr sehen", knurrte Williams ärgerlich.

„Er war doch der leitende Ingenieur beim Bau des Dammes, oder?"

Williams nickte. „Schon gut, Sie sollen ihn haben."

Ein Oberst der Nationalgarde erwartete sie in Bill Williams' Büro. Er stellte sich vor. „Oberst Watkins. Ich soll mich bei Ihnen melden, Mr. Williams."

Dieser schüttelte den Kopf und deutete auf Jay. „Bei ihm."

Der Oberst musterte Jay mit seinen Jeans, Turnschuhen und seinem Pullover, sagte aber nichts. „Wir brauchen einen Posten oben am Damm, Herr Oberst", sagte Jay. „Mit Scheinwerfern für die Nacht und einer ständigen Funkverbindung mit dieser Einsatzzentrale hier. Lassen Sie umgehend Meldung erstatten, sobald es irgendwelche Anzeichen für einen Schaden am Damm gibt, Risse, Wasserdurchsikkerung oder Sprünge seitlich im Felsen."

„Hören Sie", begann der Oberst, „das Ingenieurkorps der Armee ..."

„Tun Sie Ihre Arbeit, Oberst", fiel ihm Jay ins Wort, „die Organisation ist unsere Sache."

Er wandte sich an Williams.

Williams wählte gerade eine Nummer. Als er Watkins immer noch unschlüssig dastehen sah, sagte er: „Wenn ich Sie wäre, Oberst, würde ich mich in Bewegung setzen. Sie haben Ihre Befehle gehört." Dann sprach er ins Telefon: „Suche Sam Martin, Kate. Und bring ihn mit allen seinen Plänen her."

Cooley sah dem Oberst nach, der in aufrechter Haltung hinausging und die Tür hinter sich unsanft zuschlug. Grinsend meinte er: „Der Herr Oberst empfängt nicht gerne Befehle. Schon gar nicht von Zivilisten." Doch gleich darauf wurde er ernst. „Ich sollte vielleicht herausfinden", sagte er zu Jay, „wo der nächste Seismograph steht.

Inzwischen sind die beiden heutigen Beben bestimmt schon ausgewertet worden. Soll ich?"

„Mach das", sagte Jay. Dann wandte er sich an Williams: „Jetzt den Wetterdienst. Wir brauchen Vorhersagen und Berichte mit genauen Angaben über alles, was sich auf dieser Seite der Wasserscheide tut."

Er lehnte sich an den großen Schreibtisch. Seine Gedanken galten schon wieder einem anderen Problem. „Sie sind doch vom Baufach, Mr. Williams. Wie steht es bei Ihnen mit Dynamit?"

„Wir haben welches. Wozu brauchen Sie es?"

„Um die Zuflüsse oberhalb des Stausees umzulenken und, was noch wichtiger ist, um einen Abfluß für den See zu schaffen. Und um die Schutzmauer zur Sprengung vorzubereiten. Außerdem sollten wir alle Vorkehrungen treffen, um eine dieser großen Brücken zu sprengen und quer ins Flußbett zu legen. Das wird zwar eine Überschwemmung nicht aufhalten, könnte sie aber verlangsamen und ein wenig verteilen."

Williams pfiff leise durch die Zähne. „Wenn Sie einmal etwas anfangen, dann tun Sie es ganz, was?"

„Es geht um Menschenleben", sagte Jay, „und das ist der höchste Einsatz, den ich kenne."

IN DER Feuerwachstation auf dem Mount Union fühlten sich Bernie und Pete nun vollkommen von der Außenwelt abgeschnitten, denn das Tal und die Berge verschwanden hinter dichtem Schneegestöber. Das Funkgerät meldete sich, und Bernie nahm das Handmikrofon auf: „Verstanden. Hier Mount Union. Ende."

Die Stimme redete eine Weile lang. Pete beobachtete, wie Bernies Gesicht beim Zuhören einen besorgten Ausdruck annahm, und begriff, daß das keine bloße Routinemeldung mehr war. Als die Stimme schwieg, sagte Bernie mit unsicherer Stimme ins Mikrofon: „Verstanden. Wir halten Sie auf dem laufenden. Zur Zeit heftiger Schneefall. Bisher ungefähr acht Zentimeter. Sicht Null. Ende." Sie legte das Handmikrofon fort.

„Was ist los, Schatz?"

„Erinnerst du dich an meinen Traum neulich, von dem ich dir erzählte, wie ich von hier aus hinuntergeschaut habe, und da war nichts mehr?" Sie holte tief Atem. „Der Harpers-Park-Damm, Pete. Er könnte zusammenbrechen. Die Leute drunten im Tal befürchten das jedenfalls. Der Wetterdienst braucht jede Information, die wir durchgeben können. Wenn nun diese Warmluftfront hinzukommt und es nicht mehr schneit, sondern regnet – hast du je gesehen, was eine Flutwelle anrichten kann, Pete?"

„Du siehst die Dinge zu schwarz, mein Schatz."

Bernie schüttelte den Kopf. „Die Männer vom Wetterdienst sind gewöhnlich nicht so schnell aus der Ruhe zu bringen, Pete. Und ich habe sie noch nie so nervös erlebt wie heute."

Sam Martin betrat Bill Williams' Büro, als komme er zu seiner Hinrichtung. Im Arm trug er einen dicken Packen zusammengerollter Pläne.

Er stieß die Tür hinter sich zu, blieb stehen und wartete auf weitere Anweisungen.

„Leg alles auf den Tisch", sagte Williams. „Harper leitet das Ganze. Hast du verstanden? Wenn er ‚Frosch' sagt, dann quakst du. Aber diesmal halt den Mund über das, was hier in diesem Büro vorgeht, ist das klar?" Automatisch nahm er sein silbernes Pillendöschen aus der Tasche.

Jay beugte sich schon über den Besprechungstisch und die Pläne. „Hier haben wir einen Lageplan. Als Sie den Damm errichteten, wo haben Sie flußaufwärts das Wasser umgeleitet? Hier? Oder vielleicht da?" Sein Finger wies rasch und ohne Zögern auf bestimmte Punkte.

Sam Martin versuchte, Jays schnell aufeinanderfolgende Fragen zu beantworten, und bemerkte dabei nicht, daß sich die Tür geöffnet hatte und Kate leise hereingekommen war. Sie lehnte am Schreibtisch, hörte zu und hatte ihre Hand ihrem Vater auf die Schulter gelegt.

„Die Durchflußmenge in den Turbinen im Kraftwerk", sagte Jay gerade, „können Sie die erhöhen?"

„Sicher. Aber die Turbinen vertragen nur ..." Martin stockte plötzlich, als sei ihm ein neuer Gedanke gekommen.

„Genau", sagte Jay. „Wenn es nicht anders geht, werden wir die Absperrschieber voll öffnen und auf die Turbinen keine Rücksicht nehmen. Um wieviel könnten wir damit den Durchfluß erhöhen?"

„Vielleicht um zehn Prozent."

Jay nickte. „Jede Kleinigkeit hilft."

Cooley Parks trat ein. Sogleich berichtete er: „Diese beiden Erdbeben von heute sind nur mit zwei Komma acht und zwei Komma neun auf der Richterskala registriert worden. Das sind mehr oder weniger gute Nachrichten. Aber schlimmer ist, daß wir noch ein paar kleine Beben zu erwarten haben. Und das Epizentrum – rate mal, wo das liegt?"

„Wahrscheinlich genau dort, wo wir es am wenigsten brauchen können – unter dem Damm."

„Eins zu null für dich!" bestätigte Cooley. „Und bei dem vor sechs Tagen lag es an der gleichen Stelle."

„Also wirkt sich auch jedes Beben auf den Damm aus", stellte Jay fest. „Stahlbeton gibt nicht nach, eher bricht er."

Sam Martin holte tief Luft. „Es gab keinerlei Anzeichen für eine Bruchlinie. Nichts. Das Ingenieurkorps der Armee ..."

„Hören Sie auf", sagte Jay in scharfem Ton. „Wir versuchen nicht, einen Schuldigen zu finden. Wir versuchen uns schlüssig zu werden, was zu tun ist."

„Und?" fiel Williams ein. „Wo fangen wir an?"

„Als erstes", sagte Jay, „nehmen wir diese Umleitungen flußaufwärts vor, um den Zufluß zum See zu verringern. Das wird Zeit kosten." Er schaute Martin an. „Sie waren schon einmal dafür verantwortlich, als der Damm gebaut wurde. Sie können es also noch einmal machen, aber diesmal in Windeseile."

„Und was kommt dann an die Reihe?" fragte Williams.

„Als nächstes das Kraftwerk", fuhr Jay fort und sah Martin wieder fragend an. „Gibt es da einen Entlastungskanal? Ja? Wir werden auch den öffnen." Er wandte sich an Williams. „Sagen Sie den Leuten vom Kraftwerk, daß wir soviel Wasser wie möglich ablassen müssen. Wenn das nicht ohne Schaden an den Turbinen geht, muß es dennoch geschehen. Wir müssen den See leeren."

„Hör mal, Sam", mischte Williams sich erneut ein, „was ist mit dem Umlenkstollen? Du hast doch gesagt, daß man einen Kanal zu ihm durchsprengen könnte?"

„Umlenkstollen?" fragte Jay. „In der Nähe des Dammes?" Und

dann begriff er plötzlich: „Er wurde angelegt, um den Fluß während des Dammbaues umzuleiten." Martin nickte. „Gut", sagte Jay. „Sie sind Ingenieur. An den Dammseiten hat es heute schon Felsabbrüche gegeben. Würden Sie in diesem Gebiet irgendwelche Sprengungen vornehmen?"

„Höchst ungern", erwiderte Martin.

„Ich werde mit ihm hinauffahren und nachschauen", bot sich Cooley an. „Ich habe so was schon öfters gemacht."

„Schön", sagte Jay. „Melde dich dann wieder."

„Kommen Sie, Mr. Martin", forderte Cooley den Ingenieur auf. „Zeigen Sie mir, wo der Stollen ist."

Jay wandte sich an Williams: „Inzwischen sorgen wir dafür, daß die Durchflußmenge am Kraftwerk erhöht wird. Und dann muß das Militär diese Schutzmauer zur Sprengung vorbereiten."

Kate hörte davon das erste Mal. „Die Mauer an der Flußbiegung? O nein! Unser Haus! Alle diese hübschen Häuser!"

„Ich werde mich um ein Sprengkommando kümmern", sagte Williams mit ausdrucksloser Stimme. Er hielt sich kerzengerade, als er hinausging.

KURZE Zeit später wand sich eine lange Kolonne von Militärfahrzeugen die Harpers-Park-Straße empor. Cooley Parks wollte so schnell wie möglich beim Damm sein, daher trat Sam Martin, der am Steuer saß, den Gashebel durch, lenkte das Auto auf die linke Fahrspur und brauste an den mit Soldaten, Notstromaggregaten, Scheinwerfern und tragbaren Funkgeräten beladenen Lastwagen vorbei. Sie überholten den Führungsjeep, rasten weiter die gewundene Straße entlang und kamen schließlich um die letzte Kurve, hinter der sie den Damm und das Kraftwerk erblickten. „Parken wir hier, und schauen wir uns diesen Umleitungsstollen an", sagte Cooley.

Martin führte ihn von der Straße hinunter in das felsige, mit Gestrüpp bewachsene Gelände. „Wir hatten hier alles abgeräumt", sagte er und zeigte auf loses Geröll, „und dann das Wasser hier entlang zum Stollen geleitet. Er ist gleich da drüben."

Cooley blickte in die Richtung und erkannte den tunnelartigen Eingang. „Ich sehe ihn. Los, schauen wir uns auch das andere Ende an."

Der Bürgermeister war wieder in sein Büro zurückgekehrt Bud Henderson, der Polizeichef, fragte gerade: „Werden wir irgendwie vorgewarnt?“

„Ja, und danach haben wir noch ungefähr zwanzig Minuten“, sagte der Bürgermeister. „Wir stellen gerade eine Funkverbindung zum Damm her.“

„Aber wir können doch den Barrio in zwanzig Minuten nicht evakuieren“, protestierte Carlos Garcia, der Lehrer. „Die alten Leute, die Kranken – die müssen schon vorher fortgebracht werden.“

„Du hast recht“, erwiderte der Bürgermeister. „Wir brauchen also Räume, um sie unterzubringen. Die Schulen zum Beispiel, das Krankenhaus und das Tagungszentrum ...“

„Bei uns zu Hause ist auch Platz vorhanden“, sagte Feuerwehrhauptmann Rudy Smith. „Wir brauchen nur Liegen und Bettzeug.“

„Das bekommen wir von der Nationalgarde.“

„Die Verpflegung“, fuhr Garcia fort, „können die Schulküchen übernehmen, wenn sich freiwillige Helfer finden.“

„Das Rote Kreuz“, warf Rudy Smith ein, „sollte sich um Kleidung und Medikamente kümmern.“

Der Bürgermeister machte sich rasch Notizen. „Gut. Also die alten und kranken Einwohner des Barrio werden beim ersten Anzeichen von Gefahr in Sicherheit gebracht. Wer übernimmt den Transport?“

Oberst Watkins war in Williams' Büro zurückgekehrt. „Wir stehen jetzt am Damm oben“, sagte er zu Jay. „Wir treffen jetzt Vorkehrungen, um die Schutzmauer zu sprengen. In ein paar Minuten wird auch die Funkverbindung fertig sein. Ich lasse noch eine direkte Telefonleitung zum Wetterdienst legen, damit wir auf dem laufenden bleiben. Aber die Verständigung mit dieser Station auf dem Mount Union, wo man die Wetterbedingungen im Gebirge am besten beobachten könnte, wird immer schlechter. Es schneit da droben heftig.“

„Hoffen wir, daß es bei Schnee bleibt“, sagte Jay. „Er verursacht jedenfalls kein plötzliches Hochwasser. Aber wenn er in Regen umschlägt – Sie sollten besser einen Mann mit einem Handfunkgerät vom Stausee aus flußaufwärts schicken, Oberst. Er soll den Wasserstand im Auge behalten und auch die Färbung des Wassers. Wenn der Fluß Schlamm mit sich führt, wird's ernst. Ihr Mann kann uns dann warnen."

COOLEY fand, unermüdlich durch das Unterholz kriechend, den unteren Austritt des Umlenkstollens. Er rief Martin herbei. „Sehen wir uns sogleich die Zuleitung an."

Am oberen Ende des Stollens sah sich Cooley um. „Wie können wir das Wasser vom See hierher leiten?" wollte er wissen.

Zweifelnd sagte Sam: „Wir haben damals den Zuleitungskanal zugemauert, weil wir nicht dachten, daß wir ihn jemals wieder brauchen würden."

„Schön, jetzt brauchen wir ihn aber, also werden wir ihn wieder öffnen. Der Wasserspiegel steht heute natürlich viel höher als unser Standort hier, weil Sie damals den Fluß umgeleitet haben, als er noch auf dem Grund des jetzigen Sees floß."

„Ja, das stimmt."

„Wir werden also einen Haufen Felsen sprengen müssen. Und wenn das einmal geschafft ist, wird eine Menge Wasser durch diesen Stollen abfließen. Haben Sie einen Taschenrechner dabei?"

Martin gab Cooley das kleine Gerät, das er stets bei sich trug, und fragte sich, was er vorhatte.

„Ein drei Meter hoher Stollen", sagte Cooley und bearbeitete die Tasten, „durch den das Wasser mit etwa – sagen wir sechzig Stundenkilometern – hindurchfließt ... Ungefähr siebentausendachthundert Kubikmeter pro Minute können wir damit aus dem See ableiten. Das wird den Druck auf den Damm erheblich verringern."

„Wir haben das Gestein mit Beton verstärkt", erklärte Martin. „Dazu wird eine ganz schöne Sprengladung nötig sein."

„Dann laßt uns hoffen, daß der Damm unser Experiment übersteht, daß wir unser Dynamit an den richtigen Stellen anbringen und daß der liebe Gott auf unserer Seite ist."

„Das können Sie nicht machen!" protestierte Martin. „Sie können doch nicht ..."

„Lieber Freund", sagte Cooley, „es gibt nur einen einzigen Ausdruck, der mich in Rage bringt, und das ist ‚nicht können'. Wir werden zu diesem Stollen einen Kanal sprengen, weil uns, verdammt noch mal, nichts anderes übrigbleibt. Jetzt suchen wir das nächste Telefon und rufen Jay an."

Als Jay den Hörer abnahm, hörte er sogleich Cooleys kräftige Stimme: „Hör zu, Jay, wir haben den Stollen gefunden. Es sind nur ein paar kleine Probleme aufgetaucht. Aber wenn es gutgeht, könnten wir den Damm um fast acht Tonnen Druck pro Minute entlasten. Ich brauche Kompressoren, Bohrmaschinen, Männer und Dynamit. Wir kommen wieder zu dir runter, um das Vorhaben nach den Plänen auszuarbeiten."

„Setz Sam Martin bei der Schutzmauer ab", erwiderte Jay. „Er soll nachsehen, ob das Militär die Sprengung richtig vorbereitet, damit wir im Falle eines Falles keine Schwierigkeiten damit haben. Dich erwarten wir hier."

10

George Harrison speiste früh an diesem Abend im „Country Club", in dem die Angehörigen seiner Familie schon seit jeher Ehrenmitglieder gewesen waren. Jetzt, da die Dammerhöhung nicht mehr in Frage kam, hatte er – und nicht Bill Williams – am Verkauf des Berggrundstückes verdient, das nun fast wertlos geworden war. Er feierte seinen Triumph mit einer exquisiten Zigarre und einem Glas erstklassigem Kognak.

Als er zu seinem Mercedes hinausging, verschwand die Sonne gerade am fernen Horizont. Er fühlte sich angenehm entspannt, setzte sich ans Steuer, ließ den Motor an und fuhr langsam heimwärts.

Wo der Fluß den großen Bogen machte, erleuchteten Scheinwerfer die Umgebung. Die Luft war erfüllt vom Lärm fahrbarer Kompressoren und dem betäubenden Rattern von Preßlufthämmern, die ihre Bohrspitzen tief in den Beton der Schutzmauer trieben.

Erstaunt starrte Harrison auf das Treiben, dann entdeckte er Sam Martin unter den Männern der Nationalgarde. Er bremste den Wagen ab, stieg aus und ging auf ihn zu. „Was in aller Welt geht hier vor, Sam?"

„Wir bohren Löcher für Sprengstoff. Wenn wir ihn zünden, dann fliegt diese Mauer hier in die Luft."

Allmählich ging Harrison die volle Bedeutung von Martins Worten auf, und plötzlich war seine Hochstimmung dahin. Kühl fragte er: „In wessen Auftrag?"

Martin zuckte mit den Achseln. „Jay Harpers." Er wandte sich ab und überprüfte die Tiefe des Loches, das einer der Soldaten eben gebohrt hatte.

George schluckte seinen Ärger hinunter und ging zu seinem Wagen zurück. Er wendete und steuerte durch die Stadt zum Gouverneurspalast auf dem Hügel.

Der Gouverneur saß auf der Terrasse, das Telefon neben sich. Er hatte eben ein Gespräch mit Jay beendet und begriff, mit welch hohem Einsatz Jay und Cooley spielten.

„Es gibt einen Umlenkstollen", hatte Jay gesagt. „Der Stollen und sein Zuleitungskanal müssen freigesprengt werden. Wenn wir das schaffen, ergibt das eine beträchtliche Druckminderung."

Vielleicht würde auch der Damm bei diesen Sprengungen brechen. Aber blieb ihnen in dieser Krisensituation noch eine andere Wahl? „Viel Glück", hatte der Gouverneur gesagt. „Ich stehe hinter Ihrer Entscheidung."

In diesem Augenblick ließ sich George Harrison anmelden. Widerwillig nickte der Gouverneur: „Führen Sie ihn herein", sagte er. Immerhin kannte er Harrison schon sehr lange.

„Die Ufermauer soll gesprengt werden", sprudelte Harrison heraus. „Besteht etwa die Absicht, sie zu zerstören, wenn ..."

„Wenn der Damm bricht", sagte der Gouverneur. „Ja, George."

„Aber mein Haus steht dort!"

Der Gouverneur schwieg.

„Das kannst du nicht zulassen, Harry! Die – angesehensten Bürger dieser Stadt wohnen an der Flußbiegung! Und was steht dagegen? Der Barrio? Hütten! Wohnwagen! Billige Hotels und kleine Läden ..."

„Und Menschen, George. Tausende von Menschen. An der Biegung wohnen vielleicht nur zweihundert." Der Gouverneur schüttelte den Kopf.

„Das Haus meiner Familie war das erste in dieser Gegend", sagte

George. „Ich bin dort geboren, und ich möchte nirgendwo anders leben. Ich bin zu allem bereit, um es zu schützen. Willst du Geld, Harry?"

Der Gouverneur verzog keine Miene, aber als er antwortete, war seine Stimme nur ein heiseres Flüstern. „Ich glaube, du solltest jetzt besser gehen, George."

Er griff nach dem Klingelknopf an der Wand.

Harrison zögerte, dann wandte er sich jäh um und entfernte sich wortlos. Zu Hause angekommen, ging er direkt in seine geliebte Bibliothek und versperrte die Tür hinter sich, um von der Welt draußen nichts mehr zu hören und zu sehen.

Im offenen Kamin hatte sein Dienstmädchen Holzscheite nach Indianerart aufgeschichtet. Er zündete das Feuer an und sah zu, wie die Flammen über das Holz leckten. Allmählich breiteten sich die Wärme und der Geruch von Kiefernholz im Raum aus. Er setzte sich und versuchte, sich zu entspannen.

Auf dem Tisch neben seinem Lesesessel lag das Buch, das er bei Sam Martins Besuch weggelegt hatte – war es wirklich erst gestern abend gewesen? Harrison starrte auf das Gedicht, das er zuletzt gelesen hatte: „... Ich bin nicht gut im Ziehen, doch bringt mir meinen Colt, ich sterbe lieber, als zu fliehen."

Ein heldenhafter Stoff aus der Pionierzeit, aber man konnte ihn auch auf die Gegenwart anwenden. Die Halle im Erdgeschoß war angefüllt mit den Erinnerungen an die Vergangenheit der Harrisons. An den Wänden hingen Trophäen, präparierte Köpfe von Hirschen, Elchen, Dickhornschafen und sogar der eines fauchenden Pumas, die alle von seinen Vorfahren erlegt worden waren.

Eine verschlossene Glasvitrine barg einen alten Vorderlader, Kaliber 10 mm, mit achtkantigem Lauf. Daneben hing eine Winchester, deren stahlblauer Lauf von zahllosen Stunden im Gewehrschuh am Sattel eines Harrison blank gescheuert war.

Harrison war mit den Erzählungen von den alten Heldentaten aufgewachsen, und jetzt fühlte er beim Lärm der Preßlufthämmer an der Ufermauer, der sogar bis in die Stille seiner Bibliothek drang, unbändige Wut in sich aufsteigen.

Er verließ das Haus und kehrte zur Ufermauer zurück, um noch einmal mit Sam Martin zu reden. Staub verschluckte die Lichtkegel der Scheinwerfer und erschwerte das Atmen. „Glauben Sie", fragte er Martin, „daß die Leute, die hier an der Flußbiegung leben, sehr glücklich darüber sein werden, ihre Häuser zu verlieren? Ich bin es nicht, und ich glaube, den anderen wird es ähnlich ergehen."

„Ich bin leider machtlos", sagte Martin.

„Die Leute hier in diesem Viertel besitzen eine Menge Geld und Einfluß, Mr. Martin. Und Sie könnten hier im Südwesten eine große Zukunft vor sich haben."

„Was wollen Sie eigentlich von mir, soll ich meine Stellung aufgeben?"

„Nein." Die Kompressoren und Bohrer schwiegen jetzt, und Harrison dämpfte seine Stimme. „Sie sind doch Sprengstoffexperte, Martin. Nehmen wir einmal an, es kommt zu keiner Explosion? Oder sie genügt nicht, um die Mauer zu sprengen? Es hat schon genug Blindgänger gegeben, vor allem, wenn die Arbeit so hastig getan werden mußte."

„Das würde mich den Kopf kosten."

„Aber Sie könnten auch viel Geld dabei verdienen. Ich will ganz offen sein. Wenn der Damm zusammenbricht, diese Mauer aber stehenbleibt und unsere Villen schützt, werden fünfundzwanzigtausend Dollar auf Ihrem Konto liegen, zu Ihrer vollkommen freien Verfügung. Ich gebe Ihnen mein Wort."

Auf dem Gipfel des Mount Union war es finster geworden, Wolken und Schneefall hatten den Himmel verdunkelt. Die grellen Blitze und krachenden Donnerschläge kamen der Feuerwachstation immer näher.

In solchen Stunden war man zum Nichtstun verurteilt. Bei einem Gespräch, dachte Pete, verging die Zeit vielleicht schneller. Außerdem wollte er gern loswerden, was er auf dem Herzen hatte. „Du weißt doch, wie ich es meine", sagte er beiläufig, als der Donner für kurze Zeit schwieg. „Dieser Kumpel von mir in Santa Monica, der mit der Sportgeschäftkette ..."

Bernie begriff. „Würde dir das Spaß machen, Pete, bloß Sportartikel zu verkaufen?" fragte sie.

Pete sah Bernie lächelnd an. „Ich bin nicht gerade besonders gescheit, Bernie, aber ich komme gut mit anderen Menschen aus, und viele wissen, wer ich bin. Und was ich noch nicht über Sportausrüstungen weiß, kann ich lernen, weil ich mich schon immer dafür interessiert habe. Ich glaube, ich könnte bei meinem Kumpel in Santa Monica ganz gut arbeiten. Und wenn man weiß, daß man gut arbeitet, ist man ja auch zufrieden. Ja, ich glaube schon, daß mir das Spaß machen könnte. Und außerdem wärst du dann ganz in meiner Nähe und müßtest nicht mehr hier oben auf dem Berg sitzen."

Bernie wäre vor Freude fast zersprungen. „Ich könnte auch arbeiten, Pete!"

„Sicher, wenn ..."

„Pete", unterbrach ihn Bernie plötzlich. „Hör doch! Hörst du es nicht?" Sie sprang erschreckt auf. „Das ist kein Schnee mehr! Es regnet! Diese Warmluftfront, die der Wetterdienst angekündigt hat – die ist da!"

Bernie stürzte zum Funkgerät und schaltete es ein. Atmosphärische Störungen krachten und knackten im Lautsprecher. Sie nahm das Handmikrofon und sprach hinein. „Hier Mount Union, ich rufe den Wetterdienst. Wetterdienst, bitte kommen!"

Sie erhielt keine Antwort. Bernie wurde nervös: „Hier Mount Union! Jetzt fällt hier oben Regen, kein Schnee mehr! Antworten Sie doch! Es regnet jetzt hier oben, haben Sie verstanden?"

Wieder waren nur Störungen zu hören, und durch ihr Geknatter sagte Pete: „Au weia! Hast du das gesehen? Es ..."

Ein betäubender Donnerschlag schnitt ihm den Satz ab, und plötzlich zuckten um sie herum nur noch Blitze, krachte der Donner und prasselte der Regen. Sekundenlang stand das Gebäude im grellen Licht, und die darauffolgende Dunkelheit schien erfüllt von sprühenden Funken.

Während eines Blitzes sah Pete, wie Bernie das Mikrofon weglegte und auf ihn zuwankte. Sie schluchzte. Er schloß sie in die Arme und drückte sie fest an sich. „Sie können mich nicht hören, Pete! Ich komme nicht durch. Sie müssen aber doch wissen, daß es regnet! Und wir können es ihnen nicht mitteilen!"

WIEDER schlängelte sich eine Kolonne olivgrüner Lastwagen die Straße zum Damm hinauf. Sie brachten Kompressoren, Bohrausrüstungen und Fachleute mit. Neben dem Fahrer des vordersten Jeeps saß Oberst Watkins, hinter ihm Cooley. Er gab das Zeichen zum Anhalten.

Einige Minuten später stand er mit dem Oberst und dem Pionierhauptmann vor dem zugemauerten Umlenkkanal und sagte: „Wenn Ihre Männer nicht sehr sorgfältig arbeiten, wird hier eine Menge Gestein durch die Luft fliegen."

„Wollen Sie wirklich, daß wir alles auf einmal sprengen?" fragte der Hauptmann.

„Sie können die Sprengungen auch nacheinander vornehmen, wenn Sie wollen", erwiderte Cooley, „aber wir haben nicht die Zeit, den Schutt nach kleinen Sprengungen fortzuräumen und dann erst die nächste Ladung vorzubereiten. Es wird bestimmt kein Zuckerlecken."

„Gehen Sie also besser gleich an die Arbeit, Hauptmann", sagte Oberst Watkins.

IMMER noch blitzte und donnerte es rings um sie, daß die Station erbebte. Bernie saß schweigend da, und ihr Hund hatte sich neben ihren Füßen zusammengekauert und zitterte am ganzen Leib. Pete fragte: „Was könnten die da unten tun, wenn sie wüßten, daß es hier oben regnet?"

„Sie könnten anfangen, die Leute zu evakuieren, statt bis zur letzten Minute zu warten, wenn es vielleicht schon zu spät ist."

„Was ist mit den anderen Feuerwachstationen? Vielleicht kommen die durch."

„Was hier am Mount Union passiert, direkt am Einzugsgebiet der Quellen, die den See speisen, das ist das Entscheidende, Pete. Unsere Meldung ist die wichtigste. Und wir können sie nicht warnen."

Pete schwieg. In den stillen Augenblicken zwischen den Donnerschlägen konnte er hören, wie der Regen auf das Dach trommelte. Als Berufssportler hatte Pete für Heldentum nicht viel übrig. Man tat, was zu tun war, und das war alles. Und jetzt wußte er, was zu tun war. Er sagte: „Hör mal, Bernie, du hast mich gefragt, ob ich wüßte, was eine

Flutwelle anrichten kann. Ja, das weiß ich. Ich kenne diese Berge seit meiner Kindheit. Ich war nämlich einmal Pfadfinder."

Er stand auf. „Wo ist das nächste Telefon?"

„Nein, Pete! Das lasse ich nicht zu! Das nächste ist am Staudamm unten! Das kannst du nicht tun! Nicht jetzt im Dunkeln! Nicht bei diesem Wetter!"

„Ich bin schon öfter naß geworden", erwiderte er, „und dabei nicht aufgeweicht. Ich nehme deine große Taschenlampe mit und lasse meinen Rucksack hier. Dann bin ich schneller unten. Zwei Stunden, vielleicht zweieinhalb."

Er warf seinen Poncho über.

Bernie war ebenfalls aufgesprungen. „Bitte, Pete! Der schmale Weg ..."

Pete faßte sie bei den Schultern. „Mein Schatz, es gefällt mir hier oben auf deinem Gipfel. Aber wir gehören immer noch zur Welt da unten. Das weißt du nur zu gut, und darum hat dir dieser Traum einen solchen Schock versetzt. Und darum bist du auch so aufgeregt, weil du über Funk nicht durchkommst."

Tränen traten ihr in die Augen. „Pete, wenn dir was passiert ..."

„Nur wer sich vor Verletzungen fürchtet, kriegt welche ab. Wenn was passiert, dann passiert es eben. Alle meine Gegenspieler zusammen haben immerhin zwölf Jahre gebraucht, bis sie mich kleingekriegt haben. Du hältst hier oben die Stellung. Versuch weiterhin, zur Wetterstation durchzukommen. Wenn du sie über Funk nicht erreichst, werde ich eben melden, was hier los ist. Bis später, Schatz."

Er öffnete die Eisentür, und plötzlich war der Raum erfüllt vom Toben des Unwetters. Als sich die Tür wieder geschlossen hatte, war es wieder still – und so einsam. Bernie sah noch, wie sich Petes riesige Gestalt gegen den Sturm stemmte und über die Außentreppe verschwand.

In der weisen Erkenntnis, daß ein Nüchterner einem Betrunkenen gegenüber stets im Vorteil ist, hielt sich Tom Gentry meistens beim Trinken zurück. Aber an diesem Abend, nach dem Anruf von Henry Warfield, dem Präsidenten der Holdinggesellschaft, zu der seine Bank gehörte, hatte er mehr Alkohol getrunken als sonst und ein Stadium erreicht, in dem alle Hemmungen von ihm abfielen und er jeden Einfall sofort in die Tat umsetzte.

Er machte sich auf den Weg zu Brooks Thompsons Haus. Dort hämmerte er mit den Fäusten an die Tür, bis Brooks öffnete.

„Hier draußen", sagte Gentry, „töten wir unsere Schlangen selbst."

Brooks blinzelte überrascht. Das letzte Mal hatte er Gentry beim Abschluß des Grundstückskaufes in der Bank gesehen. Eine bestürzende Veränderung war offenbar in dem Mann vorgegangen, er hatte seine überlegene Ruhe wie einen Mantel abgestreift, und darunter kam nackte Wut zum Vorschein.

„Ich weiß nicht genau, was diese malerische Bemerkung bedeuten soll", erwiderte Brooks, „aber Sie haben wohl zuviel getrunken, Mr. Gentry, und sollten besser nach Hause gehen."

„Es bedeutet folgendes", sagte Gentry. „Wenn man mit jemandem ein Hühnchen zu rupfen hat, soll man nicht jemand anderen damit beauftragen."

Also, dachte Brooks, hat Marys Vater genauso reagiert, wie er es nach ihrem Anruf in New York erwartet hatte. „Anscheinend haben Sie mit meinem Schwiegervater gesprochen?"

„Genau das meine ich. Er hat mich feuern lassen!"

„Das tut mir nicht im geringsten leid", sagte Brooks. „Sie können sich ja mit dem Gewinn trösten, den Sie bei diesem Grundstückskauf gemacht haben."

„Verdammt noch mal, ich habe nichts als zweiundzwanzigtausendfünfhundert Dollar Schulden und fünfzig Morgen Land, die ich nicht will! Es wird keine Dammerhöhung geben! Die denken jetzt nur noch daran, wieviel Zeit ihnen bleibt, bevor der Damm zusammenbricht!"

Mary, die auch zur Tür gekommen war, schrie auf: „O nein!"

„Ich werde Sie dafür büßen lassen", brüllte Gentry.

„Sie werden gar nichts tun", sagte Brooks, „sondern sich in Ihren Wagen setzen und verschwinden."

Gentry holte aus und schlug zu. Es war sein erster und sein letzter Schlag. Brooks fing die Faust auf wie einen Tennisball, und mit einer einzigen raschen Bewegung drehte er Gentry mühelos den Arm auf den Rücken. In dieser schmerzhaften Lage hielt er ihn wie in einem Schraubstock fest.

„Ich kann Ihnen ganz leicht die Schulter ausrenken, Mr. Gentry. Noch so eine Verrücktheit, und ich tue es.“

Er stieß ihn so heftig von sich, daß Gentry einige Schritte weit stolperte und beinahe gestürzt wäre. Mit entsetztem Blick wandte er sich schließlich langsam um.

„Steigen Sie jetzt in Ihren Wagen, Mr. Gentry, und verschwinden Sie. Wenn es sein muß, kann ich es auch in Ihrer Ausdrucksweise sagen. Auch wir töten hier unsere Schlangen selbst.“

Er drehte sich um, ging mit Mary ins Haus und schloß die Tür. „Ich wollte das nicht“, sagte Brooks drinnen.

„Du brauchst dich nicht zu entschuldigen.“ Sie lächelte matt. „Einen Augenblick lang hast du wieder deine Militärstiefel getragen.“

„Ja. Aber dann will ich sie auch ganz schnell wieder ausziehen.“ Und ruhig fuhr er fort: „Also keine Dammerhöhung. Und vielleicht ein Dammbruch. Wir sollten das Radio einschalten, falls es Neuigkeiten gibt.“

Pete benützte die Taschenlampe nur selten, da ihm grelle Blitze meist den Pfad erhellten. Während seiner aktiven Zeit hatten ihn die Sportjournalisten wegen seiner Fähigkeit, sein Gewicht unglaublich schnell und sicher zu verlagern, „die Raubkatze“ genannt. Hier inmitten dieser hohen Berge, wo die Windstöße unberechenbar aus allen Richtungen kamen und ihn von dem schmalen Steig über die Felsen hinunterzuwerfen drohten, brauchte er seine ganze Kraft und Geschicklichkeit, um das Gleichgewicht nicht zu verlieren.

Es regnete in Strömen, doch der Poncho gefährdete Pete mehr, als daß er ihn schützte, denn der Umhang blähte sich im Wind wie ein Segel, und Pete lief Gefahr, in den Abgrund gerissen zu werden. Er warf ihn ab und ließ ihn in die Dunkelheit davonfliegen.

Unablässig heulte der Wind, der Regen peitschte ihm ins Gesicht, Blitze zuckten, und Donner krachte rings um ihn. Bisher war alles gutgegangen, sagte er sich. Er war auf dem Pfad, der abwärts führte, und brauchte ihm nur zu folgen und einen Schritt vor den anderen zu setzen. Diese Schinderei mußte ja schließlich ein Ende haben.

Sein erster Sturz war nicht allzu schlimm. Ein Stein gab unter seinem Tritt nach, und als Pete merkte, daß er das Gleichgewicht verlor, ließ er sich gegen den Hang fallen. Halb so schlimm, dachte er, als er wieder aufstand. Nur ein paar Kratzer und blaue Flecken.

Der zweite ging nicht so glimpflich ab. Plötzlich prasselte ein Schauer von nassem Sand und Geröll auf ihn nieder und riß ihn zu Boden, wo er blutend, verschrammt und mit Sand im Mund liegenblieb. Er arbeitete sich aus dem kleinen Erdrutsch heraus und fand im Schein der Stablampe einen Felsen, an den er sich anlehnen konnte. Er streckte sein Gesicht dem Regen entgegen und ließ sich den Sand abwaschen. Eine Weile stand er so da, aber schließlich gab er sich einen Ruck und machte sich wieder auf den Weg.

Beim dritten Mal hätte es mit ihm fast ein schlimmes Ende genommen. Es überraschte ihn ganz plötzlich und hinterhältig: Unter seinen Füßen rutschte ein Stück des Weges ab, so daß er rücklings hangabwärts stürzte.

Er fühlte, wie sein Hinterkopf gegen einen Stein prallte. Dann krachten Schultern und Brustkorb gegen einen Felsen, und er überschlug sich. Verzweifelt suchte er mit den Händen nach einem Halt, aber da war nur loses Geröll. Mit furchtbarer Wucht prallte sein lädiertes Knie gegen etwas Hartes, sein Kopf schlug noch einmal auf, diesmal mit der Stirn, und plötzlich lag er still.

Einige Augenblicke lang war er wie betäubt. Dann versuchte er unwillkürlich, Hals, Arme und Beine zu bewegen. Alles schien in Ordnung. Er lag auf einem steilen Abhang. Schwerfällig zog er sein gesundes Knie an und fing an, auf allen vieren aufwärts zu kriechen, das verletzte Bein nachschleppend.

Schließlich erreichte er wieder den Steig und tastete sich auf ihm entlang, da er beim Sturz seine Lampe verloren hatte. Er zögerte aufzustehen, da er nicht wußte, ob er sein verletztes Knie würde belasten können. Aber wie durch ein Wunder ging es einigermaßen, als er es versuchte, wenn auch unter Schmerzen. Doch immerhin konnte er es bewegen.

Das Atmen tat weh. Wahrscheinlich, dachte er, hatte er sich ein paar Rippen gebrochen. Trotz des strömenden Regens spürte er, wie Blut über sein Gesicht rann. Seine rechte Schulter fühlte sich an, als müßte er ihretwegen ins Krankenhaus. Aber das Wichtigste war: Er konnte noch gehen.

Es regnete unvermindert stark, und der Wind heulte und peitschte ihm die Tropfen erbarmungslos ins Gesicht. Er ging wieder los, stark humpelnd, und versuchte, sein verletztes Knie sowenig wie möglich zu belasten.

Plötzlich erhellte ein Blitz die ganze Gegend. Sein grelles Licht flackerte sekundenlang, so als wolle er kein Ende mehr nehmen. Ja, dort drüben lag der kleine See, den er bei seinem Aufstieg bemerkt hatte. Aber, du meine Güte! Er war jetzt um vieles größer und wuchs zusehends. Zwar strömte das Wasser durch das Geröll, hinter dem sich der See staute, aber weitaus mehr Wasser floß von den Hängen herunter in den See selbst. Früher oder später würde der lose Schotter nachgeben, und dann stürzten die ganzen Wassermassen mit unerhörter Wucht tosend hinab. Das, dachte Pete, muß ich so rasch wie möglich melden. Er humpelte unter Schmerzen weiter durch die Finsternis.

Als erster entdeckte ihn der Soldat, der mit einem Handfunkgerät und einem starken Scheinwerfer ein gutes Stück oberhalb des Sees auf Posten stand.

Als der Mann die riesige blutüberströmte Gestalt im Lichtkegel auftauchen sah, fühlte er sich an eine Szene aus einem Horrorfilm erinnert. Der Soldat hob sein Funkgerät und sagte mit unsicherer Stimme: „Da kommt jemand den Weg herunter. Er scheint verletzt zu sein. Ende."

„Von wo kommt er?" fragte eine ausdruckslose Stimme zurück.

Pete hörte die Frage. „Vom Mount Union, aus der Feuerwache", sagte er, ohne anzuhalten.

Der Soldat ging neben ihm her und wiederholte Petes Auskunft im Sprechfunkgerät.

„Kann er noch bis hierher zum Staudamm kommen? Ende."

„Schaffen Sie das?" fragte der Soldat.

„Wenn Sie mir aus dem Weg gehen", sagte Pete und humpelte weiter.

Er hörte den Lärm der Kompressoren und Bohrer schon, bevor er die hell erleuchtete Baustelle erreichte, auf der es von uniformierten Männern wimmelte. Sie starrten ihn erstaunt an, als er aus dem Dunkel auftauchte. Ein Zivilist, der offenbar das Kommando führte, faßte Pete mit starker Hand am Arm, führte ihn zu einem Felsbrocken und half ihm behutsam beim Niedersetzen.

„Was tut sich da oben?“ fragte Cooley Parks.

„Ein höllischer Wolkenbruch. Gewitter. Und da ist ein See ..“

Parks hörte nur kurz zu, dann winkte er Oberst Watkins. „Funken Sie ins Tal, und sagen Sie Jay, daß wir kommen. Wir müssen auf der Karte feststellen, wo dieser See ist.“ Dann wandte er sich wieder an Pete. „Schaffen Sie das noch? Kann das Krankenhaus noch solange warten?“

Pete hob den Kopf. „Sicher. Sie müssen mich nur beim Aufstehen stützen.“

„Sie sind ein tapferer Mann“, sagte Cooley, half Pete auf und führte ihn zum Jeep. Der Oberst fuhr. „Wir sollten uns beeilen“, sagte Pete. „Die Regenfront ist nur noch etwa zwei bis drei Kilometer entfernt. Wenn Sie eine Flutwelle befürchten, die Voraussetzungen dafür sind jedenfalls gegeben.“

Kate, Jay und der Gouverneur warteten im Büro, als Pete, auf Cooley gestützt, hereinhumpelte. Die Knie, die Rippen, die Schulter und seine Kopfverletzung taten ihm höllisch weh. Aber er war mit Schmerzen schon seit langem vertraut.

Kate entfuhr beim Anblick der riesigen, schmutzigen und blutüberströmten Gestalt ein unterdrückter Schrei, und Pete verzog das Gesicht zu einem schiefen Grinsen, um sie zu beruhigen. „Wem von Ihnen soll ich berichten?“ fragte er dann.

„Es regnet heftig da oben, nicht wahr?“ sagte Jay. „Sind die Bäche schon sehr angeschwollen?“

„Als ich losgegangen bin, waren sie für ein solches Unwetter normal. Aber nach zwei Stunden habe ich schon einige Bäche gesehen, die am Vortag noch nicht da waren und die ziemlich viel Wasser führten.“

„War dieser See, von dem Sie Cooley erzählt haben, ungefähr hier?“ fragte Jay und zeigte an die Stelle auf der Landkarte, wo er beim ersten Flug Wasser entdeckt hatte.

„Ja. Genau da. Als ich ihn das erste Mal gesehen habe, beim Aufstieg, war er noch klein. Jetzt ist er etwa fünfmal so groß und fließt schon fast über.“

Jay und Cooley studierten die Karte. „Menschenskind!“ rief Cooley aus. „Schau dir bloß die Fallhöhe an, wenn dieser Schuttwall nachgibt.“

„Ich sehe es auch gerade“, sagte Jay. Er zählte die Höhenlinien, die so nahe beieinanderlagen, daß man sie kaum unterscheiden konnte. „Zweihundertfünfzig bis dreihundert Meter tief geht es da steil hinunter, und dann flußabwärts zum See. Das gibt eine schöne Flutwelle!“

„Seid ihr endlich fertig mit dem armen Mann?“ fragte Kate. „Wenn ja, dann fahre ich ihn jetzt ins Krankenhaus.“ Mitgefühl, Sorge und Bewunderung schwangen in ihrer Stimme mit.

Wieder grinste Pete. Er hatte seinen Beitrag geleistet. Was machten da die Schmerzen schon aus? Er fühlte sich großartig. „Hören Sie, Miß“, sagte er, „das ist das beste Angebot, das mir heute gemacht worden ist.“

Nachdem die beiden gegangen waren, umringten der Gouverneur, der Oberst, Jay und Cooley den Tisch, auf dem die Karte ausgebreitet war. „Erklären Sie mir doch bitte“, sagte der Gouverneur, „was das bedeutet.“

Langsam erwiderte Cooley: „Es wird mit Sicherheit zu dieser Sturzflut kommen, wenn der natürliche Schotterdamm nachgibt.“

„Warum, glauben Sie, soll er nachgeben? Bis jetzt hat er doch offenbar gehalten.“

„Wenn das hinter ihm gestaute Wasser ein gewisses Gewicht übersteigt, wird er durchbrechen, und dann kommt alles auf einmal runter.“

Bill Williams trat ein. Er schien besser auszusehen als am vorhergehenden Abend. Die Verantwortung bekam ihm offenbar. „Das Dynamit und die Sprengvorrichtungen sind unterwegs zur Talsperre und zur Ufermauer“, meldete er. Dann schaute er von einem zum anderen. „Probleme?“

„Möglicherweise“, erwiderte der Gouverneur ruhig. Er sah Jay und Cooley fragend an: „Sie können nicht vorhersagen, wann – es soweit sein wird?“

„Nicht einmal, wenn wir daneben stehen würden“, erklärte Cooley. „Und bis wir es gemeldet hätten, wäre es ohnehin zu spät.“

„Wenn wir aber diesen Umleitungsstollen öffnen können‘, sagte der Gouverneur, „und das Wasser aus dem Stausee ablassen, bevor dieser Schotterdamm nachgibt, könnte der Staudamm vielleicht einer solchen Flutwelle standhalten.“ Er überlegte. „Andererseits sollten wir, glaube ich, gewisse Vorkehrungen treffen.“ Er wählte die Nummer des Bürgermeisters. „Hier Gouverneur Wilson. Kann ich Mr. Lopez sprechen?“

„Am Apparat, Mr. Wilson“, erwiderte der Bürgermeister.

„Mr. Lopez“, sagte der Gouverneur, „ich glaube, wir sollten mit unseren Vorsichtsmaßnahmen nicht mehr länger warten.“

„Na, gut“, sagte der Bürgermeister. „Wir werden damit beginnen, die Alten, Kranken und Behinderten in hochwassergeschützten Gebäuden unterzubringen. Die Leute von Fernsehen und Rundfunk stellen mir alle ihre Kanäle und Frequenzen zur Verfügung. Wir brauchen Truppen der Nationalgarde, die uns im Barrio helfen.“

„Die bekommen Sie.“

„Wird die Ufermauer an der Flußbiegung gesprengt werden, wenn der Damm bricht?“

„Ich habe es veranlaßt“, sagte der Gouverneur.

„Dann wünschen Sie uns allen Glück, Mr. Wilson.“

Der Gouverneur legte auf und wandte sich an Oberst Watkins. „Die Stadtbehörde bittet um die Unterstützung der Nationalgarde, um den Barrio zu evakuieren, Oberst. Könnten Sie sich bitte darum kümmern? Und die anderen Maßnahmen ...“ Der Gouverneur sah Jay an.

„Wir werden die Arbeiten vorantreiben“, sagte Jay. „Cooley kann die Sprengung am Damm beaufsichtigen.“ Er wandte sich an Williams. „Und wenn Sie vielleicht ...“

„Sicherstellen, daß alles bereit ist, mein Haus zu zerstören?“ fragte Williams mit bitterem Lächeln. Er nickte. „Werde ich.“

„Tut mir furchtbar leid, Bill“, sagte der Gouverneur. „Wenn es irgendeine andere Möglichkeit gäbe ...“

„Schon gut, Harry. Bis später.“ Damit ging Williams hinaus.

Cooley bremste den Jeep der Nationalgarde mit quietschenden Reifen neben einem Lastwagen ab und sprang heraus. Auch hier wimmelte es im Scheinwerferlicht von Männern mit Preßluftbohrern, die die Nacht mit einem Höllenlärm erfüllten. Er wurde nur noch durch das schrille Kreischen der auf Hochtouren laufenden Turbinen übertönt, denn inzwischen war im Kraftwerk die Durchflußmenge erhöht worden.

Ein Pionierhauptmann kam auf Cooley zu. „Ich verstehe auch was von Sprengungen", begann er. „Wenn wir einen Kanal zu diesem Stollen freisprengen – eine solche Explosion, fürchte ich, kann auch den Staudamm zum Einsturz bringen."

„Sie haben vollkommen recht", erwiderte Cooley. „Aber stromaufwärts hat sich in einem Hochtal ein See gestaut, der ins Tal stürzen wird ..."

„Na schön", sagte der Hauptmann. „Sie haben das Kommando."

„Stimmt. Wann können wir das Gebiet räumen und sprengen?"

„Vielleicht bei Tagesanbruch."

Cooley schüttelte den Kopf. „Das ist zu spät. In einer Stunde, allerhöchstens in zwei."

Der Soldat, der flußabwärts geschickt worden war, um die Bewohner der Ferienhäuser zu warnen, fuhr von der Hauptstraße herunter. In einem einzigen Haus brannte Licht. Er ging hin und klopfte an.

Ein Mann im Schlafanzug öffnete und fragte: „Was ist los?"

„Ich muß Sie davon in Kenntnis setzen, daß der Staudamm vielleicht zusammenbrechen wird", sagte der Soldat.

„Mein Gott! Der Damm? Was soll ich denn tun?"

„Wenn ich Sie wäre, würde ich auf den Hügel da drüben klettern und den Rest der Nacht dort oben bleiben."

Der Soldat deutete auf die anderen Häuser. „Wohnt dort noch irgendwer?"

„Letzte Nacht war niemand dort. Ich bin nur heraufgekommen, um mit meiner Frau morgen früh fischen zu gehen. Hören Sie, ist das alles auch wahr?"

Der Soldat zuckte mit den Achseln: „Ich richte Ihnen nur aus, was man mir aufgetragen hat. Man hält den Damm für unsicher, das ist alles, was ich weiß."

Kate Williams schritt langsam mit dem diensthabenden Arzt den Korridor des Krankenhauses entlang. „Ich fürchte“, erklärte er gerade, „daß Oteros Knie steif bleiben wird. Was die anderen Verletzungen betrifft, müssen wir nur da und dort nähen und die Schulter eingipsen. Er ist in seinem Leben schon öfters arg zugerichtet gewesen. Er wird darüber hinwegkommen.“

„Er hätte es nicht tun müssen“, sagte Kate. „Er hätte mit seinem Mädchen in aller Ruhe dort oben bleiben können.“

„Gewiß.“ Der Doktor lächelte kurz. „So wie es viele gegeben hat, die den Krieg in der Schreibstube überdauert haben. Man befürchtet einen Dammbruch, wie ich gehört habe. Daß Otero es auf sich genommen hat, bei diesem Wetter vom Mount Union herunterzuklettern, zeigt wohl, daß die Lage ernst aussieht?“

„Ja.“

Der Arzt pfiff leise durch die Zähne. „Jedenfalls sind wir hier im Krankenhaus darauf vorbereitet.“

Er schaute Kate an. „Überschwemmungen, Erdbeben, Wirbelstürme – man kann nicht voraussagen, was sie anrichten werden. Aber eines weiß man sicher: wenn so eine Katastrophe passiert, haben die Krankenhäuser immer zu tun.“

11

Angelita Leybas Sohn Luis brachte, mit dem kostbaren neuen Skateboard unter dem Arm, die Nachricht nach Hause. „He! Hast du's schon gehört? Dieser Damm da oben bei Harpers Park, der geht in die Brüche!“

Die Mutter blickte sich erschrocken um, und sie schüttelte ungläubig den Kopf.

„Alle reden darüber“, sagte Luis. „*Todo el mundo!* Vielleicht bringen sie was im Fernsehen darüber!“ Er trottete durch das kleine Zimmer und schaltete den Apparat ein. Als das Bild erschien, sprach gerade der Bürgermeister. „Dies sind nur Vorsichtsmaßnahmen“, sagte er langsam und betont und wiederholte Wort für Wort auch auf spanisch, so daß ihn bestimmt jeder verstand. „Wir bitten alle kranken oder behinderten Einwohner des Barrio, jetzt ihre Häuser zu verlassen. Soldaten der Nationalgarde werden Ihnen dabei behilflich sein. Es gibt keinen Grund zur Panik. Ich wiederhole, das sind nur Vorsichtsmaßnahmen."

Pater Rodriguez hatte die Rede des Bürgermeisters auf seinem kleinen Bildschirm verfolgt. Die Warnung war klar und deutlich. Der Pfarrer billigte das. Er ließ das Gerät auf voller Lautstärke laufen, falls noch weitere Warnungen durchgegeben würden, und ging in die Kirche hinaus, um für alle jene dazusein, die sich bestimmt um Rat an ihn wenden würden.

Drei Frauen aus seiner Gemeinde kamen schon eilig herein. Und weitere würden folgen, dachte der Pfarrer; all jene, die verwirrt und geängstigt seiner Hilfe dringend bedurften. Es gab keinen Grund zur Panik, hatte Señor Lopez im Fernsehen gesagt, aber gegen Unwissenheit und Furcht kam man mit Logik nicht auf.

Jetzt ist es soweit, dachte Johnny Cisneros, als er den Bürgermeister im Fernsehen sah und seine vorsichtige Warnung hörte. In den Straßen Soldaten und umherirrende alte Leute, die ihre Häuser ungeschützt, wahrscheinlich nicht einmal verschlossen zurückließen! Wenn es da nicht zu Plünderungen kam!

Er hatte seine Großhandlung ausgeräumt und Fernsehgeräte und Stereoanlagen in ein Gebäude gebracht, das nicht nur vor Überschwemmungen sicher, sondern auch gegen Einbruch geschützt war. Aber sein kleines Fachgeschäft machte ihm Sorgen. Zwar würde es wohl eine Überschwemmung überstehen, doch habgierig, wie die Menschen nun einmal waren, mußte er immer mit der Möglichkeit rechnen, daß man dort einbrechen würde.

Aber er war ja gut versichert. Walt Duggan würde es vielleicht ausbaden müssen, seine Sorge! Aber halt – da war noch etwas! Da lagen doch in seinem Geschäft noch zweitausend Dollar in bar. Nur für den Fall, daß sich Duggan mißtrauisch bei seinem Freund Tom Gentry erkundigte, hatte Cisneros viertausend von seinem eigenen Konto abgehoben, damit es aussah, als wäre der ganze Betrag von viertausend Dollar an Angelita Leyba ausgehändigt worden, während sie in Wirklichkeit nur zweitausend Dollar erhalten hatte. Dieses Geld war natürlich nicht versichert, wenn es im Laden herumlag. Es blieb ihm also nichts anderes übrig, als ins Geschäft hinunterzugehen und das Geld herauszunehmen, bevor Diebe einbrachen und es fanden.

Johnny fuhr in seinem Apartmenthaus mit dem Lift hinunter, überlegte im Hausflur kurz und entschloß sich, nicht den Wagen zu nehmen. Er ging besser zu Fuß, dachte er. Autos konnten ja schließlich auch gestohlen werden.

DA BROOKS und Mary Thompson keinen Fernsehapparat besaßen, weil sie ein solches Gerät schon immer für unnütz gehalten hatten, hörten sie die Warnung des Bürgermeisters im Radio. Als der Bürgermeister geendet hatte, sagte Brooks: „Gentry hatte recht. Der Damm wird wahrscheinlich zusammenbrechen."

„Wir haben das Auto", antwortete Mary. „Wir können hinfahren, wohin wir wollen."

„Und das Silber deiner Großmutter? Das chinesische Porzellan? Deine Kleider?"

Mary seufzte. „Wir können das Silber im Kofferraum einschließen und den Wagen oberhalb des Stausees parken. Und was meine Sachen anbelangt – Großmutter hat einmal zu mir gesagt: ‚Dinge sind nicht wichtig, Kind. Wichtig sind nur die Menschen. Vergiß das nicht'"

Nach einer Weile fügte sie hinzu: „Ich habe eine Erste-Hilfe-Ausbildung. Vielleicht kann man mich im Krankenhaus brauchen."

Brooks lächelte liebevoll. „Ich werde auch schauen, ob ich mich nützlich machen kann. Der Bürgermeister macht einen recht zuverlässigen Eindruck. Vielleicht erfahre ich in seinem Büro, was ich tun kann."

ES WAR nun halb vier Uhr morgens, aber in Bill Williams' Büro, der offiziellen Einsatzzentrale, ging es zu wie in einem Bienenstock. Der Gouverneur saß gerade im Vorzimmer am Telefon, als Jay hereinkam. Jay gab sogleich dem Soldaten, der das Funkgerät bediente, seine Anweisungen: „Versuchen Sie, Cooley Parks am Staudamm oben zu erreichen." Abwartend blieb er neben dem Tisch stehen. Mein Gott, war er müde! Aber das waren alle anderen auch. Vielleicht mit

Ausnahme Cooleys, dessen Energiereserven unerschöpflich zu sein schienen. Als Cooley sich meldete, fragte Jay: „Wie steht's bei euch oben?"

„Wir können in einer halben Stunde sprengen. Das gibt einen ganz schönen Knall, mein Junge. Du wirst ihn auch da unten noch hören können."

„Hat sich der Fluß schon irgendwie verfärbt?"

„Ein bißchen, aber nicht viel. Wir haben noch immer eine Chance."

„Mach weiter", sagte Jay. „Und ruf mich an, wenn sich irgendetwas Neues ergibt."

An der Schutzmauer bei der Flußbiegung stand Bill Williams im grellen Licht der Bogenlampen vor Sam Martin. „Du kommst mit der Arbeit nicht recht voran, Sam. Warum?"

„Es soll doch alles klappen, das geht nicht so schnell."

Irgend etwas stimmt da nicht, dachte Williams. Er hatte ein ungutes Gefühl. „Du hast Dynamit, Sprengkapseln, Zündschnüre und was du sonst noch brauchst. Warum ist noch nicht alles zur Sprengung bereit?"

„Es geht auch um dein Haus, wenn wir diese Mauer sprengen, Bill."

„Glaubst du, ich weiß das nicht? Los, mach diese Sprengladungen einsatzbereit!" Williams sah Martin nach, der sich widerstrebend entfernte, und rief noch hinterher: „Und vergewissere dich, daß sorgfältig gearbeitet wird."

Er lief zu seinem Wagen zurück und nahm dabei automatisch seine silberne Pillendose aus der Tasche. Sein Puls ging unregelmäßig und viel zu schnell. Er griff nach dem Autotelefon und wählte die Nummer seines Büros. Jay hob schon beim ersten Klingelzeichen ab.

„Ich habe die Leute hier ein wenig in Schwung gebracht", erklärte ihm Williams. „Vielleicht noch fünfundvierzig Minuten, dann sind wir soweit. Ich bleibe hier und sehe nach dem Rechten. Sonst noch was?"

„Ja", erwiderte Jay. „Cooley sagt, daß er etwa in einer halben Stunde sprengen wird. Wenn er diesen Stollen freibekommt, wird eine Menge Wasser ins Tal herabkommen. Halten Sie das aber nicht für eine Flutwelle. Die Warnung, falls der Damm bricht, geben wir im Rundfunk durch, und Sie werden reichlich Zeit haben, die Sprengung durchzuführen."

„Verstanden. Noch was?"

„Ihre Tochter hat angerufen und mich gebeten, Ihnen auszurichten, daß sie im Krankenhaus bleibt. Sie sagt, daß sie sich dort nützlich machen will."

„Danke." Williams legte auf und blieb ruhig im Wagen sitzen. Er dachte an Kate. Und an Martha, die ihm in seinen Gedanken immer nahe war.

Ohne Vorwarnung bekam er plötzlich wieder dieses vertraute Herzflattern. Er nahm eine zweite Pille und dachte weiter über seine Frau und seine Tochter nach. Er hatte das seltsame Gefühl, daß er vielleicht eines nicht allzu fernen Tages Martha wiedersehen würde. Er sehnte sich danach und lächelte bei diesem Gedanken. Es würde ihm natürlich leid tun, Kate zu verlassen, aber sie mußte ihr eigenes Leben leben. Er hatte es schon hinter sich, er und Martha. Jetzt mußte Kate auf eigenen Beinen stehen.

Er schaute zu den Soldaten hinüber, die unter Martins Leitung arbeiteten. Er war mit ihren Fortschritten zufrieden. Also griff er noch einmal zum Autotelefon und rief das Krankenhaus an. Nach einer Weile kam Kate an den Apparat. „Hallo, mein Liebes. Wollte nur kurz anfragen, wie es bei euch steht."

„Paps, diese armen Leute! Man bringt sie vom Barrio hier herauf in die Klinik. Sie haben alles zurückgelassen! Alles! Aber du – du klingst nicht gerade prächtig. Geht es dir nicht gut?"

„Aber doch. Ich treibe Sam bei der Arbeit ein wenig an." Williams zögerte. Er hatte sich nie einmischen wollen. Aber vielleicht hatte er später keine Gelegenheit mehr auszusprechen, was ihm am Herzen lag. „Ich habe es dir zwar schon gesagt", fuhr er fort. „Aber ich will es noch einmal sagen: Dieser Mann, der jetzt in meinem Büro sitzt und für uns alle die Entscheidungen trifft, ist ein sehr tüchtiger Kerl."

„Jay?"

„Ja, den meine ich, mein Schatz. Du mußt lange, lange suchen, bevor du einen besseren findest. Denk immer daran, daß das dein alter

Herr gesagt hat. Bis bald." Rasch unterbrach er die Verbindung, bevor Kate antworten konnte.

Langsam und verwirrt legte sie den Hörer auf. Dieses Gespräch entsprach überhaupt nicht seiner Art. Es hatte fast so geklungen, als wolle er ihr Jay Harper aufdrängen, den sie doch kaum kannte. So etwas hätte sie von ihrem Vater am wenigsten erwartet. Es sei denn, dachte sie erschrocken, er meinte es tatsächlich als Vermächtnis, als letztes Geschenk, so als überwinde er zum Schluß aus Liebe zu ihr seine ganze Zurückhaltung. Er ...

„Da kommt wieder ein Autobus an", sagte hinter ihr eine Frau, die Kate nicht kannte. Es war Mary Thompson, die ins Krankenhaus gekommen war, um sich als freiwillige Helferin nützlich zu machen. Mary fügte hinzu: „Ich spreche zwar seit meiner Kindheit Französisch, aber leider kann ich kein Wort Spanisch. Ich fürchte, Sie werden gebraucht und nicht ich."

Stimmt nicht, dachte Kate, wir werden beide gebraucht. Doch schienen sich die Leute aus dem Barrio automatisch an ihre neue Kollegin um Hilfe und Trost zu wenden. „Nehmen wir doch beide den Bus in Empfang", erwiderte sie.

Es war ein gelber Schulbus, und zögernd stiegen die Fahrgäste aus. Sie wirkten wie Fremde in einem fremden Land. „Drinnen gibt es Brote, Suppe und Kaffee", sagte Kate immer wieder auf spanisch. „Sie sind hier vollkommen in Sicherheit." Aber Kate war den Tränen nahe, denn die Gesichter verrieten Angst und Verwirrung. Mary sprach ebenfalls zu ihnen, zwar englisch, aber ihre Stimme und ihr Lächeln wirkten offenbar sehr tröstlich. Doch nicht alle waren beruhigt.

„Niemand hat mir gesagt, daß wir ins Krankenhaus gebracht werden", sagte ein Mann auf spanisch. Er blieb an der Tür des Busses stehen, stützte sich auf seinen Stock und schaute die beiden Frauen an. „Krankenhäuser sind zum Sterben da."

Kate schüttelte den Kopf und erwiderte rasch: „Dieses Krankenhaus ist zum Überleben da, Señor. Glauben Sie mir doch."

Der Mann musterte sie eingehend. „Kenne ich Sie nicht, Señorita?"

„Ich heiße Williams. Mein Vater ..."

„Señor Bill Williams?"

„*Si.*"

Der Mann nickte würdevoll. „Dann glaube ich Ihnen, Señorita." Er richtete sich auf und humpelte langsam zum Eingang.

„Ich habe sogar einiges verstanden", sagte Mary. „Ihr Vater ist offenbar sehr bekannt."

„Ja." Und ich möchte jetzt zu ihm hinfahren und ergründen, was dieser Anruf zu bedeuten hat, dachte Kate, aber ich kann hier nicht fort.

Auch im Büro des Bürgermeisters ging es sehr lebhaft zu. Brooks Thompson lehnte im Flur an der Wand und versuchte, sich einen Überblick zu verschaffen. Er konnte den Bürgermeister hinter seinem Schreibtisch sitzen sehen, wo er ein Telefongespräch nach dem anderen führte.

Brooks hörte, wie der Bürgermeister zum Polizeichef sagte „Die Soldaten haben ihre Befehle, Henderson. Wir haben scharfe Munition ausgeben lassen, und wir können nur hoffen, daß die Männer genügend Verantwortung besitzen, sie richtig anzuwenden. Ihre Leute kennen ja die Verhältnisse in der Stadt. Ich möchte, daß sie eng mit dem Militär zusammenarbeiten. Ist das klar?" Der Bürgermeister legte auf und hob wieder ab, da es sogleich wieder klingelte.

Im Vorzimmer saß ein Mann, der den Besucherverkehr regelte. Einige der Leute, die vom Flur hereinkamen, schickte er zum Bürgermeister hinein, andere fertigte er selbst ab. Es war Carlos Garcia, der Lehrer. Als er Brooks entdeckte, wurde seine Miene abweisend.

„Was wollen denn Sie?" fragte er.

„Ich möchte mich nützlich machen, wenn ich kann. Botengänge oder so was."

„Können Sie Spanisch?"

„Leider nein."

„Was soll ich ..." Carlos unterbrach sich. „Doch, es gibt da noch ein Problem", sagte er. Er hatte sich schon eine Zeitlang den Kopf darüber zerbrochen. Er wußte nicht, wen er schicken sollte, denn kein Mann seines Glaubens hätte sich gegen die Autorität seiner Amtskirche wirklich durchsetzen können. Aber ein Americano – „Kennen Sie die Kirche im Barrio?"

„Ja."

„Und den Pfarrer?"

Brooks hatte ihn schon oft gesehen, einen kleinen, gebrechlichen, aber würdevollen Mann. „Ja."

„Er ist in der Kirche und will sie nicht verlassen. Er sollte mit den anderen alten Leuten an einen sicheren Ort gebracht werden."

Brooks nickte. „Wird gemacht."

SELTSAM, wie wenige Leute auf den Straßen waren, dachte Johnny Cisneros, als er zu seinem Geschäft eilte. Ein langsam fahrender Jeep mit zwei Soldaten kam an ihm vorüber. Der Soldat neben dem Fahrer hielt seine Maschinenpistole mit dem Kolben auf den Oberschenkel gestützt. Er musterte Johnny und sagte etwas zum Fahrer. Der Jeep blieb stehen, der Soldat stieg aus und kam vorsichtig mit schußbereiter Waffe näher. Ein Americano, dachte Johnny, entweder überheblich oder voll Angst, und daher streitsüchtig.

„Was hast du da zu suchen, Chico?" fragte der Soldat.

„Verzieh dich in dein Wägelchen, Soldat", antwortete Johnny. „Ich lebe hier."

Im Funkgerät des Jeeps kam eine kurze Meldung, und der Fahrer rief: „Laß ihn laufen, Kamerad. Bei Sears unten gibt's einen Einbruch."

Der Soldat mit der Waffe zögerte, dann schritt er rasch zum Jeep zurück und sprang hinein. Der Jeep raste davon.

Einbruch, dachte Johnny, genau wie er es erwartet hatte. Und das Funkgerät im Jeep brachte ihn noch auf einen anderen Gedanken. Er hätte sich selbst auch ein Transistorradio mitnehmen sollen. Wie wollte er sonst erfahren, ob und wann der Damm zusammenbrach? Ein dummes Versehen, aber das Geschäft war ja voller Geräte. Für den Rückweg würde er sich eines mitnehmen, um dann über die Entwicklung auf dem laufenden zu bleiben.

DROBEN in dem Hochtal war alles ganz plötzlich vor sich gegangen. Der Druck auf den Wall aus Geröll und Schutt, hinter dem sich der See gestaut hatte, war zu groß geworden. Wie Cooley und Jay vorhergesagt hatten, riß das Wasser die Barriere blitzschnell fort, und Tausende

Tonnen von Wasser stürzten dreihundert Meter tief in die Schlucht, wo sie ihre zerstörerische Kraft mit der des schon stark angeschwollenen Flusses vereinigten. Die Flutwelle, vom ersten Augenblick an ein tobendes Ungeheuer, war geboren.

Ihre Wucht und Geschwindigkeit nahmen zu, je weiter sie vordrang. Nur an breiten Talstellen verlangsamte sie ihren Lauf und schoß dann wieder um so schneller in die nächste Schlucht. Und dauernd erhielt sie aus den Bächen, die jetzt alle nach dem Regen Wasser führten, neue Nahrung.

Die Flutwelle riß Felsbrocken und Bäume mit, und da sie fast drei Meter höher war als der normale Wasserstand, fegte sie eine hölzerne Fußgängerbrücke hinweg, als wären ihre kräftigen Balken nur Streichhölzer.

Dann erreichte sie den Soldaten, der stromaufwärts geschickt worden war, um über die Verfärbung des Wassers zu berichten. Zuerst hörte er bloß ein dumpfes Getöse. Dann sah er im Strahl seiner Stablampe den wüsten schmutzigen Wasserschwall auf sich zu kommen und vorbeirauschen. Einen Augenblick lang stand er wie hypnotisiert da, unfähig, einen Ton herauszubringen. Dann riß er das Sprechfunkgerät hoch und schrie entsetzt: „Du meine Güte! Da kommt sie! Paßt auf! Eine Wasserwand, drei Meter hoch! Sie knickt dicke Bäume um wie Strohhalme. So was habe ich noch nie gesehen!"

Der Pionierhauptmann, der neben Cooley am alten Umlenkstollen stand, hörte die Meldung mit. Er sah Cooley fragend an.

„Sprengen!" sagte Cooley kurz. Er hob das Handmikrofon. „Hör zu, Jay, da kommt jetzt unsere Flutwelle. Sie ist ganz schön groß."

„Sprengst du jetzt diesen Stollen frei?" fragte Jay.

„Wir sind gerade dabei!" Und schon übertönte das Getöse der ersten Explosion Cooleys dröhnende Stimme. In dem engen Tal klang der ohrenbetäubende und markerschütternde Knall wie Krieg und Weltuntergang.

Steintrümmer und Staub erfüllten die Luft. Der Boden bebte. Im Licht der Scheinwerfer schwankte die Oberfläche des Sees von der Erschütterung. Felsbrocken fielen klatschend ins Wasser, wie Bomben aus einem angreifenden Flugzeug. Der Widerhall von den Bergen schwoll mit jedem weiteren Krachen zu einem grollenden Donner an.

Die einzelnen Explosionen öffneten den Kanal vom Stausee her abwärts, rissen große Wunden in den felsigen Untergrund und näherten sich unerbittlich dem alten Stollen.

Cooley hatte sich niedergeduckt, schützte seinen Kopf mit den Händen und wandte kein Auge von der Betonmauer der Talsperre.

Sie hielt! Kein Riß, nicht der kleinste Bruch tauchte auf!

Und dann füllte das Wasser den Kanal, den die Explosionen freigelegt hatten. Erst sickerte nur sehr wenig Wasser durch das Geröll. Aber es wurde mehr, ein Rinnsal, ein Bächlein, ein Bach, und dann war es plötzlich, mit wachsender Schwerkraft, ein wilder Strom geworden, der alles Geröll auf seinem Weg zum Stollen mitriß.

Die letzte Explosion legte den Stollen frei, und das schwarz gähnende Loch an seinem Eingang füllte sich rasch mit dem heranrauschenden Wasser aus dem Kanal.

Der Damm hatte standgehalten! Der Pionierhauptmann, das Gesicht vom Staub der Explosionen geschwärzt, rief Cooley triumphierend zu: „Sie hatten recht! Und wie Sie recht hatten!“

Cooley schaute bereits in die andere Richtung und spitzte die Ohren. Als die letzte Explosion verhallt war, konnten sie es alle hören, sogar über das jammervolle Kreischen der Turbinen hinweg: das Gebrüll der Sturzflut, die mit ihrer Vorhut aus Baumstämmen und Schutt als gewaltige Wasserwand aus der Schlucht hervorbrach und auf den See zu stürzte. Cooley schüttelte den Kopf. Ruhig sagte er ins Mikrofon: „In ein paar Minuten wissen wir alles, mein Junge.“

Jay wandte sich an Oberst Watkins, der neben ihm stand: „Nehmen Sie Verbindung mit Bill Williams an der Ufermauer auf. Erklären Sie ihm, was geschehen ist, und er soll auf Empfang bleiben.“

Dann nickte Jay dem Gouverneur zu. „Der Bürgermeister sollte es besser auch wissen. Er muß schließlich den Großalarm auslösen.“

Der Gouverneur wählte die Nummer des Bürgermeisteramtes. „Mr. Lopez“, sagte er, „hier Wilson. Die Situation ist folgende ...“

Cooley Parks stand mit seinem Sprechfunkgerät da und wartete auf das Erscheinen des tosenden Ungetüms, das er flußaufwärts bisher nur hören konnte. Einen Augenblick lang rührte sich nichts, die ganze Welt schien den Atem anzuhalten.

Und dann, ganz plötzlich, war die Wasserwand da und raste wie ein riesiger Sturmbock auf den Stausee zu.

Der Anprall erzeugte eine turmhohe Welle, wie man sie sonst nur im Meer bei schwerem Sturm zu sehen bekam. Die späteren Schilderungen stimmten alle darin überein, daß die Flutwelle scheinbar einen Augenblick lang zögernd stehenblieb, als sammle sie erst ihre irrsinnige Gewalt, bevor sie den erschreckenden Ansturm gegen die Talsperre begann.

Von allen, die sie beobachteten, machten sich wahrscheinlich nur Cooley und der Pionierhauptmann Gedanken über den unsichtbaren, aber weit gefährlicheren plötzlichen Druck, der sich, vom Wasser weitergeleitet, augenblicklich auf den Damm auswirkte.

Kurz darauf prallte auch schon die Flutwelle gegen den Damm mit einem Getöse, das wie eine Massenkollision von Lastzügen klang. Manche Augenzeugen behaupteten später, sie hätten gesehen, wie der Damm beim Aufprall ein wenig nachgab und dann wieder – vielleicht schon geschwächt, aber noch unversehrt – in seine normale Lage zurückkehrte. Wasser und Gischt sprühten hoch in die Luft.

Die Wachposten, die mit Scheinwerfern von sicherer Warte aus die Vorderfront des Dammes ableuchteten, sahen, wie plötzlich wie durch Zauberhand auf der konkaven Oberfläche ein Riß erschien. Sofort richteten sich aller Augen auf diese Stelle.

Der Funker gab mit unsicherer Stimme einen Bericht an die Einsatzzentrale durch: „Ja! Da ist er! Ein Riß in der Dammwand! Vielleicht drei Meter lang! Sieben, acht Meter vom oberen Rand entfernt, läuft er schräg von rechts oben nach links unten!“

„Vergrößert sich der Riß?“ fragte Jay.

„Es scheint nicht so.“

„Irgendwelche Anzeichen von durchsickerndem Wasser?“

„Ja, ein wenig. Auf beiden Seiten des Risses wird der Beton vom Wasser dunkler!“

„Bleiben Sie auf Empfang!“

Oberhalb des Staudammes hob Cooley das Sprechfunkgerät an die Lippen. „Ich habe alles mitgehört. Nun ist es wohl soweit, mein Junge. Ich kann von hier aus nichts sehen, aber wenn dieser Riß durch die ganze Mauer geht, und das tut er, wenn Wasser durchsickert, dann ist es vorbei. Wir haben unser möglichstes getan. Nur war es nicht der richtige Tag für ein Wunder."

„Stimmt." Jays Stimme klang ausdruckslos. Zu einem Helfer, der neben ihm stand, sagte er: „Lassen Sie sofort sämtliche Sirenen losheulen."

Dann sprach er wieder über Funk mit Cooley: „Die Soldaten im Barrio sind angewiesen, alle Einwohner zu evakuieren, wenn sie die Sirenen und Glocken hören. Sie haben auch Befehl, Plünderer sofort niederzuschießen. Gibt es sonst noch was?"

Im Lautsprecher, der mit der Funkzentrale des Armeepostens verbunden war, ertönte plötzlich wieder die Stimme des Soldaten, diesmal schrill vor Erregung. „Dieser Riß wird größer, Wasser bricht durch! Wie aus hundert Feuerwehrschläuchen! Das ganze Ding bricht zusammen! In Zeitlupe, wie im Film!"

„Ich erkenne es auch!" sagte Cooley in sein Sprechfunkgerät: „Er hat recht. Man glaubt tatsächlich, man sähe es in Zeitlupe . . ."

Der Lautsprecher übertönte alles: „Jetzt bricht die ganze Talsperre krachend aus ihrer Verankerung. Das Wasser füllt schon die Schlucht in ganzer Breite von oben bis unten mit Wasser. Eine Wasserwand, gut fünfzehn Meter hoch, rast abwärts wie ein führerloser Zug! Gott stehe den Leuten im Tal bei!"

Ruhig sagte Cooley: „Hals und Beinbruch, Jay."

Jay sah den Gouverneur und den Oberst an. „Zwanzig Minuten", sagte er.

Im Osten hellte sich der Himmel langsam auf, und hier auf den Hangwiesen unterhalb des Dammes, wo kurze Zeit vorher der Soldat seinen Jeep angehalten und den Mann im Ferienhaus gewarnt hatte, konnte man schon ein wenig von der Landschaft erkennen.

Nachdem der Jeep weitergefahren war, stapfte der Mann in sein Ferienhaus zurück, wo er seiner Frau von der Neuigkeit erzählte. Er zog sich an und ging wieder auf die Veranda hinaus, um sich umzusehen. Ganz schwach hörte er in weiter Ferne Sirenen heulen, und dann rief seine Frau aus der Küche.

„Joe! Joe! Im Radio! Hör doch!" Sie kam atemlos mit einem kleinen Transistorradio herausgelaufen.

„Der Harpers-Park-Damm bricht zusammen!“ sagte die Stimme des Ansagers. „Das ist keine Einsatzübung! Ich wiederhole, das ist keine Einsatzübung! Der Harpers-Park-Damm bricht zusammen, und alle Leute werden dringend aufgefordert ...“

Joe Carley schaltete das Radio aus. „Komm, laufen wir! Schnell, auf den Hügel dort!“

Er packte seine Frau bei der Hand, und sie rannten den Hang hinauf. Stolpernd und strauchelnd erreichten sie einen hochgelegenen Felsvorsprung. „Das müßte reichen!“ sagte Carley. „Wir sind fast so hoch wie der obere Rand der Schlucht da droben, und ... Schau dir das bloß an!“

Die Schlucht füllte sich plötzlich mit wild schäumenden Wassermassen, die Bäume, Metallteile und Felsbrocken vor sich her wirbelten.

Das Brüllen der Flutwelle übertönte alle anderen Geräusche Der Boden erzitterte.

Carleys Frau bedeckte ihr Gesicht mit den Händen. Er selbst verfolgte mit stierem Blick, wie die Flut über die Wiesen hereinbrach, Bäume entwurzelte, gewaltige Steine mitriß und Erde fortspülte

Er mußte zusehen, wie sein Wagen auf dem Parkplatz von der schmutzigen gelben Woge erreicht und herumgewirbelt wurde. Dann packte sie sein Haus und hob es als Ganzes aus seinem Fundament Ein paar Augenblicke lang behielt es Form, doch dann löste es sich in ein Sammelsurium loser Balken, Türen, Fensterstöcke und durcheinanderwirbelnder Möbel auf, bis alles schließlich im Strudel der Flut verschwand.

Carley kletterte noch ein paar Schritte höher den Hang hinauf. Von dort aus konnte er sehen, wie das Wasser flußabwärts erneut eine Schlucht erreichte, sich durch die plötzliche Einengung zu unglaublicher Höhe auftürmte und die Schlucht bis an den oberen Rand füllte, bevor es mit einem Getöse talwärts stürzte, das wie die Posaunen des Jüngsten Tages klang.

Seine Frau hatte die Hände von den Augen genommen. „Joe“, kreischte sie. „Wo bist du?“

„Hier oben“, antwortete er. „Ich sehe zu, wie die Welt untergeht.“

Bill Williams fuhr mit seinem Auto bis zu der Stelle vor, wo Sam Martin nahe der Ufermauer stand. „Mach alles bereit, und bring die Männer weg“, sagte er, kaum daß er ausgestiegen war. „In zehn Minuten sprengen wir.“

„Ich meine, Bill ...“

„Keine Diskussionen. Hörst du diese Sirene? Glaubst du, ich tue es nicht genauso ungern wie du? Mach schon weiter!“

Er fühlte sich hundemüde und wünschte sich nichts sehnlicher als einen Platz, an dem er sich ausruhen konnte. Aber zuerst mußte er hier seine Pflicht tun.

Das Autotelefon läutete. Er eilte zum Wagen zurück und nahm den Hörer ab. „Williams.“

„Der Damm ist gebrochen“, sagte der Oberst mit übertrieben ruhiger Stimme, um seine wachsende Nervosität zu verbergen. „Er ist gerade eingestürzt. Harper will ...“

„Sagen Sie ihm, daß wir in neun Minuten sprengen“, erwiderte Williams.

Der Pfarrer zog am Glockenstrang, und seine Lippen bewegten sich in einem stummen Gebet, als Brooks die Kirche betrat. Vom Turm erklangen die dumpfen Töne, die der Barrio seit fast hundert Jahren kannte, und vereinigten sich mit dem ungewohnten, lauten Schrillen der städtischen Sirenen.

„Zeit zu gehen, Padre“, sagte Brooks. „Das Bürgermeisteramt schickt mich, um Sie in Sicherheit zu bringen.“

„Das ist meine Kirche“, sagte der Pfarrer. „Ich kann hier nicht fort.“

„Stimmt“, erwiderte Brooks. Es war eine bloße Bestätigung der Situation.

Er hatte Widerstand erwartet und sich schon entschieden, was er tun würde. „Nehmen Sie mir's nicht übel, Padre“, sagte er. Damit packte er den Priester, warf ihn sich ohne sichtbare Anstrengung über die Schulter und strebte mit ihm wie mit einer Teppichrolle im Laufschritt zur Tür. Während er durch die Straßen lief, dachte er respektlos, daß der Pfarrer ja ebensogut mit dem Kopf nach unten weiterbeten konnte.

ALS Johnny Cisneros aus seinem Geschäft herauskam, lauschte er in dem funkelnagelneuen Transistorradio gespannt den Meldungen und überhörte dabei den Jeep, der um die Ecke bog und auf ihn zufuhr.

„He, Sie!" Es war derselbe Soldat, der ihn schon vorher angehalten hatte. „Bleiben Sie auf der Stelle stehen!"

Cisneros reagierte auf seine Art und schob den Umschlag mit den zweitausend Dollar in die Tasche.

„Was haben Sie da eben versteckt?" Der Soldat war schon aus dem Jeep gesprungen und kam mit schußbereiter Waffe näher.

Gerade meldete die Stimme des Ansagers im Radio: „Schätzungsweise wird die Flutwelle ungefähr zwölf Meter höher sein als der normale Flußpegel, wenn sie die Altstadt erreicht!"

„Da haben Sie es eben gehört", sagte Cisneros. „Wir sollten besser schauen, daß wir von hier fortkommen. Das hier ist mein Geschäft, und ich gehe gerade nach Hause."

„Sicher." Der Soldat war jetzt schon sehr nahe. „Sicher ist es das." Er streckte seine Hand aus. „Ich will sehen, was in dem Umschlag ist, den Sie da versteckt haben. Und ich will wissen, woher Sie dieses Radio haben. Sie hatten es noch nicht bei sich, als ich Sie das erste Mal gesehen habe."

„Zum Teufel mit Ihnen", fuhr ihn Cisneros an. Er wandte sich um und ging rasch weg.

Brooks Thompson, der mit dem Priester auf der Schulter gerade um die Ecke biegen wollte, hörte das Knattern der Maschinenpistole. Er reagierte sofort, hob den Pfarrer herunter und stellte ihn auf dem Gehsteig ab. „Bleiben Sie hier, Padre. Ich schaue nach."

Der Priester nickte langsam und sah regungslos dem jungen Mann nach, der an der Mauer entlangschlich und um die Ecke spähte. Sogleich wandte er sich wieder um und sagte: „Padre, kommen Sie, ich glaube, Sie werden gebraucht."

Johnny Cisneros lag mit dem Gesicht nach unten auf der Stelle, wo er zusammengebrochen war. Das Radio, das neben ihm zu Boden gefallen war, lief noch.

Auch der Fahrer des Jeeps war ausgestiegen und neben den Soldaten getreten, der die Schüsse abgefeuert hatte. Er starrte ungläubig auf das Geld in dem Umschlag, den Cisneros hastig weggesteckt hatte. Beide

Soldaten wandten sich um, als Brooks und der Priester eilig näher kamen."

„Ein Plünderer", sagte der erste Soldat und hielt das Geld in die Höhe. „Schauen Sie sich das an! Und das Radio!"

Blut färbte den Gehsteig. Der Priester kniete nieder und strich mit der Hand über Johnnys Wange. Dabei betete er leise. Nach kurzer Zeit verstummte er jedoch und machte das Kreuzzeichen über ihm. Die Sirenen lärmten weiter, aber ihr Heulen schien von weit her zu kommen.

Cisneros öffnete den Mund. Blut rann ihm über das Kinn, als er die Lippen bewegte. Seine Worte waren kaum vernehmbar. „Danke, Padre", sagte er, dann schlossen sich seine Augen für immer.

Langsam erhob sich der Priester.

Er schaute den Soldaten an.

„Ein Plünderer", sagte der Mann wieder, bestürzt über das, was er getan hatte. Er hielt das Geld hoch. „Sehen Sie?"

SECHSHUNDERT Meter Höhenunterschied hatte die Flutwelle zu überwinden, bevor sie im Tal die Flußbiegung erreichte. Cooley stand oben am Stausee, sah zu, wie der Wasserspiegel sank, und hörte das Toben der Wassermassen, die sich durch die Schlucht nach unten ergossen.

In der Morgendämmerung beleuchteten die Scheinwerfer hell die Szene und warfen schwarze Schatten auf die weite glänzende Schlammfläche, die eben noch vom Wasser bedeckt gewesen war. Wo früher der Damm gestanden hatte, ragten nur noch ein paar Beton- und Stahlreste auf.

Cooley suchte auf dem Seeboden nach den Gebäuden, die er gesehen hatte, als Jay tauchte. Sie waren nicht mehr da, weggewischt, als hätten sie nie bestanden. Das Dorf Harpers Park war vom Erdboden verschwunden.

„So mag es nach der Sintflut ausgesehen haben", sagte der Pionierhauptmann.

Cooley nickte. „Das hier", sagte er, „war bloß eine Vorschau. Die unten im Tal werden in ein paar Minuten den Hauptfilm sehen."

Als der letzte Lastwagen der Nationalgarde, beladen mit Soldaten, Kompressoren, Generatoren und Scheinwerfern, von der Betonmauer an der Flußbiegung abfuhr, steuerte Bill seinen Wagen nahe ans Ufer und stieg aus. „Es ist soweit, Sam", sagte er. „Verschwinde. Ich werde sprengen." Er sprach mit ruhiger Entschlossenheit und versuchte nicht an das Haus zu denken, das er mit Martha zusammen geplant und gebaut hatte. Wenn schon irgend jemand Hand an dieses Haus legen mußte, so wollte er es wenigstens selbst tun.

„Wir konnten es nur behelfsmäßig machen, Bill", sagte Martin. Wieder hatte seine Stimme diesen ausweichenden Klang. „Wir mußten uns zu sehr beeilen. Und es war nicht soviel Zündschnur da, wie ich gern gehabt hätte."

„Du bist schon wieder nicht bei der Sache, Sam", sagte Williams. „Warum?"

„Bill, es ist doch Blödsinn, die Mauer zu sprengen!" Da war es aus ihm herausgeplatzt! Die fünfundzwanzigtausend Dollar, die George Harrison ihm angeboten hatte, waren ihm nicht mehr aus dem Kopf gegangen. Vielmehr hatten sie seinen Zweifeln, daß die Flutwelle durch die Sprengung nicht abgelenkt werden konnte, Nahrung gegeben.

Williams beherrschte sich mühsam. „Das ist deine Meinung, Sam. Aber du bist überstimmt. Und jetzt verschwinde."

Ich könnte ihn aufhalten, dachte Martin. Ich bin kräftig genug. Und fünfundzwanzigtausend Dollar warten. Warum tue ich es nicht?

Bill Williams beobachtete ihn ruhig, fast als könnte er in Martins Gesicht die widerstreitenden Gefühle lesen und wüßte im voraus, wozu sich der Ingenieur entschließen würde.

Ich tue es nicht, dachte Martin, weil ich ihn umbringen müßte, um ihn aufzuhalten. So war es schon immer bei Bill Williams gewesen: Voller Einsatz, wenn einmal die Würfel gefallen waren.

Martins Widerstand brach zusammen. „Schon gut, Bill." Ein beschämter Unterton lag in diesen Worten. Er wandte sich um und ging zu dem Jeep, den man ihm dagelassen hatte, startete und trat das Gaspedal ganz durch, um so schnell wie möglich fortzukommen. Er war etwa achthundert Meter weit gefahren, als er im Rückspiegel die Explosion sah. Unmittelbar darauf hörte und spürte er sie.

Hinter den dicken Ziegelwänden seines Hauses hörte und spürte George Harrison sie ebenfalls. Er trank seinen Kognak aus, stellte das Glas behutsam ab und ging ins Freie. Die letzten Sterne waren verschwunden, und die Sonne ging schon auf. Über Harpers Park standen noch ein paar Wolken, aber hier unten war der Himmel klar. Es würde ein schöner Tag werden.

Harrison zögerte. Er war entschlossen, sein Haus nicht zu verlassen. Andrerseits mußte er aber wissen, ob Sam Martin die Explosion nur vorgetäuscht hatte oder ob die Mauer wirklich zerstört war. Nach seiner Uhr blieb ihm noch einige Zeit, ehe die zwanzig Minuten seit dem ersten Sirenensignal verstrichen waren. Er ging rasch zwischen den Kiefern und Wacholdersträuchern zum Fluß hinab.

Er entdeckte Wasser, wo keines sein sollte. Und dann sah er die Trümmer der Mauer und fühlte Wut in sich aufsteigen. Der Teufel sollte Sam Martin holen! Und Jay Harper dazu! Und vor allem diesen verdammten Bill Williams! Wenn er nicht gewesen wäre ...

Da sah er Bill Williams' Wagen mit zerbrochenen Scheiben auf der Seite liegen. Und darunter war etwas im Schmutz und Schlamm eingeklemmt, das sich schwach bewegte. Harrison stapfte auf dem aufgeweichten Boden näher und beugte sich herab. Er traute seinen Augen nicht. Da lag Bill Williams, durch die Explosion fast bis zur Unkenntlichkeit verstümmelt!

Harrison stemmte seine Hände gegen den schweren Wagen. Vergebliche Mühe! Seine Schuhe versanken nur noch tiefer im Schlamm. Er versuchte es noch einmal.

„Laß gut sein, George." Es schien unmöglich, daß Williams noch sprechen konnte, aber er hatte die Augen geöffnet, und seine Stimme war klar verständlich. „Du kannst ihn nicht mehr wegschieben. Hau ab, Mann! Die Flut kommt! Hörst du es nicht?"

Harrison konnte es hören, ein entferntes Grollen, das die Erde erbeben ließ.

„Lauf da hinauf!" sagte Bill Williams. „Du schaffst es noch!"

Aber Harrison hatte sich entschieden. „Ich bin mein ganzes Leben lang fortgelaufen und habe mich versteckt", sagte er langsam. „Dieses Mal nicht."

„Das ist albern, George!" rief Williams. Er schloß die Augen, denn die brüllende Flut war jetzt schon sehr nahe. Schließlich öffnete er sie nochmals. „Nein“, sagte er, „vielleicht auch nicht. Manchmal muß ein Mann eine Entscheidung fällen.“ – Er schloß seine Augen wieder, diesmal endgültig, dachte er. Und Martha schien ihm sehr nahe.

Der Gouverneur, Oberst Watkins und Jay beobachteten die Sprengung der Ufermauer von Bill Williams' Büro aus. Sie hörten die Explosion nicht, denn sie war zu weit weg, und das Heulen der Sirenen übertönte alles. Aber sie sahen, wie Mauerbrocken und Erde hoch in die Luft geschleudert wurden. Sogar aus dieser Entfernung konnte man die Gewalt der Sprengung noch erkennen.

Jay schaute auf die Uhr. „Vielleicht noch zehn Minuten“, sagte er. Er wandte sich an den Oberst. „Ist alles vorbereitet?“

„Ja, Mr. Harper.“

Der Gouverneur blickte verständnislos von einem zum anderen. „Was bedeutet das?“

„Für den Notfall“, erklärte Jay, „haben wir noch die Sprengung der Eisenbahnbrücke vorbereitet.“

„Warum hat mir das niemand gesagt? Haben Sie auch nur einen Schimmer Ahnung davon, welch verheerende Wirkung die Zerstörung dieser Brücke auf die Wirtschaft des Landes haben würde?“

„Ich habe vorausgesehen“, sagte Jay, „daß Sie so reagieren und vielleicht versuchen würden, den Befehl zu widerrufen. Wenn wir eine dieser großen Brücken in den Fluß legen, wird das zwar die Flut nicht aufhalten, aber es könnte sie verteilen und verlangsamen. Und was ist Ihnen wichtiger, Menschenleben oder Wirtschaftsinteressen?“

Alle schwiegen. Die Zeit schien stillzustehen. Dann rief der Oberst, der noch immer am Fenster stand: „Schauen Sie sich das an!“

Jay und der Gouverneur eilten zu ihm hin, und alle drei Männer starrten schweigend und entsetzt zum Fenster hinaus. Die Flutwelle war aus der Enge des Tals hervorgebrochen. Jetzt wälzte sich ihre schmutziggelbe Front im Licht des frühen Morgens auf die Flußbiegung zu, warf riesige Steine und Felsblöcke zur Seite, als wären sie Kiesel, und fraß einen breiten, frischen Kanal in die Erde.

Aus der Entfernung schien sie sich nur langsam vorwärts zu bewegen. Ein kleiner schwarzer Punkt, Bill Williams' Wagen, wurde emporgerissen, tanzte ein paar Sekunden lang wie ein Ball auf dem Wellenkamm, wirbelte dann herum und verschwand.

An der Biegung, wo bisher die Ufermauer gestanden hatte, gabelte sich die Flut. Ein Teil strömte auf die nun schutzlosen Häuser zu und verschlang sie.

Der andere Teil folgte dem Flußbett, stieg hoch über seine Ufer und nagte an den Böschungen. Und dann raste die Flutwelle, scheinbar ohne viel von ihrer Wucht verloren zu haben, auf die Stadt und die großen Brücken zu.

„Sprengen Sie jetzt, Oberst!" drängte Jay.

Der Gouverneur schloß die Augen und nickte.

Der Oberst eilte ins Vorzimmer zur Funkanlage.

SIE hatten die ganze Nacht geschuftet, und jetzt war die Arbeit getan. Der diensttuende Leutnant der Abteilung, die die Sprengung der Eisenbahnbrücke vorbereitet hatte, saß erschöpft auf einer Bank hoch über dem Fluß und rauchte eine Zigarette. Die Zündvorrichtung stand neben ihm auf dem Boden. Seine Männer lagerten in der Nähe. Der noch unsichtbare Wasserschwall näherte sich mit dem dumpfen, brausenden Ton einer Untergrundbahn, die in eine Station einfährt, aber um ein Vielfaches lauter.

„Sie werden am Funkgerät verlangt, Herr Leutnant!" schrie der Unteroffizier durch das anschwellende Getöse.

Der Leutnant griff nach dem Hörer.

„Oberst Watkins hier, Leutnant. Sprengen Sie! Jetzt sofort! Verstanden!"

„Jawohl. Wir sprengen!" Er gab seinem Unteroffizier einen Wink. Dieser riß den Hebel der Fernzündung hoch und stieß ihn wieder hinunter.

Die riesige Eisenbahnbrücke bebte, ihre Aufbauten erzitterten im Licht der ersten Sonnenstrahlen. Dann kippte sie langsam in ihrer ganzen Länge wie geplant in den Fluß, ohne daß die verschweißte Stahlkonstruktion auseinanderbrach. Schließlich lag die Brücke im Flußbett und bildete eine feste Barriere gegen die Flutwelle, die jetzt brausend und tobend auf die Stadt zu stürzte.

Die unwiderstehliche Gewalt des Wassers stieß auf den hartnäckigen Widerstand der Stahlbrücke, die sich durch ihr Gewicht in die Ufer eingegraben hatte. Das kräftige Gerüst verformte sich unter dem Aufprall, Verstrebungen gaben nach, krümmten sich wie unter dem Druck einer gigantischen hydraulischen Presse, und die ganze Konstruktion verformte sich zu einem unentwirrbaren Knäuel von Stahlteilen.

Aber die Hauptträger der Brücke hielten stand, und die Flut mußte sich um sie herum einen Weg suchen, während immer mehr Wasser nachströmte und den Druck auf das Hindernis verstärkte.

Die Flutwelle hatte viel von ihrer Gewalt verloren. Aber nicht ihre ganze. Die tobenden Wassermassen sammelten unterhalb der Brücke nochmals ihre Kraft zum Ansturm gegen den Barrio.

Ein Schwall riß das Haus von Brooks und Mary Thompson von den Fundamenten, zerlegte es in seine Einzelteile und verstreute sie auf seinem weiteren Weg.

Brüllend wie ein verwundetes Untier brach die Flut über die Kirche herein, schwemmte das Gestühl hinweg und ließ den Turm einstürzen.

Sie zerschmetterte Angelita Leybas Haus zu Kleinholz, und eine Weile tanzte ein Fernsehgerät aus dem Geschäft des ehrlichen Johnny wie ein zu groß geratenes Auge auf dem gelblichen Wogenkamm, bevor es in den Wirbeln unterging.

Sie griff sich die Unvorsichtigen, Gleichgültigen, Sorglosen und ertränkte sie erbarmungslos.

Die Leute aus dem Barrio sahen von höher gelegenen Stadtteilen aus die Verwüstung. Manche schluchzten laut oder weinten still, andere lagen betend auf den Knien oder starrten schweigend und bekümmert hinunter.

Es war, als hätte Gott selbst die totale Verwüstung verfügt. Autos und Wohnwagen wurden wie Spielzeug hochgehoben und bis in die Ebene hinausgetragen, wo sich das Wasser ausbreiten konnte, seine Kraft und Wucht verlor, das Treibgut absetzte und schließlich in der trockenen Erde versickerte. Die Gegend sah aus wie ein einziger Schrottplatz, betrachtete man die verbeulten Karosserien, die überall herumlagen.

Keiner, der diese Sintflut miterlebt hatte, konnte später abschätzen, wie lange sie gedauert hatte. Manchem schien es so, als sei sie schnell wie ein Wirbelsturm vorübergezogen, für andere hatte sie eine Ewigkeit gedauert. Allmählich ließ das ohrenbetäubende Brausen nach.

Der Wasserspiegel sank und gab den Blick auf die entstandene Verwüstung frei. An der im Fluß liegenden Brücke wurde das Rauschen des Wassers immer schwächer, bis nur noch ein leises Gurgeln zu hören war.

Die darauf folgende Stille wirkte fast betäubend.

Der Unteroffizier murmelte: „Herr Leutnant, wenn wir diese Brücke nicht gesprengt hätten, wäre es viel schlimmer geworden."

„Sicherlich. Man sollte dem Burschen, der daran gedacht hat, einen Orden verleihen."

Jetzt begannen die Aufräumungsarbeiten und die Schätzungen der Verluste, und neuerliches Jammern und Klagen wurde laut. Der Gouverneur rief den Bürgermeister an: „Halten Sie mich bitte auf dem laufenden, Mr. Lopez. Ich verhandle mit Washington über eine Hilfsaktion. Können Sie mir schon ungefähre Angaben machen?"

„Es ist schlimm", antwortete der Bürgermeister. „Sehr, sehr schlimm! Wir haben unser möglichstes getan, und es war nicht genug. Die meisten Leute aus dem Barrio konnten gerettet werden. Wie viele es nicht geschafft haben, weiß ich noch nicht. Vielleicht hundert, vielleicht fünfmal soviel. Flußaufwärts ist nichts stehengeblieben, nichts! Ich meine, nicht nur an der Biegung, sondern auch alle Häuser flußaufwärts."

„Ich möchte mir einen Überblick verschaffen", sagte der Gouverneur bedächtig.

„Ich werde einen Hubschrauber von der Nationalgarde anfordern. Kommen Sie mit?"

„Selbstverständlich", erklärte der Bürgermeister. „Vielleicht können wir dabei besprechen, wie es weitergehen soll. Wir dürfen nicht aufgeben."

„Nein", stimmte der Gouverneur zu. „Wir dürfen nicht aufgeben."

12

WENN Jay Harper später an diesen Tag zurückdachte, erinnerte er sich nur an einzelne unzusammenhängende Geschehnisse und Episoden.

Im Barrio schluchzte eine dicke Frau vor den Trümmern ihres Hauses. Dann gab es Minuten, in denen Jay verzweifelt mit bloßen Händen im Schutt wühlte, weil aus irgendeinem eingestürzten Haus eine menschliche Stimme zu hören war. Einmal arbeitete ein junger Mann neben ihm und half, schwere Balken hochzuheben. Er war groß, schlank, hatte eine Brille und kam seiner Aussprache nach von der Ostküste. Schließlich stießen sie auf einen Verschütteten und zogen ihn heraus. Es lag unverkennbar Autorität in der Stimme dieses Bebrillten, als er rief: „Doktor! Hierher! Aber rasch, bitte!" Ein Mann, den Jay nicht mehr vergaß, obwohl er ihm nur ganz kurz begegnet war.

Dann war da noch Cooley, zuverlässig und unermüdlich wie immer. „Hallo, mein Junge", sagte er. „Das war vielleicht ein Schlag. Ich komme gerade vom Damm. Wir haben das nicht gerade glänzend gemacht, hm?" Cooley war nur zufrieden, wenn alles perfekt ablief. Aber er würde immer dort anzutreffen sein, wo es zu handeln galt.

Und Pater Rodriguez, ein kleines altes Männchen mit einem schwarzen Barett, ging unermüdlich herum, beruhigend, tröstend und ratend, kümmerte sich um die Verletzten oder Verwaisten, trauerte mit ihnen über das Geschehen und strahlte Hoffnung für die Zukunft aus. Einmal sah Jay, wie er und der schlanke Bebrillte einander zulächelten, als verbinde sie etwas, und Jay fragte sich, was das sein mochte.

Es gab noch viele andere, die mitarbeiteten, alle Meinungsverschiedenheiten vergessend. Es waren zu viele, als daß sich Jay noch an alle erinnern konnte. Doch er war mitten unter ihnen gewesen. Seltsam . . .

Und dann erhielt er irgendwann die Nachricht von Bill Williams' Tod, und das brachte ihm plötzlich wieder ins Bewußtsein, was er durch die Ereignisse verdrängt hatte.

Wie unter einem Zwang, gegen den er nicht aufkam, verließ er den Barrio und ging über die alte Plaza zum Krankenhaus. „Kate hat viel zu tun“, erklärte ihm ein schlankes Mädchen im gleichen Akzent, mit dem auch der bebrillte junge Mann gesprochen hatte. „Aber wenn es wichtig ist ...“

„Es ist wichtig. Es betrifft ihren Vater.“

Kate weiß es bereits, dachte er, als ihre Blicke einander begegneten. Sie schien zu zögern; dann nahm sie sich zusammen und kam auf ihn zu. Jay nahm sie beim Arm und führte sie hinaus in den Sonnenschein. Eine Weile gingen sie schweigend nebeneinander her. Schließlich fragte Kate mit tonloser Stimme: „Wie ist es geschehen?“

„Er hat die Schutzmauer gesprengt. Das hat mir Sam Martin erzählt. Ihr Vater ist offenbar nicht rechtzeitig in Deckung gegangen, wir wissen nicht, warum. Es tut mir so leid.“

„Warum hat – nicht Sam gesprengt?“

„Ich glaube, Ihr Vater ...“

„Ja.“ Kate nickte ernst. „Er wollte es selbst tun. Es war sein Haus.“ Sie war den Tränen nahe. „Danke, daß Sie gekommen sind, um es mir zu sagen.“

Seltsame Gedanken beschäftigten Jay. Sie hatten sich unbemerkt in seinen Kopf eingeschlichen, aber jetzt, da sie ihm bewußt wurden, war ihm klar, daß er ihnen nicht mehr ausweichen konnte. „Ich wollte Ihnen noch etwas sagen.“

Kate sah ihn schweigend an.

„Ich – habe versagt. Es tut mir leid.“

„Nein. Sie haben nicht versagt.“ Irgendwie hatte sie in diesem Augenblick das Gefühl, daß es im Leben Wichtigeres gab, als den Toten nachzutrauern. „Sie – hatten Erfolg.“ Kate hätte es nicht erklären können, aber es war so. „Sie werden immer Erfolg haben.“ Plötzlich erinnerte sie sich an die Häuser auf dem Grund des Sees. Sie waren jetzt, wie sie gehört hatte, verschwunden, fortgerissen vom Wasser. „Sie sind hierhergekommen – auf der Suche nach einem Zuhause.“

„Vielleicht war es das. Ich habe mir noch niemals ein Zuhause gewünscht“, sagte Jay. „Früher wenigstens.“

Sie waren stehengeblieben und sahen einander an. „Und nun?“ fragte Kate. „Werden Sie bleiben?“

„Nein“, antwortete Jay, „ich – bin eine Verpflichtung eingegangen.“

„Und Sie kommen Ihren Verpflichtungen nach.“ Genau wie Paps, dachte Kate und war wieder den Tränen nahe. Hatte auch ihre Mutter gegen seine Verpflichtungen ankämpfen müssen? Oder hatte sie gelernt, damit zu leben?“

„Ich komme meinen Verpflichtungen nach, ja. Und ich werde auch dieser nachkommen.“ Jay zögerte, denn mit dem, was er sagen wollte, meinte er tatsächlich eine ganz andere Verpflichtung, eine gute, eine richtige Verpflichtung, die man zwar nicht leichtfertig einging, vor der er sich aber dennoch nicht scheute. „Aber ich komme wieder“, sagte er.

Richard Martin Stern

„Manchmal stelle ich mir wirklich selbst die Frage, ob ich bei meinen Nachforschungen nicht zu weit gehe", bekennt Richard Martin Stern. „Nehmen Sie beispielsweise einen besonders schmerzhaften Vorfall, der sich zutrug, als ich die Handlung der *Tödlichen Flut* entwarf. Da gelang mir nämlich in Alaska ein recht spektakulärer Fall: kopfüber bin ich eine Geröllhalde hinuntergestürzt. Das wiederum vermittelte mir das Erlebnis, von einem Wasserflugzeug in ein 150 Kilometer entferntes Krankenhaus transportiert zu werden. Sie haben bestimmt schon erraten, daß sich die Beschreibung von Pete Oteros Sturz auf mein Erlebnis gründet."

Dem Autor gelingt es immer, seine Nachforschungen mit persönlichen Erfahrungen zu kombinieren, um seinem Roman Glaubwürdigkeit zu verleihen. Die Landschaft zum Beispiel, über die die *Tödliche Flut* hereinbricht, ist ihm durch und durch vertraut. Seine Familie hat sich bereits vor vier Generationen im Westen der USA, in Kalifornien, niedergelassen. Hier wuchs Richard Martin Stern auf. Heute lebt er mit seiner Frau Dorothy am Fuß der Berge in Santa Fe, im Bundesstaat Neumexiko.

„Hier im Westen", so schreibt er, „kommen Sturzfluten weit häufiger vor, als allgemein angenommen wird." Stern erinnert besonders an den schicksalhaften Tag im Jahr 1968, als der Santa-Fe-River in weniger als zwanzig Minuten mitten in der Stadt über vier Meter stieg und alle Gebäude unter Wasser setzte. Diese beängstigende Erinnerung verwandelte Stern in eine spannende Szene seiner *Tödlichen Flut*. „Kleine Erdbeben sind in diesem geologisch jungen Gebiet keine Seltenheit", fügt er hinzu, „ebensowenig wie extrem trockene Sommer. Was jetzt noch zu einer Katastrophe fehlt, ist ein Staudamm ..."

Tödliche Flut ist der fünfundzwanzigste spannungsgeladene Roman des Autors und der vierte, den wir den Lesern der Auswahlbücher vorstellen. Kinobesucher werden sich außerdem bestimmt noch an einen Film erinnern, zu dem Richard Martin Stern die Idee hatte: denn es gibt wohl niemanden unter ihnen, der im *Flammenden Inferno* vor Aufregung keine feuchten Hände bekam.

ILLUSTRATIONEN VON
EVA KAUSCHE-KONGSBAK

Die
Potsdamerin
EINE KURZFASSUNG
DES BUCHES VON
Hugo Hartung

Sie waren beide noch zu jung, damals, als sie sich vor dem Bahnhof Charlottenburg kennenlernten – zu jung für die Liebe, zu jung für den Krieg. Doch an Bombennächte und Fliegeralarm denken Ilse von Kemnath und der mecklenburgische Leutnant Dieter Lostau im Juni 1940 nicht.

Der Luftwaffenoffizier ist auf dem Weg zur Front, und die achtzehnjährige Ilse wird in dem Haus am Griebnitzsee von ihrer strengen Mutter erwartet. Woran liegt es, daß zwei junge Menschen alle Wenn und Aber vergessen; daß aus der Zufallsbegegnung mehr als nur eine flüchtige Bekanntschaft wird?

Der Abschied kommt für die beiden viel zu schnell. Ihm folgen Angst und Hoffnung. Ein Kind ist unterwegs, da bleiben Dieters Feldpostbriefe plötzlich aus … Und die Front verläuft jetzt nicht mehr in der Bretagne oder in Nordafrika, sondern keine hundert Kilometer vor Berlin.

Allein auf sich gestellt, verliert Ilse ihre kindliche Unbefangenheit. Jetzt weiß sie, was sie will: helfen, erst als Krankenschwester, später als Ärztin. Die kleine Potsdamerin wird erwachsen.

1. Kapitel

SCHON seit einer Stunde spielten die Lautsprecher Märsche: den „Badenweiler Marsch“, die „Alten Kameraden“ und den „Pariser Einzugsmarsch“. Dazwischen ab und zu im Marschtakt: „Auf der Heide blüht ein kleines Blümelein“ und den „Schönen Westerwald“. Kleine Mädchen, die an der Ecke der Mommsen- und Knesebeckstraße „Hopse“ spielten, sangen mit quäkenden Stimmen zackig mit: „– und das heißt: Eeerika ...“

Manchmal schallte eine Stimme über die Straße: „Wir erwarten in Kürze aus dem Führerhauptquartier eine Meldung von höchster politischer und militärischer Tragweite. Bleiben Sie an den Apparaten. Wir senden inzwischen Marschmusik.“

„Janz scheen warm heute, wa?“ sagte Fritz Krause, als ein junges Mädchen an seinen Obstkarren trat und sich mit dem Taschentuch die Stirn abtupfte. „Was darf's denn sein, Frollein? Allens prima frische Ware! Die Kirschen könnt ick Ihnen besonders empfehlen.“

„Sind sie schön fest?“

„Keene faule bei. Det jibt's bei mir nich: vorne scheen hindekoriert und hinten 'n Altersheim für die Maden. Da is eene wie die andere. Festes Fleisch wie 'n Meechen vom BDM.“

„Ich gehöre auch zum Bund“, sagte das junge Mädchen, und seine Stimme wurde ein wenig tadelnd.

„Klar, Frolleinchen, is ja ooch keene Beleidigung. Im Jejenteil. Meine Enkelin, die Irma, mußte ooch rin. Dafür sin wir ja gleichgeschaltet.“ Er schlug die Tüte über den zartgefärbten Kirschen zusammen.

„Ahnen Sie, was da los sein könnte?“ fragte die Käuferin, während sie ein Markstück aus dem Portemonnaie nahm.

Die Musik und die kernige Ansagerstimme wurden von Minute zu Minute lauter; denn rundum in den hohen grauen Häusern hatten die

Mieter ihre Empfangsgeräte in die offenen Fenster gestellt, um auch die Passanten an dem zu erwartenden Ereignis teilnehmen zu lassen.

„Ahnen?“ wiederholte der alte Obsthändler. „Ick ahne jar nischt. Der Adolf wird’s uns schon erzählen. Vielleicht hängt’s damit zusamm’, hören Se?“

Die frischen Stimmen aus der Tonkonserve des Großdeutschen Rundfunks sangen „Siegreich woll’n wir Frankreich schlagen“.

„Ja, vielleicht ist was mit Frankreich“, sagte das Mädchen und grüßte mit dem „deutschen Gruß“, als sie, von dem Karren weg, die Straße überquerte und die Richtung zum Bahnhof Charlottenburg einschlug.

Fritz Krause sah ihr nach: ein appetitliches Ding, weder Fisch noch Fleisch, die Waden ein bißchen zu rund und auch obenrum recht mollig.

Jetzt brach der Marsch ab, und danach wurde etwas angesagt. Dann kamen die bekannten Fanfarentakte des Westfeldzugs, die jeder Sondermeldung von der Westfront vorausgingen. Also doch was mit Frankreich! Aber was es genau war, erfuhr der alte Mann zunächst nicht, denn die hopsenden kleinen Mädchen hatten sich zerstritten, und es gab Lärm und Tränen. Als Krause ihnen zurief: „Halt’ doch den Rand, ihr Jöhren!“, nützte das gar nichts – im Gegenteil, jetzt mischte sich noch eine Mutter ein, die mit einer Einkaufstasche vorüberging und in einem Atem die Kinder und Vater Krause beschimpfte. Aus dem Ganzen wurde eine Art von Lärmlawine; denn nun trat ein forscher Herr auf und beschimpfte zu allem übrigen auch noch die aufgeregte Mutter.

„Haben Sie denn gar kein Gefühl für die Weihe dieses Augenblicks?“ rief er. „Frankreich hat kapituliert, und ihr schlagt hier einen Lärm wie in einer Judenschule.“

Krause erkannte in dem Passanten einen gelegentlichen Kunden. „Is die Möglichkeit, Herr Obersekretär“, rief er, „Frankreich is im Eimer? Det is ’n Ding! Ick wollte et ja heern, aber die Äster dort ham mich jesteert.“ Er deutete auf die von der weltgeschichtlichen Stunde unbeeindruckten Kinder, die jetzt wieder ihre Beine im Hopsschritt spreizten. „Na, denn noch ’n anjenehmen Abend und Heil Hitler, Herr Obersekretär.“

Aber auch die aufgeregte Mutter konnte den Schauplatz des Kleindramas nicht verlassen, ohne sich einen wirkungsvollen Abgang zu verschaffen. „Scheener Schlappschwanz“, rief sie dem Obstmann zu, „große Schnauze zu kleene Meechens, aber kuschen, wenn eener 'n Bonbon im Knopfloch hat.“

Krause schnuffelte vor sich hin, ohne etwas zu erwidern. Der Obersekretär hatte um das „Bonbon“, das Parteiabzeichen, sogar einen goldenen Rand. Alter Kämpfer. Mit solchen mußte man vorsichtig sein. Wahrscheinlich hatten sie ihn deshalb so schnell zum Obersekretär beim Amtsgericht Charlottenburg befördert. Hauptsache, der Krieg ging jetzt zu Ende. Da würden's dann gewisse Herrschaften auch wieder ein bißchen kleiner geben.

Glocken läuteten. Ein bißchen religiöse Garnierung hatten „die“ ja immer ganz gern, wenn was los war.

Die Frau, die die nächsten Kirschen kaufte, schluchzte vor Ergriffenheit.

Als die Glocken zu läuten begannen, war das Mädchen, das Krauses vorletzte Kundin gewesen war, Ilse von Kemnath, eben auf dem Stuttgarter Platz angekommen. Sie war benommen von Seligkeit, und als jetzt auch noch Orgelgetön und Chorgesang den Bahnhofsplatz überfluteten, kamen ihr die Tränen: „Großer Gott, wir loben dich“.

Zum letztenmal hatte sie das bei ihrer Konfirmation gesungen, vor zwei Jahren in der Friedenskirche. Danke, lieber Gott, jetzt muß alles wieder gut werden. Die Brüder werden zurückkommen – auch Rolf, der seit dem Polenfeldzug vermißt war. Und dann würde zwischen den Eltern wieder alles stimmen. Waffenstillstand. Und Lindenduft dazu. Es war schön zu leben.

„Meechen, laß dir nich dotfahren!“

Ilse sprang beiseite. Sie war zu nahe am Rand des Bürgersteigs gegangen und hatte nicht beachtet, daß ein Taxi dicht neben ihr bremste.

Der Fahrer, der ihr die Warnung zugerufen hatte, stieg aus und ging nach hinten, um ein Gepäckstück aus dem Kofferraum zu holen. „Soll ick Ihn'n den Koffer noch in' Bahnhof bringen, Herr Leutnant?“ fragte er.

Der Fahrgast, der sich inzwischen aus dem niedrigen Auto herauslaviert hatte, lehnte ab. War das ein langer Mensch – sicher einsneunzig. Luftwaffe mit gelbem Fliegerspiegel. Extrauniform, EK I, ein bißchen gar zu geschniegelt. Aber sein Koffer mußte ganz hübsch schwer sein. Unwillkürlich sah sich Ilse noch einmal nach dem jungen Offizier um. Ehe sie wieder nach vorn guckte, war sie gegen einen Baum gerannt.

„Na, kleines Fräulein – Selbstmordkandidatin? An so einem Tag!"

„Ich lasse mich nicht duzen ..."

So ein Fatzke!

Duzen? Ich habe doch die Kleine nicht geduzt. Aber eigentlich süß. Der Koffer ist ganz schön schwer. Wenn die da vorn nicht gar so schnell abgezischt wäre, hätte man ihn gern mal ein bißchen abgestellt!

Wozu seh ich mich eigentlich immer wieder nach dem um? Geschieht ihm schon recht, daß er so schwer schleppen muß. Arroganter Bubi! Geht ganz krumm von der Last. Die Mädelführerin dürfte das hier nicht sehen. Frontsoldaten zu helfen ist eure erste Pflicht! Der ist Frontsoldat.

„Darf ich Ihnen helfen?" Ilse war stehengeblieben, um den Koffergriff mitanzufassen.

„Aber, gnädiges Fräulein, das kommt ja gar nicht in Frage."

Das war die zweite Frechheit: „gnädiges Fräulein". Aber man ging jetzt wohl oder übel nebeneinander.

„Großartige Sache: das mit Frankreich ...", fing der Leutnant die Konversation an.

„Ja, prima!"

„Nun ist England dran."

„England? Ich denke, jetzt ist alles vorüber? Jetzt wird Friede."

„Aber, Fräulein", das klang nun wieder nach einer Anrede für Dienstboten, „wir müssen doch erst mal bei den lieben Vettern drüben Besuch machen. Ehe nicht unsere Panzer zwischen Dover und London rollen, gibt's doch keinen wirklichen Frieden in der Welt."

„Waren Sie schon mal über England?"

„Klar, x-mal! Als Aufklärer. Hab bloß außer Nebel nicht viel gesehen. Jetzt bin ich grade auf Bombenschmeißerei umgeschult worden. Morgen geht's wieder raus."

Die beiden waren bei der Gepäckaufbewahrung angekommen, und der junge Offizier schwang sein schweres Gepäckstück über die Rampe.

„Ich muß nun auch zu meinem Zug", sagte Ilse und hielt dem Leutnant die Hand hin.

„Ach, das ist aber schade. Wohin reisen Sie denn?"

„Reisen? Ich fahr mit der S-Bahn nach Neu-Babelsberg!"

„Na, hör'n Sie, da geht doch sicher alle Viertelstunden ein Zug. Leisten Sie mir doch noch bei einer Tasse Kaffee Gesellschaft ..., gestatten Sie, Dieter Lostau." Dabei schlug er nicht übermäßig zackig die Hacken zusammen.

„Ich heiße Ilse von Kemnath." Sie gab ihrem Begleiter die Hand. Unsympathisch war er eigentlich nicht, wenn man sich länger mit ihm unterhielt.

„Ich kann Bahnhofsrestaurants nicht ausstehen", sagte sie dann. „Gehen wir doch das Stückchen bis zum Ku'damm vor und setzen uns dort ins Freie. Ich hab schon noch ein bißchen Zeit."

Die beiden jungen Leute atmeten den Lindenduft der Straße, der stärker war als der Geruch von Staub und Auspuffgasen, und sahen, wie überall aus den Fenstern Fahnen hingen, große und kleine, Stoffahnen und Papierfähnchen, oft in Blumenkästen aufgereiht. Noch immer verbreiteten die Lautsprecher ihre Musik, aber es waren nun auch Wiener Walzer dabei. Als die beiden auf den abendlichen Kurfürstendamm einbogen, hörten sie mit Blechgeschmetter die „Berliner Luft" von Paul Lincke.

„Sehen Sie nur, wie die Leute strahlen", sagte Dieter Lostau.

„Sie freuen sich, daß der Krieg nun bald zu Ende ist!"

„Bald? Es fragt sich, was man darunter versteht. Ich schätze, es wird Ende Herbst. Die Engländer sind zähe Burschen."

Hätte es nicht mehr graue und fliegerblaue Uniformen und weniger junge Zivilisten im Straßenbild gegeben als sonst, so hätte man in dieser schönen Juniabendstunde denken können, es sei tiefster Friede. Nationaler Feiertag mit Fahnen und Musik.

„Berlin ist schon großartig", sagte Dieter. „Ich bin das erstemal richtig bewußt hier. Wir sitzen oben in Mecklenburg, und ich bin in Schwerin aufs Gymnasium gegangen. Für Reisen war bei uns nicht viel drin. Jetzt krieg ich sie durch die Großdeutsche Wehrmacht gratis. Polen hab ich grade noch am Ende mitbekommen. Und Sie sind natürlich eine richtige Berlinerin? Oder genauer: Neu-Babelsbergerin ..."

„Potsdamerin. In Neu-Babelsberg haben wir unser Sommerhaus. Am Griebnitzsee. Der ist wunderbar zum Schwimmen und Rudern."

„Potsdamerin?" wiederholte der Leutnant und pfiff durch die Zähne.

Adlig und Potsdamerin – vielleicht war man da doch ein bißchen zu forsch vorgegangen. Wer mochte wissen, was für ein hohes Tier der Herr Papa war. Aber als er wieder zu sprechen begann: „Verzeihen Sie, gnädiges Fräulein –", unterbrach sie ihn und sagte: „Nennen Sie mich ruhig Ilse. Sie waren ja sicher auch noch vor kurzem in der HJ ...?"

„Klar!" antwortete Dieter, obwohl ihm diese alberne Bimserei von halben Kindern aus seiner heutigen Perspektive ziemlich doof vorkam. Aber in so einem Fall war gegen die „Kameradschaft" nichts einzuwenden.

„Natürlich müssen Sie dann auch Dieter sagen."

In einem Kaffeegarten Ecke Leibnizstraße nahmen die beiden Platz. Sie bestellten sich Eis, weil sie den abscheulichen Ersatzkaffee nicht mochten.

„Ist Ihr Herr Papa auch an der Front?" fragte Dieter.

„Nein, er hat eine Prothese vom ersten Krieg. Er war im Auswärtigen Amt. Vor zwei Jahren haben sie ihn in den Wartestand versetzt. Er ist ziemlich verbittert. Darum ist es daheim nicht immer ganz gemütlich. Wie steht's in der Beziehung bei Ihnen?"

„Eigentlich bestens! Ein bißchen rauf und runter ist es gegangen. Mein alter Herr stammt aus dem Baltikum. Dort war er zuerst Gutsverwalter. Aber sein Baron hat sich ein bißchen zuviel für die kleinen Mädchen und die großen Gläser interessiert, und dann war er heilfroh, als Vater ihm seine Klitsche abkaufte. Nachher kam die Russische Revolution, und da waren wir unser Gut schon wieder los und mußten türmen. Jetzt spielt Vater droben in Mecklenburg wieder den Verwalter bis zu seinem friedlichen Lebensabend. Und mehr ist da wohl auch nicht drin. Wenn's mich nicht mal zwischen Frankreich und England in den Bach schmeißt, sehe ich mich schon als biederen Rechtsanwalt in Güstrow. Ich hab nämlich drei Semester Jura in Rostock hinter mir ... Mit einer netten Frau in Güstrow ein bißchen positive Bevölkerungspolitik zu treiben wäre das Schlimmste noch lange nicht. Und wenn die Betreffende dann womöglich noch gerne schwimmt und segelt – nach Warnemünde ist es ein Katzensprung."

Ilse wurde rot, als der Leutnant sie bei den letzten Sätzen sehr direkt ansah, und ärgerte sich, daß sie errötete. „Ich muß nach Hause", sagte sie abrupt.

„Fräulein!"

Sie winkte der ältlichen Frau, die sie bedient hatte.

„Bitte, Ilse, das geht auf meine Rechnung."

Das Wort „Ilse", von ihm zum erstenmal gesprochen, ging ihr durch und durch. „Mein Gott", rief sie, „ich bin ja schon viel zu spät dran!"

„Werden Sie erwartet?"

„Mein Verlobter kommt heute abend raus."

„Ihr Verlobter –?" Der lange Offizier stolperte im Gehen über einen Stuhl.

„Er hat um fünf Dienstschluß im Luftfahrtministerium. Er ist Hauptmann."

„Ja, dann darf ich mich wohl verabschieden!"

Der Mann mit dem EK I machte Augen, wie sie Ilse früher manchmal bei abgeblitzten Pennälerlieben gesehen hatte und die von ihr als „traurige Dackelaugen" bezeichnet worden waren. Aber schließlich ging der Junge ja wieder an die Front.

„Wollen Sie mich noch bis zum Bahnhof bringen?"

„Gern! Ich hab genug Zeit. Morgen nacht krieg ich einen direkten Frontzug nach Antwerpen, und von dort geht's anschließend weiter an die Küste."

„Aber Sie haben Ihr Gepäck doch schon auf dem Bahnhof?"

„Nur das große. Das kleine hat ein Kamerad mit in die Pension genommen, Nähe Gedächtniskirche. Er will heute abend noch einen flottmachen. Ich wollte erst nicht. Aber jetzt ... Man weiß nicht, wie lange man noch auf die Pauke hauen kann."

Ilse wußte nicht, ob dieser Herr Lostau ihr Mitleid herausfordern wollte – so was mochte sie gar nicht – oder ob er wirklich traurig war. Dafür war sie anfällig.

„Am liebsten wär's mir ja", sagte der Leutnant, „wenn mir morgen vormittag jemand Potsdam zeigen könnte. Das kenn ich noch weniger als Berlin."

Ilse tat, als müsse sie einen Augenblick überlegen, dann sagte sie: „Ich hätte eventuell morgen ein paar Stunden Zeit. Abends habe ich allerdings Dienst im Bund."

Kein Wort von einem Besuch des Schreibstuben-Hauptmanns. Dieter wurde wieder wohler zumute.

Am Bahnhof ging alles sehr rasch, als das Mädchen sah, daß die nächste S-Bahn in zwei Minuten fuhr. Es gab einen flüchtigen Händedruck. Dann wurde Ilse in den Sog des Abendverkehrs gezogen.

Im Abteil des Zuges, der schon seit Stadtmitte überfüllt war, ging es laut, fast karnevalistisch zu. Eine hektische Freude war ausgebrochen. Keiner der Fahrgäste glaubte, daß der Friede länger als ein paar Wochen auf sich warten ließe.

Irgendwo fing einer an, auf der Mundharmonika zu spielen: „Heimat, deine Sterne..."

Im kleinen Neu-Babelsberg – „Ufastadt" stand auf einem Bahnsteigschild – stieg außer ihr niemand aus. Es war eine schummrige Dämmerung, und nur im Westen war der Himmel hinter den Grunewaldkiefern lichtgrün.

Ilse ging eine Straße mit alten Villen entlang, auf der sie den Griebnitzsee zur Linken hatte. Hinter sich hörte sie Schritte. Sie ging rascher, weil auf diesem Weg seit der Verdunklungszeit schon ein paarmal Frauen belästigt worden waren. Jetzt ging auch der andere rascher. Als sie sich in Trab setzte und der Verfolger ebenfalls zu laufen begann, wurde ihr das unheimlich.

Da rief der Mann hinter ihr: „Ilse!"

Sie blieb stehen.

Es war Dieter Lostau. „Was haben Sie hier zu suchen?" fauchte sie den Näherkommenden an.

„Sie!" antwortete der Leutnant.

„Wissen Sie nicht, was Potsdam für ein Klatschnest ist! Wenn ich hier im Finstern mit einem fremden Mann gesehen werde, ist das morgen rum bis nach Bornim und Bornstedt."

„Aber, Ilse, ich könnte doch auch der Hauptmann sein. In der Dunkelheit erkennt keiner die zwei Sterne auf den Achselstücken . . ."

„Ach, der Hauptmann . . ." Ilse wischte den Verlobten mit einer Handbewegung weg.

An der nächsten Straßenecke sagte sie: „Hier kommen Sie mir keinen Schritt mehr nach. Wiedersehen!" Sie bog in eine Seitenstraße ab. Nach wenigen Schritten kehrte sie noch einmal um. „Was wollen Sie denn hier am Abend machen?"

„Den See angucken. Wenn ich eine Badehose mithätte, würde ich sogar reinhüpfen. Aber die ist in meinem Köfferchen am Ku'damm."

„Übrigens ist da unten ein ganz hübsches Gartenlokal, direkt am Teltowkanal. Da können Sie eine richtige Weiße mit Schuß kriegen."

„Zu Befehl", sagte Dieter grinsend.

Ilse ging. Er schaute ihr eine Weile nach und dachte: Das läuft gar nicht so übel. Dann schlug er den Weg zum Teltowkanal und der Berliner Weißen ein.

Daheim öffnete Ilse ein quietschendes Gartentor und ging ein paar Stufen hinauf.

Als sie im Flur ihren leichten Sommermantel aufhängte, hörte sie die Mutter nach ihr rufen.

Frau von Kemnath saß in einem großen Raum mit vielen Teppichen vor der Kaminwand, im Licht einer Stehlampe mit dunkelgetöntem Schirm, auf dem kolorierte Lithographien von innen her leuchteten. An den Wänden hingen in ovalen Goldrahmen Pastellbilder von früheren Kemnaths und von der Großmutter, die eine geborene Gräfin Boddin gewesen war. Durch ein Übermaß an Portieren, Spitzendecken und Kissen bekam das Zimmer etwas von bedrängender Gemütlichkeit.

„Wo hast du dich denn so lange herumgetrieben?" fragte Frau von Kemnath. „Du weißt, daß wir dich um sieben bei Tisch erwarten."

Ilse gab ihr einen versöhnenden Kuß auf die Stirn. „Du ahnst ja nicht, was heute in der Stadt los ist. Eine tolle Stimmung. Das mußte ich einfach miterleben . . ."

„Ja, es ist eine große historische Stunde." Die Mutter, die sich – wohl um einer verstärkten aristokratischen Wirkung willen – älter gab, als sie in Wirklichkeit war, und deren etwas träges Temperament diesen Effekt noch unterstützte, verzieh ihrem Kind seinen vaterländischen Aufschwung. Sie war im übrigen eine geborene Schultz. (Ihre Mutter schrieb sich freilich mit einem einfachen „z"!) „Setz dich und iß!"

Brot und Aufschnitt standen für Ilse auf dem großen Eichentisch. Genüßlich biß sie in die belegten Schnitten. „Wo ist Papa?" fragte sie mit vollem Mund.

„Oben. Liest. Du kennst ihn ja ..."

„Freut er sich über die Nachrichten von heute nachmittag?"

„Doch, schon. Aber er hat wieder tausend Wenn und Aber. Er meint, daß jetzt England dran ist. Und du weißt ja, seit er in London war, ist er hoffnungslos anglophil. Wenn man denkt, daß Großpapa noch mit Prinz Oskar befreundet war ... Übrigens könntest du morgen mal wieder die Omi in Potsdam besuchen."

Die Omi war die zur Frau Schultz aufgewertete Lehrerswitwe Friederike Schulz in der Potsdamer Zeppelinstraße. Ilse mochte sie gern, weil sie einen pfiffigen Altershumor hatte und über das Vornehmtun ihrer adlig versippten Tochter mitunter hübsche Witze machte.

Aber morgen paßte ihr der Besuch überhaupt nicht.

„Ich glaube nicht, daß es morgen geht", sagte sie. „Ich hab da einen Kurierauftrag vom Bund."

„Der Dienst geht selbstverständlich vor", sagte Frau von Kemnath, die gern die altpreußischen Traditionen ihres Hauses betonte – ein Kemnath sollte schon Obrist beim Großen Kurfürsten gewesen sein – und der es peinlich war, daß auf den jetzt verlangten Ahnentafeln sich ihre eigene Geschlechterlinie leider schon recht bald bei Webern und Häuslern in den schlesischen Gebirgen verlor.

„Ich muß übrigens noch mal weg", sagte Ilse. „Zur Badekow wegen des Dienstplanes!"

„Schön. Aber bleib nicht zu lange."

Heidrun von Badekow war Mädelführerin und als Sprößling märkischer Elite von der schlesischen Lehrerstochter sehr geschätzt.

Ehe Ilse wegging, hörte die Mutter sie noch einmal die Treppe hinauf in eins der oberen Zimmer laufen. Wahrscheinlich würde sie ihrem Vater gute Nacht sagen wollen. In Wirklichkeit holte sie etwas, das sie nicht für die märkische Heidrun, sondern für einen mecklenburgischen Leutnant mit drei Jurasemestern brauchte. Dann klappte die Haustür, und ein wenig später fiel auch die quietschende Gartentür ins Schloß.

Ilse lief schnurstracks zu dem Lokal, das sie Dieter Lostau empfohlen hatte.

An einem Tisch sah sie einsam eine dunkle Gestalt. „Ach, Sie sind noch hier?" sagte sie und behielt aus Bequemlichkeit eine bewährte Lüge bei: „Ich war eben bei meiner Mädelführerin, und wie ich hier noch Licht sah, habe ich mal reingeschaut ..."

„Wo haben Sie Licht gesehen? Das würde den Besitzer ganz schön Strafe kosten. Er wollte mich nicht mal draußen sitzen lassen, weil er Angst hatte, ich könnte mir mit meinem Flammenwerfer eine Zigarette anzünden. Ich hab ihm aber versprochen, brav zu sein, und hab gesagt, wenn die Tommys wirklich bis hierher durchkämen, wär das ein schönes Armutszeugnis für Hermanns Luftwaffe. Da durfte ich die Weiße dann doch draußen trinken. Wollen Sie einen Schluck?"

Ohne sich zu zieren, tat Ilse einen herzhaften Schluck. Dann setzte sie sich und legte ihr Päckchen neben sich auf den Stuhl.

„Haben Sie Geheimdokumente bei Ihrem Chef geholt?" fragte Dieter grinsend.

Ilse öffnete das Paket und hielt verschmitzt ein Badekostüm, eine Badehose und ein Frottierhandtuch hoch. „Die ist von meinem Bruder. Für Sie. Das mit der Mädelführerin war Schwindel."

Der junge Offizier fand es großartig, wie die Kleine das zugab und daß sie es – trotz der gefährlichen Potsdamer Sittenrichter – wagte, jetzt noch mit ihm baden zu gehen. Das mußte belohnt werden. Anständig bleiben! sagte er zu sich. Wenn's auch schwerfällt! Eine Viertelstunde später waren sie im Wasser des Griebnitzsees, das ungewöhnlich lau war. Über den überhängenden Weiden des Uferstreifens sah man wenige matte Sommersterne.

„Blöd, daß die Menschen in einer so agreablen Welt Krieg machen", sagte Dieter, während er neben ihr den See überquerte.

„Haben Sie nicht Angst um Ihre Uniform?"

„Meinen Sie, die klaut mir einer? Ein neuer Hauptmann von Köpenick? Oder aus dem Luftfahrtministerium?"

„Der Hauptmann war auch Schwindel."

„Biest!"

Dieter klatschte ihr einen Schwall Wasser ins Gesicht, daß sie prustete und schnaubte. Aber obwohl er sich glücklich fühlte, blieb er am noch einsameren jenseitigen Ufer so zurückhaltend, wie er es sich gelobt hatte. Noch waren vierundzwanzig Stunden bis zu seiner Rückfahrt an die Front, und er durfte sich nicht heute schon den morgigen Tag verderben. Vielleicht war man auch zu zurückhaltend ... Plötzlich kam man sich – trotz drei Semestern Jura, Kriegsschule und EK I – ziemlich dumm und knabenhaft vor. Ilse kitzelte ihn mit einem Grashalm an der Nase und in den Ohren. Abwehrend zog er sie am Haar.

„Dieter, laß das!"

Zum erstenmal nannte sie ihn beim Vornamen.

Mit einem Plumps sprangen sie wieder ins Wasser. Drüben rieb Dieter Ilses Rücken kräftig mit dem Frottiertuch ab. Einen Augenblick lang zog er sie dabei an sich, doch sie entriß ihm das Handtuch und schlug es ihm um die Ohren. Dann verschwand sie im Gebüsch, um sich anzuziehen. Dieter pfiff „Es steht ein Soldat am Wolgastrand".

Sie mußten sich in Dauerlauf setzen, damit der Offizier noch seinen letzten Zug zum Bahnhof Zoo erreichte.

An der Ecke ihrer Straße verabschiedete sich Ilse rasch. „Morgen um zehn Bahnhof Charlottenhof", rief sie Dieter nach und blieb stehen, solange sie noch seine trabenden Schritte hörte ...

2. Kapitel

Der nächste Tag begann für Ilse nicht gerade glücklich. Beim Frühstück um acht Uhr erwartete ihre Mutter sie mit hoheitsvoller Leidensmiene.

„Guten Morgen. Wo ist eigentlich Papa?" fragte Ilse.

„Oben. Er spielt immer noch verrückt ..."

Dann aber brach es aus Frau von Kemnath hervor. Sie hatte von sieben bis sieben Uhr dreißig ihren „Halbstunden-Run", wie sie es nannte, hinter sich gebracht, der bei ihr den üblichen aristokratischen Morgenritt ersetzen mußte – sie war, trotz aller Bemühungen, nie mit einem Pferd zurechtgekommen oder das Pferd nicht mit ihr. Bei diesem Spaziergang hatte sie Heidrun von Badekow getroffen, und die war auf ihre Fragen nach Ilses gestrigem Abendbesuch und dem heutigen „Kurierauftrag" hereingefallen. Mit schöner Offenheit bekannte sie, von beidem nichts zu wissen.

Eigentlich, sagte Elisabeth von Kemnath – sie war auf „Else" getauft –, hätte daraufhin ihre Tochter heute einen Tag Hausarrest bekommen sollen, und der wäre gnadenlos über sie verhängt worden, wenn Vater noch der alte wäre. So habe er nur beschlossen, sie müßte unbedingt die Großmutter in Potsdam besuchen und im übrigen auf die Minute pünktlich zum Abendessen erscheinen.

Die Reise nach Potsdam entsprach genau Ilses eigenem Programm. Das übrige, meinte sie bei sich, würde sich im Laufe des Tages ergeben.

Als sie fünf Minuten nach zehn Uhr in Charlottenhof ausstieg, stand Dieter Lostau schon auf dem Bahnsteig. Er sah auf ihrer Stirne eine strenge Falte.

„Haben Sie Ärger gehabt?"

„Und wie!"

„Keinen Spaß mehr an unserem Ausflug?"

„Doch! Jetzt erst recht. Es ist mir auch völlig egal, ob sie von Bornim bis Bornstedt über uns schwatzen."

Sie hängte sich bei dem jungen Offizier ein, als beide vor dem Bahnhof standen.

Zuerst einmal wollte sie die Verpflichtung gegenüber der alten Frau Schulz in der nahen Zeppelinstraße loswerden. Dieter sollte die paar Minuten unten auf sie warten.

Die lange Ausfallstraße glich einem roten Fahnenmeer. Potsdam überbot Berlin an Demonstrationen der Siegesbegeisterung. Drei schmucklose Fenster im dritten Stock eines gesichtslosen Mietshauses wirkten geradezu aufreizend.

„Dort wohnt Omi“, sagte Ilse, mit dem Finger hinaufdeutend. Sie löste ihren Arm aus dem Dieters und ging über die Straße zu dem großmütterlichen Haus. Schon nach zehn Minuten war sie wieder unten bei ihm.

„Nie eigene Familie!“ rief sie aus einer Entfernung von einigen Schritten. „Drei Kreuze drüber!“

Dann zog sie ihren Leutnant in Richtung auf den nächsten Parkeingang. Dabei erzählte sie, daß die alte Dame heute ihren „schlesischen Tag“ gehabt hätte, wie sie das in der Familie nannten. Dann verließ sie ihr guter Mutterwitz, und sie spielte delphisches Orakel. Heute hätte sie geradezu hochverräterische Äußerungen getan, die Frankreichaffäre einen Pyrrhussieg genannt und den Führer schlankweg für verrückt erklärt. Der werde nun in seinem Triumph erst recht maßlos werden und von einem Krieg in den andern und am Ende von einer Niederlage in die andere stolpern. Mit ihrer Tochter könne sie über so etwas ja leider nicht reden, aber jetzt solle es wenigstens die Enkelin wissen. Vielleicht denke sie später noch an das, was ihre alte Großmutter heute, im Juni 1940, gesagt habe ...

„Da sehen Sie meine Erbmasse“, sagte Ilse abschließend zu Dieter, „ein komplettes Irrenhaus.“

Von da an redeten sie über solche Dinge nicht mehr, denn jetzt begannen sie, die Schlösser und Parks gemeinsam zu erleben. Jasmin und Linden standen in voller Blüte.

Als hinter blühenden Wiesen und durch Laubkulissen römische Villen auftauchten, Barockpalais und antike Tempel, Irrgärten und geradlinige Alleen, staunte der Fliegeroffizier wie ein mecklenburgischer Provinzjunge.

Vor den Stufen der Sanssouci-Terrassen legte er die Hand zum militärischen Gruß an die Mütze und sagte: „Majestät, das haben Sie toll hingekriegt!“

Bei einer Führung durch die Räume von Sanssouci ärgerten sie sich, daß sie in ihren großen Filzpantinen inmitten einer Horde von Hitlerjungen über das Parkett der Säle schlittern mußten. Als der Führer der Jungen den Maler des „Flötenkonzerts in Sanssouci“ *Gustav* von Menzel und nicht Adolph nannte, entfernten sie sich auf dem kürzesten Weg.

An der Windmühle vorüber, die sich vor den ziehenden weißen Wolken sehr holländisch gab, gingen die beiden zu einem Restaurant nahe dem Drachenhaus, und der Leutnant bestellte zum Essen eine Flasche Mosel.

„Das ist ja wohl auch mal wieder chinesisch gemeint", sagte Dieter und deutete auf die geflügelten Drachen an den nicht allzu graziös geschwungenen Dächern.

„Der Alte Fritz hat es als Haus für seine Weinbergwächter bauen lassen." Ilse nutzte die Gelegenheit, stolz ein bißchen Schulwissen anzubringen.

„Weinberge in Potsdam" – der junge Leutnant machte ein erschrockenes Gesicht –, „das muß ja schauerliches Zeug gegeben haben. Das hat eure steifen Märker auch nicht gerade zu leidenschaftlichen Sizilianern gemacht. Da halt ich mich denn doch lieber an den hier aus Kues. Prost, Ilse."

„Und was ist mit dem sizilianischen Garten im Park?" sagte Ilse nach dem Zutrunk. „Ein Mecklenburger hat's grade nötig uns Temperamentlosigkeit vorzuwerfen!"

In diesem Augenblick trug die Mittagsluft das ferne Gebimmel des Glockenspiels von der Garnisonkirche herüber, und Ilse sprach den Text mit, der einmal als die Lebensmaxime dieser Stadt und ihrer Menschen gegolten hatte: „Üb immer Treu und Redlichkeit bis an dein kühles Grab, und weiche keinen Fingerbreit von Gottes Wegen ab."

„Na ja", sagte Dieter nachdenklich, „nicht ganz einfach, so was Einfaches heutzutage noch durchzustehen. Meistens ist man doch eine gute Handbreit davon weg. Dabei ist das mit dem ‚kühlen Grab' bei unsereinem unter Umständen eine recht kurzfristige Verheißung. Kühl und feucht – eine Mischung, pfui Deuwel!"

Um ihn von solchen Gedanken abzulenken, nahm Ilse ihr Glas auf und prostete ihm zu.

„Hast recht, Mädchen! Dazwischen können noch allerhand hübsche Möglichkeiten liegen. Auch heute noch. Oder ...?"

In Ilses graublauen Augen sah er zum erstenmal drollige kleine Einsprengsel von Braun.

Sie erwiderte Dieters Blick und nickte.

„Sagen wir ‚du'?"

Sie nickte wieder.

„Als Kameraden."

„‚Üb immer Treu und Redlichkeit'. Sag mal, Mädchen, machen wir das zu unserer heimlichen Devise? Immer wenn du das Glockenspiel hörst, denkst du an mich."

„Da hätt ich allerhand zu tun: jede Stunde ...!"

„Na und? Für mich wird das noch viel anstrengender. Mir ist das immer so mühsam reinzukomponieren in eine Menge andere, ziemlich unangenehme Geräusche: Beschuß von unten, Anschiß von oben ... Da hast du's leichter."

„Ich werde oft auch ganz schön beschossen. Morgen zum Beispiel. Aber reden wir nicht davon."

Sie drängte plötzlich zum Aufbruch. Um sieben Uhr mußte sie daheim sein – um null Uhr fünfzehn fuhr sein Zug vom Bahnhof Charlottenburg ...

Sie durchstreiften gemeinsam die Stadt mit ihrem wunderlichen Gemisch von kapitalen Plätzen mit wuchtigen Säulenarchitekturen oder einem nordisch gemilderten Barock, mit Straßen, in denen uniformierte Häuser wie auf das Kommando eines Feldwebels mit streng ausgerichteten Fensterblicken strammzustehen schienen, oder wiederum mit Palais von romanischer Eleganz. Mit Grachten und Holländerhäusern wie in Amsterdam und mit Triumphtoren wie im antiken Rom, nur aus preußischer Sparsamkeit in verkleinertem Format. Dazwischen immer wieder Gärten und Parks, Seen und Wasserläufe, welche die starre Nüchternheit grimmiger Exerzierplätze freundlich milderten. Zuletzt standen sie vor der Friedenskirche.

„Hier bin ich mit sechzehn konfirmiert worden", sagte Ilse seufzend, um dann hinzuzufügen: „Es ist lange her."

„Doch höchstens vier Jahre", frotzelte sie der Leutnant.

„Zwei! Für so alt und dämlich brauchst du mich auch nicht zu halten. Schließlich gehe ich noch zur Schule. Oberprima."

„Und warum gehst du *nicht* zur Schule?"

„Weil wir drei Tage frei haben. Wegen Frankreich."

„Vive la France! – Wann hast du eigentlich Geburtstag?"

„September. Jungfrau!"

„Oh, sehr erfreulich. Danach hatte ich dich eigentlich gar nicht gefragt."

Mit ihrem spitzen Knie versetzte sie ihm einen schmerzhaften Stoß gegen den Oberschenkel.

In einer altdeutschen Weinstube aßen die beiden gehetzt zu Abend, und als sie sie verließen, war es sieben Uhr. Die Zeit, zu der Ilse hätte daheim sein müssen. Auf der kurzen Fahrt bis Neu-Babelsberg sagten sich die beiden nur Belangloses. Sie waren müde vom vielen Herumlaufen, und es schien, als seien sie sich wieder fremder als am sonnigen Nachmittag. Der Händedruck, mit dem sich Ilse verabschiedete, war ziemlich kurz.

Als sie weg war, erschrak der junge Offizier. Weder hatte er ihre Adresse noch sie die seine. Eine vorübergehende Bekanntschaft, ein paar schöne Stunden, eine nette Erinnerung – mehr würde von alldem nicht bleiben. Der Zug fuhr durch den Grunewald. Seine rötlichen Stämme fingen in dem späten Junilicht in einem tieferen Rot zu leuchten an.

Dieter war allein im Abteil. Aus Langeweile nahm er längst bekannte Papiere aus seiner Brieftasche und überflog sie. Der Urlaubsschein, Rückkehrdatum: übermorgen. Auf dem Innendeckel des Soldbuchs die zehn Gebote für die Kriegführung des deutschen Soldaten. Gebote drei bis sieben waren unleserlich, weil darauf mit Heftklammern sein Foto befestigt war. Ein miserables Bild: er sah darauf aus wie ein schwindsüchtiger Pennäler. Wie hießen eigentlich die Gebote drei bis sieben im Katechismus? Da waren wohl die vom Töten und Ehebrechen mit dabei. Seine Konfirmation lag ja noch länger zurück als die des Mädchens. Vielleicht war in dem Glockenspielgebimmel alles Wesentliche drin: „Üb immer Treu und Redlichkeit". Ein bißchen sentimental, das Ganze. Die meisten Kameraden wußten nach ihrer Rückkehr von sehr viel deftigeren und folgenschwereren Urlaubsbegegnungen zu erzählen. War wohl viel davon gelogen.

An der Station Grunewald stieg eine ältere Dame zu, die das Abzeichen der Frauenschaft trug. Sie grüßte mit schmetterndem „Heil Hitler" und sah den langen Leutnant und sein EK I mit der unverhohlenen Sehnsucht nach einem Gespräch an. Doch Dieter vertiefte sich mit stirnrunzelndem Ernst in seine Papiere, und die heldensüchtige Dame stieg zum Glück an der Station Westkreuz wieder aus.

Hier, am großen Drehpunkt des S-Bahn-Verkehrs, war es in den Hallen, die von umsteigenden Menschen wimmelten, schon recht finster.

Das Lämpchen im Abteil wurde eingeschaltet. Weil es wegen der Verdunklungsvorschriften blau überstrichen war, gab es kaum Licht. Dieter stellte sich vorsichtshalber breit vor die Tür, damit nicht wieder jemand Unerwünschtes einstieg.

Plötzlich wurde die Tür aufgerissen.

Ilse stand vor ihm.

„Mädchen, wo kommst du denn her?"

„Ich bin in Neu-Babelsberg wieder ins letzte Abteil eingestiegen, als der Zug schon im Abfahren war. Auf jeder Station bin ich einen Wagen weiter nach vorn gekommen. Jetzt hab ich's geschafft."

„Du bist ja verrückt."

„Soll ich wieder raus?" Sie tat, als drücke sie den Türhebel nieder. Da fuhr der Zug an.

„Jetzt ist mir alles gleich", sagte sie.

Dieter und Ilse stiegen am Bahnhof Charlottenburg aus, um noch einmal den Weg von gestern über den Kurfürstendamm bis zur Ecke Leibnizstraße zu gehen.

In einer dunklen Ecke der Schalterhalle hing eine junge Frau am Hals eines Soldaten. Der Mann, der ein Brandmal auf der rechten Wange hatte, sah verlegen aus, denn er mußte aufpassen, daß ihm kein zu grüßender Vorgesetzter entging. Dieter tat, als sähe er die Abschiedsszene nicht. Die junge Frau war hoch in den Monaten.

„Wenn das nur endlich aufhörte", sagte Ilse, „dieses Abschiednehmen."

„Für uns fängt's erst an ... Der Junge hat seinen Betriebsunfall draußen schon weg. Panzermann."

Das Mädchen preßte die Hand des Leutnants. Er sah ihr in die Augen.

In ihrem gestrigen Café war es um diese Zeit sehr ruhig. Sie setzten sich hinter blau abgedunkelten Lämpchen ins Freie, und ein geisterhaft fahles Licht machte ihre Gesichter unwirklich. Ein Zeitungsausrufer schrie mit heiserer Stimme eine neue triumphale Meldung über das spektakuläre Ausmaß der französischen Niederlage und hielt Dieter das Blatt mit seinen riesigen, fettgedruckten Schlagzeilen vor die Nase. Der Leutnant scheuchte ihn mit einem knappen „Danke" davon.

Trotz des lauen Abends wurde die Stimmung fröstelnd unbehaglich.

Die Uhrzeiger drehten sich ...

Plötzlich sprang Dieter auf: „Bitte, warte einen Augenblick!"

In der Telefonzelle des Lokals blätterte er in seinem winzigen Taschenadreßbuch eine Nummer auf. Er ließ sich mit der Zentrale des Fliegerhorstes Gatow verbinden und von ihr die Flugleitung geben. Ob Hauptmann Übelhack im Horst sei ...

Der Hauptmann meldete sich.

„Mensch, Helmut, du bist noch da? Ich denke, du wolltest gestern schon zurückrudern?"

„Konnte nicht. Im Kaufhaus war was fällig. Ich kam nicht an den Lufttresor ran. Der verkauft immer noch Siegesartikel, Nouveautés de Paris."

Lostau verstand das Kauderwelsch der Staffelsprache. Er wußte, daß Hauptmann Übelhack einen Kurierauftrag im Luftfahrtministerium hatte, das in seinen riesigen Ausmaßen durchaus dem Kaufhaus Wertheim gleichkam, und den Namen des Göringadjutanten Bodenschatz hätte auch ein Klippschüler der Tarnsprache entschlüsseln können.

„Wann fährt nun die Puffbahn?"

„Morgen dreizehn dreißig, Bahnsteig G! Du willst doch nicht etwa mit?"

„Bitte Herrn Hauptmann dienstlich, mich gegebenenfalls anschließen zu dürfen."

„Bemach dich nicht, Didi. Aber du bist doch für ein anderes Verkehrsmittel gebucht?"

„Ich hab noch ein Gekados ..."

„Denkste. Ich tippe: Porzellantransport."

„So ähnlich. Ganz feines Porzellan. Preußische Manufaktur."

„Dann werd ich das wohl ausbaden müssen. Sei eine Stunde vor Abfahrt auf dem Bahnsteig. Und was das Porzellan betrifft: Zertöppere es nicht!"

„Helmut, du bist ein As! Küßchen!"

„Danke für den warmen Gruß. Na dann: Sieg Heil und fette Beute. Ende . . ."

Als der lange Offizier aus dem Lokal kam, machte er einen ganz und gar unkommentmäßigen Sprung über einen im Weg stehenden Stuhl. „Ilse, ich darf über den Zapfen hauen! Urlaub um zwölf Stunden verlängert . . ."

„Das ist doch nicht möglich . . .?"

„Doch. Ich mache den Beifahrer in einer ‚He'. Abflug Gatow morgen mittag. Bis dahin läuft der Film ‚Heute nacht oder nie' . . ." Er preßte die Hände des Mädchens an seine Wangen.

„Ich muß aber doch heim . . ."

„Ausgeschlossen. Dein Urlaub ist sowieso überschritten. Der Rest ist Desertion!"

„Es geht nicht."

„Seit für junge Leute das Sterben geht, muß auch das Leben gehen." Das klang ein bißchen pathetisch. Doch Ilse dachte in diesem Augenblick an die abschiednehmende Frau mit dem hohen Leib. Durfte man diesem glücklichen jungen Menschen einen Wunsch abschlagen, der vielleicht sein letzter war?

„Wohin gehen wir?"

Mit einem doppelstöckigen Bus fuhren sie in Richtung Stadtmitte. Auf der vordersten Bank des Oberdecks drängten sie aneinander. Ihre Knie berührten sich. Er drückte ihre Hände, die sie im Schoß gefaltet hielt.

Im Zwielicht der Hochsommernacht sahen sie die Konturen der bombastischen Kurfürstendammhäuser. Turm und Türmchen der Kaiser-Wilhelm-Gedächtniskirche zeichneten sich vom grünen Westhimmel ab. Die dunklen Schaufenster der Tauentzienstraße.

Als der Schaffner kassiert hatte, überlegten die beiden, in welche der alten Weinstuben der Innenstadt man nun gehen sollte. Sie entschieden sich für „Habel Unter den Linden". Vater Lostau hatte sich dort bei einigen alten Oberkellnern durch gute Trinkgelder einen Namen gemacht.

Ihre Gunst würde jetzt dem Sohn zugute kommen.

Wirklich fanden sie in den altertümlich behaglichen Räumen mit den Alt-Berliner Farblithographien an den Wänden einen lordhaft weißhaarigen Herrn im Frack, der sich bei Dieters Namensnennung in einen diskreten Vertrauten verwandelte und ihnen einen „Idealplatz" zuwies.

„Mit bester Sicht", sagte er, „aber garantiert gegen Feindeinsicht geschützt."

Zu seinem Mißbehagen sah Dieter in dem dichtbesetzten Restaurant nicht nur viele Wehrmachtsuniformen, sondern vor allem auch hohe Ränge uniformierter Parteiangehöriger und der SA.

Das Souper war kriegsfern und markenfrei. Ein köstlicher französischer Rotwein wurde von den beiden ohne die Überheblichkeit des Siegers genossen.

In Ilses Augen fing es sonderbar vieldeutig zu funkeln an. Doch war dies nur der Übergang zu einer Schulmädchenlustigkeit, die es Dieter ratsam erscheinen ließ, einen Mokka einzuschalten. Aber diesmal war der lordhafte Vertraute machtlos.

„Bedaure, Herr Leutnant, Bohnenkaffee dürfen wir im Augenblick nicht servieren. Es hat Anstände gegeben. Wegen der Optik des Krieges ..."

„Wahrscheinlich wollen die Herren Optiker den Mokka alleine saufen", sagte Dieter, dem die zweite französische Bouteille erhöhten deutschen Mannesmut gegeben hatte.

Der dienende Frackträger machte einen schmalen distinguierten Mund.

„Der arme Kerl hat die Hosen voll", deutete Dieter diesen Ausdruck und beschloß, den Rest des Abends in „irgendeinem flotten Bums mit Musik" zu beenden. Er bezahlte und gab ein so anständiges Trinkgeld, daß der Respekt vor dem Sohn wiederum dem Vater zugute kommen würde.

Der Abgang wurde für den Leutnant ein Spießrutenlaufen. Er mußte nach allen Seiten hin „Männchen bauen", weil überall fliegerblaue, schwarze und parteibraune Uniformen hoher und höchster Ränge saßen, denen Reverenz zu erweisen war.

„Als Leutnant bist du ein ganz armer Hund", sagte er im Hausdurchgang zu Ilse, die ihn plötzlich an sich riß und auf den Mund küßte.

Da klirrte etwas näher.

Ein General. Zum Glück von der Flak. Der machte sauer-süße Miene zum verliebten Spiel.

„Wenn das ein Infanterist gewesen wäre!" sagte Dieter. „Die kennen gegen uns Flieger keine Gnade. Das hätte eine saftige Meldung gegeben. Man muß eben möglichst schnell Karriere machen. Vom Hauptmann aufwärts wird die Luft schon ein bißchen besser ..."

Draußen stand noch das Taxi, das den General gebracht hatte. Jetzt stieg der Leutnant mit seinem Mädchen ein.

„Wohin soll's denn jehn, Herr Leutnant?" fragte der Fahrer, ein älterer Mann mit einem dunkelgrauen, offenen Baumwollhemd.

„Wissen Sie was im Westen, mit guter Musik und viel Stimmung?"

„Tanzen is ja nich im Krieje. Aber Musik und so – det is im Zijeunerkeller prima. Und nur jutes Publikum."

„Na schön, fahr'n wir zu den ungarischen Verbündeten."

Nach diesen Worten wurde es hinter dem Fahrer still, und der alte Mann sah im Rückspiegel Szenen, die ihm vertraut waren. Er kannte auch den spärlichen Text: „Nicht ... Laß das ..." Und er wußte, wie der erfahrene Taxichauffeur darauf zu reagieren hatte: langsam fahren – nicht mehr als dreißig – und ein paar vertrauenswürdige Umwege einlegen. So was erhöht nicht nur die Taxe, sondern auch das Trinkgeld.

Auch die Gesten der Aussteigenden waren ihm bekannt: die hastigen Griffe des Mädchens zur Frisur, ein Zurechtstreichen des Kleides – und wie sich der Mann mit dem angefeuchteten Taschentuch übers Gesicht wischt und dann mit einer zu künstlichem Gleichmut gezwungenen Stimme nach dem Betrag des Zählers fragt.

„Erjebensten Dank, Herr Oberleutnant. Anjenehmen Abend noch, die Herrschaften."

Das gute Publikum in dem überfüllten Keller war so gutbürgerlich, wie Dieter es erwartet hatte. Ein paar Uniformen gab's auch hier, doch waren sie meistens aus dem Mannschafts- und Unteroffiziersstand. Der Leutnant sah beflissen in die Luft, um die braven Bräutigame und Familienväter rundum nicht zu aufwendigen militärischen Bekundungen zu zwingen. Zimbalklänge durchschwirrten den Raum. Ein Lehár-Walzer klang eben aus. Der Primas mit aufgedrehtem Schnurrbart gab sich feurig. Dieter zwängte sich mit Ilse durch die eng stehenden Tische. „Zuviel Rummel hier und zuviel Lärm", sagte er. „Wir suchen uns was Besseres."

Da rief eine Männerstimme: „Hallo!"

Ilse flüsterte: „Der Hauptmann dort winkt dir ..."

„Übelhack. Ausgerechnet der –!"

„Magst du ihn nicht?"

„Doch, aber ich flieg morgen mit ihm an die Front. Das ist der Mann aus Gatow."

Es hieß gute Miene zum bösen Spiel machen, denn ohne Übelhack wäre man jetzt schon auf der Strecke zwischen Rathenow und Stendal gewesen. „Darf ich vorstellen: Hauptmann Übelhack – Fräulein von Kemnath."

„Preußische Manufaktur" las Dieter in den Augen des Kameraden.

„Gnädiges Fräulein, Herr Leutnant ...!" sagte der Hauptmann lächelnd mit einer einladenden Geste. An seinem Tisch waren drei Stühle frei.

„Eigentlich wollten wir uns was Stilleres suchen", sagte Dieter und blieb unentschlossen stehen. „Willst du mitkommen, Helmut?"

„Ich kenn als alter Berliner so ziemlich jede Kneipe straßauf und straßab", antwortete der Hauptmann. „Im Krieg ist das alles triste. An so einem letzten Abend find ich ein bißchen musikalischen Lärm ganz sympathisch."

„Ich weiß nicht, Fräulein von Kemnath ...?"

Mochte Ilse die Entscheidung treffen. Sie traf sie in doppeltem Sinne. „Komm, setz dich – wir bleiben!"

Durch ihr „Du" wollte sie Dieters Kameraden gegenüber eine Situation klären, die für ihn seit dem abendlichen Telefongespräch ohnedies klar war.

Der Leutnant ließ eine Flasche Sekt kommen und lud auch den Kameraden dazu ein.

„Danke", sagte Übelhack, „wenn ich am nächsten Tag fliege, bin ich wie ein katholischer Priester. Kein Tropfen Alkohol nach Mitternacht! Trinkt auf mein Wohl und auf unsern Flug. Gestern haben die Engländer unsern Platz an der Küste ganz schön beharkt. Ich hab heute den Horst gesprochen ... Dem Chef haben sie tatsächlich einen reingewürgt. Wegen mangelnder Tarnung ..."

Plötzlich stand zwischen den beiden Männern der Krieg. Ilse sah mit erschrockenen Augen von einem zum andern.

„Prost!" sagte Dieter mit wegwischender Gebärde und stieß mit seinem Glas heftig an das von Ilse. „Ex!"

„Hals- und Beinbruch für euch zwei", sagte Übelhack, der eine Tasse mit Ersatzkaffee vor sich stehen hatte. „Ich mach euch einen Vorschlag. Wenn ihr die Pulle leer habt, fahren wir raus in meine Wohnung. Ich hab noch einen anständigen Cognac – oder einen Likör für das gnädige Fräulein. Und dazu noch ein ganzes Einmachglas voll Kaffeebohnen. So was soll man nicht auf Verdacht zurücklassen."

„Ich weiß nicht ...!" Leutnant Lostau machte ein hilfloses Gesicht. Durch das Angebot des Kameraden war zwar die Frage geklärt, wo er mit Ilse den Rest der Nacht oder des Morgens verbringen sollte, doch andererseits mochte er das auch nicht unter Aufsicht tun.

Übelhack erriet den Grund von Dieters Zögern. „Ihr müßt mich nur entschuldigen, wenn ich keinen großartigen Gastgeber mache. Vater tut Dienst in Litzmannstadt, und seine Haushälterin ist im Urlaub. Nun ist das Haus leer und eine ziemlich wüste Junggesellenwirtschaft drin. Aber wenn euch das nicht stört ..."

Nein, das störte Dieter gar nicht. Er sah Ilse an. Sie sagte nichts. Das war eine gute Antwort.

Der ungarische Primas weinte hinter den dreien her, als sie um halb zwei Uhr morgens das nun schon merklich geleerte Lokal verließen. Draußen war ein fahles Licht.

Ein Straßenbahnwagen ohne Anhänger mit dick blau verschmierten Scheiben ratterte auf dem Mittelstreifen des Kurfürstendamms in Richtung Uhlandstraße. Ein Vogel begrüßte mit durchdringendem Zwitschern den vorgeahnten Morgen. Vorm „Café Trumpf" stand Übelhacks kleiner Wagen.

„Steig ein, Didi", sagte der Hauptmann und klappte den Vordersitz zurück, „morgen hast du ein bequemeres Fahrzeug. Fräulein Ilse kommt neben mich auf den Beobachterplatz."

Übelhack brauste über den menschenleeren Boulevard, als erwarte er, daß sein kleiner „Brennabor" sogleich von der Startbahn abheben müsse. Man machte einen Umweg über den Stuttgarter Platz, wo die beiden Offiziere mit Klingeln und Klopfen an der Gepäckaufbewahrung einen unziemlichen Lärm vollführten, bis ein verschlafener, grämlicher Mann ihnen wortlos den Koffer zuschob. Ilse versteckte sich hinter den Rücken der Männer, als einige späte Fahrgäste zur Sperre gingen.

„Was ist?" fragte Dieter.

„Die letzte S-Bahn nach Potsdam. Ich wollte nicht, daß mich jemand erkennt."

Noch vier Minuten, in denen sie Zeit hatte, nach Hause zu fahren, um womöglich doch mit irgendeiner Entschuldigung die Verzeihung der Eltern zu erlangen.

Sie stand mit hängenden Armen und starrte auf den großen schwarzen Zeiger, der in jeder Minute mit einem Ruck weitersprang. In zwei, in einer Minute würde etwas Unwiderrufliches geschehen, von dem ihr künftiges Schicksal abhing.

Als Ilse durch die Ausgangstür zu Übelhacks Wagen ging, fuhr droben auf dem Bahnsteig der Zug ab, westwärts, in Richtung Neu-Babelsberg–Potsdam. Sie hörte ihn noch lange in der stillen Morgenstunde. Dann brummte der Wagenmotor auf ...

Rosige Wölkchen leuchteten dem Sonnenaufgang voraus. Ilse und Dieter waren über den geneigten Grashang bis zum Kleinen Wannsee hinuntergegangen, an dem unter alten Hängeweiden ein schmaler Bootssteg war. Es zwitscherte und flötete in den hohen Uferbäumen, den Erlen, Birken und einer mächtigen Rotbuche. Dieter hatte seinen Arm unter Ilses Achsel geschoben, seine Hand lag auf ihrer Brust. Das Mädchen zitterte.

„Frierst du?"

„Nein. Ich denke an morgen."

„Heute fängt erst an."

„Und heute hört alles auf."

Er merkte, daß sie weinte, und preßte sie in einem langen Kuß an sich. Sie fühlte seinen Körper.

„Ich kann nicht, versteh doch! Die daheim. Mutter ...“

„Und ich?“

Jetzt riß sie ihn an sich. Bei seinem Kuß öffneten sich ihre Lippen. Er schob seine Hand unter ihren leichten Sommerpullover. Ilse rutschte, ging in die Knie.

Ihre Strümpfe wurden feucht vom Morgentau.

„Gehen wir nach oben.“

„Du hast den Flug vor dir.“

„*Er* fliegt. Ich kann dösen. Komm ...“

Der Kies knirschte. Ilse ging auf dem weichen Rasen, und die paar Schritte über die Terrasse tat sie auf Zehenspitzen.

„Brauchst nicht so leise zu sein. Wenn Helmut schläft, weckt ihn keine Alarmsirene.“

Auf den Holzstufen zum Obergeschoß redeten beide nicht. Er ging hinter ihr und legte seine Hand auf die ihre, die sich am Geländer festhielt. Helmut hatte das Gästezimmer nach der Seeseite für Ilse bestimmt, Dieter sollte in der Mädchenkammer gegenüber schlafen. Jetzt standen sie beide auf dem schmalen Flur zwischen den beiden Räumen.

„Gute Nacht“, sagte Ilse.

„Ist das alles?“ Er küßte sie.

Sie machte sich los. „Sei vernünftig.“

Er umarmte sie wieder. „Vernünftig?“

„Ich schrei, wenn du mich nicht losläßt ...“

„Schrei doch. Schrei. Keiner hört dich.“

„Ich kann nicht. Begreif das doch!“ Sie riß sich wieder los, lief in ihr Zimmer und drehte den Schlüssel um.

Dieter blieb einen Augenblick stehen. Er hörte nichts. Keinen Schritt. Keinen Atemzug. Dann ging er in seine Kammer. Er öffnete seinen Koffer und nahm den Schlafanzug heraus. Der Mecklenburger Rollschinken plumpste auf den Boden. Dieter versetzte ihm einen Tritt. Er schaute aus dem kleinen Westfenster, ohne etwas zu sehen. Dann zog er die Schuhe aus und setzte sich in Strümpfen aufs Bett. Mit vorgeschobenen Lippen pfiff er vor sich hin „Denn wir fahren gegen

Engeland". Die Felsen von Dover bei so einem Licht. Und London von oben.

Es klopfte an der unverschlossenen Tür. Dieter öffnete. Ilse stand auf dem Flur, barfuß. Sie flüsterte kaum hörbar: „Du mußt das sehen. Die Sonne kommt drüben übers Ufer ..."

Er folgte ihr in ihr Zimmer.

Beim Frühstück gebärdete Übelhack sich unbefangen und laut. Er drehte das Radio an und ließ sein Morgenkonzert über den Garten und den See hin schallen.

Das Frühstück war friedensmäßig: Bohnenkaffee, Eier, Aufschnitt, Honig, geröstetes Weißbrot.

„Prima Flugwetter", sagte er in der offenen Mitteltür des Terrassenzimmers.

Niemand antwortete. Die beiden jungen Menschen am Tisch hielten ihre Hände aufeinandergelegt. Eine Toastscheibe im Röster sandte ein Rauchwölkchen aus und verkohlte.

„Sie kommen doch mit raus, Ilse?"

„Ja."

„Wir machen uns frühzeitig auf die Pneus. Dann können wir gemütlich durch den Sommertag zockeln. Den guten alten Onkel Brennabor lass' ich draußen im Hangar stehen. Vielleicht kommt man mal wieder in die Gegend."

An diesem Vormittag redete fast nur der Käpt'n. Er tat es robust und unzimperlich und gab zu erkennen, daß er mit Gott, der Welt und sich selber zufrieden war. Vielleicht auch noch mit ein, zwei anderen Menschen in der näheren Umgebung.

Um zehn Uhr dreißig kommandierte er die beiden zum Packen nach oben. Ein Pyjama, ein Reisenecessaire und ein Rollschinken waren zu verstauen. Das dauerte eine Stunde. Ilse kam mit verweinten Augen wieder herunter.

Dann fuhr man los, die beiden Offiziere vorn im Wagen und Ilse diesmal auf dem Rücksitz. Sie wollte unterwegs nicht erkannt werden. Übelhack schwatzte munter vor sich hin, weil er meinte, die Liebenden von dem Bevorstehenden ablenken zu müssen. Die beiden schwiegen.

Auf dem kahlen, weiten Fliegerhorstgelände war keine Maschine zu sehen. Ein Windsack wedelte schlaff hinter dem endlosen Zaun aus Maschendraht. Dann ein Tor, Schilderhäuschen, der Mast mit der aufgezogenen Flagge.

„Kommen Sie doch mit rein“, sagte der Hauptmann zu Ilse, in deren Augen Tränen standen. „Kennkarte haben Sie doch sicher mit?“

„Ja.“

Übelhack zückte sein Soldbuch und den Kurierausweis. Aber der Torposten hob den Schlagbaum nicht.

„Tut mir leid, Herr Hauptmann. Die Dame darf nicht mit rein.“

„Hör mal, Franz, ihr spielt wohl hier in der Etappe Krieg? In Zeebrugge schleus ich euch ein ganzes Mädchenpensionat durch. Nu mach mal deinen Begrüßungsbalken hoch!“

Der Posten ließ sich auf keine Konversation ein, sondern rief den wachhabenden Unteroffizier. Der, ein dicker, gutmütig wirkender Mann, bedauerte mit wichtigtuerischem Eifer.

„Wir haben Alarm, Herr Hauptmann.“

„Was? In Gatow? Das kann doch bloß zum Spaß sein, damit eure morschen Knochen und faulen Bäuche ein bißchen das Zittern kriegen.“

Der Dicke sah leicht gekränkt drein. „Herr Hauptmann, ich weiß nicht, was vorliegt. Aber es ist außerdem auch Startverbot verhängt worden.“

„Das hat mir gerade noch gefehlt“ – jetzt wurde Übelhack wirklich übellaunig –, „Startverbot, weil hier der Kindergarten Krieg spielt.“

„Was machen wir denn da, Herr Hauptmann?“ fragte Dieter dienstlich, mit Rücksicht auf die dabeistehenden Männer von der Horstkompanie.

„Ein bißchen Wind in der Kommandantur. Sonst säuft unsere Staffel schon in Schottland Whisky, während wir in Gatow noch Manöver machen oder Skat spielen ... Ja, mein gnädiges Fräulein ...“

Übelhack wußte, daß er das Zeichen zum Abschied geben mußte. Ilse biß sich auf die Unterlippe. Sie bemühte sich, tapfer zu sein, wie man sie es gelehrt hatte.

„Mach's gut, Ilse.“ Dieter reichte ihr die Hand. Mehr war an diesem Ort nicht möglich.

Der dicke Unteroffizier sah, daß „mehr“ notwendig war, und sagte vertraulich: „Wenn Herr Leutnant der Dame noch was zu sagen hätten – zweihundertfünfzig Meter westlich ist ’ne Stelle am Zaun, wo sie ganz leicht ran könnte.“

„Willst du noch mal dorthin kommen?“

„Ja.“

„Bloß – es kann ein bißchen dauern, bis wir die Heinis in der Kommandantur geweckt haben“, sagte Übelhack. „Ich habe das dumpfe Gefühl, die haben unsern Vogel verlagert. Kein Schwanz im ganzen Horst.“

„Die Maschinen sind auf den Ausweichplätzen abgestellt“, bestätigte der Posten.

„Na, siehste! Genau das hatte ich erwartet ... Dann also: Auf Wiedersehen. Empfehlen Sie meine Pension weiter. Prima Bedienung.“

„Bis gleich, Ilse. Am Zaun.“

Sie verbrachte eine sonderbare Stunde vor dem Horstzaun von Gatow. Sie wußte nicht, ob Schwere oder Leichtigkeit in ihren Gliedern war. Sie setzte sich ins Gras, pflückte Margeriten und blühende Gräser. Sauerampfer – sie biß in eins der säuerlichen Blätter. Als Kind hatte sie das gern getan, und Mutter hatte es ihr verboten.

Mutter ... Was würde jetzt geschehen? Sie hatte nicht einmal angerufen, um irgendeinen noch so albernen ausweichenden Bescheid zu geben.

Sie war zu Hause weggegangen und einfach nicht wiedergekommen. Ihr Leben hatte einen neuen Inhalt, aber der sollte ihr nun schon wieder genommen werden.

Die leere, sehr warme Mittagsstunde war voll tödlichen Schweigens. Nichts rührte sich auf der niedergewalzten Grasfläche hinter dem Zaun. Ab und zu stieg eine Lerche empor, löste sich auf im Blau.

Plötzlich eine Sirene. Entwarnung. Der Platz wurde laut. Männer in Uniformen krochen aus unsichtbaren Gräben, sammelten sich, rückten ab. Schnelle Maschinen flogen von Osten her ein, setzten sich hopsend auf die Landebahn.

Da kam auch schon im Dauerlauf Dieter zum Zaun. „Entschuldige“, rief er aus einigen Schritten Entfernung, „diese Holzböcke waren stur. Wir mußten in den Bunker gehen ... So ein Affentheater!"

Ilse wollte ihre Hand durch den Zaun stecken. Es ging nicht. Das Geflecht war zu eng. Nur zwei Finger brachte sie durch. Dieter faßte und küßte sie.

„Der zweite Vogel links ist es. Sie machen ihn gerade startfertig."

„Dieter, ich mag nicht mehr. Ich kann auch nicht mehr."

„Ilse!" Der junge Offizier erschrak. So tief war das gegangen ... „Denk an deinen Vater", sagte er.

„Der kann sich selbst nicht helfen. Ich höre schon Mutter: ‚Und du willst eine Kemnath sein ...?' *Sie* will eine sein."

„Du bist eine, glaub mir."

„Im Grunde ist das so egal. Es ist alles Wahnsinn. Daß du gekommen bist. Daß du wegfliegst ..."

„War es Wahnsinn, daß ich gekommen bin?"

Ilse schüttelte den Kopf. Sie steckte die Margeriten und die Gräser einzeln durch den Zaun.

„Wart auf mich ..."

„Ich warte."

„Helmut winkt. Es ist soweit."

Sie drückte ihren Mund gegen das Drahtgeflecht und er den seinen.

„Das ist alles so dumm, so lächerlich ... Krieg. Warum denn Krieg?" Sie warf den Kopf gegen den Draht, daß es klirrte. Dann sank sie, halb ohnmächtig, in die Knie.

„Du, ich komm raus ... Um Himmels willen, Liebes."

„Entschuldige, ich bin bloß ausgerutscht ..." Sie zog sich am Zaun hoch. Er merkte nicht, wieviel Mühe es sie kostete. Sie lächelte sogar. „Leb wohl. Komm bald."

Übelhack pfiff mahnend das Staffelsignal. Seine Maschine lief auf Touren. Immer wieder drehte sich Dieter um und winkte. Ilse winkte mit offener Hand und gespreizten Fingern zurück. Hin und her. Hell – dunkel vor den Augen. Eine Maschine heulte auf. Rollte weg. Hob sich. Hell – dunkel – hell – dunkel. Nur noch dunkel zuletzt.

Der Mann am Horsttor sah, wie das Mädchen zusammenbrach. Er gab Alarm, diesmal wirklichen. Wenige Minuten später rollte ein Sanka durch den geöffneten Schlagbaum und hielt, zweihundertfünfzig Meter westlich, auf der Straße nach Kladow.

3. Kapitel

ILSES achtzehnter Geburtstag war ein Septembertag mit spätsommerlichem Glanz. So konnte man die Kaffeetafel auf der Gartenterrasse aufschlagen.

Es waren zwölf Gäste an der Tafel, Klassenkameradinnen von Ilse und ihre Tanzstundenherren, Jungen aus dem Viktoria-Gymnasium. Da Mutter von Kemnath sehr abergläubisch war, vermied sie es, als dreizehnte in der Runde Platz zu nehmen.

Die nach dem Sittenkodex erforderliche Begrüßung der Gäste machte es unumgänglich, daß Vater Kemnath, der immer mehr ein einsiedlerisches Leben im Obergeschoß zu führen begann, an ihrer Seite auf der Terrasse erschien. Die jungen Männer rasselten von den Stühlen hoch, wie sie's bei der HJ sehr viel zackiger gelernt hatten als in der Tanzstunde, und richteten die Blicke auf den Mann mit der klappernden Oberschenkelprothese aus dem Ersten Weltkrieg.

Ilse erschrak, als sie den Vater herankommen sah, zimmerbleich, in Jahresfrist vorzeitig weiß geworden, mit tiefen Tränensäcken unter den Augen. Seit das zerschlagen worden war, was er als sein diplomatisches Lebenswerk angesehen hatte, Freundschaft und Versöhnung zwischen Deutschland und England, war auch in ihm etwas zerbrochen. Der liberale „Stresemannianer" hatte den neuen Männern als „unsicherer Kantonist" gegolten, und sie hatten seine Versetzung in den Wartestand betrieben. Seitdem verstand der ehemalige Botschaftsrat die Welt nicht mehr und suchte die seine in Büchern, vor allem in historischen Werken und der Memoirenliteratur.

Seine Tochter liebte er zärtlich. Als er sie in Weiß, mit einer fraulich aufgesteckten Frisur, strahlend inmitten ihrer Gäste sah, wurde ihm wehmütig und warm ums Herz. Wer weiß, ob die Jungen aus dem Krieg zurückkämen – auf die Heimkehr des seit zehn Monaten vermißten Jüngsten wagte er schon nicht mehr zu hoffen –, dann bliebe sie die Letzte der Familie. Daß ihre Kinder einmal keine Kemnaths sein würden – was lag *ihm* schon daran.

Von einem zum anderen gehend, begrüßte er die jungen Gäste. Die Hälfte der Jungen nahm bei der Vorstellung Haltung an und hob die rechte Hand – die der Familie näherstanden, verbeugten sich. Auch ein weißblondes Mädchen mit straffen Zöpfen hob den Arm und schmetterte ein „Heil Hitler."

„Guten Tag, Fräulein von Roßbach", antwortete Herbert von Kemnath.

Etwa eine Stunde lang blieben Ilses Eltern im Kreis der Jugend. Anspruchslos belegte Brötchen wurden serviert – ein Geschwisterpaar, das von einem ländlichen Gutshof stammte, hatte für den Belag gesorgt.

Eine leichte, spritzige Bowle machte die Gespräche gelöster.

Zuletzt erhob sich Gerhard Müller-Wunsdorf, Ilses ehemaliger Tanzstundenherr, und hielt eine kleine Rede. Er machte das sympathisch, ohne in billigen Pathos zu verfallen.

Vor einem Jahr, sagte der Oberprimaner, sei an Ilses Geburtstag der Krieg in seinem Anfangsstadium gewesen und man habe einige Sorgen haben können, wie das weiterginge und ob es zu einem guten Ende führe. Inzwischen seien wunderbare Dinge geschehen – als Wunderbarstes die Kapitulation Frankreichs –, und wenn man jetzt sehe, wie von Tag zu Tag die Schläge der deutschen Luftwaffe auf England unerbittlicher würden, dürfe man wohl hoffen, daß übers Jahr wieder Frieden herrsche und daß die Abiturienten von 1941 – das seien ja die meisten von ihnen – ihren Beruf und ihr Studium in einem glücklicheren Deutschland beginnen könnten. Darauf trinke er.

Die Gläser klingelten aneinander. Karin von Roßbach hielt es für nötig, den Toast um den Satz „Auf den Endsieg" zu erweitern. Vater Kemnath, der hinter Ilse getreten war, flüsterte ihr zu: „Auf Dieter!"

Sie sah ihn dankbar an.

Nach dem Trinkspruch bat er, sich dispensieren zu dürfen, da es ihm draußen zu kühl werde. Seine Frau mußte sich notgedrungen anschließen. Ilse geleitete die Eltern hinein. Noch ehe sie in den Garten zurückkehren konnte, klingelte es an der Außenpforte. Ein Eilbrief von Dieter. Sie lief in ihr Zimmer und tat ihn in die Nachttischschublade. Seine Lektüre sollte der glückliche Abschluß eines schönen Tages werden.

Als sie wieder in ihre Gästerunde kam, war die Stimmung dort sehr viel munterer geworden. Niemand nahm es übel, daß die Alten gegangen waren. Fritz Schmettin, der märkische Gutsbesitzerssohn, hatte heimlich eine Flasche französischen Cognac mitgebracht. „Beuteware!" sagte er. „Statt der labbrigen Bowle!" Die schon ziemlich laut gewordene Karin goß sich eine gehörige Dosis ins Bowlenglas.

Gegen sieben wurde es dunkel. Einer machte den Vorschlag, an den See hinüberzubummeln, und alle stimmten zu. Der Abend war milde, und die Kiefernnadeln dufteten noch wie im Sommer. Die Gesellschaft löste sich in Pärchen auf. Manchmal hörte man Lachen, ein unterdrücktes Kichern oder Flüstern.

Ilse kam mit Gerhard an eine Stelle, die genau dem Strandstück gegenüberlag, zu dem sie vor einem Vierteljahr mit Dieter hinübergeschwommen war.

Sie wurde wortkarg.

Plötzlich fühlte sie sich von ihrem einstigen Tanzstundenpartner ungeschickt umarmt. „Laß das, Gerd", sagte sie und suchte sich ihm zu entwinden.

Er drückte sie fester an sich.

„Du, ich ruf die andern."

„Du weißt doch, daß ich dich liebe", flüsterte der Junge. Das klang sehr unglücklich, aber auch sehr unnatürlich.

„Ich weiß es nicht und will es auch nicht wissen."

„Warum?"

„Ich vertrau dir was an, was auch meine Eltern nicht wissen. Weil du mein Freund bist. Ich gehör einem andern."

„Was heißt das: du ‚gehörst'?"

„Das heißt, was es heißt."

„Du bist ja verrückt."

„Nein, glücklich. Ich weiß, was ich getan habe."

„Wer ist der Kerl?"

„Ich bin dir keine Rechenschaft schuldig. Gehn wir zu den andern."

Sie lief in die Richtung, in der sie die Stimmen ihrer übrigen Gäste hörte. Im verlassenen Teil eines Wirtsgartens war eine runde Zementplatte, die einmal sommerlichen Tanzabenden gedient hatte.

Seit einem Jahr durfte nicht mehr getanzt werden. Aber die jungen Menschen wollten tanzen. Einer der Jungen begann zu pfeifen: den „Lambethwalk“, den verbotenen Modetanz der Vorkriegsjahre. Die Mädchen fingen zu trällern an. Bald waren alle in einem rhythmischen Taumel und schlugen sich beim „Hey“ des Refrains auf die Knie. Nur Ilse und Gerhard standen schweigend am Rande des Tanzpodiums.

„Machen wir mit, Ilse? Bitte ...“

In der Bitte des jungen Menschen klang etwas von Abbitte mit. Ilse, die ihn als guten Kameraden gern gehabt hatte, verstand seine Enttäuschung.

„Wenn du nie wieder davon redest“, sagte sie.

„Ich schwör's.“

Im nächsten Augenblick waren auch sie inmitten des stampfenden, lachenden, singenden Trubels.

Plötzlich stand ein Mann da und brüllte: „Hört ihr wohl auf, ihr Saupack! Ihr wißt wohl noch nicht, was Krieg ist. Reaktionäres Potsdamer Gesindel. Ihr werdet euer blaues Wunder noch erleben.“

Die Paare liefen auseinander. Einer der Jungen rief: „Los, der kriegt seine Abreibung!“

Da überschlug sich die widerliche Stimme des Mannes, dessen Gesicht in der Dunkelheit nicht zu erkennen war. „Wer mich anfaßt, wird sehen, wohin seine nächste Reise geht. Dann werden auch die Herren Eltern und Lehrer mal unter die Lupe genommen. Verdrückt euch und laßt euch nie wieder hier blicken.“

„Kommt“, sagte Karin von Roßbach, „vielleicht hat der Mann sogar recht.“

Die Nacht war inzwischen sehr finster geworden. Das war gut, denn keiner mochte in diesem Augenblick in des andern Gesicht sehen.

Die Geburtstagsfeier hatte einen Knacks bekommen. Und nicht der Krieg hatte sie zerstört.

Auf der Terrasse des Kemnath-Hauses war es herbstlich kalt geworden. Darum gingen die jungen Leute durch den Garten flüsternd ins Haus. Auch dort flüsterten sie weiter, weil manches, was sie sagten, keine Lauscher vertrug.

Der Zwischenfall mit dem Unbekannten war der Ausgangspunkt

ihres Gesprächs. Noch, meinten sie, führe die nationale Woge, wie jede Revolution, trüben Schlamm mit sich, doch der werde in ruhigeren Zeiten als Bodensatz absinken. Zunächst einmal gelte es, den Krieg zu gewinnen. Nach dem Sieg müsse dann die große Reinigung beginnen, an der die Frontgeneration einen wesentlichen Anteil haben werde.

„Potsdam, das dieser üble Bursche so beschimpft hat“, sagte Gerhard Müller-Wunsdorf, „unser altes Potsdam, hat immer noch seine besten Namen in der Armee. Die führen sie doch – und nicht der Gefreite mit der ‚Vorsehung‘.“

„Laß den Führer aus dem Spiel“, sagte die Roßbach.

Schmettin stimmte ihr zu: „Sehr taktvoll war es ja auch nicht, daß wir da herumgehopst sind, während die draußen für Deutschland sterben.“ Die billige Klischeewendung erschreckte Ilse. Vielleicht hing Dieter jetzt am Nachthimmel über London, mitten im Flakfeuer. Sie war froh, als von ihren Gästen der Vorschlag kam, die Runde aufzulösen.

Beim Abschied schwollen Schwatzen und Gelächter noch einmal an, als die Jungen und Mädel in einer Gänsemarsch-Prozession die Gläser und das Kaffeegeschirr ins Haus und in die Küche trugen. Die Jungen tranken den Rest des Cognacs und versenkten die Flasche mit einem „Vive la France“ im Mülleimer. Bald danach schlug draußen die Gartentür zu.

So schnell hatte sich Ilse lange nicht ausgezogen wie an diesem Abend. Sie knipste das Tischlämpchen mit dem rosa Seidenschirm an und holte Dieters Brief aus der Nachttischschublade. Es waren mehrere engbeschriebene Seiten.

Vorgestern hatten wir einen tollen Abend. Da war alles dran. Onkel Hermann hatte uns aus Berlin ein paar erstklassige Leute von seiner Oper zur Aufmunterung geschickt. Der P. mit seiner phantastischen Baßstimme war dabei, und die entzückende C. P. sang gerade das „Lerchenauisch' Glück“ aus dem „Rosenkavalier“ – da kam Alarm. Musik aus, Kombis an! Wir stellten unseren Sängern noch ein paar Pullen ins Kasino und sagten, sie müßten allein weitermachen – wir hätten dazwischen nur fix was in London abzuliefern.

Es war diesmal gar nicht so gemütlich. Die Engländer haben ihre Flak umpostiert, und ich muß sagen, dämlich sind die Tommys nicht. Die haben uns ganz schön eingedeckt. Aber Du darfst Dir keine Sorgen machen. Solange Übelhack die Staffel führt, kann uns ausgekochten Luftkutschern nicht viel passieren. Meistens sind es ein paar arme Greenhörner, die auf dem Heimweg im Kanal baden gehen. Außerdem glaube ich nicht, daß die Vettern drüben das noch lange aushalten. Diesmal brannte alles. Wie Helmut, trotz der Festbeleuchtung, die Tommys doch noch hinters Licht geführt hat, das war, schlicht gesagt, ein Meisterstück. Im Horst daheim klatschte ich ihm einen auf seinen Wattierten und sagte: „Diesmal hast du das Ritterkreuz sicher." Er antwortete: „Mir hängt schon genug zum Halse raus."

Im Kasino lief dann doch alles noch mal in großer Form Vom „Lerchenauischen Glück" war zwar das Ende schon weg, aber dafür gab's „Brüderlein und Schwesterlein" mit richtigem Sekt und eine allseitige Verbrüderung zwischen Luftwaffe und Staatsoper. Der Firmenchef ist ja in beiden Fällen derselbe Hermann. Mein Helmut griff sich die süße C. und sauste mit ihr im Tanz los, einem Mittelding zwischen mecklenburgischer Polka und Pariser Cancan ... Siehst Du, Goldiges, *wir* tanzen, während Ihr in den Metropolen Potsdam und Berlin amtlich dekretierte Enthaltsamkeit übt. Doch diese Vokabel wollen wir uns nicht zur Lebensregel machen. Wenn ich erst wieder bei Dir bin, Geburtstagskind, da wackelt die Wand ... Apropos, um auf besagten Vorfall zurückzukommen: Sind wir nicht Kinder des Wunders, daß Du den Verfolgungen Deiner Mama entgangen bist, weil Du in einem Sanka vorgefahren wurdest? Ich glaub, Du hast einfach simuliert! Und weil wir schon bei der Sache sind, haben der Herr Hauptmann Übelhack, der sich wohl demnächst Major nennen wird – bei mir rutscht der Zeiger auch schon auf den „Ober" hin –, beiliegendes Vermächtnis niedergeschrieben. Für Dich, für mich, für uns, wenn's drauf ankommt. Und es wird drauf ankommen! Er war gerade in grandioser Stimmung.

Entschuldige, Süßes, die rauhen Kriegersitten und den langen Brief. Hie gut Mecklenburg allewege, und in Mecklenburg sind alle Wege lang. Aber der zu Dir ist kurz. Ich bin nämlich bei Dir."

Ilse drückte das Papier an ihre Lippen. Dann nahm sie den im Kuvert beigelegten Halbbogen, auf dem in schwungvoller Schrift zu lesen stand:

Wir, Helmut Friedrich Carl Übelhack, Ritter pp. Luftclown etc., verfügen mit unserm ersten und Letzten Willen, daß meine Lehnsleute, der mecklenburgische Instmann Dieter aus dem Hause Lostau und Ihro Lieblichkeit Ilse von Kemnath-Potsdam-Neu-Babelsberg, allzeit Zutritt zu meinem Haus und Garten am Kleinen Wannsee, nahe dem Vorort Berlin, haben und sich hier nach Lust und Laune - oder auch nur nach einem von beiden – einzeln oder gemeinsam verlustieren mögen. Letzteres dürfte leichter fallen. Meine getreue und allzeit willige Dienstmagd Erna aus dem hochberühmten Hause Krause wird angewiesen, diesen meinen in totaler Besäufnis kundgetanen Willen jederzeit in die Tat umzusetzen bzw. genannten Delinquenten die Möglichkeit zu geben, solches nach ihren Kräften zu vollziehen.

Gegeben zu XYZ
am 1. September (Sedantag) 1940

Übelhack
Hauptmann und Staffelkapitän

Nicht einmal das Dienstsiegel mit Hoheitsadler und Hakenkreuz war dem Käpt'n für seinen Jux zu heilig gewesen.

Grauer Nieselregen fiel. Die Kemnaths beschlossen, in ihre Stadtwohnung überzusiedeln. Das wurde jedesmal ein halber Umzug, da Elisabeth von Kemnath auch auf dem Lande nicht auf die Attribute der Vornehmheit und der Familientradition verzichten mochte. So bedurfte es immerhin eines kleinen Lieferautos, um die vielen Orientbrücken, die Stehlampe mit den Lithographien aus der brandenburgisch-preußischen Geschichte und die pastellenen Ahnenbilder in die repräsentative Etagenwohnung nahe Schloß Cecilienhof zu verfrachten.

Vater Kemnath legte vor allem Wert darauf, daß seine kleine Präsenzbibliothek aus Neu-Babelsberg wieder mit der größeren in Potsdam vereinigt wurde. Hier wurde ihm das Studium seiner historischen Schriften leichter als auf dem Lande. Auch Ilse konnte sich jetzt die täglichen S-Bahn-Fahrten zur Schule sparen. Weil das Abitur seine Schatten vorauswarf, war ihr diese Erleichterung lieb.

Eines Tages brachte Frau von Kemnath einen Brief von Dieter, mit vielsagendem Lächeln. Ilse warf nur einen kurzen Blick darauf, zog sich in ihr Zimmer zurück.

„Ist dir nichts aufgefallen?" fragte die Mutter, ehe Ilse die Tür erreicht hatte.

„Nein. Was soll denn sein?"

„Absender: *Ober*leutnant Lostau."

„Das freut mich für Dieter." Sie sagte es nicht sehr überzeugend. Ihr war nur wichtig, was er geschrieben hatte.

Diesmal waren es bloß wenige Zeilen, rasch hingekritzelt: Ilse möge sich nicht sorgen, falls einmal eine Zeitlang die Feldpost ausbliebe. Gewisse Dinge könnten in kurzem eine Postsperre notwendig machen.

Die verschlüsselte Nachricht deutete darauf hin, daß der Generalangriff auf England begann und der Krieg jetzt in sein letztes Stadium trat. Ilses Verlobung mit Dieter, die nach Kemnathscher Familientradition am Heiligen Abend stattfinden sollte, konnte dann vielleicht schon in der großen Jubelstimmung des Friedens gefeiert werden. Denn daß den genialen Blitzkriegen des Führers, die in der Englandaktion ihren Höhepunkt finden würden, ein ebenso rascher und triumphaler Friedensschluß folgen werde – mit einer Neuordnung der Welt unter Deutschlands Führung –, wurde in diesem Herbst allenthalben kolportiert.

Anfang Oktober begann ein beständiger Altweibersommer mit kühlen Morgen, aber warmen Tagen, in denen oft ein feiner Dunst über den märkischen Seen lag.

Ilse beschloß, einen dieser schönen Nachmittage zu einem heimlichen Ausflug nach Wannsee zu nutzen. Sie mußte wieder einmal an dem Haus vorübergehen, in dem ihr Glück begonnen hatte. Ihr Wunsch wurde so lebhaft, daß sie die letzte Strecke bis zur Villa der Übelhacks im Dauerlauf zurücklegte.

Da stand das Haus. Ein Messingschild mit einem altmodischen Röschenmuster: ÜBELHACK. Die Gartentür war nur angelehnt. Ilse konnte der Versuchung nicht widerstehen, durch dieselbe Pforte einzutreten, die sie einst – es kam ihr so lange vor – mit unsagbaren Gefühlen verlassen hatte. Sie ging um das Haus herum. Eine Frau mit rundlichem Gesicht, rotwangig und mit einer nickelgerandeten Brille, schrubbte die Terrasse.

„Suchen Sie was?" fragte sie, als Ilse näher trat.

„Sie sind sicher Frau Krause?"

„Die bin ick. Worum handelt sich's?"

„Ich bin befreundet mit Hauptmann Übelhack. Das heißt, mein Verlobter ist es."

„Na, denn wissen Sie ja det Unglick. So 'n junger Mensch!"

„Unglück?" Ein Stich durchfuhr Ilses Herz. „Ich weiß von nichts."

„Nu, er ist doch tot. Abjestirzt ieber England. Det Ritterkreuz ham sie ihm auf den Sarch jelegt, ham sie dem alten Herrn jeschrieben. ‚Nach dem Tode verliehen.' Da kann er sich nu wat für koofen und sein Vater ooch ... Frollein, der Krieg ist eine ..."

Das schlimme Wort, das sie gebrauchte, hörte Ilse schon nicht mehr.

Schluchzend sank sie zusammen. Die freundlich mütterliche Frau schleppte schnell einen altersgrauen Korbsessel herbei und hob das Mädchen hinein.

„Entschuldigen Sie bloß, Frollein. Ick wußte ja nich, det Sie dem Herrn Helmut so nahejestanden haben ... Ick hab ihn ja ooch verloren. Dreie war er, wie ick ins Haus kam. Ein wonniger Bengel. Und jetzt kann jeden Tag der alte Herr Übelhack kommen. Wat soll er nu hier noch, im leeren Hause? Der Helmut war sein Einzijer."

Ilse hörte nichts und sah nichts. Ein hartes Schluchzen stieß ihren Körper. Die Frau strich ihr, wie einem Kind, übers Haar. „Det wird der letzte nich jewesen sin ..."

Dieses Wort, gutmütig als Zuspruch gemeint, war dazu am schlechtesten geeignet; denn was Ilse nach zwei Wochen einer zwar angekündigten, aber doch nicht wirklich erwarteten Postsperre manchmal als dunkle Furcht verspürte, wurde ihr nun beinahe zur Gewißheit: daß auch Dieter das Schicksal seines Staffelkapitäns ereilt haben könnte.

Sie hätte nachher nicht zu sagen vermocht, wie sie von der Terrasse am Kleinen Wannsee weggekommen war, wie sie die S-Bahn erreichte und in Potsdam nach Hause lief. Sie rannte daheim die Treppen hinauf in ihr Zimmer. Sie schloß es ab und warf sich schluchzend aufs Bett. Als ihre Mutter sie zum Abendessen holen wollte, antwortete sie nicht. Sie gab auch keinen Laut von sich, als an die Tür geklopft und hernach mit den Fäusten dagegengetrommelt wurde. Erst als der Vater, vom Lärm aufgestört, dazukam und sie zu öffnen beschwor, riegelte sie die Tür auf.

Die Eltern hatten ihr Kind noch nie so gesehen, starr, fremd und mit unheimlichen, wissenden Augen.

„Was ist?“ fragte der Vater. „Dieter?“

„Nein, Übelhack. Sein Freund. Aber ich glaub nicht, daß Dieter das überlebt.“

„Kind, wenn du ahntest, was man im Krieg zu überleben vermag. Wenn die Besten fallen, ist das immer ein Aufruf für die andern, erst recht durchzuhalten. Ich hab's so oft erlebt. Und dein Dieter wird's auch schaffen. Weil er weiß, daß du auf ihn wartest.“

Frau von Kemnath stand hilflos neben ihrem Kind. Sie hatte ihren Mann schon lange nicht mehr in einem so persönlichen Bekenntnis sprechen hören.

Sie streichelte ihm über das weiße Schläfenhaar, eine Geste, die Ilse so rührte, daß sie die Schultern der Eltern umfaßte und ihr tränenüberströmtes Gesicht zwischen ihre beiden Köpfe legte.

Schon am nächsten Tag kam ein Brief von Dieter, der mit kargen Worten von Übelhacks Tod berichtete. „Sie haben mir die Staffel gegeben“, hieß es danach. Kein Kommentar, nur ein kurzer Gruß.

„Das verpflichtet ihn erst recht“, sagte Herr von Kemnath, als Ilse ihm den Brief zeigte.

Vater und Tochter gewannen in diesen Tagen ein neues kameradschaftliches Verhältnis zueinander. Ilse litt darunter, die Qual ihres Vaters zu sehen, wenn vor einer Sondermeldung das brutale Auftrumpfen der England-Fanfare ertönte. Dann kamen die Meldungen von neuen Angriffen auf London, von ungeheuren Zerstörungen und gewaltigen Flächenbränden.

Herbert von Kemnath hatte in den Jahren seiner Londoner Tätigkeit diese Riesenstadt beinahe planmäßig erforscht und lieben gelernt: die imperiale Wucht der Gebäude in den Banken-, Zeitungs- und Geschäftsvierteln, die kleinstädtisch stillen Squares mit ihren patrizisch-viktorianischen Häusern, Hyde Park mit seinen Reitern und Rednern, die nobel abweisende Repräsentanz der feudalen Reihenhäuser in Kensington. Und dies alles nur noch „Fläche“, eingezeichnet auf Generalstabskarten. Anfänglich hatte er das Radiogerät nach der

Ankündigung von Sondermeldungen immer abgeschaltet. Aber er brachte es nicht mehr fertig, seit er beobachtet hatte, wie sein Kind diesen Meldungen lauschte – mit angstvollen Augen und halbgeöffnetem Mund. Ilse hörte, wie groß die Verluste der englischen Luftwaffe, der R.A.F., bei diesen Angriffen gewesen und daß nur wenige eigene Maschinen nicht zu ihren Ausgangspositionen an der Atlantikküste zurückgekehrt seien. Nur wenige, doch in einer davon hatte Übelhack gesessen, und in einer konnte Dieter Lostau sein. Herbert von Kemnath litt mit seiner Tochter, und der Gedanke bereitete ihm Qualen, daß sein eigener künftiger Schwiegersohn die Stadt zerstören half, von der er gehofft hatte, daß sie seinen Kindern zur zweiten Heimat werden könnte.

Ilses Mutter, verblendet von nationalen Triumphgefühlen, verstand von den Nöten der beiden nichts. Sie saß wie ein exaltierter Backfisch im Kino, wenn in der Wochenschau die heimgekehrten tapferen Besatzungen aus der Hand ihres Führers die Ritterkreuze empfingen. Was für eine Zeit und was für prächtige strahlende Jungs! Immer hoffte sie, Dieter Lostau in solch einer wundervollen Szene zu entdecken.

Sie begriff Ilse nicht, die einmal vor dem Hauptfilm weglief, weil sie meinte, Dieters Gesicht unter den Männern gesehen zu haben, die aus den Maschinen einer zurückgekehrten Staffel kletterten. Diese Gesichter standen in einem merkwürdigen Gegensatz zu den siegestrunkenen Kommentaren: sie waren hart, müde, von der überstandenen Todesnähe gezeichnet.

VON den ersten Adventstagen an duftete es im Hause nach Gebackenem. Großmutter Schulz begann die Küche zu beherrschen. In solchen Zeiten kapitulierte Frau von Kemnath mit ihrem Adelsstolz vor der Lehrersfrau aus den schlesischen Gebirgen. Im Kochen und Backen war die ihr über. Dann ließ sie manches über sich ergehen, was die alte Frau an taktlosen Bemerkungen nicht unterdrücken konnte. „Weißte noch, Else“, sagte sie eines Tages beim Ausstechen von Weihnachtssternen – sie weigerte sich, ihre Tochter „Elisabeth“ zu nennen –, „wie Vater im November achtzehn heimkam? ‚Nu haben die Sozis gesiegt‘, sagte er, ‚wir sind gegen sie gewesen, aber sie haben recht behalten! Wenn die dranbleiben, gibt's nicht noch amal so einen Schlamassel.' Dein Schwiegervater, der alte Kemnath, hat ihm recht gegeben. Das war ein anständiger Mann. General. Aber er *dachte*. Vater meinte, das tun nicht alle Generäle. Siehste, wie die jetzt vor dem Gefreiten kuschen, weil der ihnen Orden um den Hals hängt. Von dem möcht ich mir nischt um den Hals tun lassen. Wenn der amal nicht mehr siegt, is es doch nur a Strick."

„Hör doch endlich auf!" Nun wurde es Frau von Kemnath zuviel. „Du weißt ja nicht, was du redest. Grade weil Vater aus dem Volke kam, hätte er diese Bewegung begeistert mitgemacht."

„Bewegung! Was sich in dem bewegte, das war das Giftgas, das er in Flandern geschluckt hatte. Von innen heraus hat's ihn zerfressen. Zweiundzwanzig is er gestorben, und jetzt bin ich froh, daß er dreiunddreißig nicht mehr zu erleben brauchte. Mit deinem Mann verstand er sich auch immer ..."

„Du weißt doch, daß man Herbert wegen seines Kriegsleidens manches nachsehen muß."

„Eben. Der hat genauso ein Ding weggekriegt wie Vater. Und wer a bissel Phantasie hat, fängt dann 's Nachdenken an. Wer sich aber noch amal die Pfoten verbrennen will, mag's am Jüngsten Tage tun, wenn er dann 's Glücke hat, daß er seinen Schädel in dem Knochenhaufen wiederfind't ..."

„Ich verbiete dir, noch so ein Wort zu sagen. Rolf und Jürgen stehen an der Front – und wenn Ilse das hörte! Ihr Dieter fliegt jede Nacht über England. Die Jungen bringen Opfer, und wir in der Heimat reden Blödsinn."

„Ja, leider. Viele singen ihn auch. Aber ich bin schon stille, Tochter. Schieb jetzt die Sterndel in den Ofen. Er ist heiß genug!"

Eines Tages war all das braun und knusprig Gebackene – die Sterne, die Halbmonde und die Nikoläuse – in Pergamentpapier verpackt und in Aluminiumkästen verstaut. Frau von Kemnath atmete auf. Nun brauchte nur noch der künftige Bräutigam zu kommen ...

JE NÄHER Weihnachten kam, um so mehr wurde Ilse von einer unbegreiflichen Angst gepackt. Manchmal hätte sie nicht zu sagen vermocht, ob sie sich mehr vor der Verlobung fürchtete oder davor, daß Dieter nicht zurückkehren könnte. Sie konnte nachts nicht einschlafen, weil sie zu grübeln begann. War ihr dieser baumlange junge Offizier, den sie durch einen Zufall kennengelernt hatte, nicht im Grunde noch ganz fremd und fern? Und was war sie diesem Dieter Lostau? Ein Abenteuer unter vielen, eine kurze Urlaubsbekanntschaft von zwei Tagen. Aber er flog jetzt Nacht für Nacht über London. Über London, das ihr Vater liebte. Und sie liebte ihren Vater. Die Gedanken gingen wunderlich schmerzhaft im Kreis.

Dieter traf einen Tag früher ein, als er erwartet worden war. Als er klingelte, kam Ilse an die Tür. Sie schrak zurück und wurde blaß. Dann flog sie ihm an den Hals.

„Ja, ich bin's schon, Mädchen." Er schien ihr kurzes Erschrecken bemerkt zu haben. „Ein bißchen müde natürlich." Er sah nicht bloß müde aus. Er wirkte verfallen. Scharfe Falten liefen von seiner Nase zu den Mundwinkeln. „Ich bin wieder mal von einem Luftkutscher mitgenommen worden. Wie damals."

„Du weißt nicht, wie glücklich ich bin. Komm rein. Dein Zimmer oben ist schon in Ordnung. Gut, daß du Mutter nicht gleich in die Hände läufst – sie ist zu Einkäufen in Berlin. Manchmal hab ich das Gefühl, daß sie die Hauptperson ist – morgen in acht Tagen."

„Verrückt, was? Verlobung! Als ob wir das noch nötig hätten ..."

Ilse küßte ihn auf der Treppe und preßte ihn gegen das geschwungene Holzgeländer.

„Vorsicht! Hier möchte ich nicht grade abstürzen ..."

„Pst! Ich glaube, es hat niemand bemerkt, daß du gekommen bist. Vater schläft um diese Zeit!"

„Um so besser!"

Ilse öffnete ihm die Tür zu seinem Zimmer. Dieter nahm ihr Gesicht in beide Hände und schaute in ihre Augen.

„Müssen wir wieder erst warten, bis die Sonne aufgeht?"

Sie schüttelte den Kopf.

Am 23. Dezember begann im Potsdamer Haus der Kemnaths ein Leben, wie es das seit den Vorkriegsjahren nicht mehr gegeben hatte. Ilse meinte, vor ihrer Konfirmation sei es das letztemal so gewesen. Eine Kochfrau vom alten Schlag – mit grauem Dutt und weißer Schürze – begann in der Küche zu regieren. Boten von Gärtnereien und Blumengeschäften klingelten. In allen Zimmern dufteten Hyazinthen. Weiße Blumen. Die ersten Telegramme trafen ein. Frau Elisabeth hatte nicht versäumt, das bevorstehende Familienereignis im Hause von Kemnath weithin bekanntzumachen. Es war gar nicht abzusehen, was erst am folgenden Tag, dem Heiligen Abend, geschehen würde.

Ilse und Dieter fingen gerade an, den Weihnachtsbaum zu schmükken, als wieder einmal der Telegrammbote klingelte und einen Stoß von Depeschen brachte. Eine davon war an Oberleutnant Lostau adressiert. Dieter öffnete das Telegramm und legte es auf die Flurgarderobe. Ilse nahm es auf und las.

„Was soll denn das heißen? Ich verstehe kein Wort."

„Ich muß sofort zur Truppe zurück."

„Die Landung in England? Doch nicht ausgerechnet jetzt?"

„England? Daran glaubt bei uns keiner mehr."

„Aber wie soll denn dann der Krieg zu Ende gehen?"

„Weiß ich's?"

4. Kapitel

IN MATHEMATIK und in den naturwissenschaftlichen Fächern stand Ilse von Kemnath schlecht – in allen Sprachen, auch in Deutsch, vorzüglich. Der Tag, an dem sie bei Fräulein Dr. von Heygendorff ihren Abituraufsatz schreiben mußte, war ihr bester Prüfungstag, an dem sie mühelos andere schwache Fächer herausreißen konnte. Beim Durchlesen fand sie ihren Aufsatz sehr geglückt. Wer fertig war, durfte sich nach Belieben beschäftigen. Ilse las einen Brief. Wieder einmal ein ganz langes, mit privater Kurierpost geschicktes, unzensiertes Schreiben, das sie am Vortag erhalten hatte und das ihr das wichtigste schien, seit sie Dieter kennengelernt hatte. Jetzt las sie es noch einmal, langsam, Wort für Wort.

Liebes, Du wirst ja nun als geübte Rätselleserin längst herausgekriegt haben, wo wir sind. Lange genug habe ich mit Palmwedeln gewinkt. Sizilien ... Mädchen, eins steht fest: hierher machen wir unsere Hochzeitsreise! Hier fangen doch wahrhaftig schon die Rosen zu blühen an – und ein Duft ist das, wie ihn alle Drogerien von Güstrow und Potsdam zusammen nicht zustande bringen. Und der Ätna raucht – schlimmer als unser neuer Kommandeur. Ein zigarrenrauchender Sachse. Manchmal verteilt er auch Zigarren, moralische. Ich kriegte neulich eine von ihm verpaßt. Wegen einer tollen Geschichte – Du wirst Dich wundern. Ich fuhr mit einem Kübelwagen zu unserm Feldflugplatz – ich hatte was in Catania zu tun gehabt –, da liegt in der Gegenrichtung ein anderer Kübel schief auf der Straße. Ein Panzerhauptmann – schwitzt wie ein Affe und montiert sein Rad ab. Ich mache Männchen: „Darf ich Herrn Hauptmann behilflich sein?" – „Fragen Sie nicht, fassen Sie an", antwortet er ein bißchen ruppig. Aber man konnte es ihm nicht übelnehmen, bei der Sauhitze. „Gestatten übrigens, Lostau", sage ich, während ich schon das Reserverad rauswuchte. „Ich gestatte", sagt er und grinst ein bißchen. Nennt aber seinen Namen nicht. Na, denn nicht, denke ich. Als wir fertig sind, gibt er mir seine dreckverschmierte Hand, sagt: „Danke schön" und nuschelt dazu: „Kemnath". (Wußtest Du, daß Dein Bruder nuschelt? Er tut's.) Ich: „Ich kenne auch Kemnaths. In Potsdam." Er: „Da bin ich auch her." – „Von Kemnath", ergänze ich, „und die Tochter heißt Ilse." – „Meine Schwester heißt Ilse", sagt er. „Und es gibt in ganz Potsdam nur eine Ilse von Kemnath. Dann sind Sie also Herr Lostau." Mich haute diese historische Begegnung beinahe um. Trotzdem wurde mir ein bißchen sauer im Magen, weil Dein teurer Bruder plötzlich so dienstlich guckte. Er setzt seine Mühle in Gang und sagt: „So, nun machen Sie mal kehrt marsch nach Catania. Ich muß mir doch den Herrn Oberleutnant angucken, der da was mit meinem minderjährigen Schwesterlein vorhat." Ich sagte, ich müsse leider sofort zu meinem Platz zurück. „Müssen oder wollen?" fragt er, und weil Dein Bruder so aussieht, als riefe er sogar Kommandeure von anderen Waffengattungen an, antworte ich: „Wollen." Bruder Jürgen – den Vornamen wußte ich natürlich von Dir – machte daraufhin bloß so eine Geste mit der rechten Hand, und dann drehte ich meinen Kübel um, und wir brausten ab nach Catania. Mädchen, haben wir einen flottgemacht! Mit Ätnawein. Der ist zur gleichen Zeit im Kopf und in den Beinen, eine tolle Sache! Es dauerte denn auch nicht lange, und der Herr Hauptmann nuschelte etwas, das wie „Schwager" klang. Und dann ging das übliche Gereibe los: Welches ist der feinere Verein? Ich sagte natürlich: Das ist die Luftwaffe. Beweis: Sie hätten mich zurückgeholt, als ich mich grad verloben wollte. Wir müßten überall Feuerwehr spielen, wo's brennt. Er dagegen: Die Panzer wären noch viel mehr Feuerwehr – ihm hätte man seinen Weihnachtsurlaub gleich von vornherein gestrichen. Schließlich einigten wir uns: er – Berufsfeuerwehr, ich – freiwillige Feuerwehr. Welche dabei am kräftigsten auf die Spritze drücke, werde sich ja bald in Afrika zeigen. Den Tommys auf ihrer Insel die Luft rauszulassen hätte zu viele Opfer gekostet. Jetzt nehmen wir ihnen Ägypten und dann wahrscheinlich auch noch Indien weg, dann sind sie geliefert. Ich denke, bis zum deutschen Sommer – was Ihr da droben Sommer nennt – ist die Sache geschafft. Aber wie's auch kommt: im Juni wird geheiratet. Den Urlaub hab ich bei meinem Chef schon so gut wie sicher. (Die Zigarre hat er mir bloß verpaßt, weil ich so veilchenblau in den Horst zurückkam!) Und Jürgen hat geschworen, er gibt der Festivität durch sein Erscheinen den ranghöheren Glanz. (Vielleicht schaff ich den Käpt'n bis dahin auch!) Und nun noch mal zu der ganz tollen Sensation, die Du mir geschrieben hast ..."

Als Ilse mit dem Lesen soweit war, gab es Unruhe im Klassenzimmer. Zu ihrer Linken war Ingrid Mangelswerth mit dem Kopf auf die Bank gesunken.

Die Heygendorff lief vom Katheder und bat die andern Mädchen, auf ihren Plätzen zu bleiben. Sie strich Ingrid übers Haar, dann bat sie Ilse, die offenbar nervlich überreizte Kameradin ein paar Minuten an die frische Luft zu führen.

Während sie durch die Tür gingen, ließ sich Ingrid eindrucksvoll stützen.

Auf dem Flur lehnte sie die Hilfe ab.

„Ist's nicht so schlimm?" fragte Ilse.

„I wo." Die kleine Mangelswerth war eine begabte Komödiantin und hatte bei Schüleraufführungen immer die Hauptrollen gespielt. Sie hoffte sogar, nach dem Abi auf eine Schauspielschule gehen zu können. „Du, Ilse", sagte sie, „ich hab doch den Quatsch mit ‚Deutschland – Volk ohne Raum' geschrieben. Und jetzt brauch ich noch einen schwungvollen Schlußsatz. Weißt du, was der Führer im Osten alles einkassieren will?"

Darüber war sich Ilse auch nicht ganz im klaren, obwohl im Bund kürzlich ein Referat über unabdingbare territoriale Forderungen nach diesem Krieg gehalten worden war. Da war wohl vom Baltikum und der Ukraine gesprochen worden, doch die Sowjets seien ja jetzt

Verbündete und es könne sich da nur um „Interessensphären" handeln.

„Interessensphären ist ein prima Wort", sagte Ingrid begeistert, „ich schreib einfach ‚deutsche Interessensphäre bis zum Ural' – das macht denen sicher Eindruck."

Mit geminderter Leidensmiene zog die Schülerin Mangelswerth wieder in das Klassenzimmer ein. Bald darauf schrillte die Pausenglocke, und der Prüfungstag war zu Ende.

Auf dem Heimweg traf Ilse ihren alten Tanzstundenherrn Gerhard Müller-Wunsdorf, den sie seit ihrem Geburtstag im September nicht mehr gesehen hatte.

Gerhard begleitete sie ein Stück und fragte, wie sich das mit dem schriftlichen Abi so anließe. Das Viktoria-Gymnasium sei damit eine Woche später dran. Das ergebe leider auch eine um acht Tage verkürzte Muluszeit, meinte der Oberprimaner.

„Und was machst du danach?" fragte Ilse.

„Medizin studieren. Aus Familientradition. Außerdem fördern sie das im Krieg ganz besonders."

„Ich möchte auch Medizin studieren."

„Was?" Gerhard schlug der Freundin kollegial auf die Schulter. „Das ist ja großartig. Dann können wir unsern Einzug in die Uni gemeinsam feiern. Du, das freut mich."

„Mich auch, Gerd."

Dabei sah Ilse ihn mit einem Blick an, aus dem er nicht ganz klug wurde. In ihren Augen war etwas Neues. Vielleicht war diese Affäre mit dem Leutnant vom vorigen Sommer vorüber? Das konnte angenehme Aussichten für das gemeinsame Studium ergeben. Erst vor dem schmiedeeisernen Gartentor, das zum Kemnathschen Haus führte, verabschiedete er sich mit einem „toi, toi, toi" für die Prüfung. Er war schon weitergegangen, als Ilse ihn noch einmal zurückrief.

„Was ist denn?"

„Wann hat dein Vater Sprechstunde?"

„Dreimal in der Woche von fünf bis sieben privat. Aber jemand aus deiner Familie kann sich doch auch außer der Zeit anmelden."

„Danke ... Ich komm in den nächsten Tagen."

„Du? Was willst du denn bei meinem alten Herrn?"

Diese Frage beantwortete Ilse nicht. Sie wurde rot, biß sich auf die Lippen und machte kehrt. Sie hatte schon das kleine Gartentürchen neben dem großen Portal zugeschlagen, als Gerhard ihr noch immer nachstarrte.

PROFESSOR FRIEDRICH MÜLLER-WUNSDORF war nicht das Idealbild des interessanten Frauenarztes, wie es über die Filmleinwände geistert. Er sah eher aus wie ein Kassenarzt aus dem Berliner Norden, mit einem sauberen, an einigen Stellen sorgfältig geflickten Kittel. Er war ein untersetzter Mann, kahlköpfig, mit einer überhohen Stirn, einem fleischigen Mund und mit Augen, die hinter dicken Brillengläsern ein bißchen „plierig guckten", wie einfache Patientinnen mitunter sagten. Aber diese Augen sahen doch sehr tief, und der Ruf des Potsdamer Gynäkologen überstrahlte den manches Fachkollegen mit einem Lehrstuhl an der Berliner Universität.

Die Diagnose im Falle Ilse von Kemnaths war freilich nicht schwierig zu stellen.

„Alles in bester Ordnung", sagte er.

In Ilses Augen kamen Tränen. Also schien hier doch nicht alles in Ordnung zu sein.

„Haben Sie es schon jemandem gesagt?" Da er Ilse schon als kleines Mädchen gekannt hatte, wußte er nicht recht, ob er zu ihr „Sie' oder noch „du" sagen sollte.

„Ich habe es meinem Verlobten geschrieben."

„Und?"

„Der freut sich natürlich."

„Natürlich ... Und weiß es sonst jemand?"

„Meiner Großmutter gegenüber habe ich eine Andeutung gemacht."

„Was sagt die?"

„Sie würde sich auch freuen, meinte sie. Aber ich glaube, bei ihr ist auch ein bißchen Schadenfreude dabei. Immerhin will sie das bei meiner Mutter in Ordnung bringen ..."

Der Professor kratzte seinen kahlen Kopf. Er war taktvoll genug, nicht nach dem Grund der Schadenfreude einer alten Dame zu fragen. Daß es für eine adelsstolze Potsdamer Familie nicht ganz leicht zu schlucken war, wenn ein Kind ein paar Monate zu früh auf die Welt kam, wußte er aus Erfahrung. In schwierigen Fällen hatte er sich dann – manchmal mit einiger Grobheit – eingeschaltet.

„Wann denken Sie denn, daß Sie heiraten können?"

„Wahrscheinlich im Juni."

„Ein Dreimonatskind also. Das werden oft die besten." Der Professor legte seine Hand auf die Schulter des jungen Mädchens. „Wissen Sie, Ilschen – ich darf Sie doch von früher her noch so nennen?" Ilse nickte. „Das Kind kriegen ja wir zwei, und da lassen wir uns auch von niemandem dreinreden. Das machen wir ganz elegant und erstklassig. Nur haben Sie bis dahin allein einige Vorarbeit zu leisten. Vor allem: sich auch zu freuen. Der Bambs muß sich drin schon so wohl fühlen, wie er – beziehungsweise sie – es später draußen tun soll. Kapito?"

Ilse lächelte und schnupfte ein wenig auf.

„Also denken Sie dran: Tränen und so was mag dieser Mensch nicht ... Machen Sie's gut. Und wenn irgend etwas ist, der alte Müller-Wunsdorf ist immer da ..."

ANFANG Juni 1941 tat sich auf den deutschen Straßen und Bahnstrecken etwas Sonderbares. Die ganze riesige Maschinerie der Großdeutschen Wehrmacht schien sich von Westen nach Osten zu verlagern. Durch Deutschland rollte eine kampferprobte, siegreiche Truppe, Offiziere und Männer mit Auszeichnungen. In den Straßen märkischer Kleinstädte und Dörfer bebten Tag und Nacht die Häuser vom Dröhnen der Panzer.

An Bahnübergängen und vor Straßenbrücken stauten sich die Passanten, um den endlosen, langsam fahrenden Güterzügen zuzuwinken.

Manchmal flogen Sommerblumensträuße hinüber, Rufe wie „Macht's gut!" und „Kommt bald heim!" Zuweilen weinte eine Frau, die hinüberschaute.

Die Leute an den Straßen und vor den Bahnschranken diskutierten, was denn diese gewaltigen Transporte quer durch Deutschland bedeuteten. Gerüchte bildeten sich: Es wurde gemunkelt, diese ganze Heeresmacht werde über den Balkan und die Türkei in Ägypten

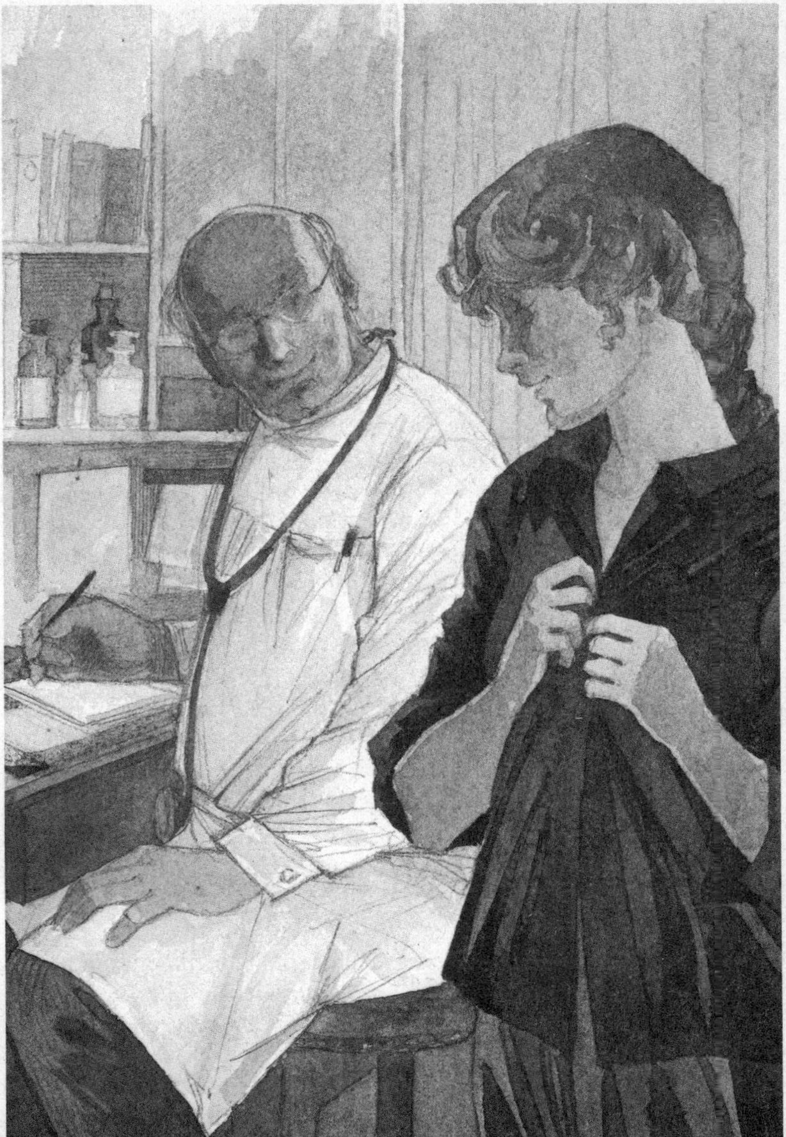

einrücken und dort die Engländer vernichten, die Rommel von Libyen aus vor sich hertreibe. Andere meinten, dies sei ein geniales Täuschungsmanöver, da die gesamten Truppen, welche tagsüber hier durchführen, nach großen Umwegen nachts wieder west- und nordwärts rollten, um die Invasion in England zu beginnen. Einige wenige behaupteten sogar, damit werde Hitler die Sowjetunion angreifen.

Auch Ilse sah diese Transporte, wenn sie von Neu-Babelsberg – dorthin waren die Kemnaths Anfang Mai wieder übersiedelt – zum Lehrter Bahnhof fuhr. Von dort ging sie zu Fuß zur Charité oder zu den anderen Instituten der medizinischen Fakultät. Manchmal fuhr sie nach den Nachmittagsvorlesungen mit der Buslinie 2 zum Kurfürstendamm, um sich an die nächtliche Fahrt mit Dieter zu erinnern. Sie stieg dann Ecke Leibnizstraße aus und ging den Weg bis zum Bahnhof Charlottenburg, der ihr Schicksal geworden war. Als es die ersten Kirschen gab, kaufte sie eine Tüte am selben Obststand, an welchem sie am Tag der französischen Kapitulation ein Pfund erstanden hatte. Diesmal wehten keine Fahnen, und keine Kinder schrien beim „Hopse"-Spiel. Ein dünner, lauer Sommerregen fiel.

Krause erkannte die junge Kirschenkäuferin wieder – sein Gedächtnis für Gesichter war ungewöhnlich. Als Ilse sich von seinem Stand entfernte, bemerkte er mit dem kundigen Blick des Familienvaters etwas, das ihn schmunzeln ließ ...

Daß auch andere es bemerkten, sah Ilse daran, daß ihr mitunter schon ein Platz im Bus oder in der S-Bahn angeboten wurde. Manchmal erkannte sie es an den hochgezogenen Brauen von Damen ihrer Potsdamer Bekanntschaft. Es war nicht immer leicht, das Lächeln beizubehalten, das der alte Müller-Wunsdorf ihr anbefohlen hatte.

Daheim war jetzt soweit alles in Ordnung. Mutter hatte ihre alte Platte von „Schande" und gesellschaftlichem Skandal abgespielt, und Großmama Schulz war Siegerin auf der ganzen Linie geblieben. Schlimmer war es, das liebevolle Mitleid im Gesicht des Vaters zu sehen.

In den letzten vierzehn Tagen hatte bei Elisabeth von Kemnath eine wieselhafte Betriebsamkeit auch die letzten moralischen Bedenken überwunden. Jetzt galt es, die Hochzeit vorzubereiten. Daß vor genau zwei Wochen eine allgemeine Postsperre von der Front eingesetzt hatte, schien sie nicht zu beunruhigen. Sie war wieder einmal der Meinung, ihrem Wunschdenken müsse sich die Weltgeschichte unterordnen.

So sah Elisabeth von Kemnath in der rosengeschmückten Friedenskirche den festlichen Einzug eines jungen Paars, des Oberleutnants Dieter Lostau – vielleicht hatte er bis dahin schon das Ritterkreuz – mit Ilse, die ein vorteilhaft weit fallendes Atlaskleid tragen würde. Die blumenstreuenden und schleppentragenden Kinder waren bereits im besten märkischen Adel ausgesucht worden. Jürgen, dem noch im rechten Augenblick das dekorative Deutsche Kreuz in Gold verliehen worden war, würde Heidrun von Badekow führen. Die beiden kannten sich schon von der Tanzstunde her, und Frau Elisabeth hätte dieses sehr blaublütige Reis gern dem eigenen Stammbaum aufgepfropft. Die Hochzeit konnte diesem Vorhaben durchaus dienlich sein.

Die Trauungsvorbereitungen waren, wie die Mutter Ilse gegenüber zu betonen pflegte, beste preußische Generalstabsarbeit. Das Brautkleid stand auf einer Schneiderpuppe in ihrem Potsdamer Schlafzimmer, eine große Gärtnerei in Bornim tat offenbar eben nichts anderes, als einige hundert Rosenknospen so zu entwickeln, daß sie am festlichen Tag genau zu einem Drittel erblühen würden, und den Pastor Heimdörffer sah Frau von Kemnath in seiner Studierstube über der Aufgabe brüten, einen Konfirmationsspruch in einen Trautext zu verwandeln.

An Ilse rauschte all dieses geschäftige Treiben vorbei, als bezöge es sich auf eine fremde Person. Eines Tages bekannte sie das ihrer Großmutter, die, wie üblich, zu den Backvorbereitungen in die Stadtwohnung zitiert worden war, wo die Hochzeit gefeiert werden sollte.

„Jesus, beschrei's nicht, Kindel!" hatte die alte Frau ausgerufen und sich dabei beschwörend bekreuzigt.

Daß sie solches tat, ließ Ilse mutmaßen, daß auch sie an einer termingemäßen Hochzeit zu zweifeln begann.

Nur eins würde sich zum rechten Termin einstellen: ihr Kind. Mit jedem Tag fiel ihr das Lächeln schwerer.

Ende Juni wurde es sehr warm. Die Stadtwohnung der Kemnaths war auf Hochglanz hergerichtet und roch durchdringend nach echtem Bohnerwachs, von dem die Hausfrau noch einen kleinen Vorrat für besondere Fälle gehortet hatte.

Eines Abends saß Ilse auf einer Bank vor Schloß Sanssouci und schaute, wie die Sonne hinter den Parkbäumen unterging. Früher hatte man dann in den Häusern der Stadt die ersten Lichter gesehen. Jetzt wurden dort die schwarzen Papierrollos heruntergelassen. In den Schlössern begann man seit einiger Zeit, wertvolle Bücher, Bilder und Möbel „auszulagern", wie das amtlich genannt wurde. Das beunruhigte sie.

„Guten Abend, Ilschen", hörte sie eine Stimme hinter sich.

Sie drehte sich um.

Professor Müller-Wunsdorf stand hinter ihr.

„Guten Abend, Herr Professor. Wollen Sie sich nicht setzen?" Ilse rückte zur Seite und machte eine einladende Bewegung.

„Danke, aber nur für einen Augenblick. Ich muß dann gleich wieder runter. Ich komm mir sowieso schon vor wie ein Bub, der die Schule schwänzt. Aber es roch heute so nach Sommer – ich mußte mal da rauf. Wie steht's übrigens mit unserem Kind?"

„Danke, ich fühl mich ganz ordentlich."

„Nachricht vom Papa?"

„Nein. Ich glaub jetzt nicht mehr an die Hochzeit."

„Ich hab schon eine Menge von Prachtkindern gesehen, wo kein Papa aufzutreiben war. Darüber machen Sie sich mal keine unnützen Gedanken. Außerdem scheint eben so etwas wie totale Postsperre zu sein. Es liegt was in der Luft. Unsere Ärzte werden dauernd herumkommandiert ..."

„Ihr Gerhard meinte gestern, sie scheinen zum Endspurt anzusetzen!"

„Hat er gesagt, der kluge Junge? Wissen Sie, Ilschen, manchmal beneide ich den, daß er heute studieren darf – mit so was, wie Sie es sind. Wenn ich an die Kommilitoninnen von früher denke – herrje, das waren rare Exemplare! Sahen aus, als wollten sie uns Mannsbilder für jahrtausendelange Unterdrückung haftbar machen. Jetzt sind das so liebe, natürliche Mädchen ..." Er sah Ilse ein bißchen wehmütig an.

„Mit Kind“, ergänzte sie. „Das hat’s damals sicher nicht gegeben.“

„Bestimmt nicht. Vielleicht war das der Fehler ... Aber jetzt wird’s höchste Eisenbahn zum Abstieg. Entschuldigen Sie mich.“

„Ich begleite Sie, Professor. Es wird dunkel. Der Park wird bald geschlossen.“

Sie gingen miteinander die geschwungene Freitreppe der großen Terrassenanlage hinunter, wo hinter den Glasscheiben der Gewächshäuser Apfelsinen und Zitronen reiften.

Ilse registrierte, daß dem Arzt das Gehen nicht leichtfiel. Er zog sein rechtes Bein ein wenig nach. Ilse tat, als bemerke sie es nicht. Sie sagte: „Mein Verlobter sitzt mitten in Orangenhainen, hat er geschrieben.“

„Da soll er mal ruhig sitzen bleiben, solange es geht.“

Drunten stiegen aus dunklen Büschen nahe dem Wasser einzelne Glühwürmchen auf.

„Johanniskäferchen“, sagte Professor Müller-Wunsdorf. „Fahrplanmäßig! In drei Tagen ist Johannisnacht.“

Am 22. Juni begleitete Elisabeth von Kemnath ihre Tochter in die Stadt. Sie hatte am Vortag bemerkt, daß zuwenig Sektgläser im Büfett waren, und fuhr mit bis zum Bahnhof Friedrichstraße, um in einem Spezialgeschäft am Oranienburger Tor noch ein weiteres Dutzend von ihrem Traditionsmuster zu besorgen. Da sie erst am Abend mit Ilse zurückkommen wollte, hatte sie ihre Mutter gebeten, an diesem Tag für ihren Mann zu kochen.

Die alte Frau Schulz hatte es eigentlich recht gern, allein in der weiträumigen Etagenwohnung zu wirtschaften. Sie hielt alle Fenster geöffnet, weil es draußen ziemlich warm war, und trällerte stillvergnügt vor sich hin. Plötzlich hörte sie aus dem Fenster des Nachbarhauses Fanfarensignale aus dem Lautsprecher und dann eine hochtönend geblähte Stimme.

„Halt du doch die Gusche“, brummelte die Alte vor sich hin. Alles, was mit Fanfarenmusik verbrämt wurde, kam für sie vom „Lügenjoseph“, ein Wort, das sie freilich in Gegenwart ihrer Tochter nicht zu gebrauchen wagte.

Drüben spielten sie Märsche, es wurden zackige Soldatenlieder gesungen – auch das konnte sie nicht dazu bringen, das Gerät im

Wohnzimmer einzuschalten. Aber dann drangen aufgeregte Stimmen von der Straße herauf, und in solchen Fällen konnte Mutter Schulz nicht widerstehen zuzuhören. Straßengeschwätz war immer interessant. Zwei alte Herren unterhielten sich über die Straße hinweg.

„Na, hab ich's Ihnen nicht gesagt, Witzgall? Wir schlagen im Osten los! Sie wollten dagegen wetten. Hätt ich's nur getan."

Der mit „Witzgall" Angeredete schaute vorsichtig nach rechts und links, ehe er mit gedämpfter Stimme zurückrief: „Sie wissen doch, Baron, ich hatte gewisse Vorbehalte. Und dazu die Schweinerei, daß wir den Bolschewisten ihr Getreide abgekauft haben. Handelsvertrag. Das kam einem doch wie ein Trojanisches Pferd vor."

„Aber jetzt schaffen sich unsre Jungen da drüben Luft. Wenn erst mal unsere Panzer durch Weißrußland und die Ukraine rollen, hält sie keiner mehr auf..."

Als die beiden Herren die Hüte gegeneinander geschwenkt hatten, lief Mutter Schulz zum Radio und schaltete es ein. Sie brauchte nicht lange zu warten: Die Marschmusik wurde mitten im Takt unterbrochen, und dann wurde – offenbar zum wiederholten Male – bekanntgemacht, daß heute morgen deutsche Truppen die Grenze zur Sowjetunion überschritten hätten und sich in zügigem Vormarsch nach Osten befänden. Um drei Uhr morgens habe die Artillerievorbereitung begonnen, und schon seien die Linien der Roten Armee an vielen Stellen durchbrochen. Obwohl die alte Schulz den strengen Befehl hatte, „Herrn von Kemnath nicht zu stören", klopfte sie aufgeregt an der Tür zu seinem Arbeitszimmer und trat ein, ohne das „Herein" abzuwarten.

„Was ist denn los?" fragte ihr Schwiegersohn und legte die Brille auf eine aufgeschlagene Buchseite.

„Der Adolf marschiert in Rußland ein!"

„Um Gottes willen" – Herbert von Kemnath war aufgesprungen –, „das ist ja Wahnsinn!"

„Herbert, was soll denn nu bloß aus Schlesien wer'n?" Über das angstvolle Gesicht der alten Frau rollten Tränen.

„Um Schlesien brauchst du keine Angst zu haben, Mutter. Das bleibt weit hinten liegen. Aber unsre Armeen werden draufgehen wie die vom Napoleon."

„Ich hab immer gesagt, das is a Verrickter."

„Du hast es früher gesagt als ich. Hoffentlich sieht's jetzt das ganze Volk. Jedenfalls, eure Hochzeitsvorbereitungen könnt ihr abblasen. Unsere Jungen kriegen so bald keinen Urlaub."

„Ja, und wann wird denn nu amal der Krieg zu Ende gehen?"

Frau Schulz sah ihren Schwiegersohn an, als müsse er – dank seiner höheren Bildung und seines früheren Berufs – Auskunft geben können. Doch Herr von Kemnath schüttelte den Kopf und sagte, nun sei überhaupt kein Ende mehr abzusehen.

Da begann die alte Frau hemmungslos zu weinen. Von draußen wehten jubelnde Fanfarenklänge herein: Liszts „Les Préludes", die neue Kennmelodie für Sondermeldungen aus dem Osten.

5. Kapitel

In Bornim wurden keine Rosenknospen mehr für die Friedenskirche gehegt, und Pastor Heimdörffer durfte seine vorbereitete Traupredigt zu den Akten legen. Die Bohnerwachsböden in der Kemnathschen Stadtwohnung dufteten längst nicht mehr und wurden unfestlich verkratzt.

Dennoch bestand Elisabeth von Kemnath fest darauf, auch weiterhin in der Stadtwohnung zu bleiben. Sie nannte die Trauung den „Tag X", für den alles bereit sein müsse. Der Bräutigam könne ja plötzlich vor der Tür stehen.

Sie vergewisserte sich außerdem, daß die für das Brautgeleit vorgesehenen kleinen Mädchen auch in den Sommerferien jederzeit auf Abruf erreichbar wären.

An jenem Abend nach dem Beginn des Rußlandfeldzugs war sie aus Berlin mit geröteten Wangen heimgekehrt und hatte den Wunsch ausgesprochen, die neuen Sektgläser sogleich in Benutzung zu nehmen und auf diesen Glückstag der entscheidenden Kriegswende zu trinken. Ihr Mann hatte es schroff abgelehnt.

Inzwischen kamen Siegesmeldungen, die ihren Optimismus zu bestätigen schienen. Deutsche Panzer durchbrachen überall die sowjetischen Stellungen, erschienen im Rücken der offenbar völlig demoralisierten Roten Armee, und ganze sowjetische Armeen wurden eingeschlossen. Die Gefangenenzahlen übertrafen bei weitem die bei Tannenberg, der größten Vernichtungsschlacht im Ersten Weltkrieg.

Die Glocken läuteten, und an den Fahnenstangen wehten Siegesfahnen im Sommerwind.

„Wer weiß, wie viele Ängste Ihre Mutter mit diesem euphorischen Taumel verdrängt", sagte Müller-Wunsdorf zu Ilse, die ihn aufsuchte, weil sie keine Bewegung mehr in ihrem Leib zu spüren meinte. Der Professor, der immer mehr zu ihrem Vertrauten geworden war, beruhigte sie nicht nur über das kleine wachsende Leben, sondern auch über den wunderlichen Zustand ihrer Mutter.

„Das Sonderbarste ist", sagte Ilse, „daß sie sich auch gar keine Gedanken mehr darüber zu machen scheint, ich könnte ein Kind haben und keinen Mann. Früher wäre für sie deswegen die Welt eingestürzt – und Potsdam ist für sie nun mal die Welt . . ."

„Vielleicht verdrängt sie auch dieses Gefühl, indem sie sich in eine bombastische Welt versetzt: als vorurteilslose Frau einer neuen Zeit, für die das Kind eine nationale Aufgabe ist."

Ilse nickte.

Es tat ihr gut, mit diesem Mann zu sprechen. Manchmal hatte sie das Gefühl, in ihm einen väterlichen Freund gewonnen zu haben, dem sie alles beichten durfte. Und sie brauchte das, je mehr ihr eigener Vater sich einkapselte und dem oft ungereimten Geschwätz der Mutter mit Schweigen begegnete.

Inzwischen ging für Ilse das erste Semester zu Ende, mit mancherlei Enttäuschungen, wie sie wohl alle jungen Menschen erleben, die mit gläubigem Enthusiasmus ihr Studium beginnen und nun sehen, daß der Abstand zur trockenen Paukerei der Schulzeit, der man für immer entflohen zu sein meinte, gar nicht so beträchtlich ist. Manchmal wurde es ihr auch schon schwer, mit der heißen S-Bahn in die Stadt zu fahren und in den Instituten die vielen Treppen zu steigen.

In den Pausen zwischen den einzelnen Vorlesungen pflegten die Studenten und Studentinnen – diese überwogen jetzt bei weitem – auf den nahen Invalidenfriedhof zu gehen, die einzige grüne Insel in der Nähe. Studenten in Zivil waren selten geworden – das Feld der

Institute drüben und der Toten hier beherrschten die jungen Männer der Militärakademie, die jetzt schon Uniformen trugen und denen man viele Vorteile, auch für ihre zivile Zukunft, im Großdeutschen Reich versprach. Sie blickten mit Verachtung auf die „Zivilgröpel" herab, von denen die meisten irgendwelche mannesunwürdigen Defekte hatten: vielleicht einen „Pneu" oder einen „Dachschaden" ... Gerhard Müller-Wunsdorf gehörte zu den wenigen Intakten, doch mußte auch er schon überlegen, ob es nicht ratsamer wäre, über kurz oder lang die Uniform anzuziehen. Manche Studentinnen hielten sich an ausländische Kommilitonen, vor allem aus den Ländern der Achsenmächte.

Ilse und Gerhard hatten zu ihrem Lieblingsplatz den grünbemoosten und wappengezierten Grabstein eines märkischen Adligen erkoren.

Manchmal kam zu ihnen ein blonder junger Bulgare, der Dragomir Zoneff hieß, vorzüglich Deutsch sprach und sich als sympathischer Gesprächspartner erwies. Die beiden Deutschen nannten ihn „Drago".

Eines Tages, Ende Juli 1941, kurz vor Semesterschluß, zogen die drei wieder einmal eine Bilanz ihres bisherigen Studiums. Der Bulgare stand schon im vierten Semester, war ihnen also weit voraus, und da er Berlin und Deutschland liebte und auch die ersten Enttäuschungen in der Medizin heilsam überwunden hatte, sprach er den jüngeren Kommilitonen Mut zu.

„Nur eines gefällt mir nicht", sagte er abschließend, „der Julius-Handel von Wantschke. Sie beide sind zwar erst im nächsten oder übernächsten Semester dran, aber Sie wissen ja auch schon Bescheid."

Natürlich wußten die beiden Erstsemester, was ein „Julius" war: ein abgetrennter Kopf, den man zum Präparieren bei Professor Stawetz in der Anatomie brauchte. Durch die anatomischen Vorlesungen und die darin vorgeführten Präparate war man hinlänglich auf dieses makabre Fach vorbereitet. Auch daß Wantschke, der Institutsdiener, einen Schwarzhandel mit Köpfen betrieb, war unter den jungen Studenten allgemein bekannt.

„Es ist natürlich unappetitlich, daß einer Menschenköpfe für hundertzwanzig Mark das Stück verkauft", sagte Gerhard, „aber das wird's wohl schon immer gegeben haben. Und wir brauchen schließlich die Schädel."

„Bloß – das Angebot ist jetzt so groß", antwortete Zoneff.

„Die Armenhäuser und Spitäler haben immer ‚Material' geliefert", wandte Gerhard Müller-Wunsdorf ein.

„Diesmal ist es der Henker."

„Nein, Drago, auch wenn die Todesstrafe wieder eingeführt worden ist – so viele Hinrichtungen gibt es in Deutschland nicht! Wo sollten plötzlich die vielen Verbrecher herkommen?"

„Verbrecher – das habe ich nicht gesagt. Aber Staatsfeinde. Feinde Ihrer Regierung."

Obwohl das kaum halblaut gesprochen worden war, sah sich Gerhard erschrocken um, ob nicht hinter einem Stein oder einem Grabkreuz ein heimlicher Lauscher sein könnte.

„Schon dieser Blick von Ihnen scheint mir recht zu geben ..."

„Nein" – der sonst sehr ruhige Student stampfte mit dem Fuß auf –, „das ist eine widerwärtige Propagandalüge! Bitte, glauben Sie doch so was nicht!"

„Leider weiß ich es ..." Zoneff sah, daß Ilse mit aufgerissenen Augen dem Streitgespräch zuhörte, und fügte einlenkend hinzu: „Entschuldigen Sie, Fräulein Ilse, daß ich ein so widerliches Thema begonnen habe. Ich habe nicht daran gedacht ..."

Ilse wußte, was er meinte. Sie gab Zoneff die Hand und ließ sich von ihm hochziehen.

Gerhard stand verwirrt daneben.

„Ich fürchte, Sie haben recht, Drago", sagte sie nachdenklich, während sich die drei zum Gehen anschickten.

Gerhard schüttelte den Kopf. „Wie kommst du darauf, Ilse?"

„Ich habe in den letzten Wochen manches von deinem Vater gelernt ..."

„Ach, Vater! Der stammt aus einer andern Zeit. Er ist voller Vorurteile."

„Aber er kann auch urteilen, Gerhard. Und ich habe Angst, daß wir das ein bißchen verlernt haben ..."

Plötzlich erschien dem jungen Mediziner das Mädchen um viele Jahre älter. Aber das mochte daran liegen, daß sie ein Kind erwartete.

Am nächsten Tag kam seit langer Zeit der erste Feldpostbrief in das Kemnathsche Haus. Herbert von Kemnath war allein. Frau Elisabeth hatte wieder einmal Ilse auf ihrer Fahrt in die Stadt begleitet. Sie sagte, es sei besser, wenn an einem so schwülen Tag mit Gewitterneigung „das Kind in seinem Zustand" nicht allein führe.

Für den Hausherrn stand ein Eintopfgericht in der Röhre, das nur warm zu machen war.

„Heil Hitler, Exzellenz", sagte der alte Briefträger, der bei hochgestellten Persönlichkeiten gern diese Anrede gebrauchte, „nu geht's gottlob wieder richtig an mit der Post von draußen."

„Ja, ja", sagte Kemnath und starrte auf den Brief mit dem fremden Absender.

Dann riß er den Umschlag auf.

„Länger braucht's natürlich, weil die Jungs ja schon halb in Asien stehen. Die Iwans laufen wie die Hasen."

Herbert von Kemnath drückte ohne ein weiteres Wort die Tür ins Schloß. Er hatte schon zu lesen begonnen.

Die beiden Frauen kamen am Abend völlig durchnäßt zurück. Mitten auf der Langen Brücke hatte sie das Gewitter überrascht, das schon den ganzen Tag über drückend in der Luft gelegen hatte. Unter dem Fortunaportal des Stadtschlosses hatten Mutter und Tochter eine Zeitlang Schutz gesucht, waren im abebbenden Regen weitergegangen und hatten sich dann angesichts neuer Schauer immer wieder unterstellen müssen. Ilse war erschöpft, als sie daheim ankamen, und ihrer Mutter hing das nasse Haar strähnig ins Gesicht.

Als sie die Wohnungstür aufschlossen, kam ihnen Herbert von Kemnath aus seinem Zimmer entgegen. Das tat er sonst nie. Er war aschfahl. In seiner zitternden Hand hielt er einen Brief.

Seine Frau starrte ihn entsetzt an.

„Wer?" fragte Ilse, die eine schreckliche Nachricht in den Augen ihres Vaters las.

„Jürgen. Bei Smolensk ..." Herbert von Kemnath fing seine Frau in seinen Armen auf.

„Nein! Nein! Nein! Nein!" schrie sie und trommelte mit den Fäusten gegen seine Brust. Dann führte er sie in sein Zimmer, das sie sonst nur selten betrat.

Ilse stand eine Weile reglos auf dem Flur und fühlte, wie ihr Nässe über das Gesicht rann. Sie wußte nicht, ob es Regentropfen oder Tränen waren.

Die Luft im Raum war dumpf. Sie öffnete eins der Fenster, lehnte sich gegen die Wand und sog die kühlere, reine Luft ein. Über dem Heiligensee und dem Neuen Garten stand eine mächtige blauschwarze Wolkenwand, gegen die das Sommergrün der Bäume ins Grelle verzerrt wurde. Westwärts öffnete sich der Himmel in einem schmalen gelben Lichtstreifen.

Die Gedanken der jungen Frau verwirrten sich qualvoll. Mußte sie sich nicht freuen, daß es nicht um Dieter ging, ihren Mann, den Vater ihres Kindes? Aber Jürgen war ihr Bruder gewesen, der ältere, der ihr zudem stets besonders nahegestanden hatte. Da drunten im Park hatten sie als Kinder zusammen gespielt, immer verbündet gegen Rolf, den jüngeren. Einmal war sie auf dem Heiligensee mit den Schlittschuhen eingebrochen, und Jürgen hatte sie herausgezogen und auf seinen Armen heimgeschleppt. Auch damals hatte die Mutter spitze, schrille Schreie ausgestoßen, als ihr das triefende kleine Mädchen ins Haus getragen wurde. Aber dann war Ilse mit warmen Tüchern trockengerieben worden, und sie erinnerte sich eines süßen, prickelnden Gefühls, als das Leben in ihren Körper zurückkehrte. Niemand konnte Jürgen ins Leben zurückholen.

Wie es wohl geschehen sein mochte? Verbrannt im Panzer? Durch eine Granate? Im direkten Beschuß oder durch eine hochgehende Mine? Ilse hörte durch die ledergepolsterte Tür von Vaters Arbeitszimmer das stoßweise Schluchzen der Mutter.

Sie brachte es nicht fertig, hineinzugehen und mit den Eltern zu sprechen. Sie mußte jetzt allein sein – allein mit ihrem Kind. Plötzlich überkam sie ein Gefühl zärtlicher Zuneigung zu diesem ungeborenen Geschöpf, zum Kind dieses Mannes aus Mecklenburg, der Lostau hieß.

Aber vielleicht würde ihr Kind nie Lostau heißen – vielleicht würde es immer Kemnath bleiben, der letzte Kemnath-Sproß. Das könnte sogar ein Trost für die Mutter werden: ein Stammhalter des alten ruhmreichen Geschlechts. Sein Name: Dieter Rolf Jürgen von Kemnath, Jürgen als Rufname ...

„ELISABETH VIKTORIA BARBARA VON KEMNATH, ich taufe dich im Namen des Vaters, des Sohnes und des Heiligen Geistes", schallte die Stimme des Geistlichen durch die leere Friedenskirche.

Das kleine Wesen schrie in rhythmischen Intervallen.

Keine Blumen aus Bornim schmückten das Gotteshaus. Pastor Heimdörffer, ein schon dem Pensionsalter naher, behäbiger Herr, sprach einige Sätze aus einer vorgesehenen und wahrscheinlich nie zu haltenden Traurede, und der musikalische Rahmen wurde, auf Wunsch der Familie, auf eine knapp zusammengefaßte Bachsche „Toccata" beschränkt. Die Großmutter des Kindes weinte während des ganzen Zeremoniells, vielleicht auch deshalb, weil alles so unfeierlich und kläglich war, so ganz unwürdig der Tradition ihrer Familie. Sie begriff nicht, daß der Glanz einer schönen Heiterkeit auf dem Gesicht ihrer Tochter lag. Angesichts dieser kümmerlichen Umgebung! Und nur mit den beiden Taufpaten, der Urgroßmutter Schulz und Professor Müller-Wunsdorf, der in einem schon etwas abgetragenen schwarzen Mantel ganz besonders kleinbürgerlich aussah ...

Ein kühler, grauer Oktobervormittag empfing die kleine Taufgesellschaft, als sie, vom Pfarrer bis zur Tür des Gotteshauses begleitet, ins Freie trat.

Der wilde Wein, der sich an den römisch nachempfundenen Säulen emporrankte, verfärbte sich schon rot. Von den Linden und Ahornbäumen außerhalb des Vorhofs fielen welke Blätter.

Herr von Kemnath führte seine Frau am Arm, die in ihren schwarzen Schleiern von einer Beerdigung zu kommen schien. Sie senkte den Kopf, weil sie von niemandem gesehen oder erkannt werden wollte. So hätte sie sich die Taufe ihres ersten und vielleicht einzigen Enkelkindes nie gedacht. Das Kind selbst, in einen weißen Schleier aus Familienbesitz gehüllt, schlief in den Armen der Mutter, zu deren Rechten der Professor ging, der ihm ins Leben geholfen hatte, während auf der linken Seite die schlesische Urgroßmutter weitläufige Gedanken über das menschliche Schicksal in sich bewegte. Als das Lehrerskind Else damals daheim getauft wurde, hatte das freilich ein anderes Ansehen gehabt. Das halbe Dorf hatte an der Feier teilgenommen.

Auf der Straße warteten zwei Pferdewagen auf die Taufgesellschaft. Die Pferde standen nicht mehr im besten Futter, ihr ledernes Zaumzeug war abgewetzt, die Metallteile waren blind. Als Kutscher fungierten alte Männer, die ohne Hast die Wagenschläge öffneten – der eine behielt dabei sogar den Zylinder auf. 1912 hatte dasselbe Fuhrunternehmen die Trauung des jungen Attachés Herbert von Kemnath betreut, und damals war ein leichtes, elegantes Gefährt nach dem andern vorgefahren, auf Gummirädern, mit glatten, glänzenden Kutschpferden, mit blitzenden Trensenringen und jeweils einem livrierten Diener neben dem Kutscher auf dem Bock. Die vordere Hälfte der Kirche war allein für die geladenen Gäste abgesperrt worden, und hinten drängten sich die schaulustigen Potsdamer. Die Uniformen wurden zu einem Bilderbuch der preußischen Armee: vom Gardedukorps bis zu den schwarzen Husaren, von Ulanen und Dragonern bis zur Gardeinfanterie war alles, bis zu den höchsten Offiziersrängen hinauf, vertreten. Damals waren sogar aus dem Kaiserhaus Glückwünsche gekommen, und Prinz Oskar hatte einen ansehnlichen Blumenkorb geschickt ...

Noch nie war Frau von Kemnath ihr Potsdam so entthront, so allen Glanzes beraubt erschienen wie an diesem tristen Vormittag, an dem ihre ledige Tochter ihr Kind getauft hatte. „Dienstmädchentragödie" pflegte man früher so etwas naserümpfend zu nennen. Sie hörte kaum zu, was dieser Arzt sagte, der sie und Herrn von Kemnath im Wagen begleitete. Früher hätte ein Chefarzt anders ausgesehen. Diese Haltung beim Sitzen – unmöglich! „Ein tapferes Mädel, Ihre Ilse", sagte der Professor. „Heute, wo wir den Schlußakt der Geschichte erlebt haben, kann ich's ja sagen. Das ging auf Spitze und Knopf. Das Becken zu schmal, und die Wehen haben immer wieder ausgesetzt. Aber sie hat die Schmerzen runtergewürgt und mich angelächelt, unter Tränen. Unsereins kriegt genug zimperliche Jammersusen unter die Finger. Aber die Ilse, das ist gute märkische Rasse."

Die Pferde trappelten ohne Eile in Richtung Berliner Vorstadt. Daheim war ein kleiner Imbiß, ohne alle Formalitäten, vorgesehen.

Im zweiten Wagen, der die Hauptperson – den Täufling – beförderte, ging es vergnügter zu. Urgroßmutter Schulz hatte sich früh zum Mutmachen schon einige Schnäpschen genehmigt, und da der gemütliche dicke Pfarrer Spaß zu verstehen schien, „zwickte sie ihn ein bißchen auf", wie sie das nannte.

„Hübsch haben Sie's gemacht, Herr Pastor", sagte sie, „bloß an das Evangel'sche kann ich mich nie gewöhnen. Ihr habt a bissel zuviel Personalmangel. Bei uns tutt sich da a wing mehr. Alles schön funkelnd von Silber und Gold. Ich weiß schon, ihr meint, der liebe Gott sieht bloß das Inwendige an, das Herze – aber ich glaub, so a bissel Gefunkel und Geglitzer hat er doch recht gerne."

Pfarrer Heimdörffer nahm den Vorwurf mit Humor hin „Ihr Schlesier seid Phantasten, alle miteinander", sagte er. „Ihr habt sogar ins Protestantische noch ein bißchen katholischen Zauber gebracht. Das liegt uns nüchternen Altpreußen nicht ..."

„Stammen Sie auch aus der Mark?" fragte Ilse, die bisher glücklich auf ihre kleine schlafende Barbara geschaut hatte.

„Nein, aus dem ganz richtigen Preußen. Ostpreußen, Land der Pruzzen."

„Ach, ihr seid mir die Richtigen", lachte die alte Schulz. „Klopse und Labskaus – damit könnt ihr mich jagen. Das is a Höllenfraß – aber schlesisches Himmelreich, Herr Pastor, dazu lad ich Sie amal ein. Da können Sie wirklich a Blick ins Paradies tun. Der Alte Fritz hat schon gewußt, warum er sieben Jahre lang Krieg gemacht hat, um uns zu kriegen. Potsdam ohne Breslau – das is a Suppe ohne Salz."

„Na, sei nur friedlich, Oma", sagte Ilse zu der in ihrer neuen Würde strahlenden Urgroßmutter, „du fühlst dich hier ganz wohl."

„‚Ganz', ja", gab die alte Frau zu, „aber so sehr auch wieder nicht! Ihr *habt* euch so sehr. Das ewige Vornehmtun, das is nischte für mich. Ich bin frisch von der Leber weg."

Der Wagen bog jetzt in die Straße mit den großen villenartigen Mietshäusern ein, in der die Kemnaths wohnten. Draußen erwarteten sie schon die Eltern mit dem Professor. Auf der Treppe fing Elisabeth Viktoria Barbara wieder zu weinen an.

„Wann haben Sie das letztemal von Ihrem – von Barbaras Vater gehört?" fragte der Geistliche die junge Mutter, die bei der kleinen Tafelrunde neben ihm saß.

„Fünf Tage nach der Nachricht über Jürgen kam ein Brief von ihm. Sie können sich denken, wie ich mich gefreut habe – zumal er noch aus

Sizilien kam. Es hieß zwar: ‚Wir werden wohl demnächst verlegt!', aber ich dachte: Wenigstens ist er nicht gleich in Rußland miteingesetzt worden. Ich hoffte, er käme mit seiner Staffel nach Afrika. Dorthin hatten sie ja auch schon von Sizilien aus ihre Einsätze geflogen."

„Wir haben alle nicht auf das Datum des Briefes geachtet", sagte ihr Vater über den Tisch herüber. „Er war über sechs Wochen alt. Irgendwo war er wohl hängengeblieben oder in eine lange Postsperre geraten."

„Und jetzt wissen Sie nichts?"

„Gar nichts."

„Auch seine Familie ist ohne Nachricht?" fragte der Pfarrer mit halb beruflicher Teilnahme weiter.

„Auch die wissen nichts", antwortete Elisabeth von Kemnath rasch, während ihre Mutter sie mit funkelnden Augen beobachtete.

Der mecklenburgische Gutsverwalter Lostau hatte weder auf die Nachricht von der Geburt seines Enkelkindes noch auf die Einladung zur Taufe geantwortet. Das war das Kränkendste, was Frau von Kemnath überhaupt geschehen konnte.

Offenbar hielt er ihre Tochter für ein schlampiges Verhältnis seines Dieter, das man wohl einem Sohn, aber nie einem Mädchen verzeihen konnte.

Professor Müller-Wunsdorf, der die aufkommende Spannung bemerkte, klingelte mit dem Messer an sein Glas und sprach einige Worte.

„Liebes Ilschen", begann er, „ich hab mir das Vorrecht dieser Anrede schon in ganz frühen Jahren erworben und will darauf später noch zurückkommen. Es ist kein fröhliches Fest, das wir heute hier feiern. Es fehlen zu viele, die wir gern unter uns gehabt hätten. Von zweien hoffen wir, daß sie eines Tages wieder unter uns sein werden – und der eine, der dritte, ist auch unter uns. Sonst hätte all das, was wir vorhin in der Kirche vollzogen und bekannt haben, keinen Sinn. Sie alle nehmen teil an dieser Stunde. Das ist kein bloßes Trostsprüchlein, und auch der Herr Pfarrer würde wohl keinen wirklichen Trost an offenen Gräbern spenden können, wenn er nicht an das glaubte, was er sagte. Sie, Heimdörffer, und ich, wir haben ja nun einmal ein besonderes Verhältnis zu Leben und Tod und machen uns wohl auch die meisten Gedanken über das, was danach kommt. Ich in meinem sonderbaren Beruf hab euch Pastoren aber noch eins voraus: Ich muß mir Gedanken machen über das, was vorher kommt. Und darum dürft ihr Geistlichen uns ehrlich beneiden. Das ist nämlich was Wunderbares. Wenn man der kleinen Barbara da draußen in diese merkwürdige und jetzt so ungute, düstere Welt hat helfen dürfen – das ist schon eine gewaltige Sache, auf die man Rechtens ein bißchen stolz sein kann.

Und noch stolzer ist man, wenn so ein zartes Mädchen, wie die Ilse, da mithilft. Bloß um ein neues Leben in die Welt zu bringen mit allen seinen Möglichkeiten, den herrlichen, göttlichen und den dämonischen und satanischen natürlich auch. Doch das steht auf einem andern Blatt. Hier sind alle Voraussetzungen gut. Da war eine ganz große Liebe, und das ist so viel besser, als wenn Ehen vorsätzlich geschmiedet und auf dummen Standesvorurteilen gegründet werden. Hier sind so viele glückhafte Auspizien, daß man gar nicht viel dazutun muß, um das Gedeihen der kleinen Elisabeth Viktoria Barbara noch zu fördern – ein kleines Gläserklingen im Gedenken an die, die nicht dabei sind, mit denen, die anwesend sein dürfen, und auf jemand, der nur abwesend ist, weil er draußen schläft und von Milch träumt statt von Kupferberg Gold. In diesem Sinne – halt, jetzt habe ich alter Kerl beinahe vergessen, auf den Anfang zurückzukommen. Ich wollte nämlich sagen: Ilschen, nennen Sie mich wieder ‚du', wie Sie als Kind zu mir gesagt haben: ‚Onkel Doktor'. Aber den Doktor dürfen Sie – darfst du getrost weglassen – und den Onkel auch. Auf Barbara – prosit!"

Alle stießen miteinander an. Urgroßmutter Schulz wollte zu singen anfangen: „Hoch soll sie leben ...", aber ihre Tochter, die neben ihr saß, legte ihr die Hand auf den Mund. Ihr erschien schon die Rede des Professors taktlos genug.

Ilse aber sah so glücklich aus wie schon lange nicht. Sie lief mit ihrem Glas um den Tisch, stieß mit Müller-Wunsdorf an und gab ihm einen Kuß.

„Das hätt ich nun in meinem Leben wirklich nicht mehr erwartet", sagte der Mann mit den „plierigen" Augen.

„Du bist ja noch gar nicht so alt!"

„Zweiundfünfzig! Aber ich wirke älter. Und darauf kommt's im Leben an – und bei den Frauen ..."

6. Kapitel

„Ich weiß gar nicht, wie lange ich nicht mehr im Theater gewesen bin", sagte Ilse zu ihren Begleitern, als sie an einem finsteren Novemberabend entlang der Spree zum Deutschen Theater gingen.

Vom Wasser herauf roch es modrig. Am Himmel standen Sterne. Auf dem Heimweg würden sie auch das Licht des Mondes haben.

„Vater sagt, deine Bärbel hat sich prächtig rausgemacht", sagte Gerhard Müller-Wunsdorf. „Läuft sie eigentlich schon?"

„Na, hör mal", antwortete Ilse lachend, „mit zweieinviertel Jahren! Mit elf Monaten hat sie sich in Bewegung gesetzt, und seitdem war sie nicht mehr aufzuhalten."

„Beste altpreußische Erbmasse", sagte Dr. Farnholz, der Dritte in der Gruppe.

Farnholz war seit ein paar Monaten als Unterarzt in der Charité tätig. Der etwas feiste junge Mensch gefiel den beiden Potsdamern nicht besonders, aber da er ihnen durch Beziehungen die Theaterkarten für diesen Abend besorgt hatte, mußten sie seine Gesellschaft auf sich nehmen.

Ilse freute sich auf die Aufführung von Shakespeares „Sturm", von der man in ganz Berlin sprach. Wenn sie nachrechnete, waren es wirklich gut drei Jahre her, seit sie zum letztenmal im Theater gewesen war.

Und wahrscheinlich wäre sie auch heute nicht gegangen, wenn nicht Gerhards Vater ihr zugeredet hätte.

„Wird's heute was geben?" sagte sie und schaute zu dem matten Sternenhimmel auf.

„I wo!" meinte der Unterarzt. „In den letzten Tagen ist es doch immer ruhig geblieben."

„Verdächtig ruhig ...", fügte Gerhard hinzu.

„Nu machen Sie mal nicht mies, Kollege. Die Schweinerei mit den

Terrorangriffen dauert nicht mehr lange. Ich hab vertrauliche Informationen: Bei uns ist was ganz Tolles in der Entwicklung. Wenn das erst mal im Einsatz ist, zeigt sich kein Schwanz mehr über Berlin."

Wieder antworteten die beiden nicht, und da sie nun, nahe dem Theater, in das Gewühl der anrückenden Besucher gerieten, fiel ihr Schweigen nicht auf. Gerhard und Ilse mochten das gleiche denken. Immer wieder waren seit Anfang dieses Jahres, das im Februar mit der Tragödie von Stalingrad einen ersten Höhepunkt des Grauens gebracht hatte, Gerüchte von Wunderwaffen im Volk ausgestreut worden, und sie wurden noch immer geglaubt. Dabei nahmen die Luftangriffe der Engländer und Amerikaner an Stärke und Heftigkeit zu und forderten mehr und mehr Opfer unter der Bevölkerung. Ein paar Nächte war es jetzt allerdings ruhig gewesen – darin hatte Farnholz recht.

Als Ilse über eine breite Treppe und durch die Lichtschleuse dicker Filzvorhänge das alte Haus an der Schumannstraße betrat, fühlte sie sich so glücklich wie seit langem nicht. Hier war strahlendes Licht, und es herrschte frohes Stimmengewirr. In den Theatern und Konzertsälen schienen die Menschen, für Stunden befreit vom Kriegsalltag, wie verwandelt.

„Du, ich komm mir vor wie als kleines Mädchen, als mich Mutter zum erstenmal in ‚Rotkäppchen' mitgenommen hatte", sagte sie auf dem Weg zur Garderobe und drückte Gerhards Arm.

Dann kam das Klingelzeichen. Der Zuschauerraum füllte sich. Farnholz hatte einen Platz acht Reihen vor den beiden, und sie waren froh, ihn für die Dauer der Vorstellung los zu sein.

Das Spiel begann mit Donner, Blitz und brausendem Meer und wandelte sich in die Stille der Insel. Der Zauber griff bald auf die Parkettreihen über. Die nächtlichen Alarmsirenen, das Hasten in die Keller mit den immer gepackten Köfferchen, die Kommandos der Luftschutzwarte, das Lauschen und Warten, das Heulen der Bomben, das Krachen der Detonationen – all das ausgelöscht für die glücklich ausgesparten Stunden eines Zaubermärchens.

„Und dagegen draußen das Theater!" sagte unmittelbar vor Ilse aufseufzend ein Mann, als der Vorhang zur Pause fiel.

„Er hat recht“, flüsterte sie Gerhard zu. „Gegen das hier ist die Wirklichkeit ein miserables Stück geworden.“

Viele Frauen waren im Zuschauerraum, Urlauber mit Kriegsauszeichnungen, Verwundete, ein paar blutjunge Soldaten in Fliegeruniformen. Ilse betrachtete sie mitleidig. Ihr jüngster Bruder hatte genauso ausgesehen, als er ins Feld rückte. Seitdem keine Nachricht von ihm. Seit vier Jahren. Keine Nachricht von Dieter. Seit mehr als zwei Jahren.

„Komm, Ilse, wir gehen ein bißchen raus.“

„Ich mag den Farnholz jetzt nicht treffen mit seinem albernen Geschwätz.“

„Keine Sorge, der ist unten im Restaurant. Er hat mir ein Zeichen gegeben, daß wir nachkommen sollen.“ Die beiden gingen nicht in den Theaterkeller, sondern rauchten eine Zigarette im Kassenvorraum. Plötzlich sagte Gerhard: „Entschuldige einen Augenblick.“ Als er nach einer Weile zurückkam, flüsterte er Ilse zu: „Sie haben gerade angefangen, die Patienten in den Keller zu schaffen. Ich geh rüber.“

„Mußtest du denn anrufen?“

„Ich hatte so ein komisches Gefühl. Bleib du ruhig hier. Vielleicht drehen sie noch ab.“

„Wann haben die in der letzten Zeit abgedreht? Ich komme mit. Ich hätte keine Ruhe mehr – jetzt, wo ich's weiß. Und Farnholz?“

„Laß ihn da. Er hält's doch bloß für Miesmacherei. Hier geben sie ja auch Voralarm. Dann kommt er immer noch rüber.“

Drüben – das war die Charité. Wenn von Hannover und Braunschweig her die feindlichen Bomberverbände im Anflug gemeldet wurden, brachte man die Patienten in die ausgedehnten Kellerräume. Dann wurden Helfer gebraucht. Studenten im sechsten Semester vermochten schon allerhand Hilfe zu leisten. Gerhard hatte Erfahrung in solchem nächtlichem Dienst – Ilse war sonst um diese Zeit daheim bei ihrem Kind.

„Hoffentlich wird's nicht ernst. Ich weiß nicht, wie Mutter sich allein mit Bärbel anstellen würde.“

Die beiden baten an der Garderobe um ihre Mäntel. „Is was?“ fragte die Garderobenfrau mißtrauisch.

„Der jungen Dame ist nicht gut“, sagte Gerhard ausweichend.

„Kein Wunder bei dem Dreck, den die uns heute manchmal zu fressen geben." Mehr und mehr Menschen hielten nach über vier Jahren Krieg mit ihrer Meinung nicht mehr hinter dem Berge. „Na denn, Heil Hitler", sagte die Frau, während sie Ilses Mantel mit dem schon recht schäbigen Pelzkragen auf den Garderobentisch legte. In diesem Zusammenhang klang das Wort nicht nach Gesinnung und Bekenntnis.

Der Alarm kam im vierten Akt, mitten in einer Szene mit den Trunkenbolden.

Der Zauber war vor der Zeit beendet. Farnholz, der sich beim Aufbruch umsah, merkte erst jetzt, daß seine einstigen Studienkollegen bereits gegangen waren.

Es war eigentlich kein Gehen mehr, sie kamen ins Laufen. Die Nacht war sehr still. Dennoch meinten die beiden, ein sonderbares Grummeln zu spüren, ein unterirdisches Rollen. Von der S-Bahn kam es nicht. Die fuhr noch mit verdunkelten Zügen. Nur den Schimmer von Signallichtern sah man.

Manche Passanten wirkten sonderbar geschäftig. Sie wußten wohl etwas, wie die beiden Studenten. Auch die großen kriegswichtigen Betriebe erfuhren es vorher.

„Hast du übrigens gesehen", sagte Ilse, „Ingrid Mangelswerth stand auf dem Zettel. Es muß eine winzige Rolle sein. Wahrscheinlich kommt sie erst nach der Pause."

„Dann siehst du sie das nächstemal", antwortete Gerhard, der ein wenig schnaufte.

Die Sirenen heulten, als sie etwa einen halben Kilometer von der Charité entfernt waren. Sie winkelten die Arme an, wie sie's in der Sportstunde gelernt hatten. „Endspurt!" sagte Gerd. Er fiel immer weiter zurück. Ilse war die trainiertere.

Um die beiden war ein Hasten und Rennen, wie zu Beginn eines jeden Luftalarms. Man sah Lichtstreifen neben den Verdunkelungsvorhängen verschwinden. Haustüren öffneten sich. Mit Köfferchen, Koffern und Pappkästen liefen Menschen über die Straße ins Nebenhaus – ihrem Keller oder Bunker zu, zogen verschlafene Kinder hinter sich her.

Ein Mann, der unter einem Haustor stand, packte Ilse am Arm.

„Los, runter! Sie spiel'n wohl Selbstmörder?“ Er ließ sie los, als er Gerd hinter ihr sah.

„Idiot! Wir sind Ärzte!“ rief dieser ihm zu.

Der Luftschutzwart knurrte ihnen etwas nach. Beleidigungen gegenüber war man in solchen Nächten nicht zimperlich.

Sie waren vor dem großen dunklen Gebäudekomplex der Charité angekommen, als das bekannte mahlende Brummen der Motoren näher kam. Fern sah man Scheinwerferbündel am Himmel. Das dumpfe Dröhnen von Flakschüssen. Und dann geschah's: Licht fiel vom Himmel, in Bündeln und Trauben, gleißendes Licht, das häßliche Türme, verrußte Fassaden, Schornsteine, Brückenbogen, Häuserruinen magnesiumgrell beleuchtete. Aus dem Tor der Klinik fuhr ein Rotkreuzwagen. Ein zweiter folgte.

„Geschafft!“ sagte Gerd kurzatmig, als sie auf der hallenden Steintreppe im Innern des Gebäudes waren.

Es roch nach Sauberkeit, Desinfektionsmitteln und ein wenig nach Kohl. Es herrschte beklemmende Stille.

Alles Leben war im Keller, das gesunde, das kranke und auch das sterbende, das noch im letzten Augenblick vielfachen Ängsten ausgesetzt wurde.

Zum erstenmal zitterte der Boden, als die beiden durch einen langen Kellergang liefen. Einer von Gerhards Kurs kam ihnen im weißen Mantel entgegen.

„Heut wird's ernst“, rief er ihnen zu. „Die Nachrichten klingen verdammt mulmig. Immer neue Geschwader im Anflug.“

Gerhard Müller-Wunsdorf holte seinen Kittel. Er brachte auch für Ilse einen mit. Sie zitterte ein wenig, als er ihr hineinhalf.

„Hoffentlich schaff ich's“, sagte sie. „Es ist das erstemal.“ Sie dachte an Bärbel und ihre hilflos aufgeregte Mutter. Wenn nur in Potsdam nichts passierte! Plötzlich dröhnte es mit ohrenbetäubender Gewalt. Der Steinboden schien sich zu wellen. Türen flogen auf. Der Strom setzte aus. Notaggregate wurden eingeschaltet. Die Flak belferte.

„Stadtmitte ist dran“, wurde gerufen. „Alles auf die Posten!“

Ein Wärter schob eine verhüllte Gestalt auf einer Bahre vorüber. „Rechtzeitig abgehauen“, sagte er zu Gerhard und deutete auf das Bündel.

Von den Straßenfenstern her kamen Feuerwehrsignale. Durch die zerborstenen Scheiben drang Rauch. Füße gingen über klirrendes Glas.

„Luftmine im Planquadrat römisch sechs!" Irgendwoher kam diese anonyme Stimme.

Ilse und Gerd saßen auf weißlackierten Stühlen in einem Raum mit vielen dick umwickelten Rohren, der früher einmal als Heizungskeller und später als Lagerraum gedient hatte. Jetzt war er das unterirdische Hauptquartier der Inneren Abteilung.

Der Chef, Professor Hölzer, stand rauchend inmitten einer Gruppe von Ärzten.

Und dann ein Höllenlärm, wie ihn noch keiner erlebt zu haben meinte, ein irr rasendes Heulen, Jaulen, Dröhnen, Prasseln, Brüllen, Krachen – abebbend, aufs neue anschwellend, sich überschlagend – in kurze Stille mündend –, dann nur wieder das malmende Mahlen der Motoren. Und wieder. Und wieder.

„Bombenteppich", sagte jemand.

Sekunden werden Ewigkeiten. Niemand schließt mehr die Türen. Es rüttelt an den verschraubten Stahltüren nach draußen. Ärzte laufen durch die Gänge.

Auch Gerd und Ilse laufen – er hält ihre Hand.

Rufe: „Sanitääääter! Sanitäääter!"

„Hierher! Hierher!!"

„Ein Arzt ..."

„Schwestern auf drei ..."

Das war der Lautsprecher.

„Schwe –!"

Abgerissen der Ruf. Wieder was kaputt. Man hört in einer Feuerpause die Sanitätswagen durchs Tor einfahren. Sie kommen von überall her. Die Nacht ist ganz hell. Hellrot.

„Türen zu!"

Durch zersplitterte Fenster dringen Rauchschwaden, Phosphordämpfe, Gestank von Verbranntem. Die Augen tränen. Ein würgender Hustenreiz.

Römisch eins. Das war früher das Zentralwaschhaus. Jetzt ist es der OP. Grelle Scheinwerfer stehen um die Operationstische.

„He, ihr habt wohl nichts zu tun? Los, ran hier!“

Das ist der Oberarzt vom Chef der Chirurgischen, Dr. Mödebach. Seine nackten, behaarten Arme sind blutbespritzt, voll Blut die Gummihandschuhe, braun- und rotfleckig die Schürze. Ilse spürt einen Brechreiz in der Kehle.

Der Arzt, dem sie eben einen neuen Patienten auf den Tisch legen, sieht ihr Zögern. Er knurrt sie an: „Na los! Ende dreiundvierzig gibt's keine Zuschauerplätze mehr. Jetzt wird mitgespielt. Welches Semester?“

Gerhard antwortet für sich und Ilse: „Sechstes.“

Mödebach hört schon nicht mehr hin. Er arbeitet mit der Knochensäge.

Eine Schwester weist den beiden Studenten ihre Aufgaben zu. Ilse überwindet ihren Schock. Sie hilft Kleiderfetzen von menschlichen Körpern schneiden, wäscht Wunden aus und tupft sie ab. Männer, Frauen, Kinder.

Etwas in ihr schaltet ab. Sie sieht nicht mehr, welchen Alters und Geschlechts das vor ihr liegende verstümmelte Stück Mensch ist – sie sieht nur noch die Aufgabe, die riesengroße: zu helfen.

Nur einmal werden ihre Augen weit und füllen sich mit Tränen. Man hat ein Mädchen vor sie hingelegt, vier, fünf Jahre alt, das noch die Puppe an sich gepreßt hält. Keine Zeichen von äußeren Verletzungen. Und doch setzt der Atem aus und wird der Blick starr, als Ilse das Kind ausgezogen hat. Sie steht noch mit hängenden Armen, als der kleine Körper auf die Bahre gehoben und hinausgekarrt wird, zum ewigen Schlaf. Die hinuntergefallene Puppe schiebt der Wärter mit dem Fuß beiseite.

Fragend und hilfesuchend schaut sie sich nach Gerhard um, der dem jüngsten Assistenzarzt der Chirurgischen, Dr. Scholtyk, beim Operieren assistiert und dicht hinter ihr steht. Scholtyk hat sich auf Gesichtsverletzungen spezialisiert. Der Freund nickt ihr mutmachend zu.

„Wahrscheinlich innere Zerreißungen vom Luftdruck“, flüstert er ihr zu.

„Die ist auch noch nicht weit weg von der holden Kindheit“, sagt Scholtyk, als man ihm ein neues Opfer hinlegt, eine Frau mit nacktem

Oberkörper. Hier sind's nur ein paar blutende Fleischwunden, die eine Schwester mit flinken Fingern versorgt. Aber das Blut, das über die linke Gesichtshälfte rinnt und das blonde Haar verschmiert und verkrustet, ist nicht einzudämmen.

„Das Auge ist futsch. So ein junges Ding! Was soll das alles?"

Scholtyk, der sonst als der unerschütterlichste von den jungen Ärzten gilt, sagt es verdrossen, angewidert. Draußen brüllt und dröhnt die Nacht, unersättlich nach neuem Tod und neuen gräßlichen Wunden.

Man möchte wegrennen, sich irgendwo hinhauen und etwas einnehmen, was dieses Schauspiel beendet. Wenigstens das hat man im Studium gelernt: sich in so einem Fall das Wirkungsvollste zu verschreiben. Aber dann macht man eben doch weiter.

Das Mädchen auf dem Operationstisch stöhnt röchelnd in seiner Bewußtlosigkeit.

„Du, die kenn ich doch", sagt Gerhard halblaut.

Ilse wendet sich um. Nun, da das Blut auf dem Gesicht eingedämmt ist, erkennt auch sie es sofort. „Ingrid Mangelswerth", sagt sie. „Aus meiner Klasse."

Wieder wird ihr für Momente schwarz vor den Augen, und sie krallt sich im Arm einer dicken alten Schwester fest, die neben ihr mit unbewegter Miene am Körper eines ausgemergelten alten Mannes herumhantiert.

Das ist Ingrid, der sie im Abi die „Interessensphäre bis zum Ural" einsouffliert hatte und die auf der Bühne nie mehr eine Souffleuse brauchen würde. Das elbische Wesen im „Sturm", das erst nach der Pause aufgetreten war, sollte ihre letzte Rolle gewesen sein. Die erste war es wahrscheinlich auch ...

Ilse versucht noch einmal, sich zusammenzureißen, dann wird ihr übel von der Hitze und dem unerträglichen Gestank in dem niedrigen Raum, der nicht zu lüften ist. Denn wenn man für Augenblicke die Tür nach draußen offenhält, kommt von dort nur neuer Gestank von Rauch, Brand und Chemikalien herein. Und keine Kühlung. Berlin ist in dieser Novembernacht ein glühender Feuerofen.

Die dicke alte Schwester schüttelt Ilse von sich ab. „Nehmen Sie sich doch zusammen", herrscht sie die Studentin an.

Mödebach, der eben eine Pause macht und gierig an einer Zigarette saugt – heute nimmt niemand Anstoß daran, wenn ein Arzt im OP raucht! –, kommt herüber. Er tippt sich an die Stirn. „Das Alter macht nicht immer intelligent", sagt er zu der Schwester. „Seien Sie froh, daß Sie nicht eine solche Lehrzeit gehabt haben." Er wendet sich an Gerhard: „Bringen Sie die Kollegin ins Ärztezimmer. Dort ist einer, der für Sie einspringen kann."

Gerhard, der zusammen mit der Schwester Ilse aufhebt, sieht den Mann, der für ihn einspringen soll.

Es ist Dr. Farnholz, noch immer im Smoking, ohne einen Ärztekittel darüber, das Oberhemd schmutzig und halb geöffnet, die schwarze Schleife aufgelöst. Schwankend, mit glasigen Blicken, tappt er in den Raum.

„Sie Schwein sind ja besoffen!" schreit Mödebach ihn an.

Statt einer Antwort kommt nur ein Gurgeln aus Farnholz' Mund. Dann schlägt er mit einem dumpfen Laut auf den Steinboden des Waschhauses.

„Schafft den auch gleich mit raus", sagt Mödebach resignierend.

Als Gerhard und die Schwester Ilse auf den Gang gebracht haben, kommt sie wieder zu Bewußtsein. „Ich kann schon weitermachen", sagt sie und versucht zu lächeln.

„Hau'n Sie lieber ab", antwortet die Schwester, und es ist das menschlichste Wort, das sie in dieser Nacht gesprochen hat. Dann geht sie in den OP zurück.

„Gerd?"

„Ja?"

„Ich hab versagt ..."

„Du hast dein Examen heute nacht bestanden."

Ilse schüttelt den Kopf und lehnt sich gegen die Mauer des Kellergangs.

„Komm."

„Wohin?"

„Ins Ärztezimmer."

Gerhard streicht ihr das schweißnasse Haar aus der Stirn. Sie sieht ihn an, mit einem leeren, fernen Blick.

Als die beiden die Schwelle des improvisierten Ärztezimmers

überschreiten, hört man ganz von fern eine Sirene den langgezogenen, befreienden Ton „Entwarnung" jaulen.

„Vorbei", sagt Gerhard.

Im Ärztezimmer sind alle verfügbaren Stühle besetzt. Ilse ist nicht die einzige, die schlappgemacht hat. Hier sitzen Ärzte, Ärztinnen, Schwestern, die „fertig" sind wie sie, den Kopf in die Hände gestützt oder schlafend in die Armbeuge gelegt. Eine alte Ärztin hat glänzende, süchtige Blicke. Alle Medikamentenschränke stehen in dieser Nacht offen. Arzt, hilf dir selbst!

Nur einer schaut auf, als die beiden den Raum betreten: Professor Stavetz, der Anatom. „Na, Potsdamerin", sagt er zu dem Mädchen, das ihm wegen seiner geraden, unzimperlichen Art in seinen Kursen immer besonders imponiert hat, „heute haben Sie vivisezieren gelernt. War an sich gar nicht vorgesehen. Schau'n Sie, daß Sie jetzt heimkommen."

„Ich will mich nur ein wenig ausruhen."

„Sie gehen nach Hause. Wenn Sie noch ein Zuhause haben."

Dieses Wort weckt in ihr einen Gedanken, den sie für einige Stunden in sich ausgeschaltet hatte: den an Bärbel.

Gerhard scheint aus ihrem Blick ihr Gefühl zu erraten: „Du mußt nach deinem Kind sehen!"

„Und Sie bringen sie heim, Müller-Wunsdorf", sagt Stavetz.

„Das wird kein Spaziergang in dieser Nacht ..."

WAS auch immer Dante an Höllenvisionen erdichtet, mittelalterliche Maler an apokalyptischen Träumen in schwelenden Farben gemalt hatten, wurde an diesem Berliner Novembermorgen 1943 von der Wirklichkeit übertroffen. Eine Millionenstadt schien von einem Ende zum andern in Flammen zu stehen.

Die S-Bahn fuhr nicht. Die beiden hatten es geahnt. Doch sie mußten sich in der Nähe der S-Bahn-Strecke halten, da sie von dort aus am ehesten nach Potsdam kommen würden. Aber der Feuersturm trieb sie von brennenden Straßen und Plätzen zurück. Sie mußten Umwege machen. Glas knirschte unter ihren Schuhen. Sie gingen über verkohlendes Holz. Durch Löschwasser. Stiegen über Feuerwehrschläuche und heiße Steine. Löschen – das schien so sinnlos.

Gegen Sonnenaufgang wurde es ein wenig dunkler über der brennenden Stadt. Einige Brände begannen zu erlöschen.

Die beiden waren jetzt eingereiht in einen Menschenstrom, der die Stadt verließ.

Station Westkreuz, der große Drehpunkt des S-Bahn-Verkehrs. Die Menschen drängten zu dem kleinen Bahnhofsgebäude. Sie fanden die Sperren verschlossen und kehrten wieder um, begegneten den Nachdrängenden.

Im ersten Dämmerlicht zogen die Stadtflüchtigen auf der Asphaltstraße der Avus entlang. Niemand verbot ihnen, als Fußgänger die Autobahn zu benutzen. Sie wichen langsam beiseite, wenn Autos sie anhupten: Sanitätswagen hinter ihnen, ländliche Feuerwehren aus der Gegenrichtung, die, von weit her alarmiert, der Stadt entgegenrasten. Dann ein Konvoi von grauen Wehrmachtslastwagen mit hoch gestapelter Fracht: helle Särge, Fichtenholz, ungestrichen.

„Ich schaff's nicht mehr." Ilse sackten die Beine weg.

Zwei Frauen zogen einen Handkarren, auf dem ein Korb und ein zerbeulter alter Koffer standen.

Es war noch Platz darauf.

„Die junge Frau hier kann nicht mehr", sagte Gerhard zu den beiden Frauen, einer alten und einer jungen.

„Wir könn' schon längst nicht mehr", sagte die Alte, „aber soll se sich druffsetzen. Hauptsache, Sie schieben!"

Ilse wurde auf den Koffer gesetzt, Gerhard schob kräftig an.

„Nehmen Sie sich was aus dem Korb", sagte die Jüngere. Aus dem Flechtkorb duftete es herrlich nach Sommer und Herbst. Reife Äpfel. Ilse aß, und die herbe Süße belebte sie.

Nahe der Villenkolonie Grunewald schwenkte die Spitze des Zuges nach links, zum Bahnhof. Daß man nicht – wie in Westkreuz – wieder zurückkam, ließ darauf schließen, daß von hier aus die S-Bahn in Richtung Potsdam verkehrte. Ein Teil der Stadtflüchtigen blieb auch weiterhin auf der Avus. Sie trauten der Straße und ihren Füßen mehr als der verwundbaren Technik.

Die beiden Medizinstudenten und die zwei Frauen mit dem Apfelkorb und dem schäbigen Koffer pirschten sich über das weitläufige Bahngelände bis zum S-Bahnhof vor. Der Anblick der rötlichen Wagen stimmte sie dankbar. Nur erst einmal weg aus der Hölle der brennenden Stadt! „Wenn ich dich daheim abgeliefert habe", sagte Gerhard, „fahre ich wieder rein."

„Ich komm mit. Ich will nur nach Bärbel schauen."

„Du bist verrückt. Du mußt jetzt bei deinem Kind bleiben. Wer weiß, wann es auch in Potsdam losgeht ..."

„Potsdam?" sagte die ältere von den beiden Frauen mit dem Karren. „Da soll'n sie in der Nacht jenauso jeschmissen haben wie über Berlin. Das ham welche jesagt, die vorhin entjejenkamen."

„Nein!" Ilses Blick wurde starr. „Nein, bloß das nicht!"

„Beruhige dich. Du weißt doch, wie viele Gerüchte es heutzutage gibt."

Die Frau war gekränkt. Die Leute aus Potsdam hätten Einzelheiten gesagt: Sanssouci kaputt, die Garnisonkirche ... Warum sollte es den Potsdamern bessergehen als den Berlinern.

Gerhard und Ilse schwiegen. Nie zuvor war ihnen die Strecke bis Wannsee so lang vorgekommen wie an diesem Morgen, an dem sie, eingekeilt in eine erregte Menschenmasse, südwestwärts fuhren. In Neu-Babelsberg konnte sich Gerhard zur Tür durchboxen, weil hier schon viele Fahrgäste ausstiegen, die sich in dieser Gegend sichere Quartiere erhofften. Er rief dem Stationsvorsteher zu: „Ist hier oder in Potsdam letzte Nacht etwas passiert?"

„Nichts. Vollkommen ruhig", sagte der Mann mit der roten Mütze.

Mit einem tiefen Seufzer der Erleichterung sah Ilse ihn an. Ihre Augen füllten sich mit Tränen der Dankbarkeit.

Es war Tag, als sie auf dem Bahnhof Potsdam ankamen. Potsdam war unzerstört. Doch war schon durchgesickert, was in den letzten zehn Stunden in Berlin geschehen war – auch hier hatte noch der Boden gebebt, und der Himmel war rot. Sogar Brandgeruch hatte der Wind herübergetragen. Die Abfahrenden fragten die Ankommenden, wie es „drin" aussähe, wie weit die Züge führen. Manche kehrten auf die Auskunft hin wieder um.

„Soll ich dich bei deinen Leuten abliefern?" fragte Gerhard.

„Danke. Geh lieber gleich zu deinem Vater. Er wird sich auch Sorgen machen."

„Dann komm ich am Nachmittag vorbei."

Sie trennten sich an der Straßenecke, von wo aus man den Park von Cecilienhof sah.

Nebel lag über dem kleinen See. Möwen kreischten.

Ilse fand ihre Mutter in einem ziemlich exaltierten Gemütszustand. Sie schien gar nicht zu bemerken, wie elend ihre Tochter aussah.

„Wie geht's Bärbel?" fragte Ilse.

„Wie soll's ihr gehen? Prima. An die Alarme gewöhnt sie sich. Und heute früh hat ihr Professor Müller-Wunsdorf eine Puppe gebracht – jetzt ist sie ganz selig. Ich hab dem Professor schon gesagt, er soll das Kind nicht so verwöhnen."

„Weißt du, was in der letzten Nacht in Berlin passiert ist?"

„Genaueres nicht. Im Radio haben sie vorhin von einem schweren Terrorangriff gesprochen. Dein Vater meinte, es müsse fürchterlich gewesen sein."

„Fürchterlich ist ein schwacher Ausdruck."

„Vater wird immer unbegreiflicher. Er ist nicht in den Keller gegangen, sondern ist während des Alarms draußen gewesen. Unser Luftschutzwart Mielke hat ihn runterholen wollen, aber Vater hat ihm gesagt: ‚Wir stehen alle in Gottes Hand' und ist oben geblieben. Natürlich hat Mielke das nachher im Keller laut verkündet. Haben wir das nötig, wo die uns sowieso schon so aufsässig sind! Na, und heut früh ist es ja auch passiert ..."

„Was, Mama?"

„Sie haben aus Neu-Babelsberg angerufen, daß unser Sommerhaus für Ausgebombte aus Berlin beschlagnahmt wird. Das ist die Rache von Mielke."

„Ach, Mama" – Ilse verstand ihre Mutter weniger denn je –, „ahnst du denn überhaupt, was für eine Hölle Berlin jetzt ist? Zehntausende sind dort heute nacht obdachlos geworden."

„Aber ‚die' stellen ihre Häuser nicht zur Verfügung. Weder Goebbels sein Schwanenwerder noch Göring sein Karinhall."

Zum erstenmal distanzierte sich Frau von Kemnath von den Männern einer Regierung, der sie bisher treue Gefolgschaft geschworen hatte. Warum? Weil man ihr Haus beschlagnahmte. Den Tod des Ältesten hatte sie noch als Opfer für ein imaginäres Vaterland betrachtet. Aber jetzt witterte sie die Rache eines Mielke – jetzt war sie nichts weiter als eine verschreckte kleinbürgerliche Frau. Keine Kemnath.

Ilse ging zu ihrem Kind und schloß es in die Arme. Bärbel war ganz von ihrer Puppe beansprucht und kümmerte sich wenig um ihre Mutter.

Ilse klopfte beim Vater an. Herr von Kemnath stand vom Schreibtisch auf, an dem er offenbar untätig gesessen hatte – alle Bücher vor ihm waren zugeklappt. Er küßte Ilse und streichelte ihr übers Haar, was er lange nicht getan hatte.

„Es muß grauenvoll gewesen sein", sagte er.

Sie nickte nur. „Ingrid Mangelswerth hat es erwischt ..."

„Um Himmels willen! Tot?"

„Ein Auge weg. Sie haben sie in die Charité gebracht."

„Dieser Irrsinn!" Der Vater schlug derart mit der Faust auf den Schreibtisch, daß die metallenen Gerätschaften – Aschenbecher, Lineal, Papierschere – klirrten.

„Ich geh gleich und sag es ihrem Vater ..."

„Kann ich dir das nicht abnehmen?"

„Ich schaff's schon, Papa."

Ilse kannte Hermann Mangelswerth gut. Er war Postsekretär, und schon als Kind hatte sie an seinem Schalter die Briefmarken geholt. Sie war immer stolz gewesen, wenn der uniformierte Mann – Militäranwärter, aus dem Ersten Weltkrieg mit einem Lungendefekt zurückgekehrt – ihr die Hand gereicht und ihr die bunten Bildchen deutscher Geistesgrößen respektvoll auf dem Schalterbrett vorgezählt hatte. Zu andern Postkunden konnte er recht schroff sein. Sie hatte er schon mit elf Jahren „Fräulein von Kemnath" genannt, und es hatte ihr wohlgetan.

Seit einiger Zeit kam Herr Mangelswerth auch ins Haus. Er war Blockwart des Kemnathschen Viertels. Sonntags holte er die Spende für den „Eintopf" ab, jene sonderbare Aktion, welche siebzig oder neunzig Millionen Deutsche – ihre Zahl wuchs ständig – bei Kartoffelsuppe oder Löffelerbsen mit Speck ihre Opferwilligkeit oder ihre „Verbundenheit mit den Söhnen und Brüdern an der Front" beweisen ließ. Was man am sonntagsüblichen Schweine- oder

Gänsebraten sparte, hatte man der Nationalsozialistischen Volkswohlfahrt zu spenden, fünfzig Pfennig oder eine Mark pro Familienangehörigen.

Diese Beträge kassierte Herr Mangelswerth.

Er tat jetzt keinen Schalterdienst mehr. Ilse fand ihn in einem Büro im ersten Stock des Postamts, lange Zahlenreihen addierend. Er erkannte sie nicht gleich. Als sie ihm ihren Namen sagte, bot er ihr einen Stuhl an.

Sein Haar war schütter und grau geworden. Er hatte wohl nichts mehr vom Leben zu erwarten als die Erfolge seines einzigen Kindes, dessen theatralische Neigungen er anfänglich mit Mißbehagen gesehen hatte. Dann war Ingrid nach ihrer Schauspielschulzeit als Anfängerin an das Deutsche Theater engagiert worden. Seitdem sehnte er sich nach Ruhm. Auch die Väter von Filmstars – und das mußte so ein blondes deutsches Mädel wie seine Ingrid heutzutage sicher werden – wurden in Zeitschriften abgebildet und im Rundfunk interviewt.

„Ich habe Ihnen eine schlechte Nachricht zu überbringen“ Ilse brachte diese Worte nur mühsam heraus. Gewiß war es dumm und plump, so anzufangen.

„Ingrid?“

Es gab für ihn, den Witwer, nur das eine.

„Ja.“

Der Mann in der Postuniform starrte sie an, ohne eine weitere Frage zu stellen.

„Sie lebt ...“, sagte sie. „Aber sie hat ein Auge verloren, Herr Mangelswerth.“ Dabei reichte sie die Hand über den schäbigen, tintenbekleckssten Schreibtisch, und da er sie nicht ergriff, legte sie sie auf den Arm im schwarzen Ärmelschoner. „Sie wird Ihnen bleiben. Sie ist in der Charité in guten Händen.“

Mangelswerth stierte vor sich hin. Erst nach langen, leeren Minuten sprach er: „Ein Opfer. Hätte man einen Sohn gehabt ...“

Er führte den Satz nicht zu Ende. Vielleicht ging in ihm etwas vor, das seltsame Beziehungen herstellte zu den Sammelbüchsen, in die er sonntags die Spenden klirren ließ – dafür gab er dann bunte Zettel aus, auf denen pathetisch der „Opferwille“ des Wohnungsinhabers gepriesen wurde: für Löffelerbsen statt Gänsebraten. Wer nicht so einen Beweis für sein Opfer an der Tür kleben hatte, war angeprangert. Opfer Ingrid. Es gab keine Dokumente, die man für geopferte Kinder an die Tür nageln durfte.

„Ja, ich danke Ihnen, Fräulein von Kemnath – Frau von Kemnath.“ Er stand auf und reichte ihr eine kalte, leblose Hand.

„Ich werde mich um Ihre Ingrid kümmern“, sagte Ilse.

7. Kapitel

Es war ein schwüler Augusttag im Jahre 1944, an dem Dr. Jörg Aufdemberge, Botschaftsrat im Auswärtigen Amt, ein langer, rotblonder, sommersprossiger Mann, neben Kreisleiter von Roßbach auf dem Neuen Friedhof in Potsdam auf und ab ging. Der Kreisleiter trug seine gelbbraune Parteiuniform, während Aufdemberge es an diesem Vormittag für schicklicher gehalten hatte, eine unverfängliche Diplomatenuniform zu tragen. Er hätte auch die vom SD anziehen können.

„Ausgerechnet zu einer Beerdigung zu früh zu kommen!“ sagte Aufdemberge. „Aber die Avus war heute total leer. Da war es gar keine Angelegenheit, mit meinem neuen Mercedes einen Schnitt von hundertvierzig zu fahren.“

„Prima Wagen!“ antwortete der Kreisleiter. „Famos, daß Sie mich abgeholt haben. Es geht ja nicht gut an, daß ein Kreisleiter in seiner eigenen Stadt noch mit dem Wagen herumkutschiert! Neulich haben sie hier einen Hauptmann von der Wehrmacht wegen einer zivilen Fahrt auf zwei Monate in den Bau geschickt. Die Herren haben offenbar keinen Blick mehr für die Optik des totalen Krieges.“

„Werden aber jetzt kleinlauter, diese Leute“, sagte der Botschaftsrat und grinste. „Das Urteil ist ihnen gehörig in die Knochen gefahren.“

Herr von Roßbach brauchte nicht zu fragen, um welches Urteil es sich handelte. Am 8. August waren die ersten acht Männer vom 20. Juli in Plötzensee gehenkt worden.

„Sagen Sie, warum hat eigentlich der Kemnath das gemacht?“

Auch der Kreisleiter war nur auf Gerüchte angewiesen. „Er soll zuletzt schwermütig gewesen sein. Ein Sohn gefallen, der andere vermißt. Die Tochter hat ein lediges Kind ..."

„Aber wegen so was erschießt sich doch heute nicht mal mehr ein alter Potsdamer. Meinen Sie nicht, daß da noch andere Motive im Spiel waren?"

Roßbach zuckte die Achseln. „Nicht, daß ich wüßte."

„Ich meine in der Richtung: Der Mann hat sich geschämt, daß Feldmarschälle, Träger alter Namen, ihren obersten Kriegsherrn umlegen wollten."

„Vielleicht ...", sagte Roßbach.

„‚Vielleicht!' Sie sind ja auch ein bißchen aus der Clique, Kreisleiter."

Von Roßbach bekam einen roten Kopf. In der gegenwärtigen Situation mußte man jeden Schimmer von Verdacht vermeiden. Er beeilte sich, seine unbedingte Loyalität gegenüber den Führern des Großdeutschen Reiches zu betonen.

„Meine Tochter Karin", fügte er ablenkend hinzu, „verkehrte übrigens eine Zeitlang in der Familie von Kemnath. Die Tochter war eine Klassenkameradin von ihr. Sie hatte das Gefühl, daß besonders Frau von Kemnath von tadelloser Gesinnung war. Der Alte war schon lange ein Sonderling."

„Dafür ist er ja nun tot", sagte der Mann aus dem AA trocken. „Ich lege dann einen Kranz des Führers nieder. Mein Fahrer hat das Ding schon droben. Aber ich glaube, wir müssen nun auch rüber. Das Trauervolk schleust sich schon in die Kapelle."

Die beiden sahen, wie sich drüben eine große Menschenmenge durch die Kapellentür drängte. Sehr viele schwarze Schleier, fast nur Zylinderhüte bei den Zivilisten, zahlreiche Uniformen – Trauergepränge einer vergangenen Zeit.

Die beiden waren schon nahe den Stufen der Kapelle, durch deren offene Tür man Kerzengeflimmer sah, als sie hinter sich gleichmäßige Laufschritte hörten. Roßbach, der sich umdrehte, erkannte den Ortsgruppenleiter der Nationalsozialistischen Kriegsopferversorgung Mangelswerth, der in leichtem Dauerlauf seine Tochter am Arm führte. Das Mädchen trug eine häßliche schwarze Binde über dem rechten Auge. Als sie sich den hohen Funktionären näherten, ließ

Mangelswerth die Tochter los, um mit zackig nach links gerichtetem Kopf und steif ausgestrecktem rechtem Arm an ihnen vorüberzugehen.

Auch das Mädchen hob ein wenig die Hand.

Aufdemberge schritt durch den Mittelgang auf den unter Blumen vergrabenen Sarg zu. Er grüßte den toten Kollegen mit erhobenem Arm, machte die gleiche cäsarische Grußgeste auch zu den Angehörigen in der ersten Stuhlreihe links und wandte sich dann zu den Stühlen rechts, wo er neben Kreisleiter von Roßbach und anderen offiziell Trauernden Platz nahm.

Pfarrer Heimdörffer, der Hausgeistliche der Kemnaths und als solcher vom Freitod des Familienoberhaupts persönlich schmerzlich bewegt, hatte den bei ihm spezifisch für Potsdamer Traditionsfälle üblichen Trauertext gewählt: „Niemand hat größere Liebe denn die, daß er sein Leben läßt für seine Freunde." Diese Stelle der Schrift, immer leicht anwendbar, wenn es sich um den Tod fürs Vaterland handelte, bot einige Fallstricke, wenn es, wie bei der vorliegenden Affäre, um ein selbstgewähltes Sterben ging.

Leichter wurde es dann erst bei Teil zwei der Trauerrede, dem Trost für die Hinterbliebenen.

Hier hatte er in langer Amtserfahrung eine persönliche Methode entwickelt, die insbesondere auf auswärtige Trauergäste nie ihre Wirkung verfehlte: Er redete den Mann im Sarg an, als weile dieser noch unter den Lebenden, und entwickelte von ihm ein liebenswürdig heiteres, weltzugewandtes Bild, so daß die dem Toten Fernerstehenden immer meinten, es müsse den Nahestehenden tröstlich wohltun.

Nach dem Pastor sprachen die Kranzabordnungen.

Ein Offizier aus Kemnaths Regiment, ein total verkalkter Oberst, redete bei gedämpftem Trommelklang das Gebrauchsübliche.

Ein Führer vom Deutschen Roten Kreuz gab sanft Karitatives von sich.

Dann erhob sich Aufdemberge, der rotblonde, sommersprossige Mann aus dem AA, und schritt mit knallenden Stiefeln auf den Sarg zu, vor den, von der Gegenseite kommend, ein baumlanger SS-Mann mit einem Monstrum von Lorbeerkranz trat. Mit knarrender Stimme sagte Aufdemberge: „Im Namen des Führers!" Er entbreitete die beiden blutroten Schleifen, auf denen in Golddruck stand: „Der Führer – Adolf Hitler“. Mit erhobenem Arm grüßte er den toten Mann in seinem Blumensarg, dann wandte er sich der Trauergesellschaft zu und ließ auch ihr die Ehrung eines Parteigrußes zuteil werden. Die Orgel begann zu spielen: „Wenn ich einmal soll scheiden...“

Während der Sarg aus seiner Blumenhülle genommen und auf eine schwarze Tragbahre gehoben wurde, drückte sich Aufdemberge mit Roßbach beiseite.

Die Angehörigen setzten sich als erste in dem Trauerzug in Bewegung – Frau von Kemnath fehlte, wie von Roßbach zu seiner Verwunderung feststellte. Ilse von Kemnath, tief in schwarzen Schleiern verborgen, schritt am Arm ihrer Großmutter Schulz. Auf ihrer anderen Seite ging Professor Müller-Wunsdorf, der ein wenig ihren linken Arm stützte.

„Das Pipapo am Grab machen wir nicht mit, Kreisleiter“, flüsterte Aufdemberge, „wir bleiben hier erst mal in Fliegerdeckung.“

Als die letzten Trauergäste die Kapelle verlassen hatten, gingen mit festen Tritten auch die beiden offiziellen Herren aus der Tür. Sie rückten stracks nach rechts ab, während der schwankende Sarg links in einer Gräbergasse verschwand.

„Ich kenne hier ein Lokal, wo es noch echtes Pilsner gibt“, sagte Herr von Roßbach, der dankbar war, daß inzwischen die familiären Verpflichtungen von seiner Tochter Karin erfüllt werden würden.

„Pilsner? Bei der Hitze – prima!“

Vorgenießend leckte sich der Botschaftsrat die trockenen Lippen.

Irgendwo wurde murmelnd gebetet.

Um Herbert von Kemnath war es in den letzten Jahren immer stiller geworden, und seit er sich in die selbstgewählte Verbannung seines Arbeitszimmers zurückgezogen hatte, spürte man auch im Haus seine Anwesenheit kaum noch. Und doch kam die wirklich große Stille erst an dem Tag, da man ihn zu Grabe trug. Elisabeth von Kemnath brach in diesen Stunden zusammen. Ihr kühles, selbstsüchtiges Wesen schien nie eine starke innere Bindung zu dem Ehegatten geschaffen zu haben. Freunde des Hauses hatten immer gemeint, das

Verhältnis der Eheleute sei von dem Tag an ernstlich getrübt worden, als Herbert von Kemnath mit seiner Versetzung in den Wartestand seinen gesellschaftlichen Einfluß verloren hatte. Dabei lag es durchaus an der Frau, daß sie nicht wenigstens in ihrem Freundeskreis, der sich auf einige gute alte Potsdamer Familien erstreckte, einen Ausgleich gesucht hatte. Da sie auch diesen freundschaftlichen Umgang nicht pflegte, wurde die Einsamkeit um das Ehepaar größer, als nötig gewesen wäre.

Jetzt erst, am Todestag Herbert von Kemnaths, schmolz der störrische Stolz zusammen, mit dem Frau Elisabeth sich umgeben hatte. Mann und Söhne waren tot – denn es gab kaum noch eine Hoffnung, daß der Jüngere zurückkam –, und die einzige Tochter saß mit einem ledigen Kind da. Eine bittere Lebensbilanz.

Und wie es bei innerlich schwachen Frauen oft der Fall ist, die lange in einer Scheinwelt gelebt haben, trat sie die Flucht in die Krankheit an. Der Arzt, der am Tag vor Herbert von Kemnaths Beerdigung gerufen wurde, stellte allgemeine Erschöpfung und Kreislaufschwäche fest und empfahl zunächst unbedingte Ruhe, später nach Möglichkeit Erholung in einem Kurort, abseits der Bedrohung durch Luftalarme. Einen solchen Ort noch zu entdecken war freilich nicht mehr leicht.

Ilse fand ihre Mutter schon schlafend vor, als sie am Abend nach der Beerdigung ihres Vaters zurückkehrte. Die Urgroßmutter saß an Bärbels Bett.

Auch das Kind schlief.

„Armes Kindel“, sagte die schlesische Lehrerswitwe und strich Ilse übers Haar. „Soll ich dir was zurechtmachen? Essen und Trinken hält Leib und Seele zusammen. Auch an so einem Tage.“

„Sehr lieb von dir, danke“, sagte Ilse, die tiefe Schatten um die Augen hatte. Sie war am Nachmittag noch viele schmerzliche Wege gegangen, zu Behörden, zum Anwalt des Hauses, dem die Hinterlassenschaftsregelung oblag, und im Augenblick spürte sie nur das Bedürfnis nach Ruhe.

„Brauchst du mich noch?“ fragte die alte Frau.

„Nein“, antwortete Ilse, „geh nur heim. Dich hat Papas Tod auch genug mitgenommen.“

Frau Schulz traten Tränen in die Augen. „Er war so a gutter Mensch. Er hatte a besseres Schicksal verdient."

Ilse wußte, daß die Großmutter nicht nur dem verhaßten Regime die Schuld an Herbert von Kemnaths letzten unglücklichen Jahren gab, sondern daß sie auch eine Kritik an der eigenen Tochter nicht vermied.

Aber sie war es müde, ein im Grunde unnützes Gespräch weiterzuführen. Sie gab der alten Frau einen Kuß auf die Stirn und begleitete sie hinaus.

Noch in der Tür fragte Frau Schulz: „Graulst du dich denn nicht – den ersten Abend so allein?"

„Der Professor kommt nach dem Abendessen herüber."

„Nun dann. Das is auch a gutter Mann."

Müller-Wunsdorf, der gegen neun Uhr kam, gab sich unbefangen, von einer etwas rauhen Herzlichkeit, denn er wußte, daß der Trauer ein gefühlvolles „Im-Schmerz-Bohren" am allerwenigsten bekommt. Er drückte Ilse einen Begrüßungskuß auf die Stirn.

„Mach die Fenster auf, Mädchen", sagte er, „es ist jetzt ein bißchen frischer draußen. Irgendwo hat's abgewittert ..."

Ilse öffnete das Fenster nach dem Neuen See zu, an dem sie damals, als die Nachricht von Jürgens Tod kam, das abziehende Gewitter beobachtet hatte. Jetzt stand ein roter Wolkenstreif dort, wo die Sonne untergegangen war.

„Das gehört zu den wenigen guten Einrichtungen unserer neuen, jetzt schon recht angekratzten Herren: daß sie die Sommerzeit eingeführt und so den Abend um eine Stunde verlängert haben. Das verlängert auch unsern Lebensabend."

Ilse lächelte und war gerührt über die Beredsamkeit des Arztes, dessen Müdigkeit auf seinen Zügen die bemühte Munterkeit Lügen strafte. „Darf ich dir einen Tee machen? Eine alte Zugehfrau von früher hat uns, statt einem Kranz, ein Päckchen Tee geschickt. Sie hat jetzt einen Kolonialwarenladen."

„Bravo, das ist ein praktischeres Christentum als die Salbadereien vom alten Heimdörffer. Trinken wir einen Tee – der wird uns beiden guttun."

„Ist es dir recht, wenn ich ihn in Vaters Zimmer serviere?"

„Ich bitt dich sogar darum, Ilschen. Ich hab dir schon im Wagen gesagt: Wir werden uns ein bißchen um seinen Schreibtisch kümmern müssen."

Ilse brachte den Tee, der nach verlorenen Zeiten duftete, und feine blaue chinesische Tassen in das Arbeitszimmer Herbert von Kemnaths. Auch hier hatte Müller-Wunsdorf die Fenster geöffnet. Ein großer Rosenstrauß auf dem Schreibtisch des Toten roch allzusehr nach der Feier vom späten Vormittag.

„Ja", sagte der Arzt nach den ersten genüßlichen Schlucken, „ich hab meine Gründe, daß ich so indezent bin, gleich am Beerdigungstag in der Hinterlassenschaft deines Papas zu kramen. Du kannst dir denken, daß ich da keine Schätze suche. Aber ich bin mißtrauisch gegen Leidtragende, die mit einem Kranz von Adolf Hitler aufkreuzen. Das beweist doch, daß sie den alten Kollegen aus dem Berliner AA nicht ganz vergessen haben – und so was hat man heutzutage nicht gern! Dazu hatte der Bursche, der den Kranz brachte, so eine Physiognomie – da wurde mir's unbehaglich."

„Warum, glaubst du, hat Papa das getan?" Zum erstenmal konnte Ilse diese Frage dem alten Freund direkt stellen.

„Wenn du eine halbmedizinische Diagnose hören willst, würde ich sagen: ‚taedium vitae – Lebensekel'. Oder etwas schlichter gesagt: Er fand diese ganze Zeit Rechtens zum Kotzen. Aber ich glaube, es kommt noch etwas dazu. Wie deutest du den Satz in seinem Abschiedsbrief: ‚Ich sterbe aus Scham'?"

„Wahrscheinlich so wie du. Er schämte sich, in dieser Zeit untätig sein zu müssen. Nichts gegen das Unrecht tun zu können ..."

„Hm, ja. Bei diesem Glauben wollen wir auch deine unglückliche Mama lassen. Aber ich erkläre mir's doch ein bißchen anders. Er schämte sich, nichts getan zu haben, obwohl er's hätte tun können. Genau das, was wir uns auch jeden Tag sagen müßten und was wir uns jeden Tag werden sagen müssen, wenn erst dieser ganze Spuk vorbei ist. Wir tun unsere – so heißt das wohl – verdammte Pflicht und Schuldigkeit, heilen Wunden und trösten – genau damit tröstet sich wahrscheinlich der Pastor Heimdörffer auch! –, statt daß wir rechtzeitig jene zum Teufel gejagt haben, die die Wunden schlagen und alles so trostlos machen."

„Ich glaube, ich muß die Fenster schließen."

„Schon gut, Mädchen, ich rede leiser ... Jedenfalls hatte dein Vater keine Möglichkeit, sein Gewissen mit irgendeiner Geschäftigkeit nach dem Motto ‚noch das Beste draus machen' einzuschläfern. Und ich glaube, die Bestätigung liegt dort ..." Er deutete zu dem schweren Schreibtisch aus dunkler Eiche hinüber und erhob sich, um ihn zu öffnen.

Ilse stellte sich neben ihn, und als er die einzelnen Schubladen herauszog, die immer eine gehütete Geheimwelt des Vaters geborgen hatten, bewunderte sie die peinliche Ordnung, die darin herrschte.

Was Müller-Wunsdorf zunächst hervorholte und auf den Tisch legte, waren die üblichen Dokumente eines Lebens, Bank- und Versicherungsangelegenheiten, Personalakten, endend mit der vorzeitigen Außerdienststellung des diplomatischen Beamten, eigene Schulzeugnisse und die der Kinder, die Feldpostbriefe der Söhne. Dann ein verschnürtes Briefpäckchen.

„Bitte, sieh du das an", sagte der Arzt, der darin vertrauliche Bekenntnisse vermutete.

Ilse öffnete die Verschnürung ein wenig zaghaft. Eigentlich hätte das die Mutter tun müssen, der wohl diese Briefe galten. Doch als sie die ersten Zeilen in der vertrauten, sehr akkuraten Schrift zu lesen begonnen hatte, sagte sie: „Es sind Liebesbriefe. Aber an ein Land gerichtet. An England. Die ersten stammen noch aus seiner Londoner Zeit – die letzten scheinen kurz vor Kriegsausbruch geschrieben worden zu sein. Dann hat's Vater wohl aufgegeben."

„Mit Recht. Wenn erst die Sektreisenden anfangen, in der Weltpolitik zu dilettieren, sollen die durch Liebe Wissenden die Finger davon lassen. Die Kemnaths gehen, die Ribbentrops bleiben. Immerhin legen wir das mal beiseite."

Es kam bald noch mehr, das beiseite gelegt werden mußte. Briefe fanden sich von Leuten, deren Namen man in der letzten Zeit auf roten Plakaten gelesen hatte, auf den Vollzugsmeldungen der Henker, angeschlagen an allen Litfaßsäulen des Reiches, erlauchte Namen der preußisch-deutschen Geschichte waren dabei, Namen von Freunden, von früheren Regimentskameraden Herbert von Kemnaths.

Was Ilses Vater diesen Männern mitgeteilt hatte, war nicht mehr in

Erfahrung zu bringen. Er hatte von jeher seine Briefe mit der Hand geschrieben und keine Kopien angefertigt. Doch ging aus den Antworten hervor, daß er, der offenbar das Vertrauen dieser Männer besaß, anscheinend nie erlaubt hatte, daß sie ihn in ihre Aktionspläne einweihten.

Er mußte sich auch der Argumente der Heiligen Schrift bedient haben, daß alle Obrigkeit – und noch die verruchteste – von Gott gesetzt sei, wofür sie dann freilich eines Tages auch die Verantwortung vor Gottes Gericht treffen werde.

„Dein Vater hat sich's nicht leichtgemacht", sagte der Arzt. „Das war sein Unglück: daß er anständig gedacht hat in einer ganz und gar unanständigen Zeit! Verstehst du jetzt, warum er Schluß gemacht hat?"

„Er hat sich mit ihnen solidarisch erklärt. Nach ihrem Ende – durch sein Ende."

„Immerhin war's noch ein wenig kavaliersmäßig. Mit einer Kugel."

„Wir haben auch eine Schlinge gefunden. Es mußte mißlungen sein. Das wollte ich eigentlich niemandem sagen."

Müller-Wunsdorf tätschelte die Hand der jungen Frau. „Und wohin damit?" fragte er und deutete auf den Papierstapel.

„Verbrennen."

„Du gutes Kind eines technischen Zeitalters: wo denn? Großmutters Küchenherd ist nicht mehr. Die Zentralheizung liegt im Sommer still. Zudem interessieren sich heute gewisse Leute auch für verbrannte Fetzen, oft gerade für die."

„Und du meinst, das hier könnte gefährlich werden?"

„Ich meine. Aber der Onkel Doktor macht dir einen Vorschlag. Wir haben hinter dem Krankenhaus einen verwilderten Rasenplatz, wo wir allerhand Unappetitliches verbuddeln, was bei unserm Gewerbe so abfällt. Da blühen dann im Frühling Blümchen drauf. Und dort haben mein Assistent Dr. Ufermann und ich heimlich ein kleines Claim für uns abgesteckt. Nicht, um Gold zu graben, sondern eher, um es zu vergraben. Und der Ufermann selbst ist treu wie Gold. Das hier würde genau dazu passen. In schönen festen Kästen, die nicht verrotten ..."

Der Professor tat die wichtigsten Dokumente in seine geräumige, ausgebeulte Aktentasche, dann ließ er sich aufschnaufend in einen tiefen Sessel fallen.

Die beiden redeten noch lange über Gott und die Welt. Das heißt: bis etwa Mitternacht über die Welt. Danach kamen sie zufällig auch auf Gott zu sprechen.

Was der Arzt über ihn zu sagen hatte, war eindringlicher als das, was Pastor Heimdörffer bei solchen Gelegenheiten beruflich zu sagen wußte.

So wurde für Ilse das Nachtgespräch zum wahren Requiem für ihren toten Vater.

Professor Müller-Wunsdorf schien mit seinem Pessimismus unrecht zu behalten. Niemand, außer dem Anwalt, interessierte sich für die Hinterlassenschaft des gewesenen Diplomaten von Kemnath. Äußerlich legte sich die erste Welle des Entsetzens, die Potsdam heimgesucht hatte, als die Rebellion der Offiziere bekanntgeworden war. Manche schauten weg, wenn Damen, die gewisse Namen trugen, in Trauerschleiern auf der Straße gingen. Andere, mit gewissen Namen, wagten es nicht, Trauer zu tragen. Wieder andere verschwanden, ganz gleich, ob sie Trauer getragen hatten oder nicht. „Sippenhaft" hieß das.

Ilses Mutter erholte sich wieder, doch war sie eine andere geworden: fahl, ausgehöhlt, kaum noch fähig, das Schicksal anzuklagen, geschweige denn sich selbst, die manches an ihrem und ihres toten Mannes Schicksal verschuldet hatte.

Das Kind Bärbel fühlte sich wenig zu der Großmutter hingezogen, die ihm manchmal Unverständliches sagte, zum Beispiel, was es bedeute, Kemnath zu heißen. Ihm war wohler bei der Urgroßmutter Schulz, die in den Märchenspinden ihrer frühen Jahre kramte und Wälder mit Zwergen und gutartigen Riesen bevölkerte und von „daheeme" erzählte.

Bis Anfang November hatte Ilse noch Semesterferien. Doch fuhr sie, wie während des Semesters, täglich zur Charité, um dort eine Schwesternausbildung zu machen. Bis sie einmal approbierte Ärztin sein würde, bedürfte man vielleicht ihrer Hilfe längst nicht mehr so wie jetzt, da die ständig zunehmenden Luftangriffe auf die Reichshauptstadt unendlich mehr helfende, pflegende Hände verlangten, als vorhanden waren.

In vielen Bomben- und Brandnächten kam sie nicht mehr nach Hause, zumal sie selbst jetzt zu glauben begann, daß aus irgendwelchen Gründen Potsdam von schlimmen Angriffen verschont bleiben würde.

Als das Wintersemester 1944/45 begann, trug sich Ilse für keine Vorlesung und Übung ein. Sie tat regulären Schwesterndienst, in dem nur die Dienstzeiten nicht regulär waren. Sie schuftete bis zum Umfallen. Manchmal mahnte sie einer der Ärzte, mit ihren Kräften hauszuhalten, insbesondere Professor Stavetz, der sie mitunter auf den Gängen begrüßte, und der robuste Chirurg Hölzer, dem sie zur tüchtigen Helferin geworden war und bei dem man schon einen unterlassenen Tadel für ein Lob ansehen mußte.

Gerhard Müller-Wunsdorf tat seit zwei Monaten in einem Feldlazarett Dienst. Er war kurz vor dem Tod ihres Vaters dorthin abkommandiert worden.

Gleich nach Semesterbeginn gab es in der Klinik ein obskures Schauspiel. Im großen Eßraum des Personals veranstaltete der Anatomiediener Wantschke, der es inzwischen zum „Betriebsobmann Charité" gebracht hatte, einen Appell, zu dem er durch einen Anschlag „alle Partei- und Volksgenossen innerhalb des Betriebs Charité" befahl. Noch nie waren für diese Stunde so viele Operationen anberaumt worden! Dennoch war der Saal gefüllt, als der Institutsdiener, von zwei schwarzuniformierten Gesellen begleitet – einer von ihnen trug die Betriebsfahne, die Zeugin ruhmreicher Maiaufmärsche –, den Raum betrat. Die Arme der Versammelten reckten sich der Fahne entgegen, und Wantschke grüßte ebenso die Männer im weißen Kittel, auf denen er zu seiner Mißbilligung wenige Abzeichen der „Bewegung" sah, wie die Schwestern mit den weißen Häubchen und Schürzen.

Danach begann er eine Rede. Noch nie in diesem wechselvollen Krieg war nach Wantschkes Meinung Deutschland so stark und zum Endsieg entschlossen gewesen wie in diesem Augenblick, wo es seine Fronten bis an den Rhein und in den Vorraum Ostpreußens verkürzt hatte. Jetzt war nämlich der Raum frei, dessen der große Gegenschlag bedurfte, bei dem endlich die V 2 eingesetzt werden würde, jene schrecklichste aller Vergeltungswaffen, die mit der totalen Vernichtung des Feindes zugleich den Frühling eines neuen Europas unter der Führung der Ordnungsmacht Deutschland einleiten würde.

Vor dem Schluß der Feier mit dem üblichen Hymnensingen ließ es der Obmann nicht an einigen Worten strenger Ermahnung fehlen, die von einer Drohung nicht weit entfernt waren.

Nachdem eine jüdisch versippte, von den Feindmächten gesteuerte Verbrecherclique am Ende des vorigen Semesters dem Führer nach dem Leben getrachtet habe, wobei auch akademischer Klüngel schwere Schuld auf sich geladen hätte, sei es nun, in dieser Entscheidungsstunde, die Aufgabe der deutschen Hochschulen, an vorderster Front für den Führer und Großdeutschland zu kämpfen. Er erwarte, daß vor allem sein Betrieb darin vorbildlich vorangehen werde, und als äußeres Zeichen dieser Kampfgesinnung befehle er, daß alle Betriebsangehörigen, die Mitglieder einer Parteiorganisation seien – vom Pfleger bis zum Professor –, dies dadurch bekräftigten, daß sie von jetzt an ständig die Abzeichen ihrer Organisation trügen. Beim Endsieg werde man sich dessen mit Bestimmtheit erinnern.

Nach „Sieg Heil" und Gesang war der Saal überraschend schnell leer.

Neben Ilse ging Dr. Farnholz.

„Wissen Sie, daß man in den letzten Tagen einige Leute aus der Charité wegen destruktiver Äußerungen geschnappt hat? Sogar Ausländer waren darunter."

„So?" sagte Ilse, die Farnholz nicht traute.

„Sie waren doch ein paarmal mit dem Bulgaren Zoneff beisammen. Der sitzt jetzt auch."

Obwohl Farnholz das sehr sachlich sagte, erschrak Ilse, und sie vermutete sogleich eine Beziehung zwischen dem großmäuligen Wantschke und seinen Schädelverkäufen und der Verhaftung des sympathischen Bulgaren.

„Wissen Sie, ob man ihm irgendwie helfen kann?" fragte sie.

„Bestimmt nicht! Aber sich selber schaden, wenn Sie's versuchen – das können Sie sicher."

Über die Meinung und Haltung des dicken Farnholz wußte Ilse auch nach diesem Gespräch nichts, doch nahm sie an, daß er zu den Bequemen gehörte, die jeweils mit den stärkeren Bataillonen marschierten, ohne sich durch besondere Unanständigkeit hervorzutun. Sie fand nun bestätigt, daß Gerd damals bei dem Gespräch auf dem Invalidenfriedhof unrecht gehabt hatte, als er noch nicht an die Herrschaft der Henker glauben wollte. Jetzt brauchte man ihm diese Bestätigung nicht mehr schriftlich zu geben: die roten Plakate klebten überall, und es wurden ihrer immer mehr.

In diesen ersten Novemberwochen war es gelungen, Ilses Mutter in einem der schönen Badeorte der schlesischen Gebirge einen Kuraufenthalt zu verschaffen. Sie hatte ihre kleine Enkelin mitgenommen, und beiden bekam die Ruhe in reiner Waldluft, fern von Alarmen und Bombendrohung, allem Anschein nach vorzüglich. Nachdem sie in Breslau eine Stadt gefunden hatte, in der man kein zerstörtes Haus sah und wo es sogar noch, bei verdunkelten Häusern, eine erlaubte Straßenbeleuchtung gab, schienen sich bei Elisabeth von Kemnath alte Wahnvorstellungen von einem doch noch möglichen späten Kriegsglück einzustellen.

Unter den Damen, mit denen sie gesellschaftlichen Umgang hatte, waren vor allem Frauen von Angehörigen des Auswärtigen Amtes, dessen wichtigste Dienststellen ins Riesengebirge verlagert waren.

Mochte nun Frau von Kemnath bei dieser Gelegenheit irgendwelche unbedachten Äußerungen getan haben oder war man in Berliner Dienststellen erst jetzt mit der Durchsicht gewisser Briefe der „Juli-Verbrecher" fertig – eines Tages fuhr eine schwarze Limousine am Potsdamer Haus der Kemnaths vor. Ihr entstiegen zwei Männer mit leicht zerknautschten Hüten und Trenchcoats, die so verdächtig aussahen wie Kriminalbeamte, wenn sie auf Unverdächtigkeit ihres Auftretens Wert legen.

Während der Abwesenheit der übrigen drei Generationen der Familie führte Urgroßmutter Schulz den Kemnathschen Haushalt, und da die aufs Gesellschaftliche bedachte Tochter fern war, machte sie sich's mit blauer Arbeitsschürze und in Filzbabuschen so „gemittlich" wie in ihren eigenen vier Wänden in der Zeppelinstraße. Als es an der Tür klingelte, öffnete sie sie einen Spaltbreit und sagte: „'s niemand d'rheeme." Sie hatte das Gefühl, daß es richtig wäre, sich in Sprache und Auftreten von der Hausherrin zu distanzieren.

„Reichssicherheitshauptamt", sagte der eine der Männer und zeigte einen Ausweis vor.

So was kannte die alte Frau aus Kriminalfilmen, und das Wort hatte sie schon in bösen Zusammenhängen gehört.

„Machen Sie die Kette weg", herrschte sie der andere an.

„Wenn ich Ihnen sag, 's is niemand da ..." Dabei öffnete sie die Sperrkette.

„Sind Sie Hausbedienstete?" fragte wieder der erste.

„Nu, Sie seh'n ja ..."

Mutter Schulz wedelte mit einem Staublappen, den sie gerade bei der Hand hatte.

„Wir haben nur ein paar Fragen, Frau – wie heißen Sie?"

„Schulz. – Komm' Sie mit in die Küche ..."

„Wir müssen erst einmal kurz durch die Räume gehen, Frau Schulz!"

Der alten Frau war verteufelt elend zumute. Aber weil sie „denen" von jeher alles zugetraut hatte, nahm sie all ihre von bäuerlichen Vorfahren ererbte Schlauheit zu Hilfe, um vor „diesen Brüdern" zu bestehen.

„Haben Sie manchmal Äußerungen von dem verstorbenen Kemnath gehört?" fragte der Wortführer der beiden, der ein Furunkelpflaster im Nacken trug.

„*Von* Kemnath", sagte die alte Schulz, die es auf einmal mit dem Adelsstolz zu tun kriegte. „Der sagte nicht viel, der Herr von Kemnath."

„Ich meine, wenn er sich einmal über die Regierung geäußert hat? Immerhin: er hat ja draußen zwei Söhne verloren. Wenn man da mal verbittert ist – so was ist menschlich begreiflich."

„Nee, wissen Sie, meine Herrn, so war der nich. Das war kein Miesmacher, der stand zu seiner Sache. Dafür hätte der sich umbringen können."

„Hat er ja schließlich auch", sagte der mit dem Furunkel und fügte etwas leiser, zu seinem Kameraden gewandt, hinzu: „Das scheint Aufdemberges Meinung zu bestätigen ..."

„Was?" sagte die alte Frau und tat schwerhörig.

„Nicht von Belang. Wir müssen uns nur hier noch mal den Schreibtisch ein bißchen ansehen."

Das „ein bißchen ansehen" wurde ein sehr gründliches Durchsuchen. Am Schluß hatten sie ein kleines Papierhäufchen beisammen, das sie in einen Aktendeckel legten.

„Da möcht ich aber 'ne Quittung dafür", sagte die Urgroßmutter, deren Vorliebe für Kriminalfilme sich abermals bewährte. „Nicht, daß es dann heißt, ich hätte ..."

„Selbstverständlich, Frau Schulz", antwortete der Beamte jovial. „Muß alles seine Ordnung haben."

8. Kapitel

VON den Fronten kamen schlimme Nachrichten. Die verliefen jetzt nicht mehr im Raum von Witebsk, in der Bretagne und in Nordafrika, sondern am Rhein, an der Oder und am Stettiner Haff. Am Ostersonntag 1945 hatte die Rote Armee Küstrin erreicht – keine hundert Kilometer Luftlinie von Berlin entfernt.

Ilse trug Schwesterntracht, als sie zur Wohnung der alten Frau Schulz in der Potsdamer Zeppelinstraße ging. Der Professor hatte sie schon vor über einem Monat von der Berliner Charité in sein Krankenhaus abstellen lassen. Dort waren so viele Schwestern abgezogen und an Feldlazarette überwiesen worden, daß der ärztliche Betrieb kaum noch aufrechtzuerhalten war. Kranke Menschen – auch kranke Frauen – galten in dieser Zeit wenig. Sie nahmen den Frontsoldaten und den Verwundeten und Verstümmelten der Kellerfronten Platz weg.

Darüber hinaus war es Müller-Wunsdorf lieb gewesen, Ilse etwas ferner der unmittelbaren Berliner Gefahrenzone zu wissen, näher bei ihrem Kind. Doch jetzt stand eine neue Entwicklung bevor, die Ilse Sorge bereitete und für die ihr die hilflose Mutter keinen Rat geben konnte.

„Heute abend werden mit einem Lazarettzug die Frauen aus unserm Krankenhaus verlegt“, sagte Ilse, kaum daß sie bei ihrer Großmutter ins Zimmer getreten war. „Ich soll mitkommen.“

„Und Bärbel?“ fragte Frau Schulz.

„Das hab ich den Professor auch gefragt. Er hat geantwortet, das Kind sei in Potsdam am besten aufgehoben. Und du wärst ja da. Im übrigen sei ich in Potsdam dienstverpflichtet, und die Überführung der Frauen gehöre zum Dienst. Er tat sehr streng. Professor Wandt, der Internist, war gerade dabei.“

„Dann tu nur, was dein Professor sagt. Wir schaffen das schon mit dem Kindel.“ Die alte Frau Schulz war unverhohlen stolz darauf, daß man ihr das kleine Mädchen anvertraute.

„Wohin soll's denn gehen?“

„Wahrscheinlich nach Neustrelitz. Dort sollen sie irgendwas für unsere Kranken frei gemacht haben.“

„A bissel mehr westlich wär mir lieber ...“

„Es kann ja nicht mehr lange dauern“, sagte Ilse. „Es wäre doch Wahnsinn, wenn sie die Russen noch nach Berlin ließen.“

„Was hab ich dir vierzig schon gesagt, wie die Fahnen raushingen wegen Frankreich? ‚Die machen jeden Wahnsinn bis zum Ende mit. Am Ende hängen dann keine roten Fahnen mehr – nur noch weiße.‘ Nu haben die sogar unser Schlesien drangegeben.“

„Ich muß jetzt zurück ins Krankenhaus. Es gibt noch viel Arbeit, bis der Transport weggeht. Aber sprich mit niemandem drüber – das soll möglichst geheim bleiben. Leb wohl.“

Sie wollte der alten Frau einen flüchtigen Kuß auf die Stirn drücken, doch die preßte sie plötzlich fest an sich. „Mach's gutt, mach's gutt, mein Mädel“, rief sie schluchzend.

„Vielleicht sind wir sehr bald zurück. Auf Wiedersehen ...“

„So unser Herrgott will, auch das ... Und die Bärbel hüt ich dir wie meinen Augapfel.“

Der Tag war so angefüllt mit Vorbereitungen für die nächtliche Fahrt, daß Ilse kaum zur Besinnung kam. Erst als sie mit einem Köfferchen in der Hand gegen acht Uhr abends zum Bahnhof Wildpark ging, überkam sie ein Gefühl der Bangigkeit wie vor einem großen Abenteuer.

Der Platz vor dem kleinen Bahnhof war von einer überraschend großen Menschenmenge bevölkert. Der Geheimhaltungsbefehl hatte offenbar wenig genützt. Auf den Gleisen stand ein langer Zug, an dem die weißen Felder mit dem Roten Kreuz in den aufhuschenden Lichtkegeln der Taschenlampen erkennbar wurden. Er hatte schon in verschiedenen Berliner Randgemeinden kranke Frauen aufgenommen – die letzte sieche Fracht sollte Potsdam bringen.

Man sah hastende Gestalten mit Bahren, die aus Lkws und Pferdefuhrwerken ausgeladen und von Wärtern im Eilschritt zum Zug gebracht wurden.

Barhäuptig, im weißen Kittel, stand der Professor auf dem Bahnsteig und gab rasche, energische Anweisungen.

Ilse grüßte er nur flüchtig und bat sie, sich bei Oberschwester Paula zu melden.

Das Ganze hatte etwas Gespenstisches, als vollzöge sich eine hastende Flucht. Gesprochen wurde mit unterdrückter Stimme, auch in der Gruppe der Wartenden. Immer wieder lief jemand an eine Bahre heran.

„Mach's gut!" – „Kommt bald wieder!" – „Leb wohl!"

Einmal gab's einen Zwischenfall. Eine Frau, die auf einer Bahre getragen wurde, schrie gellend: „Mutter! Mutter! Laß mich nicht wegschaffen, Mutter!"

Die Mutter, eine alte Frau, rief zurück: „Komm, bleib da!" Sie drängte sich an die Bahrenträger heran, riß den vorderen am Arm, so daß die Bahre ins Kippen kam.

Die Patientin rutschte hinunter, wollte weglaufen und brach in die Knie.

Ilse, die in der Nähe gestanden hatte, suchte die Gruppe auseinanderzudrängen, die sich sogleich gebildet hatte. „Laßt doch die Frau wegbringen", sagte sie. „Sie ist gestern operiert worden."

„Ich will aber nicht weg!" schrie die Frau. „Lieber verreck ich in Potsdam als unterwegs."

„Seien Sie vernünftig, bitte!" rief Ilse, die in einer wachsenden Menge immer mehr eingekeilt wurde.

„Ihr haut hier ab und überlaßt uns den Iwans!" keifte eine böse Männerstimme sie an, und sie sah in ein mageres, abgezehrtes Gesicht.

Eben als man auf dem Bahnsteig auf den Zwischenfall aufmerksam wurde und Träger und Ärzte herbeiliefen, fuhr eine Kommandostimme hart dazwischen: „Auseinander!"

Mehrere Uniformierte schoben die Menge beiseite und bildeten eine Gasse für die Bahre. „Wer hat das gesagt von den Iwans?" Das war wieder die Kommandostimme. „Na, wird's bald!"

Einer nach dem andern verschwand in der Dunkelheit.

„Ich lass' euch alle hier festnehmen, wenn sich der Mann nicht meldet!"

Man hörte hastende Schritte sich entfernen.

„Sie, Schwester, müssen doch den Mann erkannt haben! Wer war's?"

Ilse hatte sich das abgezehrte Gesicht eingeprägt. „Lassen Sie mich meine Arbeit tun", sagte sie. „Ich weiß es wirklich nicht."

Da kam zum Glück der Professor. Er sah Ilse in Bedrängnis, brüllte den Oberwachtmeister an, der sie am Arm hielt. Es gab ein Geschrei zwischen zwei Männern. Dazwischen Polizistenstimmen: „Weitergehen! Den Platz räumen!"

Man hörte ein Polizeisignal. Von einem Lkw sprangen weitere Schutzleute.

Ein Offizier mit einer tiefen Stimme, der vom Fahrersitz stieg, sagte: „Seid doch vernünftig, Leute. Seid froh, daß euern Frauen geholfen wird. Helft lieber mit, statt daß ihr hier stört ..."

Die grollende Märkerstimme beruhigte die übriggebliebenen Menschen ein wenig.

„Das fängt gut an", sagte Ilse, die neben Müller-Wunsdorf zum Bahnsteig zurückging.

„Besser wird's nicht werden", antwortete er.

Oberschwester Paula lief den beiden entgegen und rief: „Bei Frau Kosiowsky haben die Wehen eingesetzt."

„Die hätte auch bis nach der Abfahrt warten können", meinte der Professor grimmig und setzte sich in einen Dauerlauf, so gut es bei seinen versehrten Gliedmaßen ging. Ilse war lange vor ihm im Abteil bei der stöhnenden Frau.

Als der Lazarettzug, der unendlich langsam durch die Nacht fuhr, immer wieder lange Aufenthalte auf kleinen Bahnhöfen und vor

Signalen hatte, am späten Vormittag sein Ziel Neustrelitz erreichte, waren drei Frauen gestorben und zwei Kinder geboren worden.

„Totalverlust: eins", stellte, über seine Personalliste gebeugt, der Rechnungsführer im vordersten Wagen fest.

„Ihr müßt euch mächtig ranhalten", sagte der Internist Professor Wandt zu seinem gynäkologischen Kollegen Müller-Wunsdorf, „damit die Differenz nicht noch größer wird. Bahnfahren ist nicht in jedem Fall die richtige Therapie ... Gott sei Dank, daß wir an Ort und Stelle sind."

Nicht an Ort und Stelle waren in Neustrelitz die bestellten Lkws, die Bahren mit den Trägern. Der Transportleiter, ein schon ziemlich verkalkter Stabsintendant, der notgedrungen in diesem Kriegsstadium noch einmal die Uniform angezogen hatte und dem halbmilitärischen Unternehmen zugeteilt worden war, lief in das Amtszimmer des Stationsvorstehers, um zu telefonieren. Er kam nach einer Weile mit hilflosem Gesicht zurück.

„Wir kommen hier nicht mehr unter. Von der Oderfront haben sie ein ganzes Feldlazarett nach rückwärts verlegt. Unser Krankenhaus ist voll vom Keller bis unters Dach."

„Was tun wir jetzt?" fragte einer der Ärzte.

„Weiterfahren", sagte Müller-Wunsdorf lakonisch. „Irgendwo reinrutschen, wo sie gerade getürmt sind."

Einer der jüngeren Ärzte sprach mit dem Stationsvorsteher. Er kam mit verkniffenem Mund zurück. „Dieser sture Bursche will uns auf ein Rangiergleis abschieben. An eine Weiterfahrt sei vorläufig nicht zu denken. Alles voll belegt mit Transporten zur Front. Das habe Vorrang, behauptet er."

„Was Vorrang hat, entscheiden wir – nicht dieser Idiot!" Wandts rundliches Gesicht wurde krebsrot. „Den mach ich fertig!"

Müller-Wunsdorf packte ihn bei der Schulter. „Lassen Sie, Kollege. Hat keinen Zweck. Der alte Knabe ist einfach überfordert. Ich rede noch mal mit ihm."

Das einzige, was der Professor bei dem nervösen Stationschef erreichte, war, daß dieser versprach, durch besonderes Drängen bei übergeordneten Stellen die Weiterfahrt zu beschleunigen. Dennoch sei vor Anbruch des Abends keinesfalls damit zu rechnen.

Eine müde Rangierlok zog den langen, schweren Zug schnaufend auf ein Abstellgleis, dicht neben einer sumpfigen Wiese. Vom Bahndamm duftete Minze. Die würzige Luft und der sonnige Tag machten die Stimmung in den Abteilen besser. Die Patientinnen fanden es angenehmer, daß der Zug stillstand, als daß die alten, ausgedienten, schlecht gefederten D-Zug-Wagen dritter Klasse über den in langen Kriegsjahren schadhaft gewordenen Unterbau der Bahnstrecke holperten.

Fast alle Fenster wurden heruntergelassen.

Ilse und der Professor saßen auf dem untersten Trittbrett ihres Wagens.

„Vielleicht sollten wir so das Kriegsende erwarten", sagte Ilse. „Auf einem Abstellgleis der Weltgeschichte."

„Leider ist das heute nicht mehr drin. Nach totalen Kriegen geht auch die Katastrophe über alle weg. Da gibt's keine Idyllen mehr in Neustrelitz."

„Komisch, Bärbels Vater stammt aus dieser Ecke." Sie sagte nicht „mein Mann" und auch nicht „Dieter".

Der Professor sah sie von der Seite her an. „Tut der Gedanke weh?"

Sie schüttelte den Kopf.

„Das letzte Jahr hat mich so durchgebeutelt – mir tut so leicht nichts mehr weh. Vor vier Jahren Abitur – das ist doch nicht mehr wahr für mich. ‚Beste Jahre' hat man so was früher wohl genannt. Ich hätt mir's anders vorgestellt."

Der Professor nahm ihre Hand und drückte sie. „Ilschen, mach einem alten Mann keinen Kummer."

„Du bist nicht alt, und ich bin nicht jung. Das ist es."

In diesem Augenblick kam eine Gruppe von jüngeren Frauen aus dem Nebenwagen. In ihrer gestreiften Lazarettkleidung sahen sie wie Sträflinge aus.

Zwei davon waren hoch in den Monaten.

„Nanu, meine Damen", rief Müller-Wunsdorf ihnen zu, „wohin des Wegs?"

„Wir haben vier Stunden Urlaub, Herr Professor – richtig mit Urlaubsschein", rief eine der Frauen. Sie wedelte mit einem Stück Papier.

„Wenn das bloß gutgeht", meinte der Arzt und sah ihnen kopfschüttelnd nach. „Das wollen wir in Zukunft doch lieber unterbinden. Ich glaub, ich muß überhaupt ein bißchen organisieren helfen, damit wir unsere Belagerung hier durchstehen. Begib du dich inzwischen in deine Koje. Vorläufig liegt ja nichts vor."

Mit einem Mal merkte Ilse, wie müde sie war. Sie hatte seit dreißig Stunden nicht mehr geschlafen, und auch die Nächte vorher waren kurz und unruhig gewesen.

Sie legte sich in ihr Oberbett in einem ehemaligen Zweiter-Klasse-Abteil, das ihr mit einer andern jungen Schwester zugeteilt war, und schlief bald ein.

Der Zug blieb auch noch die folgende Nacht auf dem Abstellgleis. In dieser Nacht gab es einen Todesfall und keine Geburt; gestorben war ein kleines Mädchen, das nur zwanzig Stunden gelebt hatte. Wenn sich dennoch in den Personallisten der Stand um fünf Personen verringerte, so lag das daran, daß von den sechs Urlauberinnen vier nicht zurückgekehrt waren. Sie hatten sich in der Stadt Kleidung verschafft und waren „abgehauen", wie die beiden Schwangeren berichteten, die es als einzige für vernünftig gehalten hatten, sich wieder zu ihrem Lazarettzug zu begeben.

„Ist eigentlich der Verbindungsgang zum letzten Wagen abgeschlossen?" fragte Müller-Wunsdorf den Oberfeldarzt nach der erregten Auseinandersetzung zwischen den Ärzten über die durchgebrannten Urlauberinnen.

„Klar", antwortete der alte Kollege.

Der letzte Lazarettwagen enthielt Passagiere besonderer Art: Männer! Genauer gesagt: englische Offiziere und Soldaten der Royal Air Force, die während der Luftschlacht um Berlin abgeschossen worden waren und die man jetzt aus nicht ganz ersichtlichen Gründen eilig abtransportierte.

„Ab Neubrandenburg geht's unseren Gentlemen bestimmt besser", sagte der alte Oberfeldarzt sarkastisch. „Die werden erst vergnügt, wenn die Route konstant westwärts führt."

Ilse wurde um drei Uhr morgens zu einer Geburt geholt. Bis dahin hatte sie durchgeschlafen, volle dreizehn Stunden. Müller-Wunsdorf nickte ihr zu. Sie sah viel besser aus als am letzten Nachmittag.

„Entschuldige, ich habe dummes Zeug geredet", flüsterte sie dem Professor während einer Handreichung zu.

Der Professor antwortete nicht. Er „plierte" wieder einmal durch die dicke Brille, weil eben das Kind kam. „Geburtsort Neubrandenburg", sagte er, als die Frau wieder zur Besinnung kam. „Ein Junge."

Sie lächelte.

In Neubrandenburg sollte der Zug sofort weiterfahren. Es lag hier auch die gute Nachricht vor, daß in Güstrow, seinem nächsten Ziel, das weitläufige Schloß geräumt worden sei und dem Potsdamer Krankentransport zur Verfügung stünde.

Als der Zug, entgegen den Ankündigungen, nach einer Stunde immer noch stand, ging einer der Ärzte zum Stationsvorsteher. Er kam wütend zurück.

„Da draußen ist der Teufel los. Beim Stationsvorsteher hat sich ein SS-Kommando eingenistet und überwacht – angeblich auf irgendwelche höheren Weisungen – den ganzen Betrieb. Wir sind ihnen nicht gemeldet und landen wieder mal auf einem Abstellgleis."

„Dann wird wohl mein Neubrandenburger Baby wahrscheinlich hier noch in die Schule kommen", meinte der Professor, dem vor Müdigkeit die Augendeckel zuklappten. „In diesem Sinne: Mit deutschem Gruß – euer Götz von Berlichingen." Mit schleifendem Schritt ging er aus dem Wagen.

Am nächsten Mittag sank die Stimmung im Lazarett rapide. Es wurde sehr warm in den stehenden Waggons, in denen immer drei Frauen in einem Abteil lagen. Die Kranken wurden quengelig und verlangten zu trinken, so daß die Schwestern ständig auf den Beinen waren.

Aus einem Wagen kam eine hohe, schrille Stimme: „Laßt mich raus hier! Ich will heim. Laßt mich raus ..."

Das verstärkte noch die Unruhe der andern. Wandt unternahm deshalb abermals einen Vorstoß bei dem SS-Sturmführer, der das Bahnhofskommando leitete. Doch der machte neue Vorbehalte: „Wissen Sie, daß Sie nicht mal Rote Kreuze auf den Wagendächern haben? Dort oben nahe der Küste schwirren Tiefflieger wie die Wespen. Wenn Sie durchaus als lebende Zielscheiben durchfahren wollen ..."

Wandt sagte, er wolle. Es bleibe ihm einfach nichts anderes übrig, wenn ihm hier nicht soundso viele Frauen unter den Fingern wegsterben sollten. Außerdem habe man in einem Abteil Läuse gefunden.

„Na schön! Auf Ihre Gefahr. Fleckfieber wollen wir von euch auch nicht gerade beziehen!"

Der dicke Wandt gab sich beim Abschied zackig militärisch, und der alte Stationschef fand binnen Stundenfrist eine Abfahrtszeit.

„Im Felde unbesiegt, von Läusen geschlagen", hieß das Resümee, das Professor Wandt zog.

In mäßigem Tempo zockelte der Lazarettzug wieder durch die saftiggrüne mecklenburgische Frühlingslandschaft. Das langsame Schaukeln schläferte die Unruhigen ein. Immerhin gab es jetzt ein Ziel: das Schloß zu Güstrow.

DER 10. April war ein Glückstag. Der Zug hatte sich – mit vielen Aufenthalten – bis Güstrow durchgekämpft, und hier klappte mit einem Mal alles. Sie wurden erwartet: von Lkws, von Pferdegeschirren und von vielen helfenden Händen.

Das Renaissanceschloß war ein mächtiger Bau, von Grün umgeben, und alle Patienten fanden darin auf Feldbetten bequem Platz. Örtliche Ärzte und Hilfsschwestern stellten sich zur Unterstützung ihrer übermüdeten Kollegen aus dem Lazarettzug zur Verfügung. Besonders ein baumlanger jüngerer Arzt, ein blonder Mecklenburger, waltete mit Ruhe, Umsicht und Humor. Er hatte zwar als Kriegsandenken ein Glasauge mitgebracht, sah aber mehr als mancher Normalsichtige.

Professor Wandt, der zu einer Art Direktor des „Wanderzirkus" geworden war, wie inzwischen ein junger Arzt das Unternehmen Lazarettzug getauft hatte, bedankte sich mit einigen optimistischen Worten, die darin gipfelten, man wolle unter diesen Umständen hier getrost das Kriegsende erwarten.

„Ausgezeichnet", sagte der Mann aus Güstrow, „je eher Sie also wieder gehen, um so besser."

Ilse und der Professor waren mit einigen Ärzten und dem dienstfreien Pflegepersonal auf einem stadtnahen Gutshof untergebracht, der von seinen früheren Besitzern verlassen worden war. In dem aufwendigen Herrenhaus gab es eine Menge Schlafräume und auch Gastzimmer. Einige Dienstboten, die sich geweigert hatten, den Treck der Herrschaft mitzumachen, setzten ihre Ehre darein, das Anwesen auf Hochglanz zu halten. Eine breite Kastanienallee empfing die Gäste im Frühlingslicht ihrer Blütenkerzen.

„Sag mal“, fragte der Professor, während sie vom Hoftor her die Allee entlangblickten, „liegt hier herum nicht irgendwo auch das Gut deines vorgesehenen Schwiegerpapas?“

„Ich glaube, ein bißchen weiter nördlich“, antwortete sie. „Dieter meinte, er würde sich einmal in Güstrow als Anwalt niederlassen.“

Eine alte Frau mit einem Reisigbesen begann, ohne Rücksicht auf die ungeladenen Gäste, unter dem Tor Staub aufzuwirbeln.

„Kannten Sie einen Gutsverwalter Lostau?“ fragte der Professor die Alte.

„Den kannt' ich wohl. Er stammte ja nicht von hier, war aber 'n sehr or'nlicher Mann. Kam auch öfters mal bei unserer Herrschaft vorbei.“

„Ist er auch getreckt?“

„Tja, nach da oben.“ Die Frau deutete zum Himmel hinauf.

„Tot?“ fragte Ilse. Obwohl sich dieser Mann nie um sie und ihr Kind gekümmert hatte, war er doch Bärbels Großvater gewesen.

„Der soll sich so aufgeregt haben, wie die Russen in Pommern einrückten – da hat ihn der Schlag getroffen.“

„Hatte er Familie?“ Ilse mußte auch diese Frage stellen.

„Bloß einen Sohn. Der is im Krieg geblieben.“

„Und der? Hatte er Familie?“

„Nee. War ja wohl auch noch zu jung, der junge Herr ...“

Natürlich, sie waren beide noch zu jung gewesen – damals, als sie sich vor dem Bahnhof Charlottenburg kennengelernt hatten. Wie weit lag das alles zurück!

Ilse sprach nicht auf dem Weg ins Haus. Manchmal hatte Dieter ihr das ausgemalt: die weiße Hochzeit in der Dorfkirche zu Güstrow, und dann vierspännig durch die Gutsallee – sie mochte der hiesigen gleichen –, ein Fest nach mecklenburgischer Art von kulinarischer Üppigkeit.

Im sechsten Kriegsjahr waren erlesene Genüsse freilich nicht mehr zu erwarten. Doch genossen die Ärzte und Schwestern aus dem Lazarettzug vor allem die Annehmlichkeit anständiger Betten und der diversen Badezimmer. Abends saßen sie dann frisch geschrubbt an der eichenen Tafel des Speisesaals, aßen Schinken und Katenwurst ohne Kartenabgabe, sahen durch die großen Fensterscheiben wehende zartgrüne Birkenzweige, und wenn sie spätabends noch einmal auf die Terrasse hinaustraten, hörten sie das tiefe Quarren der Unken.

Am dritten Tag, in der Abendstunde, rannte eine Magd über den Hof und schrie: „Die Iwans kommen! Panzer!"

Mit einem Mal wurde es im Haus laut. Frauen fingen gellend zu kreischen an und suchten Verstecke auf dem Heuboden. Ein alter Knecht, Veteran des Ersten Weltkriegs, kommandierte sinnlos herum. Professor Wandt, in ein Badetuch gehüllt, aus dem die krebsroten Beine schauten, rannte über den Flur.

Müller-Wunsdorf ging Wandt entgegen. „Hören Sie, Kollege Wandt, das ist doch nicht möglich. Die Russen? So ohne jeden Alarm?"

„Ich hab Erfahrungen von draußen", antwortete der Professor in seiner Frotteetoga. „Ein Panzerdurchbruch – da gibt's kein Halten mehr. Jetzt können wir unser Testament machen ..."

In diesem Augenblick hörte man auch schon Kettenrasseln auf der Allee herankommen. Der alte Knecht schlug das Tor zu und schob den Eisenriegel vor. Die Eroberer pochten höflich dagegen.

„Das sind ja unsre", rief ein Mädel, das aus dem Fenster geschaut hatte, „die haben Eiserne Kreuze aufgemalt."

Inzwischen waren schon Männer der Besatzung ausgestiegen, hatten die kleine Tür im großen Tor geöffnet und stießen den Riegel zurück. Dann rollten die rasselnden Ungetüme herein: Tigerpanzer, vom groben Spinngeweb der Tarnnetze überzogen und welkes Sträuchergrün über den gefleckten Leibern mit den ragenden Geschützen.

Ein Feldwebel, der vorausging, verdreckt und schweißverklebt, rief: „Hallo! Wirtschaft! Ihr spielt hier wohl Dornröschen?"

So schnell, wie sie verschwunden waren, tauchten nun allenthalben die Männer, Frauen und Kinder wieder aus ihren Verstecken auf. Während nach und nach sechs Ungetüme mit drohenden Geschützrohren den riesigen Hof füllten und so etwas wie eine mittelalterliche Wagenburg bildeten, schlug die Stimmung in hektischen Jubel um. Und als draußen auf der Allee auch deutsche Panzerspähwagen auffuhren und noch mehr Männer auf dem Gutshof erschienen, ging es dort bald zu wie auf einem Jahrmarkt.

Ein sehr junger Major ging als erster ins Haus. Professor Müller-Wunsdorf stellte sich ihm vor.

„Johannsen", sagte der Major, unter dessen Tarnjacke man ein verschobenes Ritterkreuz blinken sah.

„Sind Sie auf dem Vormarsch oder auf dem Rückzug?" fragte der Arzt.

„Das kommt drauf an, von wo man die Sache sieht. Von den Engländern her gesehen ist es Rückzug. Den Russen gegenüber wird es automatisch zum Vormarsch. Beschissen ist es auf jeden Fall, und in längstens drei Wochen ist der Sack zu."

„Und dann, Herr Major?"

„Heut machen wir erst mal einen munteren Abend, Herr Doktor", sagte der Major ausweichend. „Gibt's hier was Anständiges zu trinken?"

Müller-Wunsdorf meinte, daß sie auf dem Gut noch allerhand an Verpflegung aufbieten könnten, aber Alkoholvorräte hätte die Herrschaft bei ihrer Flucht nicht zurückgelassen.

„Nu sagen Sie bloß, Doktor, die haben ihren Weinkeller mit auf den Treck genommen! Aber ich hab einen Spieß – Haseloff heißt der Junge –, der findet Weinflaschen noch besser als Tellerminen. Ich hoffe, Sie geben uns mit Ihren Herren und Damen die Ehre zu unserm kleinen Gelage!"

„Ein bißchen können wir vielleicht mitmachen. Allzulange wahrscheinlich nicht. Wir sind alle ziemlich fertig."

„Meine Männer auch. Aber an so einem letzten Abend – da ist Jubel, Trubel, Heiterkeit fällig. Morgen begucken wir uns vielleicht schon die Radieschen von unten."

Ein Zufall enthob den Professor der Entscheidung, ob er an dem Fest der Panzermänner teilnehmen sollte. Man rief ihn zu einer Geburt ins Güstrower Schloß, bei der er Ilse zu assistieren bat. Er gab dem Kollegen Wandt die volle Befehlsgewalt und ersuchte ihn aufzupassen, daß die Schwestern bei der vorgesehenen Orgie nicht allzusehr entgleisten oder in Bedrängnis gerieten. Der Major stellte ihm einen Kübelwagen und einen Fahrer für die Fahrt nach Güstrow zur Verfügung.

Die Geburt im Herzogsschloß wurde eine langwierige Angelegenheit. Als der Professor und die Schwester in den improvisierten OP kamen, hatten die Wehen der jungen Frau ausgesetzt und mußten erst wieder eingeleitet werden. Da feindliche Geschwader Mecklenburg überflogen, gab es ein paarmal kurze Voralarme. Zum Vollalarm kam es glücklicherweise nicht, doch war die Unruhe auf den Krankenstuben groß. Erst um Mitternacht kam der neue Erdenbürger auf die Welt, und da zeigte sich, daß noch ein zweiter im Wartestand war, der um halb eins erschien. Zwei Buben. Nach ein Uhr endlich konnten Arzt und Schwester sich wieder auf den Heimweg machen. Sie beschlossen, die vier Kilometer zu Fuß zu gehen, da sie keine Lust mehr hatten, am nächtlichen Fest der Panzermänner teilzunehmen.

Die Nacht war sommerlich mild. Es duftete nach feuchter Erde, nach jungem grünem Laub und Obstblüten. Ilse führte den Professor, der nachtblind war, am Arm. Halblaut begann er ein Gespräch: „Sag, was hat das alles für einen Sinn? Jetzt haben wir zwei Leben in die Welt gebracht, und wer weiß, wie viele heute nacht wieder ausgelöscht werden. Hier duftet es nach Frühling und Hoffnung, und irgendwo sterben sie wieder in den Feuerschluchten der Großstadtstraßen. Wird die Menschheit denn nie mit diesem Irrsinn aufhören und immer weiter gegen sich selbst wüten?"

„Es ist der letzte Krieg", sagte Ilse, „es muß der letzte sein. Diesmal ist alles schon so ins Extrem der Vernichtung getrieben, daß es kein Darüberhinaus mehr gibt. Der Krieg wird an sich selbst sterben."

„Dasselbe haben wir neunzehnachtzehn auch gesagt."

„Aber die Menschen müssen doch einmal klüger werden. Sie können doch nicht ewig die alten Phrasen vom süßen Tod fürs Vaterland glauben. Wir haben ihn gesehen, den süßen Tod. Die Menschenfetzen, die sie in Weidenkörben eingesammelt haben ..."

„Ach, kleine Ilse, lehr du mich die Menschen kennen. Irgendwas hat der liebe Gott an ihnen fehlkonstruiert. Könnte es sonst noch Geistliche geben, die Waffen segnen, statt sie zu verfluchen? Da, horch! Es scheint, als ob die ersten zurückkommen."

Hoch am Himmel war ein tiefes Motorenbrummen. In der Stadt heulten die Sirenen.

„Ob's wieder Berlin getroffen hat? Ich hab Angst um Bärbel ..."

„Sei ruhig, Kindchen."

Der Professor nahm ihre Hand in die seine.

Weit vor dem Gutshof noch vernahm man von fern her, wie auf einem Klavier gehämmert und dazu gegrölt wurde. Sentimental langgezogen: „Im Prater blüh'n wieder die Bäume ...", dann „Wie einst Lili Marleen", und zum Schluß: „Ein Prosit der Gemütlichkeit", „Eins – zwei – g'suffa".

„Feldwebel Haseloff hat also die Spirituosenlager gefunden", sagte Müller-Wunsdorf. „Sollen wir uns da nüchtern in die Höhle des Löwen wagen?"

„Bitte nicht", antwortete Ilse. „Wir schleichen uns am Saal vorbei. Ich kann nicht mehr."

Der große Flur des Gutshofs war von bläulichem Tabakrauch erfüllt. Die Saaltür stand ein wenig offen, damit der Rauch abziehen konnte. Betrunkene Stimmen.

Als Ilse und der Professor glücklich an der Tür vorbei waren, trat ihnen ein Leutnant entgegen, der in einer Hand eine Champagnerflasche hielt, in der andern ein Glas. Gelocktes Haar fiel dem jungen Offizier in die Stirn. Ein Kindergesicht.

„Hallo, ihr müßt mal einen auf mein Wohl trinken." Mit unsicheren Händen goß er Champagner in das Wasserglas, das überfloß.

„Auf glückliche Heimkehr", sagte der Professor, trank und reichte das Glas an Ilse weiter.

„Scheißheimkehr! Da sitzt längst der Iwan, wo ich zu Hause bin. Kennt ihr Pillkallen? Ist ja auch Wurscht! Am besten: im Suff verrecken, mit einem Mädel im Bett. Was, Kleines?"

„Komm, Ilse."

„Ilse heißt der süße Käfer. He, Opa, laß die mal da. Das ist nichts für dich. Ilse muß mit rein."

„Lassen Sie mal, Herr Leutnant" – der Professor sprach väterlich begütigend –, „sie ist Krankenschwester und hat heute viel hinter sich."

„Ich bin auch krank, Opa, und habe heute noch viel vor mir. Komm, Kleines."

Er packte Ilse beim Arm. Sie entwand sich dem harten Zugriff.

„Verdammt noch mal, lassen Sie sie los!" Müller-Wunsdorfs Schläfenadern schwollen an.

„Ei jei, Alterchen, behalt dir die zimperliche Gans. Sieg Heil und fette Beute!"

Der junge Mensch mit der Champagnerflasche schwankte auf die Saaltür zu und riß sie auf. Der grölende Lärm schwoll an. Ein paar Schritte weiter war das Zimmer des Professors. Er öffnete die Tür. Ilse folgte ihm. Er schloß wieder ab. Erschöpft sank sie auf einen Stuhl.

„Dabei hat mir der Junge so leid getan", sagte sie.

9. Kapitel

Um fünf Uhr morgens schallte eine Stimme durch die Gänge des Gutshauses: „Alaaaarm!" Dann knallten Türen. Stimmen. Flüche. Kommandoruf: „Kompanie steht in fünfzehn Minuten."

Eine Stimme: „Funkspruch: Die Rote Armee rückt auf Berlin vor. Heute nacht haben sie Potsdam zur Sau gemacht . . ."

Andere Stimme: „Luftangriff?"

Die erste Stimme: „Luftangriff!"

Draußen brüllte ein Motor auf. Eine Kette begann zu mahlen. Dann donnerten die schwarzen Ungetüme durchs Hoftor davon, in eine brandige Frühe.

Als die Panzertruppe abgezogen war, herrschte zunächst beklemmende Stille auf dem Hof. Was kam nun? Vielleicht fuhren wirklich morgen oder übermorgen schon die russischen T 34 die Allee herauf, und der Spuk von gestern wurde grausige Wirklichkeit. Ein paar alte Knechte und Mägde standen auf dem Hof beisammen und redeten. Alle fühlten sich verlassen, schutzlos. Wohin der Marschbefehl die alarmierte Truppe führen würde, wußte keiner. Es hieß, südwärts, Richtung Berlin. Dort schien's mulmig zu werden.

Auch die Ärzte und Schwestern waren von dem lauten Aufbruch alarmiert worden. Um sechs Uhr waren fast alle im Speisesaal zum Frühstück versammelt.

Einige Schwestern hatten verquollene Augen, manche Ärzte sahen verschwiemelt aus. Erst vor drei Stunden war die Zecherei zu Ende gegangen.

Der Professor und Ilse betraten den Raum gemeinsam. Ilse sah am elendesten von allen aus. Sie hatte von dem Angriff auf Potsdam gehört und wußte, daß die Nachricht diesmal stimmte. Sie nahm nur ein paar Schluck Tee zu sich – der Professor hatte versprochen, von Güstrow aus gleich in Potsdam anzurufen. Im Schloß hatten sie eine Feldtelefonleitung, über die man vielleicht mit einem Ferngespräch noch durchkam.

Auch das Schloß in Güstrow glich einem aufgestörten Ameisenhaufen. Hier hatte es ebenfalls Alarm gegeben. Das Zivillazarett, hieß es, müsse fort, aus Stralsund sei ein Feldlazarett gemeldet worden, das wahrscheinlich heute noch in der Stadt eintreffen werde. Der lange Doktor mit dem Glasauge war schon in einem wilden Organisieren. Im übrigen stehe der Potsdamer Lazarettzug noch auf seinem Abstellgleis.

„Denken Sie mal, das Glück“, sagte der Güstrower zu Professor Wandt, „in Bützow haben sie sogar eine Lokomotive unter Dampf. Die wird gleich hierherbeordert, und in ein paar Stunden können Sie vielleicht schon auf der Reise sein!“

„Glück?“ fauchte Wandt den Mecklenburger an. „Wohin sollen wir denn in drei Teufels Namen jetzt noch mit unserm siechen Haufen?“

„Westwärts. Immer westwärts. Da werden Sie viele drum beneiden!“

„Schön“ – Wandt regte sich noch nicht ab –, „und helfen uns diese vielen, unser Spital zu verladen?“

Der fröhliche Optimist kratzte sich hinter dem Ohr und meinte, Hilfskräfte würden freilich kaum noch aufzutreiben sein. BBC und andere ausländische Sender, die jetzt ganz ungeniert gehört würden, hätten das Bild der Lage so schlimm gezeichnet – der völlige Zusammenbruch habe an allen deutschen Fronten eingesetzt –, daß nun auch hier in der Stadt allenthalben gepackt werde. Alle Züge nach

Westen seien überfüllt. Und das Abrücken der Panzertruppe am Morgen habe die Panik vollkommen gemacht.

„Sie müssen schon mit Ihren Leuten selbst die Verlagerung durchführen", sagte er abschließend. „Ich helfe natürlich, wo ich kann."

„Danke!" knurrte Wandt. Dann rief er: „Müller-Wunsdorf!" Seine Rufe blieben vergeblich, und er schnauzte: „Wo treibt sich denn der Professor rum?" Als ihm endlich der Gynäkologe über den Weg lief, brüllte er ihn an: „Wo stecken Sie denn? Wir müssen jetzt alle ran. Bahren schleppen – Wägelchen schieben. Auch Sie, verehrter Kollege."

„Ich habe versucht, Potsdam telefonisch zu erreichen. Hören, was da los war."

„Na und? Was ist in Potsdam?"

Müller-Wunsdorf zuckte die Achseln. „Alle Leitungen dorthin sind zerstört. Nicht durchzukommen."

„Sorry", sagte Wandt. „Übrigens, frischen Sie vorsichtshalber Ihr Englisch ein bißchen auf. Wenn wir Glück haben, können wir's bald gebrauchen. Russisch versteht sowieso keiner von uns."

„Ich kann auch nicht Englisch. Totaler Humanist."

„Geschieht euch schon recht. Laßt euch von den ollen Griechen einnehmen! Aber jetzt ran an die Gewehre!"

In dieser äußersten Bedrängnis entwickelte Wandt ein ungeahntes Organisationstalent.

Unbelastet von irgendwelchen menschlichen Rücksichten, kommandierte er seine Leute herum – Schwestern, Oberschwestern, Ärzte aller Altersstufen.

Nach einer Stunde ging es zu wie beim Pyramidenbau im alten Ägypten. Eine Schar von Arbeitssklaven bewegte sich zwischen dem Schloß und dem Bahnhof von Güstrow hin und her: mit Krankentragen, mit Bahren jeder Konstruktion, ja irgendwo waren sogar noch ein paar kleine Handkarren organisiert worden, auf denen alte Frauen hockten. Wer einigermaßen laufen konnte, mußte gehen und wurde notfalls auch von zwei Seiten gestützt. Schlappmachen gab's nicht.

Wandt hatte die Anweisung ausgegeben, daß alle Patienten wieder in ihre alten Abteile zurückgebracht werden sollten, und das verursachte mehr als einmal Verzögerungen, weil manches alte Weiblein nun von dem dauernden Hin und Her schon so verwirrt war, daß sie nicht mehr wußte, wo sich ihr Bett befand. Mittags ging es plötzlich überhaupt nicht mehr weiter. Da lagen schon zwei Frauen in Betten, die von ihren Vorbesitzerinnen mit Gewißheit wiedererkannt wurden. Gegen die Aussagen der Nachbarinnen aus den Nebenabteilen schworen sie Stein und Bein, daß dies von Anfang an ihre Betten gewesen wären.

Als seine Sklavenkette in Unordnung geriet, erschien Wandt selbst auf der Bildfläche. „Was ist hier los?" brüllte er in den Menschenknäuel auf dem engen D-Zug-Gang hinein.

„Die Frauen gehören nicht hierher, Herr Professor."

„Wo gehören Sie denn hin? Welche Abteilung?"

„Ihre", sagte die jüngere von den zweien im Oberbett.

„Da müssen Sie aber besser lügen, Madame. Ich bin nämlich zufällig ein Arzt, der seine Patienten kennt ..."

In diesem Moment fing die Ältere im Unterbett zu schluchzen an: Der Herr Doktor möge doch Erbarmen haben, sie seien gewiß beide krank, ganz mit den Nerven runter, und nun kämen bald die Russen nach Güstrow ...

Damit hatte sie verspielt. Der Professor schnauzte die Pseudopatientinnen an: „Ach, aus Güstrow seid ihr? Wollt eine kleine Spazierfahrt machen! Raus mit euch!"

Die Frauen sahen ein, daß es zwecklos war, und stiegen gehorsam aus den Betten. Sie hatten altmodische lange Nachthemden an.

„So, und jetzt heim ins Reich."

„Aber wir können doch nicht so am hellichten Tage ..."

„Das ist mir Wurscht. Ihr seid auch so reingekommen."

„Das war in der Nacht", sagte die Ältere. „Dürfen wir wenigstens nach hinten?"

„Ihr dürft, wohin ihr wollt. Hauptsache, ihr verschwindet aus dem Zug."

Die Frauen in den Barchenthemden schlichen sich barfuß durch den Zug nach hinten. Der allerletzte Wagen war verschlossen. Sie wußten nicht, daß da die Engländer hingehörten, die man im Güstrower Schloß in einer Kastellanswohnung isoliert untergebracht hatte und die jetzt auch auf dem Rückweg in dem Lazarettzug waren, Gefangene von heute, Sieger von morgen.

Als die Frauen sich endlich ein Herz gefaßt hatten und, ziemlich entfernt vom Bahnhofsgebäude, aussteigen wollten, liefen sie wieder einem Mann im weißen Mantel in die Arme, der sie durch eine dicke Brille verwundert ansah.

„Hallo, meine Damen“, redete er sie an, „wohin?“

„Nach Güstrow“, war die kleinlaute Antwort.

„In dem Aufzug?“

„Der andre Doktor hat’s befohlen ...“

Das war Wandts „Geschoß“. Professor Müller-Wunsdorf hatte seit dem Morgen eine ganz schöne Wut auf den Kollegen, der ihn so angeblafft hatte.

Sehr gesund sahen die Frauen wirklich nicht aus.

„Sie wollten mit dem Lazarettzug türmen?“

„Meine Tante und ich – wir können nicht mehr. Wir sind schon aus Pommern geflüchtet. Nun geht’s hier wieder an. Wir können wirklich nicht mehr.“

„Mir wär’s lieber, ihr könntet was. Kartoffeln schälen, Nachttöpfe auskippen und so. Mir sind letzte Nacht drei Frauen getürmt, die bisher solche Sachen gemacht haben. Wenn Sie das übernehmen wollen, übergeb ich Sie einer Schwester, und die weist Sie dann an.“

„Und wenn der Doktor vorne ...?“

„Wenn der Doktor vorne“, wiederholte Professor Müller-Wunsdorf, „dann kann der mich hinten ... Das hier ist nämlich meine Abteilung. Die Gynäkologische. Und wenn Sie brav sind, kriegen Sie hier sogar ein Kind! Gratis.“

Zwei Wochen lang fuhr der „Wanderzirkus“ nun durch das Land Mecklenburg. Das heißt, meistens stand er. Auf kleinen Bahnhöfen, auf Abstellgleisen. Immer wieder wurde ihm die Lokomotive weggeholt, „für kriegswichtige Transporte“. Manchmal fuhr man nach Norden, dann ging’s wieder ostwärts, in die allerverkehrteste Richtung. Man hörte das dumpfe Dröhnen und Rollen der Front und sah nachts den Himmel rot. Tiefflieger pfiffen über den Zug hinweg, ließen ihre Bordkanonen auf irgendein Ziel rattern: eine Kolonne auf der Straße, eine Ansammlung in den Feldern. Dann stiegen wieder trillernd Lerchen auf.

„Hitler tot", hieß es eines Tages. Ganz unwichtig, interessierte niemand mehr. Immer mehr Frauen desertierten. Eines Tages war auch die mit den Güstrower Zwillingen verschwunden.

Als der Zug eine Nacht lang in einem armseligen Kaff hielt, das nur aus einer Stationstafel und einer Holzbank bestand, hatte sich eine frisch Operierte davongeschlichen. Am Morgen fanden sie eine Blutspur und zweihundert Meter weiter sie selbst. Da sich in den versperrten Abteilen des vorletzten Wagens inzwischen fünf weitere Tote angesammelt hatten, begrub man sie gemeinsam, vier protestantische, zwei katholische. Professor Müller-Wunsdorf sprach ein Vaterunser. „Das paßt für alle", sagte er.

Am 1. Mai kam der Lazarettzug in ein Dorf, das hieß Mecklenburg und lag in Mecklenburg. Es lag zugleich in einem letzten Stückchen Deutschland, das noch nicht besetzt war.

Der Krieg verröchelte.

Mit Kurierpost hatte Ilse auf abenteuerlichen Wegen einen kurzen Brief von ihrer Mutter bekommen. „Wir leben, unser Haus steht. Aber unser Potsdam ist ausgelöscht. Auch die Garnisonkirche ist weg. Kein Glockenspiel mehr. Komm bald wieder. Und mach Dir keine Sorgen – wir passen auf Dein Kind auf."

Dieser Tag war die Hölle. Auf der Weiterfahrt kam der „Wanderzirkus" immer wieder in Tiefffliegerbeschuß. Die schnellen, wendigen Maschinen brausten in niedriger Höhe über die lange Schlange der alten grauschwarzen D-Zug-Wagen hinweg und feuerten auf die Lokomotive. Bei jedem Angriff hielt der Zug.

„Herrgott noch mal, die müssen doch die Roten Kreuze an den Wagenwänden erkennen", rief Müller-Wunsdorf bei einer Ärztebesprechung verzweifelt aus.

„Das Rote Kreuz hat in diesem Krieg oft genug zum Vorwand für üble Dinge dienen müssen", antwortete Wandt. „Ganz hübsch verdächtig, daß wir hier auf die Küste lossteuern."

Im übrigen kam bei der Besprechung nicht mehr heraus als das Naturgegebene: Der Zug würde in Wismar halten. Dort war die Welt zu Ende, und wer noch an Wunder glaubte, mochte hoffen, daß ihn von dort ein Schiff nach Dänemark, in ein glücklicheres Land, entführen könnte.

Ilse lief an diesem Tag von einem Kranken- und Sterbelager zum andern. Etwas tun, immer in Bewegung sein – das half am ehesten über ihre schmerzlich bedrängenden Gedanken hinweg. Draußen pfiffen eben wieder Tiefflieger über den Zug hinweg, der – zum wievielten Male? – hielt. Feuerstöße von Maschinengewehren. Geprassel gegen die eisernen Wände. Dann ein Krachen, eine Explosion. Stille.

Zusammen mit Oberschwester Paula lief Ilse aus dem vordersten Wagen die wenigen Schritte zur Lokomotive, deren Kessel zerfetzt worden war. Heißer Dampf umzischte die Frauen. Von hinten kamen Ärzte.

Sie fanden den Heizer verbrüht in einer Lache kochenden Wassers. Der Lokomotivführer hing aus dem Fenster des Führerhauses – er schien einen Lungensteckschuß bekommen zu haben. Die Ärzte schleppten ihn nach hinten.

Da die Flieger nicht zurückkehrten, nachdem sie die Lokomotive weidwund geschossen hatten, zogen die Schwestern den toten Heizer heraus. Mit seiner eigenen Schaufel hoben die Ärzte ein Grab für ihn aus, unmittelbar neben dem Bahndamm. Zwei tote Frauen legten sie dazu.

Es gab wenig Bäume so nahe am Meer. Darum war es unmöglich, ein Grabkreuz zu zimmern. So steckten sie die Kohlenschaufel in die aufgeschüttete Erde, und eine Schwester schrieb auf den weißen Deckel eines Schuhkartons die Namen und Lebensdaten der beiden Frauen und des Mannes.

Als der Kartondeckel mit einigen Reißbrettstiften auf dem harten Schaufelstiel befestigt worden war, sagte Professor Müller-Wunsdorf: „So, und jetzt gehen wir nach Wismar und holen eine neue Lokomotive. Kommst du mit, Ilse? Und Sie, Kollege Wandt, passen auf, daß uns keiner von hinten an den Karren fährt."

Es schlossen sich der kleinen Marschkolonne noch einige an; denn jeder, der sich nach dem qualvollen Gezockel die Füße vertreten durfte, war darüber glücklich. Der Wind, der ihnen entgegenwehte, hatte Salzgeruch. Er kam vom Meer. Das Land lag feiertäglich still.

„Heute ist ja auch Feiertag", stellte Ilse fest. „Der ‚Tag der Nationalen Arbeit'."

Sie gingen auf der Bahnstrecke, Schwelle für Schwelle. Kein Zug kam ihnen entgegen. Ein Streckenwärterhäuschen fanden sie verlassen, die Bahnschranken daneben geschlossen.

„Die totale Maifeier", sagte der Professor und schien sich etwas dabei zu denken.

Was er dachte, begriffen die andern, als voraus drei Männer auf dem Gleis standen, die Maschinenpistolen in Anschlag brachten.

„Engländer oder Russen?" fragte Oberschwester Paula, die schon ein wenig keuchte von dem ungewohnten Fußmarsch.

„Man kann's noch nicht genau sehen", meinte der Professor. „Aber nehmen wir mal vorsichtshalber die Hände hoch. Das wird überall verstanden ..."

So gingen sie mit erhobenen Händen den fremden Soldaten entgegen. „Tommys", sagte ein Arzt, als sie näher kamen.

Dann schwiegen alle. Die englischen Soldaten, welche die merkwürdigen Leute in den weißen Mänteln und mit den Armbinden vom Roten Kreuz näher kommen sahen, grinsten ein wenig. Von denen war kein Heldentod mehr zu befürchten.

„War is over", sagte der Anführer des Trupps, ein Korporal.

„Der Krieg ist aus", übersetzte Ilse.

„Das hätt sogar ich als Humanist noch erraten", antwortete Professor Müller-Wunsdorf.

Hugo Hartung

„Mein Leben ist an Wanderungen, Umwegen und dramatischen Zwischenspielen nicht weniger reich als das der meisten Generationsgefährten.“ Mit diesen eindrucksvollen Worten beginnt die Selbstdarstellung eines Schriftstellers, der vor allem als der Verfasser heiterer Bücher unvergessen geblieben ist. Denn wer kennt nicht Hugo Hartungs Roman *Ich denke oft an Piroschka*, die glücklichen Erinnerungen ans alte Ungarn der 20er Jahre? Oder den humorvollen Zwillingsroman *Aber Anne hieß Marie*? Ein drittes Buch Hugo Hartungs hat vor allem durch seine Verfilmung Geschichte gemacht: *Wir Wunderkinder*. Dort hat der Autor sein selbstgestecktes Ziel – die Gestaltung „eines Stücks Zeitgeschichte und selbsterlebter Welt“ – auf unnachahmliche Weise erreicht.

Hugo Hartung – geboren 1902 im vogtländischen Netzschkau – war Mitte Vierzig, als sein erstes Buch erschien. Dem Theater und dem Journalismus hatten bis dahin seine Interessen gegolten. 1936 aber, „in den Rundfunkbereichen unerwünscht geworden“, mußte er seine Wahlheimat München verlassen. Er zog nach Oldenburg, von dort nach Breslau. Die miterlebte Belagerung der Oderstadt läßt sich in dem Roman *Der Himmel war unten* wiederfinden. Auch Albert Schweitzer zeigte sich von diesem Buch tief beeindruckt. Aus Lambarene schrieb er dem Autor, mit welcher Ergriffenheit er sein Buch gelesen habe. „Sie haben recht gehabt, das, was dort geschehen, festzuhalten, daß die Späteren einmal wissen, wie es war ...“

Als Hugo Hartung 1972 starb, hatte er seinen Roman *Die Potsdamerin* nicht mehr vollenden können. Doch er hinterließ eine Notiz, die sich mit dem Schicksal seiner Romanfigur Dieter Lostau beschäftigt. Als einer der Spätheimkehrer im Herbst 1953 hätte Dieter wieder in die Heimat zurückfinden sollen. Ein „Abiturient mit Osterfahrung“, wie so viele junge Deutsche in jener Zeit, der sich – nach einem Aufenthalt in einem der Lager (Friedland, Herleshausen) – mit einem neuen Deutschland auseinandersetzen sollte.

Es besteht kein Zweifel daran, daß Hugo Hartung *Die Potsdamerin* sehr am Herzen lag. Schon 1961 hat er mit dem Schreiben dieses Romans begonnen, und der Anfang mit den autobiographischen Zügen – Hartung selbst war Luftwaffensoldat in Breslau – reicht noch weiter zurück. Für die Leserschaft von Hugo Hartung aber ist es in jedem Fall ein besonderes Glück, daß man in der Hinterlassenschaft dieses Manuskript fand, das auf so lebendige Weise ein Stück deutscher Geschichte schildert.

Die ungekürzten Ausgaben von
„Satan ist auf Gottes Seite“,
„Der kleine Außenseiter“
und „Die Potsdamerin“
sind im Buchhandel erhältlich.
Die ungekürzte Ausgabe von
„Tödliche Flut“
wird in Kürze im Buchhandel
erhältlich sein.